吴忠年鉴

2023

WUZHONG NIANJIAN

吴忠市委党史和地方志研究室 编

黄河出版传媒集团
宁夏人民出版社

图书在版编目（CIP）数据

吴忠年鉴．2023 / 吴忠市委党史和地方志研究室编
．-- 银川：宁夏人民出版社，2023.12
ISBN 978-7-227-07920-0

Ⅰ．①吴… Ⅱ．①吴… Ⅲ．①吴忠 -2023- 年鉴
Ⅳ．①Z524.33

中国国家版本馆 CIP 数据核字（2024）第 025780 号

吴忠年鉴 2023 吴忠市委党史和地方志研究室 编

责任编辑 白 雪
责任校对 陈 浪
封面设计 沈家菡
责任印制 侯 俊

黄河出版传媒集团
宁夏人民出版社 出版发行

出 版 人 薛文斌
地 址 宁夏银川市北京东路 139 号出版大厦（750001）
网 址 http://www.yrpubm.com
网上书店 http://www.hh-book.com
电子信箱 nxrmcbs@126.com
邮购电话 0951-5052104 5052106
经 销 全国新华书店
印刷装订 宁夏银报智能印刷科技有限公司
印刷委托书号 （宁）0028485

开本 880 mm × 1230 mm 1/16
印张 18.5
字数 600 千字
版次 2023 年 12 月第 1 版
印次 2023 年 12 月第 1 次印刷
书号 ISBN 978-7-227-07920-0
定价 298.00 元

《吴忠年鉴 2023》编辑部

主　　任
　　　　　胡建东
主　　编

责任编辑　闫建忠

编　　辑　胡翔炜　马永刚　顾向洁　乔　婧

编　　审　吴晓红　黄　鑫

《吴忠年鉴2023》撰稿人员

（按姓氏笔画排序）

丁　帆　丁　涛　丁小荣　丁文博　丁叶婷　丁学宝　丁瑞民　于晓东
马　芳　马　岚　马　蓉　马　燕　马力马　马力彬　马长利　马丹凤
马凤萍　马玉龙　马永刚　马永霞　马自生　马向军　马宏明　马绍宇
马春录　马春梅　马虹芳　马桂芳　马晓琴　马银凤　马鸿林　马琳玮
马翔远　马瑞安　王　华　王　芳　王　晓　王　健　王　辉　王　晶
王小红　王小玲　王亚军　王志刚　王学军　王俊成　王桂红　王浩楠
王婧瑄　王锦岗　水红亮　牛学玲　毛　英　仇萧然　史占军　包小花
乔　婧　乔才山　刘飞林　刘天宝　刘军红　闫　松　闫立华　苏俊礼
苏晓伟　苏润涛　杜　欣　杜希玲　李　刚　李　彦　李　哲　李　霞
李　曜　李小强　李忠祥　李建华　李建军　李晓玲　杨　俊　杨　雪
杨　磊　杨　鑫　杨文秀　杨文静　杨占新　杨国斌　杨宝园　杨春林
杨振华　时学勇　吴　中　吴　红　吴凤云　吴建荣　何　晓　何　娟
何立强　何坤平　何建兵　余生龙　余金灵　冶永齐　张　银　张　鹏
张亚军　张军艳　张秀琴　张碧君　张德龙　张燕宁　陈　辉　陈　毅
范　琪　罗廷峰　岳　亮　金晓斌　周　芬　周　斌　周敬玮　周紫娟
周慷慨　赵向阳　胡玉娟　胡佳新　南　平　柯　强　姜国权　姚冠华
秦永华　顾　勇　郭万慧　郭毅伟　唐　娟　陶江宁　梁　静　梁志锋
彭　泽　彭晓勇　董文峥　谢静文　詹小波　蔡　平　燕　云　薛　飞
霍金星　魏建刚

编辑说明

一、《吴忠年鉴 2023》由中共吴忠市委员会、吴忠市人民政府主办，吴忠市委党史和地方志研究室编辑出版，是系统记述吴忠市经济建设、政治建设、文化建设、社会建设、生态文明建设的大型资料性工具书，以出版年号为卷次向国内公开发行。

二、《吴忠年鉴 2023》以马克思列宁主义、毛泽东思想、邓小平理论、“三个代表”重要思想、科学发展观、习近平新时代中国特色社会主义思想为指导，坚持辩证唯物主义和历史唯物主义的立场观点，以吴忠市委、市政府工作重点为中心，旨在为各级党政机关及社会各界人士了解和研究吴忠提供参考，为推动吴忠经济社会建设提供服务，具有重要的“资政、存史、育人”功能。

三、《吴忠年鉴 2023》采用分类编辑法，分为类目、分目、条目三个层次，部分分目下设子分目。子分目标题左右加“·”，条目标题加【 】。大事记中相同的时间，第二次及以后出现用“△”符号代替。

四、《吴忠年鉴 2023》全面系统地记载了 2022 年吴忠市各行各业的基本情况和发展状况，设有特载、大事记、吴忠概览、党政群团、社会管理、法治、经济管理、农业水利、工业和园区建设、财税金融、交通和邮电通信、商贸物流、城乡建设、卫生健康、自然资源与环境保护、教育与科技、文化事业、县（市、区）概况、荣誉、附录等 20 个类目。

五、《吴忠年鉴 2023》收录的先进人物和先进集体以 2022 年度由吴忠市委、市政府及上级党委、政府部门表彰的先进人物和先进集体为主。

六、《吴忠年鉴 2023》所收录的资料由各县（市、区）、市直各部门及有关单位提供并经供稿单位审核，《吴忠年鉴 2023》编辑部编辑，吴忠市委党史和地方志研究室审定。

七、《吴忠年鉴 2023》所用统计资料由吴忠市统计局提供，正文中数据由各部门提供。因统计口径等原因，有关部门所用个别数据与统计资料中的数据不尽一致，引用时请以《吴忠市 2022 年国民经济与社会发展统计公报》为准。

2022 年 12 月 9 日，中共吴忠市第六届委员会第六次全体会议召开

2022 年 12 月 17 日，吴忠市第六届人民代表大会第二次会议召开

2022 年 12 月 16 日，中国人民政治协商会议第六届吴忠市委员会第二次会议召开

2022 年 1 月 27 日，中共吴忠市第六届纪律检查委员会第二次全体会议召开

2022 年 6 月 24 日，吴忠市与北京春秋风云影视策划有限公司、中铁十九局集团有限公司举行战略合作签约仪式

2022 年 9 月 7 日，吴忠市考察团赴西安等地考察招商引资项目

2022 年 6 月 27 日，吴忠市委、市政府举办黄河流域生态保护和高质量发展文化论坛

2022 年 8 月 19 日，盐池县第三批重大项目暨杭州幸合宁夏新乔能源开发有限公司年产 240 万吨新乔煤矿项目开工仪式在吴忠市盐池县冯记沟煤矿举行

2022 年 4 月 2 日，吴忠市采用网络直播的方式举行线上招商推介会暨重点项目“云签约”仪式

2022 年 11 月 15 日，吴忠市人民政府与中翰国智集团举行座谈交流会

水韵吴忠、沃野平畴

罗山风光

市区园林绿化

盐池哈巴湖景区

吴忠市红寺堡区城区鸟瞰图

贺兰山东麓青铜峡酿酒葡萄产区

盐环定扬水工程灌区水库

红寺堡区柳泉乡永新村

盐池明长城遗址

罗山大道

吴忠仪表有限责任公司生产车间

宁夏青铜峡工业园区大坝电厂

宁夏吉宏环保包装科技有限公司

吴忠兴民纺织有限公司生产车间

宁夏盐池工业园区

工业

青铜峡供港蔬菜基地

青铜峡大青葡萄

青铜峡市秋季农田水利基本建设施工现场

红寺堡区现代农业大棚种植

盐池县滩羊肉深加工车间

农技人员现场指导果农修剪果树

2022 年 6 月 25 日，2022 中国面食博览会暨第二届吴忠早茶美食文化节在吴忠黄河奥林匹克体育中心正式开幕

早茶美食文化节上，非物质文化遗产节目展演

车　展

房　展

家电展销

美食展区

名优产品展区

2022 年 5 月 13 日，吴忠市中级人民法院和吴忠市总工会在市中院诉讼服务中心举行“法院 + 工会”诉调衔接工作室揭牌仪式

2022 年 12 月 26 日，吴忠市红寺堡区中医医院正式揭牌成立

2022 年 3 月 1 日，医护人员在吴忠市盛元广场为市民讲解急救知识

2022 年国庆期间，吴忠市开展市场物资供应情况检查

2022 年 3 月 3 日，吴忠市在各小学举办“世界野生动植物日”宣传活动

2022 年 5 月 23 日，吴忠市举办中小学（幼儿园）第一届校（园）长办学思想主题论坛

2022 年 6 月 16 日，吴忠市红寺堡区科协联合吴忠市科协在红寺堡区团结小学开展“科技之火点燃梦想——流动科技馆走进乡村学校少年宫巡展活动”

2022 年 9 月 17 日，吴忠市委宣传部、市科协联合在市科技馆开展“喜迎二十大　科普向未来”全国科普日活动

2022 年 6 月 27 日，市科协在吴忠市利通街第一小学开展“科技之火点燃梦想”主题活动

2022 年 1 月 23 日，吴忠市举办春节联欢晚会

2022 年 5 月 18 日，“5·18”国际博物馆日暨“宁夏长城保护宣传日”系列活动启动仪式在吴忠市博物馆举行

2022 年 5 月 10 日，吴忠市委党校（市行政学院）举办“喜迎二十大奋进新征程”微宣讲暨文艺会演

市民在档案馆查阅档案

2022 年 6 月 6 日，我们的节日·端午节暨“文化和自然遗产日”（非遗购物节）系列活动启动仪式在利通区光耀美食街举行

2022 年 1 月 5 日，吴忠市书协“文艺进万家　健康你我他”文艺志愿服务活动正式启动

2022 年 6 月 21 日，吴忠市代表队参加“喜迎二十大　奋进新征程”舞出中国红全区广场舞大赛

2022 年 5 月，吴忠市文化系统开展“喜迎二十大　奋进新征程”文化惠民戏曲进校园活动

2022 年 1 月，吴忠市文化系统开展送戏下乡活动

2022 年 9 月 1—4 日，2022 年全国沙滩排球巡回赛（宁夏吴忠站）在滨河体育运动公园举行

激烈的排球比赛

◇ 社会管理

◇ 法　治

◇ 卫生健康

◇ 自然资源与环境保护

◇ 教育与科技

◇ 文化事业

◇ 县（市、区）概况

◇荣　誉

◇附　录

关于吴忠市委常委会的工作报告（节选）

——在吴忠市委六届六次全会上

（2022年12月9日）

吴忠市委书记　徐　耀

现在，我受市委常委会委托，向全会作工作报告。

2022年是极不平凡的一年，是承担任务艰巨繁重的一年，是具有里程碑意义的一年。这一年，经历的大事要事多，党的二十大胜利召开，这是党和国家政治生活中的一件大事，举国关注、举世瞩目，大会总结了伟大成就、擘画了强国蓝图、经略了民族复兴，进一步明确了未来一个时期党和国家事业发展的目标任务和大政方针。自治区第十三次党代会科学描绘了全面建设社会主义现代化美丽新宁夏的美好前景，全市干部群众倍感振奋、备受鼓舞、倍增干劲。这一年，遇到的风险挑战多，受全球经济复苏不均衡、流动性泛滥、国际能源价格高涨、国内疫情散发、经济下行，以及我市转型发展深层次矛盾凸显、经济增长动能转弱等因素影响，我们在经济发展上面临需求收缩、供给冲击、预期转弱三重压力的严峻挑战。在市场体制、国企国资、六权等重点领域改革上面临愈进愈难、愈进愈险而又非进不可的严峻考验；在社会稳定上面临内外风险日益增多、复杂多变、交织叠加的严峻形势。这一年，取得的成绩成效多，我们坚持以习近平新时代中国特色社会主义思想为指导，统筹疫情防控和经济社会发展，保持战略定力，相机调整策略，扎实做好“六稳”“六保”工作，经济竞争力、生态承载力、创新驱动力、文化软实力有了新提高，群众获得感、幸福感、安全感有了新提升，为经济社会高质量发展打下坚实基础。回顾这一年，我们历经艰难险阻，成绩来之不易。社会各界普遍认为，市委常委会以非常之举应对非常之时，用非常之力推进非常之事，团结带领全市干部群众攻坚克难、砥砺前行，交出了一份精彩答卷。

一年来，我们坚持思想对标、政治对表、行动对齐，推动政治生态持续向好。常委会旗帜鲜明讲政治，坚持“习近平总书记怎么说，我们就怎么做”，全面落实党的政治建设责任制，推动各级党组织和广大党员干部深刻领悟“两个确立”的决定性意义，不断增强“四个意识”、坚定“四个自信”、做到“两个维护”。一是推动理论武装入脑入心。始终把学习贯彻习近平新时代中国特色社会主义思想和党的二十大精神作为首要政治任务，研究制定《关于学习宣传贯彻党的二十大精神的实施意见》，广泛开展党的二十大和习近平总书记视察宁夏重要讲话指示批示精神“大学习、大讨论、大宣传、大实践”活动，市委理论学习中心组先后开展集中学习 21 次、研讨交流 10 次，示范带动各级党委（党组）中心组学习 4700 余次，分层分级宣讲 6700 余场次。二是推动政治纪律从严从实。始终坚持把政治纪律挺在前面、落在实处，以钉钉子精神高质量完成中央环保督察“回头看”反馈的 38 条具体意见和自治区环保督察反馈的 67 条具体意见的整改落实，扎实推动国家和自治区巩固拓展脱贫攻坚成果同乡村振兴有效衔接考核评估反馈的 14 个方面 57 项问题清仓见底，以铁的纪律、铁的执行，确保党中央令行禁止、政令畅通。三是推动政治监督见行见效。围绕学习贯彻习近平总书记视察宁夏重要讲话指示批示精神、建设黄河流域生态保护和高质量发展先行区、统筹疫情防控和经济社会发展等党中央重大决策部署，深化政治监督和巡察，查处责任落实不力党员干部 21 人。

一年来，我们坚持产业赋能、创新赋智、环保赋力，推动发展生态持续向好。常委会完整准确全面贯彻新发展理念，以供给侧结构性改革为主线，以先行区建设为统揽，大抓发展、抓大发展、抓高质量发展。预计全年地区生产总值增长 6.5% 左右，固定资产投资增长 10%，一般公共预算收入同口径增长 11%，迈出了建设高质量千亿吴忠的坚实一步。一是转型发展提速。深入实施产业振兴战略，大力发展“六新六特六优”产业，推动产业向高端化、智能化、绿色化、融合化方向发展。在“六新”产业上，新（续）建轻工纺织、新型材料等重点工业项目 99 个，实施两千万元以上工业技改项目 28 个，新增“专精特新”中小企业 16 家、规上工业企业 26 家，预计全年规上工业增加值增长 9% 左右。在“六特”产业上，粮食产量稳定在 105 万吨以上，新（改、扩）建规模化奶牛养殖场 18 家，新增奶牛 4.1 万头、滩羊 27 万只，酿酒葡萄、枸杞、黄花菜产业质效稳步提升，有机枸杞、葡萄酒品牌影响力持续增强，农产品初加工转化率达 73%，利通区入选国家农业现代化示范区创建名单。在“六优”产业上，建成同心县电商公共服务中心、红寺堡交通物流园等一批服务业项目，成功举办 2022 年中国面食博览会暨第二届吴忠早茶美食文化节、全国沙滩排球巡回赛等活动，荣获“中国民族美食文化地标城市”称号，在全国 100 个城市消费者满意度测评中排名西北第一。二是创新发展提档。大力推进科技创新，抢抓“科技支宁”东西部合作机遇，深入实施创新力量厚植等“四大工程”，新增国家级高新技术企业 17 家、自治区级科技型中小企业 125 家，与中国科学院、上海交通大学等合作科技项目累计达到 98 个，吴忠仪表大口径高压调压阀、天利丰公司膜分离制取液氨工艺分别填补了国内空白。大力推进改革创新，承接国家级、自治区级改革试点 36 项，自主谋划改革任务 16 项，工业企业主辅分离改革试点、国企改革三年行动走在全区前列。“六权改革”扎实推进，盐池县山林地回购交易、山林地资源股金分红在全区实现零的突破，青铜峡市用水权改革经验在全区交流推广。大力推进开放创新，在对内合作上，进一步加强与长三角、珠三角等区域合作，先后引进实施项目 275 个，预计到位资金 401 亿元。在对外开放上，积极参加中阿博览会、第二届中国（宁夏）国际葡萄酒文化旅游博览会等展会，预计实现外贸进出口总值 7.5 亿元，增速达 55% 以上。三是绿色发展提标。以建设绿色发展先行市为牵引，协同推进降碳、减污、扩绿、增长，生态环境质量不断向好。坚持综合治理，持续打好蓝天、碧水、净土保卫战，实施环境保护治理和修复项目 37 个，工业危废和医疗废物处置率 100%，全市环境空气优良天数比例预计达到 82%，清水河治理入选生态环境部美丽河湖优秀案例。坚持系统治理，统筹推进山水林田湖草沙一体化保护和系统治理，争取中央财政补助2亿元，实施环罗山生态保护与修复工程，加快推进北部绿色发展区防护林、三北防护林等项目，森林覆盖率和草原植被盖度分别达到18.8%、54.7%，耕地保护目标责任制考核连续七年获全区一等奖。坚持源头治理，围绕“双碳”目标、“双控”任务落实，坚决遏制“两高”项目，大力推动绿能开发、绿氢生产、绿色发展，淘汰落后产能135.3万吨，创成自治区级绿色工厂3家，我市被上海市列入支持氢能产业发展的重点合作区域。四是协同发展提级。统筹推进城乡建设，为城镇赋值，让乡村“升值”，城乡发展两翼齐飞、相得益彰。突出拓展城市功能，实施城乡基础设施项目50个，改造老旧小区61个，新增机动车停车泊位2900多个，城镇化率达56.7%，城市面貌大为改善，城市秩序更加井然。突出建设和美乡村，加快实施重点镇、美丽宜居村庄建设项目，新建乡村振兴示范村39个，新建改建提升农村公路902公里，改造户厕1.05万户，红寺堡区乡村振兴重点工作被国务院通报表扬，青铜峡市入选国家乡村振兴示范县创建名单。

一年来，我们坚持守住底线、守牢红线、守好防线，推动安全生态持续向好。常委会始终坚持总体国家安全观，牢固树立大安全思维，着力构建大安全格局，确保社会大局安定有序。一是守住社会安全底线。以平安吴忠建设为抓手，扎实开展“守土”“净网”等专项行动，中央、自治区交办重复信访件办结率100%，现发命案同比下降43%，刑事案件发案起数、破案起数一降一升。持续巩固全国禁毒示范市创建成果，同心县连续七年在自治区禁毒工作综合考评中排名第一。二是守牢安全生产红线。深入推进安全生产专项整治三年行动，扎实开展百日专项整治行动和安全生产大检查，努力把安全生产风险降到最低，自治区党委“三察（查）一体”督查和全区三个阶段安全生产巡查督查反馈问题整改率96%，自查风险隐患整改率96.2%，安全生产事故起数、死亡人数双下降。三是守好疫情处置防线。先后打赢了“4·6”“5·30”“9·20”“11·16”等疫情，全力支持银川、中卫、宁东等地，为全区抗疫大局作出了吴忠贡献，有力维护了人民群众生命安全和身体健康。3—11岁和60岁以上人群新冠病毒疫苗接种率分别达97.39%、91.36%，吴忠市方舱医院建成运行，重大传染性疾病监测预防和应急处置能力进一步提升。

一年来，我们坚持共商共治、共建共享、共富共荣，推动社会生态持续向好。常委会坚持发展民主政治、维护民族团结、改善民生福祉，巩固了和谐稳定的大好局面，形成了建设现代化美丽新吴忠的最大公约数。一是民主政治基础更牢固。支持人大、政协依法依章履行职能，制定出台了《关于促进吴忠早茶产业高质量发展的决定》，人大代表联络站建设走在全区前列，政协党的创新理论学习宣传在全区政协思想工作座谈会交流发言。统一战线更加巩固，群团改革纵深推进，党管武装不断强化，全过程人民民主在吴忠大地生动实践。二是民族团结局面更坚固。在全区率先创建铸牢中华民族共同体意识示范市，创新“5585”创建模式，扎实开展铸牢中华民族共同体意识主题宣讲、宗教界“感恩吴忠行”实践教育等活动，连续39年开展“民族团结进步月”活动，连续18年举办“社区邻里节”等系列活动。三是民生保障体系更稳固。扎实开展“六大提升行动”，持续加大助企纾困稳岗力度，深入实施移民致富“9+1”专项提升行动，预计城乡居民人均可支配收入分别增长6%和7.5%。优先保障教育医疗投入，进一步完善社会保障和救助体系，普惠性幼儿园在园幼儿占比达到94.7%，义务教育阶段“大班额”得到缓解，公立医疗卫生机构医保专网实现全覆盖，困难群众社保参保率、发放率、代缴率均实现100%。四是宣传文化成效更巩固。严格落实意识形态责任制，牢牢掌握意识形态工作领导权，在中央及自治区主流媒体推出各类报道2800余篇。扎实开展文化惠民、精品打造等活动，《青铜峡的传说》等作品入选国家艺术基金资助项目，《兰花芬芳》等剧目荣获全区群星奖。深入实施文明素养提升行动，成功举办第三季度“中国好人榜”发布仪式，“好人之城”“志愿之城”创建稳步推进，文明城市创建、新时代文明实践建设在全区作经验交流。

一年来，我们坚持严明作风、严格纪律、严抓制度，推动党建生态持续向好。常委会严格落实新时代党的建设总要求，大力弘扬伟大建党精神，认真履行主体责任，推动全面从严治党向纵深发展、向基层延伸。一是夯基固本成效进一步彰显。深入实施基层党建“六项行动”，深化“一抓两整”示范县乡创建、红色物业建设等工作，智慧党建试点站点全面运行，75.3% 的村创建为农村党建工作示范村，“两新”党组织覆盖率分别达 89.9% 和 87.8%。二是选人用人成果进一步彰显。全面落实新时代好干部标准，着力推进干部“两个能力”提升，实施政法系统“3331 工程”，先后任免干部 206 人次，提拔重用干部 73 名。注重引育用并举，出台“人才强市 25 条”措施，订单培训各类技能人才 1 万余人，柔性引进了一批创新团队和领军人才，举办“吴忠籍在外人才家乡行”活动，以人才“雁阵”带动发展矩阵。三是正风肃纪成色进一步彰显。以清廉吴忠建设为抓手，深入开展粮食购销领域腐败、工程建设政府采购等重点领域突出问题专项治理、违规收送红包礼金和不当收益及违规借转贷或高额放贷专项整治等，一体推进不敢腐、不能腐、不想腐，处置问题线索 948 件，立案 312 件 360 人，查处“四风”问题 30 起，处理 66 人，严肃查处了杨晓明等严重违纪违法案件，巩固了反腐败斗争压倒性态势。

一年来，市委常委会高度重视自身建设，坚持把学习贯彻习近平新时代中国特色社会主义思想、党的二十大精神、习近平总书记视察宁夏重要讲话指示批示精神作为首要政治任务和重大政治责任，作为全部工作的主题主线、引领发展的方向指引、统揽事业的根本遵循，深刻领悟“两个确立”的决定性意义，坚决做到“两个维护”，认真贯彻民主集中制，努力在践行对党忠诚、勇于担当作为、扎实为民服务、永葆清廉本色上为全市广大党员干部作出表率。

以上报告的是市委常委会一年来的主要工作。这些成绩的取得，根本在于习近平新时代中国特色社会主义思想的正确指引，根本在于党中央和自治区党委的坚强领导，也是全市各级党组织和广大干部群众勤勉敬业、苦干实干的结果。在总结成绩的同时，还要清醒认识到，发展不足、发展不优、发展不平衡的状况尚未根本转变，在改革开放、创新驱动等方面还要下更大功夫；教育、医疗、文化等领域还存在短板弱项，党的建设还要进一步加强，等。对此，我们要高度重视，在今后的工作中认真加以改进。

政府工作报告

——在吴忠市第六届人民代表大会第二次会议上

（2022年12月17日）

吴忠市市长 王学军

各位代表：

现在，我代表市人民政府，向大会作政府工作报告，请予审议，并请市政协委员和其他列席人员提出意见。

2022年工作回顾

2022年是极不寻常、极不平凡，具有里程碑意义的一年。党的二十大擘画了全面建成社会主义现代化强国的宏伟蓝图，为我们做好各项工作提供了根本遵循、指明了前进方向。自治区第十三次党代会描绘了全面建设社会主义现代化美丽新宁夏的美好前景，赋予了吴忠建设绿色发展先行市的使命任务，极大增强了我们奋力建设现代化美丽新吴忠的信心和决心。

一年来，面对世纪疫情和百年变局交织的严峻形势，面对稳增长、保民生、促转型的多重压力，我们坚持以习近平新时代中国特色社会主义思想为指导，深入学习贯彻党的二十大精神，按照自治区第十三次党代会和市第六次党代会的部署要求，在自治区党委、政府和市委的坚强领导下，在市人大、政协的监督支持下，紧密团结和依靠全市人民，坚持稳中求进工作总基调，统筹疫情防控和经济社会发展，扎实做好"六稳""六保"工作，在大战大考中破浪前行，在攻坚克难中砥砺奋进，"稳"的基础持续巩固，"进"的态势持续拓展，"好"的效益持续增强。预计全年地区生产总值增长6.5%，固定资产投资增长10%，一般公共预算收入同口径增长11%，规模以上工业增加值增长9%，社会消费品零售总额增长3%，城乡居民人均可支配收入分别增长6%和7.5%。

这一年，我们全力抓好"稳保促"，经济运行稳中有进。及时出台并全面落实稳经济一揽子政策措施，退税减税降费23.9亿元，落实企业奖补资金2.3亿元，市场主体达到12.6万户。严格落实粮食安全责任制，粮食生产实现"十九连丰"。培育壮大"六新六特六优"产业，酿酒葡萄、枸杞、冷凉蔬菜种植面积分别达到28万亩、11万亩、64万亩，奶牛、肉牛、滩羊存栏分别达到33.3万头、32万头、310万只。新增"专精特新"中小企业16家、产值过亿元企业10家、规上工业企业26家，5个化工园区安全风险等级全部降为C级，金积、太阳山、青铜峡3个工业园区产值均超过200亿元。成功举办第二届早茶美食文化节等系列促消费活动，荣获"中国民族美食文化地标城市"称号。吴忠市排名全国100个城市消费者满意度测评西北第一。突出大抓项目，分三批集中开工527个项目，上方生物食品添加剂等124个项目投产运行，预计完成固定资产投资442亿元、招商引资401亿元。

这一年，我们努力践行以人民为中心的发展思想，民生福祉保障有力。常态化开展“四查四补”，“三类监测对象”风险消除率达75%以上，全面完成2021年度巩固拓展脱贫攻坚成果同乡村振兴有效衔接考核评估问题整改，脱贫人口人均纯收入增长16.4%。新增城镇就业1.2万人，农村劳动力转移就业22.2万人。新（扩）建学校28所，新增学位1.5万个，普惠性幼儿园在园幼儿占比达到94.7%，义务教育阶段“大班额”得到有效缓解，普通高中大班额占比降至1%，宁夏奶业现代产业学院当年建设、当年招生。持续深化“互联网+医疗”，各级公立医疗卫生机构医保专网实现全覆盖。成功举办2022年全国沙滩排球巡回赛，开展送戏下乡等惠民演出569场次。城乡居民基础养老金标准提高到220元，发放救助补助资金6.5亿元，困难群众低保和医疗保险实现应保尽保。

这一年，我们高度重视生态建设，环境质量持续改善。大力推进节能降碳，坚决遏制“两高”项目盲目发展，淘汰落后产能135.3万吨。实施庆华煤化干熄焦改造等技改项目28个，新能源建成并网规模1509.3万千瓦，塞外香食品等3家企业创成自治区级绿色工厂。深入开展污染防治，全市环境空气质量稳定在国家二级标准以内。实施牛家坊等人工湿地项目6个，清水河治理入选生态环境部美丽河湖优秀案例，黄河吴忠段出境断面水质保持在Ⅱ类。畜禽粪污、农作物秸秆综合利用率和农用残膜回收率均达90%以上。中央、自治区生态环保督察反馈问题整改工作扎实推进。加大生态修复力度，深入实施环罗山生态保护与修复等工程，完成营造林32.2万亩，修复草原8.5万亩，森林覆盖率和草原综合植被盖度分别达到18.8%、54.7%。耕地保护目标责任制考核连续七年全区第一。

这一年，我们全面深化改革创新，发展动能加速释放。“六权”改革成效显现，水权交易1344万立方米，集体经营性建设用地入市交易8宗、排污权交易178.5吨，林权抵押2.4万亩，用能权、碳排放权改革顺利启动。国企改革三年行动全面完成。工程建设项目“审管联动”、公共资源交易“加减乘除”做法在全区推广。市级媒体融合改革纵深推进。开放合作不断扩大，成功举办自治区国资国企吴忠行、吴忠籍在外人才家乡行等活动，外贸进出口总额同比增长55%。科技创新持续发力，新增国家高新技术企业17家、自治区科技型中小企业125家，232家企业享受研发费用加计扣除政策红利8亿元。

这一年，我们切实加强城乡建设，品质内涵有效提升。注重完善功能，实施城市东片区开发等项目50个，新增商品房105万平方米，改造老旧小区61个，实施换热站大温差技术改造54座，新增城市绿地1090亩，市区污水资源化利用率达到36%，入围自治区海绵城市试点城市，城镇化率达到56.7%。突出精细管理，深入推进文明城市创建和国家园林城市复检，建成市区“六纵六横”绿波网络，修复破损路面28万平方米，新增新能源公交车20辆、机动车泊位2900个，疏通市区排水管网42公里，整治地下空间防汛隐患525处。狠抓乡村建设，新建、改造农村公路902公里、户厕1.05万户，实施清洁取暖“双替代”8万户。新建乡村振兴示范村39个，实施重点镇、美丽村庄建设项目23个，同心县折腰沟等6个村入选国家级传统村落，全国乡村治理体系建设示范专题、第三季度“中国好人榜”发布仪式暨全国道德模范与身边好人现场交流活动在吴忠市举行。

这一年，我们大力创新基层治理，社会大局和谐稳定。坚决维护政治安全，扎实推进铸牢中华民族共同体意识宣传教育“十进”活动，深化宗教领域突出问题治理，加快创建铸牢中华民族共同体意识示范市。持续加强意识形态和网络安全工作，新时代文明实践中心实现全覆盖。有序推进全国市域社会治理现代化试点工作，全面落实基层治理“1+6”体系。常态化开展扫黑除恶，严厉打击各类违法犯罪。建成“一站式”矛盾纠纷调解中心42个，全面启动不动产权登记遗留问题化解工作，进京赴银越级访下降58%。深入开展安全生产专项整治三年行动，生产安全事故起数和死亡人数实现“双下降”。有效防范政府债务、金融、食品药品等领域风险，牢牢守住了不发生系统性、区域性风险的底线。

这一年，我们着力强化自身建设，政府效能不断增强。深入学习宣传贯彻党的二十大精神，深刻领悟“两个确立”的决定性意义，扎实开展党的二十大和习近平总书记视察宁夏重要讲话指示批示精神 “大学习、大讨论、大宣传、大实践”活动，政府系统政治判断力、政治领悟力、政治执行力有效提升。提请市委审议重大事项40项。办理区市人大代表议案建议96件、政协委员提案155件，办复率100%。深入实施“八五”普法，建立政府常务会议会前学法制度，切实加强审计监督、政务公开、大额资金管理，持续推动政府决策科学化、民主化、法治化。严格落实党风廉政建设责任制，坚决落实中央八项规定及其实施细则精神和自治区“八条禁令”，牢固树立“过紧日子”的思想，“三公”经费下降13.6%。大力倡导“严细深实勤俭廉+快”的工作作风，以钉钉子精神真抓实干，政府履职能力和水平不断提升。

这一年，统计调查、新闻出版、国防动员、退役军人、双拥共建、工商联、住房公积金、气象、档案等工作取得新进步，工会、青年、妇女儿童、老龄、残疾人、慈善等事业实现新发展。

各位代表，历尽天华成此景，人间万事出艰辛。回首即将过去的一年，面对疫情防控、经济运行、民生保障等方面遇到的一系列困难挑战，我们始终坚持“总书记怎么说、我们就怎么做”，坚决贯彻落实党中央、国务院和自治区党委、政府及市委各项决策部署，认真践行以人民为中心的发展思想，紧紧团结和依靠全市广大干部群众，克服了一个又一个艰难险阻，取得了一个又一个重大胜利。特别是面对多轮疫情的严重冲击，我们在全力打好阻击战的同时，既有力稳住了经济大盘，也办成了10个方面31项民生实事，实属不易。这些成绩的取得，得益于习近平新时代中国特色社会主义思想的科学指引，得益于自治区党委、政府和市委的坚强领导，得益于市人大、政协的监督支持，得益于老领导、老同志的关心指导，得益于全市人民的共同奋斗。在此，我谨代表市人民政府，向奋战在全市各条战线上的广大干部群众，向各位人大代表、政协委员、各民主党派、工商联、无党派人士、人民团体和离退休老同志，向驻吴部队、武警官兵、公安民警和消防救援队伍，向中央及区属驻吴单位，向关心支持吴忠发展的国家部委、自治区厅局、友好城市、政府顾问和社会各界人士，表示衷心的感谢，致以崇高的敬意！

在肯定成绩的同时，我们也清醒看到发展不足仍是最大的实际。产业结构调整、转型升级任务依然艰巨；引领高质量发展的大项目、好项目数量不多，质量不优、后劲不足；改革开放深度广度、科技创新活力动力、招商引资成效成果仍需提升；受疫情影响，部分市场主体生产经营成本上升、销售消费受阻、利润空间收窄、发展困难增多；环境资源约束趋紧，财政收支压力加大，居民收入增幅减缓；民生保障和基层治理等方面还存在不少问题困难和短板弱项；个别政府部门及工作人员思想观念、工作作风还不能完全适应新时代新任务新要求，等等。对此，我们将直面问题、认真对待，不回避、不懈怠，采取有力措施，切实加以解决。

2023年主要工作

2023年，是全面学习贯彻落实党的二十大精神的开局之年，是落实自治区第十三次党代会、市第六次党代会部署和实施“十四五”规划承上启下的重要一年。政府工作总体要求是：坚持以习近平新时代中国特色社会主义思想为指导，全面贯彻党的二十大和中央经济工作会议精神，深入落实习近平总书记视察宁夏重要讲话指示批示精神，认真落实自治区党委十三届三次全会暨党委经济工作会和市委六届六次全会精神，坚持稳中求进工作总基调，完整、准确、全面贯彻新发展理念，更好统筹疫情防控和经济社会发展，更好统筹发展和安全，全面深化改革开放，大力提振市场信心，突出稳增长、稳就业、稳物价，实施“五大战略”，加快“三区建设”，着力推进产业转型、项目建设、绿色发展、乡村振兴、民生改善，持续推动经济社会高质量发展，加快建设绿色发展先行市，奋力建设现代化美丽新吴忠，为继续建设经济繁荣、民族团结、环境优美、人民富裕的美丽新宁夏作出吴忠贡献！

主要预期目标是：地区生产总值增长6.5%，固定资产投资增长10%，一般公共预算收入增长3%，规模以上工业增加值增长9%，社会消费品零售总额增长5%，城乡居民人均可支配收入分别增长7%、9%，城镇调查失业率控制在5.5%以内，居民消费价格涨幅控制在3%以内。完成自治区下达的环境质量改善和能耗“双控”、主要污染物减排任务。

围绕实现上述目标，重点做好八个方面工作：

一是突出产业转型，着力保持经济稳定增长。

大力实施产业振兴战略，深化供给侧结构性改革，推动“六新六特六优”产业量级做大、能级做强、品级做优。

持续推动“六新”产业提质扩量。深入推进“四大改造”，实施通达煤化工液化天然气等70个重点工业项目，新增“专精特新”中小企业10家、规上企业20家。全面推行“管委会+公司”管理模式，实施工业园区低成本化改造项目5个以上，力促金积工业园区创成国家高新技术产业开发区。加快“僵尸”企业清退，盘活低效用地，提高园区亩均效益。

持续推动“六特”产业提档增效。严格落实粮食安全和耕地保护责任，坚决遏制耕地“非农化”、基本农田“非粮化”，新建高标准农田10.8万亩，粮食种植面积、产量稳定在300万亩、105万吨以上。加快建设麻黄沟5万头奶牛养殖基地等66个项目，稳定酿酒葡萄、枸杞、冷凉蔬菜种植面积，新增奶牛2万头、肉牛2万头、滩羊20万只以上，农业总产值增长4%以上。做强做优“粮头食尾”“农头工尾”文章，培育精深加工龙头企业10家，着力构建种养加、产供销一体的现代农业全产业链，进一步擦亮“高端奶之乡”“滩羊之乡”品牌。

持续推动“六优”产业提速升级。实施消费扩容提质工程，改造提升牛家坊等现代服务业集聚区，适时举办早茶文化节等活动，推动餐饮、零售、汽车、家电和商品房等消费回暖回补。扶持壮大吴忠严选等电商平台，助力更多特色产品“走出去”。加快推进长城、长征、黄河国家文化公园（吴忠段）建设，整合市域旅游资源，打造精品旅游线路，延长游客停留时间，把游客“流量”变为消费“增量”，全年接待游客和旅游收入分别增长10%以上。大力发展现代物流、会展博览、健康养老产业，新增服务业规上限上企业及大个体40家。全年服务业增加值增长6%以上。

持续推动科技创新提效赋能。实施“四大创新工程”，培育国家高新技术企业6家，新增自治区科技型中小企业和“瞪羚”企业20家，力争R&D经费投入增长10%以上。深化东西部、校企地科技合作，新增自治区工程（技术）研究中心、企业技术创新中心等创新平台10家。加强创新人才引进和本土人才培养，不断壮大高素质人才队伍。

二是突出大抓项目，着力强化高质量发展支撑。树立大抓项目、抓大项目、抓高质量项目的鲜明导向，抓建设、抓招商、抓储备，确保推进有力度、形象有进度、投资有强度。

全力加快项目建设。扎实开展“扩大有效投资巩固提升年”活动，继续实行领导包抓重点项目工作机制，做实“准备之冬”，夯实“开工之春”，抓实“建设之夏”，打赢“决胜之秋”，加快实施青石峁千亿方级气田开发等314个产业项目、清水河流域城乡供水等197个基础设施项目、红寺堡区棚改安置区等71个社会民生项目，确保582个计划实施项目上半年全部开工，全年完成投资485亿元以上。

注重提升招商成效。突出产业招商、以商招商、诚信招商，坚持线上线下相结合，组成多个小分队积极“走出去、请进来”，加强与长三角、珠三角等重点区域行业协会和招商大使联系，对接龙头企业、链主企业、配套企业，落实“一对一”跟踪服务机制，力促永杰新材料铝深加工等210个项目落地、新大泽养殖碳汇基地等36个项目建成，全年招商引资到位资金400亿元以上。

认真谋划储备项目。聚焦政策导向、投资方向、资金流向，围绕产业转型、基础设施、环境保护、乡村振兴、社会民生等领域争资金、引项目，全年争取项目资金160亿元以上。跟进做好项目库动态调整、滚动发展，全年储备项目年度投资不少于700亿元。

三是突出“三农”工作，着力推进乡村振兴。坚持农业农村优先发展，持续加固底板、补齐短板，努力打造和美乡村、塞上乐园。

切实巩固拓展脱贫攻坚成果。扎实推进巩固拓展脱贫攻坚成果同乡村振兴有效衔接，全力做好防返贫动态监测和精准帮扶，不断增强脱贫群众内生动力，坚决守住不发生规模性返贫底线。深化拓展闽宁协作、“万企兴万村”、定点帮扶和社会帮扶，进一步加大对盐同红3个乡村振兴重点帮扶县支持力度，推动红寺堡区创建全国易地搬迁移民致富提升示范区。

多措并举增加农民收入。因地制宜发展种养业，积极培育乡村旅游等新业态，新增休闲农庄10家，推进农业产业强镇建设，不断提高经营性收益。深化跨省区劳务协作，加大以工代赈力度，拓宽就业增收渠道，力争农村劳动力转移就业18万人次以上，切实增加工资性收入。积极盘活农村闲置宅基地、农房等资源资产，持续释放财产性收入潜力。不折不扣落实各项惠农富农政策，稳定巩固转移性收入。

加快建设和美乡村。大力实施乡村建设行动，新建改造农村公路850公里，改建抗震宜居房4000户，实施清洁取暖“双替代”5.1万户，改造户厕6000户，建设宜居宜业和美乡村30个，着力打造“一村一幅画、一县一风景”的农村新景象。支持利通区创建全国农业现代化示范区、青铜峡市创建全国乡村振兴示范县。完善乡村治理体系，推广“积分制”“清单制”等模式，倡导移风易俗，培育文明乡风，建设独具特色的善治乡村。

四是突出绿色发展，着力加强生态环境保护。坚定不移走生态优先绿色发展之路，协同推进降碳、减污、扩绿、增长，让吴忠大地天更蓝、山更绿、水更清、环境更优美。

以严的标准抓好抓实绿色低碳发展。严格落实“双碳”“双控”目标，坚决遏制“两高”项目盲目发展，加快淘汰落后产能，大力推进盐同红煤炭高效综合利用和新能源大基地建设，培育发展太阳山氢氨产业，努力建设“绿电园区”和能源转型发展示范市。全面落实“四水四定”，深入实施深度控水节水行动，加快推进“互联网 + 城乡供水”，不断提高水资源利用效率。引导绿色消费、绿色出行，让低碳生活成为普遍共识和自觉行动。

以铁的手腕抓紧抓实污染综合防治。深化“四尘”同治，有效应对重污染天气，优良天数比例PM_{10}、$PM_{2.5}$及二氧化碳排放强度完成自治区下达任务。强化“五水”共治，实施城市污水处理系统连通和雨污分流等项目，确保黄河过境水质Ⅱ类进Ⅱ类出。推进“六废”联治，工业危废和医疗废物安全处置率达到100%。坚决全面整改中央、自治区生态环境保护督察反馈问题，努力提升生态环境综合治理成效。

以硬的举措抓细抓实生态保护修复。严格落实河湖长制，加快推进黄河吴忠段综合治理等项目，推动河湖清“四乱”规范化、常态化，确保河湖水更清、岸更绿。全面压实林长制，持续开展国土绿化行动，实施南部生态保护和修复等项目，完成营造林26万亩、修复草原5万亩，治理水土流失270平方公里，森林覆盖率和草原综合植被盖度分别达到19.3%、54.9%以上。

五是突出美丽宜居，着力加快城镇建设。统筹生产、生活、生态、安全需要，抓好全国文明城市创建和园林城市复检，实施城市更新行动和城乡面貌提升行动，促进城乡融合发展。

努力增强城市品质化建设内涵。争取国家第二批城市更新试点城市，实施“四类管线”改造等项目36个，新增商品房150万平方米，改造老旧小区29个、老旧路面10万平方米，新建城市道路、小微公园、公厕、再生水回用、充电桩等一批市政基础设施，全面完成换热站大温差技术改造，进一步补城市之缺、增城市之美，提升城市基础设施服务能级。

努力提高城市精细化管理水平。科学规划城市空间布局，市区新增机动车泊位800个、城市绿地200亩，城市建成区绿地率达到42%。加强城市道路建管养无缝对接，优化提升通行能力，打造畅通安全出行环境。规范农贸市场、临时摊位等经营，实现城市生活垃圾分类全覆盖。强化住宅物业管理，完善社区服务功能，打造十五分钟“便民生活圈”，让城市生活更美好。

努力构建城乡一体化发展格局。健全城乡基础设施建管机制，推动市政供水供气供热管网向城郊乡村及规模较大镇延伸。完善县乡村三级流通体系，深化农村客货邮商融合发展，建设快递进村网点100个，统筹解决群众幸福出行、物流配送、邮政寄递三个“最后一公里”问题。促进农业转移人口就地就近市民化，城镇化率达到57.5%。

六是突出改革开放，着力释放发展动力活力。聚焦重点领域，靶向施治、精准发力，持续增强发展动能，不断厚植发展优势。

稳步推进重点改革。深化“六权”改革，进一步健全完善“资源有价、使用有偿、交易有市、节约有效”的制度机制，集中解决水权改革机制不顺、山林权土地权改革权属不清、排污权市场不旺、用能权控能增产不优、碳排放权减碳增汇不强等瓶颈问题，推动要素资源优化配置实现新突破。深入推进农村土地“三权分置”和村集体产权制度改革，壮大新型农村集体经济。巩固拓展国企改革三年行动成果，做大做优国有资本和国有企业。启动疾病预防控制体系改革，增强公共卫生服务能力。高质量开展第五次全国经济普查工作。

持续优化营商环境。精准落实减税降费等政策措施，千方百计助企纾困。不断深化“放管服”，实现90%以上高频事项一网通办、100%工程建设事项全程网办。整合大数据信息化资源，建立统一应用平台，实现“一网统管、全域联动、高效协调”。抓好“双随机、一公开”监管，加强社会信用体系建设，落实公平竞争审查制度，营造公平公正市场环境。依法平等保护企业家权益，让民营经济、小微企业创新源泉充分涌流、创新活力充分迸发。

不断扩大对外开放。加强与京津冀、长三角、粤港澳大湾区、黄河“几”字弯等区域对接，抓好产业转移承接和经贸交流合作。立足建设绿色发展先行市，依托“高端奶之乡”“滩羊之乡”“早茶文化地标城市”等品牌和平台，鼓励发展跨境电商、服务外包、保税加工等新业态，全年外贸进出口总额增长10%以上。

七是突出以人为本，着力提高民生保障水平。坚持尽力而为、量力而行，深入实施“六大提升行动”，扎实办好民生实事，让现代化建设成果更好惠及全市人民。

千方百计扩大就业。进一步健全以创业带动就业和多渠道灵活就业的保障机制，加强“点对点”就业对接，统筹解决“就业难”和“招工难”并存问题。紧盯高校毕业生、农民工、退役军人等重点群体就业，加强困难群体就业兜底帮扶，确保零就业家庭动态消除，新增城镇就业1万人，培育创业实体2000个，增加就业岗位1.1万个。

协调发展社会事业。促进义务教育优质均衡发展，新（改、扩）建学校15所，新增学位7500个。推进高等职业教育高质量发展，力促宁夏民族职业技术学院“双高”建设通过中期评估。推动市人民医院创成三级甲等医院。实施文明素养提升行动，持续提高全社会文明程度。广泛开展文化惠民和全民健身活动，举办宁夏黄河金岸（吴忠）国际马拉松等体育赛事。

健全完善保障体系。推进全民参保计划，城乡居民基本养老保险、医疗保险参保率分别达到92%和95%。关心关爱“一老一小”，打造全国示范性老年友好型社区2个。保障妇女、未成年人、残疾人等合法权益，做好军属、退役军人和其他优抚对象优待抚恤工作。加强困难群众救助，织密基本民生保障网。

明年，我们聚焦群众急难愁盼问题，积极争取和统筹安排资金5.8亿元，精心办理为环卫绿化工人免费提供营养早餐、“一村一年一事”等10项民生实事。这是我们的庄严承诺，必须办成办好办实，让人民群众享受到更多看得见、摸得着的实惠！

八是突出社会治理，着力守牢安全稳定底线。强化底线思维，增强忧患意识，不断提升基层治理能力，切实筑牢发展安全屏障。

全面加强基层治理。建立完善网格化管理、精细化服务、信息化支撑的基层治理平台，创成全国市域社会治理现代化试点合格城市。深化“5585”创建模式，加快铸牢中华民族共同体意识示范市创建进程。依法加强宗教事务管理，努力建设基层宗教治理模范市。坚持和发展新时代“枫桥经验”，大力开展信访工作示范县和无访乡镇（街道）、村（社区）创建活动，确保95%以上的矛盾纠纷化解在基层。充分发挥工会、妇联、共青团、科协、残联、文联等群团组织桥梁纽带作用，更好凝聚民心民力。深入推进国防后备力量建设，持续做好全国双拥模范城创建工作。加快“平安细胞”创建，常态化开展扫黑除恶斗争，努力建设更高水平的平安吴忠。

坚决防范重大风险。统筹发展和安全，进一步健全完善监测预警机制，坚决捍卫政治安全，有效防控金融风险、债务风险、社会风险等各类风险。严格落实安全生产责任制，加强重点领域、重点行业安全监管，坚决守住不发生重特大安全事故底线。强化食品药品安全管理，创建国家食品安全示范城市。完善安全应急机制，提高防灾减灾救灾能力，营造安全稳定发展环境。

全面加强政府自身建设

各位代表，立足新起点、踏上新征程、肩负新使命，我们必须大力弘扬伟大建党精神，牢记“三个务必”，知责于心、担责于身、履责于行，努力建设人民满意的服务型政府。

加强政治建设。坚持把学习贯彻落实党的二十大精神作为首要政治任务，让“总书记怎么说、我们就怎么做”成为吴忠最鲜明的政治底色，确保政府各项工作始终沿着正确政治方向前进。严守政治纪律和政治规矩，严肃党内政治生活，严格落实意识形态工作责任制，全面落实中央、自治区决策部署和市委工作安排，坚决做到党委有部署、政府有行动、落实见成效。

强化担当作为。发扬“严细深实勤俭廉＋快”的工作作风，增强防范风险、攻坚克难、敢于斗争的能力，走出“舒适区”，敢涉“深水区”、勇闯“无人区”，让干部敢为、地方敢闯、企业敢干、群众敢首创，努力开创各项事业发展新局面。突出实干实效实绩导向，坚持工作项目化、项目清单化，厘清路线图，设定进度表，定一条抓一条、条条兑现，做一件成一件、件件落实，用我们的“辛苦指数”换取群众的“幸福指数”。

坚持依法行政。深入践行习近平法治思想，持续推进法治政府建设，让厉行法治贯穿政府工作各领域全过程。自觉接受人大及其常委会依法监督、政协民主监督和社会舆论监督，不断提升依法行政能力。深入开展“八五”普法，认真落实行政执法“三项制度”，强化公共法律服务体系建设。严格履行重大行政决策程序，确保行政权力始终在阳光下运行。

严守纪律规矩。严格履行全面从严治党主体责任，纵深推进政府系统党风廉政建设和反腐败斗争。坚决落实中央八项规定及其实施细则精神和自治区若干意见，深入推进清廉吴忠建设。强化财政、审计、统计监督，牢固树立“过紧日子”的思想，继续压缩财政一般支出和“三公”经费，确保有限资金投在关键处、花在急需处、用在紧要处。坚持慎权、慎始、慎微、慎好、慎独、慎情、慎友、慎终，严于律己、严负其责、严管所辖，巩固拓展全市风清气正的政治生态。

各位代表，历史只会眷顾坚定者、奋进者、搏击者，唯有踔厉奋发、勇毅前行、团结奋斗，方能不负历史、不负时代、不负人民！让我们更加紧密地团结在以习近平同志为核心的党中央周围，在自治区党委、政府和市委的坚强领导下，大力弘扬“不到长城非好汉”的革命精神、“走好新时代长征路”的奋斗精神和“社会主义是干出来的”的实干精神，撸起袖子加油干，风雨无阻向前行，全面汇聚起奋进新征程、建功新时代的磅礴力量，为共同答好全面建设社会主义现代化美丽新宁夏的“时代考题”交出优异的“吴忠答卷”！

大事记

1月

1 日　吴忠市在盛元广场举行新年升国旗仪式，表达对祖国诚挚的祝福。

4 日　吴忠市召开 2022 年工作思路谋划会，深入学习贯彻党的十九届六中全会精神、中央和自治区党委经济工作会议精神，对 2022 年工作进行再梳理、再谋划，动员全市上下围绕既定目标抓好落实、加快推进。市委书记徐耀主持会议并讲话，市长王学军出席会议并讲话。

5 日　吴忠市委书记徐耀、市长王学军调研林长制落实及罗山生态修复项目规划实施情况。自治区林草局局长徐庆林一同参加调研并就罗山生态保护修复工作提出意见建议。

6 日　吴忠市召开人才表彰大会，会议深入学习贯彻党的十九届六中全会和中央人才工作会议精神，总结工作成绩，表彰优秀人才，激励全市上下以优秀人才为榜样，勇毅前行、奋勇争先，为奋力建设现代化美丽新吴忠作出更大的贡献。

△　吴忠市召开政务新媒体座谈会。

7 日　吴忠市委经济工作会议召开，传达学习中央和自治区党委经济工作会议精神。会议还就民生保障、安全生产、社会矛盾排查等当前重点工作进行安排部署。市委书记徐耀讲话，市委副书记、市长王学军主持会议并作总结讲话。

10 日　吴忠市中级人民法院首次适用独任制审理二审民事案件。

△　吴忠市公安局举行升国旗暨民警荣退仪式。

11 日　吴忠市人民政府与国家开发银行宁夏分行举行开发性金融服务吴忠高质量发展战略合作协议签约仪式，市长王学军，国家开发银行宁夏分行党委书记、行长唐力出席签约仪式。

△　吴忠市总工会第五次代表大会开幕。大会全面回顾总结过去五年吴忠市总工会工作，明确今后五年的奋斗目标，安排部署主要任务。大会选举产生市

2022 年 1 月 11 日，吴忠市总工会第五次代表大会召开

总工会第五届委员会主席、副主席、常委，经费审查委员会主任、副主任。市委书记徐耀出席开幕会并讲话，自治区总工会党组成员、副主席马丽君到会致辞。

13日　吴忠市市长王学军深入太阳山开发区，现场督导中央第四生态环境保护督察组通报有关问题整改工作；到吴忠市利通区扁担沟镇利原村开展专题宣讲，扁担沟镇全体干部、利原村“两委”班子成员、全体党员、驻村第一书记和工作队员参加会议。

△　宁夏奶业现代产业学院挂牌仪式暨奶产业高质量发展人才培养研讨会在吴忠国家农业科技园区中国（宁夏）奶业研究院举行。

17日　吴忠市党史学习教育总结会议召开，会议深入学习贯彻习近平总书记关于巩固拓展党史学习教育成果的重要讲话和重要指示精神，贯彻落实中央和自治区党史学习教育总结会议部署要求，全面总结市党史学习教育成效经验，进一步巩固拓展学习教育成果。市委书记、市委党史学习教育领导小组组长徐耀出席会议并讲话。

△　吴忠市委副书记、市长王学军指导青铜峡市委常委会党史学习教育专题民主生活会。传达学习习近平总书记在中央政治局专题民主生活会上的重要讲话精神、自治区党委常委会专题民主生活会精神和吴忠市委常委会专题民主生活会精神。

△　吴忠市组织收听收看全国安全生产电视电话会议、全区安全生产电视电话会议暨自治区安委会2022年度第一次全体（扩大）会议。

18日　吴忠市召开中国共产党吴忠市第六届委员会第二次全体会议。全会由市委常委会主持，市委书记徐耀代表常委会作讲话。全会审议通过《中共吴忠市委关于创建铸牢中华民族共同体意识示范市　推进新时代民族工作高质量发展的实施意见》；市委常委、统战部部长、政法委书记丁建成就《实施意见（讨论稿）》向全会作说明；讨论确定吴忠市出席党的二十大代表候选人推荐人选。

20日　自治区党委副书记、自治区主席咸辉在参加自治区十二届人大五次会议吴忠市代表团审议时强调，要深入贯彻落实习近平总书记视察宁夏重要讲话指示批示精神，全面落实自治区党委部署要求，按照《政府工作报告》工作安排，施非常之策，以非常之举，下非常之功，尽非常之责，建设好现代化美丽新吴忠。自治区领导白尚成、沈左权、王道席、沙闻麟、时侠联参加审议。

△　吴忠市召开征兵工作会议。

21日　吴忠市2022年“迎冬奥庆新春”冰雪嘉年华暨第七届黄河金岸冰雪旅游节在吴忠市塞上滨河滑雪场正式开幕。

24日　吴忠市委书记徐耀调研慰问驻吴部队、武警吴忠支队和市消防救援支队，代表市委、人大、政府、政协向大家致以新春的祝福和亲切的问候。

△　吴忠市首批国家统一行政执法证件颁发仪式在市司法局举行，为吴忠市市场监督管理局、吴忠市文化市场综合执法支队等部门颁发首批行政执法证件。

25日　吴忠市党管武装工作述职会议召开，传达学习中央军委2022年全军开训动员令和自治区党管武装工作述职会议精神。市委书记、吴忠军分区党委第一书记徐耀出席会议并讲话。

△　市安委会2022年第一次全体（扩大）会议召开，全面总结2021年安全生产工作，分析当前安全生产形势，安排部署2022年安全生产重点工作及春节、全国两会期间安全工作，坚决守牢安全底线，努力以安全稳定的社会环境迎接党的二十大和自治区第十三次党代会胜利召开。市长王学军出席会议并讲话。

△　2022年全市文化、科技、卫生三下乡暨“我为群众办实事”集中示范活动在吴忠市利通区金积镇中心广场启动。

26日　吴忠市委召开2021年度党（工）委书记抓基层党建述职评议考核和县（市、区）、市直部门（单位）党组织“一把手”述责述廉评议会议。对述职的党（工）委书记抓基层党建工作情况和述责述廉的党委（党组）书记进行民主测评。市委书记徐耀主持会议并讲话，市长王学军、市委副书记王汉武出席会议。自治区党委组织部有关人员到会指导。

27日　中国共产党吴忠市第六届纪律检查委员会第二次全体会议召开。市委常委、市纪委书记、监委主任王海燕主持会议，并代表市纪委常委会作题为《担当新时代使命　服务高质量发展　为建设现代化美丽新吴忠提供坚强保障》的工作报告。会议传达学习习近平总书记在十九届中央纪委第六次全体会议上的重要讲话精神和自治区纪委十二届六次全会精神。

28日　吴忠市委书记徐耀、市人大常委会主任兰德明到同心县，走访慰问困难党员和群众，并向大家致以诚挚问候和新春祝福。

△　吴忠市市长王学军督导安全生产、物资供应等工作。

△　吴忠市宣传部长会议召开，深入学习贯彻党的十九届六中全会精神及习近平总书记关于宣传思想工作的重要论述，全面贯彻落实全国全区宣传部长会议精神、区市党委有关部署要求及市委书记徐耀对宣传思想工作作出的批示精神，总结工作，分析形势，安排部署2022年各项工作。

△　吴忠市太阳山开发区生态环境保护综合执法大队正式挂牌。

29日　吴忠市市长王学军、市政协主席王天军到吴忠市儿童福利院看望孤儿。

△　吴忠市委召开2022年迎新春老干部座谈通报会。

30日　吴忠市委书记徐耀、市长王学军看望慰问春节期间坚守岗位的公安民警、环卫工人、医护人员、公交车司机等。

是月　由市委党史学习教育领导小组办公室、市委组织部、市委宣传部、市委党史和地方志研究室、吴忠市新闻传媒中心倾力打造的18集电视纪录片《红色记忆》，在吴忠广播电视台综合频道、新媒体平台同步播出。该纪录片视角新颖、资料翔实、讲述专业，是吴忠市迄今为止挖掘整理的最系统的一部红色纪录片。

2月

8日　吴忠市领导干部学习贯彻党的十九届六中全会精神专题学习班开班。深入学习贯彻党的十九届六中全会精神和习近平总书记重要讲话精神，以及中央、自治区、吴忠市重要会议精神。学习班邀请自治区发展改革委二级巡视员向阳、自治区党委统战部副部长柴建国，分别作题为《深入领会习近平经济思想内涵，在奋力推动经济社会高质量发展中展现新作为开拓新局面》《铸牢中华民族共同体意识，推动新时代宁夏民族工作高质量发展》的专题辅导。市长王学军主持开班式并作动员讲话。市人大常委会主任兰德明、市政协主席王天军、市委副书记王汉武出席。

11日　吴忠市委书记徐耀带队赴富力集团北京公司，就太阳山开发区相关能源合作项目与广州富力地产股份有限公司董事长兼总裁张力进行深入对接洽谈，双方围绕合作项目中存在的问题逐一进行沟通交流并达成一致意见。

14日　吴忠市组织收听收看全区复工复产安全防范工作视频会议。

△　吴忠市举办“三农”干部大学习大轮训培训班。

14—16日　吴忠市委书记徐耀先后深入吴忠金积工业园区和太阳山开发区，调研产业发展、项目建设等情况。

15日　吴忠市委农村工作会议召开，深入学习领会习近平总书记关于“三农”工作的重要论述，认真贯彻中央和自治区党委农村工作会议精神，全面推进乡村振兴，加快农业农村现代化，奋力开创吴忠市新时代乡村

2022年1月28日，吴忠市太阳山开发区生态环境保护综合执法大队挂牌成立

振兴新篇章。会上签订 2022 年粮食安全和耕地保护目标责任书。

16 日　吴忠市市长王学军调研同心县经济社会发展情况。

△　吴忠市创城指挥部召开全市创建全国文明城市工作调度会。

17 日　吴忠市妇女第五次代表大会开幕，来自全市各行各业、各条战线的 178 名妇女代表齐聚一堂，共商妇女事业发展大计。市委书记徐耀出席并讲话，自治区妇联主席王君兰到会致辞。

18 日　吴忠市召开 2022 年春季“开学第一课”备课启动会。

△　吴忠市召开电视电话会议，安排部署 2022 年禁毒工作暨禁毒“清源断流”行动。

19 日　吴忠市教育工作暨教育系统党风廉政建设会召开。

21 日　吴忠市市长王学军调研红寺堡区、太阳山开发区经济社会发展情况。

22 日　吴忠市市长王学军调研创城及市政设施维修、交通标志设施维护。

23 日　吴忠市委全面深化改革委员会召开第十五次会议，传达学习中央全面深化改革委员会第二十三次会议、自治区党委全面深化改革委员会第十六次会议精神，安排部署下一步工作。市委书记、市委全面深化改革委员会主任徐耀主持会议并讲话。市长、市委全面深化改革委员会副主任王学军出席会议。

△　共青团吴忠市第五次代表大会开幕，市委书记徐耀出席大会并讲话，自治区团委副书记李峰到会致辞。

△　吴忠市公安局召开 2022 年吴忠市公安民警救助协会理事会议。

24 日　市委政法委员会召开 2022 年第一次全体（扩大）会议，会议传达学习中央、自治区党委政法工作会议和全国、全区政法队伍教育整顿总结会精神，听取部分副书记、委员述职报告，审议市委政法委有关制度、2022 年全市政法工作要点，研究部署工作。

△　吴忠市召开 2022 年招商引资工作推进会。

25 日　吴忠市委政法工作暨市域社会治理现代化试点工作推进会召开，传达学习习近平总书记关于政法工作的重要指示批示精神和中央、自治区党委政法工作会议精神，总结全市 2021 年政法工作，安排部署 2022 年工作，重点谋划推进市域社会治理现代化

2022 年 2 月 23 日，共青团吴忠市第五次代表大会召开

试点工作。

△ 吴忠市召开春耕备耕现场会暨实施“四大提升行动”、推进乡村振兴工作推进会。会议旨在贯彻落实中央、自治区党委、市委农村工作会议精神，分析当前农业生产形势，安排部署春耕备耕工作，扎实推进“四大提升行动”和乡村振兴工作，确保“三农”工作起好步、开好局，巩固发展农业农村好形势。

△ 福建省石狮市人力资源和社会保障局携15家当地知名企业到吴忠市，与吴忠市人力资源和社会保障局开展劳务合作座谈会。双方经友好协商，达成为期两年（2022年2月25日至2024年2月24日）的合作协议。

26日 吴忠市2022年第一批重大项目集中开工暨海利化工新材料项目启动仪式在宁夏青铜峡工业园区举行。市长王学军出席并宣布项目开工。

是月 吴忠市交通运输局联合吴忠市公安局持续开展严厉打击非法营运车辆专项整治行动。

△ 全国爱卫会发布《全国爱卫会关于2021年度国家卫生城镇复审结果的通报》，吴忠市榜上有名，保住了“国家卫生城市”金字招牌。

△ 吴忠市中级人民法院马媛法官撰写的（2020）宁03民终51号裁判文书荣获全国法院第四届“百篇优秀裁判文书”，也是宁夏法院本届唯一获此项殊荣的裁判文书。

△ 吴忠市首个日处理30吨病死畜禽无害化处理中心在宁夏中科国通新能源有限公司建成并投入使用。

△ 宁夏伊利乳业有限责任公司年产量突破100万吨，年营收突破100亿元，迎来全球液态奶工厂前所未有的“双百时刻”。

△ 利通区嘉诚奶牛养殖专业合作社、红寺堡区祥祥家庭农场等专业合作社、家庭农场，荣登2021年自治区级农民合作社示范社和四星级示范家庭农场名单。

3月

1日 吴忠市市长王学军调研吴忠国家农业科技园区和全市春耕备耕工作。

△ 吴忠市召开全市关工委工作会议，安排部署2022年关工委工作。

△ 吴忠市“牢记嘱托行胜于言”志愿服务“365行动”暨利通区2022年“学雷锋志愿服务月”启动仪式，在利通区金星镇金花园社区石榴籽广场拉开帷幕。

2日 吴忠市新高考综合改革研讨及质量推进会召开。会议深入学习习近平新时代中国特色社会主义思想，贯彻落实教育部、自治区、吴忠市教育大会精神，安排部署新高考综合改革及2022年高考备考工作。

3日 吴忠市委书记徐耀、市政协主席王天军调研奶产业发展情况。

△ 吴忠市市长王学军调研包抓移民村吴忠市利通区扁担沟镇利原村。

7日 吴忠市“强国复兴有我——巾帼心向党 喜迎二十大”庆“三八”座谈会在红宝宾馆举行。

7—10日 吴忠市交通运输综合执法支队联合自治区交通运输综合执法监督局吴忠分局、同心执法大队、惠安堡执法大队、中卫分局长山头执法大队、同心县交通运输综合执法大队在同心县开展运输市场“五清”专项行动。联合执法行动期间，累计出动执法人员240人次、执法车辆52辆次，检查客运、危险货物等企业6家，检查出租车210余辆，查扣非法营运车辆4辆，查处从事班线运输出租车4辆、违规运营出租车20辆，向企业下发整改通知书1份，拟处罚企业1家。

8日 吴忠市市长王学军主持召开市六届人民政府第一次全体（扩大）会议，深入贯彻党的十九大和十九届历次全会精神，认真落实全国和自治区两会精神，安排部署全市经济社会发展各项重点工作，动员全市上下进一步坚定发展信心、狠抓工作落实，以优异成绩迎接党的二十大和自治区第十三次党代会胜利召开。

△ 吴忠市财税工作会议召开，市长王学军出席会议并讲话。

9日 吴忠市委书记、吴忠军分区党委第一书记徐耀调研党管武装工作。

△ 吴忠市市长王学军调研宁夏吴忠金积工业园区。

△ 吴忠市工程建设政府采购等重点领域突出问题专项治理工作领导小组第四次会议召开，确定2022年全市工程建设政府采购等重点领域突出问题专项治理工作。

10日　吴忠市委书记徐耀调研同心县实施“四大提升行动”、全面推进乡村振兴和基层党组织建设情况。

△　吴忠市委全面依法治市委员会办公室第三次会议召开。

△　吴忠市举行电子信息产业发展推进会暨电子信息产品推介会。

12日　吴忠市消费促进月暨万达派·无限生机嗨购节在吴忠万达全面启动。

14日　吴忠市召开传达贯彻全国两会精神会议，安排部署学习贯彻落实工作。市长王学军主持会议并讲话。市人大常委会主任兰德明、市政协主席王天军出席会议。

15日　自治区党委常委、纪委书记、监委主任艾俊涛带领调研组，调研吴忠市经济社会发展和全面从严治党工作情况。

△　吴忠市召开迎接国务院安全生产和消防工作考核推进会议暨化工园区安全风险降级推进会议。

16日　自治区安委会第三巡查督查组到吴忠市开展安全生产巡查督查。

△　吴忠市召开征兵工作会议，听取各县（市、区）征兵办上半年征兵工作进展情况汇报，并对抓好当前征兵后续工作和做好下半年征兵工作进行安排部署。

16—17日　自治区党委常委、统战部部长马汉成带领调研组对吴忠市经济社会发展和统战工作进行调研。

17日　吴忠市委书记徐耀调研利通区实施“四大提升行动”、全面推进乡村振兴和基层党组织建设情况。

△　吴忠市召开全市消防工作暨森林草原防灭火工作电视电话会议，对森林草原防灭火工作进行再安排再部署。

△　中共吴忠市委全面依法治市委员会立法协调小组召开第三次会议，总结2021年立法工作，推动落实2022年确定的立法工作任务，举办促进早茶产业高质量发展决定立法工作培训会。

17—24日　自治区安委会第三巡查督查组到利通区、青铜峡市、同心县、太阳山开发区、盐池县开展安全生产巡查督查。

21日　吴忠市召开全市新任职市管领导干部和40岁以下市管领导集体廉政谈话会议，对2021年9月以来提拔、重用的领导干部进行集体廉政谈话。

△　吴忠市委党校（市行政学院）举行2022年春季学期开学典礼。

22日　吴忠市召开清廉吴忠建设动员部署会议。市委书记徐耀主持会议并讲话。

△　吴忠市文明委召开2022年第一次全体会议，深入学习贯彻习近平总书记视察宁夏重要讲话指示批示精神和关于精神文明建设的重要论述，传达有关会议精神，总结2021年全市精神文明建设工作，安排部署2022年工作。

23日　吴忠市在青铜峡火车站举行2022年上半年入伍新兵欢送仪式。

24日　吴忠市组织党员领导干部前往自治区廉政警示教育中心参观学习，深入开展“全市领导干部廉政警示教育周”主题党日活动，接受廉政警示教育。市委书记徐耀、市长王学军参加活动。

△　吴忠市召开2022年“送政策进民企”暨银税企座谈会。

△　吴忠市召开“五个必由之路”“五个有利条件”重大论断宣讲备课会，学习贯彻习近平总书记重要讲话精神及“五个必由之路”“五个有利条件”重大论断，安排部署宣讲工作。

△　全市党校（行政学院〔校〕）常务副校（院）长工作联席会议在市委党校召开。

2022年3月24日，全市党校（行政学院〔校〕）常务副校（院）长工作联席会议在市委党校召开

25日　吴忠市市长王学军督导青铜峡市林长制、植树造林及森林草原防灭火工作。

△　吴忠市道路交通安全工作电视电话会议召开，部署2022年道路交通安全工作。

△　吴忠市召开家庭家教家风建设暨学习贯彻《中华人民共和国家庭教育促进法》(以下简称《家庭教育促进会》)推进会，深入学习宣传贯彻习近平总书记关于注重家庭家教家风建设重要论述，学习贯彻《家庭教育促进法》，推动吴忠市家庭文明建设工作再上新台阶。

△　吴忠市政法系统清廉吴忠建设推进会召开，会议传达学习全区领导干部廉政警示教育大会和清廉建设吴忠建设动员部署会议精神。

28日　吴忠市国家文化公园建设工作领导小组召开第一次会议，贯彻落实自治区国家文化公园建设实施方案，安排部署下一阶段任务。

30日　吴忠市红寺堡区宁夏嘉益禾农业科技发展有限公司入选全国100个农业社会化服务创新试点组织。

30—31日　吴忠市人大常委会组织部分市人大常委会委员和市人大代表到红寺堡区、利通区，专题调查全国文明城市创建工作。

31日　国资国企吴忠行活动项目投资合作洽谈签约会议召开。为促进区属国企、驻宁央企与吴忠交流合作、深耕发展搭建平台、提供契机。自治区国资委党委书记、副主任吴琼出席会议并讲话，市委书记徐耀致辞，市政协主席王天军出席会议。

△　吴忠市组织收听收看全国安全生产电视电话会议、全区安全生产电视电话会议暨自治区安委会2022年度第二次全体(扩大)会议。传达学习习近平总书记重要指示精神和国务院总理李克强批示要求，通报近期安全生产工作，深入分析当前安全生产形势，对安全生产工作进行再安排再部署。市长王学军在吴忠分会场参加会议。

△　吴忠市举行“文明交通示范先行”主题实践活动启动仪式。

是月　市委3个巡察组完成对吴忠市国资委和吴忠市城乡建设投资开发有限公司等7家市属国有企业的进驻，六届市委首轮巡察工作全面展开。

4月

1日　吴忠市春季义务植树活动在红寺堡区拉开帷幕。

△　吴忠市举办“铭记红色历史　相约美丽春天——2022年吴忠市‘我们的节日’”清明诗会。

△　吴忠市委、市政府联合宁夏消防救援总队开展“送奖到家”活动，为吴忠市消防救援支队盐池县大队东顺路站副站长韩晨阳送去喜报。

△　宁夏贺兰山东麓葡萄春耕展藤活动暨万亩葡萄基地开工启动仪式系列活动在青铜峡市举行。

2日　吴忠市举行线上招商推介会暨重点项目“云签约”仪式，签订项目合作协议12个，签约资金204.6亿元，涉及清洁能源、精细化工、文化旅游、商贸物流等领域，将为吴忠市经济社会高质量发展注入强劲动力。

△　吴忠市召开安全生产督查排查工作动员部署会议，全面深入贯彻习近平总书记关于安全生产重要指示精神，坚决落实全国、全区安全生产电视电话会议精神，研究贯彻落实国务院安委会安全生产十五条措施，安排部署吴忠市安全生产督查排查工作。

5日　吴忠涝河桥烈士陵园开展2022年清明祭英烈直播活动。

11日　吴忠市安全生产督查排查组分赴利通区、红寺堡区、青铜峡市、盐池县开展安全生产督查排查工作。

11—13日　吴忠市市场监管局对市区餐饮单位复工情况开展专项督导检查。

15日　吴忠市开展全民国家安全教育日进校园活动。

△　吴忠市中级人民法院首次利用腾讯会议系统，通过线上、线下相结合的方式召开宁夏德富胜粮油食品有限公司破产清算一案第三次债权人会议。

△　吴忠市委党的建设工作领导小组召开2022年第1次会议，传达学习自治区党委党的建设工作领导小组会议精神，研究部署2022年党的建设工作任务；审议《市委党的建设工作领导小组2022年工作要点》和2021年度党(工)委书记抓基层党建述职评议考核结果。

△　吴忠市委统一战线工作领导小组召开2022年第1次会议，传达学习自治区党委统一战线工作领导小组会议精神，研究部署2022年统战工作重点任务，审议《市委统一战线工作领导小组2022年工作要点(送审稿)》

《关于做好全市统一战线防范化解风险隐患工作　迎接党的二十大胜利召开的分工方案（送审稿）》《吴忠市创建铸牢中华民族共同体意识示范市实施方案（送审稿）》。

△　吴忠市慈善总会社会捐赠物资接收仪式在市民政局举行。

20 日　吴忠市召开第一季度经济运行分析暨二季度经济运行调度会。

21 日　吴忠市工程建设政府采购等重点领域突出问题专项治理工作推进会召开。

25 日　吴忠市市长王学军督导城区重点项目建设工作。

△　吴忠市委宣传部、市文联组织开展的“罗山脚下新生活　感恩奋进跟党走”文艺采风活动，在红寺堡区东方社区新时代文明实践站正式启动。

26 日　中国共产党吴忠市代表会议召开，选举产生出席中国共产党宁夏回族自治区第十三次代表大会代表。会议由市委常委会主持。

△　金昱元化工集团产业链融合发展项目签约仪式在吴忠市举行。

27 日　吴忠市一季度经济形势分析会召开，传达学习自治区一季度经济形势分析会会议精神，总结分析全市一季度经济形势，安排部署下一阶段经济工作。市委书记徐耀主持会议并讲话，市长王学军通报全市一季度经济运行情况并作工作部署。

△　吴忠市召开习近平新时代中国特色社会主义思想“三进”暨未成年人思想道德建设工作会。

△　吴忠市优化营商环境工作推进会召开。

△　吴忠市奶产业工会联合会一届一次会员代表大会召开，标志着吴忠市奶产业工会联合会正式成立。

△　吴忠市“劳动者之声”“同上一堂思政课”宣讲动员暨“礼赞劳动者　奋进新时代”示范宣讲会召开，标志着全区首个来自劳动者群体、植根劳动者生活、弘扬劳动者精神的宣讲团正式成立。

28 日　吴忠安委会 2022 年第二次全体（扩大）会议暨防汛抗旱工作电视电话会议召开。会议认真学习贯彻习近平总书记关于安全生产、防汛救灾工作重要指示批示精神，全面落实全国、全区安全生产和防汛抗旱电视电话会议精神，深入分析研判当前形势，安排部署全市安全生产和防汛抗旱工作。市长、市安委会主任王学军出席会议并讲话。

△　吴忠市未成年人保护工作委员会第一次全体会议暨全市未成年人保护工作推进会召开。

△　宁夏伊利乳业有限责任公司荣获全国五一劳动奖状，吴忠仪表有限责任公司高端阀事业

2022 年 4 月 27 日，吴忠市奶产业工会联合会第一届会员代表大会第一次全体会议召开

部装配班被授予全国工人先锋号称号，湖南中烟工业有限责任公司吴忠卷烟厂荣获自治区五一劳动奖状，马克云等6名职工被授予自治区五一劳动奖章，宁夏新大众机械有限公司电工班等6个集体被授予自治区工人先锋号称号。

达学习自治区党委书记梁言顺在吴忠市调研时的讲话要求、中央和自治区2021年度巩固拓展脱贫攻坚成果同乡村振兴有效衔接考核评估发现问题整改工作有关会议精神；审议通过相关文件。

6日　吴忠市召开扫黑除恶斗争领导小组第一次会议。

2022年4月28日，吴忠市举办庆祝五一国际劳动节暨自治区五一劳动奖表彰大会

5月

3—4日　自治区党委书记梁言顺到吴忠市看望干部群众，沿着习近平总书记2020年6月考察时的足迹，学习感悟习近平总书记对各族群众和民族地区的关心关爱。

5日　吴忠市委常委会会议暨市委农村工作领导小组2022年第3次会议召开，传达学习习近平总书记近期一系列重要讲话、重要指示批示精神及重要回信、贺信精神等；听取贯彻落实习近平总书记视察宁夏重要讲话指示批示精神“回头看”情况汇报；传

7日　吴忠市组织收听收看全国、全区自建房安全专项整治电视电话会议，随后召开会议。市长、市安委会主任王学军参加会议并就吴忠市自建房安全专项整治工作提出要求。

△　吴忠市召开创建国家食品安全示范城市动员会暨全域创建“食品药品安全区”攻坚推进会。

8日　自治区党委和政府在盐池县举行2022年扩大有效投资第二批重大项目集中开工现场推进会。自治区领导梁言顺、张雨浦、崔波、赵永清、陈雍、雷东生、白尚成、刘可为、吴秀章等在主会场参加推进会。吴忠市同步集中开工第二批重大项目154个，总投资686亿元，年度计划投资192亿元。

9日　吴忠市委书记徐耀、市长王学军考察调研宁夏农垦集团5万头奶牛养殖园区项目，并就全力推进项目建设与宁夏农垦集团达成共识。

12日　吴忠市信访工作联席会议2022年第二次全体会议召开。会议传达学习中央、自治区信访工作联席会议精神，分析当前信访工作形势，审议《吴忠市开展学习宣传〈信访工作条例〉活动实施方案》和《吴忠市关于新时代网上信访工作的实施方案》，对学习宣传《信访工作条例》进行安排部署。

△　吴忠市召开全市工业企业安全生产督查排查问题隐患整改推进视频会议，通报安全生产督查排查问题隐患，安排部署下一步具体整改措施和要求。

△　吴忠市开展“5·12”防灾减灾周主题宣传活动，并为吴忠市首批5支应急志愿队授牌，为“2021年度国家防震减灾科普示范学校”颁发牌匾。

12—13日　自治区人大常委会副主任姚爱兴率领执法检查组到吴忠市开展生态环境保护工作执法检查。

13日　吴忠市自然资源和不动产确权登记中心为春发生物科技（宁夏）有限公司颁发国有建设用地使用权转移预告登记证明，这是吴忠市首例通过预告登记方式提高闲置土地处置灵活性的有益尝试。

14日　吴忠市2022年双拥

工作领导小组召开会议，传达学习全国、全区相关会议精神，审定《关于进一步加强新时代双拥工作的实施意见（送审稿）》《2022年全市双拥工作要点（送审稿）》，研究部署下一步工作。

开，自治区副主席吴秀章主持会议并讲话。

△　2022宁夏·吴忠黄河金岸文化旅游节暨“5·19”中国旅游日活动在青铜峡黄河楼景区启动。

揭牌。

△　吴忠市召开拓展新时代文明实践中心建设工作现场推进会，会议深入学习贯彻习近平总书记视察宁夏重要讲话指示批示精神，安排重点工作。

2022年5月19日，黄河金岸文化旅游节活动启动

市长、市双拥工作领导小组组长王学军主持会议并讲话。

17日　宁夏民族职业技术学院、宁夏吴忠金积工业园区管委会、企业，在宁夏民族职业技术学院共同举办产教融合、校企合作联合培养人才暨就业推介会。学校、管委会、企业举行揭牌、授牌仪式，企业进行就业推介。

△　吴忠市利通区首批“家庭教育指导服务示范校”正式挂牌。

18日　2022年“5·18国际博物馆日”暨“宁夏长城保护宣传日”活动在吴忠市博物馆启动。

19日　全区中南部地区开发区高质量发展座谈会在同心县召

△　由吴忠市科协、市妇联联合主办的以碳达峰、碳中和为主题的科普培训系列活动在利通区正丰社区启动。

23日　全区基层治理培训观摩会与会人员到吴忠市观摩学习基层治理工作。

△　宁夏青铜峡工业园区举行水务一体化战略合作签约暨宁夏水务投资集团青铜峡水务公司成立揭牌仪式。

25日　吴忠市人大常委会在青铜峡市裕民街道办事处、吴忠市文物保护中心、利通区人民法院举行基层立法联系点挂牌仪式。市人大常委会主任兰德明出席仪式并为基层立法联系点

△　吴忠市第五届“中国创翼”创业创新大赛在盐池县举行。

26日　吴忠市创建全国文明城市工作推进会召开，安排部署2022年创城工作，动员全市上下深入学习贯彻习近平总书记关于城市建设、发展、治理的重要论述和视察宁夏重要讲话精神。

△　宁夏吴忠金积工业园区人民武装部成立暨揭牌仪式在园区管委会举行。宁夏军区副司令员王同广，市委书记、吴忠军分区党委第一书记徐耀共同为园区人武部揭牌。

27日　吴忠市稳经济保增长促发展工作会议召开。会议深入贯彻习近平总书记“疫情要防住、

经济要稳住、发展要安全”的重要指示精神，全面落实全国稳住经济大盘电视电话会议和全区稳经济保增长促发展电视电话会议精神，听取全市经济运行及重大政策落实情况，分析当前形势，安排部署经济工作。

△ 吴忠市“万企兴万村”行动启动会召开，会上，民营企业代表和结对村签订共建协议，两家银行和民营企业签订银企合作协议。

△ 全区“互联网＋教育”示范区建设成果展示暨现场推进会在吴忠市召开。

30 日 自治区人大常委会副主任杨玉经带领检查组，到吴忠市开展《宁夏回族自治区促进民族团结进步工作条例》执法检查。

31 日 由吴忠市文明委主办，市委宣传部、市文明办、市新闻传媒中心承办的吴忠市先进模范现场交流活动暨新时代好少年先进事迹发布仪式在市文化馆举行。

△ 吴忠市启动第 21 个“安全生产月”活动，并进行动员部署。

是月 吴忠市委全面依法治市委员会第四次会议召开，传达学习习近平总书记在中央政治局第三十五次集体学习时的重要讲话和中央全面依法治国委员会第五次会议、自治区党委全面依法治区委员会第六次会议精神，审议相关文件，听取有关汇报，安排部署全面依法治市工作。

6月

1 日 市委书记徐耀代表市委、市政府向全市少年儿童致以节日的问候，勉励孩子们牢记习近平总书记谆谆教诲，努力成为德智体美劳全面发展的社会主义建设者和接班人。

△ 市长王学军主持召开市六届人民政府第 9 次常务会议，研究部署 2021 年度巩固拓展脱贫攻坚成果同乡村振兴有效衔接考核评估问题整改等工作，审议 2022 年中国面食博览会暨第二届大西北吴忠早茶美食文化节等方案。

△ 由市农业农村局、发展改革委、财政局、商务和投资促进局、文化旅游体育广电局主办，宁夏宁优汇特色产品运营有限公司承办的吴忠名优特色农产品促消费活动在宁夏农特产品产业大厦开幕。

△ 吴忠市市域社会治理工作推进会暨平安建设工作经验交流会召开。

1—2 日 自治区安委办第三巡查督查组到吴忠市开展安全生产和消防工作巡查督查。

6 日 市委理论学习中心组召开学习会，深入学习贯彻习近平总书记关于严肃换届纪律、匡正用人风气的重要论述，认真学习中央严肃换届纪律“十严禁”要求、《宁夏严肃换届纪律学习手册》和吴忠市《严肃换届纪律警示录》，观看《警钟长鸣》专题片。

△ 吴忠市巩固拓展脱贫攻坚成果同乡村振兴有效衔接考核评估问题整改工作会议召开，深入学习贯彻习近平总书记关于巩固拓展脱贫攻坚成果、全面推进乡村振兴的重要讲话和重要指示批示精神，听取有关工作推进情况汇报，安排部署下一步工作。

△ 市长王学军深入市区部分考点，督导 2022 年全市高考备考工作。

△ 吴忠市 2022 年“我们的节日”端午节暨文化和自然遗产日（非遗购物节）系列活动在利通区光耀美食街拉开帷幕。

△ 吴忠市组织收听收看自治区第十三次党代会期间安全防

2022 年 6 月 6 日，吴忠市举办“我们的节日”端午节暨文化和自然遗产日（非遗购物节）活动

范工作视频会议。

7日　市长王学军督导红寺堡区、同心县、太阳山开发区重点项目建设。

8日　市委书记徐耀、市长王学军会见吴忠市全国公安系统英雄模范立功集体代表，向他们表示衷心祝贺，向全市广大公安民警辅警致以诚挚问候。

9日　市人大常委会召开《中华人民共和国大气污染防治法》执法检查汇报座谈会。

△　吴忠市残联第四届主席团第三次全体会议暨2022年全市残疾人工作会议召开，会议传达学习自治区残联七届六次主席团会议精神，听取吴忠市残联执行理事会工作报告。会议根据《中国残疾人联合会章程》，调换市残联第四届主席团5名委员，调换增选市残联第四届主席团主席和1名副主席。

10日　吴忠市召开自建房安全专项整治工作现场推进会。

12日　吴忠市"蓝天救援队"在利通区古城镇红星村正式成立。

15日　吴忠市领导干部大会召开，传达学习自治区第十三次党代会精神，安排部署吴忠市学习宣传贯彻工作。会上传达学习梁言顺在参加石嘴山市、固原市代表团讨论时的讲话精神，在自治区第十三次党代会闭幕会上的讲话精神，张雨浦参加吴忠市代表团讨论时的讲话精神，以及自治区第十二届党委报告和自治区纪委工作报告精神。

△　吴忠市召开学习宣传贯彻自治区第十三次党代会精神专题部署会，传达学习自治区第十三次党代会精神，安排部署有关工作。

16日　市委常委会召开会议，传达学习习近平总书记在中共中央政治局第三十九次集体学习、在四川考察调研时的重要讲话精神，以及致中国儿童中心成立40周年贺信、致2022年6月5日世界环境日国家主场活动的贺信精神等，研究贯彻落实意见。市委书记徐耀主持会议并讲话。

17日　市长王学军主持召开市六届人民政府第10次常务会议，听取1—5月全市经济运行、能源保供、自建房安全专项整治排查等工作汇报，研究部署有关工作。

△　吴忠市召开创建铸牢中华民族共同体意识示范市座谈会。会上传达全国团结进步创建工作经验交流视频会议精神，各县（市、区）党委统战部部长分别汇报铸牢中华民族共同体意识工作的开展情况。

18日　首届宁夏"6·18"风土节暨吴忠优质特色农产品夏季促销活动在宁夏农特产品大厦拉开帷幕。

21日　自治区党委常委、副主席陈春平，自治区副主席刘可为带领调度督导组到吴忠市调度督导稳经济保增长促发展工作。

22日　吴忠市举行2022中国面食博览会暨第二届吴忠早茶

2022年6月25日，2022中国面食博览会暨第二届吴忠早茶美食文化节开幕

美食文化节志愿服务专题培训及出征仪式。

△ 吴忠市召开六届市委第二轮巡察动员部署会议，传达中央、自治区党委和市委关于巡视巡察工作的部署要求，安排第二轮巡察工作。

23 日 全国打击整治养老诈骗专项行动第十二督导组到吴忠市开展督导工作。

△ 市长王学军督导 2022 中国面食博览会暨第二届吴忠早茶美食文化节筹备工作。

24 日 吴忠市与北京春秋风云影视策划有限公司、中铁十九局集团有限公司签订战略合作协议，双方将在影视基地建设、道路桥梁、市政建设等领域展开合作。

△ 市委书记徐耀、市长王学军、市政协主席王天军在红宝宾馆会见 2022 中国面食博览会暨第二届吴忠早茶美食文化节嘉宾。

△ 全区医疗保障经办“30 分钟服务圈”观摩推进会议在青铜峡市召开。

25 日 2022 中国面食博览会暨第二届吴忠早茶美食文化节在吴忠黄河奥林匹克体育中心正式开幕。

△ 2022 第二届中国民俗美食产业发展大会在吴忠市召开。

△ 黄河流域生态保护和高质量发展文化论坛在吴忠市召开。

25—26 日 以“数字中国、美丽中国、幸福中国”为主题的“2022 中国有约 A Date with China”国际媒体主题采访活动抵达吴忠市，外国驻华记者、在华外籍网络达人与国家、自治区级媒体记者围绕吴忠市在黄河流域生态保护和高质量发展等方面取得的成果进行宣传报道。

27 日 市长王学军督导利通区、红寺堡区和同心县稳经济保增长促发展工作。

△ 吴忠市纪委、市文明办、市妇联共同开展“树廉洁家风·建文明家庭”、一把手家庭助廉等活动，进一步推进吴忠市清廉家风建设。

28 日 市委书记徐耀调研全国文明城市创建工作。

△ 全区文明城市创建工作推进会暨业务骨干培训班召开。

29 日 吴忠市举办 2022 年黄河吴忠段渔业资源增殖放流活动，507 万尾各类鱼苗回归母亲河的怀抱。

△ 市委书记徐耀到包抓重点移民村青铜峡市青铜峡镇同进村，为广大基层党员宣讲自治区第十三次党代会精神。

△ 市委副书记、市长王学军参加盐池县 2021 年度巩固拓展脱贫攻坚成果同乡村振兴有效衔接考核评估反馈问题整改工作推进会。

△ 市长王学军督导盐池县沙泉湾荒漠化综合治理示范项目区、哈巴湖国家级自然保护区林长制工作情况。

△ 市第六届人大常委会召开第四次会议。市人大常委会主任兰德明主持会议并讲话。会议听取和审议市人大常委会执法检查组关于检查《中华人民共和国大气污染防治法》实施情况的报告，表决通过市人大常委会关于批准 2022 年吴忠市本级预算调整方案的决议，表决通过《吴忠市人民代表大会常务委员会议事规则》《吴忠市人民代表大会常务委员会组成人员守则》等，审议市人民政府关于全市创建铸牢中华民族共同体意识示范市工作情况的报告、市中级人民法院关于家事审判工作情况的报告，并进行满意度测评。

△ 吴忠市人民政府与国网宁夏电力有限公司签订《打造宁夏电力“双样板” 共创现代化美丽新吴忠战略合作框架协议》。

29 日 市委书记徐耀调研黄河吴忠城区段综合治理及防汛工作。

29—30 日 市委书记徐耀、市长王学军分赴各地走访慰问“七一勋章”获得者、老党员、困难党员等，向他们转达自治区党委、政府和市委、市政府的深切关怀，并通过他们向全市各行各业、各条战线的共产党员致以节日的祝福和亲切的问候。

30 日 市长王学军到吴忠市利通区扁担沟镇利原村宣讲自治区第十三次党代会精神。

△ 吴忠市邀请陕西省文明创建工作专家库专家，就全市创建全国文明城市工作进行业务指导培训，推动常态化高质量创建。

7月

1 日 市委书记、市委人才工作领导小组组长徐耀主持召开市委人才工作领导小组第一次会议。会议传达学习自治区党委人才工作领导小组第一次会议精神，审议通过《关于推进新时代人才强市战略的实施意见》，研究部署下一步工作。

△ 市委常委、纪委书记、监委主任王海燕深入基层联系点吴忠市利通区上桥镇涝河桥村，宣讲自治区第十三次党代会精神。

△ 市人大常委会组织部分人大常委会委员、人大代表，对市六届人大一次会议代表建议办理情况进行现场督办。

4日 吴忠市环保督察反馈问题整改暨臭氧污染防治攻坚推进会召开。会议通报全市环保督察反馈问题整改暨臭氧污染防治攻坚行动落实情况，安排部署下一步工作。

5日 自治区党委书记、人大常委会主任梁言顺到青铜峡市督导调研包抓的城乡面貌提升行动实施情况。

△ 吴忠市创城指挥部召开会议，现场交办创城暗访问题，进一步部署推进创城工作常态化高标准开展。

6日 自治区退役军人事务厅联合自治区文化和旅游厅、宁夏军区政治工作局、宁夏旅游投资集团有限公司在青铜峡市青铜古镇广场举行“崇军行动——畅游神奇宁夏”启动仪式。

△ 自治区安委会2022年第三次全体（扩大）会议暨全区安全生产“百日专项整治行动”动员部署会议在银川市召开。

△ “学典型、铸忠诚、保平安”吴忠市公安机关2022年人民警察荣誉仪式在市文化馆举行。

△ 2022绿色发展国际科技创新大会吴忠分论坛会议通过腾讯会议线上召开。

△ 全市2021年度巩固拓展脱贫攻坚成果考核评估反馈问题整改工作推进会暨2022年第二季度防止返贫监测帮扶和移民致富提升联席会议在吴忠市红寺堡区召开，会议通报全市考核评估和各类反馈问题整改进展情况，安排部署下一步工作。

△ 全区首批3家价格争议纠纷调解工作站挂牌仪式在吴忠市利通区金星镇桃花苑小区举行。

11日 吴忠市组织收听收看全国、全区安全生产电视电话会议，认真贯彻落实习近平总书记关于安全生产重要指示精神，落实李克强总理批示要求，迅速落实全国会议要求，对全区安全生产工作进行再强调、再安排、再部署。

14日 吴忠市防汛减灾工作会议召开，深入学习贯彻习近平总书记对防汛救灾工作的重要指示精神，全面贯彻落实自治区党委部署要求，听取有关情况汇报，分析研判防汛形势，部署防汛应对工作。

△ 市长王学军主持召开防汛减灾工作专题会议，传达学习自治区党委书记梁言顺关于“7月14日至15日我区有强降雨伴随强对流天气 须做好局地暴雨洪涝防范应对工作”的批示精神，分析研判全市雨情汛情趋势，安排部署防汛减灾工作。

15日 市人大常委会主任兰德明深入基层联系点吴忠市红寺堡区大河乡龙泉村，宣讲自治区第十三次党代会精神。

21日 市委常委会召开会议，传达学习习近平总书记近期重要讲话、回信、贺信精神，自治区党委常委会会议和全区上半年经济形势分析会精神，研究贯彻意见。

△ 市委党的建设工作领导小组召开2022年第二次会议。市委书记、市委党的建设工作领导小组组长徐耀主持会议并讲话。会议研究市委落实全面从严治党主体责任、市委书记抓基层党建述职评议考核反馈问题整改工作，审定市直机关创建“让党中央放心、让人民群众满意”模范机关第二批达标单位，听取县（市、区）党委及行业系统党（工）委书记抓基层党建和推进中小学校党组织领导的校长负责制、“小个专”党建工作等情况汇报。

△ 国有企业产权交易专项治理突出问题重点检查督查进点会议在吴忠市召开，听取吴忠市关于全市企业国有产权交易专项治理自查自纠和问题整改情况的汇报。自治区国资委主任、自治区企业国有产权交易专项治理工作领导小组组长杨刚带队，分别到吴忠市大数据公司、古城湾人工湿地等进行调研。

22日 吴忠市召开“吴忠情 故乡行”——2022年吴忠籍在外人才家乡行“招商大使”座谈会，与新聘任的12位“招商大使”畅谈发展，听取大家对吴忠招商引资、优化营商环境等方面的意见建议。

26日 吴忠市黄河流域生态保护和高质量发展先行区建设现场观摩推进会拉开帷幕。市长王学军、市人大常委会主任兰德明、市政协主席王天军、市委副书记王汉武等四套班子领导，先后走进盐池县、太阳山开发区、红寺堡区等地，看项目、入园区、进车间、听汇报、看变化，全方位感受全市上下深入学习贯彻习近平总书记视察宁夏重要讲话指示批示精神，以及自治区第十三次党代会精神，坚定不移抓大发展、大抓发展、抓高质量发展的激情与活力，近距离感受吴忠大地奔腾的发展气息和潮涌的奋斗精神，掀起各地“比学赶超”的浓厚氛围。

26—28日　吴忠市黄河流域生态保护和高质量发展先行区建设现场观摩推进会暨上半年经济形势分析会召开。市委书记徐耀主持会议并讲话，市长王学军出席会议并通报上半年经济运行情况，对下半年经济工作进行安排部署。市人大常委会主任兰德明、市政协主席王天军出席会议并作点评发言，市委副书记王汉武等四套班子领导出席会议。

29日　政协第六届吴忠市委员会常务委员会第三次会议召开，围绕“推动奶产业持续健康发展”进行专题协商议政。市政协主席王天军主持会议。会议还传达学习《中国共产党政治协商工作条例》，通报全市上半年经济运行情况，审议通过有关人事事项。

△　“喜迎党的二十大　礼赞新征程”庆祝中国人民解放军建军95周年双拥晚会在吴忠开源广场举办。演出现场，为吴忠市首批获得宁夏“崇军行动”合作单位的代表进行授牌。

△　市人大常委会举行立法咨询专家聘任仪式暨立法论证会。市人大常委会主任兰德明为受聘专家代表颁发聘书。

8月

1日　吴忠市双拥模范城创建工作先进表彰暨新一轮创建工作推进会召开。会议表彰全市双拥模范城创建工作先进集体和先进个人，以及2022年度自治区“最美退役军人”。

2日　市长王学军调研吴忠市双拥工作。

2—3日　市人大常委会对全市移民致富提升行动加强移民后续扶持工作情况进行视察。

3日　吴忠市伊斯兰教第五次代表会议召开，来自全市各县（市、区）的126名宗教界人士代表参加会议。市委书记徐耀出席会议并讲话，自治区伊协专职副会长、秘书长王生军到会致辞。

4日　市委常委会召开会议，认真学习《习近平谈治国理政》第四卷，传达学习习近平总书记近期重要讲话、重要贺信精神，以及全国、全区有关会议精神，研究贯彻落实工作；传达学习李克强总理批示及全国、全区安全生产电视电话会议精神，全国禁毒工作电视电话会议精神；听取全市安全生产、禁毒、党风廉政建设和反腐败、信访维稳等工作情况汇报。市委书记徐耀主持会议并讲话。

△　市委召开2022年议军会议，传达学习习近平总书记关于国防后备力量建设和军政军民团结重要论述、在中央政治局第四十一次集体学习时的重要讲话精神，听取全市国防动员和后备力量建设情况汇报，研究部署下一步工作。市委书记、吴忠军分区党委第一书记徐耀主持会议并讲话。

△　自治区安委会第二督查检查组对吴忠市安全生产百日专项整治工作进行督查检查。

△　吴忠市科学技术协会第三次代表大会召开，来自全市各县（市、区）的132名科协代表参加会议。市委书记徐耀向大会发来贺信，自治区科协党组成员、副主席张晓玲到会并讲话。

4—6日　2022年全市统战工作互观互检现场观摩汇报会召开。

5日　吴忠市召开工程建设政府采购等重点领域突出问题专项治理工作领导小组第五次会议暨工作推进会。

8日　吴忠市“工会+仲裁”劳动争议调解中心揭牌成立。

△　吴忠市首辆消防主题公交车开通运营，为吴忠市再添流动的消防宣传品牌。

10日　市委书记徐耀调研督导罗山生态保护和修复工作。

△　吴忠市召开违规收送红包礼金和不当收益及违规借转贷或高额放贷专项整治工作推进会，传达学习全区专项整治推进会议精神，总结前期工作，解答相关政策，安排部署当前工作。

11日　市长王学军督导中央生态环境保护督察反馈问题整改工作。

△　吴忠市召开国家园林城市复查工作推进会，通报吴忠市国家园林城市复查工作开展情况，安排部署下一步工作计划。

△　吴忠市召开2022年招商

引资工作推进会。会议听取全市1—7月招商引资工作情况汇报。

12日　市长王学军督导涉粮问题专项巡视巡察反馈问题整改及夏粮收购工作。

△　吴忠市召开2022年全民健身领导小组工作会议，审定2022年全国沙滩排球巡回赛（宁夏吴忠站）相关方案、2022宁夏黄河金岸（吴忠）马拉松赛事相关方案、全市第五届运动会工作方案和竞赛规程总则，审议《吴忠市全民健身实施计划（2021—2025年）》，研究和部署相关工作。

△　吴忠市召开2022年社区社团治理暨创城公益环境工作观摩推进会，通报全市社区社团治理暨创城公益环境工作推进情况，并对下一步工作进行再安排、再部署。

13日　全区重大项目建设观摩推进会以视频形式召开，市委书记徐耀在吴忠市分会场参加会议并作汇报。市长王学军、市人大常委会主任兰德明等四套班子领导参加会议。

△　宁夏农垦集团吴忠市5万头奶牛养殖园区项目开工仪式在吴忠国家农业科技园区举行。

2022年8月13日，宁夏农垦集团吴忠市5万头奶牛养殖园项目开工

15日　市委书记徐耀专程到市公安局看望慰问2009年6月2日利通区春生烟酒行抢劫杀人案专案组。徐耀认真听取案件侦办情况汇报，对案件成功破获表示祝贺，并代表市委、市政府向全体参战民警表示慰问和敬意。

△　吴忠市召开铝产业发展座谈会，深入学习贯彻自治区第十三次党代会精神，全面贯彻落实全区重大项目建设观摩推进会部署要求，分析研究全市铝产业发展状况，破解铝产业延链补链强链难题，安排部署下一步工作。市委书记徐耀主持会议并讲话。

16日　市委书记徐耀调研督导吴忠市项目建设情况。

17日　市委常委会召开会议，认真学习《求是》杂志发表的习近平总书记重要文章《全党必须完整、准确、全面贯彻新发展理念》和新华社主题报道《习近平的山海情》，传达学习习近平总书记给“中国好人”李培生和胡晓春的重要回信、致国际民间社会共同落实全球发展倡议交流大会的重要贺信精神，研究贯彻意见。

△　吴忠市“六新六特六优”产业及重大项目包抓落实情况汇报会召开，深入学习贯彻习近平总书记视察宁夏重要讲话指示批示精神，全面贯彻落实自治区第十三次党代会精神和全区重大项目建设观摩推进会部署要求，对项目包抓工作进行再安排、再部署，掀起大抓项目、抓大项目、抓高质量项目热潮，确保完成全年目标任务。

△　吴忠市15个青年文明号集体被认定为一星级全国青年文明号。

18日　2022西部电商产业发展论坛暨闽宁商品对接会在盐池县开幕。商务部电子商务和信息化司一级巡视员聂林海、吴忠市委书记徐耀、福建省石狮市委副书记施晓瑛等出席开幕式。

△　吴忠市行政争议协调化解中心揭牌仪式在吴忠市司法局举行。

19日　由自治区党委宣传部和吴忠市委、市政府主办，吴忠市委宣传部、吴忠市新闻传媒中心承办的“讲好宁夏故事　唱响时代赞歌”宁夏第六届社会主义核心价值观主题微电影（微视频）征集展播活动颁奖仪式在吴忠市文化馆举行。

23日　吴忠市生态环境安全生产社会稳定领域风险隐患排查整治工作部署会召开，深入学习贯彻习近平总书记重要指示批示精神，传达学习自治区有关会议精神，对排查整治工作进行安排部署。市委书记徐耀主持会议并讲话，市长王学军出席会议并讲话。

24日　市长王学军主持召开市人民政府第14次常务会议，传达学习习近平总书记重要指示批示精神，李克强总理重要讲话精神，听取2022年1—7月全市经济运行和全市防汛救灾、自建房安全专项整治及冬季清洁取暖项目进展等情况汇报，安排部署下一步工作。

△　第二届全市职工技术创新成果展启动仪式及颁奖仪式在吴忠科技馆举行。

25日　自治区人大常委会副主任、自治区生态环境风险和安全生产隐患排查整治第三督查组组长姚爱兴带领督查组到吴忠，对生态环境风险和安全生产隐患排查整治工作进行全面督查。督查组召开排查整治工作会，传达自治区有关会议精神，听取吴忠市有关情况汇报。

△　吴忠市“学习新思想、喜迎党的二十大”暨“强国复兴有我”第五届基层理论微宣讲大赛决赛在市文化馆举办。

26日　吴忠市召开创建全国文明城市工作现场调度会，督导重点点位文明创建工作情况，通报近期创城工作有关情况，对下一步创城工作进行再安排、再部署。

29日　以“清风廉韵润吴忠　喜迎党的二十大”为主题的廉洁文化专场演出在吴忠市开源广场举行。

30日　市委全面深化改革委员会召开第十六次会议，传达学习中央全面深化改革委员会第二十四次、二十五次、二十六次会议，自治区党委全面深化改革委员会第十八次、十九次会议精神，审议通过吴忠太阳山开发区、宁夏吴忠金积工业园区、宁夏吴忠青铜峡工业园区等5个工业园区体制机制改革和高质量发展实施方案，研究部署下一步工作。市委书记、市委全面深化改革委员会主任徐耀主持会议并讲话，市长、市委全面深化改革委员会副主任王学军，市政协主席王天军等出席会议。

△　自治区交通运输突发事件应急处置演练在吴忠市举办。

31日　吴忠市深入推进产业工人队伍建设改革工作会议召开。

是月　长庆油田盐池青石峁气田新增天然气探明储量，通过自然资源部油气储量评审办公室审核，标志着宁夏首个千亿立方米大气田、长庆油田第八个千亿立方米大气田——青石峁气田诞生。

9月

1日　2022年全国沙滩排球巡回赛（宁夏吴忠站）在市区滨河体育运动公园沙滩排球场开赛。本次赛事由国家体育总局排球运动管理中心、宁夏回族自治区体育局、吴忠市人民政府共同主办，来自辽宁、上海、山东等地共55支沙滩排球代表队以及国家青年队齐聚吴忠参加巡回赛。

△　吴忠市利通区铸牢中华民族共同体意识教育基地举行2022年民族团结进步月启动仪式。

△　吴忠市以“共创食安新发展、共享美好新生活”为主题的食品安全宣传周活动在利通区光耀美食街拉开帷幕。

5日　吴忠市政法系统“3331工程”推进会召开，深入贯彻落实习近平法治思想和习近平总书记关于加强政法队伍建设的重要指示精神，巩固深化政法队伍教育整顿成果，全力推进“3331工程”在吴忠落地落实。

△　吴忠市网络安全宣传周活动启动仪式在吴忠开源广场举行。

6日　以“喜迎党的二十大　奋进新宁夏　同心跟党走”为主题的全区港澳台侨界庆中秋专场文艺演出在吴忠市文化馆举行。市人大常委会主任兰德明与全市港澳台侨同胞等一同观看演出。

7日　吴忠市教育工作表彰会议召开，深入学习习近平总书记关于教育的重要论述，共同庆祝第38个教师节，表彰全市教育战线涌现出的80个先进集体、96位先进个人和160位优秀教师。

8日　市委书记徐耀、市人大常委会主任兰德明、市委副书记王汉武等市领导开展教师节慰问活动，看望慰问教师代表，并向全市广大教师、教育工作者、离退休教师致以节日问候和衷心感谢。

9日　市安委会2022年第四次全体（扩大）会议召开，迅速落实自治区安委会2022年第四次全体（扩大）会议精神，分析研判全市安全生产形势，积极推进安全生产百日专项整治行动，推动全市安全生产形势持续稳定，为党的二十大胜利召开营造良好的安全环境。

△ 吴忠市青年工作联席会议暨助力非公经济发展行动启动仪式在万达广场举办。

2022 年 9 月 9 日，吴忠市青年工作联席会议暨助力非公经济发展行动启动仪式在万达广场举办

13 日　市委常委会召开会议，传达学习习近平总书记近期重要讲话、重要指示、重要文章和重要回信精神等，研究贯彻意见；传达学习中央和自治区有关会议精神，听取六届市委第二轮巡察综合情况汇报和第一轮巡察整改综合情况汇报。市委书记徐耀主持会议并讲话。

△ 吴忠市开展人民防空警报试鸣及疏散演练活动。

14 日　吴忠、宁波两市领导见面会暨捐赠仪式在吴忠市举行，共叙友好城市情谊，共谋交流合作大计。宁波市政协主席徐宇宁，市委书记徐耀出席会议并讲话，市长王学军主持会议。

15 日　市长王学军主持召开市人民政府第 15 次常务会议暨吴忠市促进非公有制经济发展工作领导小组第一次会议，听取全市安全生产、2023 年项目谋划、人大代表议案、建议和政协委员提案办理、民生实事落实、信访等工作情况汇报，安排部署下一步工作。

16 日　市委书记徐耀调研吴忠太阳山开发区环保督察反馈问题整改情况。

△ 吴忠市与宁夏大学校地合作框架协议签约仪式在吴忠市举行，推动校地在科研成果转化、深化人才交流和产教深度融合等方面开展交流合作。市委书记徐耀、宁夏大学党委书记李星出席签约仪式并致辞，市长王学军主持签约仪式。

△ 宁夏长燃物流园试运营暨签约仪式在宁夏吴忠金积工业园区举行。

17 日　吴忠市在吴忠高铁站欢送 2022 年下半年入伍新兵，为即将踏上保家卫国征程的入伍青年送行。

19 日　吴忠市委党校（市行政学院）举行 2022 年秋季学期开学典礼。

△ 建行吴忠分行完成首笔个人住房组合贷款发放，标志着个人住房组合贷款业务在吴忠地区成功开启。

21 日　市长王学军深入红寺堡区，实地督导检查安全生产等

2022 年 9 月 19 日，中共吴忠市委党校（市行政学院）举行 2022 年秋季学期开学典礼

工作。

24—25日　市长王学军深入利通区和青铜峡市，暗访督导安全生产、经济发展等工作。

26日　吴忠市召开全市森林草原防灭火工作电视电话会议，对秋冬季森林草原防灭火工作进行部署。

是月　吴忠市召开第6次总河湖长会议，传达学习自治区总河长第6次会议精神，听取全市河湖长制工作情况，安排部署下一步工作。市委书记、总河湖长徐耀主持会议并讲话。市长、副总河湖长王学军，市委副书记、副总河湖长王汉武等出席会议。

△　宁夏庆华煤化集团有限公司与中国化学赛鼎工程有限公司战略合作签约暨绿能低碳产研中心揭牌仪式在吴忠太阳山开发区举行。市委书记徐耀、中国庆华能源集团董事长霍庆华共同为宁夏庆华绿能低碳产研中心揭牌。

△　科技部公布全国首批创新型县（市）验收通过名单，盐池县成为全国首批47个创新型县（市）之一。

10月

5日　市委常委会召开会议，传达学习习近平总书记近期有关重要讲话、重要指示和重要贺信精神等。认真学习全国全区有关会议精神，听取全市安全生产和洪涝灾害防范、国家安全领域风险隐患及社会稳定防范工作情况汇报，研究部署下一步工作。市委书记徐耀主持会议并讲话。

9日　市长王学军督导青铜峡市经济发展、安全生产等工作。

10日　市长王学军调研督导盐池县安全生产、乡村振兴等工作。

16日　中国共产党第二十次全国代表大会在北京人民大会堂开幕。党的二十大代表、吴忠市委书记徐耀，党的二十大代表、中国工程院院士、吴忠仪表有限责任公司董事长马玉山，党的二十大代表、利通区金星镇王兰花热心小组慈善协会党支部书记王兰花，忠实履行神圣职责，凝聚共识和力量，以饱满的政治热情和昂扬的精神状态参加大会的各项议程，认真学习讨论党的二十大报告。

25日　市委召开传达学习贯彻党的二十大精神会议，对学习宣传贯彻工作作出安排部署。

26日　市委常委会召开会议，传达学习党的二十大精神、习近平总书记在中共中央政治局会议上的重要讲话精神，以及自治区有关会议精神，研究贯彻落实意见。市委书记徐耀主持会议并讲话。

△　市长王学军主持召开市人民政府党组理论学习中心组学习会，传达学习党的二十大精神，研究部署贯彻落实工作。

27日　吴忠市宣传思想文化系统召开学习宣传贯彻党的二十大精神安排部署会，传达学习党的二十大精神，学习贯彻习近平总书记在中共中央政治局第一次集体学习时的重要讲话精神和区、市有关会议精神，安排部署党的二十大精神学习宣传贯彻工作。

30日　市长王学军主持召开市人民政府第17次常务会议，传达学习自治区政府第137次常务会议精神，研究部署稳经济保民生有关工作。

△　吴忠市举行“学习强国”吴忠学习平台上线暨《黄河明珠　美丽吴忠》宣传短视频发布仪式，标志着“学习强国”吴忠学习平台正式上线。

△　银昆高速公路宁夏段首座连续刚构桥顺利合龙。

2022年10月30日，银昆高速公路宁夏段首座连续刚构桥顺利合龙

31日　市委常委会召开会议，传达学习习近平总书记在中共中央政治局会议、中共中央政治局第一次集体学习、军队领导干部会议、带领中央政治局常委瞻仰延安革命纪念地、陕西延安和河南安阳考察时的重要讲话精神，认真学习中央有关文件精神及自治区党委有关会议精神，听取前三季度全市经济运行情况汇报，分析调度第四季度经济工作。市委书记徐耀主持会议并讲话。

△　市委理论学习中心组召开学习会，深入学习领悟党的二十大精神，围绕主题开展学习研讨。

是月　青铜峡市成功创建国家乡村振兴示范县。

△　各县（市、区）分别召开专题会议，传达学习党的二十大精神，研究部署贯彻落实工作，推动党的二十大精神入脑入心、落地见效。

11月

2日　吴忠市召开冬春季大气污染防治攻坚行动启动暨环保督察反馈问题整改推进会。

3日　市委常委会召开会议，传达学习习近平总书记近期重要贺信精神，学习《中共中央关于认真学习宣传贯彻党的二十大精神的决定》，研究召开市委六届五次全会有关事宜。市委书记徐耀主持会议并讲话。

△　市第六届人大常委会党组召开2022年第12次会议。会议传达学习党的二十大精神及自治区党委十三届二次全会精神，研究贯彻意见；听取市第六届人大常委会关于第六次会议议程（草案）、日程的汇报；讨论市人大常委会制定的有关制度（草案）、《中共吴忠市委员会关于新时代坚持和完善人民代表大会制度、加强和改进人大工作的实施意见》（代拟稿）和市六届人大二次会议筹备工作方案。市委书记、市人大常委会党组书记徐耀主持会议。市人大常委会党组副书记、主任兰德明出席会议。

4日　中国共产党吴忠市第六届委员会第五次全体会议召开。全会由吴忠市委常委会主持。市委书记徐耀作讲话，并就《中共吴忠市委员会关于学习宣传贯彻党的二十大精神的实施意见（讨论稿）》作说明。全会审议通过《中共吴忠市委员会关于学习宣传贯彻党的二十大精神的实施意见》。

△　吴忠市召开经济社会发展工作调度会，学习宣传贯彻党的二十大精神，听取1—9月经济运行情况汇报，安排部署相关工作。市委书记徐耀主持会议并讲话，市长王学军出席会议并讲话。

8日　市长王学军督导全国文明城市创建、城市绿化和冬春季大气污染防治攻坚工作。

△　吴忠市召开扶贫志编纂工作推进会，传达市委书记徐耀对扶贫志编纂工作的批示精神，传达《关于成立全市扶贫志编纂工作指导小组的通知》，安排部署市、县两级扶贫志编纂工作。市委副书记、市扶贫志编纂工作指导小组第一副组长王汉武出席会议并讲话。

△　六届市委第三轮巡察工作动员部署会召开，传达学习党的二十大精神、全区巡视工作会议暨十三届自治区党委第一轮巡视动员部署会议精神及市委关于巡察工作的安排部署。

9日　市委常委会召开会议，传达学习习近平总书记近期重要致辞、贺信精神，学习宣传贯彻党的二十大精神，审议《关于深入开展党的二十大和习近平总书记视察宁夏重要讲话指示批示精神“大学习、大讨论、大宣传、大实践”活动的实施方案》《全市党的二十大精神宣讲工作方案》。市委书记徐耀主持会议并讲话。

△　吴忠市以视频形式召开贯彻落实食品安全“两个责任”机制工作动员会，安排部署吴忠市贯彻落实“两个责任”机制相关工作，严防严管严控食品安全风险。

△　市委3个巡察组完成对市民政局、自然资源局、住房和城乡建设局、农业农村局、商务和投资促进局、文化旅游体育广电局6个市直部门的巡察进驻工作。六届市委第三轮巡察全面展开。

10日　市六届人大常委会召开第六次会议。市人大常委会主任兰德明主持会议并讲话。

△　党的二十大代表、市委书记徐耀到包抓重点移民村青铜峡市青铜峡镇同进村，为广大基层党员干部、群众宣讲党的二十大精神。

11日　吴忠市组织收看中央宣讲团成员、自治区党委书记、人大常委会主任梁言顺在学习贯彻党的二十大精神中央宣讲团报告会上作的专题宣讲报告。

12 日　吴忠市以视频形式召开党的二十大精神宣讲动员备课会，贯彻落实党中央、自治区党委和市委部署要求，安排吴忠市宣讲工作。

13 日　自治区党委常委、统战部部长马汉成到吴忠市利通区扁担沟镇渔光湖村为基层党员干部群众宣讲党的二十大精神，并调研乡村振兴和驻村帮扶工作。

15 日　吴忠市对重点企业大气污染防治工作进行突击检查。

15—17 日　市委书记徐耀带队前往浙江吉利控股集团、浙江物产中大集团股份有限公司、正泰集团新能源科技公司、浙江永杰新材料股份有限公司等企业考察对接项目，就深化合作进行洽谈交流，并签订战略合作框架协议。市政协主席王天军参加考察。

16 日　吴忠涝河桥烈士陵园纪念馆展陈规划设计论证会召开。

17 日　吴忠市在利通区金星镇利宁社区永泰物业有限公司成立首家物业行业妇女组织，也是全区首个妇女代表工作室。

18 日　2022 年第三季度“中国好人榜”发布仪式暨全国道德模范与身边好人现场交流活动在吴忠市利通区上桥镇牛家坊村新时代文明实践站举办。市长王学军出席发布仪式。

2022 年 11 月 18 日，2022 年第三季度“中国好人榜”发布仪式暨全国道德模范与身边好人现场交流活动在利通区上桥镇牛家坊村举办

21 日　市长王学军到吴忠市利通区扁担沟镇利原村宣讲党的二十大精神，调研乡村振兴工作。

22 日　市长王学军主持召开市人民政府第 18 次常务会议，深入学习贯彻习近平总书记在中央政治局会议上的重要讲话精神，听取全市经济运行、医疗改革等工作情况汇报，研究部署有关工作。

△　吴忠市宁夏朔牧盐池滩羊繁育有限公司和红寺堡区天源良种繁育养殖有限公司获评国家级羊布鲁氏菌病（非免疫）净化场。

24 日　市委常委会召开会议，传达学习习近平总书记近期重要讲话、指示批示、贺信、致辞、回信精神，认真学习中央、国务院以及自治区有关会议精神，听取全市 1—10 月经济运行等工作情况汇报，安排部署下一步工作。市委书记徐耀主持会议并讲话。

△　市委全面深化改革委员会召开第十七次会议，深入学习贯彻中央全面深化改革委员会第二十七次会议精神，审议通过《关于贯彻落实自治区第十三次党代会精神　继续推进全面深化改革的实施方案》《吴忠市鼓励和规范改革先行试点办法（试行）》等，听取改革试点工作进展情况。市委书记、市委全面深化改革委员会主任徐耀主持会议并讲话。市长、市委全面深化改革委员会副主任王学军，市人大常委会主任兰德明，市政协主席王天军出席会议。

26 日　市长王学军主持召开市人民政府第 19 次常务会议，深入学习贯彻习近平总书记对河南安阳市凯信达商贸有限公司火灾事故的重要指示精神，全面落实自治区党委常委会会议和自治区人民政府第 140 次常务会议有关精神，听取全市安全生产等工作情况汇报，研究部署有关工作。

是月　吴忠市林长第 1 次会议召开，深入学习贯彻中共中央办公厅、国务院办公厅《关于全面推行林长制的意见》和自治区林长第 1 次会议精神，听取全市全面推行林长制工作情况，安排部署下一步工作。市委书记、市级总林长徐耀主持会议并讲话。市长王学军、市人大常委会主任兰德明、市政协主席王天军出席会议。

△ 盐池县“809000”青年宣讲团荣获2022年全国基层理论宣讲先进集体称号。

12月

1日 市长王学军在盐池县督导千亿方级气田开发建设项目和安全生产工作，并召开座谈会。

2日 市委常委会召开会议，学习习近平总书记重要贺信精神，传达学习自治区党委常委会会议精神，听取中央生态环境保护督察反馈问题整改情况、全市安全生产工作情况汇报，安排部署下一步工作。市委书记徐耀主持会议并讲话。

△ 市委理论学习中心组召开学习会，学习习近平总书记关于总体国家安全观的重要论述，围绕党的二十大报告“推进国家安全体系和能力现代化，坚决维护国家安全和社会稳定”开展学习研讨。市委书记徐耀主持会议并讲话。市长王学军、市人大常委会主任兰德明、市政协主席王天军、市委副书记王汉武出席会议。

7日 吴忠市2023年重点工作、重大项目谋划汇报会召开，深入学习宣传贯彻党的二十大精神，听取2023年重点工作、重大项目谋划汇报。

8日 市委常委会召开会议，学习习近平总书记重要讲话精神，传达自治区有关会议精神，听取全市意识形态工作责任制落实情况和思想政治工作情况、市委党校（市行政学院）工作情况汇报，研究召开市委六届六次全会有关事宜。市委书记徐耀主持会议并讲话。

△ 市长王学军主持召开市人民政府第20次常务会议，深入学习宣传贯彻党的二十大精神，审议有关文件，研究部署2023年民生实事、重点工作、重点项目等工作。

9日 中国共产党吴忠市第六届委员会第六次全体会议召开。会议由市委常委会主持。市委书记徐耀受市委常委会委托向全会报告一年来的工作，安排部署2023年工作。全会听取和讨论徐耀所作的工作报告，审议通过《中共吴忠市委员会关于加快建设绿色发展先行市的实施意见》。

△ 市长王学军主持召开市人民政府第21次常务会议，审议政府工作报告、国民经济和社会发展计划报告（草案）、财政预算报告（草案），研究部署下一步工作。

12日 市委常委会召开会议，学习习近平总书记在首届中国—阿拉伯国家峰会开幕会和首届中国—海湾阿拉伯国家合作委员会峰会上的主旨讲话精神，深入学习党的二十大精神，研究召开全市两会有关事项。市委书记徐耀主持会议并讲话。

△ 市第六届人大常委会召开第七次会议。市人大常委会主任兰德明主持会议并讲话。

△ 政协第六届吴忠市委员会常务委员会第四次会议召开。市政协党组书记、主席王天军主持会议，并围绕学习宣传贯彻党的二十大精神作专题辅导。

△ 市管干部学习贯彻党的二十大精神集中轮训班（第1期）开班式在市委党校（市行政学院）举行。党的二十大代表、市委书记徐耀出席开班式并对党的二十大精神进行宣讲。市长王学军主持开班式。

△ 市第六届人大常委会党组召开2022年第15次会议。市委书记、市人大常委会党组书记徐耀主持会议。市人大常委会党组副书记、主任兰德明出席会议。

13日 吴忠市组织开展“线上＋线下”公祭活动，广大干部群众以多种方式缅怀死难同胞，激发爱国主义情怀。

14日 吴忠市对人大代表、政协委员驻地宾馆的食品安全、特种设备安全进行督导检查。

16日 中国人民政治协商会议第六届吴忠市委员会第二次会议开幕。市委书记徐耀，市委副书记、市长王学军，市人大常委会主任兰德明，市委副书记王汉武到会。会议审议通过政协第六届吴忠市委员会第二次会议议程。

△ 市六届人大二次会议主席团举行第一次会议。市委书记、市人大常委会党组书记徐耀主持会议。

△ 市六届人大二次会议主席团举行第二次会议。会议由市委书记、主席团常务主席徐耀主持。

△ 吴忠市召开两会党员代表、委员会议。市委书记、市人大

常委会党组书记徐耀出席会议并讲话。

△ 吴忠市第六届人民代表大会第二次会议召开预备会议。市人大常委会主任兰德明主持会议。会议选举产生市第六届人民代表大会第二次会议主席团和秘书长，表决通过市第六届人民代表大会第二次会议议程，表决通过议案审查委员会名单、计划预算审查委员会名单。

△ 市委书记徐耀、市长王学军、市人大常委会主任兰德明、市委副书记王汉武等市领导看望出席吴忠市第六届人民代表大会第二次会议的全体代表，并向他们致以诚挚问候。

17 日 吴忠市第六届人民代表大会第二次会议在红宝宾馆召开。会议由大会执行主席徐耀主持。

△ 市委书记徐耀参加市六届人大二次会议利通区代表团审议，与代表们共同审议《政府工作报告》。

△ 市委副书记、市长王学军到政协第六届吴忠市委员会第二次会议科协、科技界、农业界分组讨论会场，与委员们一起讨论《政府工作报告》，听取意见建议。

△ 政协第六届吴忠市委员会第二次会议召开第二次全体会议。市委书记、市人大常委会党组书记徐耀，市委副书记、市长王学军，市委副书记王汉武听取委员们发言。会议共征集编印大会发言材料 33 篇，涉及经济社会发展和民生改善等各个方面。

18 日 市委副书记、市长王学军参加吴忠市第六届人民代表大会第二次会议盐池县代表团审议，与代表们一同审议《政府工作报告》、人大常委会工作报告和法检两院工作报告。

△ 中国人民政治协商会议第六届吴忠市委员会第二次会议圆满完成各项议程，胜利闭幕。市委书记徐耀，市委副书记、市长王学军，市人大常委会主任兰德明，市委副书记王汉武出席会议。

△ 市六届人大二次会议举行第二次全体会议。会议由大会执行主席徐耀主持，市人大常委会主任兰德明作市人大常委会工作报告。

△ 市政协六届常委会第五次会议召开。

19 日 吴忠市第六届人民代表大会第二次会议圆满完成各项议程，胜利闭幕。市委书记、大会执行主席徐耀主持会议。

20 日 市委书记徐耀调研督导大气污染防治攻坚行动。

21 日 市长王学军主持召开市人民政府第 22 次常务会议，听取 2022 年环境保护及生态环境损害赔偿等工作情况汇报，安排部署环境保护等工作。

23 日 市委常委会召开会议，学习党的二十大精神及中央经济工作会议精神，学习习近平总书记近期重要指示、致辞、贺信精神，传达有关通报精神，听取全市生态环境保护工作及生态损害赔偿工作情况汇报，审议有关文件。市委副书记、市长王学军主持会议并讲话。

△ 吴忠市委党的建设工作领导小组召开 2022 年第 3 次会议，会议传达学习自治区城市基层党建引领基层治理领导小组第一次会议精神，听取 2021 年度市委书记抓基层党建述职评议考核反馈问题整改落实、全市开展农村党建“抓乡促村、整乡推进、整县提升”示范县乡创建行动、2022 年市直机关党建工作等情况汇报。

27 日 市委书记徐耀调研药品供应工作。

是月 宁夏怡安保安集团有限公司职工书屋和利通区税务局职工书屋分别被中华全国总工会授予“全国工会职工书屋示范点”荣誉称号。

△ 吴忠市开展食品药品安全专项检查。

吴忠概览

地理人文

【自然地理】 吴忠市位于宁夏中部，地处宁夏平原腹地，介于东经105°17′—107°47′，北纬36°34′—38°15′，总面积2.14万平方公里。北连银川市，西接中卫市，东部毗邻陕西省榆林市定边县，东北、西北分别与内蒙古自治区鄂尔多斯市鄂托克前旗和阿拉善盟阿拉善左旗相连，东南与甘肃省庆阳市环县接壤。吴忠市南部红寺堡区、盐池县、同心县3县（区）是宁夏中部干旱带的核心地区，占全市总面积80%。北部利通区、青铜峡市是引黄灌区的精华之地。市境北部为黄河冲积平原，市境东部属鄂尔多斯台地，东北接毛乌素沙地。市境南部为鄂尔多斯高原与黄土高原衔接地带，东南部为黄土丘陵，群山环绕，沟壑纵横。贺兰山纵亘于西部，牛首山卧于东南，形成由西南向东北自高向低呈阶梯状分布的特点，地貌形态为山地、低山丘陵、缓坡丘陵、洪积扇地带、黄河冲积平原。川区平均海拔1200米，山区1300—1900米。吴忠地处西北内陆，属中温带干旱半干旱气候区，具有明显的大陆性气候特征：四季分明，气候干燥，蒸发强烈，降水少，大气透明度好，云量少，日照充分，热量丰富，温差较大，无霜期短，风沙较多。年平均气温9.3℃，极端最低气温-28.5℃（1975年12月12日），极端最高气温38℃（1997年7月22日）。生长期年均210天；无霜期年均180.4天，最长达220天，最短为150天。历年平均降水量184.6—273.5毫米。年均降水46.5天，最多达56天（2007年），最少为31天（2005年）。极端年最大降水量322.1毫米（1978年），极端年最少降水量64.8毫米（2005年）。降雨集中在7—8月，8月最多。吴忠境内的罗山是宁夏三大天然林区之一。主要有石油、煤炭、矿石、天然气等30多种矿产资源，其中，石油储量3700万吨，天然气储量8000亿立方米，是陕甘宁油田的核心部分。煤炭储量64.7亿吨，石灰岩储量49亿吨，冶镁白云岩储量23.69亿吨。水电、火电资源丰富，总装机容量占全宁夏的54%，是宁夏重要的能源基地。

【历史沿革】 吴忠历史源远流长，公元前2.5万年左右，先民就在这里繁衍生息。秦时于今盐池县境内首设眗衍县，大约辖原银南地区全境。秦始皇三十三年（前214年），境内设富平县，为宁夏平原最早设置的县。此后分置灵州、回乐等县郡。清置宁朔县，县治小坝堡；置平远县，县治下马关。民国二年（1913年）成立盐池县，隶属朔方道。1936年，成立盐池县苏维埃政府和陕甘宁省豫海县回民自治政府。1949年9月，吴忠全境解放，成立吴忠堡市，由宁夏省直辖；11月改为吴忠镇，归灵武县管辖。1950年10月，吴忠镇改为吴忠市（县级市），由宁夏省直辖。1954年4月，宁夏省河东回族自治区成立，辖金积、灵武、吴忠、同心4县市，并与吴忠市人民政府合署办公。9月，宁夏省建置撤销，河东回族自治区隶属甘肃省。1955年2月1日，河东回族自治区人民政府与吴忠市人民政府分署办公。1955年4月28日，河东回族自治区更名为吴忠回族自治州。1958年10月25日，宁夏回族自治区成立，自治州撤销，吴忠市直属宁夏回族自治区。1960年8月，设立青铜峡市。1963年撤销吴忠市、青铜峡市，设立吴忠县和青铜峡县。1972年设立银南地区，银南地区辖吴忠县、盐池县、青铜峡县、同心县等县。1983年，撤销吴忠县，恢复吴忠市（县级市）。1984年，撤销青铜峡县，恢复青铜峡市（县级市）。1998年5月，撤销银南地区，设立地级吴忠市，县级吴忠市改称利通区。吴忠市辖利通区、青铜峡市、灵武市、中卫县、中宁县、盐池县、同心县。1998年9月5日，成立县级红寺堡开发区。2002年10月，灵武市划归银川市代管。2003年12月，中卫县、中宁县划归新设立的地级中卫市。2009年10月，设红寺堡区。

【行政区划】 截至2022年底，吴忠市辖利通区、红寺堡区、青铜峡市、盐池县、同心县5个县（市、区）。全市共有44个乡镇、2个街道、66个社区、504个村。其中，利通区辖8个镇、4个乡、21个社区、106个行政村、3个农场办，红寺堡区辖2个镇、3个乡、1个街道、65个行政村、8个社区，青铜峡市辖8个镇、2个场、1个街道、84个行政村、22个社区，盐池县辖4个镇、4个乡、1个街道、15个社区、102个行政村，同心县辖7个镇、4个乡、1个管委会、142个行政村、11个社区。

【人　口】 至2022年末，全市常住人口139.91万人，比上年末增加0.71万人，其中城镇常住人口79.78万人。全年出生人口1.60万人，人口出生率为11.46‰；死亡人口0.86万人，人口死亡率为6.16‰；自然增长人口0.74万人，人口自然增长率为5.30‰。常住人口城镇化率为57.02%，比上年增长0.34个百分点。据公安年报，年末全市户籍总人口143.94万人，其中，城镇人口48.90万人，户籍人口城镇化率33.97%。

青铜峡引黄灌区

经济建设

【概　　况】 2022年，吴忠市实现地区生产总值867.03亿元，比上年增长4.1%。其中：第一产业实现增加值120.13亿元，增长4.6%；第二产业实现增加值451.34亿元，增长4.9%；第三产业实现增加值295.56亿元，增长3.0%。三次产业对经济增长的贡献率分别为14.7%、55.8%、29.5%，三次产业结构为13.9 ∶ 52.0 ∶ 34.1。全市人均地区生产总值62126元，比上年增长3.6%；全社会固定资产投资比上年增长10.3%；全市实现社会消费品零售总额182.7亿元，比上年增长0.2%。全年对外经济实现进出口总额8.24亿元，比上年增长73.1%，其中，出口总额6.48亿元，增长42.0%。全市完成地方财政收入52.56亿元，比上年下降10.5%，其中：一般公共预算收入35.95亿元，下降4.1%；一般公共预算支出245.88亿元，增长8.5%。全市全体居民人均可支配收入23887元，比上年增长6.3%。城镇常住居民人均可支配收入35548元，增长5.8%；农村居民人均可支配收入17380元，比上年增长7.7%。城乡居民人均可支配收入比（以农村居民人均收入为1）为2.05，比上年缩小0.03。

【工业经济】 2022年，吴忠市委、市政府围绕“六新”产业做大规模、做高能级、壮大实力，依托吴忠仪表等龙头企业加快装备制造产业延链补链，支持装备制造、清洁能源等产业不断发展壮大。加快传统产业改造升级，深入实施“四大改造”行动，加速煤电、有色、焦化等高耗能行业降能耗、提能效，推动产业链再造和价值链提升，使其焕发新活力、形成新优势。截至2022年底，全市共有工业企业1900余家，其中规模以上工业企业375家，列入自治区60户工业龙头企业16家，年产值过50亿元、10亿元、1亿元企业数分别达5家、27家、128家。全市全部工业增加值398.2亿元，比上年增长5.5%，其中规模以上工业增加值比上年增长6.8%。共有42家规模以上现代化工业企业，完成工业产值477.8亿元，同比增长42.3%，占全市规模以上工业总产值比重近35%。有规模以上新材料企业31家，涵盖化工材料、高性能金属材料、碳基材料、新型建筑材料4个行业，有规上装备制造企业28户，完成产值67.4亿元，同比增长9.6%，有规模以上食品工业企业63家、规模以上现代纺织企业38家。2022年新增自治区级企业技术中心2家、技术创新示范企业2家、服务型制造示范企业3家、“专精特新”中小企业16家、“专精特新”小巨人企业4家。吴忠仪表DN800调压装置关键用阀等16项产品列入自治区2022年百项创新产品研制引导计划。深入开展重点行业企业节能、安全、环保综合诊断，累计诊断企业463家，整改完成率95.6%。全年完成建筑业增加值54.17亿元，比上年增长1.4%。全市具有资质等级的总承包和专业承包建筑业企业有109个，完成建筑业总产值84.9亿元，比上年增长15.6%。全市房屋建筑施工面积224.3万平方米，比上年下降14.6%。

【现代农业】 2022年，吴忠市围绕“六特”产业发展，调整种植结构，扩大产业规模，提升加工能力。聚焦葡萄酒、牛奶等优势产业，在生产销售、种植养殖、科技保障、品牌塑造、市场营销等全产业链上下功夫；聚焦枸杞、肉牛、滩羊、冷凉蔬菜等特色产业，做好精深加工这篇文章，推动农业高质高效发展。全年农林牧渔业总产值248.4亿元，比上年增长4.7%。其中：农业产值118.8亿元，增长3.3%；林业产值1.6亿元，增长13.9%；牧业产值118.8亿元，增长6.8%；渔业产值2.3亿元，下降8.1%；农林牧渔服务业产值6.9亿元，增长8.5%。全年粮食种植面积304.19万亩，比上年增加0.16万亩，其中：小麦种植面积35.21万亩，增加6.07万亩；水稻种植面积5.57万亩，减少4.58万亩；玉米种植面积163.92万亩，减少1.4万亩；薯类种植面积7.31万亩，减少10.46万亩。全年粮食总产量103.91万吨，比上年增加3.09万吨，增长3.1%，粮食生产实现“十九连丰”。年末牛存栏68.35万头，比上年增长12.3%。其中，奶牛存栏33.42万头，增长14.5%；肉牛存栏34.93万头，增长10.2%。羊存栏310.67万只，增长1.6%；生猪存栏13.80万头，下降23.5%；活禽存栏459.35万只，增长16.9%。酿酒葡萄种植面积达到28万亩，建成酒庄45

家，年产葡萄酒 5.8 万吨，销售额 4.92 亿元。市道地中药材种植面积 138742.21 亩。全市冷凉蔬菜种植面积 67.8 万亩（其中设施蔬菜 5.9 万亩、露地蔬菜 23.9 万亩、供港蔬菜 17.5 万亩、黄花菜 8.5 万亩、硒甜瓜 12 万亩），总产量 148.6 万吨，总产值 35.6 亿元。建成 200 亩以上蔬菜种植基地 224 个，认证粤港澳大湾区“菜篮子”种植基地 9 个、大型冷链物流企业 12 家，建成集约化育苗中心 23 家。截至 2022 年底，吴忠市农业产业化重点龙头企业总数达到 217 家，其中国家级 3 家，自治区级 110 家，市级 104 家。先后培育市级以上农业产业化龙头企业 217 家、农民合作社 1806 个、家庭农场 1191 个。成立村经济合作社 322 个、股份经济合作社 169 个，全市 498 个行政村集体经济总收入 10 万—50 万元的村有 218 个，占 43.78%；50 万元以上、100 万元以下的村有 153 个，占 30.72%；100 万元及以上的村有 127 个，占 25.5%。村级集体经济从无到有、由弱变强，党在农村执政基础进一步巩固和加强，为乡村振兴注入了新动能。

【第三产业】 2022 年，全市服务业实现增加值 295.6 亿元，比上年增长 3.0%。全年批发和零售业实现增加值 38.0 亿元，比上年增长 0.7%；交通运输、仓储和邮政业实现增加值 29.2 亿元，同比增长 3.1%；住宿和餐饮业实现增加值 8.9 亿元，同比下降 2.0%；金融业实现增加值 34.7 亿元，同比增长 4.3%；房地产业实现增加值 21.5 亿元，同比增长 2.8%；信息传输、软件和信息技术服务业实现增加值 17.0 亿元，同比增长 11.2%；租赁和商务服务业实现增加值 10.1 亿元，同比下降 2.3%。全年规模以上服务业企业营业收入比上年增长 4.0%，利润总额增长 43.4%。1—12 月，邮政行业寄递业务量 2234.65 万件，同比增长 10.55%。其中：快递业务量 697.63 万件，同比增长 3.37%；邮政寄递服务业务量 1537.02 万件，同比增长 14.15%。宁夏德昌—山东港口青岛港海铁联运班列成功开通，建成同心县电商公共服务中心、红寺堡交通物流园等一批服务业项目。“狮城宁好”“大美同心”被认定为首批自治区级电商直播示范基地，全市实现网络交易额 130 亿元。成功举办 2022 年中国面食博览会暨第二届吴忠早茶美食文化节、全国沙滩排球巡回赛等活动。成功入选全国居家和社区基本养老服务提升试点城市，荣获“中国民族美食文化地标城市”称号，在全国 100 个城市消费者满意度测评中排名西北第一。

【改革创新】 2022 年，吴忠市大力推进科技创新，抢抓“科技支宁”东西部合作机遇，深入实施创新力量厚植等“四大工程”，新增国家级高新技术企业 17 家、自治区级科技型中小企业 125 家，与中国科学院、上海交通大学等合作科技项目累计达到 98 个，吴忠仪表大口径高压调压阀、天利丰公司膜分离制取液氦工艺分别填补了国内空白。承接国家级、自治区级改革试点 36 项，自主谋划改革任务 16 项，工业企业主辅分离改革试点、国企改革三年行动走在全区前列。“六权改革”扎实推进，盐池县山林地回购交易、山林地资源股金分红在全区实现零的突破，青铜峡市用水权改革经验在全区交流推广。积极参加中阿博览会、第二届中国（宁夏）国际葡萄酒文化旅游博览会等展会，预计实现外贸进出口总值 7.5 亿元，增速达 55% 以上。

政治建设

【依法治市】 2022 年，吴忠市以“平安吴忠”建设为抓手，扎实开展“守土”“净网”等专项行动，常态化推进扫黑除恶斗争，组织开展社会面集中清查检查，推进道路安全隐患排查治理和道路交通事故预防“减量控大”工作，全市道路交通事故“四项指标”同比分别下降 17.8%、39.3%、0.7%、39.9%。推动县（市、区）和各行业开展平安乡镇、平安校园、平安医院等八大类基层创建活动，全力推进打击整治养老诈骗专项行动，推进党政主要负责人“述法”常态化。深入推进全市公共法律服务实体平台、热线平台、网络平台建设融合发展，创新开展“互联网 + 法律服务”模式，推广“一村（居）一法律顾问”制度，实现全市 7 个公共法律服务中心和所有乡镇、村（社区）全覆盖。

【基层组织建设】 2022 年，全市组织部门整顿提升软弱涣散村、后进村党组织 39 个，扎实开展乡村换届“回头看”，认真整改驻村干部有关问题，创新开展“百村大调研”“点赞乡村振兴担当作为好支书”活动，531名导师帮带991名新兵，2.26万先锋示范户激活乡村振兴活力。县乡通过联村党委、“倍增计划”、村企合作等实施集体经济项目80个，收入10万元以上的村达到100%。做深做实网格治理，细化调整网格785个，网格党小组增加到450个，同步组建网格党支部155个。深化“红色物业”建设，85家物业企业、业委会建立党组织，201个“三无”小区实现“红色托管”。推动市县全部成立“小个专”综合党委，建立党建指导站30个，大力推进6个示范街（区）建设，“两新”党组织覆盖率分别达到89.9%、87.8%，党支部规范化率达68%。深入推进“五型”模范机关创建，市属国企全部建立党组织前置研究讨论事项清单，74.7%的中小学落实党组织领导的校长负责制。实施发展党员“源头工程”，巩固集中排查整治工作成果，制定提高农村发展党员质量“1+5”制度，48个乡镇（街道）全覆盖建成规范化党员档案室，2.7万名党员档案归档安家。

【基层治理】　2022年，吴忠市有序推进全国市域社会治理现代化试点工作，全面落实基层治理“1+6”体系。常态化开展扫黑除恶，严厉打击各类违法犯罪。建成“一站式”矛盾纠纷调解中心42个。在全区率先创建铸牢中华民族共同体意识示范市，创新“5585”创建模式，扎实推进铸牢中华民族共同体意识宣传教育“十进”活动，连续39年开展“民族团结进步月”活动，连续18年举办“社区邻里节”等系列活动。深入开展安全生产专项整治三年行动，生产安全事故起数和死亡人数实现双下降。深入开展粮食购销领域腐败、工程建设政府采购等重点领域突出问题专项治理。

【精神文明建设】　2022年，吴忠市大力推进精神文明建设提质工程，统筹推进“五大创建”。评选自治区文明村镇10个、市级文明村镇28个、市级文明家庭100户、文明市民97人。县级以上文明村达到65.8%，文明乡镇达到100%。全市登记注册志愿者31.31万人，占全市常住人口22.5%。按照“五有”标准，夯实文明实践阵地建设，统筹整合党群服务中心、文化站、农家书屋、村史馆等阵地资源，用好文明实践平台，因地制宜打造实践基地88个，全市新时代文明实践中心（所、站）实现全覆盖，新时代文明实践站“积分超市”建成率100%。深入实施文明素养提升行动，明确七大工程20条具体措施，落实160条具体任务清单。大力倡导文明健康绿色环保生活方式，餐饮行业“公筷公勺”推广100%覆盖，驾乘电动车佩戴安全头盔率提升到70%。

社会建设

【教　育】　2022年，吴忠市普惠性幼儿园在园幼儿占比达到94.7%，义务教育阶段“大班额”得到有效缓解，普通高中大班额占比降至1%。至年末，全市有高等职业教育学校1所，招生2613人，在校生7414人，毕业生2360人；中等职业学校5所，招生3012人，在校生9129人，毕业生3056人；普通高中12所，招生11673人，在校生34954人，毕业生10728人；初级中学54所（其中普通初中39所，九年一贯制学校15所），招生22282人，在校生65220人，毕业生22916人；普通小学265所，招生20757人，在校生130718人，毕业生22395人；特殊教育学校3所，招生20人，在校生445人；幼儿园281所，在园幼儿46429人。

【医　疗】　2022年，吴忠市持续深化“互联网+医疗”，各级公立医疗卫生机构医保专网实现全覆盖。2022年，全市共有各级各类医疗卫生机构943个，其中医院44个，基层医疗卫生机构875个，专业公共卫生机构22个，乡镇卫生院44个。医疗卫生机构实有床位6441张，其中医院实有床位5498张，公立医院实有床位3364张，乡镇卫生院实有床位733张。卫生技术人员共计9386人，其中，执业（助理）医师3400人，注册护士4187人，公共卫生人员892人。有疾病预防控制中心5个，卫生技术人员177人，乡镇卫生院卫生技术人员1294人；妇幼保健机构6个，卫生技术人员503人；卫生监督所5个，卫生技术人员98人。全市每千人口医生数2.44人，每千人口床位数4.63张。

【社会保障】 2022年，吴忠市持续深入推进多层次多样化社会保险体系建设，建立全面统筹的社保制度。全市企业退休人员养老金实现“十八连涨”，调整后市本级退休人员人均月养老金2522.66元；机关事业单位退休人员养老金实现“七连涨”，调整后市本级机关事业单位退休人员人均月养老金5586元。落实企业职工基本养老保险基金省级统收统支制度，规范企业职工基本养老保险经办流程和养老保险个人账户管理。基本医疗保险参保缴费人数为136.24万人。从2022年1月起，将城乡低保标准分别提高至每人每月650元。全市共有城乡低保等各类救助对象11.25万人，其中城乡低保对象69821户101108人，高龄老人9512人，特困人员1960人。2022年，全市累计发放各项救助补助资金7.08亿元，城乡低保对象月人均补差分别达522元和368元。

【创业就业】 2022年，吴忠市聚焦长期失业人员、残疾人、退役军人等就业困难群体，发放灵活就业社会保险补贴10625人3916.87万元，安置公益性岗位3420名。通过公务员招考、事业单位招录、“三支一扶”招募、机关事业单位实习、企业见习基地见习等方式，解决2022届离校未就业高校毕业生就业3942人，就业落实率94.8%，全区五市排名第一。通过“点对点”输送、零工市场集中招聘、宣传引导的方式，组织农村劳动力转移就业22.26万人，实现工资性收入34.79亿元，为15.02万名外出务工农民工购买“铁杆庄稼保”。全市培育电商企业228家，从业人员3199人；快递品牌10家，从业人数1146人；外卖服务平台2家，从业人数547人。围绕自治区“六新六特六优”产业发展需求，实施“技能宁夏”行动，开展订单式、定向式、定岗式就业技能培训，全市开展职业技能培训10696人，为经济发展和产业升级提供人才支撑。

【城乡建设】 2022年，吴忠市突出建设和美乡村，加快实施重点镇、美丽宜居村庄建设项目，新建乡村振兴示范村39个，新建改建提升农村公路902公里，改造户厕1.05万户。红寺堡区乡村振兴重点工作被国务院通报表扬，青铜峡市入选国家乡村振兴示范县创建名单。拓展城市功能，实施城市东片区开发等项目50个，新增商品房105万平方米，改造老旧小区61个，新增城市绿地1090亩，市区污水资源化利用率达到36%。市区入围自治区海绵城市试点城市，城镇化率达到57.02%。深入推进全国文明城市创建和国家园林城市复检，建成市区“六纵六横”绿波网络。新增新能源公交车20辆、机动车泊位2900个，整治地下空间防汛隐患525处。实施清洁取暖“双替代”8万户，实施重点镇、美丽村庄建设项目23个，同心县折腰沟等6个村入选国家级传统村落。

文化建设

【概　况】 2022年，全市有艺术表演团体50个、文化馆6个（国家一级馆4个）、公共图书馆6个（国家一级馆3个）、博物馆11个、美术馆1个、全国重点文物保护单位9处、国家级非物质文化遗产代表性项目7个。有广播电台4个、电视台4个，广播人口综合覆盖率达到99.9%，电视人口综合覆盖率达到99.93%。全市共有24家A级旅游景区，其中4A级5家、3A级9家、2A级10家。全市共有49家旅行社（分社、营业部），其中国内社8家。全市共有12家星级旅游饭店，其中四星级4家，三星级8家。接待国内游客814.7万人次，实现国内旅游收入49.69亿元。

【文化惠民】 2022年，吴忠市大力实施文化惠民工程，组织开展“送戏下乡”“戏曲进校园”“文艺轻骑兵”“滨河百姓大舞台”等各类文化惠民活动104场次。开展文化进万家、清明诗会、广场舞大赛等活动124场次，举办“书香吴忠”暨“4·23”世界读书日等活动。进一步完善基层文化站和村综合文化服务中心服务设施，4所城市书房完成建设并投入使用。完成吴忠早茶美食文化节“强国复兴有我”文化惠民专场演出共7场次，展馆组织节目表演18场次。在2022年全国沙滩排球巡回赛（宁夏吴忠站）上组织开幕式文艺演出及非遗产品展示展览。

【文艺创作】 2022年，全市文化系统创作表演唱《瞧这一家子》、小品《村官和老婆》等文艺新品20余个，改编《血脉情》《一诺千金》《兰花芬芳》等一批文艺作

吴忠非遗产品

品。《扬鞭再创新辉煌》荣获全区广场舞大赛一等奖，群舞《兰花芬芳》、小品《一家亲》等优秀剧目荣获全区群星奖，秦腔《爸爸回来了》等优秀作品获自治区舞台艺术精品创作扶持工程，《青铜峡的传说》《爱有你我他》等17部优秀文艺作品入选国家艺术基金资助项目。

生态文明建设

【环境质量】　2022年，吴忠市优良天数296天，优良天数占比81.1%。剔除沙尘影响，PM_{10}平均浓度为68μg/m³，$PM_{2.5}$平均浓度为32μg/m³，均控制在国家环境空气质量二级标准以内。黄河吴忠段出境断面水质稳定在Ⅱ类，苦水河入黄口断面达到地表水Ⅳ类，清水沟、南干沟等10个区控断面水质保持在Ⅳ类及以上。吴忠市金积水源地、小坝水源地、大坝水源地3个国家考核城市集中式饮用水水源地，除铁、锰地质本底超标外，其余项目监测浓度均符合《地下水质量标准》（GB/T 14848—2017）中的Ⅲ类标准要求。土壤环境质量总体保持稳定。

【环境保护】　2022年，吴忠市加大生态修复力度，深入实施环罗山生态保护与修复等工程，完成营造林32.2万亩，修复草原8.5万亩，保护修复湿地10.1万亩，完成水土流失治理面积279.42平方公里，森林覆盖率和草原综合植被盖度分别达到18.8%、54.7%。耕地保护目标责任制考核连续七年全区第一。有自然保护区3个，其中国家级自然保护区2个，自治区级自然保护区1个。持续打好蓝天、碧水、净土保卫战。大力推进节能降碳，实施环境保护治理和修复项目37个，大力推动绿能开发、绿氢生产、绿色发展，淘汰落后产能135.3万吨，实施庆华煤化干熄焦改造等技改项目28个，新能源建成并网规模1509.3万千瓦。创成自治区级绿色工厂3家，塞外香食品等3家企业创成自治区级绿色工厂。吴忠市被上海市列入支持氢能产业发展的重点合作区域。工业危废和医疗废物处置率100%。深入开展污染防治，全市环境空气质量稳定在国家二级标准以内。实施牛家坊等人工湿地项目6个，清水河治理入选生态环境部美丽河湖优秀案例。畜禽粪污、农作物秸秆综合利用率和农用残膜回收率均达90%以上。统筹推进山水林田湖草沙一体化保护和系统治理，加大生态修复力度，深入实施环罗山生态保护与修复等工程，加快推进北部绿色发展区防护林、三北防护林等项目。

【节能减排】　2022年，吴忠市持续加大节能违规项目排查整改力度，累计筛查“十二五”以来宇联石膏制品加工等未批先建工业项目34个，完成整改并取得审查批复意见28个。组织实施庆华煤化一期110万吨/年焦化配套干熄焦等节能技术改造项目7个。依法依规淘汰水泥等落后产能135.3万吨，节约能源2.6万吨标准煤。赛马水泥等3家企业成功创建自治区级绿色工厂。深入开展重点行业企业节能、安全、环保综合诊断，累计诊断企业463家，发现问题2806条，整改销号2681条，整改完成率95.6%。

组织机构及领导人

（2022年1月至12月在职）

中共吴忠市委员会

书　记　　徐　耀

副书记　　王学军

　　　　　王汉武（白）

常　委　解　峰（8月免）
白小军（8月任）
高建博
李　敏
王海燕
潘建宁
丁建成
陈　宏
李晓玲（女，5月任）
童伟东（6月免，挂职）
周义和（6月任，挂职）
龚雪飞（2月免）
秘书长　邓冀宁（2月免）
侯永林（2月任）
副秘书长　蒋　波（7月免）
王晓辉（7月任）
吴文彪（5月任）
马　勤（回，2月免）
刘新生
彭　勇
何仲双（5月免）

市委办公室

主　任　邓冀宁（2月免）
侯永林（2月任）
副主任　马　勇（回）
王明兵
李建荣（5月任）

吴忠市人大常委会

党组书记　徐　耀
主　任　兰德明
副主任　陈克安
邓冀宁
张自力（4月免）
魏建荣
沙　莉（女，回）
马国锋（回）
蒋文军
侯永林
秘书长　蒋　波
副秘书长　陈　晖

人大常委会办公室

主　任　荀伏祥
副主任　杜少忠（回）

法制工作委员会

主　任　刘学芳
副主任　胡思斌

财经工作委员会

主　任　康宏翔（回）
副主任　闫宗杰

教育科学文化卫生工作委员会

主　任　马　鑫（回）
副主任　徐海峰

民族宗教外事侨务工作委员会

主　任　金　国（回）
副主任　张丽琴（女）

代表联络与选举工作委员会

主　任　徐广堂
副主任　祁高平

农业与环境资源保护工作委员会

主　任　马晓雄（回）
副主任　徐新福

监察和司法工作委员会

主　任　何生俊（回）

吴忠市人民政府

市　长　王学军
副市长　童伟东（6月免）
潘建宁
李晓玲（女，4月任）
周义和（6月任，挂职）
李　成（10月任）
章中全（3月免）
马同松（回）
李玉山（回）
杨爱琴（女，回）
秘书长　马国锋（回，3月免）
冯茂璋（3月任）
副秘书长　张炜宁
梁吉鸿（12月免）
马鹏飞（回）
刘　洪
柴　升
施建晖
罗　刚

办公室

主　任　马国锋（3月免）
冯茂璋（3月任）
副主任　马学海（7月免）
杨宝园（回，7月任）
马逢倡

政协吴忠市委员会

党组书记　王天军
主　席　王天军
党组副书记
丁建成（回）
王永福
副主席　王永福
王海宁
杨春燕（女，回）
王　金
马锐锋（回）
杨玉洲（回）
蒋耀强
马　刚（回，2月补选）
秘书长　马廷云（回）
副秘书长　梁　恒

办公室

主　任　袁宗辉（回）

提案委员会

主　任　岳思宏

经济委员会

主　任　杨玉琳（回）

教科卫体委员会

主　任　周文荣（回，12月免）
卢占周（12月任）

社会和法制委员会

主　任　陆兴明（1月任）

民族宗教和港澳台侨委员会

主　任　　马向林（回）

文化和文史学习委员会

主　任　　刘向阳

农业和农村委员会

专职副主任

张学良（回）

中共吴忠市纪律检查委员会
吴忠市监察委员会

纪委书记　王海燕（女）

副书记　　贺　江

王　钧（回）

孙佰柱

纪委常委　汪　洋

姚宝通（回）

杨少军（回）

杨晓升（回）

曹家博

监察委员会

主　任　　王海燕（女）

副主任　　贺　江

王　钧（回）

孙佰柱

委　员　　黄金兰（女）

姚宝通（回）

杨少军（回）

杨晓升（回）

吴忠市中级人民法院

院　长　　杨子楠

副院长　　陶夏平（女）

叶建平

孙玉梅（女，5月任）

政治部主任

李　炯

纪检组组长

沈云霞（女）

审委会专职委员

项成文（6月免）

魏　刚

杨雪梅（女,回,6月任）

吴忠市人民检察院

检察长　　张　炜（女）

副检察长　黄振宁

韩　震（7月免）

陈国鸿

张　晶（7月任）

纪检组组长

马克斌（回）

政治部主任

杜拥军

宁夏民族职业技术学院

党委书记　马维敏（回）

院　长　　焦玉柱

党委副书记

雍学华

副院长　　张　力（回，10月免）

李奇志

吴建国（3月任）

纪委书记　张　峰

市委工作部门

市委组织部

部　长　　解　峰（8月免）

白小军（8月任）

副部长　　杨　东

金　荣

马久麟（回）

毛笑非

张　彬

非公有制经济组织党工委

专职书记　马久麟（回）

专职副书记

岳宝华

市委宣传部

部　长　　高建博

副部长　　李　宁（回）

杜　娟（女）

李　兵

文明办主任（新闻出版局局长）

李　宁

市委讲师团团长

蔡绪林

市委统战部

部　长　　丁建成（回）

副部长　　赵志锋

马海涛（回，2月任）

马向东（回，2月免）

马光锋（回，2月免）

李天奇

李　岩

市委政法委

书　记　　丁建成（回）

副书记　　赵永红

马　利

贺永彪（8月免）

韩　震（5月任）

王　刚（7月任）

市委政研室

主　任　　蒋　波（7月免）

王晓辉（7月任）

副主任　　杨学礼（回，12月免）

赵玉国（回）

吴晓波

市委网络安全与信息化办公室

主　任　　杨志贵（回，5月免）

王　钧（5月任）

副主任　　王卫东

孙雪松

网络安全应急中心

主　任　　吴天有（9月免）

市委编办

主　任　　金　荣（回）

副主任　　张学才（回）
　　　　　聂俊峰（12月免）
　　　　　陈晓鹏

市直机关工委

书　记　　马长斌（回）
副书记　　王友成
　　　　　龚　伟

市委巡察办

主　任　　汪　洋（5月免）
　　　　　王照陆（回，5月任）
副主任　　袁　宝（藏）
巡察专员　陈志良

市委老干部局

局　长　　严兴刚
副局长　　马玉福（回，10月免）
　　　　　丁志坚
离退休干部党工委专职副书记
　　　　　王　争（回）
关心下一代工作委员会办公室
主　任　　孙立涛

市政府组成部门

市发展和改革委员会

主　任　　马学峰（回）
副主任　　杨　涛（回）
　　　　　王大鹏

市教育局

党组书记　高明举
局　长　　王守军
副局长　　蒯文普（12月免）
　　　　　张　琛（女，回，2月免）
　　　　　柳佳伟
　　　　　冯玉浩（12月任）

市科技局（地震局）

党组书记　贺永锋（2月免）
　　　　　马　勤（2月任）
局　长　　沙　莉（女，3月免）
　　　　　张　琛（女，回，3月任）
副局长　　马　迁（回，1月任）
　　　　　尹　春（4月免）

市工业和信息化局

局　长　　马玉祥（回）
副局长　　张克文
　　　　　马国兴（回）
　　　　　马希明（回）

市公安局

局　长　　章中全（5月免）
　　　　　李　亮（8月任）
政　委　　李　亮（8月免）
　　　　　徐晓东（8月任）
副局长　　王　义（回）
　　　　　惠兴文（5月免）
　　　　　徐晓东（8月任）
　　　　　魏　升
　　　　　拜　杰
刑侦支队支队长
　　　　　武耀兵
政治部主任
　　　　　边有帮（7月免）
　　　　　袁保峰（8月任）
交通管理局局长
　　　　　马乐天

市民政局

局　长　　杨桂琴（女）
副局长　　马　进（回，5月免）
　　　　　张　坤
　　　　　杨有凯（回）
社会组织综合党委书记
　　　　　陶文明

市司法局

局　长　　周少云（回）
副局长　　李东良
　　　　　马　娟（女，回）
仲裁办主任
　　　　　赫瑞霖

市财政局

局　长　　赵彦林（2月免）
　　　　　黄　培（2月任）
副局长　　张玉斌
　　　　　马　莲（女，回）
　　　　　马学斌（回）

市人力资源和社会保障局

局　长　　马廷云（回，免）
　　　　　汪　洋（5月任）
副局长　　任立斌
　　　　　丁建军（回）
　　　　　马自军（回）
社会保险事业管理中心主任
　　　　　李　煜
就业创业和人才服务中心主任
　　　　　刘晓军（回）

市自然资源局（草原局）

局　长　　刘亚凯（回）
副局长　　张东旭（7月免）
　　　　　李　波（回）
　　　　　马梅花（女，回，7月任）
　　　　　尤　韬（7月任）
土地储备中心主任
　　　　　王继军（回）
不动产确权登记中心主任
　　　　　马梅花（女，回，7月免）
　　　　　王少奇（7月任）

市生态环境局

局　长　　刘永辉（6月任）
副局长　　严清宁
　　　　　马晓明（回）
　　　　　杨　瑞（回）
市生态环境保护综合执法支队
支队长　　马　彪

市住房和城乡建设局

局　长　　张宏志
副局长　　金岳普（回）
　　　　　宋玉珍（女）
　　　　　张自立

市交通运输局

局　长　　闫　浩
副局长　　马金鑫（回）
　　　　　王文智
　　　　　黄执荣
交通战备办公室主任
　　　　　闫　浩

交通运输综合执法支队支队长

杨金保

市水务局

局　长　苏晓理（回）

副局长　张　敏

刘　强

市农业农村局

局　长　陈雪松

副局长　杨　军（回，12月免）

蒋习忠

吴学东

马泽新（12月任）

市商务和投资促进局

局　长　冯茂璋（2月免）

李　焜（2月任）

副局长　张　磊（回）

马勇军（回）

周　静（女，1月任）

市投资促进服务中心

主　任　马瑞英（女，回）

副主任　马银山（回）

白　仁（回）

市文化旅游体育广电局

局　长　马丽红（女，回）

副局长　蒲建平

李海龙

尚自刚（2月免）

市卫生健康委员会

主　任　马锐锋（回，1月免）

蒋学峰（1月任）

副主任　马　涛（回）

董　磊

何献东（回，3月免）

陈志红（12月任）

市退役军人事务局

局　长　马晓贤（女，回）

副局长　马占江（回）

刘学琴（女）

薛昌固（5月任）

市应急管理局

局　长　郭　辉（回）

副局长　韩建明

朱宏斌

杨继东（回）

赵丽亭（女，3月免）

市审计局

局　长　马克林（回）

副局长　李　鹏

马志明（回）

孙培军

市经济责任审计工作联席会议办公室主任

蒲建芳（女）

市市场监督管理局

局　长　蒋耀强（2月免）

马光锋（回，2月任）

副局长　杨学金（回）

尹训刚

李　伟

市国有资产监督管理委员会

主　任　王天珍

副书记　岳克军

副主任　杨平和（5月免）

张克宁

市统计局

局　长　赖学荣

副局长　王风全（回）

杨玉平（回）

顾学军

市金融工作局

局　长　岳立平

副局长　马鲜军（回）

刘　斌（挂职）

市乡村振兴局

党组书记　杨彦炜（回，2月任）

局　长　赵丽亭（女，2月任）

副局长　马保江（回）

范　钧

乡村振兴服务中心

副主任　杨文平

市信访督办局

局　长　张炜宁

副局长　丁晓军（回）

马文儒（回）

市人民防空办公室

主　任　李　焜（2月免）

陈　晖（2月任）

副主任　杜利东（回）

市医保管理局

局　长　马海涛（回，2月免）

何献东（回，2月任）

副局长　吴小玲（女，回）

医疗保障服务中心主任

周宪珑（回）

市住房公积金管理中心

主　任　吴风芳（女，回）

副主任　王殿锁

杨建军（回，7月任）

市审批服务管理局

局　长　马晓波（回）

副局长　张　翔

杨志巍（回）

夏文华

市政务服务中心

主　任　马成义（回）

副主任　马惠群（女，回）

王玉成

李生元（6月免）

市城市管理局

党组书记　兰　林

局　长　杨玉洲（回，3月免）

尚自刚（3月任）

副局长　武耀军

吴兴耀

市粮食和物资储备局

局　长　卢占周（8月免）

马彦文（回，8月任）

副局长　康　峰（回）

姬　锐

蒋洪海

民主党派

民革吴忠市委会

主　委　　杨红英（女）
副主委　　贺　怡（女）
　　　　　边　卡
　　　　　张　琛（女，回）

民盟吴忠市委会

主　委　　吴斌辛
副主委　　关秀林（女）
　　　　　李　渊（回）
　　　　　杨　莹（女）

民建吴忠市委会

主　委　　马春梅（女，回）
副主委　　牛华平（回）
　　　　　鲍菊艳（女）
　　　　　何坤平（回）

民进吴忠市委会

主　委　　杨玉洲（回）
副主委　　汪　晓
　　　　　张福莲（女）
　　　　　赵丽亭（女）

农工党吴忠市委会

主　委　　杨爱琴（女，回）
副主委　　强建新（回）
　　　　　尚自刚
　　　　　马春梅（女，回）

九三学社吴忠市委会

主　委　　杨　灵
副主委　　牛金云（回）
　　　　　梁　静（女）
　　　　　贺明辉

群众团体

市总工会

主　席　　陈克安
副主席　　杭庆珍（女）
　　　　　徐经生
　　　　　杨晓升（回，12 月任）
　　　　　杨爱萍（女，回，12月免）
　　　　　马富强（挂职）
　　　　　范学东（兼职）
　　　　　黄　成（兼职）
经审会主任
　　　　　曹柯岩

共青团吴忠市委员会

书　记　　张　媛（女）
副书记　　王立双
　　　　　王芝兰

市妇女联合会

主　席　　马晓红（女，回）
副主席　　王　洁（女）
　　　　　王丽琴（女，回）

市科学技术协会

主　席　　范　萍（女）
副主席　　田淑娟（女）
　　　　　谢彦林

市文学艺术界联合会

主　席　　马　娟（女，回）
副主席　　雷金万
　　　　　张月琴（女，9 月免）
　　　　　聂俊峰（12 月任）

市工商业联合会

党组书记　马向东（回，2 月免）
　　　　　马海涛（回，2 月任）
主　席　　边　卡
副主席　　倪秉武

市残疾人联合会

理事长　　傅合春（12 月免）
　　　　　杨学礼（回，12 月任）
副理事长　茹建军（12 月免）
　　　　　马建余（回，12 任）
　　　　　马克忠（回）

市伊斯兰教协会

会　长　　（空缺）
副会长　　马　进（回）
　　　　　马建平（回，5 免）
　　　　　马建余（回，12 月免）
　　　　　郭继祖（回，5 月任）

市红十字会

会　长　　徐　勇（5 月免）
　　　　　马同松（回，5 任）
常务副会长
　　　　　吴秀红（女）
副会长　　马春录（回）

市委、市政府派出机构、直属事业单位

太阳山开发区

党工委书记
　　　　　王天军
管委会主任
　　　　　马千里
党工委副书记
　　　　　刘伟泽（10 月免）
　　　　　杨爱萍（12 月任）
管委会副主任
　　　　　杨继山（回）
　　　　　张怀力
　　　　　闫静秋
　　　　　刘军强
　　　　　杜志学（挂职）

金积工业园区

党工委书记
　　　　　李玉山（回）
党工委副书记、管委会主任
　　　　　马学峰（回，3 月免）
　　　　　陈　华（3 月任）
党工委副书记
　　　　　金　淼（女，回）
纪工委书记
　　　　　何风奎（回）
管委会副主任
　　　　　刘炳枢（回）
　　　　　彭　刚
　　　　　马铁斌（回，5 月免）
　　　　　张　辉（挂职）
　　　　　景　龙
　　　　　辛建平（6 月任）

青铜峡工业园区

管委会主任

马　坤（回）

党工委副书记

陆　杰

管委会副主任

施原晓

庞志文

朱志刚

康　凯（回）

吴忠国家农业科技园区（孙家滩管委会）

党工委书记

陈　宏

主　任　杨彦炜（回，3月免）

马长军（回，3月任）

副主任　马玉忠（回）

马　军（回）

刘天军

文汇玉（挂职）

市委党校

校　长　解　峰（8月免）

白小军（8月任）

副校长　高建国

沙力斌（回）

谢　燕（女）

档案馆

馆　长　马　昭（回）

副馆长　马学才（回）

方晓敏（女）

市委党史和地方志研究室

主　任　胡建东

副主任　（空缺）

市新闻传媒中心

主　任（吴忠日报社社长、吴忠广播电视台台长）

魏建荣（5月免）

杨志贵（回，5月任）

副主任（总编辑、吴忠日报社副社长、吴忠广播电视台副台长）

周文杰（回）

副主任、副总编辑

郭占银

张　玮（女）

马宏萍（女，回）

青铜峡库区湿地保护建设管理局

局　长　马志峰（回，8月免）

粱吉鸿（12月任）

副局长　马建明（回）

李辉民（回）

闫　磊

县（市、区）

·利通区·

中共利通区委员会

书　记　陈　宏

副书记　宋　喜

马　泰

常　委　钱晓明

温丽娟

马长军（回，2月免）

王贻宁

马　迁（回，1月免）

王学海（回）

郭志强

马铁斌（回）

辛建平（5月任）

马泽新（回，5月任，11月免）

乔　喜（11月任）

利通区人大常委会

主　任　赵金峰

副主任　李　渊（回）

张庆华

马学军（回）

利通区人民政府

区　长　宋　喜

副区长　马长军（回，2月免）

马铁斌（回）

马　迁（回，1月免）

马泽新（回，5月任，11月免）

乔　喜（12月任）

官　雨（6月免）

杨　平（6月任）

杨晓娟（女）

郭春晖

政协利通区委员会

主　席　周忠德（回）

副主席　杨红梅（女，回）

马金良（回）

徐建军

利通区纪委监委

书　记　郭志强

副书记　杨晓勃

马学贵（回）

利通区人民法院

院　长　郭　勤

利通区人民检察院

检察长　郭生鹏

·红寺堡区·

中共红寺堡区委员会

书　记　王忠强

副书记　杨文福（回，1月任）

徐　娟（女，3月任，挂职）

马玉磊（回，5月）

常　委　高长祯

马青松（回族）

张瑞峰

慈小荣（女）

马杰君（回）

赵　军

卢　山

马　涛（回，5月任）

段立栓（5月任）

红寺堡区人大常委会

主　任　苏达志（回族）

副主任　关保智

伍洪亮（回）
马锦花（女，回）
王　琳

红寺堡区人民政府

区　长　杨文福（回，1月任）
副区长　马　涛（回）
慈小荣
卢　山（挂职）
谢二亮
杨金花（女，回）
赵薛刚（挂职）
丁朝炜（回，5月任）
杨吉林（6月任）

政协红寺堡区委员会

主　席　张致强
党组副书记
马杰君（兼）
副主席　买廷东（回）
浦彦卿
马春梅（女，回）

红寺堡区纪委监委

书　记　张瑞峰
副书记、监委副主任
李玉平（回）
王　宁（3月免）

红寺堡区人民法院

党组书记、院长
陈秀霞

红寺堡区人民检察院

党组书记、检察长
杨洪霞（女，回）

·青铜峡市·

中共青铜峡市委员会

书　记　张自力（2月免）
文学智（回，2月任）
副书记　文学智（回，2月免）
赵彦林（3月任）
王照陆（回，5月免）
徐明勇（5月任）
常　委　张自力（2月免）
文学智（回）
赵彦林（3月任）
王照陆（回，5月免）
徐明勇（5月任）
苏　忠（回，6月免）
徐怀俊
吴文彪（5月免）
金鹏剑（回）
罗志成
吴雪君（女）
胡兴成
牛俊刚
边有帮（5月任）
王　成（5月任）

青铜峡市人大常委会

党组书记、主任
丁　辉
党组副书记
王葆青（女）
副主任　王葆青（女）
汪　晓
杨秀梅（女）
肖敬元

青铜峡市人民政府

党组书记、市长
文学智（回，3月免）
赵彦林（3月任）
党组副书记
胡兴成（6月任）
副市长　胡兴成
王　成
贺　怡（女）
吴文彪（6月免）
马　超（回）
袁保峰（回，9月免）
韩万东（6月任）
汤传宁（9月任）

政协青铜峡市委员会

党组书记、主席
宋　丽（女）
党组副书记
于建华
副主席　于建华
马文俊（回）
关秀林（女）

青铜峡市纪委监委

纪委书记、监委主任
吴雪君（女）
纪委副书记、监委副主任
袁续兵（9月免）
姜建辉（9月任）
舒学忠

青铜峡市人民法院

院　长　王宏强

青铜峡市人民检察院

检察长　高锦阔

·盐池县·

中共盐池县委员会

书　记　龚雪飞（2月免）
王海宁（2月任）
副书记　王海宁（2月免）
刘　娜（女，3月任）
禹晓平（回）
常　委　马学荣（回）
张　飞
张　旭（回）
丁立群（回）
艾　辉
王生彦
邱永丰（挂职）
郑慧玲（女）
白姜江（3月任，挂职）
李国强（回，6月任）
刘永辉（6月免）
明智安（2月免）

盐池县人大常委会

主　任　吴　科
副主任　蒋　刚
曹　军

陈有强
温锦梅（女）

盐池县人民政府

县　长　王海宁（3月免）
刘　娜（女，3月任）
副县长　李国强（回）
白姜江（3月任）
郑　参
鲍菊艳（女）
金建雄（回，8月任）
王　磊（9月任）
明智安（3月免）
刘永辉（8月免）
薛　双（9月免）

政协盐池县委员会

主　席　张　晨
副主席　范海荣（女）
张立泽
王振学

盐池县纪委监委

书记、监委主任
丁立群（回）
副书记、监委副主任
张少华（女）
宋旭英（9月免）
苏文江（11月任）

盐池县人民法院

院　长　胡　超

盐池县人民检察院

张慧颖（回，女，12月任）
孙德荣（8月免）

·同心县·

中共同心县委员会

书　记　王汉武（白族）
副书记　杨春燕（女，回）
陈　华（2月免）
凌　镇（3月任，挂职）
宋继忠（5月任）
常　委　王新刚（回）
王学华
杨　冕
刘　艳（女）
年生杰
王义伟（挂职）
谢长征（挂职）
马玉磊（回，6月免）
杨根枝（6月任）
马　涛（回，6月免）
李生元（回，6月任）
王晓辉（6月免）
宗茂彬（6月任）

同心县人大常委会

党组书记　洪建群
主　任　洪建群
副主任　田梅音（女）
马宗新（回）
马立军（回）
郭吉龙

同心县人民政府

县　长　杨春燕（女，回）
副县长　马玉磊（回，6月免）
马　涛（回，6月免）
宋继忠（5月免）
杨根枝（6月任）
李生元（回，6月任）
袁　波
王新海（回）
杨国林（回）
纪　伟（6月任）

政协同心县委员会

主　席　马俊文（回）
副主席　王建云
马成海（回）
徐莉芳（女）

同心县纪委监委

纪委书记、监委主任
王晓辉（6月免）
宗茂彬（6月任）
副书记、副主任
马治龙（回）
马　军（回）

同心县人民法院

院　长　孙玉梅（女，6月免）
孙德荣（6月任）

同心县人民检察院

检察长　马万清（回，11月免）
刘建宁（11月任）

区属驻吴单位（企业）

吴忠市气象局

局　长　张玉兰（女，3月免）
李健萍（女，3月任）
副局长　赵光星（6月免）
纪检组组长
郝学琴（女）
副局长　杨海山
谭　华（6月任）

吴忠市税务局

局　长　唐　睿
副局长　崔　健
马　勇（回）
谭仲昆
李竹林
纪检组组长　张西军
总会计师　田　娟（女）
总经济师　王　海（8月免）

国家统计局吴忠调查队

队　长　陈生龙
副队长　李国平（2月任）
李繁荣（女，2月任）
马建华（2月免）
杨培宏（2月免）
纪检组组长
陈志德（回）

吴忠市邮政管理局

局　长　王文智
副局长　武立军（满）

邮政公司
总经理　许学兵（12 月免）
　　　　魏　峰（12 月任）
副总经理　王有生（回）
　　　　杜宏峰（5 月任）
　　　　崔家山（3 月免）
　　　　刘小红（3 月任）

中国电信吴忠分公司
总经理　李金荣（5 月免）
　　　　吴　星（回，5 月任）
纪委书记　赵文锋（8 月免）
副总经理　李庆林（11 月免）
　　　　薛光明

中国移动吴忠分公司
总经理　蒯　辉
纪委书记　尹文君（女）
副总经理　张黎军
　　　　张　星

中国联通吴忠分公司
总经理　孙永辉
副总经理　曹向明
　　　　杨　龙
　　　　赵佳琪（满）

铁塔公司
总经理　闫永涛
副总经理　周保宁
　　　　吕学文

市烟草专卖局（公司）
局长、经理
　　　　张元锁
副局长　高　明
纪检组组长　方小兵

国网吴忠供电公司
总经理　张　强（3 月免）
　　　　黄宗宏（4 月任）
党委书记、副总经理
　　　　马小珍（回，8 月任）
副总经理　李学军（1 月任）
　　　　梁海涛
　　　　郭文东
　　　　袁和刚
总会计师　叶建东
纪委书记　丁良金（3 月免）
　　　　罗　强（3 月任）

秦汉渠管理处
书　记　侯树增
处　长　周小生
副处长　苏　林（回，10 月免）
　　　　黄旭阳
　　　　张万龙（5 任）
纪委书记　訾跃华

盐环定扬水管理处
书　记　柳钧正
处　长　管文斌
副处长　李建宏
　　　　杨　存
　　　　曹　君
纪委书记　宋卫世

自治区交通运输综合执法监督局吴忠分局
局　长　惠治文
副局长　王国春
　　　　贾奉军

宁夏公路管理中心吴忠分中心
主　任　马立峰（回，12 月免）
　　　　刘永海（12 月任）
副主任　高宏广（11 月免）
　　　　李海斌
　　　　刘军义（11 月任）

宁夏广播电视网络有限公司吴忠分公司
总经理　王自鹏

金融单位

中国人民银行吴忠市中心支行
行　长　强起宏
副行长　赵　明
　　　　丁劲光（回，1 月免）
　　　　龚建文
　　　　武蓉蓉（女，3 月任）

吴忠银保监分局
局　长　段志国（1 月免）
　　　　李向军（12 月任）
副局长　李向军（1月任，12月免）
　　　　李清祥（10 月免）
　　　　温军民
　　　　李　莉（女）
纪委书记　崔家晰

中国农业发展银行吴忠市分行
行　长　赵正宏
副行长　马玉红（女，回）
　　　　薛建勋

中国工商银行吴忠市支行
行　长　古银虎（回）
纪委书记　卢连生
副行长　折　鹏
　　　　田　兴

中国农业银行吴忠市分行
行　长　崔　兴
纪委书记　马小红（女，回）
副行长　赵晓星
　　　　任　飞

中国银行吴忠市分行
行　长　罗立刚
纪委书记　张荣辉
副行长　胡　云（女）
　　　　李秀娟（女，4 月免）
　　　　郭祖光（6 月任）
　　　　张军艳（女，11月任）

中国建设银行吴忠市分行
行　长　李　怡
纪检组组长
　　　　田　静
副行长　李　伟
　　　　王志新
　　　　马　薇（女，1 月免）
　　　　魏景轩（1 月免）
　　　　赵　静（女，1 月任）

中国邮政储蓄银行吴忠市分行
行　长　王　昶
副行长　卢汉斌

马志福（回）
彭学礼

宁夏银行吴忠分行

行　长　郭海龙
副行长、纪检员
李　军
副行长　常会新

吴忠农村商业银行

董事长　宋　磊
行　长　王锦程
监事长　马洪涛（回）
纪委书记　董宁庆
副行长　蔡少斌
吴　清
张　辉

滨河村镇银行

行　长　王建国
监事长　伍　桐（女）
副行长　李芳玲（女）

石嘴山银行股份有限公司吴忠分行

行　长　赵锦丰
副行长　杨　洁（女）

中国人民财产保险股份有限公司吴忠中心支公司

总经理　梁明裕

中国人寿保险股份有限公司吴忠中心支公司

经　理　周学东（2月免）
高　昊（2月任）

中国平安人寿保险公司吴忠中心支公司

经　理　马　涛（回，9月免）
赵　云（9月任）

中国平安财产保险公司吴忠中心支公司

经　理　常志杰

党政群团 〉〉〉

中国共产党吴忠市委员会

·综　述·

【政治建设】　2022年，中共吴忠市委坚持用习近平新时代中国特色社会主义思想武装头脑、指导实践、推动工作，深刻领悟“两个确立”的决定性意义，坚决做到“两个维护”，确保总书记有号令、党中央有部署、自治区有要求、吴忠见行动，把吴忠打造成为最讲党性、最讲政治、最讲忠诚、最讲担当的地方。全面学习、全面把握、全面落实党的二十大精神，坚持“第一议题”、第一主题学习习近平总书记重要讲话重要指示批示精神，深入开展党的二十大和习近平总书记视察宁夏重要讲话指示批示精神“大学习、大讨论、大宣传、大实践”活动，全市各级党委（党组）理论学习中心组学习4700余次，宣讲6700余场次。高质量完成中央环保督察“回头看”、自治区环保督察反馈的105条具体意见整改落实，推动国家和自治区巩固拓展脱贫攻坚成果同乡村振兴有效衔接考核评估反馈的14个方面57项问题全面销号。强化政治监督，围绕习近平总书记视察宁夏重要讲话指示批示精神、先行区建设等党中央重大决策部署，扎实开展政治监督和政治巡察，查处责任落实不力问题11起，处理33人。

【经济建设】　2022年，中共吴忠市委完整准确全面贯彻新发展理念，以供给侧结构性改革为主线，大抓发展，抓大发展，抓高质量发展。在产业带动上，深入实施产业振兴战略，大力发展“六新六特六优”产业，新增产值过亿元企业10家、规上工业企业26家，金积、太阳山、青铜峡3个工业园区产值均超过200亿元，第二产业同比增长4.9%，达到451.3亿元。新增奶牛4.1万头，达到33.3万头。奶产业综合产值达280亿元，农产品初加工转化率达71%。第一产业同比增长4.6%，达到120.1亿元，利通区入选国家农业现代化示范区创建名单。成功举办2022年中国面食博览会暨第二届吴忠早茶美食文化节等活动，荣获“中国民族美食文化地标城市”称号，在全国100个城市消费者满意度测评中排名西北第一。第三产业同比增长3%，达到295.6亿元。在创新驱动上，深入实施创新力量厚植、创新主体培育、创新协同联动、创新生态涵养“四大工程”，新增国家级高新技术企业25家、自治区级科技型中小企业125家。“六权”改革纵深推进，山林地回购交易实现零的突破，用水权改革经验在全区交流推广。分三次集中开工527个项目，完成固定资产投资443亿元、招商引资406.3亿元。

【生态建设】　2022年，中共吴忠市委以建设绿色发展先行市为牵引，协同推进降碳、减污、扩绿、增长，生态环境质量不断提高。坚持综合治理。持续打好蓝天、碧水、净土保卫战，全市环境空气质量稳定在国家二级标准以内，黄河吴忠段出境断面水质保持在Ⅱ类，清水河治理入选生态环境部美丽河湖优秀案例，土壤环境质量总体保持稳定。坚持系统治理。统筹推进山水林田湖草沙一体化保护和系统治理，深入实施环罗山生态保护与修复等项目，森林覆盖率和草原植被盖度分别达到18.8%、54.7%，耕地保护目标责任制考核连续七年全区第一。坚持源头治理。聚焦“双碳”目标、“双控”任务，淘汰落后产能135.3万吨，创成自治区级绿色工厂3家，吴忠市被上海市列入支持氢能产业发展的重点合作区域。

【民生事业】 2022年，坚持尽力而为、量力而行，扎实开展“六大提升行动”，全力抓好“十大民生实事”，让人民群众生活得更加幸福。围绕“富口袋”，促进群众就业增收。抓好96个重点移民村整村提升，加大乡村振兴重点帮扶县、乡镇、村支持力度，举全市之力创建红寺堡区全国易地搬迁移民致富提升示范区。聚焦重点就业群体，统筹落实“降、缓、返、补”政策，高校毕业生就业率达到92%，城镇新增就业1.2万人，农村劳动力转移就业22.2万人。围绕补短板，抓好公共事业发展。确保80%财政资金优先保障民生，普惠性幼儿园在园幼儿占比达到94.7%，义务教育阶段“大班额”得到缓解，公立医疗卫生机构医保专网实现全覆盖。围绕兜底线，做好社会保障工作。落实各项社会保险参保补贴和待遇调整政策，推动发放救助补助资金5.5亿元，困难群众社保参保率、发放率、代缴率均实现100%。

【社会治理】 2022年，中共吴忠市委坚持底线思维，增强忧患意识，不断提升风险洞察、安全防控、矛盾化解能力，确保社会大局和谐稳定。守好意识形态阵地。深入开展“清源”“固边”“净网”“护苗”“秋风”五大专项行动，约谈提醒违法违规网站、账号责任人40人次，妥善处置涉吴忠舆情459起。把牢平安吴忠防线。以市域社会治理现代化试点为抓手，深入开展“平安细胞”创建活动，打掉涉黑涉恶组织、团伙9个，破获各类刑事案件322起，八类案件、现发命案同比分别下降15%、66.7%。中央自治区交办重复信访件办结率100%。守牢安全生产红线。深入推进安全生产专项整治三年行动，安全生产事故起数、死亡人数双下降。巩固民族团结局面。在全区率先创建铸牢中华民族共同体意识示范市，创新“5585”创建模式，连续39年开展“民族团结进步月”活动，连续18年举办“社区邻里节”等系列活动，促进各族群众像石榴籽一样紧紧抱在一起，共同促进社会和谐稳定。

【党的建设】 2022年，中共吴忠市委认真贯彻新时代党的建设总要求，坚持全面从严治党永远在路上，全面履行主体责任，推动党的建设取得新成效。强化组织建设。深入实施基层党建“六项行动”，深化“一抓两整”示范县乡创建等工作，75.3%的村创建为农村党建工作示范村，“两新”党组织覆盖率分别达89.9%和87.8%。加强队伍建设。全面落实新时代好干部标准，着力推进干部“两个能力”提升，实施政法系统“3331工程”，先后任免干部206人次，提拔重用干部73名，基层干部占比达70%。注重引育用并举，柔性引进创新团队75个、专家教授464名。持续高压反腐。深入开展工程建设政府采购等重点领域突出问题专项治理，一体推进不敢腐、不能腐、不想腐，处置问题线索948件，立案312件360人，巩固了反腐败斗争压倒性态势。

·重要会议·

【中共吴忠市第六届委员会第二次全体会议】 2022年1月18日，中国共产党吴忠市第六届委员会第二次全体会议召开。全会由市委常委会主持。市委书记徐耀代表常委会作讲话。全会审议通过了《中共吴忠市委关于创建铸牢中华民族共同体意识示范市推进新时代民族工作高质量发展的实施意见》；市委常委、统战部部长、政法委书记丁建成就《中共吴忠市委关于创建铸牢中华民族共同体意识推进新时代民族工作高质量发展的实施意见》向全会作了说明；讨论确定了吴忠市出席党的二十大代表候选人推荐人选。全会强调，要确保创建铸牢中华民族共同体意识示范市取得实效。要加强和完善党的领导，积极稳妥推进，注重春风化雨，完善体制机制，建强基层基础，确保创建铸牢中华民族共同体意识示范市各项目标任务落到实处。全会号召，全市各级党组织和党员干部要更加紧密地团结在以习近平同志为核心的党中央周围，认真贯彻落实习近平总书记关于加强和改进民族工作的重要思想，以铸牢中华民族共同体意识为主线，努力创建铸牢中华民族共同体意识示范市，全面推进新时代民族工作高质量发展，以优异成绩迎接党的二十大和自治区第十三次党代会胜利召开。

【中共吴忠市第六届委员会第五次全体会议】 11月4日，中国共产党吴忠市第六届委员会第五次全体会议召开。全会由吴忠市委常委会主持。市委书记徐耀作讲话，并就《中共吴忠市委员会关于学习宣传贯彻党的二十大精神的实施意见》讨论稿作说明。全会审议通过《中共吴忠市委员会关于学习宣传贯彻党的二十大精神的实施意见》。

【中共吴忠市第六届委员会第六次全体会议】 12月9日，中国共产党吴忠市第六届委员会第六次全体会议召开。会议由市委常委会主持。市委书记徐耀受市委常委会委托，向全会报告一年来的工作，安排部署2023年工作。全会听取和讨论徐耀所作的工作报告，审议通过《中共吴忠市委员会关于加快建设绿色发展先行市的实施意见》。

【市委农村工作会议】 2月15日，吴忠市委农村工作会议召开，会议深入学习领会习近平总书记关于"三农"工作的重要论述，认真贯彻中央和自治区党委农村工作会议精神，全面推进乡村振兴，加快农业农村现代化，奋力开创吴忠市新时代乡村振兴新篇章。吴忠市委书记徐耀出席会议并讲话，吴忠市市长王学军作工作部署，吴忠市市政协主席王天军出席，吴忠市委副书记王汉武主持会议。吴忠市四套班子分管领导参加会议。会议要求，要全力以赴推动农业特色产业高质量发展，切实让产业发展成为乡村振兴的引擎；坚持不懈提升农村环境质量，切实让生态宜居成为乡村振兴的强大支撑；千方百计增加农民收入，切实让农民富裕成为乡村振兴的主基调。要持续抓好巩固拓展脱贫攻坚成果、粮食安全、耕地保护、春耕备耕等工作。会上签订了2022年粮食安全和耕地保护目标责任书。利通区、红寺堡区、吴忠市农业农村局、吴忠市乡村振兴局和宁夏伊利乳业有限责任公司有关负责同志作表态发言。

【中国共产党吴忠市代表会议】

4月26日，中国共产党吴忠市代表会议召开，选举产生出席中国共产党宁夏回族自治区第十三次代表大会代表。会议由吴忠市委常委会主持。吴忠市委书记徐耀作讲话。吴忠市委副书记、市长王学军，市委常委解峰、高建博、李敏、童伟东、王海燕、潘建宁、丁建成、陈宏、李晓玲参加会议。会议应到代表370名，实到代表332名。会议期间，与会代表在充分酝酿讨论的基础上，以无记名投票的方式选举产生吴忠市出席自治区第十三次党代表大会代表63名。

【市委党的建设工作领导小组会议】

4月15日，吴忠市委党的建设工作领导小组召开2022年第1次会议，传达学习自治区党的建设工作领导小组会议精神，研究部署2022年党的建设工作任务；审议《市委党的建设工作领导小组2022年工作要点》和2021年度党（工）委书记抓基层党建述职评议考核结果。7月21日，市委党的建设工作领导小组召开2022年第2次会议。市委书记、市委党的建设工作领导小组组长徐耀主持会议并讲话。会议研究市委落实全面从严治党主体责任、市委书记抓基层党建述职评议考核反馈问题整改工作，审定市直机关创建"让党中央放心、让人民群众满意"模范机关第二批达标单位，听取县（市、区）党委及行业系统党（工）委书记抓基层党建和推进中小学校党组织领导的校长负责制、"小个专"党建工作等情况汇报。12月12日，市委党的建设工作领导小组召开2022年第3次会议。会议传达学习自治区城市基层党建引领基层治理领导小组第一次会议精神，听取2021年度市委书记抓基层党建述职评议考核反馈问题整改落实、全市开展农村党建"抓乡促村、整乡推进、整县提升"示范县乡创建行动、2022年市直机关党建工作等情况汇报。

·组织工作·

【干部教育】 2022年，市委

组织部圆满完成吴忠市出席党的二十大和自治区第十三次党代会代表推荐选举工作，分4期对496名市管干部集中轮训。巩固深化党史学习教育成果，统筹开展“大学习、大讨论、大宣传、大实践”和“千场党课下基层”活动，推动5.56万名党员进课堂大轮训。把学习贯彻党的二十大精神作为首要政治任务，及时制定全市党员干部教育培训工作实施方案，举办市管干部集中轮训班。市委理论学习中心组先后开展集中学习20次、研讨交流9次，示范带动各级党组织集中学习4700余次、分层分级宣讲6700余场次，将广大党员干部思想和行动统一到党的二十大精神上来。深入实施习近平新时代中国特色社会主义思想主题教育培训计划，在春秋学期5个主体班专门设置6—9天教学单元，14名市级领导到党校专题授课，围绕党的十九届六中全会精神通过网络轮训县处级干部、职级公务员1005名，市、县两级7100余名干部参加网络学院学习，参训率、结业率均为100%。各级党组织广泛开展“党课开讲啦”“每月一讲”等活动，市直部门扎实组织业务大比武、理论考测等913场次，教育党员干部深刻领悟“两个确立”的决定性意义，坚决做到“两个维护”。

【干部培训】 2022年，市委组织部深入落实干部政治能力和专业能力提升“两大工程”13项具体措施，健全完善教育培训“六大体系”、学员管理等“1+9”工作机制，组织举办年轻干部党性教育、市域社会治理、碳达峰碳中和等专题培训。深入实施新时代基层干部主题培训计划，开展“三农”干部大学习大轮训，分批培训换届后新任职县区班子成员79名，市县联动全覆盖培训乡镇班子成员421名、村（社区）书记587名、驻村干部939名，创新开办乡镇组织委员“业务大讲堂”，推动基层干部用党的创新理论武装头脑、指导实践。

【干部选拔任用】 2022年，市委组织部统筹开展市直部门领导班子运行和领导干部履职情况全覆盖调研，分步实施县区领导干部、乡镇领导班子、市县政法系统、市属国企领导班子、市属中小学校等专项调研，聚焦疫情防控开展政治素质专项考察，结合市委巡察做好选人用人专项检查，全方位、多角度识准察深领导干部政治素质、担当实绩、群众口碑。提请市委任免干部206人次，选优配强33个政府部门“一把手”，提拔重用73名实干担当的干部，109人晋升职级，基层干部占比65%。开展为失实举报干部澄清正名专项调研，免去两名履职不力的科级干部试用职务，对9名未如实报告个人有关事项的干部批评教育，责令检查，诫勉或不予任用，进一步明确“六上六下”用人导向。

【干部储备】 2022年，市委组织部选派21名干部挂职锻炼，推动市直部门52名科级干部交流轮岗，常态化抓好干部联系服务企业、担任“项目管家”工作。全力推动政法系统“3331工程”，制定12项推进措施，建立“3+1”人选储备库。指导7个群团组织顺利完成换届选举，统筹抓好女干部、少数民族干部、党外干部配备。

【干部考核】 2022年，市委组织部督促指导71个市直部门（单位）锚定市委30项重点工作80个重点项目，制订担当作为计划1689条，推动落实“三账三双”机制。扎实开展市管领导班子领导干部、市直公务员（参公人员）年度考核，对472名成绩突出的干部记三等功或嘉奖，对考核排名靠后的3个领导班子和5名领导干部提醒谈话。

【干部监督管理】 2022年，市委组织部召开干部监督工作联席会议，扎实开展领导干部近亲属经商办企业行为专项整治“回头看”，70名干部在预审阶段暂缓批复，先后对26人提醒谈话、责令检查、函询、诫勉。顺利完成国有企事业单位人事档案专审“回头看”工作。组织遴选、选调、调任66人，录用公务员（选调生）325人，开展退出领导岗位干部管理专题调研，被评为全区“人民满意的公务员”5人、“人民满意的公务员集体”2个，进一步激发公务员队伍活力。

【基层组织建设】 2022年，市委组织部以深化拓展行动为抓手，深入推进“一抓两整”，39个软弱涣散村、后进村党组织全部整顿提升，三星级以上移民村达到93.8%，创建示范村419个。扎实开展乡村换届“回头看”，认真整改脱贫攻坚与乡村振兴有效衔接反馈驻村干部有关问题，创新开展“百村大调研”“点赞乡村振兴担当作为好支书”活动，531 名导师帮带 991 名新兵，2.26 万先锋示范户激活乡村振兴活力。县乡通过联村党委、“倍增计划”、村企合作等实施集体经济项目 80 个，收入 10 万元以上的村达到 100%。做深做实网格治理，细化调整网格 785 个，网格党小组增加到 450 个，同步组建网格党支部 155 个。深化“红色物业”建设，85 家物业企业、业委会建立党组织，201 个“三无”小区实现“红色托管”。推动市县全部成立“小个专”综合党委，建立党建指导站 30 个，大力推进 6 个示范街（区）建设，“两新”党组织覆盖率分别达到 89.9%、87.8%，党支部规范化率达 68%。深入推进“五型”模范机关创建，市属国企全部建立党组织前置研究讨论事项清单，74.7% 的中小学校落实党组织领导的校长负责制。实施发展党员“源头工程”，巩固集中排查整治工作成果，制定提高农村发展党员质量“1+5”制度，48 个乡镇（街道）全覆盖建成规范化党员档案室，2.7 万名党员档案归档安家。智慧党建试点站点全面投入运行、发挥作用。紧紧围绕实施“六项行动”，组织召开 2 次市委党建领导小组会，专题听取县（市、区）党委书记抓基层党建述职反馈问题整改汇报，建立县（市、区）党政领导班子成员联系指导机制半年报制度。先后召开 3 次组织部长联席会，推行市、县、乡镇三级“四个一”工作机制，定期调度、盘点对账，推动基层党建 106 项重点任务落地落实。

【人才工作】 2022 年，市委出台人才强市 25 条措施，围绕牛奶、装备制造等重点特色产业，推行创新创业奖励补贴、岗位编制灵活管理等措施，充分推进人才强市建设，推动产才融合，助力新发展。聚焦教育、医疗卫生领域，制定预引进优秀在读大学生办法，提前签约、全程资助，预引进“双一流”高校优秀在读大学生 5 名。制定 73 项柔性引才计划，柔性引进华中科技大学、宁夏医科大学等创新团队 75 个、专家教授 464 名，在农机装备制造、土壤改良等方面开展科研攻关、产品研发。成功举办“吴忠情·故乡行”活动，邀请 82 名吴忠籍在外优秀人才回乡考察、回家创业，特聘招商大使 12 名，签约合作项目 12 个，建立 264 名吴忠籍在外优秀人才资源库，拓展以乡情乡愁招才引智、招商引资的新渠道。围绕“六新六特六优”产业，实施“人才 + 重点产业”行动计划，定向定岗培训各类技能人才 1 万余名。深入调研产业人才需求，实施乡村振兴人才培育工程，分类开展“6+N”培训计划，带动县乡培训产业人才两万余名。组织吴忠仪表等 8 家企事业单位申报人才小高地、专家服务基地等人才载体，选送 28 名中青年人才参加“西部之光”“基层之星”等人才培养计划，协调 75 名教育、医疗人才下沉乡村振兴重点帮扶县进行“组团式”服务，帮带培养实用型专业人才。提请市委成立人才工作领导小组，落实党委联系服务专家制度，切实加强党对人才工作的全面领导。划拨 600 万元支持实施 28 个市级人才项目，补助全职引进研究生 18.8 万元。召开全市人才表彰大会，表彰“吴忠英才”等 79 人，积极协调解决高层次人才子女入学问题，安排 45 名优秀人才入住人才公寓，组织 176 名优秀人才健康体检，不断增强人才归属感和成就感。

【自身建设】 2022 年，市委组织部完善部务会会议重点学、理论学习中心组研讨学、党员大会专题学、党小组深化学、青年党员理论小组拓展学、党员个人系统学、培训跟训延伸学的“七学联动”机制，将组工政策法规学习纳入部务会会议“第一议题”，结合“廉政警示教育周”、“保密宣传月”、红包礼金“两项整治”、“民族团结月”等活动开展专题学习，办好“组工微课”，定期理论考测，推动干部聚焦中心工作和重点难点问题深入思考研究，形成一批有质量的研讨材料、理论文章、调研报告。抓实“月度计划”“五项评比”、平时考核等载体，把“亮成绩、晒不足、评优秀、促落实”融入日常工作。每月初集中梳理上月任务完成情况，列出本月重点工作计划，督促对照销号，查找问题，整改提高。每季度末推荐评选优质文稿，汇编成册，推动干部互相学习。综合考虑干部工作实绩、文稿质量等，根据民主测评和工作奖惩量化得分，部务会集体研究确定考核等次，激发干部争先进位意识。组织召开全市组织工作推进会，以要点为基础，逐步完善重要工作台账，统一管理，跟踪督办，推进落实。着眼内部规范管理，及时修订部务会议事规则，健全内控制度，落实“四级审核”“交叉校对”制度，加强文件收发传阅、定位管理，统筹推进部机关帮扶共建、志愿服务等工作。部机关被命名为自治区文明单位，同时被评为市级双拥工作先进集体。

·宣传工作·

【概　况】　2022年，全市宣传思想文化战线以习近平新时代中国特色社会主义思想为指导，深入学习宣传贯彻党的二十大精神，全面落实全国宣传部长、全区宣传思想文化工作会议有关部署要求，贯彻落实自治区第十三次党代会精神，扎实推进“十大工程”，全市宣传思想文化工作取得新成效。

【理论武装】　2022年，吴忠市深入开展党的二十大和习近平总书记视察宁夏重要讲话指示批示精神“大学习、大讨论、大宣传、大实践”活动，把习近平新时代中国特色社会主义思想作为各级党委（党组）理论学习中心组学习“第一议题”和“常设议题”，运用“中心组理论学习+”学习模式，市委理论学习中心组共开展集中学习19次、研讨交流8次，示范带动各级党委（党组）中心组学习4700余次。引导全市党员干部群众认真学习领会党的二十大精神。抓好自治区第十三次党代会精神学习贯彻，举办全市领导干部专题辅导班两期、市管干部集中轮训班4期，8名厅级领导带头上讲台作专题辅导，实现全市496名市管干部全覆盖轮训。深入拓展“四千万”工程（四级书记赴一线、千名干部大调研、万名党员大宣讲），组建市、县、乡、村四级网络，成立72支宣讲队，共有2043名宣讲员。打造新思想“七进”市级示范点14个，命名优秀宣讲品牌35个、宣讲团13个。围绕党的二十大精神、习近平总书记视察宁夏重要讲话指示批示精神、自治区第十三次党代会精神等主题，持续深入开展“牢记嘱托　感恩奋进”“奋进新时代　永远跟党走”等系列主题宣讲活动4169场次，持续推动党的二十大精神、习近平新时代中国特色社会主义思想“七进”和学校“三进”。创新宣讲载体，打造“吴忠宣讲”网络品牌，组织开展“吴忠宣讲”微视频征集展示活动，录制展播“坚定信心　同心抗疫”等系列“吴忠宣讲”微宣讲视频74期，让党的创新理论“飞入寻常百姓家”。坚持理论联系实际的马克思主义学风，紧密结合全市改革发展稳定等各方面工作，做到知行合一、学以致用。组织开展“奋进新征程　建功新时代”等理论征文活动，征集理论文章101篇，召开推动习近平新时代中国特色社会主义思想走深走实暨学习《习近平谈治国理政》第四卷座谈会，市级领导形成高质量调研报告25篇，推出了一批高质量研究成果。

【重大题材宣传报道】　2022年，全市宣传部门以迎接党的二十大为主线，组织开展“足迹”“领航”“非凡十年”等深度报道，在中央及自治区主流媒体推出各类报道2300余篇（条）。党的二十大召开期间，开设“党的二十大特别报道”“欢庆党的二十大”等专题，通过广播、电视等新闻媒体及所属新媒体平台全方位转播开幕会盛况，持续报道吴忠市党代表和广大干部群众热议党的二十大报告的生动实践，先后推出了《这是我第七次见到总书记》《马玉山代表：推动工业强基建设制造强国》等一批报道。党的二十大闭幕后，在各类媒体推出《我在一线学习党的二十大精神》《我们一起学报告》《学习进行时》《早安·同学》等品牌栏目，深入宣传阐释党的二十大精神，刊发了《坚定不移把党的二十大精神学习好宣传好贯彻好》等评论员文章7篇，引导全市广大干部群众深入学习贯彻党的二十大精神。扎实做好自治区第十三次党代会宣传，在《人民日报》、新华社分别推出《吴忠市委书记徐耀：锚定崭新蓝图　勇担时代使命》《吴忠：让绿色成为发展的鲜明底色》等重点文章，进一步提振干部群众干事创业的信心决心。围绕“优化营商环境”“乡村新颜入画来”“民族团结一家亲”等6个主题，推出了“打出‘组合拳’全力确保商务经济稳定增长”等10个专题，在央视等媒体刊播了《吴忠市第一批重大项目开工年度投资467亿元》《宁夏吴忠：织密扎牢民生兜底保障安全网》等一批报道，刊登系列评论13篇。深入开展“置业美丽吴忠”主题宣传，制作新媒体产品43个，各平台点击量累计达100万人次以上。

【对外宣传】 2022年，全市宣传部门持续加强对外成就宣传，邀请中央电视台栏目组拍摄《远方的家》《走近县城看发展》等专题节目，主动融入中央、自治区主流媒体宁夏篇成就报道，在中央媒体刊播的《全面建设社会主义现代化美丽新宁夏》等头版头条报道深度体现吴忠元素，融入吴忠亮点。市委宣传部联合宁夏广播电视台推出《黄河明珠 美丽吴忠》12集系列短视频，充分展示吴忠市过去5年工作和新时代10年的发展成就。借中国面食博览会暨吴忠早茶美食文化节，邀请区内外36家主流媒体100名记者参加活动，全方位、多角度宣传推介吴忠，推出新闻报道1091篇，抖音平台开设的“吴忠美食Dou起来”话题，累计播放量达1.1亿次。

【媒体融合】 2022年，市委宣传部加快市级融媒体中心改革，印发了吴忠市传媒中心媒体深度融合改革方案，积极推进薪酬、人事、管理等体制机制改革，进一步做实媒体融合。积极探索“新闻+政务+服务+商务”的媒体功能定位，主动融入黄河云平台，基本形成了以“看吴忠”APP、《吴忠日报》微信公众号为主干，“云上青铜峡”“红寺堡视线”等市县新媒体平台为分支的新媒体矩阵。“看吴忠”APP下载量突破7.6万次，《吴忠日报》微信公众号关注量达8.2万，“直播吴忠”抖音、快手粉丝量突破100万，“学习强国”吴忠学习平台正式上线运行。

【精神文明建设】 2022年，吴忠市大力推进精神文明建设提质工程，统筹推进“五大创建”，文明城市创建全国综合排名提升至第30位，评选自治区文明村镇10个、市级文明村镇28个、市级文明家庭100户、文明市民97个。县级以上文明村达到65.8%、文明乡镇达到100%。深入开展“牢记嘱托 行胜于言”志愿服务“365行动”，以“3个”志愿服务日为引领，聚焦“六类”志愿服务活动，推动志愿服务“五化”发展，使志愿服务活动融入日常、日做日新。全市登记注册志愿者31.31万人，占全市常住人口的22.5%。按照“五有”标准夯实文明实践阵地建设，统筹整合党群服务中心、文化站、农家书屋、村史馆等阵地资源，用好文明实践五大平台，因地制宜打造实践基地88个，全市新时代文明实践中心（站、所）实现全覆盖，实践站积分兑换超市建成率100%。深化文明实践活动，精心组织开展“四个一批”促进行动，推动“十万学礼仪”走进新时代文明实践站。深入实施文明素养提升行动，明确七大工程20条具体措施，落实160条具体任务清单。深化“我们的节日”活动，连续18年举办社区邻里节，连续8年举办清明祭英烈活动。加强文明教育引导，举办吴忠文明大讲堂12期，深入开展10项重点领域诚信缺失突出问题治理。大力倡导文明健康绿色环保生活方式，餐饮行业公筷公勺推广实现全覆盖，驾乘电动车佩戴安全头盔率提升到70%。充分发挥群众的监督参与作用，积极回应群众的关切期盼，发展壮大文明监督员队伍，累计监督解决群众身边问题387件。

【公民道德建设】 2022年，吴忠市健全吴忠市道德模范“身边好人”选树宣传帮扶礼遇管理机制，深化“好人之城”建设，承办第三季度“中国好人榜”发布活动，举办“牢记嘱托、感恩奋进”吴忠市先进模范现场交流活动。深化“我推荐我评议身边好人”活动，发布“吴忠好人”32人、“新时代好少年”30人、“星级文明户”50户。加大先进模范关心关爱、礼遇帮扶力度，对258名道德模范和身边好人进行关爱帮扶，落实物资19.95万元。加强未成年人思想道德建设，开展“喜迎二十大、童心永向党”主题实践活动，举办法治安全教育进校园进社区活动150场。

【文化惠民工程】 2022年，吴忠市数字文化馆、“吴忠记忆”黄河文化数字非遗展示馆等投入运营，投入157.8万元完善基层文化站和村综合文化服务中心服务设施，4所城市书房完成建设并投入使用。精心开展“牢记嘱托 感恩奋进 强国复兴有我”等群众性主题宣传教育活动156场次，广泛开展清明诗会、广场舞大赛等活动124场次，举办了“书香吴忠”暨“4·23”世界读书日活动，策划开展了“罗山脚下新生活·感恩奋进跟党走”等主题展览12场次，常态化开展“送戏下乡”“戏曲进校园、进乡村”等惠民演出569场次。

【文旅深度融合】 2022年，吴忠市成功举办2022中国面食博览会暨第二届吴忠早茶美食文化节，产品销售额达2.15亿元，人流量15.9万人次，“游在宁夏 吃在吴忠”的品牌更亮。围绕早茶、黄河、星空、酒庄、红色、长城、休闲七大主题推出14条精品旅游线路，举办了黄河金岸文化旅游节暨“5·19”中国旅游日、全国沙滩排球巡回赛（宁夏吴忠站）、第五届牡丹文化艺术节等活动，发放各类旅游惠民券、免费券639.5万元。全市接待游客739.19万人次，同比增长14.38%，实现旅游收入44.86亿元。

·统战工作·

【概　　况】 2022年，吴忠市统一战线以学习宣传贯彻党的二十大精神为主线，以“深化落实年”为抓手，深入学习贯彻习近平新时代中国特色社会主义思想、习近平总书记关于做好新时代党的统一战线工作的重要思想和视察宁夏重要讲话指示批示精神，在围绕中心、服务大局中凝心聚力、彰显作为。

【思想政治建设】 2022年，吴忠市委常委会审议出台《关于创建铸牢中华民族共同体意识示范市 推进新时代民族工作高质量发展的实施意见》《吴忠市加强新时代统一战线成员思想政治引领广泛凝聚共识的工作措施》等文件，专题部署思想政治引领、示范市创建等工作，全市上下齐心、统筹协调，大统战工作合力不断加强。全市统一战线紧扣党的二十大主题，开展第十三届“读书月”活动，举办全市党外代表人士、基层统战干部能力提升等培训13次，统战干部和统战委员培训教育实现全覆盖。广泛开展铸牢中华民族共同体意识、“开学第一课”等主题宣讲620余场次，受益19.8万人，通过有广度、有深度的培训教育，把统战干部、统战成员、广大群众的心团结在一起、凝聚在一起。加强党外代表人士的思想政治引领，在“矢志不渝跟党走、携手奋进新时代”活动中，各民主党派和无党派人士走基层、访实情，倾听民心民意；在“弘扬爱国奋斗精神、建功立业新时代”活动中，党外知识分子举办诵读会，讴歌新时代的巨变，唱响“向党看齐、勇毅前行”的主旋律；在“凝聚新力量、筑梦新时代”活动中，新的社会阶层人士运用新媒体记录时代变化，描绘吴忠新图景；在“守法诚信经营、坚定发展信心”活动中，100多名青年企业家承诺践行诚信，带头守信；在老区行活动中，港澳台侨同胞被革命老区的红色精神深深感动，决心以侨为桥，助力发展；等等。这些特色鲜明的活动，爱国热情、汇聚了正能量。

【参政履职】 2022年，各民主党派聚焦“团结奋进、示范先行”，深入推进重点课题调研，形成了《关于促进“六新六特六优”产业发展的调研报告》《吴忠市餐饮业发展存在的问题及对策》等调研报告。参与区市政协、人大组织的重点工作、重大项目视察调研、民主监督27次，提出关于数字经济、美丽乡村建设等意见建议20余条，反映社情民意140余件，有效解决了停车难、暖气不热等群众的操心事、烦心事。深入推进社会服务基地建设，打造了“法律援助”“教育+”“微公益”等品牌活动。民主党派成员主动投身乡村振兴等事业，探索实施“公益项目+社会服务”等模式，会员企业和爱心人士资助困难群众发展富民产业，解决残疾人就业难题，彰显民主党派参政为民的责任与担当。

【铸牢中华民族共同体意识示范市创建】 2022年，吴忠市牢记嘱托，守正创新，制定了《吴忠市创建铸牢中华民族共同体意识示范市实施方案》等，创新“5585”创建工作新模式，实施“五大工程”，开展“八大行动”，深入开展铸牢中华民族共同体意识宣传教育“十进”活动。建立示范单位动态数据库，培育精品示范单位30个，建成利通区铸牢中华民族共同体意识教育基地等实践阵地6个，集成了利通区三小“互联网+镜子伙伴+N”、青铜峡市瞿靖镇“异地有家”等一批可推广、能复制的经验做法。精心设计民族团结进步月“十个一”载体，开展第十八届“社区邻居节”、第三届“心向党·促团结”、“石榴籽”微讲堂等特色活动，用身边的小故事、接地气的小活动，促进各民族交往交流交融，让铸牢中华民族共同体意识深入人心、融入日常。开展铸牢中华民族共同体意识宣传教育“五个一”展示活动，召开新闻发布会、组织新闻记者大采风，在中央、区市各类媒体刊发稿件300余篇。制作宣传短片和《闪光的石榴籽——王兰花的故事》MG动画，让吴忠民族团结好故事传播更久远。

【宗教事务管理】 2022年，全市紧扣建设基层宗教治理模范市目标，坚持用中华优秀传统文化、社会主义核心价值观引领，通过集中培训、专题辅导、“三定”学习等形式，引导宗教界人士和信教群众不断增进“五个认同”。开展“喜迎二十大、坚定跟党走”主题活动和“感恩吴忠行”、主题征文以及演讲比赛等活动，宗教界人士结合身边的人和事，深情表达听党话、感党恩、跟党走的真挚感情。把管理融入服务，实行宗教活动场所“三统一”、“1123”财务管理模式，试点推行基层宗教治理“3533”做法，等扎实做好宗教领域安全隐患排查等工作，切实维护宗教领域和谐稳定。

【统一战线】 2022年，市委统战部着眼建立最广泛的爱国统一战线，党委政府中心工作推进到哪里，统战工作就跟进到哪里，法宝作用就发挥到哪里。在民营经济领域，积极促进“两个健康”，组织企业家在延安、厦门大学等地开展培训考察，挂牌吴忠市“百所联百会”法律工作站，推进法律进机关、进企业、进商协会，为民营企业、商协会开展咨询服务，召开银企、银税企等座谈会，畅通沟通渠道，构建了亲清政商关系，优化了营商环境。在党外知识分子和新的社会阶层领域，建起市、县（市、区）两级重点人物库，完善自由职业人员代表人士信息库。指导宁夏民族职业技术学院等单位建设党外知识分子实践基地、统战工作联络站，开展“网络文明大家谈”主题沙龙、“浪吴忠”等活动，统战工作的“半径”不断扩大。在港澳台侨领域，组织开展“喜迎二十大 奋进新宁夏 永远跟党走”文艺演出等系列活动，推进“侨胞之家”建设，发挥侨联纽带作用，广泛凝聚侨心侨力，激发爱党爱国爱乡情怀。“宝岛帅女生阿嘉”游历吴忠的视频在网上爆火，她推介吴忠美食、传播黄河文化，让“台青黄河游项目”真正成为了解祖国、讲述中国故事的有效载体。各民主党派积极投身重点工作、重点项目，主动投身光彩事业、“万企兴万村”等社会公益事业，在民生保障、乡村振兴、优化营商环境等方面，捐资捐物、献计献策，发挥了统一战线的优势。

·政策研究·

【理论学习】 2022年，吴忠市委政策研究室坚持把学习党的创新理论成果作为“第一议题”和“常设议题”，结合广泛开展党的二十大和习近平总书记视察宁夏重要讲话指示批示精神“大学习、大讨论、大宣传、大实践”活动，组织理论学习中心组学习会12次、干部集中理论学习60余次、青年理论学习小组学习12次、专题研讨6次，教育引导党员干部深刻领悟“两个确立”的决定性意义，不断增强“四个意识”、坚定“四个自信”、坚决做到“两个维护”。

【文稿起草】 2022年，吴忠市委政策研究室聚焦改革发展热点难点和群众急难愁盼问题，组织开展项目建设、早茶经济、肉牛和滩羊产业、新材料产业、川区低收入群体、电子商务等7项调研，形成高质量调研报告，为市委决策提供参考。牵头起草《中共吴忠市委关于学习宣传贯彻党的二十大精神的实施意见》《关于广泛开展党的二十大和习近平总书记视察宁夏重要讲话指示批示精神“大学习、大讨论、大宣传、大实践”活动的实施方案》等政策意见6个，高质量完成市委全委会、深改委会议等重要会议材料12篇，起草市委综合性文稿120余篇，撰写刊发理论文章4篇。

【深化改革】 2022年，吴忠市委政策研究室精心谋划推进各项改革，建立市领导领衔督办机制，对重点改革任务实行台账式管理，蹄疾步稳推进重点领域和关键环节改革。筹办市委深改委会议3次，统筹推进重点改革任务523项，已完成230项，其余改革任务按时序进度正常推进。市域社会治理“政治引领”“志愿之治”等试点创新经验在全国交流，青铜峡市用水权改革经验在全区交流推广，盐池县山林地回购交易、山林地资源股金分红在全区实现零的突破。

【重点课题研究】 2022年，吴忠市委政策研究室围绕建设黄河流域生态保护和高质量发展先行区、实施“五大战略”、发展“六新六特六优”产业等，加大全市财经领域重点工作研究谋划，起草落实中央财经委员会第十次会议分工方案、加快建设绿色发展先行市的实施意见等政策文件，认真整理好市委领导在全市经济工作会议、经济形势分析会等重要会议上的讲话材料，做好季度经济运行情况的报告等材料起草工作，为推动全市经济高质量发展出谋划策。

【《吴忠工作研究》】 2022年，吴忠市委政策研究室把《吴忠工作研究》作为宣传党的政策、促进学习交流的平台和阵地，把握大势，紧跟形势，坚持每月确定一个主题，开设《读原著、学原文、悟原理》《学思践悟》《学习党的二十大精神》等专题专栏，编辑各类稿件240多篇，全方位宣传展示各地各部门学习党的创新理论、贯彻上级党委要求、推动改革发展稳定的典型经验做法。《吴忠工作研究》连续两届荣获“全国城市十佳党刊”称号。

【队伍建设】 2022年，吴忠市委政策研究室认真履行全面从严治党主体责任，建立成绩、问题、任务、责任“四个清单”，推进机关党建各项任务落地见效。找准抓党建与促业务的切入点和结合点，全力打造“聚力政研外宣、服务改革发展”特色党建品牌，实行重点工作周安排汇报、月汇总通报、季考核评比，评出模范科室，颁授流动红旗，引导党员干部积极投身急难险重任务，充分发挥先锋模范作用。全面落实党风廉政建设主体责任，一体推进不敢腐、不能腐、不想腐。严格落实民主集中制、“三重一大”事项集体决策、重大事项请示报告、“五不直接分管”等制度，常态化开展廉政警示教育，扎实推进“清廉机关”“清廉家庭”创建工作，开展“廉政警示教育周”系列活动。严格执行中央八项规定及其实施细则精神，持之以恒纠治“四风”问题，推进干部作风持续转变。

· 机构编制 ·

【概 况】 截至2022年12月31日，吴忠市共设置党政群机关311个，其中吴忠市直73个［开发区（园区）党工委（管委会）3个］，利通区47个，红寺堡区48个，青铜峡市56个（代管宁夏青铜峡工业园区党工委管委会），盐池县53个，同心县54个。设置乡镇44个，其中利通区12个，红寺堡区5个，青铜峡市8个，盐池县8个，同心县11个；街道3个，其中红寺堡区1个，青铜峡市1个，盐池县1个。设置事业单位1138个，其中吴忠市直145个，利通区170个，红寺堡区151个，青铜峡市190个，盐池县171个，同心县311个。吴忠市委机构编制委员会办公室设置6个内设机构，2022年度无机构变化。核定行政编制15名，在岗15人。

【机构编制优化调整】 2022年，吴忠市委编办共召开3次编委会议，对2022年度编委工作要点、各类机构编制事项、机构编制资源配置等进行研究。吴忠市委编办调整市委外事工作委员会办公室机构设置，由市政府办公室调整到市委办公室，市政府外事办公室与市委外事工作委员会办公室合署办公，实行一套工作机构、两个机关名称。规范市县机要密码机构设置；完成国家安全、公安等领域体制机制改革工作；组建市应急管理综合行政执法支队和吴忠市太阳山开发区应急管理综合行政执法大队，市县应急管理部门实行“局队合一”体制，健全应急管理监管执法体系；整合优化市农业农村局等3个部门所属的6个“小散弱”事业单位；在市委党校增设铸牢中华民族共同体意识教研部和科研与决策咨询部；设立市综治中心、招商引资服务中心、电子政务服务中心、网络信息安全技术服务中心和吴忠市太阳山开发区生态环境保护综合执法大队，加强重点领域的机构编制保障。

【编制资源配置】 2022年，吴忠市委编办建立编制资源动态调整机制，研究制定《市本级机关事业单位人员编制动态调整方案》，落实《市本级2020—2022年事业编制统筹调配方案》，统筹市本级行政事业空编，加大编制统筹调剂力度，在市市场监督管理局等7个部门预留行政编制

14个，收回市新闻传媒中心等17个单位事业编制35个，给相关部门（单位）增核编制33个。根据职责变化和履职所需，调整优化市政府办公室、发改委、教育局、公安局、文化旅游体育广电局和市人民医院、社会保险事业管理中心等部门（单位）内设机构，强化碳达峰碳中和、“双减”、网络安全保卫、文物保护、社保风险防控等相关职责。给市老干部服务中心等6个事业单位增加领导职数，优化干部队伍结构。争取自治区周转池编制357个，及时调整市本级中小学教职工编制，推动中小学教职工编制全面达标。认真贯彻落实自治区党委、市委人才工作会议精神，做好人才引进用编储备工作，研究设立市人才工作服务中心，调整优化相关职责。推动机构编制资源向基层倾斜，会同市卫生健康委等部门研究提出利通区人民医院组建运营方案，专项划拨事业编制20名，指导核定人员总量260名。通过“减上补下”，给利通区、红寺堡区划拨事业编制15个，专项用于促进市辖区工业高质量发展、利通区食品准营证核发工作职责落实和疾病预防控制中心设立。

【编制管理】 2022年，吴忠市委编办持续开展《中国共产党机构编制工作条例》及配套制度的学习宣传，督促各级党委（党组）理论学习中心组和党校主体班将《中国共产党机构编制工作条例》列入学习内容，配合自治区党委编办举办全区机构编制系统干部法规制度培训班。将机构编制工作情况和纪律要求执行情况纳入市委巡察选人用人专项检查，共查出问题3项，建立整改台账并督促完成整改任务。按期完成市文化旅游体育广电局、科学技术局机构编制执行情况和使用效益评估试点工作。对照自治区相关系统权力清单调整目录，结合法律法规立改废释情况，对市政府12个部门的行政职权提出调整意见，增加65项，取消21项。对照《吴忠市城乡容貌和环境卫生治理条例》等3部地方性法规，确定32项市设行政职权，完善市设权力清单。认真做好事业单位登记管理工作。共办理统一社会信用代码和事业单位登记事项80项，对39家事业单位法人登记及运行情况进行实地核查，完成市本级127家事业单位年报公示工作。加强编制实名制管理工作。根据干部职务任免、职级晋升、调动离职、招录遴选等信息，及时更新和维护机构编制实名制信息库，全年共调整登记实名制信息1246条，审核各类编制信息542人次，办理控编手续295单。完成第二次机构编制核查、2021年度机构编制重要事项报告和机构编制信息数据统计年报工作。

【综合执法改革】 2022年，吴忠市委编办充分发挥市综合执法监督局职能作用，统筹协调全市跨领域跨部门综合执法和行业综合行政执法工作，强化联席会议工作机制，督促相关部门落实综合行政执法责任。合理调整利通区、红寺堡区综合执法事项，审核确定利通区综合执法事项393项、红寺堡区959项。合理划分原业务主管部门与综合执法部门间职责权限，逐项制定综合执法事项职责边界清单，建立健全衔接配合、信息互通、资源共享、协调联动、监督制约等运行机制，实现无缝衔接。吴忠市委编办在同心县设置综合执法机构，将同心县城市管理综合执法局更名为同心县综合执法局，与县住房和城乡建设局实行一个机构、两块牌子，承担全县跨领域跨部门综合执法职责；将同心县城市管理综合执法大队更名为同心县综合执法大队，以县综合执法局的名义统一执法，向11个乡镇派出综合执法队，为县综合执法局副科级派出机构，队长兼任乡镇综合执法办公室主任，派驻乡镇综合执法队实行双重领导，与乡镇综合执法办公室实行“两个机构、两个清单、一支队伍”执法体制。制定印发《同心县综合执法局执法事项职责边界清单》，划清执法部门与职能部门的职责边界，压实责任，确保执法事项放得下、接得住、管得好。按照“编随事走、人随编走”的原则，从划转执法事项相关单位连人带编划转7个，核定县综合执法大队事业编制共计101个，确定派出各乡镇综合执法队人员编制75个，派出乡镇综合执法人员由乡镇统一管理、考核使用，解决基层执法力量薄弱问题。制定印发《同心县综合执法联席会议议事规则》《同心县综合执法配合协作工作规定（试行）》《同心县综合执法与刑事司法衔接工作制度》《同心县综合执法乡镇执法联动工作制度（试行）》等5个配套规定，形成“统一指挥、部门协同、整体联动”执法工作体系。调整设置同心县综合执法局，确定综合执法事项394项，划转人员编制101个，向11个乡镇和石狮管委会派出综合执法队，建立健全以乡镇（街道）综合执法办公室为平台的县乡执法联动工作机制。落实行政执法三项制度，加强执法规范化建设，完善细化执法程序等各类工作规范。着力打造标准化、规范化综合执法阵地，统一配备执法车辆（禁牧车）、执法服装等，推行综合执法人员持证上岗和资格管理制度。实行执法证件、执法流程、执法制度等“六统一”。

【乡镇综合执法改革】　2022年，吴忠市委编办加强乡镇（街道）机构职能运行情况跟踪，围绕乡镇经济社会发展、改革前乡镇管理体制运行情况和存在的问题、本轮机构改革的主要做法成效及存在的问题等内容深入青铜峡市、同心县开展调研，研究提出进一步规范和优化乡镇（街道）机构编制管理的初步意见，为巩固深化改革成果打下坚实基础。深化基层综合行政执法改革，结合同心县开展跨领域跨部门综合执法改革试点经验，建立健全以乡镇（街道）综合执法办公室为平台的县乡执法联动工作机制，由乡镇（街道）统筹县级派驻执法资源和力量，提高基层执法效能，探索构建“县乡一体、条抓块统”的基层行政执法体制。

·机关党建·

【政治建设】　2022年，市直机关工委把坚决做到“两个维护”作为加强政治建设的首要任务，在机关各级党组织中坚持“第一议题”制度，开展“喜迎二十大、奋进新征程、建功新时代”主题实践活动，推动广大党员跟进学习习近平总书记重要讲话、重要指示批示精神。完成党的二十大和自治区第十三次党代会代表推荐推选工作。坚持围绕中心、服务经济发展，以高质量党建服务高质量发展，制定进一步加强模范机关建设推动机关党建高质量发展任务清单，印发《关于吴忠市直部门（单位）“五型”模范机关建设实施方案》，以党建品牌创建为抓手，促进党建和业务深度融合，切实推动机关党员干部在“三区”建设和绿色发展先行市中当先锋、打头阵、做模范。“9·20”突发疫情以来，组织103个市直机关、区属驻吴单位第一时间下沉利通区26个社区241个值守点，制发督查通报、速报16期，下拨疫情防控专项经费53.4万元，各基层党组织闻令而动，在疫情防控中发挥基层党组织的战斗堡垒作用和党员先锋模范作用。

【理论武装】　2022年，市直机关工委把学习贯彻习近平新时代中国特色社会主义思想列为党委（党组）理论学习中心组学习“第一议题”，党支部学习“第一内容”，党员学习“第一任务”，学深悟透党的创新理论。深入实施党员干部政治能力和专业能力提升工程，用好“六种学习形式”，常态化开展双测双促，抽测机关党员干部1800人次，示范培训科级干部、党组织书记、党务干部、发展对象579人，171个青年理论学习小组常态化开展学习，推动党的二十大和习近平总书记视察宁夏重要讲话指示批示精神“大学习、大讨论、大宣传、大实践”活动不断深入。

【基层党建】　2022年，市直机关工委打造党建示范点22个，评定五星级党组织26个，三星以上党组织创建率达83.4%。分领域分层次开展情景演示、党务干部讲党务、党支部书记论坛、党内法规集中学习周，指导基层党组织落实“三会一课”等基本制度，规范组织生活，集中力量破解机关党建中的顽瘴痼疾。坚持“书记抓、抓书记”，进一步明确机关工委领导指导、党委（党组）领导管理、机关党委（党总支）专责指导、党支部抓工作落实的责任划分，逐级建立书记抓党建“四个清单”，召开市直机关党组织书记抓基层党建工作述职评议会和通报考核结果。举办党委（党组）书记周末加强补习班，推行“智慧党建”平台红黄牌警示管理，建立党委（党组）班子成员党支部联系点211个，推动党建工作责任落实到每个党组织。开展季度基层党组织重点任务落实情况调研，形成政法系统发展党员工作和市本级事业机构党组织组建情况专题调研报告，下发调研通报2期、整改督办单72份。落实换届督促提醒机制，下发换届督促提醒27次，指导各党组织完成换届选举114个，新建、撤销党组织各3个，对换届选举存在问题的2个党支部进行督办整改。全覆盖指导39个直属党支部2021年度组织生活会。坚持党员政治标准，严把入口关，发展党员110名，举办“光荣在党50年”纪念章颁发暨新党员入党宣誓仪式。严格党费收缴使用管理，开展党务工作清查，下拨党费97.5万元。

【机关干部队伍正风肃纪】 2022年，市直机关工委印发《关于清廉机关建设的实施方案》，制定清廉机关任务清单和考评细则，加强机关纪检组织建设，建立纪检干部个人信息台账，推动机关纪检组织发挥作用。定期组织学习党章党规党纪，广泛开展“廉政警示教育周”活动，强化机关党员干部纪律作风养成，筑牢拒腐防变思想防线。处理违纪违法党员6名，对2名发展程序存在问题的党员身份不予认定。持续开展在职党员“双报到双服务”工作，落实机关党组织“五个一”、在职党员“四个一”任务，推动党员干部主动参与基层社会治理，服务社区群众。落实中央八项规定及其实施细则精神，持续整治形式主义和官僚主义，持续为基层减负，严防反复填报、签到打卡、文件会议多、材料表格多等问题。

【机关文化建设】 2022年，市直机关工委开展“喜迎二十大、奋进新征程、建功新时代”演讲比赛、党课大赛、文艺演出、文体活动等，评选12堂优秀党课进行展播，开展做早操，组织拔河比赛、跳绳比赛和篮球比赛等体育赛事，进一步活跃机关文化生活，机关活力有效激发。组织“职工之家”建设现场推进会，开展瑜伽公益课、政务礼仪培训，指导12家基层工会组织换届。成立市直机关团工委，积极选树工人先锋号、“巾帼标兵”等评选推荐活动。

【自身建设】 2022年，市直机关工委开展“四带头四过硬”活动，推行班子成员讲党课、普通党员讲业务、班子成员带头讲党课6场次，培训机关党务干部93名、基层党组织书记47人次。全年提拔任用科级干部两名。加强分片督导，提升调研工作能力，有6篇文章在《吴忠工作研究》等刊物和区直机关工委网站刊发。工委报送的《推进“双测双促”提升两个能力 淬炼服务先行区建设的党员干部队伍》荣获《旗帜》杂志社“党建引领保障黄河重大国家战略创新案例征集活动”铜奖。

·巡察工作·

【概　　况】 2022年，在市委的坚强领导下，市委巡察工作领导小组统筹市县两级巡察机构，坚持以习近平新时代中国特色社会主义思想为指导，深入学习贯彻习近平总书记关于巡视工作重要论述精神，与时俱进深化政治巡察，巡察综合监督作用和系统优势不断显现，监督保障执行、促进完善发展作用有效发挥，努力推动全面从严治党向纵深发展。

【政治巡察】 2022年，吴忠市准确把握中央和自治区党委部署要求，不断提高巡察工作的政治能力水平，坚定不移深化政治巡察、坚持守正创新，全市巡察工作在坚持中深化，在深化中发展。市委高度重视，把巡察工作作为履行全面从严治党主体责任的重要抓手，纳入市委常委会年度工作要点、效能目标考核体系、市委党校培训内容。常委会专题研究巡察工作5次，书记专题会议两次听取巡察情况汇报。巡察工作领导小组认真履行组织实施责任，8次召开会议研究推动工作。制定印发《吴忠市委巡察工作规划（2022—2026年）》，将82个部门（单位）党组织纳入巡察监督范围，指导各县区制定本级规划，确定巡察全覆盖对象315个。更加注重对“一把手”和领导班子的监督，更加注重分行业领域开展巡察，分政府部门、群团组织、国资国企、乡镇4个板块对85个党组织开展3轮常规巡察，共发现问题4523个，移交线索28件（其中，市本级巡察20个部门，发现问题355个，移交线索2件）。统筹县区“推磨式”交叉巡察自然资源、住房和城乡建设部门，积极推动解决行业性、系统性问题。红寺堡区印制发放巡察宣传折页1000余份，制作巡察宣传片1部。盐池县“巡审联动”对高沙窝镇开展巡察，相互运用成果21项。同心县坚持县级领导担任巡察工作督导指导组长，为巡察干部“撑腰壮胆”。始终把“两个维护”作为巡察工作的“纲”和“魂”，坚持将“三个体现到”作为判断一个单位“两个维护”的具体标准，推动党的二十大、自治区第十三次党代会、吴忠市第六次党代会部署的重点工作任务落实落细落地，以巡察工作高质量发展推动全市经济社会高质量发展。

【巡查工作】 2022年，市委巡察办牢固树立全市巡察工作“一盘棋”思想，认真落实上下联动有关要求，注重发挥市级巡察机构承上启下和示范带动重要作用，加强对县区巡察工作的统筹和领导指导督导，推动全市巡察工作一体推进、一体发展、一体提升。市委巡察工作提出“全过程管理”提升巡察工作质量的理念，每轮巡察期间，市委巡察工作领导小组两次听取工作情况汇报，分管领导1次调研指导，及时协调解决巡察工作重大问题。市委巡察办加大对巡察组工作的互动、互通、互融和全流程参与力度，每周下发工作清单，每1—2周下沉巡察组调研指导，每轮巡察开展办组联审报告3次以上。市委巡察组积极克服疫情影响及干部业务不熟困难，组织抽调干部认真学习相关知识，扎实开展巡察工作，发现了一批系统性、行业性及体制机制性的问题，工作质量有了大幅提升，巡察市总工会党组的报告被自治区巡视办转发全区学习借鉴。高质量开展巡察指导督导工作。提出“33321”指导督导工作模式，高质量完成对利通区、红寺堡区委、同心县委巡察工作的指导督导，提出口头建议43条、书面建议23条、重点关注问题48个，在全市推广好经验好做法19个，将3个县区存在的10项共性问题转发全市同步整改，得到了自治区党委巡视办的充分肯定。高频次完成上下联动。先后与县区联动巡察6个群团组织和5个政府部门，市委巡察办主动加强对县区的指导，安排4名处级干部赴县区授课辅导，提升巡前培训的针对性。召开县区委巡察办主任座谈会5次，搭建交流平台。在实地调研的基础上提出了解决普遍问题的指导清单，形成市县同题共答的联动机制，收到较好效果。市委巡察组加大与县区巡察组的联动，通过座谈交流、现场指导、下沉调研等7种方式促进经验交流，现场听取并审改县区巡察报告，县一级的问题在市一级找根源、市一级的问题在县一级找印证，全市巡察工作质量有了整体提升，得到了自治区巡视办的充分肯定。

【巡察整改】 2022年，吴忠市坚持对巡察整改工作“一盯到底”，认真落实中共中央办公厅《关于加强巡视整改和成果运用的意见》，协调领导小组成员参加反馈会议，增强反馈的严肃性、权威性。向人大、政协主要领导抄报反馈意见，向市委、市政府分管领导通报反馈意见。领导小组召开集体约谈会2次，市委分管领导主持召开群团组织整改推进会，督促被巡察单位提高政治站位、抓好整改。各县区积极探索创新，有效压实整改责任，利通区明确巡察整改“旧官还要理旧账”，要求上任党组织书记帮助被巡察单位抓好巡察整改。年内，市委巡察办联合纪委监委、市委组织部组成调研督导组，对前两轮整改工作开展监督检查，并向市委常委会综合汇报整改及监督情况，组织开展五届市委巡察反馈问题整改情况“回头看”，对未完成整改的12个问题下发限期整改通知书。在全区率先出台《纪检监察监督巡察监督与审计监督贯通协作工作机制（试行）》，进一步推动形成监督合力，提高监督效能。首轮巡察后，围绕书记专题会议听取巡察汇报时点出的4个方面共性问题和“四个一”整改要求，协调市纪委监委、组织部、国资委等单位，组织召开了整改工作集体约谈会，上报《关于市属国有企业发展问题及对策建议》，召开国企党建工作会议，印发国企选人用人制度。分类移交选人用人、意识形态、基层党建等方面共性问题62个，纪委监委把督促整改作为日常监督的重要抓手，组织部将整改情况纳入领导班子考核的重要内容，共同监督，推动巡察整改。青铜峡市对共性问题进行梳理汇总，下发《关于开展对照整改的通知》，积极推动未巡先改，提升工作质量。

【自身建设】 2022年，市委巡察办坚持“围绕巡察抓党建、抓好党建促巡察”的思路，注重发挥巡察组临时党支部战斗堡垒作用，推动党建与业务深度融合。认真抓好巡察专职干部、抽调干部“两支队伍”，市县两级调整充实巡察组组长（副组长）、巡察干部人才库人员1030名。推荐6名干部参加自治区党委巡视工作以干代训，组织169名干部参加中央、自治区和吴忠市组织的各类巡察业务培训，进一步提升履职能力。研究制定《市委巡察组“后评估”实施办法（试行）》，有效破解“谁来监督监督者”问题。对照中央、自治区党委巡视办制度建设成果，制定制度15项，修订9项，指导5个县区修订制度24项。坚持边干边总结、边干边提升，及时将工作中的好点子、好做法梳理提炼为巡察工作“吴忠经验”。市县巡察机构全年共撰写工作信息247篇，被中央媒体采用5篇，自治区媒体采用147篇，市级媒体采用48篇，市本级信息工作投稿数和综合采用率全区第一，工作经验在全区巡视巡察干部培训班上分享。

·老干部工作·

【概　况】　2022年，市委老干部局以习近平新时代中国特色社会主义思想为指导，认真贯彻党的二十大精神，深入落实全国老干部工作“双先”表彰大会，全国、全区老干部局长会议和自治区第十三次党代会、市第六次党代会精神，以实施“五项行动”为抓手，全面推进离退休干部服务质量提升行动，各项工作取得明显成效。市关工委被授予全国青少年普法教育先进集体称号，局机关荣获全国第二批“节约型机关”称号，局党支部创建为五星级党组织。

【思想政治建设】　2022年，市委老干部局全面落实阅读文件、参加重要会议、通报情况、参观学习等制度。及时跟进学习习近平新时代中国特色社会主义思想，深入学习宣传贯彻落实中央办公厅《关于加强新时代离退休干部党的建设工作的意见》和《关于加强新时代关心下一代工作委员会工作的意见》精神。开展情况通报1次、座谈会2次、专题报告3次。在老年大学全面推行课前“三个”三分钟，各班次开设两堂思想政治课。充分发挥离退休干部党组织阵地作用，认真落实“三会一课”等制度，常态化开展党史学习教育。围绕党的十九届六中全会、党规党纪、铸牢中华民族共同体意识、形势政策等4个专题，组织全市离退休干部党员开展集中轮训，至年底已举办培训班12期，培训党员602名，送学上门300人。在盐池县举办了为期3天的全市离退休干部党组织书记培训班。开展全市离退休干部党组织评星定级及示范党支部创建活动，创建三星级以上党组织20个，累计打造党建示范点21个。

【“银龄启航”实践活动】　2022年，市委老干部局聚焦全市重点特色产业和重大任务，组织广大老干部积极参与重点产业发展、文明城市创建、基层社会治理、政策宣传宣讲、文体活动指导、志愿服务活动，发挥经验优势、专业优势、威望优势，在基层治理、乡村振兴等战略任务中建言献策、贡献智慧。自“银龄启航”实践活动启动以来，已开展各类活动50余次，有380余名老同志踊跃参与。市城市管理局、市农业农村局、市财政局、市关工委、市老科协等20多个单位的离退休干部党支部结合职能职责和任务分工开展了系列活动，实践活动已取得初步成效。聚力打造“薪火相传”等服务品牌，年内全市各级关工委“五老”宣讲员在中小学校宣讲220余场次，受益青少年9.1万人。开展“童心向党庆六一、银龄助学暖心行”捐赠活动，600名困难中小学生受益。

【老干部服务】　2022年，市委老干部局累计对174名离退休干部及遗孀进行逐户走访慰问，为退休干部颁发“光荣在党50年”纪念章。组织79名老干部分别在吴忠市、银川市进行体检。年内为56人建立了健康档案，电话问诊300人次，巡诊112人次。组织19名局机关干部采取“一对一”或“一对多”的形式，结对联系市区30名离休、27名退休厅级干部，开展联系186次，平时生病住院慰问35次，为徐洪杰、顾启秀两位离休干部庆祝百岁生日。帮扶32名困难离退休干部，帮扶资金10万元。

【文化养老】　2022年，市委老干部局实施“家园共享”行动，针对老年人不同兴趣爱好，开设剪纸、古筝、朗诵等6个特色班。通过设置橱窗栏、宣传墙等形式，利用新闻媒体、手机客户端等渠道，全面展示老同志手工艺品、书法作品等学习成果。先后以“喜迎二十大·建功新时代”等为主题，组织开展文化展演、全市书画摄影剪纸作品展等活动。主动对接，与军休老年大学进行场地、资金等资源整合，推进市老年大学分校建设，建成中华社区、文化馆等7个教学点。

【自身建设】 2022年，市委老干部局认真贯彻落实中央、区市党委重大决策和部署要求，深入开展党的二十大和习近平总书记视察宁夏重要讲话指示批示精神“大学习、大讨论、大宣传、大实践”活动，开展清廉机关、清廉家庭建设，严守党的政治纪律和政治规矩，全面落实党建、党风廉政建设责任，进一步巩固深化模范机关创建成果，推动机关党建高质量发展，局机关党支部成功创建为五星级党组织。

·市委党校（市行政学院）·

【概　　况】 2022年，吴忠市委党校（市行政学院）坚持以习近平新时代中国特色社会主义思想为指导，深入贯彻习近平总书记视察宁夏重要讲话指示批示精神，牢牢把握“党校姓党”原则，以开展办学质量评估为契机，紧紧围绕“1234”工作思路，切实履行干部培训、思想引领、理论建设、决策咨询职责，办学治校成效显著提升。

【干部教育】 2022年，市委党校（市行政学院）坚持“一个中心、四个方面”的教学布局，把学习习近平新时代中国特色社会主义思想作为中心内容与首要任务，不断丰富教学内容，优化课程设置，形成并不断完善“总论+原著导读+分论+地方特色课程”的课程体系。创新培训模式，开启线上直播云课堂培训，依托宁夏干部教育培训网络学院平台开设“中共吴忠市委党校2022年秋季主体班”网上专题班。全年共承办换届后领导班子成员专题培训班、全市乡镇党委书记抓党建促乡村振兴专题培训班等班次47期，3534人次参加培训，其中：主体班21期，参训1390人次；联合培训班次26期，参训2144人次。组织教师开展宣讲80场次，受众8371人次，宣讲涵盖习近平总书记视察宁夏重要讲话指示批示精神、党的十九届六中全会精神、自治区第十三次党代会精神等内容。积极选聘各级领导干部、专家学者等96人担任兼职教师，增强培训针对性和实效性。严格落实领导干部上讲台制度，11名领导干部、5名部门负责人到党校讲课、作报告21场次，主要领导讲思路，部门领导讲政策，基层干部讲方法，教育培训成效实现阶梯式提升。大力推行研究式教学，综合运用讲授式、案例式、模拟式、体验式等互动式教学方法。深化“理论学习+实践历练”培训模式，组织春季主体班学员赴六盘山干部学院等地开展延伸培训，持续提升学员综合素质和党性修养。

2022年7月23日，市委常委、宣传部部长高建博为市管干部宣讲自治区第十三次党代会精神

【教学科研】 2022年，市委党校（市行政学院）聚焦习近平新时代中国特色社会主义思想、习近平总书记视察宁夏重要讲话指示批示精神和自治区第十三次党代会精神等内容，以精品课建设为核心，以“两级三轮”集体备课制为路径，整合教师优势力量，在集体备课、集中打磨、团队攻关的基础上，精研细磨专题课程，严格把控课堂质量，先后组织教师开发“从移民到富民，让共同富裕的道路越走越宽广——以红寺堡区全国易地搬迁移民致富提升示范区创建为例”等专题19个，打造《坚持守正创新　铸牢文化自信》《以数字政府建设助推政府治理现代化》等8堂案例教学、访谈教学等互动式课程。优化机构设置，新增设科研与决策咨询部，成立学术委员会，完善制定《科研工作管

理办法(试行)》《学术委员会章程》《科研和决策咨询项目(课题)专家邀请管理办法》，规范工作流程。立项自治区党校智库课题2项、校级课题9项，结项自治区协作课题1项、智库课题1项。紧密结合思想引领和理论建设职责，及时反映重要思想理论动态，在区、市公开刊物发表理论文章22篇，其中《中国民族报》《宁夏日报》《共产党人》《宁夏党校通讯》各1篇，《吴忠日报》10篇，《吴忠党建党史》4篇，《吴忠工作研究》4篇。参加“陕甘宁地区高质量发展”等各类征文49篇，获奖9篇。

【队伍建设】 2022年，市委党校(市行政学院)优化科室设置，增设铸牢中华民族共同体意识教研部。制定《市委党校(行政学院)科室定岗定员定责方案》，进一步规范管理、明确责任、激发活力。打造2个名师工作室，确定5名教师与全市党校系统9名年轻教师开展“名师结对”；建立教师挂职实践制度，选派1名教师到自治区党校、4名教师到市直相关部门和工(农)业园区进行挂职锻炼；开展“教师一线行”联系乡镇活动；与宁夏民族职业技术学院合作建立青年教师实训基地，在延安市委党校举办吴忠市党校系统骨干教师与行政管理人员综合能力提升培训班，多渠道搭平台为年轻教师成长“蓄能充电”。积极对接市委组织部、市人力资源和社会保障局，调整专业技术中高级比例，增加中高级人员数量，制定职称评聘考核细则，先后聘任2名副教授、3名讲师，招聘硕士研究生4名，提拔任用正科级干部1人、副科级干部1人，晋升职级5人。坚持严以治校，开展“制度规范年”活动，修改完善校(院)制度56项，切实加强内部治理体系建设。坚持严以治教，把讲政治贯穿于教学、科研、管理全过程，严肃教师外出授课、发表文章等纪律要求，坚决守好意识形态阵地。坚持严以治学，严格落实学员培训规定，实行“班主任跟班主管+临时党支部规范管理+学员自主管理”制度。推广使用市委党校“掌上校园”APP，实现签到考核、教学评估信息化，持续提高教育、管理、监督和服务水平。强化基层党校业务指导，组织召开全市党校(行政学院)常务副校(院)长工作联席会，赴各县级党校开展调研，切实加强同基层党校的密切联系。

【教学条件改善】 2022年，在市委、市政府、市委组织部的大力支持下，多方筹措维修改造资金160余万元，以打造“智慧校园”“红色校园”“温暖校园”为目标，制订校园维修计划，实施“五项工程”，对宿舍楼、教学楼、学员食堂楼顶进行防水维修，对破损墙面进行维修粉刷，重新规划教学办公区域，打造100人教室1间、50人教室2间、研讨教学室2间、案例教学室2间、排练室1间、档案室1间，教学楼安装电梯，购置教学录播系统、教学一体机等信息化设施，全力改善办学基础设施条件。

【获得荣誉】 2022年3月，市委党校(市行政学院)荣获全区党校(行政学院〈校〉)系统学习宣传贯彻党的十九届六中全会精神理论研讨会优秀组织奖。7月，荣获吴忠市职工乒乓球比赛男子团体三等奖、自治区党校系统学习贯彻自治区第十三次党代会精神理论征文优秀组织奖。11月，成功创建“让党中央放心让人民群众满意”模范机关达标单位；荣获“吴忠市延安精神学会喜迎二十大 弘扬延安精神理论征文”优秀组织奖。

吴忠市人民代表大会

·综 述·

【概 况】 2022年，吴忠市人大常委会坚持以习近平新时代中国特色社会主义思想为指导，深入学习贯彻党的二十大和中央人大工作会议精神，按照自治区第十三次党代会和市第六次党代会的部署要求，聚焦中心工作，聚情民生关切，聚合代表力量，以“作风素质提升年”为主题，守正创新，勇毅前行，切实履行各项法定职责，全年共召开常委会会议7次、主任会议13次，制定法规性决定1部，开展“三查(察)”活动25次，听取和审议“一府一委两院”专项工作报告22项，依法作出决议、决定和审议意见24项，任免国家机关工作人员91人次，圆满完成了市六届人大一次会议确定的目标任务。

【理论武装】 2022年，市人大常委会深刻领悟“两个确立”的决定性意义，增强“四个意识”、坚定“四个自信”、做到“两个维护”，坚持不懈用习近平新时代中国特色社会主义思想统领人大工作，深刻领会和准确把握习近平总书记关于坚持和完善人民代表大会制度的重要思想，紧跟党的理论创新不断深化理论武装，坚决落实“第一议题”制度，深入学习习近平总书记视察宁夏重要讲话指示批示精神，全面系统学习党的二十大、自治区第十三次党代会和市第六次党代会精神，力求深学细悟笃行、学懂弄通做实。充分发挥常委会党组把方向、管大局、保落实作用，加强对常委会工作的组织领导和统筹协调，重大事项、重点工作及时向市委请示报告，做到党的理论和路线方针政策在人大工作中得到全面贯彻落实。

【担当作为】　2022年，市人大常委会心怀“国之大者”，自觉将人大工作放到全国、全区大局中谋划和推进，努力把好方向、找准定位、展现作为。紧扣市第六次党代会确定的奋斗目标和工作要求，积极探索创新立法、监督、决定、任免、代表等工作，全面提升人大工作水平。常委会领导发挥表率作用，牵头督查全市安全生产、国家安全等工作，包抓重点特色产业、重点项目、重点移民村，化解重点信访案件，以实际行动践行对市委决策的坚定支持、坚决拥护。特别是“9·20”疫情发生以来，常委会班子成员主动深入防疫一线，全市各级人大常委会机关党员干部、人大代表积极下沉基层，打头阵、当先锋、作表率，为统筹疫情防控和经济社会发展作出积极贡献。

【权力行使】　2022年，市六届人大常委会主动适应全市经济社会发展，遵循抓重点、议大事、求实效的原则，推动讨论决定重大事项常态化，依法作出批准2021年市本级决算、2022年预算调整方案的决议，持续强化预算硬约束，加强资金管理，防范债务风险。坚持党管干部与人大依法任免相结合，规范拟任命人员法律知识考试、供职报告、投票表决、颁发任命书、宪法宣誓等程序，不断强化国家机关工作人员宪法意识和依法行政、公正司法的理念，促进其依法为民、履职尽责。

【人大监督】　2022年，市人大常委会坚持改进监督方式，紧盯市委确定的大事、改革发展的要事，加强对经济发展中重大问题的工作监督。聚焦提升经济发展质量，加强国民经济与计划执行、全口径预算审查、财政预决算执行审计和审计查出问题整改情况等专项监督，推进优化财政收支结构，保障经济平稳健康运行。依法履行对国有资产的监督职责，审议综合报告，督促加强监管，确保国有资产保值增值。聚焦工业技术变革和优化升级，对全市工业智能改造提升情况进行调查，督促强化政策落实、加快技术应用、加强自主创新，助推全市工业智能制造整体提升。聚焦葡萄酒产业高质量发展，赴山东、江苏等地考察学习、宣传推介，对全市产业发展状况、品牌打造等进行全面深入调研，听取审议专项工作报告，支持和督促完善发展规划、突出科技赋能、拓宽营销渠道、注重产业融合，不断扩大吴忠“紫色名片”知名度和影响力。持续开展普惠性、基础性、兜底性民生实事监督。围绕创建铸牢中华民族共同体意识示范市目标，深入调查创建宣传教育、指标体系建设、模范示范单位选树等情况，听取审议专项工作报告，全面提升创建质量，构建全社会共创共建共享的工作格局。围绕创建全国文明城市深入调查，针对群众满意度不高、基础设施配套不完善、城市日常管理有欠缺等方面存在的问题转交审议意见，持续跟踪督办，推动改造老旧小区61个、新建市政道路6条、新增机动车停车泊位2900个。围绕巩固拓展脱贫攻坚成果同乡村振兴有效衔接，视察移民致富提升行动，加强移民后续扶持工作情况，常委会领导全程参与，深入移民村庄、帮扶车间、产业基地看项目、察实情，推进不断提升移民致富能力、改善人居环境、促进社会融入。围绕群众“用药难、用药贵”问题，首次对国家医保谈判药品“双通道”管理工作情况进行调查，推动吴忠市在全区率先启动“双通道”工作，促进建立健全用药保障机制，更好保障参保群众就医用药需求。围绕稳定和扩大就业、全民健康水平提升、自然灾害防治工作开展调查视察，深入查找问题和不足，推动严格落实稳就业保就业政策，持续强化公共卫生体系建设，健全气象防灾减灾长效机制，不断提升群众获得感、幸福感、安全感。牢固树立“绿水青山就是金山银山”理念，综合运用“日常调研＋听取汇报＋执法检查＋督办落实”等方式，切实加强生态环境监督。常态化开展中华环保世纪行吴忠行活动，配合全国人大、自治区人大检查《中华人民共和国环境保护法》《宁夏回族自治区环境保护条例》《宁夏回族自治区水资源管理条例》等法律法规实施情况，督促整改中央、自治区生态环境保护督察反馈问题，坚决守好改善生态环境生命线。检查《中华人民共和国大气污染防治法》《吴忠市城乡容貌和环境卫生治理条例》贯彻落实情况，听取审议年度环境状况和环境保护目标任务完成情况报告，针对性提出对策建议，持续加大审议意见跟踪督办力度，推动解决普法宣传教育还不广泛、部门监管责任落实不到位、全社会环保意识尚有欠缺等问题，努力让吴忠天更蓝、地更绿、水更清。

【立法工作】 2022 年，市人大常委会会议深入学习贯彻习近平法治思想，不断健全完善“党委领导、人大主导、政府依托、各方参与”的立法工作格局，注重将全过程人民民主理念贯彻到立法调研、起草、修改、论证、评估、审议等环节，广泛听取市级领导、职能部门、行业协会、法律实务专家和社会各方意见，有效落实政协立法协商、社会主义核心价值观入法入规和人大法制委统一审议等机制，确保法规制度设计立得住、行得通、真管用。发挥立法智库作用，立法咨询专家聘任人数由上届 18 名增加至 41 名。拓宽公众立法参与渠道，首次挂牌 10 家基层单位为常委会立法联系点，开展针对性立法参与，使立法更聚民智、更切实际、更接地气。顺应早茶产业快速发展的良好态势，在全国率先制定促进早茶产业高质量发展地方性法规，从立法层面保障其持续健康发展。在起草过程中，充分发挥人大主导作用，组织力量深入调查研究，听取各方面意见建议，借鉴区外早茶发展经验，找准产业发展特点规律，彰显吴忠特色。注重在产业布局、品质管控、文化挖掘保护、服务质量提升等方面进行规范，促进早茶产业提质升级，持续擦亮“游在宁夏·吃在吴忠”金字招牌。

【代表工作】 2022 年，市人大常委会始终尊重代表主体地位，采取线上线下、走出去请进来、集中培训和分批轮训相结合等方式，先后组织代表参加区内外系统培训 415 人次，安排部分代表参加全国人大地方立法网络培训。坚持向代表通报政情，推荐代表参加“一府一委两院”座谈会、征求意见会、庭审旁听等 168 人次，代表参政议政的范围不断扩大。加强代表日常活动经费保障，及时拨付经费 31.3 万元，并向代表赠阅报刊，为代表执行职务提供条件、给予支持。坚持“请进来”与“走出去”相结合、经常性联系与发挥履职平台功能相结合，健全“双联系”机制，改进联系方式，优化联系内容，拓宽联系渠道。先后邀请代表列席常委会会议 58 人次，组织代表参加专题调研、执法检查和集中视察等活动 89 人次，不断丰富闭会期间代表活动，拓展代表参与常委会工作的深度和广度。注重发挥代表联络站的载体作用，常委会领导深入基层调研指导，推进联络站进镇入村、规范提档，畅通代表联系选民渠道和路径。密切同县（市、区）人大联系，联动开展“三查（察）”活动，帮助基层人大解决实际困难，提请市委将基层人大提出的机构设置、人员配备、代表培训等问题，在加强和改进新时代人大工作实施意见中予以解决，全市人大“一盘棋”格局更加牢固，整体合力明显增强。修订代表建议、批评和意见办理工作办法，创新完善常委会领导领衔督办、工作委员会对口督办、代表全程参与督办机制。

【自身建设】 2022 年，市人大常委会主动适应新时代人大工作新形势新任务，牢牢把握“四个机关”定位要求，深入开展“五大一促”活动，推动人大工作创新发展。立足新班子、新作为、新样子，坚持以学开局、以学固本、以学促践、以学强能。开展首届“读书月”活动，落实每周学习例会、“每月一法”、“理论大课堂”等制度，推动常委会及机关学习常态化、规范化、制度化。充分发挥理论学习中心组示范引领作用，突出学好用好伟大思想的“最新篇”“法治篇”和

"人大篇"，使"三个善于"成为人大工作鲜明的政治底色。立足察实情、找差距、补短板，坚持情况在一线掌握、问题在一线解决、部署在一线落实。大兴调查研究之风，使人大工作更加贴近基层、更好服务群众。市人大常委会领导带队赴区内四地市人大常委会考察学习，借鉴经验做法，开阔思路眼界。深入市直部门、县（市、区）和基层联系点开展专题调研，形成高质量调研报告7篇，并进行成果交流，为加强和改进新时代人大工作提供决策依据。各委办围绕自身监督领域深入开展课题研究，形成专题报告10篇，明确了新定位、新目标、新抓手。坚持用"一要点三计划"统筹全年任务，实行重点工作季度性调度、清单式管理、责任制推进，推动任务落实、质效提升，着力增强工作的系统性、整体性、协同性和时效性。立足于把稳向、起好步、开新局，紧扣"作风素质提升年"主题，对查找出的各类问题建账销号，着力提升机关全体党员干部作风能力、精神状态和工作质效。认真履行全面从严治党主体责任，压紧压实党建"四个清单"，巩固拓展模范机关创建成果。严格落实中央八项规定及其实施细则精神和自治区"八条禁令"，扎实开展"两个专项整治"，着力打造"清廉机关"。常委会班子成员定期深入基层联系点调研宣讲，解决实际问题，机关干部认真落实驻村帮扶、结对帮扶、创城服务等任务，锤炼务实作风。组建市人大社会建设委员会，加强干部培养使用交流，激发人大工作整体活力。

·重要会议·

【吴忠市六届人大二次会议】

2022年12月17日上午，吴忠市第六届人民代表大会第二次会议召开。会议应出席代表297名，实到245名，出席人数符合法定人数。市委书记、市人大常委会党组书记、大会执行主席徐耀主持会议。本次会议的执行主席是徐耀、王学军、兰德明、王汉武、王海燕、白小军、陈克安、邓冀宁、魏建荣、沙莉、马国锋、蒋文军、侯永林、蒋波。市长王学军向大会作《政府工作报告》。会议审查了吴忠市人民政府关于吴忠市2022年国民经济和社会发展计划执行情况与2023年国民经济和社会发展计划草案的报告、吴忠市人民政府关于吴忠市2022年全市及市本级预算执行情况和2023年全市及市本级预算草案的报告，表决通过了关于设立吴忠市人民代表大会社会建设委员会的决定和选举办法。

【市六届人大常委会第一次会议】

2022年1月25日，市人大常委会主任兰德明主持召开。会议审查批准了2021年吴忠市本级预算调整方案，审议通过了有关人事任免议案。

【市六届人大常委会第二次会议】

2022年2月24日，市人大常委会主任兰德明主持召开。会议审议通过了吴忠市人大常委会2022年工作要点、关于设立吴忠市人大常委会代表资格审查委员会的决定、关于接受郑经国辞去吴忠市人民政府副市长职务请求的决定、关于接受陈晖辞去吴忠市第六届人大常委会委员职务请求的决定，表决通过了有关人事任免议案。

【市六届人大常委会第三次会议】

2022年4月29日，市人大常委会主任兰德明主持召开。会议听取和审议了市人大常委会执法检查组关于检查《吴忠市城乡容貌和环境卫生治理条例》《中华人民共和国社区矫正法》实施情况的报告，市人民政府关于创建全国文明城市工作情况、关于全市自然灾害防治工作情况的报告，表决通过了《吴忠市人民代表大会常务委员会代表建议、批评和意见办理工作办法》《吴忠市人民代表大会常务委员会实施宪法宣誓制度办法》，表决通过了关于接受张自力辞去市第六届人大常委会副主任职务请求的决定、关于接受章中全辞去吴忠市人民政府副市长职务请求的决定和有关人事任免议案。会后举行了新任职人员宪法宣誓仪式。

【市六届人大常委会第四次会议】

2022年6月29日，市人大常委会主任兰德明主持召开。会议听取和审议了市人大常委会执法检查组关于检查《中华人民共和国大气污染防治法》实施情况的报告、市人民政府关于全市创建铸牢中华民族共同体意识示范市工作情况的报告、市中级人民法院关于家事审判工作情况的报告，审查批准了关于2022年吴忠市本级预算调整方案，审议通过了《吴忠市人民代表大会常务委员会议事规则（修订草案）》《吴忠市人民代表大会常务委员会组成人员守则（修订草案）》《吴忠市人民代表大会常务委员会关于讨论决定本行政区域内重大事项的暂行规定（修订草案）》《吴忠市人民代表大会常务委员会关于出席、列席常务委员会会议制度（修订草案）》《吴忠市人民代表大会常务委员会关于加强市本级财政预算审查监督的决定（修订草案）》《吴忠市人民代表大会常务委员会对“一府一委两院”专项工作报告满意度测评办法（修订草案）》《吴忠市人民代表大会常务委员会联系市人民代表大会代表办法（修订草案）》和有关人事任免议案。会后举行了新任职人员宪法宣誓仪式。

【市六届人大常委会第五次会议】 2022年9月2日，市人大常委会主任兰德明主持召开。会议审查和批准了市人民政府关于2022年吴忠市本级预算调整方案（第二次），审议了《市人民政府关于提请审议〈关于促进吴忠早茶产业高质量发展的决定（草案）〉的议案（审议稿）》、关于吴忠市2022年上半年国民经济和社会发展计划执行情况的报告、关于2021年吴忠市本级决算草案和2022年上半年全市及市本级预算执行情况的报告、审查和批准了2021年吴忠市本级决算，审议了市人民政府关于2021年度吴忠市本级预算执行及其他财政收支情况的审计工作报告、关于全市全民健康水平提升行动工作情况的报告、关于全市稳定和扩大就业工作情况的报告、关于全市移民致富提升行动加强移民后续扶持工作情况的报告、关于全市打击电信网络诈骗犯罪工作情况的报告，审议通过了《吴忠市人民代表大会常务委员会关于提高常务委员会会议审议质量的若干规定》《吴忠市人民代表大会常务委员会专题询问办法》《吴忠市人民代表大会常务委员会代表资格审查委员会工作办法》、关于接受童伟东辞去吴忠市人民政府副市长职务请求的决定和有关人事任免议案。

【市六届人大常委会第六次会议】 2022年11月10日，市人大常委会主任兰德明主持召开。会议传达学习了党的二十大精神，审议了市人民代表大会法制委员会关于市六届人大一次会议主席团交付审议的代表议案办理情况的报告、市人大常委会法制工作委员会关于2022年规范性文件备案审查情况的报告、市人民政府关于市六届人大一次会议代表建议办理情况的报告、关于2021年度国有资产管理情况的综合报告、关于全市国家医保谈判药品“双通道”管理工作情况的报告、关于全市工业智能改造提升情况的报告、关于全市葡萄酒产业高质量发展情况的报告，审议通过了《吴忠市人民代表大会常务委员会“三查（察）”活动办法》《吴忠市人民代表大会常务委员会会议和活动请假制度》《吴忠市人民代表大会常务委员会地方性法规立项办法》《吴忠市人民政府向市人民代表大会常务委员会报告国有资产管理情况的办法》《吴忠市人民代表大会常务委员会关于加强政府债务审查监督的办法》《吴忠市人民代表大会常务委员会审议生态环境状况报告办法》，审议通过了和有关人事任免议案。

【主任会议】 2022年，吴忠市六届人大常委会主任兰德明先后主持召开了13次主任会议。先后讨论通过了关于检查《吴忠市城乡容貌和环境卫生治理条例》实施情况报告的审议意见、关于检查《中华人民共和国社区矫正法》实施情况报告的审议意见、关于市人民政府创建全国文明城市工作情况报告的审议意见、关于市人民政府全市自然灾害防治工作情况报告的审议意见，听取了市人大常委会监察和司法工委关于拟任职人员法律知识考试情况的汇报、各工作委员会和办公室2022年工作思路。讨论通过了市人大常委会关于检查《中华人民共和国大气污染防治法》实施情况报告的审议意见、关于全市创建铸牢中华民族共同体意识示范市工作情况报告的审议意见、关于市中级人民法院家事审判工作情况报告的审议意见，讨论通过了关于审查2022年上半年计划、预算执行和2021年决算情况及调查2021年预算执行审计情况的方案、关于视察全市全民健康水平提升行动工作情况的方案、关于调查全市稳定和扩大就业工作开展情况的方案、关于视察全市移民致富提升行动加强移民后续扶持工作情况的方案、关于调查全市打击电信网络诈骗犯罪工作情况的方案，讨论通过了关于吴忠市2022年上半年国民经济和社会发展计划执行情况报告的审议意见、关于2022年上半年全市及市本级预算执行情况报告的审议意见、关于2021年度吴忠市本级预算执行及其他财政收支审计情况报告的审议意见、关于全市全民健康水平提升行动工作情况报告的审议意见、关于全市稳定和扩大就业工作情况报告的审议意见、关于全市移民致富提升行动加强移民后续扶持工作情况报告的审议意见、关于全市打击电信网络诈骗犯罪工作情况报告的审议意见等事宜。听取了市人民政府关于创建全国文明城市工作情况报告审议意见整改落实情况的汇报、关于《中华人民共和国社区矫正法》执法检查报告审议意见整改落实情况的汇报、市人大常委会有关工作委员会关于督办审议意见整改落实情况的汇报等。研究审议了《吴忠市人民代表大会常务委员会基层立法点工作办法（草案）》和基层立法联系点单位、《吴忠市人民代表大会常务委员会立法咨询专家工作办法（草案）》和立法咨询专家名单、《吴忠市人民代表大会常务委员会代表建议、批评和意见办理工作办法》、《吴忠市人民代表大会常务委员会实施宪法宣誓制度办法》。审议通过了《吴忠市人民代表大会代表履职评价办法（草案）》《吴忠市人民代表大会常务委员会"人大代表之家"管理办法（草案）》。讨论确定了市第六届人大常委会第六次会议建议议题、关于调查2021年度国有资产管理情况的方案、关于调查全市医保谈判药品"双通道"管理工作情况的方案、关于调查全市工业智能改造提升情况的方案、关于调查全市葡萄酒产业高质量发展情况的方案、关于视察市六届人大一次会议代表建议办理情况的方案等事宜。

吴忠市人民政府

·重要会议·

【吴忠市六届人民政府第2次常务会议】 2022年1月28日，市长王学军主持召开。会议传达学习习近平总书记关于做好"三农"工作的重要指示、李克强总理在国务院常务会议上的部署要求和中央、自治区农村工作会议精神，全国、全区审计工作会议精神及自治区两会和政府第六次全体（扩大）会议精神，研究部署乡村振兴、疫情防控等工作。会议就做好春节期间各项工作进行安排，会议还研究了其他事项。

【吴忠市六届人民政府第3次常务会议】 2022年2月18日，市长王学军主持召开。会议传达学习《中华人民共和国法律援助法》《河南郑州"7·20"特大暴雨灾害调查报告》，研究部署安全生产和防灾减灾救灾、民生实事、教育事业等工作。会议还审定了《吴忠市海绵城市建设专项规划（2020—2030年）》（送审稿）、《吴忠市再生水利用专项规划（2020—2030年）》（送审稿）等。

【吴忠市六届人民政府第4次常务会议】 2022年3月11日，市长王学军主持召开。会议传达学习自治区工程建设政府采购等重点领域突出问题专项治理工作领导小组第三次会议精神，研究部署疫情防控、经济运行、安全生产、粮食安全等工作。会议还研究了土地供应有关事宜。

【吴忠市六届人民政府第5次常务会议】 2022年3月30日，市长王学军主持召开。会议传达学习习近平总书记在中央政治局常委会会议上关于从严抓好当前疫情防控工作的重要讲话精神、中央第四生态环境保护督察组督察宁夏情况反馈会议精神，研究部署疫情防控、中央环保督察反馈问题整改、食品药品安全等工作。会议还就做好清明节期间安全生产、森林草原防火、值班值守、廉洁过节等工作进行安排。会议同时审定了《吴忠市创建国家食品安全示范城市工作方案（送审稿）》《吴忠市卫生健康事业发展"十四五"规划（送审稿）》《吴忠市医疗卫生服务体系建设"十四五"规划（送审稿）》《吴忠市全民科学素质行动规划纲要实施方案（2021—2025年）》等。

【吴忠市六届人民政府第6次常务会议】 2022年4月21日，市长王学军主持召开。会议听取2022年一季度经济运行、2021年度法治政府建设、全市当前疫情防控等工作汇报，安排部署有关工作。会议还研究了《吴忠市行政复议体制改革实施方案（送审稿）》、续聘市人民政府法律顾问等其他事宜。

【吴忠市六届人民政府第 7 次常务会议】 2022 年 5 月 13 日，市长王学军主持召开。会议传达学习习近平总书记在中共中央政治局常务委员会上的重要讲话精神、李克强总理关于促进粮食生产稳定发展提高粮食安全保障能力的讲话精神等，听取全市疫情防控、粮食安全、双拥工作、安全生产等工作汇报，安排部署下一步工作。会议还研究了其他事项。

【吴忠市六届人民政府第 8 次常务会议】 2022 年 5 月 26 日，市长王学军主持召开。会议传达学习国务院常务会议、全国稳住经济大盘电视电话会议、自治区政府“六稳”“六保”专题会议和稳经济、保增长、促发展电视电话会议精神，研究部署当前经济工作。会议审议了《吴忠市关于促进房地产平稳健康发展的若干措施（送审稿）》《吴忠市关于支持扩大消费的若干措施（送审稿）》《吴忠市促进消费工作实施方案（送审稿）》等。

【吴忠市六届人民政府第 9 次常务会议】 2022 年 6 月 1 日，市长王学军主持召开。会议研究部署疫情防控、方舱医院建设、2021 年度巩固拓展脱贫攻坚成果同乡村振兴有效衔接考核评估问题整改等工作，审议了 2022 中国面食博览会暨第二届吴忠早茶美食文化节等方案。会议就做好端午节期间各项工作进行了安排。会议还审议了《吴忠市突发事件总体应急预案（送审稿）》等。会前，与会人员集中学习了《中华人民共和国安全生产法》。

【吴忠市六届人民政府第 10 次常务会议】 2022 年 6 月 17 日，市长王学军主持召开。会议听取 1—5 月全市经济运行、能源保供、自建房安全专项整治排查等工作汇报，研究部署有关工作；审议了《关于推进气象事业高质量发展的实施方案（送审稿）》《吴忠市国家园林城市复查工作实施方案（送审稿）》等。会前，与会人员集中学习了《中华人民共和国统计法》。

【吴忠市六届人民政府第 11 次常务会议】 2022 年 7 月 18 日，市长王学军主持召开。会议传达学习全国、全区安全生产电视电话会议精神，审议《吴忠市安全生产百日专项整治行动方案（送审稿）》，听取 2022 年上半年全市经济运行情况，研究部署有关工作。会议还研究了其他事项。会前集中学习了《中华人民共和国环境保护法》，并举行了吴忠市人民政府法律顾问聘任仪式。

【吴忠市六届人民政府第 12 次常务会议】 2022 年 8 月 5 日上午，市长王学军主持召开。会议听取 2022 中国面食博览会暨第二届吴忠早茶美食文化节开展情况汇报，审议粮食和物资储备、消防事业等规划，研究部署有关工作；审议了《关于吴忠市 2022 年上半年国民经济和社会发展计划执行情况的报告（送审稿）》《关于 2021 年吴忠市本级决算和 2022 年上半年全市及市本级预算执行情况的报告（送审稿）》《关于 2021 年度吴忠市本级预算执行和其他财政收支情况的审计结果报告（送审稿）》。会议还研究了其他事项。

【吴忠市六届人民政府第 13 次常务会议】 2022 年 8 月 9 日，市长王学军主持召开。会议学习贯彻习近平总书记在中央政治局会议上的重要讲话精神和国务院常务会议精神，按照自治区党委、政府工作要求，对做好下半年经济工作进行再安排、再部署，确保完成全年目标任务。会议听取全市 2021 年度巩固拓展脱贫攻坚成果同乡村振兴有效衔接考核评估反馈问题整改情况汇报，审议《吴忠市推动高质量发展标准体系建设行动方案（2022 年—2025 年）》和《吴忠市各工业园区体制机制改革和高质量发展实施方案》，会议还研究了其他事项。

【吴忠市六届人民政府第 14 次常务会议】 2022 年 8 月 24 日，市长王学军主持召开。会议传达学习习近平总书记重要指示批示精神、李克强总理重要讲话精神，听取 2022 年 1—7 月全市经济运行和全市防汛救灾、自建房安全专项整治及冬季清洁取暖项目进展等情况汇报，安排部署下一步工作。会议还研究了其他事项。

【吴忠市人民政府第 15 次常务会议】

2022 年 9 月 15 日，市长王学军主持召开市人民政府第 15 次常务会议暨吴忠市促进非公有制经济发展工作领导小组第一次会议。会议听取全市安全生产、2023 年项目谋划、人大代表议案建议和政协委员提案办理、民生实事落实、信访等工作情况汇报，安排部署下一步工作。会前集中学习了《中华人民共和国传染病防治法》。会议还研究了其他事项。

【吴忠市六届人民政府第16次常务会议】 2022年10月23日，市长王学军主持召开。会议听取乡村振兴等工作情况汇报，安排部署下一步工作；审议了《吴忠市残疾人保障和发展“十四五”规划（送审稿）》和《吴忠市“十四五”养老托育服务健康发展实施方案（送审稿）》，会议还研究了其他事项。

【吴忠市六届人民政府第17次常务会议】 2022年10月30日，市长王学军主持召开。会议传达学习自治区政府第137次常务会议精神，研究部署稳经济、保民生有关工作；听取了生态环境保护督察反馈问题整改情况汇报。会议还研究了其他事项。

【吴忠市六届人民政府第18次常务会议】 2022年11月22日，市长王学军主持召开。深入学习贯彻习近平总书记在中央政治局会议上的重要讲话精神，听取全市经济运行、医疗改革等工作情况汇报，研究部署有关工作。会议还审议了《吴忠市贯彻落实食品安全“两个责任”工作机制实施方案（送审稿）》《吴忠市生态环境保护“十四五”规划（送审稿）》等。会前集中学习了《中华人民共和国乡村振兴促进法》。

【吴忠市六届人民政府第19次常务会议】 2022年11月26日，市长王学军主持召开。深入学习贯彻习近平总书记对河南安阳市凯信达商贸有限公司火灾事故的重要指示精神，全面落实自治区党委常委会会议和自治区人民政府第140次常务会议有关精神，听取全市安全生产、集中隔离医学观察点改扩建等工作情况汇报，研究部署有关工作。

【吴忠市六届人民政府第20次常务会议】 2022年12月8日，市长王学军主持召开。深入学习宣传贯彻党的二十大精神，审议有关文件，研究部署2023年民生实事、重点工作、重点项目等工作，审议《宁夏盐池工业园区总体规划（2020—2035年）》（送审稿）。会前，与会人员集中学习了《中华人民共和国审计法》。

·行政审批服务·

【概　　况】 2022年，吴忠市审批服务工作坚持以深化“放管服”改革、优化营商环境为统揽，持续深化“放管服”改革，优化营商环境，扎实推进工程建设项目审批制度、“一窗受理、集成服务”、“不见面、马上办”等重点领域改革，不断创新审批服务管理方式，全面从严管党治党，为推进高质量发展提供有力支撑。

【审批服务机制】 2022年，市审批服务管理局建立18项指标牵头部门责任制，任务单位实行专班制。完善营商环境责任督办机制，将“放管服”改革、优化营商环境列入政府年终效能目标考核内容，131条改革任务已完成。自治区年初“放管服”改革、优化营商环境工作可承接事项完成率达100%。完善营商环境对标提升机制，建立了13项工作机制，实行优化营商环境清单制。完善营商环境政策宣传机制，引用全国、全区和吴忠市营商环境优秀案例，编印《营商环境工作动态》19期。建立优化营商环境投诉举机制，制作各类宣传短视频，通过吴忠电视台、《吴忠日报》等媒体加大宣传力度。根据部门权责清单，国务院、自治区下放的2022年版行政许可事项清单，市审批服务管理局会同市委编办、市司法局，积极推进市辖区行政许可事项基础清单（共计329项）的梳理工作。

【审批制度改革】 2022年，市审批服务管理局持续推进审批制度改革，对市发展改革委等31个部门的行政职权要素进行调整，市直33个部门（单位）保留行政职权共3242项。下放利通区金积镇行政职权56项、公共服务事项3项，赋予金积工业园区经济管理职权10项。以吴忠太阳山开发区为样板，推进园区事园区办。已完成对外贸易经营者备案和原产地企业备案“两证合一”改革。全面推行“四减一提升”行政审批模式，行政审批效率提升26%。全面推动“证照分离”改革全覆盖，以“减证”促“简政”，准入不准营问题得到初步解决。截至年底，全市共取消行政许可16项，办理审批改为备案等三类“证照分离”改革事项9819件。推行证明事项告知承诺制，对7个部门实施的35项证明事项实行告知承诺。

【审批服务保障】 2022年，市审批服务管理局积极推行身份信息一次互认、企业开办“一网通办”、不动产登记一窗办理、灵活就业人员社保费一机申报、电子签章统一调用的“五个一”新模式，实现企业开办“一网通办”、1个工作日办结，实现了简易注销“零见面”“零材料”“零费用”，共办理简易注销728件，为市场主体节省登报费用约3.6万元。推进更多服务事项进驻大厅，供水、供电、供气、供暖、移动、电信、联通、广电公司等9个公共企事业单位27项服务事项全部进驻市政务服务大厅，实现一站式办理。实现税费政策“一码全知道”，税务注销业务免办、即办率达95%，出口退税的平均时间从7个工作日内压缩至6个工作日内，实现233项办税缴费事项全程网上办，全市非接触办税率达到70%以上。积极推行专票电子化。不动产登记即时办结，抵押权登记2个工作日内办结，首次登记、转移登记等一般登记及在建建筑物抵押登记4个工作日内办结。人力资源和社会保障局搭建供需平台，缓解企业用工难问题，举办线上线下招聘会31场，直播带岗9场，提供岗位20901个，达成就业意向1597人。市政府办公室印发《吴忠市落实〈自治区2022年“放管服”改革工作要点〉任务清单》和《吴忠市关于落实〈自治区2022年优化营商环境工作要点〉任务清单的通知》，将“不动产+供电”联合过户纳入吴忠市优化营商环境重点年度工作任务。至年底，吴忠市以及下辖利通区、青铜峡市不动产平台与供电公司营销系统已联通。“不动产+供电”联合过户工作已正常开展，年内累计完成58件“不动产+供电”联合过户。

【优化资源配置】 2022年，吴忠市建成市人才公寓43套，安排宁夏伊利乳业有限责任公司等企业员工入住市人才公寓。在全市工（农）业园区推行工业项目“标准地”供应，健全转让制度，并结合“双碳”改革指标要求，全面推进抓落实。年内吴忠市本级工业用地“标准地”挂牌出让2宗，总计373亩。畅通开放通道，依托青铜峡捷安公铁物流园区，培育建设亚麻籽集散中心，实现了境外采购、跨境运输和境内加工全链条一体化模式。组织宁夏盐池滩羊产业发展集团有限公司、宁夏君星坊食品科技有限公司、宁夏润德生物科技有限公司等5批35家（次）优势骨干企业参加第28届兰洽会、第四届西洽会、第23届青洽会、2022年海南国际消博会等大型活动。前三季度，吴忠市实际利用外资9554万美元，实现外贸进出口总值5.32亿元，同比增长116.13%。实施“1个工作日接单、3个工作日对接、5个工作日反馈”的“135”融资对接服务机制。协调解决了13家文旅企业、20家“专精特新”企业、14家商贸企业融资难问题，促成融资超60亿元。积极推进知识产权质押融资保险工作，全市知识产权质押融资达到1.0313亿元。

【公平交易】 2022年，市商务和投资促进局建立公平竞争生产工作制度，确保单位制定的有关政策措施符合相关法律法规和公平竞争要求。构建公平交易平台。市本级所有预算单位的采购项目，自2022年1月1日起统一在宁夏政府采购网实行意向公开，采购业务“一网通办”，推行政府采购承诺信用制。全面推行全流程电子化交易，远程异地评标培训200余人次，对1000万以上工程建设项目、500万以上政府采购项目全部推行远程异地评标。截至年底，电子化交易率已达90%以上。以公平公正为导向，推进商事制度改革。持续降低市场准入门槛，全市新增各类市场主体1.4万户，市场主体总量达到12.6万户，稳居全区第二。率先在全区探索开展个体工商户登记制度改革试点，工商户登记注册同比增长21.94%。通过银企联合模式，企业足不出户网办率达到96%。线下登记办事效率提速35%，企业开办实现1个工作日办结。推行“一址多照”、“一照多址”、集群注册等措施。对企业注册过程中次要材料暂时欠缺的情况，经企业方申请并承诺，先行受理并进行审核。

【审批服务信息公开】 2022年，市审批服务管理局新的办事指南在宁夏政务服务审批系统全部更新，并在宁夏政务服务网和吴忠市门户网站予以公开。窗口部门按照服务要求，对每个事项进行规范性审核，线上线下同源发布，让群众网上、线下、自助办事一看就懂、一学就会。优惠政策公开透明。首套住房最低首付款比例下调至20%。指导企业开展折扣让利等各类促销活动200余场次，发放消费券13万张，直接拉动消费6300余万元。

【工程建设项目制度改革】 2022年，吴忠市施工许可办理时限压缩至3个工作日，最快可1个工作日办结。对15类工程建设项目分类定制审批，简易低风险项目推行"清单制＋承诺制"。推行"多规合一"业务系统，建立项目生成策划工作机制，实现工程建设项目审批"一网通办"。建立项目办理征询意见制度，在2个工作日内进行征询事项回复。

【基层政务服务改革】 2022年，全市48个乡镇（街道）建立民生中心，570个村（社区）建立民生服务代办点。共承接"四级四同"市级事项1357项，全程网上通办事项1131项，最多跑一次事项1131项，马上办事项378项，网上办事更便捷。截至年底，窗口办件7.4万件，累计办件34.08万件，网办率37.18%，同比增长6.2%。

【审批服务优化】 2022年，吴忠市打造了"易办·吴优"平台，以"我要开便利店"等102件事项及对应办事指南为主要内容，重塑权责关系，全面推进"前台综合受理，后台分类审批"，事项办结提速60%。发挥窗口党员先锋模范作用，提供"导办、帮办、代办"服务，全力打造"企业群众办事无忧、营商环境吴忠更优"政务服务品牌。发挥项目"一站式"服务制度优势，推动招商引资"项目管家"工作，从全市熟悉综合经济的部门中选派30名处级领导干部，联系30个重点招商引资项目，建立"一个项目、一个部门、一名处级领导"三级联动、精准帮扶机制，主动给企业送政策、搞服务、解难题，切实推进项目建设，助推企业发展。

·政务服务·

【概　　况】 2022年，吴忠市政务服务中心推进"互联网＋政务服务"，共办理政务服务事项72.68万件，网办率44.8%，服务保障进场交易项目1613个标段，交易金额71.01亿元，共受理群众各类诉求39.2万件，同比增长40.09%，办结率99.99%。成功创建"让党中央放心、让人民群众满意"的模范机关。连续九年在全区公共资源交易考核中排名第一。12345政务服务便民热线架起"连心桥"，为民服务"不打烊"等做法被区内外媒体刊登。

【便民服务】 2022年，市政务服务中心加强建设便民服务体系，实现市、县、乡、村四级网络全覆盖，承接"四级四同"市级事项1369项，事项进驻率89.8%，80%以上事项实现"不见面"办理。强化电子证照录入应用，产生电子证照14.9万个，一证（照）通办17.12万件。"零材料"5.09万件，告知承诺事项2607件，容缺受理事项1494件。持续开展"四减一提升"活动，在全区率先实行相关事项"一窗受理、集成服务"，深化"跨省通办""一件事一次办"等改革，可承接跨省通办事项161项、区内通办事项154项。梳理"一件事一次办"事项202项，受理办结4621件，办件时限分别缩短80%左右。开展"三亮三比四评"活动，评选文明科室5个，"文明窗口""创新窗口""示范窗口"54个，"服务之星"144人次。健全完善投诉处理机制，完善《政务服务大厅窗口考核细则》，实现政务服务事项、被评价对象、服务渠道"好差评"全覆盖。

【公共资源交易】 2022年，市政务服务中心起草印发《关于深化体制机制改革　创新推进公共资源交易高质量发展的实施方案》，开通国有产权交易系统，全面开启远程异地评标，全力推进电子化招投标、不见面开评标，切实提升电子化交易覆盖率。服务保障进场交易工程建设项目1196个标段，交易额63.76亿元，政府采购项目417个标段，交易额7.25亿元。其中电子标1539个标段，交易额68.93亿元，电子化率达95.41%。仅打印投标文件费为企业节约资金1500余万元。不见面开标1163个标段，交易额61.50亿元，不见面开标率72.10%，为全国各地投标人、供应商节约住宿、交通等费用。远程异地评标主场项目893个标段，交易额53.36亿元。远程异地评标副场提供机位1214个，工程建设项目远程异地评标率达74.67%，实现优质专家资源共享。严格信息入库在线审核，取消原件审核环节，市场主体通过快递邮寄、扫描件上传等方式可在线完成信息入库工作，做到当日申请、当日办结，实现交易主体“最多跑一次”向“零跑腿”转变。依托公共资源交易金融服务平台，实现市场主体在线申请、开立、接收、查验电子投标保函（保单），解决中小企业融资难、融资贵问题，服务经济发展。2022年，共出具保函497个标段，实际开具保函1681笔，担保总金额2.16亿元，保费仅84.39万元，工程建设单项合同估算价1000万以下免缴投标保证金314个标段。依托公共资源交易见证系统，实行“数字+人工”见证模式，对保证金交纳账号异常、因操作不规范等原因造成的项目异常终止等情形，及时推送至有关行政监管部门。全年共形成工作周报31份，报送评审专家、代理机构等不良行为67人次，对9家代理机构贴黄旗警告。

【亲民服务热线】 2022年，市政务服务中心高质量完成热线归并整合，整合承接非应急热线22条，电话转接11条，增设企业投诉专席，更新热线信息库，收集信息4243条，畅通投诉建议渠道，受理量持续攀升，共受理各类诉求近39.29万件，同比增长40.09%，办结率、群众满意率分别达99.99%、99.5%。“9·20”疫情防控期间，热线平台话务量激增，日均呼入量高达3300多个。紧急启动应急响应预案，采取统筹调配人员、调整班次时长等多种措施，全力保障疫情防控期间群众诉求渠道畅通，共受理群众诉求事项12.49万件，办结率100%，群众满意率99.95%。

政协吴忠市委员会

·综　述·

【概　　况】 2022年，政协吴忠市委员会强化理论武装，坚持正确政治方向，全年举办集体学习、研讨交流30多次。制定“书香政协”实施方案，深入推进委员读书活动，委员交流读书感想700余人次。加强政协委员特别是新任委员的学习培训，开展委员学习座谈28场次，举办委员培训班3期，培训政协委员和机关干部400多人次，以学习强政治、促履职、聚共识、固团结。聚焦中心任务，深入开展议政建言，专门协商机构作用进一步发挥。坚持发扬民主与增进团结相互贯通、建言资政和凝聚共识双向发力，全年举办重要协商活动12次，开展视察考察调研72次，提出提案343件、立案262件，有效服务决策施策。持续关注重点移民村后续发展，围绕大力发展产业、拓宽就业渠道、完善基础设施等调研议政。充分发挥“有事好商量”协商平台作用，围绕加强病死畜禽无害化处理、五里坡奶牛养殖园区青贮饲料运输等社会关切问题，组织有关方面共商解决。扎实开展特约民主监督工作，重点针对民生领域工作跟踪监督。充分发挥社情民意“直通车”作用，全年编报社情民意信息71期。加强团结联谊，广泛凝聚各界共识。制定《党员委员和党外委员谈心谈话制度》，市政协党组成员和党员委员同155名党外委员谈心谈话。制作播出“委员大讲堂”8期，认真做好阐释政策、解疑释惑。完善委员联系界别群众制度机制，创新设立5个“委员会客室”，3个专委会有关界别试点联系5个社会组织，推动委员联系界别群众工作更加深入、更有实效。就“铸牢中华民族共同体意识从娃娃抓起”召开协商座谈会，为创建铸牢中华民族共同体意识示范市献计出力。坚持党建统领，切实加强自身建设，政协履职能力水平进一步提高。构建形成“政协党组+机关党组+功能型党支部”的政协党组织体系，在7个专委会分别成立了功能型党支部，建立“两会一联系”工作机制，确保“两个全覆盖”有形有效，以高质量党建引领高水平履职。

【民主协商】 2022年，市政协主席、副主席先后分别带领政协委员围绕“加快全市重点移民村后续发展　深入推进百万移民致富提升行动”开展协商，形成了《加快全市重点移民村后续发展　深入推进百万移民致富提升行动的协商报告》，并经市政协六届第4次主席会议审议通过，呈送市委、市政府；围绕“关于提高中水回用率、建设节水型社会”开展协商，形成《关于提高中水回用率　建设节水型社会的协商报告》，并经市政协六届第5次主席会议审议通过，呈送市委、市政府，市委书记徐耀作出批示；围绕加快“四权”改革开展民主监督式协商，形成《关于加快“四权”改革的监督性协商报告》，经市政协六届6次主席会议审议通过，呈送市委、市政府，市委常委李晓玲作出批示；围绕“加强职业教育工作，为全市新型产业提供技能人才保障”开展调研协商，形成《关于加强职业教育工作 为全市新型产业提供技能人才保障的调研报告》，并经市政协六届第6次主席会议审议通过，呈送市委、市政府，市委书记徐耀作出批示；围绕“优化营商环境”、促进全市工业企业高质量发展开展协商，形成《关于优化营商环境 促进全市工业企业高质量发展的协商报告》，经市政协六届8次主席会议审议通过，呈送市委、市政府，市委常委潘建宁作出批示；围绕“推动葡萄酒产业高质量发展”开展协商，形成《关于推动葡萄酒产业高质量发展的协商报告》，经市政协六届8次主席会议审议通过，呈送市委、市政府，市委书记徐耀作出批示；围绕“推进农村人居环境整治、建设美丽宜居乡村”开展协商，形成《关于推进农村人居环境整治 建设美丽宜居乡村的协商报告》，经市政协六届9次主席会议审议通过，呈送市委、市政府，市委书记徐耀作出批示。

【特约民主监督】 2022年，市政协在总结上一届民主监督工作“136模式”基础上，按照《关于做好2022年特约民主监督工作的通知》要求，组织各专委会牵头组成7个民主监督小组，对法院和13个政府部门（单位）开展特约民主监督，各监督小组按照“六步工作法”，按时间节点有序推进，达到了预期的监督实效。

· 重要会议 ·

【吴忠市政协六届二次会议】 2022年12月16—18日在吴忠举行。会议审议批准政协第六届吴忠市委员会常务委员会工作报告和关于市政协六届一次会议以来提案工作情况的报告，通过市政协六届二次会议提案审查情况的报告和2023年度协商计划，增选了政协第六届吴忠市委员会副主席。委员们列席了吴忠市第六届人民代表大会第二次会议，听取并讨论《政府工作报告》、市中级人民法院和市人民检察院工作报告及其他报告，表示赞同并提出意见建议。会议期间，市党政领导参加会议并与广大委员坦诚交流，共商建设绿色发展先行市大计，共谋建设现代化美丽新吴忠良策。全体委员以高度的政治责任感和历史使命感，通过提案、大会发言、小组讨论等形式，积极建言资政，广泛凝聚共识。

【吴忠市政协六届常委会第一次会议】 2022年1月14日在市行政中心五楼西会议室举行。市政协党组书记、主席王天军主持会议并讲话。会议审议通过有关人事事项，审议通过政协第六届吴忠市委员会常务委员会关于设置专门委员会的决定（草案），审议通过了政协第六届吴忠市委员会副秘书长和各委（办）主任、副主任名单（草案），审议通过了政协第六届吴忠市委员会各专门委员会委员名单（草案）。

【吴忠市政协六届常委会第二次会议】 2022年4月22日召开。市政协党组书记、主席王天军主持会议并讲话。会议传达学习全国政协十三届五次会议精神，审议通过《中国人民政治协商会议吴忠市委员会委员履职考核办法（审议稿）》《中国人民政治协商会议吴忠市委员会专门委员会通则（审议稿）》，听取市政府关于加强人才队伍建设工作开展情况的通报，听取市政协调研组《关于加强人才队伍建设，为建设黄河流域生态保护和高质量发展先行区提供人才支撑调研报告》的说明。围绕“加强人才队伍建设，为建设黄河流域生态保护和高质量发展先行区提供人才支撑”协商议政。

【吴忠市政协六届常委会第三次会议】 2022年7月29日召开。市政协党组书记、主席王天军主持会议并讲话。会议传达学习《中国共产党政治协商工作条例》，听取市政府关于全市上半年经济运行情况的通报，围绕“推动奶产业持续健康发展”协商议政；审议通过有关人事事项，同意梁秉竞、马蓉、马宏志辞去政协第六届吴忠市委员会委员。

【吴忠市政协六届常委会第四次会议】 2022年12月12日召开。市政协党组书记、主席王天军主持会议并讲话。会议围绕学习贯彻党的二十大精神作专题辅导；审议通过有关人事事项，同意贺永锋、李亮、付胜、戴平辞去政协第六届吴忠市委员会委员；审议通过市政协六届二次会议有关文件，包括常委会工作报告（审议稿）、提案工作报告（审议稿）、市政协2022年协商计划执行情况（审议稿）和市政协2023年度协商工作计划（草案）；审议通过市政协六届二次会议议程（草案）、日程（草案），审议通过市政协六届二次会议各项建议名单，包括常委会工作报告报告人建议名单、提案工作报告报告人建议名单和各次大会执行主席建议名单等。

【吴忠市政协六届常委会第五次会议】 2022年12月18日召开。市政协副主席王永福主持会议并讲话。会议听取委员分组讨论情况，通过了政协吴忠市第六届委员会工作报告的决议（草案）、吴忠市政协六届二次会议关于市政协六届一次会议以来提案工作情况报告的决议（草案）、吴忠市政协提案委员会关于吴忠市政协六届二次会议提案审查情况的报告（草案）、吴忠市政协六届二次会议政治决议（草案）、吴忠市政协六届二次会议选举办法（草案），通过了增选政协吴忠市第六届委员会副主席候选人名单（草案），通过了市政协六届二次会议选举大会总监票人、监票人名单（草案）。

·专门委员会·

【提案委员会】 2022年，市政协提案委员会发挥提案在协商民主中的重要作用。做好市政协六届一次会议提案的督办工作，积极主动与市委督查室、市政府督查室多次联系协调沟通，督促其及时下发提案交办通知，将262件立案、提案分别进行了归类并交由44个单位承办。为充分发挥重点提案办理的示范引领作用，列出重点提案的建议目录，由市级领导遴选进行领衔督办，实施重点提案“1+N”方式。探索提案办理新模式，积极主动对接，与委员一同参加市检察院等单位的“政府开放日”活动，提案人、承办单位、涉及对象共同参与提案现场办理活动，增强提案办理多样性、实效性。围绕“提高中水回用率　建设节水型社会”专题协商议题走访调研，形成了《提高中水回用率　建设节水型社会协商报告》。联系指导第一民主监督小组对市住建局和城市管理局进行民主监督。扎实开展功能型党支部工作。

【经济委员会】 2022年，市政协经济委员会自觉履行新理念和高质量发展要求，为全市经济发展作贡献。围绕“四权”改革民主监督议题和优化营商环境专题协商议题，通过外出学习考察、实地调研、听取汇报、座谈交流等方式，对吴忠市“四权”改革和优化营商环境情况进行调研，在与有关部门充分协商的基础上，形成了《关于加快“四权”改革的监督性协商报告》《关于优化营商环境　促进全市工业企业高质量发展协商报告》。发挥“有事好商量”协商议事平台作用，关注“食品企业入驻新百超市难”开展协商活动，集中组织35家食品企业负责人与银川新百超市高层管理人员开展面对面协商，促成强阿萨食醋、泰伊博面包、沙迪鸥食品等4家企业产品成功入驻新百超市。全年指导委员撰写上报社情民意信息8篇。积极开展委员按界别联系社会组织活动，安排每位委员联系2—3家产业链互补企业，确保发挥委员专业特长，更加深入了解企业的意见建议，更好地凝聚、传播共识。坚持以主题党日活动为抓手，先后围绕发挥党员表率作用、委员读书、喜迎党的二十大等主题，在伊利乳业、银河技校等地组织开展了3次功能型党支部主题党日活动。认真做好民主监督和提案督办工作。带领六届市政协第二民主监督小组全体委员，到市工信局、商务和投资促进局确定2022年的监督议题和下一步工作，带领经济委部分委员对包抓的市政协六届一次会议95号重点提案进行督办。

【教科卫体委员会】 2022年，市政协教科卫体委员会深入调查研究，务实建言献策。围绕“加强人才队伍建设，为建设黄河流域生态保护和高质量发展提供人才支撑”专题议政性常委会会议题和“加强职业教育工作，为全市新型产业提供技能人才保障”协商性议题，组织部分市政协委员先后深入各县（市、区）开展专题调研，形成协商报告两份。指导特约民主监督第三小组将“有序推进吴忠市重点专科建设”“关于深入开展‘互联网+教育’‘三个课堂’应用”分别作为市卫生健康委和市教育局的民主监督议题，民主监督工作有序开展。在市人民医院设立医药卫生界别委员工作室，组织开展医药卫生界别相关活动，通过搭建委员联系平台，积极建言资政，凝聚共识。功能型党支部工作稳步推进，2022年全年召开功能型党支部会议3次，引导委员立足行业岗位和界别特色，谈感想，话发展，道期盼。

【社会和法制委员会】 2022年，市政协社会和法制委员会加强学习培训，提高履职能力。落实协商计划，开展调研协商。调研前精心策划，认真制订调研方案，组织调研前培训，开展调研活动，召开协商会，形成调研报告。在政协领导带领下先后完成“开展全国市域社会治理现代化试点工作”和“推动葡萄酒产业高质量发展”2个协商议题调研任务。加强监督工作，提升监督实效。在总结民主监督工作“136模式”基础上，2022年按照《关于做好2022年特约民主监督工作的通知》要求，围绕各部门各单位的职责职能履行情况，市委、市政府安排部署的重点任务完成情况，群众关心的热点难点问题进行民主协商监督。组织各专委会牵头组成7个民主监督小组，对法院和13个政府部门、单位开展特约民主监督，各监督小组按照“六步工作法”按时间节点有序推进，达到了预期的监督实效。

【民族宗教和港澳台侨委员会】

2022年，市政协民族宗教和港澳台侨委员会坚持以铸牢中华民族共同体意识为根本方向，促进民族团结进步。高质量完成年度协商计划，为市委、市政府做好宗教、新业态工作建言献策。5月上旬，组织部分政协委员深入各县（市、区），围绕“铸牢中华民族共同体意识，推进吴忠民族工作高质量发展”专题进行调研，形成了专题协商报告。9月上旬，组织部分政协委员及市市场监督管理局围绕“全市加强餐饮外卖行业食品监管”协商议题，深入实地调研，形成协商报告。深化功能型党支部建设，切实把党的领导贯穿政治协商、民主监督、参政议政全过程，共召开2次支部委员会会议。利用微信群，做好党员委员联系非党员委员活动及委员相互联系活动。走访摸底，全面掌握全市港澳台侨工作情况，深入企业了解经营运行情况，走访港澳台侨属联络情感，增进共识。积极走访界别委员，了解委员工作生活情况，征求委员对政协工作意见和建议，动员委员发挥作用，积极建言献策，为全市及所在的县市区经济社会各项事业发展贡献智慧和力量。

【文化文史和学习委员会】 2022年，市政协文化文史和学习委员会注重以文化人、以史资政。围绕吴忠市推进农村人居环境整治、建设美丽宜居乡村情况，扎实开展调研协商工作，形成《推进农村人居环境整治、建设美丽宜居乡村协商报告》。设立了文化艺术界别委员工作室和委员读书驿站，作为文艺界别委员和文史委全体委员经常性开展工作活动的阵地。推动设立“马忠涛委员会客室”。认真开展民主监督工作，将“吴忠市博物馆数字化建设”“巩固行业协会商会乱收费清理整治成效”作为市文旅局、民政局2022年民主监督议题。编印《吴忠市政协年鉴（2020）》，收集整理《吴忠市政协年鉴（2021）》有关资料。重新完善《吴忠市政协志编纂工作方案》，确定本届政协文史资料征编规划，明确第八辑的主题为“城建记忆”，召开专家征编座谈会，发布征稿启事，开始征集稿件。认真做好接待协调服务工作，文史委先后接待了山东省、福建省泉州市、河南省漯河市、湖南省湘西州等外地政协考察团来吴忠考察文化旅游等工作。

【农业和农村委员会】 2022年，市政协农业和农村委员会先后围绕“推动奶产业持续健康发展”常委会协商议题和“加快重点移民村后续发展，深入推进百万移民致富提升行动”专题协商议题，组织部分委员开展调研协商，形成了两份协商报告。围绕“加强病死畜禽无害化处理工作”议题，开展了“有事好商量”协商。指导成立了“马学锋委员会客室”，并创新探索委员会客室“12356”工作模式。全年撰写上报社情民意信息8条，被《吴忠日报》《华兴时报》等媒体刊发新闻稿件和信息16条。深入开展委员走访活动，全年走访委员46人次。

中共吴忠市纪律检查委员会 吴忠市监察委员会

【中共吴忠市第六届纪律检查委员会第二次全体会议】 2022年1月27日，中共吴忠市第六届纪律检查委员会第二次全体会议召开。出席全会的市纪委委员32人，列席238人。市委书记徐耀出席全会并讲话。市委常委，市人大、政府、政协班子成员，市中级人民法院院长，检察院检察长，宁夏民族职业技术学院党委书记、院长等出席会议。全会由市纪委常委会主持。全会以习近平新时代中国特色社会主义思想为指导，全面贯彻十九届中央纪委六次全会和自治区纪委十二届六次全会精神，回顾总结2021年全市纪检监察工作，安排部署2022年任务，审议通过了王海燕同志代表市纪委常委会所作的《担当新时代使命、服务高质量发展，为建设现代化美丽新吴忠提供坚强保障》工作报告。

【思想政治建设】　2022年，吴忠市纪委监委及时跟进学习习近平总书记重要讲话指示批示精神，深入开展党的二十大和习近平总书记视察宁夏重要讲话指示批示精神“大学习、大讨论、大宣传、大实践”活动，常委会“第一议题”学习17次，理论学习中心组专题研讨12次，联系实际抓落实，以上率下作示范，在思想上政治上行动上始终同以习近平同志为核心的党中央保持高度一致。把学习宣传贯彻党的二十大精神作为首要政治任务，在全面学习、全面把握、全面落实上下功夫、求实效，通过集体学习、专题研讨等形式，推动全系统统一思想、凝聚共识，更加深刻领悟“两个确立”的决定性意义，增强“四个意识”、坚定“四个自信”、做到“两个维护”。

【政治监督】　2022年，吴忠市纪委监委自觉把政治监督放在经济社会发展大局中思考谋划、全力推进，先后围绕学习宣传贯彻党的二十大精神等“国之大者”、自治区第十三次党代会以及市第六次党代会安排部署，制定政治监督工作方案和“四个清单”，推进政治监督具体化、常态化，全市共监督保障39项重大部署和专项工作落地落实。建立“11652”工作体系，开展黄河流域生态保护和高质量发展先行区建设专项监督检查3轮，督促整改问题71个。深化巩固拓展脱贫攻坚成果同乡村振兴有效衔接专项监督，督促整改问题161个，查处问题40件，处理103人，处分46人。跟踪督办中央环保督察反馈问题整改，查处责任落实不力问题12起。深入开展粮食购销领域腐败问题专项整治，推动整改问题151个，处分7人，移送司法机关1人。

【“清廉吴忠”建设】　2022年，吴忠市纪委监委坚持有案必查、有腐必惩，全市纪检监察机关共受理信访举报2492件，处置问题线索985件，立案313件361人，处分388人，采取留置措施9人，移送司法机关13人，持续强化不敢腐的震慑。深化工程建设政府采购等重点领域突出问题专项治理，排查整改各领域问题65879个，全市纪检监察机关、公安机关、行政监管部门共立案86件，处理50人，处分9人，抓获犯罪嫌疑人2人，着力营造健康有序的发展环境。坚持系统施治，严格落实“三会两书两报告”制度，督促各级各部门排查廉政风险点2889个，制定防控措施3223条，督促完善《地方储备粮管理办法》等制度机制25个。扎实开展“廉政警示教育周”活动，创新“9+5+X”活动载体，制作《权欲之殇》警示教育片，开展新任领导干部集体廉政谈话、市直部门一把手“树廉洁家风、建文明家庭”助廉活动。高度重视年轻干部的监督管理，全市共对1380人开展专题廉政教育，全方位构筑拒腐防线。以“清廉吴忠”建设为抓手，推动构建全面从严治党、党风廉政建设大格局，营造浓厚的崇廉尚廉育廉氛围。认真落实市委《关于清廉吴忠建设的实施意见》，扎实推进清廉“七进”工程，制定工作措施282条，清廉国企建设“八大行动”、清廉医院“六个一”等工作取得阶段性成效，“清廉吴忠”建设被自治区纪委监委评为优秀等次特色亮点工作。

【廉洁文化建设】　2022年，吴忠市纪委监委按照市委《关于加强新时代廉洁文化建设的实施方案》《吴忠市廉洁文化建设联席会议制度》，打造廉洁文化宣传阵地43个，举办专场演出，拍摄展播19部微电影、微视频，《戒尺》等4部微电影、微视频被自治区纪委监委推荐到中央纪委国家监委代表宁夏参评，推荐数量居全区五市第一。

【作风建设】　2022年，吴忠市纪委监委把贯彻落实中央八项规定精神作为长期有效的铁规矩、硬杠杠，结合贯彻落实自治区“八条禁令”，扎实开展违规收送红包礼金和不当收益及违规借转贷或高额放贷专项整治，坚持日常监督和节点监督同时发力，开展明察暗访8批次，查处享乐主义奢靡之风问题20起，处理35人，通报曝光典型案例7起。开展统计领域突出问题专项治理，持续推进依法统计、依法治统。深入整治群众身边不正之风和腐败问题，坚持人民群众反对什么、痛恨什么，就坚决防范和纠正什么，把教育医疗、养老社保、安全生产、食品药品等8个领域作为正风反腐重中之重，健全联席会议、线索移送等机制，严肃整治虚报冒领、截留挪用、吃拿卡要、雁过拔毛等“微腐败”，查处民生领域问题62件，处理139人，处分44人。常态化开展扫黑除恶监督执纪问责，完善领导包案、提级办理等机制，查处“保护伞”5人，移送司法机关1人。持续完善民生领域问题治理机制，督促职能部门有什么问题就解决什么问题、什么问题突出就重点解决什么问题，聚焦“看病难”“上学难”“办证难”“住房难”“停车难”等群众关切，建立纪委统筹督导、派驻机构监督推动、部门整治落实的工作机制，督促相关部门加快推进“互联网＋医疗健康”工作，加速实行义务教育阶段随迁子女入学就读新老政策双轨并行、进一步规范公租房分配管理、有序增加城市公共停车泊位等一批群众关注的操心事、烦心事得到有效解决，改革成果更多更公平惠及群众。

【政治巡察】　2022年，吴忠市纪委监委制定《吴忠市委巡察工作规划（2022—2026年）》，将82个部门（单位）党组织纳入市委巡察监督范围。准确把握政治巡察内涵和方向，推动政治监督具体化、常态化，将监督重点细化为“14个方面49看113个是否”和“5个方面12个深入了解”，市县两级共对政府部门、群团组织、国资国企、乡镇4个板块85个党组织开展3轮常规巡察，发现问题4523个，移交线索28件，监督党中央重大决策部署和自治区党委、市委重点工作安排落地落实。牢固树立全市巡察工作“一盘棋”思想，注重发挥市级巡察机构承上启下和示范带动重要作用，以“全过程管理”理念推动全市巡察工作一体推进、一体发展、一体提升。创新“33321”指导督导工作模式，高质量完成对利通区、红寺堡区、同心县委巡察工作的指导督导，提出口头建议43条、书面建议23条、重点关注问题48个，在全市推广好经验、好做法19个，以指导督导实效助推全市巡察工作质量进一步提升。市县两级联动巡察6个群团组织和5个政府部门，积极推动解决行业性、系统性问题。对整改工作“一盯到底、直至落实”，坚持领导小组成员参加反馈会议，向市级分管领导通报，向人大、政协主要领导抄报反馈意见及召开集体约谈会议等做法，进一步压实整改责任。对14家被巡察单位整改工作开展监督检查，并向市委常委会综合汇报整改工作情况。开展五届市委巡察反馈问题整改情况“回头看”，确保问题整改完成。

【监督执纪】　2022年，吴忠市纪委监委监督推动各级党组织落实全面从严治党任务，开展党委（党组）一把手述责述廉并进行评议，将一把手作为监督重点，强化对履行管党治党政治责任、贯彻执行民主集中制等情况的监督，制定关于加强对一把手和领导班子监督的工作提示和履职清单，建立向市级领导反馈通报“4+1”机制，完善“三个清单”、约谈提醒、履责报告等制度，促进压力层层传导、责任层层落实。对39名一把手进行廉政谈话，约谈一把手和领导班子成员19人，约谈被巡察单位党组织主要负责人14人次，着力推动“关键少数”发挥作用、担当履责。抓早抓小、关口前移，把握政策策略，融合纪法情理，统筹运用党性教育、政策感召、纪法威慑，做到实事求是、精准恰当，运用“四种形态”批评教育帮助和处理1479人次。坚持严管厚爱结合、激励约束并重，做到“三个区分开来”，精准规范实施问责，对140名受处分干部开展回访教育，为5名受到不实举报干部澄清正名，保护干部干事创业积极性。将提级监督村（社区）推广到乡村振兴项目资金集中的69个村（社区），采取开展一次集体廉政谈话、进行一次专项监督检查等“16个一”措施，加强对村级组织规范用权监督，提出意见建议68条，督促整改问题91个，办理提级监督村问题线索19件，处分8人。针对村财乡管情况进行专题调研，市委、市政府主要领导对调研报告作出批示，督促县（市、区）党委、政府强化监管。调研报告作为重点课题被自治区纪委监委评为优秀等次。开展农村“三资”管理专项整治，督促基层清产核资、健全台账、加强管理。全力推进基层小微权力“监督一点通”平台应用，录入村务公开等权力清单143项，公示5352项，办结群众投诉403件，办理质效居全区前列。督促完善村监会成员绩效考核、监督管理、教育培训等制度机制，推动落实村监会成员工作补贴，着力提升村监会履职能力和工作积极性。

【改革创新】 2022年，吴忠市纪委监委落实党对纪检监察工作全覆盖全方位全过程领导，坚持信访举报、党风政风监督、监督检查审查调查工作季度分析，加强对县（市、区）纪委监委监督检查、审查调查等业务的统筹协调、领导指导，指导县级监委向本级人大常委会报告专项工作，指导办理留置案件7件。运用“监督检查室+审查调查室+派驻（出）机构+县（市、区）纪委监委”协作区监督模式，促进全系统条块结合、上下联动，“室、组”联动监督检查61次，“室组地”“地企”联合办理重要案件8件。认真贯彻《纪检监察机关派驻机构工作规则》，调整优化市级综合派驻机构监督范围，派驻机构积极探索“五账监督”等方式发挥“探头”作用，向被监督单位提出建议231条，处置问题线索113件，立案37件。持续发挥纪委监委监督的协助引导推动功能，推进纪委监委专责监督同党委（党组）全面监督、党的工作部门职能监督有机结合。联合审计部门制定《吴忠市纪检监察监督、巡察监督与审计监督贯通协作工作机制（试行）》，接收处置公安、审计等有关部门移交问题线索35件，立案10件22人。联合检察机关制定《关于建立公益诉讼案件双向移送机制和加强协作配合的若干意见（试行）》《吴忠市国有财产保护领域检察公益诉讼协作配合机制》，持续推进监察执法与刑事司法衔接。制定《关于进一步加强市直部门（单位）机关纪检组织建设的具体措施》，督促指导机关纪检组织更加有效发挥作用。

【自身建设】 2022年，吴忠市纪委监委认真落实打铁必须自身硬要求，严格执行民主集中制和党内生活各项制度，认真落实意识形态工作责任制，推进党史学习教育常态化、长效化，始终在践行“两个维护”上走在前、作表率，赓续对党绝对忠诚的红色基因。全面落实党建工作责任，巩固模范机关建设成果，建立班子成员联系党支部、月督促提醒、季督导通报等机制。创新党建活动载体，召开述职评议会，开展“互观互检”等活动，促进党建与业务融合发展，市纪委监委被命名为自治区级文明单位，第一党支部被评为吴忠市“9·20”疫情防控先进基层党组织。加强规范化、法治化、正规化建设，扎实开展“高素质专业化队伍建设年”活动，建立理论和业务学习“四个课堂”，培训市、县、乡纪检监察干部302人，组织开展主题演讲比赛等“五项竞技”活动，全面提升干部队伍综合素质和能力水平，1名同志被中央纪委国家监委嘉奖。教育引导干部严格按照法定权限、规则、程序开展工作，实施执纪执法“四督两评”，开展纪检监察审理巡回研讨，精准把握纪法标准和运用政策能力不断提高，推荐上报的2件案件获评自治区级优质案件。开展“执纪执法形象”专项整治活动，严把“学查改立”四个环节，查摆各类问题17个，制定整改措施56条，树立“勤快严实精细廉”的工作作风。完善内控机制，强化全过程监督，聘任市监委第二届特约监察员15名，自觉接受各方面监督。创新自我监督方式，开展家庭助廉等“三谈三访”活动，实施干部居住地划片区互助式监督，构建网格化监督体系，加强对纪检监察干部社会交往的约束。加大严管严治、自我净化力度，责令纪检监察干部作出书面检查6人、谈话提醒1人，坚决防止“灯下黑”。

民主党派与工商联

·中国国民党革命委员会吴忠市委员会·

【概　况】 2022年，民革吴忠市委会自觉践行习近平总书记提出的“四新”“三好”总要求，以建设高素质参政党为总目标，深入贯彻落实民革中央、民革宁夏区委会开展的“矢志不渝跟党走、携手奋进新时代”政治交接主题教育活动，全面开展好“履职能力建设年”各项工作任务，紧扣市委、市政府的中心工作，出力献智、履职尽责，各项工作稳中有进、进中有新，取得了良好成效。

【思想政治建设】 2022年，民革吴忠市委会以习近平新时代中国特色社会主义思想为指导，深入学习贯彻党的十九大、二十大精神，自治区第十三次党代会精神和吴忠市第六次党代会精神，全面贯彻落实《中共中央关于加强中国特色社会主义参政党建设的意见》等3个重要文件精神，坚定捍卫“两个确立”、坚决做到“两个维护”，践行“四新”“三好”目标要求，始终在思想上政治上行动上同以习近平同志为核心的党中央保持高度一致，切实加强中国特色社会主义参政党建设，努力做中国共产党的好参谋、好帮手、好同事。把深入学习贯彻习近平新时代中国特色社会主义思想与党的二十大精神相结合，与巩固党史学习教育成果相结合，准确把握核心要义，保持政治定力，不断提高政治判断力、政治领悟力、政治执行力，以党为师，以史为鉴，发挥基层党员“双岗建功”积极作用，更好履行基层党员参政议政职能。

【资政建言】 2022年，民革吴忠市委会积极参加市委、市政府、政协及有关单位召开的情况通报会、座谈会、民主协商会，认真做好协商发言和议政建言。在市委全委会、政府常务会议和涉及吴忠改革发展稳定重大事项、重大战略决策征求意见中，充分研究讨论，一些意见得到市委、市政府的重视和采纳，彰显了民革的政治责任和影响力。聚焦市委、市政府中心工作，围绕市委、市政府确定的十大产业，参政议政深入调研。加强上下联动、横向联合，深化与民革宁夏区委会、市政协和对口联系单位联合调研长效机制，落实“党委出题、党派调研、政府采纳、部门落实”的调研运行机制。8月，与吴忠市农业农村局开展联合调研，聚焦吴忠市“六特”产业发展现状，深入青铜峡市、利通区相关产业企业开展调研，为“六特”产业发展科学决策提供更具针对性的参考建议。民革青铜峡市委会确定了关于推进基层人民调解工作的调研，民革利通区总支确定了关于利通区新型农业经营主体发展的调研，分别形成调研成果。

【提案立案】 2022年，民革吴忠市委会在自治区党委十一届五次会议上，民革吴忠市委会上报的《关于‘双减’政策落实需要‘家校社’协同发力》的提案在大会上作口头发言，《铸牢中华民族共同体意识》作为书面发言材料，《关于进一步提升我区葡萄酒竞争力的建议》作为大会集体提案立案。在吴忠市政协六届一次会议上，民革吴忠市委会集体提案立案10件，党员个人提案立案26件。《关于铸牢中华民族共同体意识　提升我市民族团结进步事业高质量发展水平的建议》《关于亟待解决吴忠市奶产业高质量发展存在问题的建议》《关于进一步巩固拓展脱贫攻坚成果同乡村振兴有效衔接的建议》《关于推动职业教育高质量发展的建议》《关于加快推进我市葡萄酒产业高质量发展的建议》《关于营造法治化营商环境保护民营企业发展的建议》6件提案被确定为市政协重点督办提案，占所列10件重点督办提案的60%，其中《关于铸牢中华民族共同体意识　提升我市民族团结进步事业高质量发展水平的建议》的提案被列为一号提案，由市委书记徐耀领衔督办。

【社情民意】 2022年，民革吴忠市委会共向民革宁夏区委会报送社情民意55条，向吴忠市政协报送社情民意50条。其中《关于完善人民警察职业保障体系的建议》被民革中央采用，《推进河湖长制工作的几点建议》《关于完善宁夏水资源税改革试点工作的建议》被自治区政协采用，《关于乡村教育振兴的问题与建议》《进一步推进我区乡村振兴工作的几点建议》等26篇社情民意被民革宁夏区委会采用，《关于统一公共停车场收费价格标准的建议》等15篇被吴忠市政协采用。

【自身建设】 2022年，民革吴忠市委会召开领导班子民主生活会，杨红英代表民革吴忠市委会领导班子，从四个方面进行了认真对照检查。指导基层组织召开组织生活会，开展廉政警示教育活动。2月18日，民革吴忠市委会召开五届二次全委（扩大）会议暨2021年度总结表彰会议。3月28日，民革吴忠市委会召开廉政警示教育会，市委会班子成员、基层各支部主委参加会议，会议由主委杨红英主持。会议学习传达《中华人民共和国公职人员政务处分法》《中国国民党革命委员会纪律处分办法（试行）》等内容，组织党员观看了廉政警示教育片《权欲之殇》。开展违规收送红包礼金和不当收益及违规借转贷或高额放贷问题专项整治，推进机关作风转变，结合自身工作岗位，以彻底的自我革命精神切实抓好贯彻落实。

【服务社会】 2022年，民革吴忠市委会进一步弘扬民革党内互助的优良传统，开展捐赠扶贫活动，先后到盐池县惠安堡村和红寺堡、青铜峡市14所小学开展慰问和捐赠活动。1月24日，民革吴忠市委会看望了民革利通区总支委员、社会法制支部副主委杨雪，并带去了民革中央中山博爱基金会的关怀，送去了1万元的慰问金。通过慰问把民革组织的温暖和关怀传递到党员心中。

·中国民主同盟吴忠市委员会·

【政治建设】 2022年，民盟吴忠市委会制订《2022年思想政治建设学习计划》，积极参加民盟宁夏区委会和市委统战部理论学习和培训。积极组织民盟吴忠市委会理论学习中心组学习会议，深入学习党的二十大精神、习近平总书记同党外人士座谈会上的重要讲话精神及区市重要会议和领导讲话，团结引领广大盟员增强“四个意识”、坚定“四个自信”、做到“两个维护”，不断提高政治判断力、政治领悟力、政治执行力。按照《2022年思想政治建设学习计划》积极开展“五个一”活动。完成民盟宁夏区委会及自治区党委统战部理论研究课题，提交《凝聚民族团结共识 促进乡村全面振兴》《幼师职业素养培养策略探析》等理论文章。组织盟员参加民盟宁夏区委会召开的全国两会精神传达视频会议和党的十九届六中全会精神讲座，向市委会委员、基层支部班子成员发放学习资料。中国民主同盟宁夏回族自治区第十二次代表大会召开后，立即召开专题会议传达学习会议精神，积极开展“矢志不渝跟党走、携手奋进新时代”政治交接主题教育。通过市委会、各基层组织的微信群，推送中国共产党的创新理论成果、民盟中央及各级统战系统相关理论知识，丰富学习内容，方便盟员学习。

【组织建设】 2022年，民盟吴忠市委会召开2021年领导班子民主生活会。会议通报2020年民主生活会的整改情况，新一届民盟市委会领导班子及成员逐一对照检查，班子成员严格按照会议主题和要求，结合个人工作实际，查找存在问题，剖析问题根源，明确努力方向和整改措施。经过严格筛选、认真酝酿考察，按照程序选举产生出席中国民主同盟宁夏回族自治区第十二次代表大会代表19名，民盟宁夏区委会另提名代表两名。民盟青铜峡市委会积极协调青铜峡市政协，为盟员提供活动场所，加强民盟青铜峡市委会阵地建设，并探索建立基层盟员之家，提升基层盟员参政履职积极性。

【参政议政】 2022年，民盟吴忠市委会列席市委常委会会议、全委会议及政府常务会议等重要会议4次，积极参加市委、政府、政协召开的座谈会、通报会、征求意见会及其他会议，就经济建设、社会发展和其他重大问题，提出建设性意见，会议发言20余次。荣获民盟宁夏区委会参政议政先进集体称号。

【调查研究】 2022年，民盟吴忠市委会按照市政协2022年协商计划，配合完成“提高中水回用率，建设节水型社会”“加快重点移民村后续发展，深入推进百万移民致富提升行动”“牛奶产业持续健康发展”3次专题调研，在调研座谈会上积极建言献策。配合完成市委统战部“铸牢中华民族共同体意识”专项调研。以“吴忠市学前教育普及普惠发展”为课题，完成《关于学前教育普及普惠发展情况的调研报告》。配合完成民盟中央关于民盟基层组织建设调查、民盟宁夏区委会关于中小学教师职业倦怠调查、自治区党委统战部关于统战思想共识引导工作情况等多项网络调查。

【社情民意】 2022年，民盟吴忠市委会向民盟宁夏区委会及市政协提交社情民意28件，民盟宁夏区委会采用并报自治区政协8件、报民盟中央4件，《关于解决利通区扁担沟中心学校门口安全隐患的建议》《关于加强黄河堤岸防护栏维护的建议》等社情民意被市政协采用。

【民主监督】 2022年，民盟吴忠市委会协助市政协对市水务局、乡村振兴局等4个部门，就“加强灌溉水渠维修养护，促进农业生产发展”“推广建立劳务移民‘一站式’服务中心和产业联盟 解决移民务工就业困难”开展民主监督，督促各部门充分发挥职能作用，严格履职，解决群众急难愁盼问题。

【社会服务活动】 2022年，民盟吴忠市委会开展社会服务活动。在“六一”国际儿童节，民盟吴忠市委会、民盟利通区总支为燕宝小学捐赠价值6000元的演出服；民盟青铜峡市委会组织宁夏嘉惠道路资源回收利用公司、宁夏兴豆缘豆制品公司两家公司为幼儿园捐赠价值2万元防护物资，在泰民渠边设置安全防护网，有效解决幼儿出行安全隐患；民盟盐池支部走进盐池县青山中心小学开展“童心永向党 喜迎二十大”活动。盟员董生振为青铜峡市邵岗中学捐赠3000元现金，用于改善学校饮水设施。联合各民主党派，深入帮扶村盐池县惠安堡镇惠安堡村开展春节帮扶慰问活动，入户走访部分农户，详细了解群众的生活生产情况，为群众带去春联、米面油等春节慰问品。不定期到红寺堡新庄集村，入户了解被帮扶脱贫户的生产生活情况，帮助脱贫户制订发展计划，及时将各种帮扶优惠政策宣传到户。积极参加义务植树活动，赴红寺堡区植树造林。积极参与文明城市创建工作，安排驻会领导干部参与志愿者服务20余次，宣传文明城市创建，劝导群众遵守交通秩序、保持街道环境卫生。

·中国民主建国会吴忠市委员会·

【政治建设】 2022年，民建吴忠市委会制定《民建吴忠市委会“矢志不渝跟党走、携手奋进新时代”政治交接主题教育工作方案》，在全市民建会员中深化党史会史学习教育。先后选派干部参加民建宁夏区委会2022年新任委员暨骨干会员理论培训班、自治区党委统战部在陕西社会主义学院举办的全区各民主党派、党外知识分子联谊会基层组织负责人专题培训班以及在市委党校举办的党的二十大精神学习培训班。组织全体会员通过多种形式观看党的二十大开幕会，全面理解党的二十大精神，并就如何宣传贯彻好党的二十大精神研读报告、畅谈体会，接受电视采访4次，撰写学习心得26篇，交流研讨18次，开展活动5次，以实际行动落实党的二十大精神。

【组织建设】 2022年，民建吴忠市委会全年共发展5名积极分子。5月19—27日，吴忠市音乐家协会等12个文艺家协会相继召开代表大会，圆满完成换届选举工作，会员马晓燕当选吴忠市音乐家协会副主席，曹永东当选吴忠市美术家协会副主席，赵文花、杜建霞当选吴忠市民间文艺家协会副主席，杜建霞当选吴忠市文艺志愿者协会主席。9月18日，成立民建吴忠市委会内部监督委员会，推进内部监督工作迈出新步伐、取得新成效。年内继续开展基层支部和中共基层支部结对共建活动，先后与利通区总支联合吴忠民族书画院开展文化惠民送春联下乡、进社区等活动。

【参政议政】 2022年，民建会员参加自治区政协会议的委员共向大会提交提案2件，均被立案。在市政协六届一次会议上，市委会集体和会员个人共向大会提交提案38件，立案30件，其中集体提案立案9件。会员中的13名政协委员提交个人提案24件，反映社情民意5件，其中5件提案被列为重点提案。

【调查研究】 2022年5月31日，民建吴忠市委会组织会员赴红寺堡区、盐池县、彭阳县调研优化营商环境情况，切实掌握企业实况，为提出可行的意见建议打好基础；8月23—24日，调研组一行8人赴盐池县、同心县、青铜峡市开展农村电商产业发展情况专题调研，通过实地走访、座谈等形式，详细了解吴忠市农村电商产业发展情况，形成《关于吴忠市优化营商环境工作的调研报告》《疫情背景下加快推进吴忠市农村电子商务发展的对策研究》两篇调研报告上报民建宁夏区委会和市委统战部。

【社情民意】 2022年，民建吴忠市委会组织会员中的人大代表和政协委员集中一段时间走访基层，就事关群众切身利益的突出问题进行调查研究，积极反映社情民意。会共向民建宁夏区委会、市政协编发社情民意信息 38 期，被自治区政协、民建宁夏区委会和市政协采用 21 期，引起有关部门的重视。

【民主监督】 2022 年，民建吴忠市委会积极参加市委、市政府、市政协召开的常委会、座谈会、情况通报会、征求意见会。参加市政协的专题考察活动，征集议题为《关于加强小微公园建设 完善老旧公园基础设施的监督建议》《关于金积工业园区、金积镇及毛纺织园区排水管网清淤、疏通、修复建议》，全程参与监督办理。8 月 16 日和 12 月 14 日，参加民建宁夏区委会组织的黄河流域生态保护和高质量发展先行区建设专项民主监督。

【社会服务】 2022 年 1 月，民建吴忠市委会联合市各民主党派、市文联到盐池县惠安堡镇惠安堡村开展春节前慰问活动。继续办好青铜峡市 e 万孤残儿童资助项目和“思源 · 佑华教育移民班”，为乡村振兴贡献力量。为老会员、困难会员、作出突出贡献会员送上节日的慰问和新春祝愿。3 月 7—9 日，中华思源工程扶贫基金会乡村发展项目部和捐赠企业分别对吴忠市红寺堡区和同心县户厕、农林、养殖、光伏等乡村振兴项目开展前期调研，中华思源基金会“空弹回收计划”公益项目确定对吴忠市红寺堡区和同心县乡村振兴项目帮扶捐助 247.348 万元。其中红寺堡区兴民村建设黄花菜晾晒场 5 亩、50 万元；同心县菊花台村建设牛棚、蓄水池，养殖机械采购等共计 197.348 万元。9 月 15 日，民建会员、吴忠市利通区人民法院马存福庭长应邀为吴忠市价格认定暨价格争议纠纷调解专题培训班授课，题目为《价格认定暨价格争议纠纷调解注意事项和案例分析》。青年志愿者、民建会员杨绪令，招募 18 名志愿者助农采摘温棚蔬菜；10 月 7 日，自治区政协副主席、民建宁夏区委会主委杨培君一行带着民建会员自发捐助的物资赴吴忠市利通区慰问一线防疫工作者。

【宣传工作】 2022 年，民建吴忠市委会共编印《民建信息》63 期；《民讯》和《宁夏民建》先后多次刊登民建吴忠市委会消息。将吴忠民建自 2008 年至 2021 年度累计 14 年档案资料汇编成册并移交吴忠市档案馆，完成档案归档工作。

【获得荣誉】 2022 年 5 月 18—20 日，中国民主建国会宁夏回族自治区第八次代表大会在银川国际交流中心召开，民建吴忠市委会 9 名代表出席会议。会上，民建吴忠市委会、民建利通区总支被评为参政议政工作先进集体，市直工委被评为宣传工作先进集体，盐池会员小组被评为会务工作先进集体，吕宇星、杨涛被评为组织工作先进个人，何坤平、冯伟被评为宣传工作先进个人，张晓燕、马龙被评为参政议政工作先进个人，马建兴、张汉勇被评为社会服务工作先进个人，杨昊、丁晓琳被评为会务工作先进个人。

· 中国民主促进会吴忠市委员会 ·

【政治建设】 2022 年，民进吴忠市委会深入开展党的二十大和习近平总书记视察宁夏重要讲话指示批示精神“大学习、大讨论、大宣传、大实践”活动，引导广大会员深刻领悟“两个确立”的决定性意义，不断增强“四个意识”、坚定“四个自信”、做到“两个维护”，自觉在思想上政治上行动上同以习近平同志为核心的党中央保持高度一致，努力吃透精髓，把握实质，用科学理论武装头脑、指导实践、推动工作。开展“矢志不渝跟党走、携手奋进新时代”政治交接主题教育，举办和参加民进宁夏区委会、市委统战部组织的自治区第十三次党代会精神学习、信息化建设、政治交接主题教育、统战干部能力提升等培训班，共 150 余人次参训，不断提高会员政治判断力、政治领悟力、政治执行力。民进中央副主席王刚到基层联系点民进吴忠市委会调研指导工作，听取市委会主题教育工作汇报。组织会员收看党的二十大开幕会，召开主委会议、全委扩大会议专题学习，采取线上、线下相结合的形式在会员中广泛开展学习交流活动。

【宣传工作】 2022 年，民进吴忠市委会注重发挥“统战话语”“民进中央”“宁夏民进”网站和公众号的宣传阵地作用，及时转载学习中共中央、民进中央重要会议精神，弘扬主旋律，传播正能量。编写工作简报 29 期，26 篇文章分别在民进中央和宁夏民进网站转载，全方位、多渠道宣传吴忠民进组织及广大会员。会员贾华获得自治区科学技术进步一等奖。

【提交提案】 2022年，民进吴忠市委会围绕基层治理、教育“双减”、数字经济、奶产业高质量发展、优化营商环境等重点课题，深入调研，向市政协六届一次大会提交集体提案10个、委员提案件7件，其中《关于加快数字化建设步伐 助推奶产业高质量发展的建议》《关于发展农民专业合作社 巩固脱贫攻坚成果的建议》《关于进一步优化营商环境的建议》等3件提案被列为重点提案，由市领导领衔督办。向自治区政协提交提案9件，立案8件。向民进宁夏区委会提交提案素材6件，其中《关于破解民营企业融资难融资贵的建议》被自治区政协立案。

【社情民意】 2022年，民进吴忠市委会围绕脱贫攻坚同乡村振兴有效衔接、守好“三条生命线”、黄河流域生态保护和高质量发展、“六新六特六优”产业等建立社情民意信息库，采取市委会点题、会员自由选题等方式，不断扩大收集和反映社情民意信息范围。选派近20名信息员参加履职能力提升培训班，提升社情民意信息质量。全年向民进宁夏区委会和市政协上报社情民意信息52条，民进宁夏区委会采用38条、市政协采用8条，其中《关于帮助解决服刑回归人员生活困难的建议》《关于加强知识产权质押 让“知产”变“资产”为企业开辟融资新渠道的建议》《关于整治剧本杀行业乱象的建议》《优化政务热线服务 更快更实更优解决群众烦心事》等10条社情民意信息被自治区政协选用。民进吴忠市委会社情民意信息工作名列五市第一。

【调查研究】 2022年，民进吴忠市委会通过实地调查、座谈交流、专家咨询等方式，形成《关于加强吴忠市畜牧业基层兽医队伍建设的建议》提交民进宁夏区委会，同时转化为市政协六届二次会议大会口头发言材料。配合民进宁夏区委会围绕民进中央课题开展调研，3名会员通过线上会议的形式参与民进宁夏区委会讨论，提出修改意见建议。联合市委党校，组织专题调研组，深入青铜峡市、盐池县开展实地调研，完成市委下达的“关于吴忠市文旅产业融合发展”重点课题的调研任务。

【自身建设】 2022年，民进吴忠市委会召开2021年度领导班子民主生活会和违规收送红包礼金和不当收益及违规借转贷或高额放贷专项整治专题民主生活会，广泛征求基层组织和会员的意见建议，认真撰写发言材料，开展批评与自我批评，制订整改方案，达到统一思想、凝聚共识、明确方向、改进工作的目的。将《社会服务工作条例》《参政议政工作条例》《代表大会工作条例》《会员工作条例》及配套制度作为2022年会员学习的重要任务，提升会员对各项制度的知晓度，将4项制度落实到具体工作中。建立由57名会员组成的代表人士库，推荐上报自治区级代表人士5人、市级代表人士12人。加强同各级统战部门沟通联系，为会员个人发展、加强多岗位锻炼提供平台，1名会员完成挂职任务及考核。按照市委会组织发展规划，严格标准条件，新发展10名会员。成立民进吴忠市委会内部监督委员会，设主任1名、副主任2名、委员4名，认真执行会内监督条例，对1名违纪会员作出严重警告处分。结合吴忠市各民主党派内部监督机构和制度的建立健全以及开展工作的实际情况，完成《关于民主党派地方组织加强内部监督工作的建议》的理论文章。

【社会服务】 2022年，民进吴忠市委会践行民进“立会为公”优良传统。春节前夕，民进青铜峡市委会邀请书画界会员在瞿靖镇毛桥农家大院开展壬寅年“春联万家·推动共同富裕”活动，向毛桥村和时坊村的村民送出400多副春联和“福”字。联合吴忠市其他各民主党派筹集资金1.2万元，购买米面油等物资到盐池县惠安堡村开展走访慰问活动。会员马瑞祥、韩乐开展新春送温暖、端午节敬老、建军节慰问消防战士等微公益活动。利通总支、市直机关总支联合民进宁夏区委会和宁夏医科大学总支在利通区渔光湖村开展“送医送药”义诊活动，民进青铜峡市委会组织医药卫生界会员赴瞿靖镇新民村开展送医送药活动，累计接待群众400余人次，发放各类药品价值两万元，开展健康知识和慢性病讲座两场次。积极投身防疫一线，用实际行动践行民进人的责任担当。会员杨明被吴忠市委、市政府评为疫情防控先进个人。

·中国农工民主党吴忠市委员会·

【政治建设】 2022年，农工党吴忠市委会以开展专题宣讲活动方式，深入学习贯彻习近平新时代中国特色社会主义思想暨习近平总书记视察宁夏重要讲话重要指示批示精神，组织动员全市农工党员通过电视、网络收听收看党的二十大开幕会盛况，认真聆听习近平代表第十九届中央委员会向大会作的报告。召开全委扩大会议，专题学习党的二十大精神，强建新、尚自刚、刘磊等分别围绕主题作交流发言，党员撰写心得体会20余篇。组织52名党员参加民工党宁夏区委会举办党的二十大精神培训班，党员杨博晓代表农工党吴忠市委会参训学员作交流发言。组织13名党员参加宁夏社会主义学院举办的党的二十大精神培训班。成立理论学习中心组，持续深入学习贯彻习近平新时代中国特色社会主义思想，理论学习中心组全年开展学习6次。将集体研讨与个人自学、全面学与专题学、线上学习与线下学习相结合，组织党员深入学习党的十九届六中全会、全国两会、自治区第十三次党代会、农工党宁夏区委会第八次代表大会、吴忠市党代会等会议精神，《中国共产党统一战线工作条例》等重要文件，全年开展集中学习7次，为党员印发各种学习材料300余份，党员撰写学习心得体会、研讨交流发言30余篇。积极开展“喜迎党的二十大 奋力建功新时代”理论征文活动，增进党员对中国共产党领导和中国特色社会主义的政治认同、思想认同、理论认同、情感认同。

【宣传教育】 2022年，农工党吴忠市委会开通“吴忠农工”微信公众号，依托农工党中央和宁夏区委会网站、微信公众号、期刊等宣传平台，加大对履职成果和先进典型的宣传力度。共报送先进事迹、学习心得、信息简报等各类稿件62件，其中57件被农工党中央、农工党宁夏区委会采用。理论文章《浅谈中国新型政党制度》在《华兴时报》刊登。持续为党员订阅农工党中央期刊《前进论坛》，为“党员之家”订阅《人民日报》《人民政协报》等报刊，为党员学习提供条件，促进学习成果转化为履职尽责的实际行动。

【参政议政】 2022年，农工党吴忠市委会紧扣市委、市政府中心工作，积极建言献策，扎实履职作为，被农工党宁夏区委会授予参政议政先进集体称号。高质量完成市委重要调研课题“吴忠市餐饮业发展情况”的调研，联合农工党宁夏区委会对吴忠市公立医院高质量发展情况、吴忠市“双碳”工作推进情况进行调研。完成《加强人才队伍建设推动文旅事业高质量发展》等调研报告，调研报告《推进市域社会治理现代化现状调查及对策建议》被市委主要领导批示。《紧扣“五个聚焦”创建全国易地搬迁移民致富提升示范区》《抓关键补短板 高质量推进乡村振兴》两篇大会发言稿被自治区政协十一届五次会议作书面发言采用，《加强人才队伍建设 推动文旅事业高质量发展》在自治区政协常委会会议上作书面发言，《加强我区智慧教育教学环境建设》《持续推进农村地区清洁取暖工作》2件提案被自治区政协评为优秀提案。向吴忠市政协六届一次会议提交集体及个人提案22件，其中《关于推进吴忠市黄河文化和旅游融合发展的建议》《关于进一步巩固拓展脱贫攻坚成果同乡村振兴有效衔接的建议》《关于推动职业教育高质量发展的建议》《关于加快推进吴忠市葡萄酒产业高质量发展的建议》4件提案被列为重点督办提案。

【社情民意】 2022年，农工党吴忠市委会广大党员围绕乡村振兴、奶产业发展、外卖食品张贴“食安封签”等经济社会发展及民生关注问题积极撰写社情民意信息。截至年底，向农工党宁夏区委会及市政协报送社情民意信息40条，其中《关于对烂尾项目（烂尾楼）开展整治的建议》等被自治区政协采纳，《推进“电子证照”工作规范运行》等17条建议被市政协采用，《关于给外卖食品张贴“安全封签”的建议》被市领导批示。

【民主监督】 2022年，农工党吴忠市委会增进与对口联系部门沟通协商，开展形式多样对口联系活动，推荐副主委强建新担任吴忠市医保基金社会监督员。受聘担任特约监察员、特邀监督员的各级农工党党员，深入基层，倾听民声，参加有关监督、检查、评议等工作，提出许多建设性意见建议。积极参与政协特约民主监督工作，围绕外卖食品行业监管、完善老旧公园基础设施、城市污水处理等监督性议题开展监督调研，并在协商座谈会上建言献策，积极发挥民主监督作用。

【社会服务】 2022年，农工党吴忠市委会联合自治区人民医院在红寺堡区妇幼保健院开展“深入基层系群众、勇担使命践初心”健康义诊活动。活动为群众提供咨询、检查、诊疗等服务300余人次，带教医务人员70余人次。在盐池县大水坑镇宋堡子村开展健康知识讲座暨义诊活动，为40余名村民进行健康义诊。在吴忠市利通区金积镇丁家湾子村，开展“矢志不渝跟党走不忘初心送健康”义诊活动，为该村及周边村的100多名群众开展就诊和医疗咨询服务。在盐池县民政局等单位开展守护口腔健康义诊活动，共为100余名干部职工提供口腔健康咨询和检查服务，赠送价值5500元的洗护用品和洗牙卡。走进红寺堡区残疾人康复中心开展“奉献真挚爱心真情温暖童心”慰问活动，为孩子们带去玩具、食品等慰问品。组织党员赴吴忠市利通区金积镇开展“2022年度环境与健康宣传周”健康义诊活动，为当地100多名群众进行义诊。组织党员在吴忠市利通区凯悦建材城开展保护知识产权普法宣讲活动。与各民主党派一起赴统战系统乡村振兴定点帮扶村盐池县惠安堡镇惠安堡村开展春节慰问活动，共向惠安堡村脱贫户、残疾户赠送价值1.5万元的米面油等生活物资，为200余户村民赠送300余副春联。主动投身疫情防控，农工党吴忠市委会被农工党宁夏区委会授予“抗击疫情先进集体”称号。党员袁明利被评为吴忠市“9·20”疫情防控先进个人。

【自身建设】 2022年，农工党吴忠市委会在利通区金星镇裕西社区打造利通区总支“党员之家”暨社会服务基地。与社区共同开创“优势互补、资源共享、服务群众、共同发展”的基层支部工作新格局。建成“党员之家”3个。吴忠市统战系统、平罗县委统战部分别到利通区总支“党员之家”开展学习交流活动。成立农工党吴忠市第五届监督委员会，组织党员学习《中华人民共和国监察法》《各民主党派中央关于纪律处分工作座谈会纪要》《吴忠市纪委关于两起违反中央八项规定精神典型问题的通报》等法律法规及文件精神，并安排观看廉洁警示教育片《零容忍》，提高广大党员的廉洁自律意识。全年从主界别发展4名新党员，其他界别发展两名党员，推荐1名党员到乡镇挂职锻炼。选派优秀党员参加各级各类培训50余人次，为党员提供更多交流锻炼机会。副主委强建新享受吴忠市政府特殊津贴，党员马启福、杨鸿斌荣获“吴忠市优秀人才”称号。

·九三学社吴忠市委员会·

【概　　况】 2022年，九三学社吴忠市委会聚焦自治区第十三次党代会、九三学社宁夏第七次代表大会和吴忠市第六次党代会提出的目标任务，着力加强思想建设，大力提升组织化水平，认真履行参政议政职能，积极探索社会服务工作新思路，努力开创各项工作新局面。

【思想政治建设】 2022年，九三学社吴忠市委会组织社员通过电视直播、网络视频等方式收听收看党的二十大开幕会盛况，认真聆听学习党的二十大报告，通过九三学社吴忠市委会微信群交流学习心得。通过理论学习中心组、党派联合中心组学习等方式，深入学习领悟习近平新时代中国特色社会主义思想，认真学习宣传贯彻习近平总书记系列重要讲话，全国两会、九三学社十四届五中全会、自治区第十三次党代会、九三学社宁夏第七次代表大会等重要会议精神，增强落实市委、市政府和上级九三学社组织决策部署的思想自觉和行动自觉。深入开展“矢志不渝跟党走、携手奋进新时代”政治交接主题教育。组织27名社员赴六盘山、将台堡等接受红色教育。联合九三学社银川市委会在九三学社共同举办“喜迎二十大　奋进新时代”主题诗歌朗诵会，凝聚奋进力量。依托九三学社宁夏区委会、吴忠市委会微信公众号刊发工作信息30余篇，及时宣传报道九三学社吴忠市委会工作动态，宣传报道社员先进事迹，全力营造积极学习、昂扬向上、奋发有为、团结和谐的氛围。《吴忠有家独具特色的九三学社社区社会服务基地》新闻稿被区内外多家媒体转载。

【参政议政】 2022 年，九三学社吴忠市委会紧扣市委、市政府发展目标任务履职尽责，积极参加政治协商，按时列席市委常委会、政府常务会议等重要会议，参政建言。向市政协六届一次会议提交《关于推进我市养老服务业高质量发展的建议》《推动农业产业发展 提升农民收入水平》等 10 件集体提案，积极与各承办单位沟通交流，对提案办理情况进行跟踪。督促九三学社界别政协委员积极参加市政协各专委会调研活动，建言献策。向九三学社宁夏区委会、市政协报送《关于优化羁押场所律师会见程序》等社情民意信息。深入开展调查研究。围绕“全市群众文化事业发展情况”“数字农业赋能农业面源污染治理”“关于提升我区急救医疗服务能力”等课题开展重点调研，并形成调研成果。完成《新形势下民主党派参政议政工作探析》《高职院校“双高”建设视域下高职思想政治理论课“微实践”的设计与开发》《网络空间铸牢中华民族共同体意识研究》等 3 篇理论研究课题。

【社会服务工作】 2022 年，九三学社吴忠市委会按照“量力而行、尽力而为”的工作思路，围绕打造“九三学社为民服务”品牌目标，探索“民主党派 + 社区党组织 + 社会组织 + 志愿服务”工作新模式，依托古城镇怡园社区社会服务基地，发挥九三学社市委会科普志愿服务队作用，先后开展《青少年心理健康讲座》《儿童心理健康教育讲座》《认识糖尿病》《幽门螺杆菌感染与胃病关系知多少》等 6 期科普讲座。组织开展暑期青少年科普讲堂系列活动。市委会社区科普社会服务模式受到《人民日报》、中央人民广播电台、《光明日报》、宁夏新闻网等多家中央和地方媒体报道。持续开展健康义诊活动。联合市人民医院消化内科在古城镇朔方社区开展消化道疾病健康义诊活动，为社区居民免费开展幽门螺杆菌、血糖检测，诊疗患病 120 余人次，给予患者科学的饮食指导和治疗方案，并围绕疾病预防、保健养生等方面进行健康宣传。

【组织工作】 2022 年，九三学社吴忠市委会稳步推进组织建设，积极发展新社员，年内培养发展 4 人，其中硕士研究生 1 人，主界别 3 人。完成九三学社组织和社员信息系统数据维护，做到情况清、底数明。被九三学社中央组织部授予“组织和社员信息系统数据维护先进单位”荣誉称号。对市“社员之家”进行美化亮化、改造提升，增添信息化设备，进一步增强服务社员的能力。争取社中央项目支持，对九三学社市委会成立以来的档案进行全面整理并完成数字化改造。加强班子和人才队伍建设。根据统战部门工作要求，在充分发扬民主的基础上，推荐一批年富力强、热心社会服务、积极参政履职的社员进入自治区、市级层面代表人士队伍。不定期对班子成员和担任公职的社员开展廉洁自律教育。制定出台了《九三学社吴忠市委会社内监督工作办法（试行）》，使内部监督工作有章可循。根据新修订的《九三学社社费收缴使用管理办法》，对 3 个支社近年社费收缴使用情况进行了专项监督。

·吴忠市工商业联合会·

【政治建设】 2022 年，吴忠市工商联举办学习贯彻党的二十大精神、党的十九届六中全会精神、自治区第十三次党代会精神和党内法规专题学习班，采取集中学习、研讨交流、个人自学等形式，教育引导全体党员干部大力弘扬伟大建党精神、赓续精神血脉，深刻领悟“两个确立”的决定性意义，增强“四个意识”、坚定“四个自信”、做到“两个维护”。召开传达学习自治区第十三次党代会精神座谈会，举办年轻一代民营企业家暨经营管理人才培训班、年轻一代企业家能力提升培训班及铸牢中华民族共同体意识培训班。组织开展观摩考察，教育引导广大民营企业家提振发展信心，把握发展机遇，坚定不移感党恩、听党话、跟党走，持续深化铸牢中华民族共同体意识教育，着力构筑各民族共有精神家园。组织开展第四届全区非公有制经济人士中国特色社会主义事业建设者评选表彰工作，代良云等 5 人荣获表彰；推荐的宁夏泰富能源有限公司等 8 家民营企业成功创建自治区和谐劳动关系创建示范企业。丁秀琴等 10 人被评为全市工商联系统参政议政先进个人。

【优化营商环境】　2022年，市工商联联合自治区工商联开展“送政策进民企”暨银税企座谈会线上活动，传达全国两会精神解读和推介减税降费政策、特色金融产品，引导民营企业家学政策、识大势、树信心，全力助推民营经济健康发展。与税务局、建行吴忠分行联合举办银税企座谈会，与参会企业就落实好减税降费政策、优化融资服务等内容进行深入交流。通过微信平台宣传、深入企业讲解、专题培训班解读、发送政策汇编等形式，进一步提升政策的知晓度和覆盖面，确保各类减税降费政策企业应知尽知，共走访企业50多家，利用市工商联微信公众号，推送各类政策信息63篇，赠送政策汇编、手册等资料两千多份。发挥桥梁纽带作用，维护民企合法权益，推动与检察院建立涉案企业合规第三方监督评估机制，与市中级人民法院共建沟通联系机制做法列入全国工商联“四个一百”典型事例。完善“百所联百会”机制，全市工商联系统37家商协会与29家律师事务所精准匹配，成立吴忠市“百所联百会”法律服务工作站，组建律师服务团，深入民营企业、商协会开展法治宣传、合同审查、法律咨询等服务工作37次。利用工商联微信公众号开通法律宣讲平台，发布涉企法律视频、信息42条。召开吴忠市“万企兴万村”行动启动会，总结全市“百企帮百村”工作，安排部署“万企兴万村”行动工作，组织自治区工商联、宁夏福建总商会、吴忠市福建企业家协会和部分闽籍企业家一行21人赴红寺堡区开展乡村振兴、特色产业及“万企兴万村”行动调研。争取福建省工商联、光彩会100万元援宁资金用于红寺堡区全国易地搬迁移民致富提升示范区创建；协调农发行吴忠分行为参与“万企兴万村”行动的8家民营企业，累计发放贷款2.13亿元。全市共有73家民营企业与帮扶村结成对子，全市“万企兴万村”行动已形成多点开花，全面推进的良好局面。

【服务民营经济】　2022年，市工商联建立吴忠市工商联所属商协会季度会商机制，搭建中小企业融资服务平台，召开商协会季度会商暨银企座谈会，邀请市金融工作局、各金融机构负责人和企业家交流诉求渠道，解决企业融资难题。协调建设银行吴忠分行和宁夏银行利通支行向中小微企业贷款6亿多元。紧紧围绕“人才强市”战略，积极开展吴忠籍在外人才家乡行活动，发挥工商联联系广泛的优势，在全市范围内全面开展在外人才摸底工作，建立吴忠籍在外民营企业家及经营管理人才数据库，共筛选出在外优秀人才229名。牵头成立2022年吴忠籍在外人才家乡行活动专班，邀请全国88名吴忠籍在外人才齐聚吴忠，感受家乡城乡建设、产业发展、科技创新等方面取得的成就。在在外人才家乡行恳谈会上，市工商联邀请张志雄等3位嘉宾作大会交流发言，丁振师等10名优秀民营企业家及经营管理人才被吴忠市聘为“招商大使”，围绕“六新六特六优”产业签约项目12个，签约投资金额21.5亿元。发挥好工商联参谋助手作用，针对当前民营经济统战领域热点问题，开展走访调研，形成《加强全市工商联所属商（协）会组织建设　着力促进“两个健康”》等调研报告3篇。围绕吴忠早茶文化、民营企业工资集体协商、打造法治化营商环境等议题，积极引导民营经济人士积极建言献策。两会期间共提交人大建议案14件、政协提案25件，其中5件建议提案被列为市领导重点督办建议和提案。

【组织建设】　2022年，市工商联高度重视六届市委第二轮巡察工作，成立以党组书记为组长的巡察协调联系工作领导小组，配合市委第一巡察组开展访谈、查阅资料、实地调查等各项工作，针对巡察反馈问题，持续配合做实做好巡察工作“后半篇文章”。以创建“四好”商会为目标，对工商联所属商协会开展全面摸底和清理整顿，参与自治区工商联“四好”商会互查互学互评互促工作，围绕换届选举、章程修订、教育培训、基层治理、党组织建设等重点，着力提升商协会服务会员企业的能力水平。指导所属商协会加强阵地建设，支持吴忠市江苏企业家商会等6家所属商协会建设“民营经济人士之家”党建品牌建设。吴忠市山东企业家协会、青铜峡市葡萄酒协会成功创建为自治区“四好”商会。各商协会、民营企业在积极配合做好疫情防控的同时，勇于承担社会责任，共有113家民营企业、商协会捐赠防护服、口罩、酒精、方便面、牛奶、水果等物资价值237.5万元。

群众团体

·吴忠市总工会·

【概　　况】　2022年，市总工会开展党组中心组、干部理论学习、青年小组学习76场次，在红旗渠干部学院等地培训专职工会干部213人，发布信息视频1409条，各级媒体采稿239篇，"'1236'工作法，强化产业工人思想政治建设"受到市委主要领导的肯定。在滩羊产业、建筑行业等开展主题劳动和技能竞赛47场，举办第二届全市职工技术创新大赛暨成果展，创建"劳模创新工作室"12家，开展"劳模聚服务"活动46场次，建立全区首家奶产业工会联合会，组建全区首个"劳动者之声"宣讲团，开展"礼赞劳动者·奋进新时代"等主题宣讲148场次。建成户外劳动者服务站点51家，培育职工之家项目20个，开展职工公益课28期，成立"会聚良缘1314"俱乐部，常态化开展相亲交友活动。筹集120余万元，慰问银西高铁等重点工程项目、重点企业166家，覆盖职工3.38万人。创新"工会+仲裁""工会+法院""互联网+协商"多元维权模式，调处劳动争议案件8件，提供法律援助3件，挽回经济损失12万余元。指导全市工会返还近两年8713户小微企业工会经费811.73万元。探索"工会+社保"建会模式，新建工会组织163家，发展工会会员1.5万人，产业工人队伍不断壮大。持续深化工会改革深化，培树创新创优项目24个，27项改革举措全面落实。开展"两个专项整治"，巩固模范机关、五星级党组织建设成果，市总工会党支部被评为规范化建设示范点，吴忠市总工会被国家机关事务管理局等四部委（局）联合授予节约型机关荣誉称号。

【技能培训】　2022年，市总工会举办示范性劳动和技能竞赛47场，参与职工5928余人，50名职工实现技能等级晋升。举办第二届全市职工技术创新大赛，收集创新项目155个，实现技术革新、技术攻关176项。深化就业服务"春风行动"，发布招聘信息53期，提供岗位6042个，推荐用工8072个，实现就业1916人。

【志愿服务】　2022年，市总工会志愿服务队不断丰富形式、创新载体，推动志愿服务常态化、多样化、长效化发展，被自治区文明办等19个部门评为学雷锋

2022年8月15日，吴忠市总工会为新就业形态劳动者免费体检

志愿服务先进集体。组建全区首个“劳动者之声”宣讲团，按照“每月一主题”要求，紧紧围绕习近平新时代中国特色社会主义思想、党的二十大精神、自治区第十三次党代会精神等开展“礼赞劳动者·奋进新时代”等主题宣讲148场次。将劳模聚服务团增至9个服务分团，开展技术攻关、技术协作、教育培训、医疗服务、法律维权等公益活动34场。每季度到同心县汪家塬村、盐池县王乐井村开展新时代文明实践站志愿服务活动，宣讲政策，送去温暖。常态化开展共建社区服务，认领微心愿12个，帮助共建社区开展困难职工救助20人。组织志愿服务队员深入企业、广场、车站、工地开展“尊法守法·携手筑梦”普法宣传宣讲20场次，录制劳动领域热点问题普法节目4期，举办线上普法讲座2场，组织线上知识答题4期，拍摄《工会说法》微视频6期，在《吴忠日报》刊登《工会说法》12期。

【帮扶慰问】 2022年，市总工会筹措资金450.56万元，慰问困难企业88家、职工3712人；走访慰问患病及单亲困难女职工106人，发放慰问金4.8万元；对431名困难职工子女、残疾儿童等发放价值7.84万元慰问品；筹资45.28万元对421名深度困难职工进行慰问；筹措120万元慰问重点建设项目一线职工、新就业形态劳动者等33755人。

【干部培训】 2022年，市总工会组织实施政治能力和业务能力“双提升”工程，在红旗渠干部学院举办全市工会系统党员干部党性教育培训班，邀请区市专家围绕自治区第十三次党代会精神专题辅导班授课，争取自治区总工会干校“送教下基层”，累计参训专职工会干部213人，组织市总工会中层干部、业务能手到基层工会开展业务讲座12场次。

【全国和自治“五一劳动奖”推荐评选】 2022年，市总工会推荐宁夏伊利乳业有限责任公司参评全国五一劳动奖、吴忠仪表有限责任公司调节阀事业部参评全国工人先锋号、湖南中烟工业有限责任公司吴忠卷烟厂参评自治区五一劳动奖章、马克云等6人参评自治区五一劳动奖章、宁夏瑞牧盐池滩羊购销有限公司销售部等6个班组参评自治区工人先锋号。发挥劳模示范引领作用，新建吴忠市劳模创新工作室12家。开展“劳模聚服务活动”46场次，服务职工群众4000余人。

【第二届吴忠市职工技术创新大赛】 2022年，市总工会联合吴忠市科学技术局、吴忠市科学技术协会举办以“创新智造强吴、匠心筑梦兴宁”为主题的第二届全市职工技术创新大赛，受到社会各界的广泛关注，共收到各县（市、区）、各工（农）业园区、市直属各基层工会上报的创新成果155项，涵盖工业、农业、教育、餐饮、医疗等多个领域，经专家初步评审和现场复审，评选出第二届全市职工技术大赛创新成果一、二、三等奖和优秀奖50个。

【“吴忠工匠”选树】 2022年9月，市总工会启动“吴忠工匠”选树活动，采取单位推荐、个人自荐两种方式，面向全市经济领域的在职职工，重点关注基层一线从事生产、技术、研发等岗位工作的职工，聚焦“六新六特六优”产业，以技术创新装备制造和对中华优秀传统文化的传承和延续发挥关键作用的工匠人才为主，经广泛动员、逐级推荐、专家审核、考察谈话等环节，选树吴忠仪表责任有限公司总工程师王学朋、吴忠市康复专科医院院长、陈氏医技十法非遗传承人陈堃、宁夏吴忠市好运电焊机有限公司技术中心副主任牛军等9名为“吴忠工匠”。

【“劳动者之声”宣讲团】 2022年，市总工会整合资源，组建全区首个由劳动模范和先进工作者、优秀职工代表、工会干部组成的宣讲团——吴忠市“劳动者之声”宣讲团，并在利通区、红寺堡区、青铜峡市、盐池县、同心县及太阳山开发区设立分宣讲团，构建全市“1+6”宣讲组织体系，形成横向到边、纵向到底的联动效应。借助全市“劳动者之声”宣讲团83名团员的力量，开展“学习宣传贯彻党的二十大精神”“学习宣传贯彻自治区第十三次党代会精神”“礼赞劳动者 奋进新时代”等主题宣讲活动148场次。同时，联合市委宣传部组织开展“强国复兴有我 实干尽显担当”全市职工微宣讲比赛。

【基层蹲点】 2022年，市总工

会印发《吴忠市总工会机关干部赴基层蹲点工作实施方案》，确定27个蹲点小组，制定“领导带头赴基层、市县联动聚合力、明确目标定任务”三项机制，围绕“五项任务”，深入基层一线，面对面开展政策宣讲活动、实打实推进基层工会组建、心贴心解决职工群众实际问题、点对点维护职工群众合法权益，全方位提升工会干部的素质能力。聚焦奶产业和新就业形态领域的劳动者，集中开展为期两周的“我是工人——体验式实践活动”，深入了解职工的工作环境、薪资待遇、劳动保障等方面的情况。蹲点干部走访干部职工1050人，提出解决工会组织覆盖不全、职工服务质量不优等对策建议52条，形成调研报告88篇，召开2022年调研成果转化座谈会，提出10个方面18条意见建议，指导新建“基层工会”52家，发展会员7125人，及时推动调研成果落地。

【工会宣传】 2022年，开通“吴忠工会”微信视频号，依托“两微、一端、一视、一报、一台”6个平台，围绕“同上一堂思政课”“劳模聚服务”“四季送”工资集体协商、职工特色文化等品牌工作进行多角度、多维度、多层次宣传。在微信视频号开设“热议党代会”“工会说法”“职工公益课”“我们的抗‘疫’故事”“学习宣传贯彻党的二十大精神·劳模职工说”等专题，进一步展现职工风采。全年微信公众号发布信息1284条，微信视频号发布原创视频125条，吸引粉丝13638人，浏览量突破20万人次。

【工资集体协商】 2022年，市总工会为促进集体协商工作提质增效，建设一支敢谈、善谈、会谈的集体协商指导员队伍。举办集体协商技能大赛，大赛采取模拟协商的方式，分别进行以毛纺织、奶牛养殖、快递、外卖为重点的区域性、行业性模拟协商和国企、非公企业工资集体协商。协商双方坚持依法依规原则，摆事实、讲改革、讲法理、讲道理，运用灵活的协商技巧和策略，协商关乎职工切身利益的问题，通过以赛代学，激发集体协商指导员比业务、比技能的热情。经激烈角逐，同心县总工会代表队荣获一等奖，利通区总工会代表队、青铜峡市总工会代表队荣获二等奖，盐池县总工会代表队、金积工业园区总工会代表队和红寺堡区总工会代表队荣获三等奖。

【相亲交友俱乐部】 2022年，市总工会为帮助单身青年职工搭建相互认识、相互交流的平台，解决企事业单位单身青年职工的婚恋问题，成立“会聚良缘”1314相亲交友俱乐部。7月31日，市总工会联合市妇联、团市委共同举办“会聚良缘”1314相亲交友俱乐部启动仪式，来自市直企事业单位的200余名单身青年职工参加相亲交友会。年内，各基层工会共牵头举办相亲交友活动7场次，吸引全市机关、企事业单位以及消防、武警支队的495名单身青年职工参加，202名青年职工通过活动迅速找到自己的另一半。

【户外劳动者服务站点建设】

2022年，市总工会以“方便职工、特色服务”为目标，采取“自建+共建”模式，新建户外劳动者服务站点22家，累计建成52家。共培树国家级户外站点4家、自治区级户外站点29家，吴忠市新南加气站工会户外劳动者服务（法律援助）站、盐池县司机之家暨工会户外劳动者（法律援助）站等10家户外劳动者站点为特色站点。

【诉调衔接工作室】 2022年，市总工会在市中级人民法院和市仲裁院挂牌成立“工会+法院”“工会+仲裁”诉调衔接工作室，通过委派单形式，接受市劳动仲裁委转办案件25件，成功调处108件，为职工提供法律援助54件等，为职工、农民工挽回直接经济损失320余万元。并结合工作需要举办劳动法律法规及维权业务培训两期，推动“工会+法院”“工会+仲裁”机制向县（市、区）工会延伸。截至9月底，在全区率先实现市县两级“工会+法院+仲裁”诉调裁调衔接工作机构全覆盖工作目标。

【困难职工救助】 2022年，市总工会常态化开展“冬送温暖”“春送岗位”“夏送清凉”“金秋助学”等活动，持续推进困难职工解困脱困。2022年帮扶救助在档困难职工，慰问一线职工、工会班37728人次，投入资金1181.95万元。使在档困难职工由2022年初的691户下降到年底的528户。推进医疗互助，实现大病互助互济。2022年，全市共参与职工重特大病医疗互助75346人，参保金额381.18万元，报销人数655人，报销金额131.8428万元，进一步巩固扩大职工医疗互助工作的覆盖面。

【关爱职工生活】 2022年，市总工会首次组织41位一线职工到宁夏工人疗养院疗休养基地参加为期5天的疗养之旅，提升职工获得感和幸福感。印发《关于开展提升职工生活品质试点工作的通知》要求，在全市筛选15家企业开展提升职工生活品质、塑造幸福企业试点工作，分管领导带领试点组深入部分企业一线进行分类指导。宁夏伊利乳业有限公司、中核（宁夏）同心防护科技有限公司，被中华全国总工会确定为2023年度提升职工生活品质试点单位。

【网上工会】 2022年，吴忠市总工会创新工会组织形式，拓宽入会方式，以新就业形态劳动者为重点，探索“网上工会”工作新模式，积极推行新就业形态劳动者扫码入会活动，通过在工会网站、微信公众号等开设入会通道，让新就业形态劳动者通过扫描入会二维码，实现网上入会。截至2022年底，全市组建新就业形态工会49家，发展会员4567人。

【职工文化体育活动】 2022年，市总工会举办全市职工象棋、围棋、羽毛球、乒乓球、台球比赛，来自全市205支基层工会代表队1046名职工参加比赛。举办“声音里的经典——感恩奋进新征程”2022年全市职工诵读演说大赛，来自全市各行各业的20支代表队31名一线职工参加比赛。线上线下开展乒乓球、舞蹈、游泳、太极拳和摄影等职工公益课，覆盖职工20860人次。吴忠市总工会荣获“2018—2021年度全区群众体育先进单位”荣誉称号。

·中国共产主义青年团吴忠市委员会·

【概　　况】 2022年，吴忠市团委对照习近平总书记“四个始终成为”的总要求，坚决贯彻落实市委决策部署，聚焦共青团根本任务、政治责任和工作主线，扎实推进政治建团、改革强团、从严治团，各项工作取得新进展，全区共青团效能考核为优秀等次。

【理论学习】 2022年，吴忠市团委坚持用习近平新时代中国特色社会主义思想引领青少年，以团支部、少先队中队为单元，开展“青年大学习”主题团（队）课，学习覆盖率100%，参学率五市第一。培育壮大青少年宣讲队伍和品牌，开展党的二十大精神等宣讲活动150余场次，推动党的科学创新理论青年化阐释。盐池“809000”青年宣讲团获评“全国基层理论宣讲先进集体”。以“学习党的二十大精神、永远跟党走、奋进新征程”为主题，开展“红色基因传承”“石榴籽一家亲”等载体活动1200余场次，引领青少年在实践锻造中厚植爱国情感、赓续红色血脉。

【典型选树】 2022年，吴忠市团委选树的10个集体、9名个人被授予全国、全区青年五四奖章、“两红两优”称号，青铜峡优秀基层干部赵静获评2022年“全国向上向善好青年”，伊利三期设备班组被评为全国青年安全生产示范岗，推荐的吴忠三中等3所学校被评为团中央“小平科技创新实验室”建设学校。

【青年创业就业】 2022年，吴忠市团委开展青年助力非公经济发展“六个一”争先和吴忠籍大学生返乡行动，协助24家青年初创企业入驻大学生创业园，为初期创业青年争取“青农贷”项目贷款910余万元，吸引凝聚农业、科技、基层服务等领域2400余名吴忠籍大学生返乡开展实践，围绕牛羊养殖、枸杞深加工、仪表配套装备、葡萄酒等产业领域，搭建青年就业见习基地3个、特色青创农场3个，新增青年创新工作室1家，为青年创业就业搭建更多平台、提供更多机会。

【助力乡村振兴】 2022年，吴忠市团委打造“青耘吴忠”直播助农电商平台，五县区全部成立青年电商联盟（协会），共举办青年电商和乡村振兴培训16期，直播带货43场次，销售额572.3万元。盐池县“狮城宁好”电商基地挂牌为自治区青年电商创业孵化基地。同时，组织开展困难儿童帮扶、乡村环境整治、倡树文明新风等实践活动，努力为乡村振兴注入青春活力。

【志愿服务】 2022年，吴忠市

团委组织广大青年认真学习贯彻市委书记徐耀关于青年志愿服务的批示精神，着力提升青年志愿服务规范化、专业化、项目化水平。推荐同心县“回家”助力刑满释放人员重归生活安置帮教项目、青铜峡市“走百村·进万家”禁毒宣传项目参评第六届中国青年志愿服务项目大赛并获金奖，同心县“爱助童心”事实孤儿关爱陪伴项目获得全国铜奖，获奖数量、质量均列五市第一。围绕全市大型赛事和突发事件开展“青春志愿行”活动，服务早茶文化节、沙滩排球赛等赛会，113支青年突击队8634名青年志愿者投身疫情防控。

【服务青少年】 2022年，吴忠市团委出台普惠性青年政策12项，针对青年就业、婚恋、升学等问题，开展就业推荐、吴忠籍大学生恳谈会、创业故事分享会、相亲交友联谊、法律知识竞赛、假期实践、疫情“爱心直通车”等活动1200余场次，千方百计解决青年需求。红寺堡、盐池入选创建全国、全区青年发展型县域试点。组织开展青少年模拟政协提案征集活动，2件提案获评全国最佳作品。坚持实施希望工程品牌项目，筹措资金2121万，落实希望小屋、爱心助残、关爱留守儿童事实孤儿等项目28个，让更多青少年真切感受到党的关爱。

【自身建设】 2022年，利通区高标准完成县域共青团改革试点，被团中央评为优秀等次，全区共青团基层改革现场推进会在吴忠召开。在试点基础上，其他四县（市、区）改革工作同步有序推进中。完成市、县两级团委换届，配齐配强班子成员，配备率100%，全市共青团述职评议实现四级全覆盖。严格发展团员3010名。成立吴忠市直属国有企业团工委，新建社会领域团组织135个，社会领域团组织密度排名全区之首。提请市委印发《关于全面加强新时代少先队工作的实施意见》，指导各中小学校100%成立少工委，邀请市县党委负责人担任同级少工委名誉主任。6个集体和个人获评全国优秀少先队集体和个人，少先队工作体系更加健全。

·吴忠市妇女联合会·

【概　况】 2022年，吴忠市妇联以习近平新时代中国特色社会主义思想为指导，全面贯彻落实党的十九大和十九届历次全会精神，认真学习贯彻习近平总书记关于妇女和妇联工作、关于注重家庭家教家风建设的重要论述和视察宁夏重要讲话精神，围绕自治区妇联提出的树品牌、抓改革、促发展工作要求和市委、市政府中心工作，坚持组织妇女、联系妇女、宣传妇女、服务妇女这条总基调，持续保持和增强妇联组织政治性、先进性、群众性，推动妇联工作高质量发展，积极引导广大妇女投身黄河流域生态保护和高质量发展先行区建设及铸牢中华民族共同体意识示范区建设。

【思想政治建设】 2022年，市妇联以“喜迎党的二十大”为主题，持续开展“党的声音进万家”巾帼大学习大宣讲活动。积极响应全国妇联和自治区妇联开展“巾帼大学习　今天我来读”云接力活动号召，组织基层妇联主席、执委领读习近平总书记关于妇女和妇女工作重要论述。举办“强国复兴有我——巾帼心向党　喜迎二十大”主题宣传活动和庆“三八”国际妇女节座谈暨女性素养提升培训体验活动，盐池县妇联、青铜峡市妇联、同心县妇联分别举办“巾帼心向党　喜迎二十大”交流观摩座谈会、主题朗诵比赛和直播访谈活动，红寺堡区妇联召开“感党恩、话心声、争创业　喜迎党的二十大”三八国际妇女节纪念大会，充分展现各行各业女性在平凡岗位上奋进拼搏精神。策划《我们这十年巾帼话心声》专栏，向全市各界妇女征集10年来在党的领导下，妇女在生活和工作中的巨大变化和美好感受的视频和感言20余条，通过“吴忠女性”微信公众号和抖音号持续宣传。年内，各级妇联组织累计开展各类宣传宣讲活动400余场次，参与妇女群众达3万人次。大力营造“奋进新征程　建功新时代”踔厉奋发的干事氛围，以吴忠市妇女第五次代表大会召开为契机，在《吴忠日报》开设宣传专版专栏，印制五年工作画册，组织妇女代表参观吴忠市妇女儿童事业十年发展成就展，在全市营造“凝心聚力抓改革　砥砺奋进建新功”宣传氛围。

【先进选树】 2022年，市妇联

充分发挥先进典型的示范带头作用，积极选树各类先进典型，推荐选树全国三八红旗手、自治区三八红旗手标兵各1名，自治区三八红旗手18名、自治区三八红旗集体8个，全国“五好家庭”3户、“最美家庭”5户，推荐上报自治区级“健康家庭”示范户40户。开展“送荣誉下基层活动”，将各级三八红旗手（集体）、最美家庭等荣誉奖牌送到先进典型岗位上、家庭中，在全市范围内营造学先进、争先进的干事创业氛围。

【志愿服务】 2022年，市妇联继续巩固“兰花芬芳巾帼红”志愿服务品牌。以社区、农村为主阵地，以“一老一小一困”为重点服务对象，利用重要节日节点，常态化开展扶危济困、亲情陪伴、法律维权、创城等志愿服务，实践工作经验在全国妇联宣传工作会议和巾帼志愿服务示范培训班上作了交流发言。“9·20”疫情防控期间，印发了《关于组织开展争当“爱心妈妈”和“巾帼红管家”活动的通知》，1736名巾帼志愿者争当“爱心妈妈”和“巾帼红管家”，为1967名留守儿童、空巢老人提供心理咨询、作业辅导、精神慰藉、生活照料、物资运送、垃圾清理等服务。

【巾帼创业创新行动】 2022年，市妇联积极参与开展“春风行动”，完成各类招聘活动23场，及时为336家企业发布各类用工岗位18007个，线上回应政策咨询8036人，提供公共就业服务13120人次。组织优秀女家政员参加宁夏第四届巾帼创业创新大赛暨“好宁嫂”家政服务技能竞赛，获三等奖1人。召开全市农村妇女创业担保贷款工作推进会，全面安排部署工作，明确工作责任，持续推进贷款工作落实。全市发放农村妇女创业担保贷款32599万元，支持3246名农村妇女扩大生产、增加收入，为399名贷款户完成贴息资金兑现57.79万元，发放贷款奖补资金24.5万元。支持妇女在种养加工各行业增收致富。积极探索“网红经济”新模式，以挖掘培育网红、专业直播培训、搭建交流平台、组织直播带货等方式，打造妇女培训基地，先后争取项目资金6万元，打造吴忠市级巾帼直播间2个，开展直播255场次，完成销售订单42318单，实现销售收入587.5万元。利通区妇联建立刘三朵“巾帼直播间”、“马莲花”巾帼创业创新孵化基地；红寺区妇联举办枸杞采摘大赛、“我们为红寺堡区农特产品代言”、“妇联叫你出门挣钱”短视频等系列就业创收活动；青铜峡市妇联聚力打造“青”力甄选巾帼直播间，创新探索“11345”模式，以特色产业发展助推“六新六特六优”产业高质量发展；盐池县妇联依托“狮城宁好”电商网批（西部）运营基地，结合“我为群众办实事”实践活动，打造集创新创业、巾帼直播、维权关爱、法务咨询等于一体的“157”党群法务综合服务联盟；同心县妇联打造“大美同心·巾帼直播间”，建成“圣峰玫瑰休闲观光园巾帼直播间”实训基地和6个乡村“巾帼直播点”，工作经验在全区妇联执委（扩大）会议上作了经验交流发言，2022年6月9日《中国妇女报》头版头条进行了典型经验报道。持续推进2021年度80万元“母亲小额循环项目”运行，有效扶持帮助刘三朵八宝茶科技公司、安馨母婴服务公司和利民职业学校完成员工培训、企业经营能力提升和生产效益增加等目标任务，进一步带动妇女就业，最大限度发挥资金作用。成功推荐宁夏奥圣达现代农业技术开发有限公司申报2022年度“全国巾帼现代农业科技示范基地”，获得资金3万元。争取自治区2022年“母亲小额循环项目”3个80万元，通过项目实施，引领各行业妇女在推进“六新六特六优”产业发展中展现风采。依托吴忠市家庭服务业协会平台，积极培树“好宁嫂”家政服务品牌，实施区市两级巾帼家政志愿服务项目，为420户家庭困难户、先进典型户提供免费家政服务，在服务特殊家庭的同时，尝试将家政服务融入社区建设中，引导更多妇女参与家庭服务事业，扩大就业面，满足市场需求。制定下发《关于印发〈吴忠市妇联关于开展“助企纾困”工作实施方案〉的通知》，充分调动全市各级妇联组织关注帮助女性主导的企业纾困解难，目前共深入企业开展调研38家，帮助解决各类困难和问题28个。

【巾帼维权行动】 2022年，全市妇联组织全面落实“大走访大排查+关爱帮扶”工作机制，组织四级妇联组织先后开展三轮妇女儿童基本信息摸查，重点了解掌握“两癌”、空巢、留守、受家暴等妇女儿童实际困难，共摸排单亲家庭6843户、留守妇女435人、残疾妇女14230人、困难家庭（低保户）妇女24879人、困难家庭（低保户）儿童6318人、困境儿童3055名。根据摸排情况，分类建立关爱救助台账，定期进行探访，做到早预防、早发现、早介入、早处置、早化解。在摸底调研建档的基础上，各级妇联组织开展多种方式的关爱关怀关心活动。聘请家庭教育讲师、心理咨询师为妇女儿童进行心理疏导，积极化解矛盾，合法处理信访案件。在民政局、社区设立婚姻家庭调解工作室、婚姻家庭观察站和心理辅导站，开展全流程干预服务，实现由治为防、由被动维权向主动维权的转变。通过法治双轨宣传、婚姻多方调解、信访热情接待、法律及时援助、专业心理疏导、持续困难救助的综合维权工作模式，实现妇联维权工作提质增效。广泛开展妇女维权普法服务活动。以《中华人民共和国家庭教育促进法》宣传为主线，线下开展“三八”维权周集中宣传活动，发放《反对家庭暴力以案说法》宣传彩页及杯子、毛巾等宣传品1.2万份。联合吴忠市律师协会、宁夏马瑛律师事务所持续开展“送法给她——女律师进社区（村）妇女维权法律咨询服务”活动，面对面为350名妇女群众提供法律咨询服务。线上推广“妇联在你身边”维权小程序，录制《家庭教育促进法》宣传微视频，教育引导广大妇女群众依法带娃。利通区妇联开展百名法官下基层活动，万户家庭学法律进村巡回讲座，建立“1+3+N”家庭婚姻矛盾纠纷排查化解机制。

【“两规划”】 2022年，市妇联高质量完成新一轮“两规划”的印发工作，指导各县（市、区）做好编制工作，印发妇女儿童发展“两规划”目标责任分解书，督促指导各成员单位制订工作方案，合力推进“两规划”各项指标。推动红寺堡区积极创建全国“两纲”、自治区“两规划”示范区。印发《吴忠市农村妇女文化素质提升工作三年行动计划（2022—2024年）》，持续开展青年女性文化素质提升行动，深化继续教育成果，切实提升全市农村妇女文化素养。红寺堡区妇联对精确筛选出的1874名需要重点开展文化素养提升的女性，通过大手拉小手、志愿者送学等形式开展培训，集中培训371场次，1579人次参加培训，分散教学3666人次、7000余小时，妇女文化素养提升效果显著。

【文明家庭建设】 2022年，市妇联组织常态化寻找“最美家庭”，高标准创建“健康家庭”，创新性推进“清廉家庭”“文明家庭”创建活动。推荐选树杜立梅等5个家庭、马灵雁等3个家庭为全国“最美家庭”和全国“五好家庭”，推荐袁宝国等40户家庭为“自治区健康家庭示范户”，选树孔志勇等40户家庭为市级“清廉家庭示范户”。在机关各单位开展家风主题宣讲、家庭助廉警示教育、清廉家风文化宣传教育、培树示范清廉家庭4项主题活动，推进清廉家庭建设在吴忠市落地见效，组织40名党政正职、部门主要负责人家属参加“树廉洁家风·建文明家庭”等实践活动，累计开展《中华人民共和国家庭教育促进法》宣传、家庭教育公益讲座等活动260余场次，开展“少年儿童心向党”“我和妈妈学科学”等家庭亲子实践活动50余场次，1.5万个家庭参与学习。

【美丽庭院建设】 2022年，市妇联认真落实《宁夏“美丽庭院”建设五年行动计划（2021—2025年）》要求，联合市住建局、农业农村局、乡村振兴局下发《吴忠市2022年“美丽庭院”建设工作实施方案》，全力推动“美丽庭院”建设工作。全市共挂牌“美丽庭院”10020户。利通区妇联举办礼遇“美丽庭院”暨先进典型故事分享会，为获得“美丽庭院”的136户家庭代表颁发命名牌匾；红寺堡区妇联发挥“@家积分超市”作用，申请中烟援助资金62万元，建成积分超市28个，调动5890个家庭参与积分兑换活动；青铜峡市妇联创新开展“美丽庭院”互观互学活动，随机入户查看居室，相互取经，研究新思路，推动“美丽庭院”建设上水平；盐池县妇联采取“机制牵动、项目拉动、镇村联动、示范带动、志愿推动”“美丽庭院+农村人居环境整治”“美丽庭院+主题党日”“美丽庭院+网格化”等模式，建成长城新村、惠苑、长流墩、宋堡子等10个“美丽庭院”建设示范点，全面完成2022年建设任务1350户；同心县妇联评选挂牌美丽庭院并在微信公众号上进行集中展播。

【家庭教育服务项目】　2022年，市妇联选取利通区金花园、裕西、明珠、上桥、正源5个社区，引进社会组织开展为期一年的“爱在你身边”家庭建设辅导服务项目，通过个体咨询、团体辅导和主题活动三项系统服务，帮助试点社区常态化开展家庭建设，不断增强社区自主开展家庭建设工作的能力。通过社会组织专业的服务理念、菜单式服务内容、精准化服务定位，手把手、面对面、一对一示范引导项目社区开展家庭建设服务工作，打造了多元化、立体式、可复制的家庭建设服务模式，形成了具有复制推广、示范带动效益的家庭建设工作经验。

【巾帼关爱行动】　2022年，全市妇联组织持续开展“我为群众办实事”实践活动。结合党史学习教育，开展多种形式的关爱慰问困境妇女儿童和困境家庭活动。实施巾帼健康行动，顺利完成2021年度为130名关爱对象服务内容，项目成果得到了自治区妇联的高度肯定。启动实施2022年项目，争取全国及自治区民生实事“两癌”患病妇女救助资金181万元，为181名“两癌”患病女性每人发放1万元救助金。积极开展“99公益日”“爱的小树苗”“母亲邮包”等众筹活动，累计筹集项目资金5.39万元。召开全市“爱妮保”保险工作推进会，指导各县（市、区）大力推进“爱妮保”保险工作。截至9月底，全市36821人购买了“爱妮保”保险，比上年同期增加6027人，增长20%。获得理赔153人，理赔资金395.6万元，比上年同期分别增长39%和8%。青铜峡市妇联创新举办了“爱妮保”杯“她·健康”健步走活动，参与妇女干部、职工达260余人。

【自身建设】　2022年，市妇联制定《吴忠市深化妇联系统改革2022年重点任务清单》，明确14项改革目标、35项改革任务，明确责任领导、责任人，压实工作责任。采取自治区妇联分配一点、市县妇联配套一点的方式，委托启心社会组织在30个村妇联实施组织力提升项目，开展专业化培训指导服务。争取自治区妇联农村妇女工作者“双培双带”项目资金100万元，帮助20名有产业的村妇联主席发展产业。成立了全区首家物业行业妇委会，发挥工会女工委团体会员作用；在全市78家企业和10家社会组织成立女职工委员会。2022年全市新增妇女组织177家。打造“网上妇联”升级版，开通“吴忠女性”抖音官方账号，开设《一分钟了解妇联》专栏，灵活解读中华全国妇女联合会章程及有关条例规定等，累计发布微视频118个，浏览量47.9万人次。落实“领头雁培训计划”，举办市妇联新任执委“强国复兴有我”示范培训，督促各县（市、区）妇联开展执委轮训活动，市县两级妇联面向乡镇（街道）、村（社区）基层妇联执委举办培训96期，培训8225人，80%以上的基层妇联主席和执委接受了培训。扎实推进担当作为计划，市妇联党组织深入实施“三强九严”工程，常态化学习党内法规制度，持续开展模范机关创建活动，压实意识形态责任制，晋升3名科级干部职务职级，圆满完成了创城、社区共建、义务植树、爱国卫生等任务，积极配合完成六届市委第二轮巡察工作任务和共建社区疫情防控任务。市妇联党支部荣获“9·20”突发疫情防控先进基层党组织。

·吴忠市残疾人联合会·

【概　　况】　2022年，全市各级残联组织坚持以习近平新时代中国特色社会主义思想为指导，深入学习贯彻党的二十大精神，认真落实市委、市政府各项决策部署，聚焦残疾人事业全面发展，坚持守正创新，服务中心大局，全市残疾人工作取得新的发展。年度工作在全区残联绩效考核中被评为优秀等次。

【思想政治建设】　2022年，全市各级残联组织认真学习宣传贯彻党的二十大精神，扎实开展党的二十大和习近平总书记视察宁夏重要讲话指示批示精神“大学习、大讨论、大宣传、大实践”活动和“学听跟”专项活动，深刻领悟“两个确立”的决定性意义，切实增强“四个意识”、坚定“四个自信”、做到“两个维护”，使“总书记怎么说，我们就怎么做”成为广大残疾人工作者的鲜明政治底色。严格落实“第一议题”制度，通过党组理论学习中心组带头学、干部集中学、专题交流研讨等形式，坚持以学促考，开展理论知识测试10余次，切实将学习成效转化为推动残疾人事业全面发展的强大动力。严格落实意识形态责任制，加强对残疾人工作舆情监控。持续巩固深化党史学习教育成果，深化“让党中央放心、让人民群众满意”模范机关创建，巩固深化四星级、争创五星级党支部。规范党内组织生活，党内生活的政治性、时代性、原则性和战斗性不断增强。积极推进“清廉机关”建设，开展“以案为鉴、以案促改”警示教育活动，加强廉政风险点排查防控。

【残疾人保障】 2022年，全市各级残联组织持续推进“我为群众办实事”实践活动，筹集资金59.3万元，为170名残疾人免费适配助听器；投入368.5万元，为754户困难残疾人家庭实施无障碍改造。巩固拓展残疾人脱贫攻坚成果同乡村振兴有效衔接，对全市555户613名“三类人员”开展入户走访，实施“一户一策”精准帮扶。扶持建立产业合作社、扶贫车间、就业创业基地12个，带动371名残疾人就业增收。实施“阳光助残小康计划”项目，为590户困难残疾人家庭发放补贴资金236万元，发展种植养殖业、手工业等，扶持打造残疾人实训、销售基地（工坊）9个，辐射带动534名残疾人实现就业。助力乡村振兴，支持包扶村资金5.6万元、结对帮扶龙源村1万元。年内全市发放“两项补贴”57.48万人次、6417.87万元。为105名残疾人发放个体工商户养老保险补贴45.1万元，投入资金181万元，为2.9万名就业年龄段残疾人购买“圆梦护航保”意外伤害保险。深入实施扶残助学项目，为84名残疾大学生发放扶残助学资金29.5万元。采取“托养+康复+培训+就业+文创旅游”模式，帮助残疾人掌握一技之长。推广“托养+康复+就业”模式，构建以居家照护为基础、日间照料为依托、寄宿机构托养为支撑的多元化残疾人托养服务模式，为1098名重度残疾人提供居家生活照料服务。

【残疾人就业】 2022年，全市各级残联组织深入开展“送政策、挖岗位、促就业”活动，深入开展就业年龄段未就业残疾人状况调查，核查人数14440人。召开全市“自强点燃希望·奋斗成就梦想”促进残疾人就业创业座谈会和线下线上招聘会40场，提供就业岗位3462个，开展就业宣传活动34次，发放政策宣传资料20550份，新增就业2030人。在残疾人集中就业企业、辅助性就业机构，开展针对性培训，开展职业技能和实用技术培训，1627人参加培训。举办国家通用手语和通用盲文培训班2期，培训学员60人。扶持盲人按摩机构39家。建立“残疾人大学生就业帮扶行动”、“三级”包抓工作机制，实施一人一策、一人一档就业服务举措，举办“公共就业服务进校园”“城市联动·高校就业”招聘会7场次，提供岗位300多个，高校毕业生就业率达到100%。深入贯彻落实中央和自治区“六稳”“六保”决策部署，以“援助暖民心·就业解民忧”为主题，组织开展“就业援助、暖心活动”，开展援助对象走访慰问活动，举办“就业援助、暖心活动”专场招聘会10场，提供就业岗位283个，帮助215名援助对象实现就业，为302名援助对象实施临时救助，发放临时救助款66700元。开展残疾人手工艺“三展”（技能展演、作品展示、产品展销）和“三进”（进景区、进商圈、进摊点）活动，打造残疾人文创基地、“阳光工坊”品牌工作室6家，为残疾人提供手工制作、公益超市等灵活就业、居家就业岗位，帮助残疾人致富增收。积极推动机关、企事业单位按比例安排残疾人就业，协调人社部门，通过公益性岗位安置残疾人就业225人，征收残保金4672.2万元。

【残疾人康复服务】 2022年，全市各级残联组织落实残疾儿童康复救助制度，为752名0—6岁残疾儿童提供机构内康复训练，为73名7—14岁残疾儿童提供机构训练和上门康复服务，为199名儿童进行免费体检。新建社区康复站11座、辅助器具回收维修借用站33座，8230名残疾人得到基本康复服务，基本康复服务率为95.9%，4190名残疾人得到辅助器具适配服务，辅助器具适配率为95.6%。完成残疾人家庭医生签约41218人、精神病免费服药及住院救助4520人次。

【残疾人权益保障】 2022年，全市各级残联组织做好残疾人权益维护，整合公共法律服务资源，联合检察院、司法等部门建立残疾人法律救助工作协调机制，充分发挥残疾人法律援助站作用，为残疾人提供高效优质的法律援助服务。以“全国助残日”“残疾预防日”等节日重大活动为契机，充分利用微信、电视、广播、报纸等媒体平台，及时全面准确地反映全市残疾人工作的新进展、新情况、新成就，传播全社会扶残助残的“好声音”。投入资金2.08万元，拍摄残疾人就业创业先进典型微视频8期，深入宣传残疾人自强模范、扶残助残等典型事迹。积极推进城市道路、公共服务场所和信息无障碍建设，在吴忠公共频道配播手语新闻36期。为吴忠市在全国第十一次残运会获奖的运动员颁发奖金173.1万元，激发了残疾人运动员奋发向上、勇于拼搏的精神。扎实开展为特殊困难残疾人上门代办服务，全市共为特殊困难残疾人家庭提供送健康上门、残疾人证办理、辅助器具免费借用等代办服务9478人次，做到让“数据多跑路、残疾人少跑腿”，切实把惠残政策、助残举措落到实处。

【队伍建设】 2022年，全市各级残联组织全面完成市、县、乡三级残联换届，选优配强残联领导班子，配备专（兼）职副理事长，进一步强化残联干部队伍建设。村（社区）建立了残疾人协会，通过聘用、政府购买服务、公益性岗位安置等方式，落实残疾人专职委员、联络员待遇，建成横向到边、纵向到底的组织构架，打通了服务残疾人“最后一公里”。加强专门协会建设，指导各专门协会认真履行“代表、服务、维权、监督”职能，积极开展形式多样的扶残助残活动。划拨活动、工作经费15万元，支持肢体残疾人协会承办残疾人文化进家庭“五个一”活动，丰富了残疾人精神文化生活。加强残疾人证管理，简化办证程序，为258名残疾人提供上门办证服务。落实“跨省通办”服务，切实增强残疾人的获得感、幸福感。印发《吴忠市人民政府残疾人工作委员会各成员单位年度述职制度》，充分发挥残工委成员单位职能，凝聚工作合力，落实好“普惠＋特惠”民生保障政策，切实推动惠残政策提质增效。

·吴忠市文学艺术界联合会·

【思想政治引领】 2022年，吴忠市文联每季度组织召开会议深入学习习近平总书记关于文艺工作的重要论述，跟进学习党的最新理论成果。在纪念毛泽东《在延安文艺座谈会上的讲话》发表80周年座谈会之后，组织各县（市、区）文联、各文艺家协会主席，“文艺两新”和青年文艺工作者代表召开座谈会。马慧娟、包作军等8名文艺工作者围绕习近平总书记在中国文联十一大、中国作协十大开幕式上的重要讲话精神、文艺界行风道德建设内容进行交流发言。

【主题活动】 2022年，吴忠市文联重点开展一场志愿服务、打造一场主题展览、集结一部文学作品专辑、组织一项系列文艺活动，用文学、影像、书画等形式为党的二十大献礼。7月30—31日，中国曲协文艺志愿服务团走进宁夏青铜峡市和盐池县，艺术家姜昆、戴志诚、李金斗等现场表演相声《欢歌笑语》《现在原来》、小品《小鸟与蜜蜂》、快板《绕口令》、史诗说唱《江格尔赞》等。面向全市发布征稿启事，全面征集反映党的十九大以来吴忠市经济社会发展历史性成就的摄影作品。36幅作品获奖，其中金奖6个、银奖12个、铜奖18个。分7期进行线上集中展示并在吴忠市美术馆线下展示。征集吴忠市作家2018—2022年在省级以上刊物发表的文学作品，甄选表现吴忠故事、黄河故事优秀作品，结集出版《大河之光·小说卷》《大河之光·散文卷》《大河之光·诗歌卷》。组织开展“迈向强国新征程、军民共筑强军梦”征文比赛、“兵眼看吴忠”书画摄影作品大赛，增强全民国防观念，深入推进国防教育工作，营造出全市关心国防、支持国防、参与国防、建设国防的浓厚气氛。

【文艺创作】 2022年4月25日，采风活动在红寺堡区东方社区新时代文明实践站正式启动。活动历时一个月，重点围绕全市特色产业、全域旅游、乡村振兴、自然风光等开展创作。创作作品共357件（幅），其中文学作品23篇，美术作品36幅，音乐作品7件，书法作品26幅，摄影作品247幅，民间文艺作品18幅。书法美术摄影作品在“2022中国面食博览会暨第二届吴忠早茶美食文化节”展出。举办“历代诗词咏吴忠”文艺作品名家邀请线上展。通过认真梳理我国历代诗人创作的有关吴忠山川、古迹、名人、历史事件、地方风物等方面的诗词，征集文艺名家书法、美术、摄影民间艺术品200多件，多角度描绘吴忠市经济社会取得的重大成就，激励广大群众大力宣传吴忠。开展“吴忠早茶‘味’你而来”主题采风活动。在2022中国面食博览会暨第二届吴忠早茶美食文化节期间，开展送文化下基层活动，对吴忠市早茶文化及特色产业、早茶产品创新、早茶美食企业及早茶品鉴等进行采风，集中创作书画作品100余幅，为推介美食旅游营造良好氛围。

【文艺作品获奖】 2022年，在自治区第十届文学艺术奖优秀作品奖中，吴忠市近10件作品获得优秀作品奖及表演奖。其中，长篇小说《山和梦》（侯凤章）获得二等奖，《拂晓突袭》（刘志海）、《静静的清水河》（马尚贵）获得三等奖；报告文学《走出黑眼湾》（马慧娟）获得二等奖；散文《远逝的机器轰鸣声》（李振娟）获得二等奖。《高沙窝脱贫记》获得戏剧类三等奖，兰玲获得优秀表演二等奖，摄影作品《梨园人家》（组照、曹文德）获得摄影类二等奖，剪纸作品《壮美70年　礼赞新宁夏》（伏兆娥、井春霞、高菊艳等）获得民间文艺类一等奖，微电影《追梦》（朱涛、董国平）获得影视类三等奖。

【人才培训】 2022年，吴忠市文联积极争取中央文明办、中国文联文艺志愿服务中心“圆梦工程”培训项目，对吴忠市乡村少年宫80多位辅导员进行集中培训。培训涉及书法临摹和创作、藏族舞、蒙古族舞、胶州秧歌等，从理论知识、专业技能、艺术实践等方面进行辅导。

【文联改革】 2022年，吴忠市文联整合各乡（镇）文明实践站、文化大院等资源，打造集学习培训、专题讲座、文化普及、文艺服务于一体的文艺活动新平台，形成富有特色的“一乡镇一特色”，使文联工作深入群众生活。同心县文联探索“新时代文明实践+文联协会基地”模式，由县文艺家协会主席挂职乡镇文联主席，建立4个村级改革试点单位。青铜峡市文联大力加强曲艺队伍建设，成立宁夏唯一一个县级曲艺杂技家协会，成立宁夏首个曲艺文创基地，举办曲艺人才培训班、首届曲艺大赛，为曲艺人才脱颖而出创造有利条件。

2022年1月18日，吴忠市文联到利通区古城镇怡园社区开展“文艺进万家　健康你我他”志愿服务活动

【文艺演出】 2022年春节前夕，吴忠市文联文艺工作者集中创作春联、“福”字近2000副，分批次赠送给企业、村（社区）、新时代文明实践站、退役军人家庭等。赴红寺堡区红寺堡镇玉池村开展“我们的节日·元宵节”“送欢乐下基层”志愿服务活动，为群众送去文艺演出、非遗花儿和剪纸培训。4月22日，在市图书馆举行“书香吴忠”暨“4·23”世界读书日签名赠书活动，以“喜迎党代会·书香进万家”为主题，表彰“阅读之星”，邀请董永红、胡静等6位本土作家为市民现场签名赠书，为学生代表赠送“绿书签”及图书等。6月20日，宁夏2022年优秀传统文化进校园启动仪式暨“名家名师进乡村学校少年宫”活动在吴忠市利通区利通街第二小学举行。活动现场，艺术家表演歌曲《学习雷锋好榜样》、朗诵《花木兰》、舞蹈《我爱你中国》、杂技《手

技》等。邀请王振升、杨森翔、王兰花、刘超等主讲嘉宾，围绕“寻年味、探集市”“寻年味、贴窗花”“罗山印象、从历史中走出的瀚海绿洲”“铸牢中华民族共同体意识——以移民文化夯实民族团结基石”“远离非法集资、共筑平安家园”等主题开展线上线下授课。

· 吴忠市科学技术协会 ·

【概　　况】　2022 年，市科协充分发挥科协组织优势，推动学会创新发展，组织召开 2022 年学会、企业科协工作会议，在盐池县、利通区开展“三长建三会带三队”试点工作。深入实施“服务企业科技创新　激发企业科协创新”项目，以项目化方式推进学会和企业合作，做好专利信息检索推送，促进科技成果转移转化，推动创新创业创优。

【学术交流】　2022 年，市科协实施好“院士专家宁夏行”，活动，围绕吴忠绿色经济、特色产业、学科进步、转型升级实际，组织开展“绿色发展国际创新”研讨交流会，鼓励市级学会和各县（市、区）科协面向基层和一线科技工作者广泛开展形式多样、内容丰富的学术交流活动，加强与兄弟单位、同行业的交流与合作，切实提高学术研究的质量和水平。

【科普活动】　2022 年，市科协在中国科协全国科普日重点活动管理平台上传活动数 419 条。制定 2022 年吴忠市全国科普日活动方案，以“线上 + 线下”的方式同步开展，线上通过最美科技工作者宣传文艺节目“云展演”、科学家精神主题展“云启幕”、科普知识“云竞答”、美丽家乡我代言“云展示”等方式，拓宽科普宣传的渠道，在传播科学知识的同时也丰富群众的居家生活。线下通过开展一系列联合行动，发挥市全民科学素质工作领导小组成员单位、学会、协会在提高吴忠市公民科学素质工作中的积极作用。市科协围绕自然资源、生态文明、节水科普、“双碳”科普、乡村振兴、卫生健康、应急科普、食品安全以及科学教育等内容，充分发挥科普大篷车“流动科技馆”的作用，并将科普大篷车巡展与流动科技馆走进乡村学校少年宫巡展相结合，不断加大对农村学校的科普服务，打通科普宣传“最后一公里”。该活动被宁夏科协评为“典赞 2021 科普宁夏”科普品牌活动。市科协还举办青少年科技创新大赛。积极调动社会各界力量，举办第 36 届全国青少年科技创新大赛五中选拔赛和吴忠市第八届机器人竞赛。筹备召开市全民科学素质领导小组会议，安排部署“十四五”全民科学素质工作，组织开展区、市、县三级科普大篷车联动服务活动。市科协结合中华民族传统节日，先后开展“浩瀚星空　寻星之旅”“劳动助力成长　科学引领未来”“凝聚青春力量　助力科学发展”“奋进新征程　建功新时代　喜迎二十大”等 20 场科学嘉年华系列活动，累计参展群众达 1.5 万人次。

【“科技之火点燃梦想——流动科技馆走进乡村学校少年宫”活动】

2022 年 6—7 月，市科协联合市文明办、教育局圆满完成“科技之火点燃梦想”——流动科技馆走进乡村学校少年宫活动。此次活动以提高青少年科学素养为目标，以培养青少年科学精神、创新意识和实践能力为重点，展

2022 年 6 月 27 日，市科协在吴忠市利通街第一小学开展“科技之火点燃梦想”主题活动

示人工智能机器人、健康监测与科普、3D打印、科普展品等，助推吴忠市“双减”工作提质增效。活动走遍五县（市、区）20余个乡村学校少年宫学校，累计参与人数达2万余人。

【科技志愿服务】 2022年，市科协不断加强科技志愿服务组织建设，培育吴忠市科技志愿服务队、吴忠市青少年视力健康协会等优秀科技志愿服务队伍12支。加强基层科协组织建设，发挥“三长”人员专业优势，带动广大科技工作者、科技志愿者开展科技志愿服务活动。全市283支科技志愿服务队伍共开展科技志愿服务活动1125场，吴忠市本级70场。

【科普资源共享平台】 2022年，市科协利用“互联网＋科普”等信息化手段，整合科普资源，集成区内外科普信息资源，搭建吴忠数字科普资源共享平台，积极推动科普资源信息化、集成化建设，通过互联网为社会和公众提供资源支持和科普服务，推动报刊、广播、电视、互联网等媒体融合开展科技传播与普及，实现线上、线下科普传播。

【2022绿色发展国际科技创新大会吴忠分论坛】 2022年7月6日，市科协以线上形式举办2022年绿色发展国际科技创新大会，吴忠设立分论坛，论坛主题是“绿色农业——优质地理产品与生态环境保护”。论坛上，播放《遇吴忠见未来》宣传片，发布吴忠绿色农业技术需求，5名专家分别作学术报告并进行案例展示。

【吴忠市科学技术协会第三次代表大会】 2022年8月，吴忠市科学技术协会第三次代表大会召开，大会认真回顾总结市科协第二届委员会取得的成绩和工作经验，围绕吴忠市委、市政府中心工作，研究确定今后五年科协工作的主要目标和任务。切实加强市科协领导班子和科技工作者的队伍建设，选优配强科协领导班子，按照群团改革相关要求，首配挂职副主席1名。不断推动经济社会发展，推动科协工作再上新台阶。

【“众心向党 自立自强——党领导下的科学家”主题展】 2022年，吴忠市科协联合市文明办、教育局在吴忠科技馆举办“众心向党 自立自强——党领导下的科学家”主题展。主题展围绕学习宣传贯彻党的二十大精神，以大力弘扬科学家精神为依托，引导吴忠市广大干部群众厚植家国情怀，不断巩固拓展吴忠市精神文明建设成果。通过“云展播”的形式，在“科普吴忠”微信公众号进行展播，5300余人次通过“科普吴忠”微信公众号观展。

【主题科普展活动】 2022年，吴忠市科协联合市委宣传部、市教育局开展“坚持马克思主义唯物论和无神论 弘扬科学精神 践行强国有我”主题科普展系列活动，从科普的视角展现中国共产党的初心使命，展现科普在促进经济社会发展和公民科学素质提高方面的业绩，展现中国共产党的百年奋斗历史、各民族团结奋进历史，展现吴忠市政治、经济、社会、文化、生态等方面取得的成就。自治区科协党组书记、主席陈红缨与吴忠市委书记徐耀作出肯定批示。

【全民科学素质行动】 2022年，市科协举办“全国科技工作者

2022年3月11日，吴忠市科协在吴忠科技馆举办吴忠市第八届青少年机器人竞赛

日”“全国科普日”系列活动，积极发挥全民科学素质领导小组办公室牵头抓总的作用，形成科协牵头、成员单位各负其责、社会力量广泛参与的全民科学素质行动组织实施体系，加大效能目标考核与督导力度，命名市级科普基地，携手科技工作者调研建言献策。市科协不断扩大科普信息员队伍，截至10月，共有科普信息员45573名，占常住人口的3.3%，完成科普信息员人数达到当地常住总人口3%的目标任务。不断增加科普中国信息传播量，吴忠市科普中国信息传播量为17983908人次，月增长量为1389455人次，居五市第一。

【科技人才培养】 2022年，市科协实施专业性技术人才知识更新工程，加强专业性技术人才继续教育和少数民族专业技术人才特殊培养制度建设，构建完备的专业性技术人才教育体系，全面提升专业性技术人才综合素质和创新创造能力，加大紧缺专门人才、中青年骨干人才和高层次专业技术人才培训的力度。不断拓宽人才推荐举荐渠道，加大对优秀科技工作者、科研团队的宣传力度，使科协成为发现举荐优秀人才的重要平台，努力营造吴忠地区科技工作者脱颖而出、成长成才、发挥作用的良好氛围。积极搭建科技工作综合信息交流、政策服务、倾听诉求的线上科协工作平台，加大为科技工作者服务力度，积极为他们解决困难和问题，满腔热情地为科技工作者办实事、办好事，把工作做到科技工作者身边，把温暖送到科技工作者心里。动员各学会和科技工作者，主动把握新一轮科技和产业变革的发展趋势，围绕建设现代化美丽新吴忠、乡村振兴的重点难点和民生关注的热点问题及信息、能源、材料创新前沿，深入开展调研论证，为党委、政府科学决策提供智力支撑。

【科普教育基地】 2022年，市科协盐池县哈巴湖自然保护区科普宣教中心、青铜峡库区湿地（鸟岛）自然保护区科普宣教中心被认定为2021—2025年第一批全国科普教育基地，市科协也积极培育和打造本级科普教育基地，经前期摸排、调研，新命名市级科普教育基地17个，为提升科普公共服务能力、推进新时代科普工作模式转型升级打下了良好的基础。

【自身建设】 2022年，市科协召开第三次代表大会，坚持好干部用人标准，选优配强科协班子，引导广大科技工作者学习习近平新时代中国特色社会主义思想，始终与党同心同德。制定出台科技馆关于对人员进行绩效考核的管理办法，加大对科技馆工作人员的管理力度，确保每名工作人员都能饱满热情地进行科普宣传。

·吴忠市红十字会·

【概　况】 吴忠市红十字会由市委领导分管、市政府领导联系，会长由市政府联系红十字会工作的副市长兼任，核定常务副会长1名（副处级）、副会长兼秘书长1名（正科级）、专职副监事长1名（正科级）。增加全额预算事业编制1名。调整后，市红十字会核定全额预算事业编制6名，内设机构综合科。

【人道救助】 2022年，市红十字会开展博爱送万家活动，物资价值71.14万元，慰问救助困难群众50.96万元，申报“天使计划”救助资金25万元。

【救护培训】 2022年，市红十字会新增取证师资200人，培训救护员8837人，普及性培训22800人，持证救护员人数达全市人口总数的1.27%。把应急救护培训纳入军训，在人员密集场所配备AED12台。

【紧急救援体系建设】 2022年，成立盐池县红十字会应急救援队，选派15名救援队队员参加中国红十字（宁夏）赈济救援队培训暨联合演练，开展防灾减灾演练7次。

【无偿捐献】 2022年，市红十字会采集造血干细胞血样468人份，成功捐献4例，累计捐献23例。注册登记遗体及人体器官捐献志愿者657人，累计登记3566人。

【社会捐赠】 2022年，市红十字会依法依规接受社会捐赠2215.25万元。争取到博爱家园助力乡村振兴和红十字救护站援建项目资金54.5万元。

【社会实践】 2022年，市红十字会选派1名党组成员到盐池县青山乡方山村驻村开展乡村振兴工作，持续对红寺堡区12户帮扶户落实帮扶责任。成立红十字会基层组织88个、志愿服务队14支，发展会员823个，注册志愿者550人，逐步推进以党组织为主体、红十字会基层组织为补充的组织体系建设。

【获得荣誉】 2022年，市红十字会成功创建模范机关达标单位，党组织被市直机关工委评为“9·20”突发疫情防控先进基层党组织，被市委、市政府评为吴忠市三八红旗集体，被市文明办、市民政局、市应急管理局命名为吴忠市应急志愿服务队，被平安吴忠建设协调小组评为市级平安单位，造血干细胞志愿服务项目被市文明办、民政局、团市委评为年度学雷锋志愿服务最佳志愿服务项目，推荐的宁夏民族职业技术学院和吴忠市“三献”志愿服务队被评为全国红十字模范单位，1名红十字志愿者被评为全国优秀红十字志愿者。

人力资源和社会保障

·综　述·

【概　　况】　2022年，市人社局在市委、市政府的坚强领导下，认真贯彻落实全国稳住经济大盘电视电话会议精神和全区、全市稳经济保增长促发展工作会议精神，统筹疫情防控和经济社会发展，坚持党建引领，坚决扛起保障民生政治责任，强化政策供给，狠抓工作落实，全市就业形势总体稳定，社会保障水平逐步提升。

【助企纾困】　2022年，吴忠市委、市政府统筹落实“降、缓、返、补”政策，采取“免申即享”模式，通过数据比对、核准企业信息和返还金额，为全市2476家企业发放稳岗返还金额1818.97万元，惠及职工58611人，为历年最高水平；为106家吸纳2022年应届高校毕业生就业的企业发放一次性扩岗补助资金63.75万元，稳岗扩岗425人。为5280家参保企业降费减负58123.15万元，为64647名灵活就业人员降费减负23820.83万元，共计降费减负81943.98万元。

【企业用工服务】　2022年，市人社局围绕自治区、市重大建设项目，主动上门宣传吸纳劳动力政策60余次，征集岗位27251个，解决农村劳动力就业20313人。将现场招聘会开到田间地头、工厂社区，并常态化开展“直播带岗”活动，为企业和求职者搭建平台，解决招工难、就业难问题。至年底，全市累计举办线上线下招聘会113场，提供岗位56682个，达成就业意向5213人次。大力实施“技能宁夏行动”，持续推行校企合作模式，开展“特色产业＋实用技术”“企业订单＋岗位技能”“民间工艺＋实用技能”“外出务工＋提升技能”就业技能培训，培训10677人。确定挤奶工为新职业工种开展试点培训，将家畜饲养员列入全市紧缺职业工种目录，促进奶产业高质量发展。

【创业孵化基地建设】　2022年，市人社局持续优化创业环境，加强创业孵化基地建设和劳务品牌培育，推荐的杨国涛技能大师工作室被评为自治区级技能大师工作室，培育的“宁夏吴忠逸诚果树工”“爱圆妈妈巾帼家政服务”劳务品牌分别荣获“中国创翼”创业创新大赛宁夏选拔赛乡村振兴赛道第一名、第二名，并代表宁夏参加全国大赛。充分发挥赛事引领的激励作用，组织吴忠市第二届烹饪职业技能大赛，并于5月29日在农特大厦举办，选拔出12名参赛选手代表吴忠市参加自治区复赛。积极打造创新创业孵化基地，全市建成各具特色的创业孵化示范基地24家，其中，国家级创业孵化示范基地2家，自治区级创业孵化示范基地11家，累计入驻创业实体1085户，带动就业30025人。全市培育电商企业228家，从业人员3199

人；快递品牌 10 家，从业人数 1146 人；外卖服务平台 2 家，从业人数 547 人。

【稳定就业】 2022 年，全市人社部门聚焦高校毕业生等青年群体，通过公开招考、政府购买服务、“三支一扶”招录等方式，开发政策性岗位 4789 个。强化跨省劳务协作，与福建省厦门市、石狮市 60 家企业开展劳务用工合作洽谈，建立劳务协作机制，安排专人收集用工数量、行业工种、工资待遇等情况，定期发布招聘公告，有效提高跨省劳务输出效率。培育人力资源服务中介机构 42 个、劳务经纪人 110 人，组织农村劳动力转移就业 63319 人，劳务输出组织化程度逐步提升。2022 年，农村劳动力转移就业 22.26 万人，实现工资性收入 34.79 亿元。全市发放创业担保贷款 6.66 亿元，培育创业实体 3318 个，创造新岗位 4845 个，创业带动就业 13543 人次。聚焦长期失业人员、残疾人员、退役军人等就业困难群体，发放灵活就业社会保险补贴 10625 人 3916.87 万元，安置公益性岗位 3420 名，确保零就业家庭动态清零。发放失业保险待遇 20905 人次 4369.34 万元、失业补助金 3119 人 1271.03 万元、价格临时补贴 5748 人 11.50 万元。

【城乡居民养老保险】 2022 年，市人社局深入实施全民参保登记计划，重点以参保登记“回头看”、宣传服务“送上门”、参保缴费“不用跑”等措施积极推进全民参保登记成果转化，加强对各群体参保动态监测分析，以新业态从业人员、灵活就业人员、农民工等群体为参保扩面重点，深入企业实地面对面解读政策，引导新业态人员积极优先参加工伤保险，新增扩面参保 14381 人。落实企业职工基本养老保险基金省级统收统支制度，规范企业职工基本养老保险经办流程和养老保险个人账户管理。推进企业职工养老保险制度改革，跟进自治区部署，落实渐进式延迟退休政策。完善机关事业单位养老保险制度，健全机关事业单位“中人”退休待遇计算、补（扣）发工作机制，及时做好“中人”退休待遇重算、补发工作。完善工伤医疗服务和就医管理制度，工伤保险区域内异地就医即时结算率达到 100%。全面落实企业职工、城乡居民、机关事业单位养老保险待遇调整政策，企业退休人员养老金实现“十八连涨”，机关事业单位退休人员养老金实现“七连涨”，城乡居民基础养老金提高到 220 元 / 月。持续开展“社保帮扶贷”，有效缓解缴费困难人员缴费难问题，向 675 人发放贷款 870.58 万元。

【人才工作】 2022 年，市人社局会同市委组织部制定《关于推进新时代人才强市战略的实施意见》《吴忠市预引进优秀在读学生实施办法（试行）》等政策措施，进一步健全完善人才引进培养、使用评价、激励保障体系，推动人才工作向更高层次、更广领域延伸，形成具有较强区域竞争力的人才制度优势，为各类人才创新创业发展提供有力保障。落实人才优厚待遇，为吴忠仪表有限责任公司、市人民医院等 9 家企事业单位全职引进全日制硕士，落实工作生活补助及安家费 12 人 66.7 万元。安排各类人才入住市级公寓 45 人，组织健康体检 176 人，走访慰问 20 人。及时核拨自治区青年拔尖人才培养经费、中青年人才赴外研修补助、人才建设载体资助等人才项目费用。加大本土人才培养力度，推荐申报自治区院士工作站 1 个、人才小高地 4 个、专家服务基地 4 个。申报并获批 2022 年专业技术人才知识更新工程培训项目 6 个，争取培训经费 50 万元。围绕基层需求，申报乡土专家自助服务行活动项目 7 个、知名专家组团服务项目 3 个，柔性引进服务专家 76 人，争取培训经费 15.2 万元。选拔推荐 2022 年自治区青年拔尖人才 20 人，推荐吴忠市人民医院、宁夏春升源生物科技有限公司等 4 家企事业单位 12 名中青年人才赴区外深造。依托县（市、区）农业卫生等单位组织开展专业技术人员继续教育培训 110 人。全面落实推进职称制度改革，组织开展专业技术人员和高素质农民职称评审工作，截至年底，专业技术人员职称申报审核 331 人。

【人事薪酬制度改革】 2022 年，吴忠市深化市属公立医院、工业园区、新闻传媒、义务教育学校等事业单位人事薪酬制度改革，审批 2022 年度绩效工资总量。健全体现岗位绩效和分级分类管理的事业单位工资制度，落实机关事业单位各类津贴补贴，及时发放各类工资待遇。审批各学校奖励性绩效工资、校长津贴和班主任津贴与绩效工资、课后服务绩效工资，确保义务教育教师平均工资水平不低于当地公务员平均工资水平。

【事业单位人事管理】 2022年，按照自治区事业单位统一公开招聘工作安排，圆满完成全市事业单位招聘工作，招录工作人员602人。鼓励高校、公立医院等事业单位，不受时间限制，对具有研究生学历、高级职称人员和急需紧缺人才实施自主公开招聘，2022年全市事业单位自主公开招聘848人。推进事业单位内部竞聘上岗工作，让竞聘上岗成为常态。

【劳动关系】 2022年，全市人社部门严格落实《保障农民工工资支付条例》，坚持有案必查、依法治欠、铁腕治欠，及时纠正、查处企业违法用工行为，形成农民工工资不能欠、不敢欠、不想欠的震慑。狠抓《保障农民工工资支付条例》《拖欠农民工工资失信联合惩戒对象名单管理暂行办法》等政策法规宣传贯彻，深入企业、工地、社区开展百场普法进工地活动。推行工程建筑领域农民工工资支付月报制度，对发现的拖欠工资现象，立即查处，力求将欠薪违法行为消灭在萌芽状态。在110家企业设置218名劳动关系协调员，并向自治区推荐15名金牌劳动关系协调员，组织伊利等15家企业成功评选为自治区级和谐劳动关系示范企业。紧盯根治欠薪薄弱领域，坚持“进一次门，查多项事”，组织开展了春季复工多部门联合执法检查，共检查工程项目154个，下发限期整改指令书13份。开展劳动保护安全卫生、妇女及未成年工劳动保护“两个专项检查”和规范小微企业劳动用工、新就业形态劳动用工“两个专项行动”，共检查各类用工企业429家，涉及劳动者27037人。加强农民工实名制、维权信息公示等工作落实的日常检查，共检查工程项目158个，下发限期整改指令书24份。坚持有案必查、依法治欠、铁腕治欠，联合住建等部门对开工建设项目工地进行拉网式排查，及时纠正、查处企业违法用工行为，实施行政处罚8家，移交公安案件2件。2022年，共受理各类劳动投诉维权举报1532件，涉及4163人4080.1294万元，法定期限内结案率100%。实行“调解+仲裁”工作，案件调解率均达65%以上。积极加强与基层调解组织、工会、劳动监察等单位的沟通协调，构建多元化解机制，与市总工会协调建立调解工作站，调处13件，为职工挽回经济损失17.6万元。

【自身建设】 2022年，市人社局持续加强党的政治纪律、政治规矩教育，深入扎实抓好党的二十大精神和自治区第十三次党代会精神学习贯彻，坚持常态化、制度化开展理论学习，开展党的二十大和习近平总书记视察宁夏重要讲话指示批示精神“大学习、大讨论、大宣传、大实践”活动等，通过“学、讲、考”，不断提升全局党员干部法治能力和人社业务水平，抓实党员干部“双学双促”活动，引导党员干部坚守信仰之魂、筑牢信念之基、厚植信心之源。严格落实民主生活会、组织生活会、“三会一课”等组织生活制度。压实党支部党建主体责任，注重在乡村振兴结对帮扶、创城等任务实践中锻炼党员，锤炼党性。持续深化全面从严治党，严格履行党风廉政建设主体责任和班子成员“一岗双责”，充分运用监督执纪“四种形态”，对公益性岗位安置、人事招考、劳务欠薪处置、职业技能鉴定委托等领域进行重点监督，把苗头性、倾向性问题遏制在萌芽状态。以打造“清廉人社”为抓手，开展清廉文化进机关活动。持续开展“局长、科长走流程”活动，进一步优化行政审批、工伤认定、特殊工种退休、劳动能力鉴定等政务服务流程，切实规范权力运行。

·社会保险管理·

【概　况】 2022年，全市城镇职工养老保险、机关事业单位养老保险、城乡居民养老保险、失业保险、工伤保险参保人数分别达到299900人、51515人、626003人、154558人、205900人，完成自治区下达任务的123.28%、103.11%、101.89%、123.10%、110.64%；市本级城镇职工养老保险、机关事业单位养老保险、城乡居民养老保险、失业保险、工伤保险参保人数分别达到169000人、17050人、142764人、67000人、95000人，完成自治区下达任务的127.07%、103.85%、101.25%、120.53%、108.57%。

新开工建设项目工伤保险参保率达到98%，工伤医疗费区内异地就医即时结算率达到100%。为参加城乡居民养老保险的低保户、特困户、重度残疾户等困难群体代缴保费率达到100%。60周岁以上贫困人员享受城乡居民养老保险待遇达到100%。

【全民参保计划】　2022年，市社保中心在全民参保登记基础上，重点以参保登记“回头看”、宣传服务“送上门”、参保缴费“不用跑”等措施积极推进全民参保登记成果转化，加强对各个群体参保动态监测分析，以新业态从业人员、灵活就业人员、农民工等群体为参保扩面重点，通过主题党日，积极与邮政、基层快递网点衔接，深入企业实地面对面解读政策，引导新业态人员积极参加工伤保险，新增扩面参保14381人。积极建立乡村振兴、人社、财政、卫健、民政、残联等部门数据共享对接机制，采取动态清零方式，确保六类（低保对象，特困人员，低保边缘家庭，易返贫致贫监测对象，三、四级精神病患者，智力、视力残疾人及重度残疾人）困难群体参保率、发放率、代缴率实现三个百分之百，强力助推脱贫攻坚同乡村振兴有效衔接。

【社保体系完善】　2022年，市社保中心持续深入推进多层次多样化社会保险体系建设，建立全面统筹的社保制度。落实企业职工基本养老保险基金省级统收统支制度，规范企业职工基本养老保险经办流程和养老保险个人账户管理，6月底前配合自治区人社厅、社保局将全市企业职工退休人员信息库成功转入人社部中心数据库，为养老保险全国统筹打下了坚实基础。推进企业职工养老保险制度改革，跟进自治区部署，落实渐进式延迟法定年龄退休政策，加快发展多层次、多支柱养老保险体系，更好满足人民群众多样化需求。完善工伤医疗服务和就医管理制度，工伤保险区域内异地就医即时结算率达到100%，与宁夏康复假肢矫形器有限公司、银川悦康伤残人康复服务中心签订工伤康复和辅助器具结算协议，有效解决了工伤职工垫资压力大、报销跑路多的问题。

【参保企业降费】　2022年，吴忠市积极贯彻落实党中央、国务院和自治区、吴忠市社会保险降费缓缴减负工作重大决策部署，有力纾解企业困难、稳定就业岗位、提振企业信心。2022年1—9月，全市养老、失业、工伤三项社会保险为5238家参保企业降费减负42970.69万元，为502名灵活就业人员降费减负168.05万元，共计降费减负43138.74万元，其中，企业职工基本养老保险31120.45万元，失业保险10574.51万元，工伤保险1443.78万元。

【落实惠民政策】　2022年，吴忠市全面落实企业职工、城乡居民、机关事业单位养老保险待遇调整政策。全市企业退休人员养老金实现“十八连涨”，调整后市本级退休人员人均月养老金2522.66元；机关事业单位退休人员养老金实现“七连涨”，调整后市本级机关事业单位退休人员人均月养老金5586元；城乡居民基础养老金提标达到220元，有效提高了城乡退休居民社会保障待遇水平。落实工伤保险改革政策。实施中小微企业优先参加工伤保险政策，减轻企业负担，将更多的资金用于吸纳就业、增加城镇居民收入。落实建筑、铁路、公路、水利、能源、机场工程等行业按项目参加工伤保险长效机制，落实社会保险费缓缴政策。对餐饮、零售、旅游、民航、公路水路铁路5个特困行业及扩围的17个行业阶段性实施缓缴社会保险费政策。全市共计缓缴71家单位，缓缴三项社保费金额697.44万元。进一步完善“社保搭桥、银行主办、个人自愿、商保参与”的“社保帮扶贷”工作机制，深入解决个体工商户、灵活就业人员因企业改制、下岗失业、因病返贫等原因被迫中断城镇职工养老保险缴费的“揪心事”，有力提高城镇职工参加养老保险的积极性，进一步扩大城镇职工养老保险覆盖面。截至年末，共向675人发放贷款870.58万元。

【数字化社保】　2022年，吴忠市将参加职工养老保险的灵活就业人员由线下核定缴费变为线上核定缴费，开启“秒办”新模式。灵活就业人员通过“我的宁夏”APP、“掌上12333”APP、“工银融e联”等实现线上参保登记、核定和缴费，解决参保群众年底缴费排队人数多、等待时间长的问题。截至年末，有4.36万名灵活就业人员使用线上申报核定缴费。为深入落实自治区“放管服”改革精神，全面推进参保单位经办人员足不出户即可实现从电子劳动合同签订到三方协议扣缴社保费的全程电子化社保经办服务，共有3250家企业实行了网上申报，申报率达到95%。大部分退休人员都能够通过“我的宁夏”APP和政务云完成资格认证。全面推进社保卡发放管理工作，全年制发第三代社保卡22587张，新发放社保卡金融功能激活率达到100%，电子社保卡签发率达到实体社保卡持卡人数的71.31%。乡镇赋权9项社保业务职能全部交由乡镇民生服务中心办理。

【社保基金管理】 2022年，市社保中心贯彻自治区人社厅《关于社会保险基金管理风险专项整治工作方案的通知》《关于开展社会保险基金管理风险排查工作的通知》《关于开展工伤保险重复领取待遇疑点数据核查等工作的通知》等文件，制定了吴忠市社会保险基金管理风险专项整治工作实施方案，进一步完善了工作管理制度，重新修订《吴忠市社保中心制度汇编》。对照59号文件、155号文件的自查内容，全面排查自治区推送的疑点数据。吴忠市本级共接收城乡居民、企业职工、机关事业单位养老保险疑点信息数据88101条，目前已对所有疑点数据进行了查证，对因工作疏漏、系统设置错误、误报死亡数据、重复冒领等方面的问题进行了整改。

·就业创业·

【概　　况】 2022年，吴忠市全面落实全国稳经济大盘工作会议和全区稳经济保增长促发展工作会议部署，聚焦稳岗、拓岗两个方面，围绕高校毕业生、农村劳动力两个重点，推进就业政策措施落实落地。全市城镇新增就业12041人，农村劳动力转移就业22.26万人，开展各类职业技能培训，培训10696人，发放创业担保贷款6.66亿元。就业补助资金支出1.12亿元，市本级财政配套2942.91万元，为历年最高水平。城镇调查失业率5.6%，与全区持平。

【稳定就业】 2022年，制定吴忠市稳就业扩增收政策包，扎实开展“三送五进”政策宣传系列活动，充分发挥社保“减、免、返、缓、补”政策联动效应，为2611家企业发放稳岗返还资金1896.13万元，惠及职工62424人，为历年最高水平；为252家企业发放一次性扩岗补助资金103.8万元，稳岗扩岗692人。

【高校毕业生就业】 2022年，吴忠市积极开展“百日千万网络招聘专项行动”等系列活动，将岗位信息、指导培训等服务送到毕业生身边，先后在宁夏大学等区内高校组织60家企业现场招聘，270名高校学子与心仪企业签订协议。通过公务员、事业单位招录、“三支一扶”招募、机关事业单位实习、企业见习基地见习等方式，解决2022届离校未就业高校毕业生就业3942人，就业去向落实率94.8%，全区五市排名第一。

【劳动力输出】 2022年，吴忠市强化跨省劳务协作，与福建省厦门市60家企业开展劳务用工合作洽谈，提高跨省劳务输出效率。通过“点对点”输送、零工市场集中招聘、宣传引导的方式，组织农村劳动力转移就业22.26万人，实现工资性收入34.79亿元，为15.02万名外出务工农民工购买“铁杆庄稼保”。

【灵活就业】 2022年，吴忠市规范早市夜市、便民摊点、特色小店等发展，鼓励支持灵活就业人员就近就地灵活就业，准确掌握新就业形态企业及平台用工情况，印发《关于开展维护新就业形态劳动者保障权益专项行动工作方案》，进一步保障灵活就业群体合法权益。全市培育电商企业228家，从业人员3199人；快递品牌10家，从业人数1146人；外卖服务平台2家，从业人数547人。

【技能培训】 2022年，吴忠市紧围绕自治区“六新六特六优”产业需求，实施“技能宁夏”行动，开展订单式、定向式、定岗式就业技能培训，全市开展职业技能培训10696人，为经济发展和产业升级提供技能人才支撑。拓宽技术技能提升补贴受益范围，发放企业职工“直补个人”技能提升补贴512人73.65万元。发挥赛事引领效应，鼓励企业、行业积极开展职业技能竞赛活动，积极举办吴忠市第二届烹任职业技能大赛，激发技能人才活力。

医疗保障

【概 况】 2022年，吴忠市基本医疗保险参保缴费人数136.25万人，完成目标任务的101.52%，排名位列全区六个统筹区第二名。其中，城乡居民基本医疗保险参保人数117.22万人，城镇职工基本医疗保险参保人数19.03万人。

【医疗保障体制改革】 2022年，吴忠市推进医保支付方式改革，继续实行按疾病诊断相关分组（CHS-DRG）付费改革工作，召开专题会，对吴忠市人民医院因业务不熟等问题未及时上传的病案重新上传入组结算。召开第三次DRG付费改革权重论证会，持续调整费率、细化分组，确保付费的精准性。积极探索开展基本医疗保险按病种分值付费改革工作，成立工作专班，拟定工作方案。先后召开3次培训会，提升工作专班成员及各医疗机构DIP业务知识水平。邀请石嘴山市医保局有关领导和业务人员来吴忠指导，遴选各县（市、区）医保部门、二级医疗机构多名专家建立本地专家库。召开专家论证会议，对吴忠市DIP目录库、病种分值、平均费用进行讨论，完成市域范围62家医疗机构的接口改造工作，形成吴忠市病种目录库，核心病种2530种（其中基层病种150个，中医病种30个），综合病种2085种。

【药品集中采购】 2022年，吴忠市完成第一批至第七批国家组织集采药品续签，中成药联盟、14省（区、市）药品联盟带量采购。完成国家统一组织的人工关节、脊柱的带量采购，十一省际联盟组织的17类医用耗材集中带量采购工作，全市二级以上公立医疗机构药品（医用耗材）网采率达到95%以上。持续推进集采医疗机构监管，通过现场检查、查阅资料、数据比对等方式，对全市72家公立医疗机构线上和线下采购的所有药品医用耗材进行专项检查，进一步规范医药招标采购秩序，守好群众的“救命钱”。

【药品双通道管理】 2022年，吴忠市制定《吴忠市区定点零售药店纳入国家医保谈判药品“双通道”管理评估方案》，先后确定吴忠市人民医院、吴忠新区医院等8家医院为国家谈判药品定点医疗机构，先后确定619名责任医师和48家定点药店，率先在全区实现辖区内所有县（市、区）全覆盖。全市通过国家医保谈判药品“双通道”管理系统报销439人次，总费用79.04万元，基金支付总额51.02万元。

【城镇职工医保】 2022年，吴忠市对因宁夏医保信息管理系统切换造成的零星报销积压件进行集中清零，手工报销709件，解决群众烦心事。执行离休干部医疗待遇100%保障政策，实行离休干部医疗待遇“一站式”直接结算，对市区60余名离休老干部进行电话回访，及时兑付离休干部住院零星报销18.12万元，门诊报销1465.45元。积极推进电子医保凭证激活应用工作，全市激活108.3万人，激活率77.74%。

【医疗基金监管】 2022年，吴忠市成立基金监管工作专班和行政处罚案件审核委员会，规范执法检查程序和文书，制定市本级医疗保障行政处罚程序及常用文书规范，及时为22名行政执法人员换发新证，配备执法记录仪，实现一支队伍监管、一套文书规范、一次会议研究、一个处理决定的监管模式，进一步推动行政执法“三项制度”落实。强化基金监管，组织定点医药机构对2020年1月1日以来的诊疗服务行为进行自查自纠，完成全市104家定点医疗机构、749家定点诊所药店自查自纠，主动退回医保基金113.78万元。开展DRG付费专项稽核，对吴忠市人民医院等6家DRG试点医疗机构进行实地稽核，抽取违规病历646份，确认62份，追回违规支付医保基金18.69万元。对照自治区基金监管三个清单内容，对全市定点医药机构2020年至2021年使用医保基金情况开展全覆盖检查，共检查98家定点医疗机构、286家定点药店、34家诊所。

【医保经办服务】 2022年，吴忠市全面推进2023年城乡居民基本医疗保险参保扩面，通过印制宣传物资、制作微视频、干部入户走访等形式，全方位、多角度宣传医疗保障政策。积极开展“组团式”帮扶乡村振兴重点县人民医院工作，印发帮扶方案，调整同心县、红寺堡区人民医院新开展项目医疗服务价格65项。积极开展医保经办政务服务事项“就近办”，打造医保经办业务“30分钟服务圈”。6月，自治区医保经办业务“30分钟”服务圈现场推进会在青铜峡市召开。

民政工作

【社会救助】 2022年，吴忠市认真贯彻落实自治区关于做好困难群众基本生活保障的若干措施，制定下发关于进一步规范最低生活保障、特困人员审核确认和临时救助备用金使用管理等文件，推动低保、特困和临时救助审核确认工作更加精准、规范、高效、温暖、便捷。召开全市困难群众救助补助资金审计发现问题专项治理工作动员部署会，持续推进审计发现问题专项治理清零见底。对全市社会救助兜底保障工作开展两轮督导检查，指导各县（市、区）开展低保对象档案管理、家庭经济状况申报审查、近亲属备案以及特困供养人员清理核查专项整治工作，推动各项救助政策落地见效。从2022年1月起，将城乡低保标准分别提高至每人每月650元、每人每年5520元。为城乡低保对象、特困供养人员等10.32万名困难群体每人增发一次性生活补贴600元。为城乡低保、特困供养、高龄老人、孤儿以及低保边缘群体发放9—10月价格临时补贴850万元。持续巩固拓展社会救助兜底保障成果，全市扶贫监测未消除风险的“三类人群”新纳入低保、特困供养等兜底保障范围758人，临时救助2034户、500.23万元。救助受疫情影响家庭，落实落细各项社会救助政策。按照困难残疾人生活补贴110元/月、重度残疾人护理补贴120元/月的标准，为3.53万名残疾人发放生活补贴和护理补贴6387.72万元。加大困难残疾人救助，对全市1300户生活困难残疾人家庭进行集中走访慰问。扎实开展“寒冬送温暖”“夏季送清凉”活动，积极进行现场救助、流动救助、重点救助。通过DNA比对、人像识别、指纹采集等技术手段，为流浪乞讨人员寻亲，累计救助流浪乞讨人员37人次，劝返160余人次，护送返乡3人次。2022年底，全市共有城乡低保等各类救助对象11.25万人，其中城乡低保对象69821户101108人，高龄老人9512人，特困人员1960人。2022年全市累计发放各项救助补助金7.08亿元，城乡低保对象月人均补差分别达522元和368元，社会救助兜底保障水平不断得到提升。

【养老事业】 2022年，吴忠市实施积极应对人口老龄化国家战略，构建以居家、社区机构相协调，医养、康养相结合的多层次养老服务体系。实施吴忠市居家和社区基本养老服务提升行动项目，将1400名60周岁以上经济困难的失能、半失能老年人纳入项目实施范围，提高困难老年人托底服务能力，推动居家及社区养老服务发展。吴忠市居家和社区基本养老服务提升行动项目被市人民政府确定为吴忠市2022年度民生实事。出台《吴忠市“十四五”养老托育服务健康发展实施方案》（吴政办发〔2022〕31号）、《吴忠市养老服务体系提升三年行动计划（2022—2025）》（吴政办发〔2022〕43号）等规范性文件，制定《吴忠市推进养老服务机构“双随机、一公开”监管工作实施方案》。坚持标准化建设，积极指导全市养老机构积极参与等级评定，以评促改、促服务质量提升。对吴忠市敬老院和吴忠市中心敬老院进行提升改造，消防及适老化设施水平显著提升。吴忠市敬老院申报为五级养老机构，吴忠市中心敬老院申报为三级养老机构，吴忠市康乐养老服务中心申报为二级养老机构。

【社会组织】 截至2022年12月，吴忠市共有社会组织832家、社会团体546家、民办非企业单位286家。其中全市性社会组织165家，社会团体120家，民办非企业单位45家。坚持把学习贯彻习近平新时代中国特色社会主义思想作为“第一议题”，以学习宣传贯彻党的二十大精神为主线，组织500人次收看大会实况，通过邀请自治区党校教授专题授课、集中宣讲、座谈讨论等，引导广大社会组织党员群众进一步坚定听党话、感党恩、跟党走的信心决心。提请市委、市政府调整社会组织管理工作领导小组有关议事协调机构，召开全市社区社团治理暨创建全国文明城市公益环境工作观摩推进会，实地观摩4家社会组织。实施打击整治非法社会组织、持续开展“僵尸型”社会组织整治等6个专项行动和防范打击传销欺诈、“扫黄打非”等2个专项行动。注销“僵尸型”社会组织12家，整改激活3家；市级11家行业协会商会主动减免和降低收费，减轻213家企业66.09万元。对2020年度88名考取社会工作师（助理）资格证书人才进行逐级审核、公示，发放一次性补贴9.9万元。积极申请吴忠市社会组织孵化基地项目。积极向自治区民政厅申报，顺利通过验收，吴忠市民政局“五社联动”被确定为自治区级试点。

【志愿服务】 2022年，吴忠市民政局印发《关于为吴忠市首批应急志愿服务队授牌的通知》，对6支志愿服务队进行授牌。印发《吴忠市民政局牢记嘱托 行胜于言”志愿服务“365行动”方案》，细化任务分工，明确工作责任。截至年底，全市登记注册志愿者31.31万人，占全市常住人口的22.5%；累计注册志愿服务队伍2538个，实施志愿服务项目75604个，累计服务时长2164万小时。

【社区治理】 2022年，吴忠市民政局开展“社区万能章”治理专项行动暨基层减负工作“回头看”活动，全面清理社区证明、挂牌、上墙制度等事项。选优配强居委会班子，补选增配社区工作者11名。全面落实“三档18级”薪酬保障标准，社区工作者月报酬平均增加1000元。进一步挖掘共治资源，落实社区治理“一书三单”，签订共建协议书690余份，90个社区完成共驻共建资源清单、共治需求清单、服务项目清单。搭建“社区、网格、楼宇、单元”四级议事平台，发挥楼栋红管家作用，通过庭院会、板凳会等形式组织开展协商活动1300余次，参与协商2.2万人次。积极培育社区治理特色品牌，利通区“3422”改革试点经验被民政部确定为第一批全国乡镇政府服务能力建设典型经验，盐池县花马池镇四墩子村被评为全国乡村治理示范村，红寺堡区创业社区“123”、青铜峡市紫薇社区“1456”、同心县豫园社区健全机制强化保障等18条社区治理典型经验被评为自治区社区治理“百佳品牌”。5月自治区基层治理培训观摩会在吴忠市召开，吴忠市社区治理经验做法在《中国社区报》专版刊登，利通区上桥社区被民政部评为“全国先进基层群众性自治组织”。发挥村监会作用，对全市1665名村监会成员每人每月分别按照1840元、1750元的标准落实待遇。

【村民自治实践】 2022年，吴忠市全面推行村民代表会议制度“55124”模式，不断深化村民自治实践。规范决策程序，对村级重大事项和涉及群众切身利益的事项，严格按照提出议案、民主议定、公布告知、组织实施、监督管理的“五步工作法”，由村监会全程监督村委会实施。全面落实村级重大事项“20+X”议事决策事项清单，强化“乡村两级监督”和“四级联动督导”，注重乡镇纪委和村监会的两级监督，重点发挥村监会作用，对决策事项实施进行全程监督。

【社会事务】 2022年，吴忠市印发《吴忠市儿童福利机构优化提质和创新转型高质量发展实施方案》《关于未成年人关爱保护工作的实施方案》《未成年人保护工作委员会成员单位职责分工》等文件，切实加强未成年人保护工作的组织领导和统筹协调。指导全面落实孤儿养育津贴，全年累计发放孤儿养育津贴1946.34万元。不断提升儿童福利机构养、教、康、治水平，《吴忠市儿童福利院坚持“四化四育”全方位为特殊困难儿童成长保驾护航》《全方位关爱特殊困境儿童健康成长》在《中国社区报》等媒体刊登。擦亮盐池县“全国婚俗改革实验区”建设品牌，印发《关于推进婚俗改革工作的实施方案》，分阶段分步骤推动婚俗改革向纵深开展。推进婚姻登记规范化建设，共办理结婚登记7401对、离婚1184对。按照困难残疾人生活补贴110元/月、重度残疾人护理补贴120元/月的标准，为3.53万名残疾人发放生活补贴和护理补贴6387.72万元，切实保障困难群众基本生活。

【慈善事业】 2022年，吴忠市争取宁夏源丰煤业有限公司慈善捐款100万元，疫情期间用于购买折叠床、防护面罩等物资，支援吴忠市疫情防控工作。开展“乡村振兴女能手”慈善项目，投入项目资金11.8万元，组织100名农村妇女开展刺绣、手工制品、剪纸培训，为乡村振兴贡献巾帼力量。开展“书香阅读包”慈善项目，向红寺堡区70所学校就读的2050名贫困学生和农村留守儿童捐赠世界经典文学名著等图书，价值41万元。实施助学项目，按照每人1000元的标准，救助吴忠中学品学兼优、家庭困难女学生5人，救助金额5000元。与吴忠市人民医院合作开展“生命之光”血液透析项目，按照每人补助4000元的标准，救助血液透析患者93人，救助金额37.2万元。开展“光明行动”——白内障患者康复手术，按照每人单眼补助500元的标准，救助白内障患者231人，救助金额11.55万元。“9·20”疫情防控期间，共接收武汉卫尔康健康管理有限公司、公益爱慈善协会及马海军等爱心企业、社会组织和个人捐赠的防护服、方便面等价值85万余元的疫情防控物资，第一时间发放到市人民医院、疾控中心、社区等。

【殡葬管理】　2022年，吴忠市民政局下发《关于做好2022年清明节祭扫工作的通知》，明确目标要求、工作任务、推进措施等，提高安全防范意识，落实安全保障措施，加强清明节期间的组织领导、交通安全、设施安全和防火措施落实等。落实属地管理责任，建立完善“党委领导、政府负责、部门协作、社会参与”的祭扫工作机制，明确公安、民政、交通运输、卫健、应急管理、市场监管等部门责任，强化协作配合，统筹做好清明节祭扫服务管理工作。通过报纸、电视、短信、微信等，大力宣传殡葬改革相关政策，宣传移风易俗新风尚。联合文明办在《吴忠日报》、“看吴忠”等媒体刊发文明祭祀倡议书，鼓励引导群众通过植树绿化、踏青遥祭、经典诵读、网上祭英烈等方式缅怀逝者。组织殡葬服务机构积极创建“无烟陵园”，通过开展“鲜花换纸钱”“丝带寄哀思”“时空信箱”等活动，引导群众选择文明低碳祭扫方式，抵制低俗祭祀用品和迷信行为，树立文明祭扫新风尚。

【地名管理】　2022年，吴忠市地名标准化服务中心深入市辖区实地督查户外标牌、公交站牌等不规范地名清理整治及标准地名使用情况，全面完成全市不规范地名标准化处理和清理整治工作。对市区东片区新建的6条市政道路周边情况进行实地踏勘，编绘示意图，形成新建道路拟命名方案。认真贯彻民政部中国·国家地名信息库数据质量建设行动会议精神，按照任务时间表，督导各县（市、区）民政局开展地名信息数据质量建设审核修改工作。累计完成全市行政区域、非行政区域、居民点和街路巷、交通运输设施、纪念地旅游景点等23969条地名信息的修改入库和市级审核等，审核完成率达100%。全面收集汇总吴忠市区123条街路巷标准名称和城区内350多个住宅区名称。完成吴忠市区街路巷名称和吴忠市区住宅小区名称图册的设计印制，以及吴忠市城区道路分区示意图的编绘制作。对历次市区道路命（更）名情况进行全面梳理，对市区78条街路巷3100多块损毁缺失门牌补缺换新。

【区划管理】　2022年，吴忠市民政局制定下发《关于做好2022年度县级行政区域界线第四轮联合检查工作的通知》，对全市6条县级界线联检进行安排部署，督促指导相关县区完成第四轮联检任务。督导盐池县完成宁陕省级行政区域界线盐池—定边段6个界桩更换工作。对红寺堡区申报拟设乡镇的前期调研、专家论证、风险评估、民意调查等工作流程和申报程序给予全面指导，配合自治区民政厅、自治区党委编办对红寺堡区乡镇区划调整进行调研，完成行政区划调整请示和上会说明报告起草等各项工作。梳理历年来区划调整基本情况和存在的问题，形成利通区、红寺堡区等相关县区区划调整及遗留问题的情况报告，为政府决策提供参考。编辑印制《吴忠市行政区划简册》200本。

退役军人事务管理

【概　　况】　2022年，吴忠市退役军人事务局深入贯彻落实习近平总书记关于退役军人工作的重要论述，全面学习贯彻自治区第十三次党代会精神，认真落实自治区退役军人事务厅和市委、市政府安排部署，坚持以退役军人为中心，着力落实《中华人民共和国退役军人保障法》，扎实推进“崇军行动”，优化保障体系，提升服务水平，树立良好形象，推进退役军人工作高质量发展，以优异成绩迎接党的二十大胜利召开。吴忠市退役军人就业创业“五统精准法”经验做法在全国推广，并得到市委主要领导的肯定。双拥先进个人李春雪荣获全国“陆军十大好军嫂标兵”称号，退役军人蔡国、王启才荣获宁夏首届“最美退役军人”称号，退役军人金鸿福等4人被提名宁夏“最美退役军人”。

【退役军人服务设施建设】 2022年，吴忠市退役军人事务局先后投入400余万元，建成全区首家军休老年大学。学校按照“四区一廊一中心”（即民族声乐区、书法绘画区、创作展示区、健身娱乐休闲区，文化艺术长廊、思政教育中心）进行设计布局，开设思政、歌唱、钢琴、古筝、书画、二胡、舞蹈等课程，满足全市军休干部、退役军人等终身学习需求，厚植军休干部“离休不离志、退休不褪色”的政治本色。对涝河桥烈士陵园进行提升改造，由占地13亩扩为26亩，现已基本完成纪念馆主体建设、附属用房主体建设、纪念碑底座改造、广场铺装，为更好发挥弘扬英烈精神、赓续红色血脉奠定了良好基础。

【退役军人服务保障】 2022年，吴忠市退役军人事务局坚持以退役军人为中心，对全市退役军人服务机构“五有”“全覆盖”落实情况开展“回头看”，627个退役军人服务中心（站）全部规范运行，实现了四级退役军人服务保障体系建设全覆盖，遴选推荐申报社会化拥军企业4家、拥军社会组织2家，黄金周畅游宁夏启动仪式、广场专题晚会授牌仪式不断扩大崇军行动的影响力和覆盖面。将宁夏众源保安服务有限公司培育成自治区级退役军人创业孵化基地，做好创建国家级退役军人创业孵化基地准备工作。春节、“八一”期间慰问优抚对象和困难退役军人2万余人次，慰问金644.6万元。安置退役士兵16人，其中事业单位8名、国有企业6名；安置转业军官7名，实现了转业干部安置率、安置进公务员队伍比例、安置满意率三个100%。

【创业就业】 2022年，吴忠市退役军人事务局把退役军人就业创业放在重要位置抓实抓好，将23家培训机构纳入吴忠市退役军人承训机构黄页，培训128人。进一步拓宽退役军人就业渠道，帮助广大退役军人充分就业、稳定就业。与相关部门组织“2022年就业援助月专项活动”“2022年民营企业招聘月暨乡村振兴就业帮扶行动专场招聘会”等招聘会17场次，新增就业190人。积极协调配合税务部门落实退役军人就业创业减免税政策，全市减免退役军人就业创业税收63万元，为退役军人创业担保贷款368万元，实现了退役军人就业有出路、创业有政策。

【传承红色基因】 2022年，吴忠市退役军人事务局进一步做优做大吴忠市“老兵宣讲团”品牌，以“六进活动”扩大影响力、传播正能量，“吴忠市老兵宣讲团”在自治区、吴忠市宣讲110场次，参与聆听的群众达2万人次。涝河桥烈士陵园跻身全国清明节首届网上祭扫慢直播，点击量突破3000万人次。常态化开展网上纪念英烈“云打卡”11.9万人次。积极打造退役军人“党旗红 橄榄绿”志愿服务品牌，发挥全市58支退役军人志愿服务队作用，组织全市1177名退役军人志愿服务者参与文明城市创建、抗击疫情等志愿服务，全市组织开展退役军人志愿服务活动417次。大力发挥“兵委员”作用，接连涌现出利通区马自忠、青铜峡市赵忠宏、盐池县吴婧等一批立足本职岗位、扎根基层一线的优秀典型“兵支书”，传帮辐射王启才等退役军人创办企业，吸引带动金鸿福等退役军人返乡创业，以“头雁”效应带动“群雁”齐飞，为经济社会发展奉献光和热。“轮值站长”模式在利通区成功试点，退役军人在乡村振兴、产业发展、基层社会治理中发挥作用。

【双拥工作】 2022年，吴忠市退役军人事务局印发《2022年双拥工作要点》《军地互提需求、互办实事“双清单”》，整理完善档案资料，做好中期考评准备工作。市委书记坚持每月带领政府及相关部门领导调研部队，现场解决部队建设和官兵急难愁盼问题17件，成员单位为部队累计办实事200余件。召开双拥模范城创建表彰大会，表彰先进集体50个、先进个人80名。在主流媒体开辟各类专栏11期，推送中央、自治区、市媒体报道48次，对亮点工作、典型退役军人事迹等进行广泛宣传。提升改造双拥广场、双拥林、双拥路、双拥桥等宣传阵地180多处。大力营造崇军拥军浓厚氛围，上好“准新兵”

入伍前第一课，军地领导坚持列车站台欢送新兵奔赴军营，机关干部、学生及社会各界制作“情系边海防官兵”贺卡、手抄报、慰问信，慰问大礼包7000余份，为247名立功受奖官兵隆重送喜报，发放奖金30万元，慰问部队238次、840万元。着力打造特色拥军品牌，全面提升双拥共建水平，优先安排73名现役军人子女入托入学。在军营建设流动图书站17个，提供图书7000余册，增加拥军车停靠站点和停车场所5个，免费开通“拥军班车”。

乡村振兴

【概　　况】　2022年以来，吴忠市乡村振兴局坚决贯彻落实区、市党委和政府各项决策部署，以“守底线、抓发展、促振兴”为目标，以巩固拓展脱贫攻坚成果为重点，以不发生规模性返贫为底线，以反馈问题整改落实为抓手，补短板、强弱项、促提升，持续推动巩固拓展脱贫攻坚成果同乡村振兴有效衔接取得了明显成效。2022年全市脱贫人口人均纯收入达到15046.20元，增速21.1%，四项收入全部实现正增长。挂牌督办的盐池县脱贫群众人均纯收入达到18163.24元，增速22%；吴忠市易地扶贫搬迁后续扶持工作受到国家发改委办公厅通报表扬；青铜峡市被列入2022年国家乡村振兴示范县创建名单；红寺堡区乡村振兴重点工作和推动地区经济社会发展等方面成效明显，被国务院通报表彰并奖励激励资金2000万元；利通区东塔寺乡、红寺堡区柳泉乡永新村、盐池县麻黄山乡何新庄村入选全国乡村旅游重点村乡（镇）名单。

【完善工作机制】　2022年，吴忠市乡村振兴局提请市委、市政府先后10次召开常委会会议、常务会议、农村工作领导小组会议和专题会，及时传达学习中央、自治区党委农村工作会议和巩固拓展脱贫攻坚成果同乡村振兴有效衔接有关会议精神，解决困难和问题，研究部署重点工作。研究制定了《吴忠市2022年全面推进乡村振兴重点工作的实施意见》《吴忠市健全监测帮扶责任考核机制　巩固拓展脱贫攻坚成果任务分工方案》《吴忠市巩固拓展脱贫攻坚成果同乡村振兴有效衔接“十四五”规划主要任务分工方案》等一系列政策性文件，进一步完善工作机制，明确工作任务。建立了重点工作领导包抓、挂牌督战、挂图作战、清单管理和统筹调度“五大机制”，推行市级领导包抓重点县、重点乡、重点村制度，印发了重点工作任务清单，全面压实市直各行业部门和县乡村三级工作责任。

【防止返贫监测】　2022年，健全防止返贫动态监测、帮扶、责任、考核机制，按季度召开联席会议3次。组织乡村干部、驻村工作队、帮扶责任人及网格员开展防止返贫监测帮扶两轮集中排查，按照2022年收入监测范围7000元的参考值，对存在风险的农户及时进行“一键预警”和“八必访”。截至2022年10月底，全市新识别脱贫不稳定户、边缘易致贫户和突发严重困难户“三类监测对象”610户2276人，累计识别3867户14175人，消除风险2870户10395人，风险消除率73.33%。正在监测帮扶的1000户3785人，全部根据返贫致贫风险，制定“一户一策”帮扶方案，对有劳动能力、有就业意愿的监测对象落实产业、就业帮扶，对因病、因学、因意外事故等落实健康、教育、社会保障等精准帮扶措施，确保及时消除返贫致贫风险。

【巩固脱贫攻坚成果】　2022年，围绕脱贫群众稳定增收，调整完善产业扶持政策，积极应对疫情、旱情影响，强化产业就业帮扶，将财政衔接资金的61%用于产业发展，推动“六特”产业发展壮大，全面落实就业帮扶政策，组织脱贫人口外出务工69507人，完成年度目标任务的102%。安置公益性岗位10697人，比2021年、2020年分别增加1670人、345人。80个就业帮扶车间开（复）工79个，复工率98.75%。深化闽宁协作和央企帮扶，加强沟通对接和交流互访，落实帮扶资金2.425亿元，实施项目145个，3个闽宁产业园建设持续加快。新增引导落地投产企业14家，实际投资10.3584亿元。

【移民致富提升行动】　2022年，制定《吴忠市移民致富提升行动2022年重点任务分工方案及清单》，明确各成员单位工作职责，扎实推进移民致富“9+1”专项提升行动。整合中央、自治区衔接补助、闽宁协作、地方债等各类资金13.75亿元，精心谋划移民致富提升项目1438个。整合资金6.06亿元，落实移民产业扶持项目433个。开展就业培训、技能培训、劳务经纪人培训等9800人次，移民外出务工就业12.5万人。积极申报自治区级移民致富提升示范县（区）1个、示范乡（镇）2个、示范村（社区）29个。安排市级领导和市直部门包抓红寺堡区23个重点移民村（社区），争取落实中央、自治区衔接补助资金8.95亿元用于示范区建设。

【乡村建设】　2022年，认真落实《吴忠市村庄规划条例》，编制完成96个重点移民村（社区）“多规合一”实用性村庄规划文本。制定印发《吴忠市乡村建设五年方案》《吴忠市乡村全面振兴样板区建设实施方案》，深入推进农村人居环境整治五年提升行动，生活垃圾得到治理的行政村比例达到100%。实施移民地区基础设施建设三年攻坚计划，整合各类资金2.06亿元，实施人居环境整治项目53个，完成了30个重点移民村农村生活污水处理设施建设，村庄绿化和庭院经济林建设面积2.74万亩。积极探索党建引领、多方参与、共建共有、共治共享的乡村善治模式，深入实施“三大三强”行动和“两个带头人”工程，持续推进村党组织带头人队伍建设，497个行政村全部实现村集体收入增加，其中100万元以上的村有57个。吴忠市完成村庄规划编制143个，新建乡村振兴示范村39个，新（续）建重点小城镇7个、美丽村庄16个，完成抗震房及危房改造326户、农户清洁能源改造8.5万户、村庄绿化和庭院经济林建设1.11万亩，新改建农村公路290公里、提级改造600公里，同心县被评为“四好农村路”全国示范县，农村自来水普及率达98.5%。完成户厕改造1.05万户、“问题”厕所整改2.4万户，完成污水治理的行政村168个，农村生活垃圾治理率达100%、无害化处理率达98%，卫生厕所普及率达60%，污水治理率达33.3%。畜禽粪污资源化利用率、农作物秸秆综合利用率和农用残膜回收率分别达到98.98%、92.8%和90%。持续推进河湖“清四乱”工作。青铜峡市成功入选2022年国家乡村振兴示范县创建名单，利通区被自治区确定为绿色发展先行区示范县，同心县张家塬乡折腰沟村等6个传统村落被推荐评选第六批国家级传统村落。

【扶贫产业】　2022年，吴忠市完成粮食播种面积323万亩，全国（西北片区）大豆玉米带状复合种植机收作业现场会在吴忠市召开。全区千亿级牛奶产业集群“三基地三中心”启动仪式在吴忠市举办，加快实施新希望万头牧场、晓鸣股份红寺堡区智慧农业产业示范园、青铜峡市国家数字种植业创新应用基地等项目，全年奶牛、肉牛、滩羊存栏分别达到33.4万头、34.9万头、310.7万只，分别增长14.5%、10.2%、1.6%；肉牛、滩羊出栏分别达19.7万头、349.4万只，分别增长2.3%、9.9%。酿酒葡萄、枸杞、冷凉蔬菜种植面积分别达到28万亩、11.2万亩、67.8万亩。举办“十城百场”吴忠产区葡萄酒推介活动37场，参加大型展示展销活动，全年销售葡萄酒5370吨、销售额4.92亿元；开展优质农产品促消费活动，销售额3270万元。加快农旅融合发展，利通区东塔寺乡、红寺堡区柳泉乡永新村、盐池县何新庄村被文化和旅游部认定为全国乡村旅游重点村镇；利通区古城镇新华桥村、青铜峡市叶盛镇蒋滩村被农业农村部认定为2022年中国美丽休闲乡村。开展耕地和永久基本农田保护划定工作，划定耕地472万亩、永久基本农田386万亩。

【乡风文明】　2022年，吴忠市扎实开展“听党话、感党恩、跟党走”宣传教育活动，充分发挥643个新时代文明实践中心（站、所）、557个乡村志愿者服务队、590个文明实践爱心超市作用，着力打通宣传群众、教育群众、引领群众、服务群众“最后一公里”。实行文明村镇、文明家庭动态管理，评选新一届市级文明村镇28个、文明家庭100户、星级文明户50户。召开全市移风易俗现场推进会，深入开展“拒绝高价彩礼　推进移风易俗”宣传浸润专项行动，引导群众转变观念、摒弃陋习，涌现出马继元等移风易俗先进典型。新建4个标准化文化服务站、21个村综合文化服务中心，开展“送戏下乡”“戏曲进乡村”“文化进万家”活动670场次，不断加强文化惠民。

【治理实践】　2022年，吴忠市

深入开展乡村治理市域示范创建三年行动，新建乡村治理中心13个、农业农村综合服务中心12个。融合推进“一抓两整”示范县乡创建行动，创建示范乡镇30个、示范村374个。大力开展勤劳致富、美丽庭院、睦邻和谐等“六个先锋”示范引领行动，累计评选先锋示范户2.26万户。全面推行村代会“55124”模式，不断深化村民自治实践。全面开展“枫桥式”司法所、人民调解组织、人民调解员培育创建活动，调解矛盾纠纷3581件，调解成功率98.4%。

【生活富裕】　2022年，吴忠市全力推进脱贫考核评估问题整改，14个方面57个问题全部完成整改，2022年全市脱贫人口人均纯收入达到15046.20元、增速21.1%，农村居民人均可支配收入17380元、增长7.7%；挂牌督办的盐池县脱贫群众人均纯收入达到18163.24元、增速22%，农村居民人均可支配收入达到16593元、增长8.8%，全市“两个高于”目标稳定实现。投资3.8亿元新建、改扩建幼儿园20所、小学3所、中学5所，新增学位15036个，乡镇中心幼儿园实现全覆盖。精准做好农村疫情防控，保护人民生命健康安全。开展农民职业技能培训1万人次，转移就业22.15万人，创业带动就业1.3万人。为2237名困难群众代缴养老保险29万元，发放救助补助资金7.08亿元。大力推进农村各类产权进场交易，新增交易446宗、交易金额4.4亿元，抵押登记2451宗、贷款2.6亿元。完成“一村一年一事”办理事项505件（市级14件），农民群众的获得感、幸福感不断提升。

【农村人居环境综合整治】　2022年，吴忠市以农村人居环境整治提升五年行动为目标，以农村厕所革命、生活污水和垃圾治理、村容村貌整治提升等为重点，持续改善提升农村人居环境质量和农民群众生活品质，接续推进农村人居环境整治提升。全市完成农村卫生厕所改造10500户，川区农村卫生厕所普及率达到91.3%，山区三县（区）卫生厕所普及率稳步提升；农村生活垃圾得到治理的行政村基本实现全覆盖，农村生活垃圾无害化处理村占比达到95%，持续推行“两次六分、四级联动”垃圾分类治理模式，向自治区住建厅推选生活垃圾分类和资源化利用示范村162个；完成农村生活污水治理项目25个，覆盖18个乡镇46个行政村，农村生活污水治理率达到33.27%；开工建设美丽村庄16个，重点小城镇建设项目7个。

信访工作

【概　　况】　2022年，全市信访系统坚持以习近平新时代中国特色社会主义思想为指导，深刻领会践行习近平总书记关于加强和改进人民信访工作重要指示、视察宁夏重要讲话指示批示精神，以党的二十大信访安全保障工作为主线，坚决落实为民解难、为党分忧的政治责任，全面深化信访制度改革，纵深推进重复信访积案化解、切实推动信访问题源头治理。全市信访工作呈现“一平稳、三提高、三下降”（信访形势平稳有序，信访事项及时受理率、按期答复率、群众满意率明显提高，进京访、重复访、集体访总量持续下降）的良好态势，为全市稳经济保增长促发展和社会安全稳定贡献积极力量。市信访局张炜宁、青铜峡市信访局张琴分别荣获“全国信访系统优秀信访局长”“全国优秀投诉办理员”称号，在第九次全国信访工作会议上受到表彰。

【信访工作】　2022年，全市坚持和加强党对信访工作的全面领导，深入贯彻落实习近平总书记关于加强和改进人民信访工作重要指示和2022年1月对信访工作的重要指示精神，市委常委会会议、政府常务会议听取信访工作汇报，各县（市、区）党委、政府和工（农）业园区先后30多次召开专题会议研究信访工作，分析信访形势，部署工作任务，统筹信访工作中事关社会经济发展、和谐稳定、疫情防控的重大事项，及时妥善处理信访突出问题。持续深入贯彻落实自治区《关于进一步加强和改进新时代信访工作的意见》，对照自治区信访局贯彻落实全区完善基层治理体系提高基层治理能力“1+6”文件任务分工安排，按照“党政同责、一岗双责，属地管理、分级负责，谁主管、谁负责”的原则，将信访工作督查纳入党委、政府督查范围，将信访工作考核纳入效能目标和平安建设考核，以督查考核推动责任落实，党委统一领导、政府组织落实、联席会议协调、信访部门推动、各方齐抓共管的信访工作新格局建立健全。

【信访工作联席会议】 2022年，全市信访系统把信访工作联席会议机制作为加强党对信访工作全面领导的重要抓手，在市、县信访工作联席会议的基础上，全市47个乡镇全覆盖建立信访工作联席会议。各级信访工作联席会议通过定期召开会议、分析研判信访形势、研究处理突出信访问题，进一步发挥统筹协调、整体推进、督促落实的职能作用。源头预防、排查梳理、纠纷化解、应急处置的信访矛盾综合治理机制构建持续加快，齐抓共管的信访工作格局更趋完善。随着各项体制机制的完善，信访事项平均办理时间由原来的53.6天缩短至21天，信访工作更加优质高效，大批信访矛盾在基层得到了有效化解，群众满意度明显提升。

【《信访工作条例》宣传】 2022年，全市各级党组织、各部门将《信访工作条例》纳入党委（党组）理论学习中心组学习内容和干部普法学习、党内法规教育计划。市信联办制定印发《吴忠市开展学习宣传〈信访工作条例〉活动实施方案》，全市信访系统和各有关部门开展了形式多样的“五进”（进乡村、进社区、进学校、进企业、进机关）学习宣传活动。6月，市信联办组织市信访工作联席会议部分成员单位、各县（市、区）信访局等32个部门在利通区开源广场开展了《信访工作条例》广场集中宣传活动。各地、各部门结合各自实际，因地制宜开展了系列学习宣传活动，累计组织开展活动17场次，发放各类宣传品（册）10万余份，举办4轮次专题培训班，着力营造办事依法、遇事找法、解决问题用法、化解矛盾靠法的良好环境。8月，在全市信访工作联席会议上对全市领导干部和信访干部作了专题辅导，进一步明确了新时期信访工作的方法路径，切实增强了全市上下做好信访工作的责任感、使命感。

【信访积案化解】 2022年，全市信访系统统筹化解中央和自治区信联办交办的353件重复信访、信访积案，着力开展“百日攻坚”行动，市委、市政府主要领导先后就信访工作作出批示12次，涉及专项工作4次、专题调度41次，带头包抓信访突出问题4件，市级33名领导按照分工包抓重复信访积案35件，带动全市各级领导干部全员包案化解。市信联办积极加强指导推动，协调联动市中级人民法院、检察院、公安局、住建局、人社局单位，先后召开协调会、研判会、听证会13次，有力推动解决了一批“钉子案”“骨头案”。通过采取强有力的措施，中央、自治区信联办交办的“倒流”1次的24件重复信访积案和“倒流”3次以上的11件重复信访积案，实现了积案清零。坚持一手抓积案化解减存量，一手抓初信初访控增量，治标与治本并重，源头减少重复信访。扎实推进信访事项办理化解质效提升活动，随接随处、定责限时办复初信初访1237件，推行“不走访、网上访”，提速提质办理群众网上投诉479件。利通区、红寺堡区对涉疫信访事项实行急事急办、特事特办、接诉即办，坚持24小时在线接听群众来电，快速帮助群众解决生产生活等困难。

【信访矛盾排查】 2022年，全市信访系统坚持信访矛盾“周调度、月排查、季交办”的常态化排查长效机制，市信联办组织开展自下而上和自上而下相结合的信访矛盾纠纷排查活动，排查出重点信访矛盾隐患，立足于发现在早发现在小、发现在萌芽，第一时间排查稳控，第一时间化解销号。各县（市、区）、市直部门对各辖区和领域的矛盾风险同步跟进开展排查工作，对排查梳理出的各类不稳定因素，建立化解台账，制订工作方案，压实防控责任，确定解措施，实行动态销号。

【领导接访】 2022年，市级领导到信访接待场所接待来访群众，掌握社情民意，推动问题化解。安排两轮52人次市级领导接访、包案推动化解84件疑难复杂信访事项，市委书记徐耀，市委副书记、市长王学军，市人大常委会主任兰德明，市政协主席王天军等市级领导到市信访局面对面接待来访群众，示范带动五县（市、区）158名县（市）、园区领导接访、包联化解疑难复杂信访问题166件。运用法律、政策、经济、行政等手段和教育、调解、疏导等方式解决挂账的新老信访问题1763件，将维稳工作体现在平时中，为重要敏感节点保持信访秩序稳定打下坚实基础。

【源头治理】 2022年，全市信访系统主动把信访工作融入市域社会治理现代化试点工作大局，坚持以人民为中心的发展思想，坚守人民情怀，站稳人民立场，坚持和发展新时代“枫桥经验”，源头化解矛盾，制定《吴忠市创建无访村（社区）、无访乡镇（街道）实施方案》，全面建成市、县、乡三级矛盾纠纷调处化解中心，切实将群众反映的信访问题解决在基层、化解在源头，有效构建“一站式接收、一揽子调处、全链条解决”工作新模式。利通区金花园社区以“塞上儿女一家亲、同心共筑中国梦”为目标，构建“金色阳光、七彩家园”，开展“七星服务项目”，探索形成民族团结“四部曲”工作模式。王兰花热心小组协助有关部门及时就地化解了多起信访矛盾。青铜峡市峡口镇谭桥村以“六不出村”为目标，坚持以党建为引领、以乡村治理为主导、以村民需求为导向、以改革创新为动力，逐渐探索出一条特色乡村治理道路，连续25年无上访、信访记录，实现小事不出网格、大事不出村的良性循环。把信访矛盾防范在先、处置在小的要求落实落细，绝大多数信访问题解决在县（区）、乡镇（街道）两级的目标有了新的突破。

【自身建设】 2022年，市信访局根据自治区《关于加强新时代网上信访工作的实施意见》，提请市委、市政府批准印发《吴忠市关于加强新时代网上信访工作的具体措施》，高质量办理群众网上投诉。目前吴忠市群众网上投诉占信访总量的38.3%，向群众“少走访、网上访，不见面、网上办”目标迈出了一大步。年内市信联办与市委政法委、市委网信办、市公安局、市应急管理局、市人社局等部门加强配合，互通信息，发出重点信访预警信息67次，接收市公安局指挥中心串联或扬言类预警指令586件，对扬言性、行动性、预警性信息逐一发函督办。通过全市信访工作联席会议，由市委、市政府分管领导向责任单位定向交办化解疑难信访问题。

政法委与综治

【概　　况】　2022年，全市政法系统坚持把党的二十大精神、习近平新时代中国特色社会主义思想、习近平法治思想等列为理论学习中心组学习“第一议题”、党组织学习“第一内容”、党员学习“第一任务”，运用政法大讲堂、理论学习研讨班、青年学习班、夜学大讲堂等形式，采取领导带头示范学、党员跟进全面学、研讨交流感悟学、线上线下融合学等方式，教育引导党员干部深刻认识“两个确立”的决定性意义，自觉增强“四个意识”、坚定“四个自信”、做到“两个维护”，持续推动全市政法队伍用党的创新理论武装头脑、指导实践、推动工作。全市政法系统共开展党委（党组）理论学习中心组学习51次、干部理论学习133次，交流研讨17次。实施政法委机关党建“淬钢工程”，圆满完成支部换届，以党支部标准化建设为抓手，严格落实“三会一课”制度等党建基本制度，进一步推动党内政治生活的规范化。

【自身建设】　2022年，市委政法委健全完善《政法机关政治督察工作制度》《政法干警纪律作风督查巡查工作制度》等26项配套制度，形成较为完善的制度体系。

【“清廉吴忠”建设】　2022年，市委政法委首次召开全市政法系统“清廉吴忠”建设推进会，组织开展全市政法系统“廉政警示教育周”活动，组织全市政法干警到廉政警示教育基地参观，观看《权欲之殇》等警示教育片，教育引导全体干警筑牢思想防线，干净干事，谨慎用权，清白做人。常态化推进政法队伍教育整顿，制定出台《巩固全市政法队伍教育整顿成果　推进全面从严管党治警的若干措施》，共收到各类举报线索178条，核结123条，核查属实（或部分属实）20件，处理28人。公安系统开展“砺警工程”，健全“派驻纪检监察组＋机关纪委＋基层党组织纪检机构”三位一体纪检监察新机制，强化监督执纪问责，公安民警辅警违纪存量线索基本清零，新发违纪问题显著降低。市检察院设立“清风茶室”，对存在苗头性、倾向性问题的干警由院党组和派驻纪检监察组进行谈话，及时“咬耳扯袖”。政法委机关组织召开年度党风廉政建设工作会议，签订党风廉政建设责任书，建立健全机关党建“四个清单”、全面从严治党“三个清单”；组织全体党员干部围绕廉洁从政、不违反“三个规定”等8项内容，在党员干部大会上进行“八合一”公开承诺。认真落实机关党风廉政建设风险点排查制度，共排查廉政风险点29个，制定针对性防控措施31条，从源头防范腐败行为的发生。配合市纪委监委举办“廉韵吴忠　喜迎二十大”文艺会演，组织拍摄的《淬火成钢》微视频荣获市纪委微视频评选一等奖。

【市域社会治理现代化试点】 2022年，市委政法委对照《全国市域社会治理现代化试点工作指引（第二版）》，制定责任清单、区域特色任务责任清单、负面责任清单，实行目标管理，推动试点工作有序推进。将试点工作纳入市“十四五”规划，列入市委重点工作和市级领导干部包抓的30项重点工作，重点突破、全力推进。聘请第三方对试点工作开展情况进行评估，组织5个县（市、区）交叉互验、互观互评互学，总结经验，补齐短板，为迎接中央验收奠定基础。按照试点项目“11+2”分类要求，制定《市域社会治理现代化试点项目专班任务分工方案》，建立“1+1+N”项目领导包联县（市、区）工作机制，通过领导小组会、现场观摩推进会、人大视察评议、政协调研协商等方式督促试点工作有序推进。以防范化解政治安全风险、发挥政治引领作用、发挥自治强基作用3个全国试点项目为牵引，在全市创经验、在全区树样板、在全国争一流。将市域社会治理作为党政领导班子和领导干部平安建设考核内容，列入政治巡察和督导重点内容，围绕市域社会治理“1+5+5+2”任务要求，成立13个工作专班，将11个板块、63项重点任务细化为274项具体任务指标，实行定单位、定人员、定标准、定责任、定时限的“五定”目标管理，纳入效能目标考核，通过召开现场会、观摩会、“十个一”活动等方式推进，形成任务落实、督导检查、成效评估全流程闭环管理。把试点工作与基层“1+6”充分结合，制定“1+6”示范点操作指引、“1+6”示范点标准（试行）等规范性文件，在乡村、社区、学校、企业、社团等领域打造60余个示范点，形成一批典型工作经验。

【维护社会稳定】 2022年，吴忠市常态化推进扫黑除恶斗争，打掉涉黑涉恶组织、团伙9个，破获各类刑事案件322起。保持严打高压态势，1—9月，刑事案件立案数同比下降24.5%，破案率68%，居全区首位。八类案件、现发命案、“两抢”、盗窃案件同比分别下降15%、66.7%、81.8%、35%。成功侦破命案积案2起，抓获命案逃犯3人。现发命案连续10年保持全破，八类案件连续4年保持全破，群众安全感满意度持续提升。自5月6日起，启动全市“日报告”“零报告”制度，每日报送矛盾纠纷数据台账，每周进行一次分析研判，每月进行一次通报，调度安全处置，增强预警能力。全市共排查梳理出较大矛盾风险66件，由5名市级领导分别带队的督导组定期跟踪进展，确保排查出的问题一个不漏过、一个不放过、一个不留存，实现各地各行业领域风险隐患清仓见底。落实重点信访问题领导包案会商制度，33名市级领导包抓督办35件信访积案，有效化解一大批“钉子案”“骨头案”。特别是由3名市级领导挂帅督办的烂尾楼盘东吴明珠小区开工建设，年底即可交房；天悦府住宅项目拖欠254名农民工496.7万元工资已全部支付到位。中央、自治区交办吴忠市的两批353件重复信访事项化解352件，化解率99.7%。组织召开坚持和发展“枫桥经验”推进诉源治理现场会，将司法触角延伸到社区、农村、基层，推动矛盾纠纷化解在基层、解决在萌芽。全市共排查矛盾纠纷2156件，调解成功2127件，调解成功率98%。对5个县（市、区）、12个重点市直部门、18个重点乡镇、公安派出所、村（社区）管控的31个重点信访人员稳控情况开展滚动式督查，确保稳控到位。重点关注181名扬言实施极端行为重点人，2022年未发生精神病人肇事肇祸和个人极端案事件。扎实开展铁路护路联防工作，全市有28个单位和个人被评为护路先进单位（个人），辖区6个火车站（高铁）全部被命名为自治区级“平安火车站”。

【安全隐患排查整治】 2022年，市委政法委全面启动“两警”联勤武装巡逻一级勤务和高等级防控勤务响应机制，采取“车巡+步巡”“定点+流动”的方式，加强重点区域巡逻防范和安全守卫，严防发生重大警情和敏感事件。组织开展社会面集中清查检查整治50余次，查处“黄赌”案件843起2746人。检查重点单位438家，整改安全隐患287处。对全市6家危爆企业开展安全检查，整改问题14个。推进道路安全隐患排查治理和道路交通事故预防“减量控大”工作，全市道路交通事故“四项指标”同比分别下降17.8%、39.3%、0.7%、39.9%。统筹调度全市政法系统干警7000余人次、车辆1000余台次，参与交通卡点管控、涉疫案件办理等工作，排查化解涉疫矛盾纠纷164起，妥善处置涉疫类警情490起，依法办理涉疫类案件18起，有力保障疫情期间全市社会大局持续稳定。

【“平安吴忠”建设】 2022年，市委政法委深入开展“平安细胞”创建活动，出台平安吴忠建设“细胞工程”创建活动方案、考评标准、负面清单等制度，推动县（市、区）和各行业开展平安乡镇、平安校园、平安医院等八大类基层创建活动，积小安为大安，不断提升群众获得感、幸福感、安全感。在盐池县组织召开市域社会治理工作推进会暨平安建设工作经验交流会，总结推广“平安中国示范县”建设经验，推动更高水平的平安吴忠建设。深入推进反诈人民战争，坚持防范和打击并重。1—9月，全市共立电信网络诈骗案件1025起（万人立案数全区最低），同比下降21.9%；破案693起，同比上升58.6%。全力推进打击整治养老诈骗专项行动，制定《全市打击整治养老诈骗专项行动实施方案》及12个领域专项子方案，确保各县（市、区）、各成员单位各司其职、协调配合，同频共振、齐抓共管。聘任“七一勋章”获得者、全国道德模范王兰花担任市打击整治养老诈骗宣传大使，得到全国专项办通报表扬。制定出台打击整治养老诈骗专项行动线索举报奖励办法和线索“三色”管理办法，千方百计收集线索，强化线索分类管理，提高案件线索办理质效。全市共摸排线索56条，核结50条，其中查实18条，立案6起全破，涉案金额18.41万元，为群众挽回经济损失17.5万元，追赃挽损率95%。迎接中央督导组养老诈骗督查督导并得到充分肯定。

【依法治市】 2022年，市委政法委组织召开市委全面依法治市委员会年度会议，制定印发全面依法治市《2022年工作要点》，明确任务，压实责任，确保各项工作任务落地落实落细。推进党政主要负责人述法常态化，市县两级16个部门在本级依法治市（县、市、区）委员会上现场述法。主动认领中央依法治国办实地督察宁夏反馈意见7类26个问题，制定50条整改措施，全面完成整改。组织协调推动审判机关持续完善与司法、行政机关的沟通联络机制，以“协调+指导”模式推进行政纠纷妥善化解。按照“1+3+6+2+1+N”工作模式，持续深化行政执法“三项制度”，市直30多个单位完成6个清单及行政执法责任制的修订工作并在网上进行公示。推动行政争议实质性化解，行政机关负责人出庭应诉率达95.8%。组织两级法学会积极参加“法学研究下基层调研”，组织开展2022年“双百”宣讲活动，举办“百名法学家百场报告会”127场，受益3万余人。

【案件评查】 2022年，市委政法委制定《2022年度案件评查工作方案》，组织两级政法单位开展自评，共评查案件1479件。两级党委政法委组织开展案件交叉评查，评查案件289件，其中优秀案件91件，瑕疵案件12件，以查促改，以评提质，持续加强执法规范化建设。推动司法行政部门积极开展行政执法案卷评查工作，对54个行政执法部门2021年6月以来办结的118本行政处罚案卷进行抽查，推动依法行政、规范执法，保证法律、法规、规章的正确实施。

【政法领域改革】 2022年，市委政法委召开政法领域全面深化改革工作会议，印发年度《政法领域全面深化改革工作要点》，定期向市改革办上报2022年区直部门重点改革任务清单（吴忠市推进台账）、全面深化改革重点任务推进情况台账，全市政法领域11项重点改革任务全部完成。

【司法服务】 2022年，全市各政法单位聚焦黄河流域生态保护和高质量发展先行区建设，实施司法服务保障经济发展专项行动，着力推动司法服务与经济发展深度融合。市检察院出台《水行政执法+检察公益诉讼 服务保障黄河流域生态保护和高质量发展先行区建设工作方案》《吴忠市“林长+检察长”协作机制》，得到市委和自治区检察院主要领导的高度重视和肯定。推动发挥检察公益诉讼职能，出台《服务保障黄河流域生态保护和高质量发展的实施意见》《服务保障罗山生态保护的实施意见》，守护绿水青山。市中级人民法院组织召开重点案件协调联席会议，积极推动企业破产重整、盘活“僵尸”企业，促进企业复工复产，有效化解金融风险，促进经济发展，实现政治效果、法律效果、社会效果的有机统一。

【公共法律服务】　2022年，深化全市公共法律服务实体平台、热线平台、网络平台建设融合发展，创新开展“互联网+法律服务”模式，推广一村（居）一法律顾问制度，实现全市所有乡镇、村（社区）全覆盖。开展“百所联百会”活动，成立“百所联百会”法律服务工作站，全市29家律师事务所与工商联系统37家商协会精准匹配，为100余家企业审查合同45份，提供法律咨询286次，提出法律建议146次，代理解决争议纠纷115次，为企业健康发展提供法治保障。进一步畅通法律援助渠道，全面落实法律援助证明事项承诺制，开辟特殊群体法律援助“绿色通道”。共办理法律援助案件1089件，为受援人挽回经济损失650余万元。积极落实司法救助工作，共办理司法救助案件110余件，使用司法救助资金179.1万元，让人民群众感受司法温度。

【法治宣传】　2022年，组织市司法局修订部门（单位）普法责任制“四个清单”，出台《吴忠市领导干部学法清单制度（试行）》，推动“关键少数”和“关键群体”尊法学法守法用法。持续加强“法律明白人”培养，组织“法律明白人”培训285场次、14790余人次，累计培养骨干3042人，带动农村群众学法守法用法。成立由区、市法律专家、教授、骨干组成的“八五”普法讲师团，深入机关、企业、学校、社区等开展巡回宣讲活动，进一步丰富普法形式和载体。3个行政村被自治区推荐为第九批“全国民主法治示范村（社区）”命名对象。

【队伍建设】　2022年，市委政法委通过理论学习中心组学习和干部理论学习、政治轮训、“政法风采、吴忠故事”网络大讲堂等多种形式开展理论教育，教育引导全市政法干警铸牢忠诚，坚定捍卫“两个确立”、忠诚践行“两个维护”。举办全市政法领导干部政治轮训示范班、年轻干部政治能力提升班。协助市委组织部举办市域社会治理现代化试点市专题培训班，市县两级156名干部参加培训，带动全市政法单位开展各级各类培训班7期次。组织开展“盛夏学习季”庭审观摩、“结案竞赛月”等活动，推动提升业务素养。实施公安实战练兵“强基工程”，紧扣二十大维稳安保实战，着眼应对处置规模聚集、个人极端案等事件，组织实战化综合演练4次，枪械训练2轮次，执法练兵活动11次。提请市委召开落实“3331”工程推进会，对全市两级政法机关领导班子和干部队伍建设进行调研摸底，建立全市政法优秀年轻干部储备库，为推动“3331工程”落实奠定坚实基础。健全完善职务职级晋升、干部交流轮岗、优秀年轻干部培养选拔等机制，协助党委开展科级干部交流10人，完成18名科级领导干部试用期满正式任职考察和3批次35人职级晋升工作，建立100名年轻后备干部人才库。自治区党委政法委向全国推荐吴忠市委政法委“政法楷模”1名。组织开展“最美乡镇政法委员”评选活动，评选自治区级、市级“最美乡镇政法委员”各5名。

公　安

【概　　况】　2022年，全市公安系统深入开展党史学习教育，激发全警知史爱党、知史爱国的坚定信念。推出“我为群众办实事”举措67项和便民利企举措39项，“团圆”行动、“平安顾问”得到上级督导组高度肯定，“微服务+寻人寻亲”成为全国公安机关五个特殊公共服务项目之一，成功找回失踪30年、14年的人员各一名，帮助两个家庭实现了团圆梦。扎实推进公安队伍教育整顿，抓好“三个环节”，突出“四项任务”，融合推进“五项教育”，436件问题线索高效核结，977件突出问题全部整改销号。延伸开展公安队伍作风建设“三大活动”和辅警队伍教育整顿，全市公安队伍能力素质进一步增强、纪律作风进一步好转。强化警容风纪、队列训练、正规化管理，在“创城”迎检、百日攻坚行动、执法勤务等工作中，展现出良好精神面貌。交流轮岗领导干部34人，提拔任用年轻干部17人。

【公安改革】　2022年，市公安局大力推进改革和加强派出所工作，市委、市政府出台《关于改革和加强新时代吴忠公安派出所工作的实施方案》，在全区率先将改革和加强派出所工作纳入党委、政府专项督导内容，推动

“派出所改革一号工程”上升为党政工程。将深化基层治理、扎实推进“平安细胞”建设纳入平安建设考核，全市489个小区、1157个单位、242个村居实现刑事案件“零发生”。全市587个村（社区）建成警务室542个，覆盖率92.3%，全区率先实现“三个全覆盖”。派出所所长和社区民警“进班子”稳步推进，基本实现“应尽必进”“应进全进”。社区警力不断加大，全市522个村（社区）达到最低警力配备要求。稳步推进“天网”“地网”工程建设，建成视频云解析平台，数据赋能打击破案、疫情防控效能进一步凸显。大力推进执法监督管理机制和执法责任体系改革，工作经验被《宁夏政法工作》专刊刊发，超期受立案“零发生”，执法安全事故连续6年“零发生”。深化公安“放管服”改革，深入推进“互联网+公安政务服务”工作，平台实名注册率、网上办件量居全区第一。全面落实公安政务服务事项“24小时×365天”受理办理制度，新增自助一体服务机6台，非工作日办理便民业务1.01万件，工作经验得到自治区公安厅副主席杨东批示肯定并在全区通报，吴忠市政务服务中心户政窗口、利通区民生街派出所、盐池县车管所被评为全区首批公安政务服务示范点。

【平安吴忠建设】 2022年，市公安系统常态化开展扫黑除恶斗争，打掉涉黑涉恶团伙7个；严厉打击暴力犯罪，侦破命案7起，现行命案连续九年保持全破。成功侦破同心县抢劫杀人等命案积案3起，抓获命案逃犯2名，同心县命案积案历史性清零。严打突出违法犯罪，破获各类刑事案件3565起，破案率55.3%，全区最高。破获电信网络诈骗案件921起，破案率48.6%，全区最高。侦破涉枪刑事案件7起。深化常态打击整治，扎实开展“断链行动”，查处“黄赌”案件467起，成功侦破盐池县特大地下流动赌博案，受到领导批示肯定。市公安局荣获全国“扫黄打非”先进集体，吴忠市荣获“全国禁毒示范城市”称号。

【服务发展大局】 2022年，市公安局全力维护社会安定，共受理各类治安案件11434起，查处违法人员9666人；排查化解各类矛盾纠纷2万余起，起底摸排重点人员1209人，排查稳控重点群体10个，依法打击处理缠访闹访人员8人，实现建党百年安保维稳“六个严防发生、三个确保”目标。全力护航先行区建设，破获食品、药品、环境领域违法犯罪案件63起，化解涉众型经济犯罪风险隐患8起，清理“空壳”企业1093家，成功破获“8·25”特大虚开增值税发票案，破获串通招投标案件28起，有力维护了经济金融秩序。全面承担疫情防控大数据研判预警、入吴通道查验、社会面管理等职责任务，累计核查数据552.6万条，排查涉疫重点人员9.74万人，核实吴忠籍出入境人员3881人，打击非法入境人员189人，为全市疫情防控工作提供了有力支撑。

【荣　　誉】 2022年，市公安局大力选树先进典型，全市4个集体64名个人先后受到公安部、公安厅表彰奖励。市局荣获全国“扫黄打非”先进集体，利通分局荣获全国扫黑除恶先进集体，市看守所荣立全国公安监管部门抗击疫情集体一等功，王志琴、张美霞2人被公安部授予“全国公安系统二级英雄模范”称号。全市辅警队伍被区厅记三等功3人、嘉奖4人。

检　察

【概　　况】 2022年，全市检察机关坚持以习近平新时代中国特色社会主义思想为指导，全面贯彻习近平法治思想，深入落实党的十九大和十九届历次全会精神，认真学习宣传贯彻党的二十大精神、习近平总书记视察宁夏重要讲话指示批示精神，紧盯自治区第十三次党代会和吴忠市第六次党代会部署要求，忠实履行法律监督职责，聚焦服务“先行区”和创建“示范区”目标，制定实施《关于充分发挥检察职能　服务保障黄河流域生态保护和高质量发展的实施意见》等35项务实举措，依法起诉涉安全生产、电信网络诈骗等犯罪134人，通过支持起诉帮助农民工等弱势群体维权讨薪236.4万元，向160名刑事案件被害人及其近亲属发放司法救助金146.4万元，办理食品药品安全等领域公益诉讼案件147件，为人民群众提供可感可触的司法温度。在自治区人民检察院通报的58项业务质量评价指标中，23项指标居全区第一，案件比、认罪认罚从宽制度适用率等46项指标优于最高人民检察院通报值。全年办理各类刑事案件2127件、民事类监督案件520件、行政类监督案件80件、公益诉讼案件564件。全市有28件案件被评为全国全区检察机关指导案例和典型案例，4部专题片荣获宁夏检察机关“五佳（优秀）检察办案故事”，“白杨不小恰逢春”“党建文化铸检魂”入选全区检察文化品牌。

【保障绿色发展】　2022年，全市检察机关深入践行“绿水青山就是金山银山”的理念，坚持山水林田湖草沙系统治理，助力打赢蓝天、碧水、净土保卫战。充分发挥“河长+检察长+警长”“林长+检察长”机制作用，常态化推进“黄河流域生态环境和资源保护”“携手清‘四乱’、保护母亲河”工作，开展世界灌溉工程遗产保护专项活动，精心守护黄河安澜。建立“水行政执法+检察公益诉讼”机制，构建“行业主管+属地直管+部门联动协管”水生态保护新模式。协同生态环境等部门开展罗山、牛首山、哈巴湖等生态环境保护修复，筑牢生态安全屏障，促进人与自然和谐共生。共办理生态环境和自然资源领域民事、行政公益诉讼案件233件，督促行政机关恢复被侵占、毁损的耕地、林地、湿地、草原4477万亩，督促清理各类垃圾、固体废物1.6万吨，追偿生态修复、环境治理费用286万元，使天蓝、地绿、水秀成为吴忠市高质量发展的鲜明底色。红寺堡区、盐池县人民检察院办理的两件公益诉讼案件入选全国检察机关“千案展示案例”。

【优化营商环境】　2022年，全市检察机关全面落实服务保障非公有制经济健康发展的政策措施，参与工程建设政府采购等重点领域突出问题专项治理，建立涉案企业合规第三方监督评估机制，促进企业依法合规经营。强化知识产权司法保护，与市场监管局等16个部门联合出台《关于加强知识产权行政执法和刑事司法衔接工作的意见》，助力创新驱动发展。坚持惩治与保护并举、规范与引导并重，起诉危害企业生产经营类犯罪案件11件，开展涉非公经济案件立案监督和涉民营企业刑事案件专项清理，化解26件“挂案”。对涉罪民营企业人员依法不起诉12人，以市场化、法治化营商环境让民营企业家安心立业、专心创业。青铜峡市人民检察院办理的花某某合同诈骗监督案被最高人民检察院评为“全国十大优秀立案监督案例”。

【案件查处】　2022年，全市检察机关坚持反腐败斗争永远在路上，与市纪委监委建立常态化工作衔接机制，提前介入14件职务犯罪案件，推进司法人员职务犯罪案件查办工作，增强反腐败斗争合力。坚持受贿行贿一起查，受理监察机关移送职务犯罪案件21件22人，提起公诉17件19人。依法办理行贿受贿案件。从严追诉洗钱犯罪，对上下游犯罪同步审查、一体打击，共提起公诉24人。办理了全区检察机关开展打击治理洗钱违法犯罪专项行动以来首例职务犯罪洗钱案件。全市检察机关落实总体国家安全观，严厉打击各类危害国家安全、社会安定和人民安宁的严重刑事犯罪，依法批捕339人，提起公诉1520人。贯彻宽严相济刑事政策和“少捕慎诉慎押”刑事司法政策，不批捕255人，不起诉638人，适用认罪认罚从宽制度1803人，适用率87.52%。常态化开展扫黑除恶斗争，落实“一案三查”要求，追诉黑恶势力“保护伞”，监督侦查机关查封、扣押、冻结涉案财物3.15亿元。积极开展反诈人民战争，参与打击整治养老诈骗专项行动，批捕45人，起诉174人。着力打造“塞上枫桥”检察品牌，用好12309检察服务中心，为群众提供“一站式”服务。对760件信访件在7日内告知“已收到、谁在办”，3个月内告知办理过程或结果答复率均为100%。利通区人民检察院优化“1+5+N”检察为民服务模式，工作经验在全区检察机关推广。深入落实最高人民检察院“一号至八号”检察建议，当好“法治参谋”，撰写了性侵害未成年人、醉驾案件等社会治理类调研报告18篇，提出社会治理检察建议194件，为基层社会治理提供法治“天气预报”。

【守护群众美好生活】　2022年，全市检察机关主动服务全市巩固拓展脱贫攻坚成果同乡村振兴有效衔接，开展“乡村振兴检察行深化年”活动，用情下农村、送政策、办实事、促振兴，工作经验在全区检察机关推广。深化司法救助助力乡村振兴暨“关注困难妇女群体、加强专项司法救助”工作，办理司法救助案件132件。推进无障碍环境建设专项监督，促进医院、客运站等公共场所无障碍设施规划建设。助力农村人居环境整治，督促整改桥梁安全隐患20处。参与社会保险基金管理风险专项整治，督促清理追缴社保金140万元，促进社保基金规范管理。全面落实“谁执法谁普法”责任，为群众讲法治公开课380场次，让法治精神浸润人心，为依法治市增添法治底色。

【未成年人保护】 2022年，全市检察机关全面落实未成年人保护“两法”，推动专业化办案与社会化保护相结合，构建未成年人权益保障体系。建立“小白杨普法教育联盟”，检察官兼任全市中小学法治副校长，举办法治讲座312场次，把法治信仰的种子播撒在孩子心田。依法严惩侵害未成年人犯罪，批捕58人，提起公诉88人。对51名未成年人附条件不起诉，对罪错未成年人观护帮教886人次，最大限度地教育感化挽救涉罪未成年人。持续落实“一号检察建议”，促进“强制报告”“入职查询”制度落实，相关部门及人员主动履行强制报告义务47件，推动密切接触未成年人的行业入职查询760人次，将司法保护融入家庭、学校、社会、网络和政府保护。

【刑事诉讼检察】 2022年，全市检察机关发挥检察机关刑事诉讼主导作用，把监督重心放到提质量、增效率、强效果上。设立侦查监督与协作配合办公室，加强与公安机关协作配合。坚持疑难、复杂、重大案件介入引导侦查，全年会商案件381次，监督立案率88.57%，监督撤案率104.38%，侦查活动违法监督采纳率100%，无无罪案件发生。深化检察官与办案民警包片对接机制，工作经验在全区检察机关推广，并被最高人民检察院通报表扬。对刑事裁判案件提出抗诉13件，法院发回重审或改判8件。开展“派驻+巡回”检察工作，审查减刑、假释、暂予监外执行案件259件，办理监管活动监督、刑事强制措施执行、社区矫正脱漏管等案件375件，维护刑罚执行公平正义。

【民事行政检察】 2022年，全市检察机关秉持客观公正立场，切实提升监督精准度，促进案结事了人和。审查民事生效裁判案件83件，提出再审检察建议、抗诉17件，法院裁定再审14件，改判24件。审查民事审判活动监督案件129件，提出检察建议125件，法院全部采纳。审查民事执行活动监督案件135件，提出检察建议128件，法院采纳126件。办理支持起诉案件173件。紧盯民间借贷、保险理赔等领域，办理虚假诉讼监督案件10件，让打假官司的人“吃”到真官司。加强行政诉讼、行政违法行为监督，办理裁判结果监督案件9件。审查行政审判和执行活动监督案件71件，提出检察建议71件，法院全部采纳。

【公益诉讼检察】 2022年，全市检察机关忠实履行公共利益代表的职责，稳步推进“4+9”领域公益诉讼工作，围绕“公益诉讼守护美好生活”“国财、国土保护”“道路安全整治”等专项监督，与市监察机关和财政、审计等部门会签5项协作机制。从自然资源、生态环境等部门聘请42名专业人员为特邀检察官助理，形成公共利益保护合力。办理安全生产、历史文物和文化遗产、个人信息保护等新领域案件184件。同心县人民检察院督促保护西征红军遗址公益诉讼案件入围全国检察机关“百案评析案例”。严格落实食品药品安全“四个最严”要求，推进食用农产品“治违禁控药残促提升”行动和保健品行业联合整治，办理案件30件，提出的惩罚性赔偿诉讼请求获法院支持。青铜峡市人民检察院督促国有财产保护工作经验被最高人民检察院转发。

【队伍建设】 2022年，全市检察机关深入学习宣传贯彻新理念新思想新战略，扎实开展“大学习、大讨论、大宣传、大实践”活动，认真执行《中国共产党政法工作条例》《中国共产党重大事项请示报告条例》，自觉把党的领导贯穿检察工作各方面全过程。深入推进“五型”机关创建，开展“对党忠诚”系列活动，以“党旗红”引领“检察蓝”，实现“党建+业务”双融双促。全市检察机关均成功创建“让党中央放心 让人民群众满意”模范机关，9个党支部被评为四星级以上服务型党组织，1个党支部被评为“党支部规范化建设示范点”。认真落实党风廉政建设“两个责任”，严格执行中央八项规定及其实施细则精神、新时代政法干警“十个严禁”、检察人员纪律作风“十五条禁令”。继续深化政法队伍教育整顿，常态化开展廉政警示教育，推进清廉机关建设。通过办案流程监控、案件质量评查和检务督察等方式，加大正风肃纪力度。严格落实防止干预司法“三个规定”、检察官任职回避及禁业规定，记录报告过问或干预、插手检察办案等重大事项。以队伍“革命化、正规化、专业化、职业化”建设为目标，深入推进“业务大学习、岗位大练兵、素质大提升”“学习、实践、成才”活动，举办法官、检察官、警官和律师同堂培训37场次、各类业务培训1130人次，培育扫黑除恶、职务犯罪侦查、民事行政等专业化办案团队14个。国家级、自治区级立项检察理论调研课题13篇，创历年新高。红寺堡区、同心县人民检察院申报的2篇国家级检察理论调研课题顺利结项。利通区人民检察院荣获2022年度全国检察宣传先进单位。

【接受监督】 2022年，全市检察机关向市人大常委会报告公益诉讼、扫黑除恶等工作，诚恳接受监督评议，主动邀请人大代表、政协委员参与检察开放日、调研座谈、观摩庭审等活动148场次。向市委统战部、各民主党派和工商联通报检察工作，邀请人民监督员参与司法办案监督活动48场次，选任律师、群众代表、专家学者、基层工作者等158人，参与案件公开听证552件。依托中国检察网，公开案件程序性信息2466条、终结性法律文书913份、重要案件信息205条，受理辩护与代理预约240次。通过新闻发布会介绍检察工作，在中国检察听证网向社会公众同步直播公开听证28次，在各类媒体刊发新闻稿件632篇，保障人民的知情权、参与权、表达权和监督权。

法　院

【概　况】 2022年，全市法院共受理各类案件48061件，同比下降2.98%；办结42068件，同比上升4.68%。其中市中院受理各类案件3441件，办结2975件，在自治区高级法院通报的14项审判执行质效指标中，有9项位居全区前两位。

【法治服务】 2022年，吴忠市法院认真贯彻落实《中国共产党政法工作条例》，把学习教育、调查研究、检视问题、整改落实贯穿始终，先后就涉黑涉恶重点案件、知识产权典型案件审理、全面深化司法体制改革、加强诉源治理等重点工作及时向市委、市委政法委和自治区高级法院党组请示报告，把党对法院工作的绝对领导落在实处。与陕、甘、宁、内蒙古、晋五省区六地市中级人民法院联合签署《黄河中上游流域毗邻省区中级人民法院环境资源审判协作框架协议》，以法治守护黄河安澜。服务保障乡村振兴，依法审结土地承包流转、征地补偿等涉农案件89件，维护农村稳定和农业发展。积极运用法律手段、法治思维和法治方式保障民族团结，在创建铸牢中华民族共同体意识示范区中践行司法为民，提升司法温度。先后开展“清旧存、提质效”、“夏日惊雷”集中执行、“护航二十大、奋战一百天”结案竞赛等专项活动，全市法院法官人均结案236件，消化旧存案件6747件，清积率达95%。根据市县统一部署要求，组织600余名干警深入基层社区、乡村、工业园区参与常态化疫情防控，在抗疫一线彰显政治担当，发挥先锋作用，7名干警获市县两级通报表扬。

【案件调解】 2022年，吴忠市法院扎实开展“为群众办实事示范法院”创建活动，充分发挥道路交通、婚姻家庭、物业服务、劳动争议等行业诉调衔接机制作用，引入各类调解组织56个，聘请调解员341人，全年调解各类案件10989件。

【社会治理】 2022年，吴忠市法院积极推动市域社会治理，构建以人民法庭为支点、覆盖城乡的诉讼服务网络。持续开展“塞上枫桥人民法庭”创建活动，全年人民法庭审结案件5930件，调解撤诉3608件，人民法庭参与推进诉源治理工作经验在全市推广。最高人民法院院长周强调研宁夏法院工作时，对同心法院创建的集多元解纷、执行办理、集约送达、速裁审判等功能于一体的诉讼服务中心，青铜峡法院积极推广的田间、民间、夜间“三间法庭”等工作经验给予充分肯定。

【惩治刑事犯罪】 2022年，吴忠市法院审结刑事案件1495件，判处罪犯1938人，有力维护国家安全、社会安定、人民安宁。突出打击危害人民群众生命财产安全犯罪，审结故意杀人、抢劫、绑架等严重暴力犯罪6件6人。常态化开展扫黑除恶斗争，依法审理赵某某等91人涉黑案，糟某等18人涉恶案，判处五年以上有期徒刑48人，切实彰显有黑必扫、有恶必除的坚定决心。审结毒品犯罪案件17件26人，有力净化社会环境。强力惩贪治腐，审结钱某某等职务犯罪案件11件14人。大力开展打击整治养老诈骗等专项行动，依法审结电信网络诈骗案件54件154人，判处罚金428.9万元，累计为人民群众挽回经济损失40.8万元。

【化解民商事纠纷】 2022年，吴忠市法院审结教育、就业、住房、医疗等涉民生案件2110件，维护人民群众切身利益。依法审结买卖合同、建设施工、金融借款等案件5279件，守住不发生区域性风险的底线。积极审理因疫情引发的合同违约、企业债务、劳动争议等纠纷294件，切实保障劳动者和企业的合法权益。依法审结民间借贷案件4064件，规范民间融资行为。圆满化解婚姻家庭纠纷3548件，守护人民群众美好生活家园。市委主要领导对吴忠法院家事审判工作作出批示，充分肯定家事审判改革工作取得的成效。

【优化营商环境】 2022年，吴忠市法院践行“法治是最好的营商环境”理念，制定《关于审理破产预重整案件的实施办法》《关于选任、指定破产管理人的实施办法》等8项制度规范，妥善化解侵犯“潜水艇”地漏产品及欧派家居产品商标权等各类知识产权纠纷案件67件，平等保护各类市场主体合法权益，让企业家在吴忠专心创业、放心投资、安心经营。深化府院联动，持续降低破产成本，推动“僵尸企业”有序退出市场。高质高效审理吴忠市首例企业破产重整案，宁夏汉能太阳山光伏发电有限公司通过破产重整程序涅槃重生。宁夏德富胜粮油食品有限公司、宁夏普华冶金制品有限公司破产清算案入选“全区政法机关服务保障黄河流域生态保护和高质量发展先行区建设典型案例”。

【化解行政争议】 2022年，吴忠市法院审结工伤认定、征地拆迁、司法救助等行政案件69件、国家赔偿案件23件，支持行政机关依法行使职权，助推市场化、法治化、专业化、开放型、服务型、效率型政府建设。推动行政机关负责人出庭率全年保持100%，“官员出庭、出声、出方案”成为常态，行政争议应诉水平、化解效果逐年提升。牵头成立行政争议协调化解中心，推动行政争议实质性化解。邀请代表委员、行政机关负责人旁听、观摩庭审，连续10年向社会发布行政审判白皮书，以发送司法建议、宣传典型案例等方式努力在全社会营造尊法、学法、守法、用法的良好氛围。

【执行攻坚】 2022年，吴忠市法院开展涉民生、金融、企业等系列专项执行行动28次，累计执结案件14385件。加大重大疑难案件办理力度，青铜峡法院跨地域成功执结拖欠20年粮款买卖合同纠纷案，切实维护企业权益。积极参与社会信用体系建设，与公安部门共同制定《关于规范移送涉嫌犯罪案件工作办法》，畅通“拒执罪”移送渠道，全市法院共将4285人次列为失信被执行人，追究拒执犯罪4人，让失信被执行人在市场准入、行政审批、融资信贷、大额消费等多方面受到限制。主动引导拍卖机构、法信悬赏等辅助机构进驻法院，推动形成多部门、多行业、多领域、多手段联合信用惩戒格局，综合治理执行步伐更加坚实有力。

【诉前调解】 2022年，吴忠市法院制定《关于民事上诉案件适用独任审理的规定（试行）》，采用独任制审理民事案件占收案总数的70.47%，案件审理效率和质量明显提升。出台《诉前调解中心工作规程》，探索推出“法院+工会”“法院+行业”“法院+行政”等解纷模式，两级法院诉前成功调解案件8794件，同比增长20%。盐池法院推出“法官+社区（村）+网格+N”等多元解纷新模式，红寺堡区法院打造“两点+N站”惠民工程，为人民群众在家门口化解纠纷提供便利。

【监督管理制度】 2022年，吴

忠市两级法院严格执行防止内外部人员干预司法“三个规定”报告制度，77名干警在平台记录相关事项，保障独立公正廉洁司法。完善案件评查制度，严格审判流程节点管理，细化“四类案件”范围，明确院（庭）长监督管理权限，全年共评查各类案件3.3万件。全年院（庭）长办案占比达40.6%。制定《执行指挥中心实体化运行工作细则（试行）》，推行执行“110”和干部轮流接访制度，采取“执行+公证+监督”的工作模式，委托公证机构对涉案资产进行盘点、核实和送检，邀请检察机关现场监督，确保案件执行公开透明、规范有序。

【智慧法院建设】 2022年，吴忠市法院推动现代智能与审判工作深度融合，全面推进“网上立案”“智慧执行”等智能平台应用，全年网上立案2099件，网上开庭1557件，确保司法活动始终在阳光下运行。加强大数据提取分析，加强类案推送、智能文书纠错等系统应用，助力提升审判质效。推广使用“移动微法院”APP，为当事人提供自助立案、线上保全、在线庭审等全流程线上诉讼服务。硬件设施提档升级，中院顺利完成数据中心升级改造，完成设备迁移80余台，电话线路、光纤迁移540余条，实现诉讼案件“云间审”。利通区、红寺堡区法院建成24小时诉讼服务点，配备立案、缴费、查询、语音识别、文书编写等多功能智能化自助服务一体机，实现全时段、智能化、不打烊诉讼服务。

【主题教育】 2022年，吴忠市法院扎实开展深刻领悟“两个确立”的决定性意义，坚决做到“两个维护”，常态化开展党史学习教育和“两个坚持”专题教育，持续巩固政法队伍教育整顿成果。广泛开展“大学习、大研讨、大培训”活动，教育引导干警树牢“四个意识”、坚定“四个自信”、坚决做到“两个维护”。统筹开展庆祝中国共产党成立101周年系列主题活动，积极创建“一支部一品牌一特色”党建品牌，组织开展宪法宣誓、“守护黄河安澜、助力‘三区’建设”主题党日、重温入党誓词等活动，充分发挥基层党组织战斗堡垒和党员先锋模范作用。全市法院共有7个集体、15名个人受到自治区级以上表彰奖励。中院政治部荣获“全国法院政治工作先进集体”，刑二庭荣获平安宁夏建设先进集体，韩芬被评为全国优秀法官、自治区“人民满意的公务员”。

【能力建设】 2022年，吴忠市法院持续打造学习型法院，开展“盛夏学习季”庭审观摩，坚持参加“人民法院大讲堂”，办好“学思践、知信行”夜学大讲堂，两级法院共举办各类培训23期，参加培训1700余人次。持续开展优秀裁判文书、优秀庭审、优秀案例评选及审判业务技能竞赛等活动，不断提升干警业务能力。中院一篇案例荣获全国法院优秀案例分析评选活动三等奖，一篇裁判文书获评“全国优秀裁判文书”，连续三年获得全国法院“双百”荣誉，广大法官追求司法产品的精品意识更加强烈。

【阳光司法】 2022年，吴忠市法院认真落实市人大及其常委会决议，主动报告重点工作，自觉接受监督评议。加强与人大代表联络沟通，采取定期走访、召开座谈会、组织调研、旁听庭审等方式，让人大代表充分了解法院工作。对人大代表转办、交办的案件，坚持做到领导督办、限时办结、跟踪落实、及时回复。向市人大常委会专题报告家事审判工作，获全票通过。加强与民主党派、工商联、无党派人士的沟通联系，诚恳听取意见建议。主动向市政协通报依法履职情况，加强与政协委员的沟通联络。认真听取律师协会意见，保障律师执业权利。支持检察机关依法履行监督职责，联合开展执行案件专项监督活动。坚持邀请检察长列席审委会，认真办理检察建议，共同维护司法公正。举办法院开放日活动，落实院长接待日制度，邀请各界人士参与旁听庭审，全方位多途径发布重要工作部署、重大案件审理信息，通过微信公众号等自媒体发布信息1800余篇，努力讲好法治故事、法院故事，人民群众了解、支持、监督法院工作的渠道进一步畅通。

司法行政

【概　况】 2022年，吴忠市司法局党委坚持以习近平新时代中国特色社会主义思想为指导，深入学习贯彻习近平法治思想，全面贯彻落实市委、市政府决策部署，按照“一个统筹、四大职能”工作布局，凝心聚力、真抓实干、接力前行，各项工作稳步推进。市司法局先后被评为“国家统一法律职业资格考试表现突出单位”和“国家级节约型机关”，局人民参与和促进法治科荣获自治区“平安建设”先进集体。

【全面依法治市】 2022年，吴忠市印发《2022年全面依法治市工作要点》，明确年度目标任务。印发《贯彻落实〈宁夏回族自治区法治政府建设实施方案（2021—2025年）〉任务分工方案》等，明确32项97条具体措施。先后召开市委全面依法治市委员会办公室第三次会议和第四次会议，听取法治建设工作报告，研究部署下一步工作。建立健全中心组专题学习习近平法治思想常态化机制，印发《吴忠市领导干部学法清单制度（试行）》，把学习贯彻习近平法治思想纳入市委常委会、政府常务会议和党委（党组）理论学习中心组学习内容。组织习近平法治思想等法治专题讲座9场次，参与培训人员1500余人次。印发《法治政府建设中期督导反馈问题整改方案》，组织2个督察组对5县（市、区）、市直相关部门开展专项督察，全面督促问题整改。组织全市56名学员到山东大学开展法治政府建设业务培训。在红寺堡区党校举办吴忠市基层司法行政队伍主题培训示范班。

【法治政府建设示范市】 2022年，吴忠市巩固法治政府建设示范市创建成果，经常性地开展“回头看”活动，杜绝“牌子到手、创建到头”，加强指导、统筹协调，推动各县（市、区）积极申报第二批自治区法治政府建设示范创建活动。着力提升行政执法水平，印发《关于贯彻落实〈宁夏回族自治区行政执法监督条例〉的通知》，持续深化行政执法“三项制度”，市直30多个单位完成6个清单及行政执法责任制的修订工作并在网上进行公示。进一步加强行政执法监督工作，对各行政执法部门2021年6月以来已办结的行政处罚案卷进行抽查。开展全市行政执法人员摸底排查工作，市本级33个行政执法部门共排查持证人员1252人，为市本级各执法领域751名行政执法人员换发国家统一行政执法证件。继续推进市场监管、生态环境保护、文化市场、交通运输、应急管理、农业农村六大领域综合执法改革，建立市辖区综合执法事项动态调整机制，推动综合执法与行业执法无缝对接、相互促进。确定并公开年度重大行政决策事项目录，编制《吴忠市人民政府2022年度重大行政决策事项目录》，健全目录动态调整机制，切实提升行政决策质量。加强合法性审查和规范性文件监管，共审核市政府重大行政决策事项8项、规范性文件4件、重大经济合同33件、行政措施24件、土地公告18件，出具书面法制审核意见书77份。

【行政复议体制改革】 2022年，全面深化行政复议体制改革，设立行政复议申请接待室，积极化解矛盾纠纷，引入政府法律顾问，对重大疑难行政复议案件巡诊把脉，依法公正办理每起案件，切实保障申请人合法权益。市政府共受理行政复议案件49件，办结28件，化解行政争议8件。深入推进专项治理工作，制定《关于开展行政应诉突出问题专项治理的实施方案》，细化16项任务措施、44条工作任务。2022年以来共承办市政府行政应诉案件13件，协调安排行政机关负责人出庭应诉，出庭应诉率100%，法院审结3件，败诉率为零。

【普法依法治理】 2022年，吴忠市深入推动《关于在全市公民中开展第八个五年法治宣传教育的实施方案（2021—2025年）》落实，指导全市修订普法责任制“四个清单”，发出全区首份普法工作提示函，对6个市直部门落实普法责任制情况公开评议，进一步推动形成部门联动的大普法格局。充分发挥统筹指导职能，组织30个市直部门的200余名国家工作人员现场旁听庭审。推动“谁执法谁普法”责任制全面落实，争取自治区法治文化建设专项资金建成青少年法治教育实践基地，会同相关部门开展“小手牵大手 成长与法相伴”“关爱明天、普法先行”青少年主题普法活动，参加39万余人次。在全区率先开展农村“法律明白人”培养工作，开展“法律明白人”培训360场次，培训群众1.6万余人，培养“法律明白人”骨干3042人。目前，每个村有5名“法律明白人”，带动农村群众学法守法用法。深入开展习近平法治思想、宪法、民法典宣传教育，成立市“八五”普法讲师团，开展巡回宣讲10场次。开展“美好生活　法治相伴”“诚信法治　服务企业健康发展”等主题活动，2.6万余名企业员工参与法律讲座和线上答题活动。开展“美好生活　民法典相伴”主题宣传月活动，组织各类普法活动1500余场。开展法治文艺节目线上云展演和下基层演出活动，在乡镇、社区演出30场。打造“法在身边、吴忠微普法”短视频普法品牌，推送50余期。全市司法行政系统累计争取法治文化阵地建设专项经费796万元，进一步丰富法治宣传教育形式和载体。指导各县（市、区）加强村（社区）民主法治建设，3个村（社区）被命名为第九批“全国民主法治示范村（社区）”。

【基层治理】　2022年，吴忠市司法局推动常态化扫黑除恶斗争走深走实，坚持和发展新时代“枫桥经验”，组织召开党的二十大全市司法行政系统维稳安保动员部署会，制定《党的二十大全市司法行政系统维稳安保工作实施方案》《2022年扫黑除恶工作要点》等文件，全面防范化解重大风险。班子成员多次深入各县（市、区）督查指导系统内维稳安保工作。积极开展“调解九进、服务万家”活动和“调解促稳定、喜迎二十大”专项行动，注重做优“塞上枫桥”品牌，持续推进“访调对接”“诉调对接”和刑事案件律师辩护全覆盖，全面开展“枫桥式”司法所、人民调解组织、人民调解员培育创建活动，及时化解、妥善处置各类纠纷。创建利通区“王兰花家庭纠纷调解热心小组”、同心“老马”个人调解工作室等特色调解品牌，建成“一站式”矛盾纠纷调解中心42个。2022年以来，全市共组织排查矛盾纠纷3581件，化解矛盾纠纷3523件，成功率达98.4%。组织人民监督员参加检察院各类案件监督21次，人民监督员参加各类案件监督40人次，涉及各类案件56件，有效增强司法透明度。依法成立社区矫正管理局，持续推进刑罚执行一体化建设，实现对社区矫正对象全流程闭环管理。坚持每月定期开展安全隐患预警研判，扎实开展社区矫正安全隐患大排查大整治专项行动，对摸排的108名重点人员认真落实问题、责任“两个清单”管理。提高服务指导基层能力，深入五县（市、区）对在册的400余名社区矫正对象开展以“呵护心灵　关爱健康”为主题的心理健康辅导巡回讲座。指导红寺区、同心县和盐池县全面开展“智慧矫正中心”创建工作，督促利通区、红寺堡区、青铜峡市依托社会组织广泛开展社区矫正社会帮教项目。组织召开市社区矫正委员会第二次会议暨全市社区矫正工作推进会，进一步形成全市相关部门（单位）各司其职、紧密配合、协调联动的社区矫正工作格局。

【公共法律服务建设】　2022年，吴忠市在全区率先印发《关于加快推进公共法律服务体系建设的实施方案》，建立吴忠市公共法律服务体系建设联席会议制度，加快推进吴忠市公共法律服务体系建设工作。率先开展公共法律服务体系建设评估验收工作，提前完成公共法律服务体系建设任务。创新开展“互联网+法律服务”模式，研发“吴忠法宝”APP和小程序，并在“我的宁夏”成功上线，让公共法律服务平台触手可及。为569个村（社区）选聘法律顾问，实现一村（居）一律师法律服务全覆盖。推进“互联网+公共法律服务”，为群众24小时提供免费线上法律服务。组织律师开展法治体检，先后为企业审查合同7000余件，代理案件200余件。深入开展《中华人民共和国法律援助法》学习宣传活动和司法行政系统根治拖欠农民工工资专项行动，全面落实法律援助证明事项承诺制，充分发挥退役军人公共法律服务工作站作用，为农民工、退役军人法律援助开辟“绿色通道”。认真组织实施“法律援助援惠民生”活动，共办理法律援助案件2100件，解答群众法律咨询1万余人次，为群众挽回经济损6600余万元。开展“百所联百会”活动，成立吴忠市“百所联百会”法律服务工作站，全市29家律师事务所与工商联系统37家商协会精准匹配，积极为全市经济高质量发展贡献法治力量。为百余家企业审查合同（出具法律意见书）45份，提供法律咨询286次，依法管理提出法律建议146次，代理解决争议纠纷115次。创新公证服务方式，开设中小微企业公证服务“绿色通道”。充分发挥仲裁高效解决纠纷作用，进一步提高仲裁公信力。市公证处共办理公证案件3772件，仲裁办共受理各类民商事纠纷25件，涉案标的额3176万元。

【司法行政队伍建设】 2022年，吴忠市司法局严格落实党委理论学习中心组学习制度和干部政治理论学习制度，深入学习贯彻习近平新时代中国特色社会主义思想、习近平法治思想，以及习近平总书记视察宁夏重要讲话指示批示精神等。先后举办学习党的十九届六中全会精神、自治区第十三次党代会精神读书班等，广泛开展党的二十大和习近平总书记视察宁夏重要讲话精神指示批示精神“大学习、大讨论、大宣传、大实践”活动，深入学习贯彻党的二十大精神，确保党员干部深刻认识“两个确立”的决定性意义，自觉增强“四个意识”、坚定“四个自信”、做到“两个维护”。党委理论学习中心组学习12次、干部理论学习41次，交流研讨8次。严格落实“三会一课”、主题党日、“党员分类积分管理”等制度，深入开展“党建+法治为民”等活动，常态化开展“我为群众办实事”实践活动，队伍凝聚力、向心力、协作力全面提升。组织号召全系统200余名党员干部和律师下沉社区参与疫情防控工作。突出抓好律师、公证、司法鉴定行业党的建设，不断提升党的组织和工作高标准覆盖率。截至年底，全市律师事务所党支部数已达到16家，单独组建率已达到50%，党组织有形覆盖率提高至95%。认真贯彻《中国共产党政法工作条例》，持续巩固深化政法队伍教育整顿成果，把新时代政法干警“十个严禁”纳入党委理论学习中心组重点学习内容和各支部必学篇目，推动广大党员干部入脑入心，让铁规禁令成为带电的“高压线”。开展“廉政警示教育周”系列活动和违规收送红包礼金和不当收益及违规借转贷或高额放贷专项整治，教育引导全体党员干部心存敬畏、保持戒惧、清白做人、干净做事，全市司法行政系统作风建设、工作效能实现明显提升。组织召开年度党建暨党风廉政建设工作会议，制定年度司法行政工作要点、党建工作要点、重点工作督查台账等，明确重点工作，细化分解具体任务，确定时间表和路线图，定期对账督办，推动各项工作任务不折不扣落到实处。组织开展意识形态风险研判4次，督查意识形态工作1次。

消防救援

【消防安全责任】 2022年，市委、市政府高度重视消防工作和消防救援队伍建设，市委书记徐耀、市长王学军先后三次作出批示，肯定全市消防救援工作和队伍建设，多次带领公安、应急、消防等部门督导检查消防安全工作。常务副市长潘建宁等领导先后17次听取消防工作汇报，调研指导消防工作和队伍建设，组织召开专题会议，研究解决消防工作重大问题。市人民政府召开消防工作会议、常务会议、专题会议，5次研究部署消防工作，与各地签订目标责任书，明确年度目标任务，压紧压实消防安全责任。市、县两级消防安全委员会充分发挥议事协调机构职能作用，常态化落实会商研判、情况通报、联合检查、约谈提醒、挂牌督办和考评奖惩等机制，进一步推动责任落实。市、县两级消防救援机构积极发挥职能作用，督促社会单位建立风险分级管控和隐患排查治理“双重预防体系”，严格履行消防安全主体责任，全面落实风险隐患自知自查自改和公示承诺制度，督促分类分层开展培训演练8000余次，培养“明白人”6000余人，有效提升消防安全水平。

【消防安全专项治理】 2022年，吴忠市消防救援支队会同统战、商务、应急、邮政等行业部门对全市宗教场所、商场、快递物流等开展联合检查160余次，检查单位650家，整改隐患900余处，约谈消防安全责任人、管理人2000余人次。推动教育、民政、商务、卫健、文化等行业开展消防安全标准化创建，提升行业消防安全管理水平。联合应急部门开展3轮危化企业督导，攻坚整治10个化工园区、148家危化企业隐患569处；会同公安、住建部门检查各类高层混合体126幢、老旧小区575个；采取“划区分块、走村入户”的工作模式排查10人以上自建房130栋，督促整改火灾隐患413处；联合住建、应急等部门检查燃气场所2136家，督促整改隐患620余处，全市未发生较大以上死人火灾事故，消防安全形势持续稳定向好。

【消防安全服务】 2022年，吴

忠市消防救援支队坚持把技术指导、上门培训等贯穿于日常监督、消防宣传等工作始终，对全市485个重大项目开展消防安全服务保障工作。聚焦群众难点堵点问题，不断改进执法方式和服务水平，举办全市首届消防刑侦火灾调查协作暨宣传比武竞赛活动，支队荣获全区火灾调查暨新闻宣传大比武第二名，群众消防执法满意度得到有效提升。大力实施全民消防安全素质提升工程，深入推进消防宣传“五进”，打造消防宣传进乡村“三九”工程品牌，开展“119消防宣传月”“消防安全线上大学习”等特色鲜明的消防安全教育，联合志愿者开展“五进”宣传活动783次，举办公益性培训班410期，开放消防队站和科普教育基地80余次，群众消防安全意识和自防自救能力显著增强。

【应急救援能力建设】 2022年，吴忠市消防救援支队面向实战练兵强能，建立“3+2”练兵模式，设置训练“龙虎榜”“巾帼榜”，在全区消防救援队伍执勤岗位练兵比武竞赛中支队勇夺第一并实现两连冠。以赛促训、以训促战，队伍首次走出宁夏、走向全国、闯入世界。消防员任天歌、郝天天、杨宇轩、程浩4人入选备战第十七届世界消防救援锦标赛名单，任天歌以优异成绩成功入选10人中国代表队，代表国家出征并取得两个团体第三名的好成绩，开创宁夏消防参与国际赛事的新纪录，受到国家消防救援局、宁夏消防救援总队以及市委、市政府领导的充分肯定和赞扬。着眼“全灾种、大应急”职能任务，分类制定完善支队、大队、消防站3级重点单位灭火救援预案及跨区域增援预案320份，举办各类培训班12期，“战训夜校”17期，开展专业队拉动训练7次，支队联合演练26次、大队站级演练300余次，进一步提高队伍快速反应、快速救人、快速控火、协同作战能力。

【公共消防基础建设】 2022年，吴忠市消防救援支队统筹推进区、市两级消防规划有效衔接，提请市人民政府审议印发《吴忠市消防事业发展“十四五”规划》《吴忠市城乡消防规划（2021—2035）》，修编完成市级规划1个，县区规划5个，全国重点镇规划7个，其他建制镇11个，新建市政消火栓76个。推动将基层消防安全治理工作纳入全市基层治理能力“1+6”创建标准，全市48个乡镇（街道）完成“一委一办一中心”建设，配备专兼职消防工作人员92名，建立行政村微型消防站150个。将基层基础建设作为推动队伍高质量发展的重要支撑，高标准建成吴忠高铁消防站和青铜峡工业园区消防站，新购各类执勤消防车9辆，消防装备器材37683件，全市消防救援队伍装备更新换代步伐加快。

【队伍建设】 2022年，全市消防救援队伍深入学习贯彻党的二十大精神、吴忠市第六次党代会精神，先后举办党的二十大精神、吴忠市第六次党代会精神专题讲座，紧紧围绕建设先行区、创建示范区目标，深刻领会总体要求和“五个着力”总体部署，切实把思想和行动统一到市委和市政府的决策部署上来，在全面建设现代化美丽新吴忠的实践中贡献消防力量。支队党委聚焦中心主业，重点围绕基层组织建设、执勤岗位练兵、监督执法效能、工作运行秩序等方面，狠抓队伍正规化建设，修订完善执勤值班、消防监督执法等一系列制度并持续抓好落实，全力提升队伍正规化建设水平。支队在全区率先实施“队魂提炼、队歌传唱、队史馆修建”三大工程，率先联合陕西延安、甘肃庆阳支队成立全区第一个“红色陕甘宁”政治工作协作区，5个集体、4名个人荣获国家级和省部级表彰，“火焰蓝”形象得到各级党委、政府和人民群众的充分肯定。

经济管理

计划与发展

【概　　况】　2022年，市发展改革委坚持以习近平新时代中国特色社会主义思想为指导，全面贯彻落实习近平总书记视察宁夏重要讲话指示批示精神和自治区第十三次党代会、吴忠市第六次党代会精神，大力弘扬伟大建党精神，主动担当作为，奋力攻坚克难，坚决落实“疫情要防住、经济要稳住、发展要安全”重要要求，积极应对需求收缩、供给冲击、预期转弱三重压力，统筹落实国家、自治区稳住经济大盘一揽子政策措施，较好完成了年度各项重点工作和目标任务，发展的协调性和可持续性显著增强，经济社会高质量发展取得新成效。

【先行区建设】　2022年，市发展改革委对标对表黄河流域生态保护和高质量发展先行区建设主要目标、重要任务，制定实施全面推进先行区建设年度工作要点，以黄河吴忠段、罗山、牛首山保护治理为重点，深化任务清单、政策清单、项目清单管理，统筹抓好10项重点任务、39个重点工程，着力推动“五区”建设任务落实、项目落地，清水河流域被纳入全国第二批流域水环境综合治理与可持续发展试点。紧盯黄河流域生态环境警示片披露突出问题，举一反三、坚决整改，44个自查问题全部整改销号，2个黄河流域生态环境警示片披露突出问题整改完成，先行区建设取得实质性进展、阶段性成果。

【绿色能源】　2022年，市发展改革委抢抓国家支持宁夏能源转型发展重要机遇，推进落实六大领域27项重点举措，编制完成全市碳达峰行动方案和研究报告，制定印发《能耗“双控”三年行动计划》《2022年清洁能源产业人才工作计划》，统筹做好了43家重点用能企业、存量“两高”项目“一企一策”节能诊断和通达煤化工等3个违规“两高”项目分类整改，累计培育储备清洁能源及相关制造业人才620人。研究制定《高质量建设能源转型示范市行动计划（2022—2025年）》《清洁能源产业一体化发展实施方案（2022—2027年）》，加快推进绿色能源开发、产业延链补链等14项年度重点任务和43个年度计划实施项目，成功争取11个竞争性配置光伏项目，青铜峡工业园区等3个园区获得绿电园区建设试点优先机遇，红寺堡百万千瓦级光伏基地、太阳山风电机组改造提升等项目加快实施。截至目前，新能源建成并网规模达到1509.3万千瓦。动态储备风电、光伏和关联制造业等清洁能源产业项目102个，总投资853亿元，加快推进新能源产业延链补链强链和绿色低碳转型发展。

【经济高质量发展】　2022年，市发展改革委积极应对需求收缩、供给冲击、预期转弱三重压力，高效统筹疫情防控和经济社会发展，全市经济呈现稳中加固、稳中向好运行态势。一是经济运行稳中有进。建立重点行业、重点项目、重点企业任务清单，严格落实研判、预警、督办等工作机制，全力确保经济运行在合理区间。全年地区生产总值增长4.1%。二是投资实现稳定增长。扎实开展“扩大有效投资攻坚年”、重大项目集中开工、“晒比促”等专项活动，海利精细化工等527个重大项目相继开工建设。全年投资增长10.3%，总量稳居全区五市第二。抢抓国家加大政府投资规模等政策机遇，统筹争取资金160亿元以上。三是服务业发展提质增效。引领壮大新业态新模式，培育认定区、市级现代服务业集聚区9个，主辅分离设立服务业企业30家。牵头落实扩大消费若干政策措施，协调各地各部门发放惠民消费券139.8万张，带动消费3.4亿元。成功筹办2022第二届中国民俗美食产业发展大会。全年服务业总产值增长3.0%，位居全区五市第二。四是全社会信用体系建设水平稳步提升。归集公示各类信用承诺11.6万份，修复失信企业信用信息993条，促成283家企业成功贷款47.3亿元，助力守信企业获得政策资金1194.3万元。建立环境保护等16个领域信用评价体系，在行政审批等6个领域推行信用承诺机制，吴忠市城市信用监测排名全区第一。

【保障民生】 2022年，市发展改革委认真落实“煤电气保供”政策，审核办理市域内能源物资运输通行证2437个，协调保供煤炭等能源100多万吨，组织城燃企业签订合同气量9376.9万立方米。建立迎峰度夏、迎峰度冬有序用电管理机制，储备可调节负荷21.5万千瓦。深入推进实施乡村振兴战略，紧盯民生“六大”工程等领域政策，争取预算内资金11628万元，吴忠市疾控中心实验室能力提升、城市燃气四类管网改造等重点民生项目顺利推进，红寺堡区荣获国家促进乡村振兴重点工作正向激励表彰，全市2021年易地扶贫搬迁后续工作成效明显被国家发改委通报表扬。谋划申报陈袁滩粮库仓储设施等项目，积极争取政策资金支持，保障粮食安全。积极发挥价格监测调控机制，严格落实粮油肉蛋奶等46个重要生活必需品市场供求及价格巡视监测，全年CPI控制在3%以内；加强义务教育阶段学科类校外培训收费监管，及时清理、规范城镇供水供电供气供暖行业收费，市发展改革委荣获“2020—2021年度全国价格监测工作先进单位”称号。率先在全区开展价格争议纠纷调解基层试点，设立基层调解站3个，两个典型案例被选登国家发改委价格认证中心官网。

金融服务

【概　况】 2022年，吴忠市扎实落实各项金融政策，存贷款分别突破900亿元、800亿元大关，连续4年位列全区金融效能目标考核第一，荣获首个地级市金融环境创建奖。

【建立健全政策体系】 2022年，吴忠市金融工作局研究制定15条金融助力稳保促政策措施、应对疫情影响加强金融服务10条措施和大力发展现代金融产业工作方案。首次召开金融运行情况新闻发布会，汇编金融助企纾困政策手册，推动金融政策落实落地。

【重点领域金融支持】 2022年，吴忠市金融工作局强化重点领域金融支持，“六新六特六优”产业和“六权”改革贷款余额226.33亿元，较年初增加39.51亿元。自治区21个重点项目和14个重点工程贷款余额12.12亿元；吴忠市80个重点项目贷款余额14.08亿元。

【企业帮扶】 2022年，吴忠市金融工作局建立金融服务小微企业敢贷愿贷能贷会贷长效机制，12月末，全市小微企业贷款余额174.55亿元，同比增长15.3%。小微企业信用贷款余额36.32亿元，同比增长19.63%。“融信通”平台线上促成融资393笔74.7亿元。召开全市奶产业融资对接会，促成融资2亿元。走访调研16次，现场为合力万兴等3家企业解决融资7000万元，疫情期间协调解决恒丰纺织7000万元续贷问题。

【普惠金融】 2022年，吴忠市金融工作局建立首贷户拓展长效机制，利用大数据筛选出经营活跃的企业4770家分批次推送至金融机构，鼓励金融机构主动下沉对接，全年累计拓展首贷402户5.3亿元。鼓励地方法人机构对未就业大学生、农村妇女、退役军人等特殊群体在就业创业中给予金融政策支持，创新专属信贷产品，优化审批流程。为特殊群体发放创业担保贷款 4002 笔 6.7 亿元，带动就业 7079 人。加大支农支小力度，推出“奶产业担”“种植养殖担”“创业担”等 8 个特色产品，发挥担保增信撬动作用。12 月末，全市 7 家政府性融资担保机构在保户数 1.09 万户，在保余额 30.6 亿元，支农支小占比达 98.4%。12 月末，全市涉农贷款余额 485.1 亿元，同比增长 8.9%。完成 13.95 亿元脱贫人口小额信贷投放任务。创新金融服务模式，建设乡村振兴普惠金融服务站 213 个，办理现金取款、转账汇款等各类业务 470 笔 261.62 万元，办理整村授信 560 笔 8374 万元。小额贷款公司新发放贷款 11.5 万笔 10.9 亿元。农村产权交易中心完成农村产权抵押登记贷款 2451 宗 2.65 亿元。

【金融知识宣传】 2022 年，吴忠市金融工作局加大对市民金融知识的普及和风险警示教育，不断提高市民的风险识别意识和防范能力。围绕“深入基层、贴近群众、以案释法”的原则做好非法金融活动专项整治宣传活动，重点推进银行业机构加强对涉嫌非法集资可疑资金的实时监测预警。

【风险防范】 2022 年，吴忠市金融工作局通过数据月度报送制度，定期统计分析小贷、典当、担保等行业发展情况，监测重大金融风险。完成 8 家小贷公司、2 家典当行股权及经营地址变更和 22 家小贷公司换证初审工作，通过现场和非现场检查等形式，共开展检查督查、调研 6 次。加强村镇银行风险舆情监测，召开风险研判会议，分析研判辖区 10 家地方法人银行风险形势，及时研究处置措施。全面摸排辖区个人住房贷款逾期不良情况，积极化解东吴明珠项目金融债务，协调处置杨红青涉黑案件骗贷资产退赔事宜。协调组建债委会 22 家，帮助高风险企业弱化 44.31 亿元贷款压力。排查清理“伪金交所”3 家。协调成立财政金融风险化解“双领导”工作机制，明确防范和处置非法集资工作牵头部门。持续开展养老领域非法集资、金融放贷行业专项整治等工作，牵头查处非法集资案件 1 起。常态化开展防范非法集资宣传。督促金融机构落实不良贷款“双控”计划，对全市贷款余额和不良贷款“双规模”较大的企业进行摸排；保持打击非法集资高压态势，降低非法集资案发率，提升陈案积案化解率。巩固扫黑除恶专项斗争成果，完善长效监管制度，从源头上杜绝金融乱象发生。严把市场准入关，严厉打击无牌照经营、超范围经营、非法集资等非法金融活动，持续开展“现金贷”“套路贷”及互联网金融风险专项整治工作。积极履行对地方金融组织的属地监管职责，推动小贷、担保、典当等地方金融组织规范有序经营。

审　计

【概　　况】 2022 年，吴忠市审计局核定行政编制 33 名，实有人员 31 名，设局长 1 名、副局长 3 名，设市经济责任审计工作联席会议办公室主任（副处）1 名。内设办公室、经济责任审计局、市委审计委员会办公室秘书科（法规审理科）、财政审计科、行政农业社保审计科、固定资产投资审计科、企业审计科、内部审计与整改督办科等 8 个科室（核定科级领导职数 8 正 8 副）。全年共完成审计项目 36 个，查出各类违纪违规、损失浪费及管理不规范资金 1.59 亿元，提交审计及专项审计调查报告 175 篇，审计发现问题 207 个，提出审计建议 53 条。

【政策落实跟踪审计】 2022 年，吴忠市审计局围绕中央、自治区和吴忠市重大政策措施，开展政策落实情况跟踪审计，对贯彻落实全国稳经济大盘、自治区稳经济保增长出台政策措施情况、减税降费及涉企违规收费和清理拖欠中小企业账款政策落实情况等开展审计，抽查市、县（区）重点项目 12 个，涉及概算投资额 5.45 亿元，抽查专项资金 2.46 亿元。

【财政审计】 2022 年，吴忠市审计局开展市本级财政预算执行审计和 6 个部门（单位）2021 年度预算执行情况审计，重点关注财政支出进度、财政资源统筹等情况，认真落实财政政策提升效能和政府过紧日子要求，有效促进绩效管理质量提升，提高预算管理水平，确保财政资金见成效。

【经济责任审计】 2022 年，吴

忠市审计局围绕规范权力运行和责任落实，采取“1+N”审计组织方式，对11个部门、12名企业领导干部开展经济责任审计，依法揭露领导干部经济责任履行中存在的问题，强化对权力运行的制约和监督。

【民生项目审计】　2022年，吴忠市审计局开展国家乡村振兴重点帮扶县（西吉县）相关政策落实、基础教育质量提升、吴忠市农村公路养护资金使用等专项资金审计。参加自治区审计厅组织的就业补助资金和失业保险基金审计，把审计监督跟进到民生项目资金使用的“最后一公里”。

【重点项目审计】　2022年，吴忠市审计局开展吴忠市2020—2021年中央预算内投资项目专项审计调查、市“互联网＋医疗”信息化建设项目跟踪审计、市第一再生水厂循环利用工程跟踪审计等，重点关注项目审批、工程招投标、投资控制、工程质量、投资绩效等方面存在的问题，规范政府投资建设行为，提高投资效率。

【资源环境审计】　2022年，吴忠市审计局开展黄河流域生态保护专项审计调查、金积工业园区管理委员会主要负责人自然资源资产离任审计，重点关注绿色低碳、能耗“双控”、生态保护、污染治理，以及中央环保督察反馈问题整改情况。

【国有企业审计】　2022年，吴忠市审计局开展市城乡建设投资开发有限公司资产、负债、损益审计，重点检查企业重大决策、重大项目、资金使用、资源利用以及内部管理情况，促进国有资产保值增值。

【审计查出问题整改】　2022年，吴忠市审计局压实被审计单位整改主体责任、主管部门监督管理责任和审计机关督促检查责任，向市委审计委员会、市人大常委会专题汇报审计整改工作情况，针对重点难点问题提出建设性意见和建议，促进问题解决。建立审计查出问题整改台账，采取市级领导督办、组成联合督查督办组、下发督办单等形式开展审计查出问题整改落实情况专项督查，推动相关问题整改落实。制定《吴忠市纪检监察监督、巡察监督与审计监督贯通协助机制（试行）》，推动审计与纪检监察、人大、组织人事在信息互通、线索移送、重要事项办理中通力配合，形成监督合力。

【研究型审计】　2022年，吴忠市审计局开展“研究型审计推进年”活动，围绕国家、自治区和市委、市政府重点工作以及社会热点、民生难点、改革堵点问题，开展立项调研、征求意见、研究讨论，确定7项年度审计科研课题，制定审计项目审前、审中、审后各项具体措施，统筹“研究型审计推进年”各项活动。建立研究型审计工作机制，修订完善审计现场管理办法、审计项目审理办法、审计项目业务审定会等5项制度，规范审计业务流程，提高审计项目质量。

统　计

【概　　况】　2022年，吴忠市统计局通过走乡镇、下企业等多种形式深入基层，适时加强对全市经济运行态势跟踪、监测与分析，围绕市委、市政府中心工作及社会广泛关注的热点问题，充分发挥统计部门自身的信息资源优势，深入开展分析研究，撰写《非凡十年吴忠市辉煌成就》《吴忠市持续推进基层业务能力提升加强统计基层基础的探索》《统计基本单位名录库工作存在问题和对策建议》等统计分析调研报告。共撰写各类统计信息244条，分析、专报及监测快报66篇。编印《吴忠市经济发展月报》《吴忠市2021年国民经济和社会发展统计公报》《2021年吴忠经济要情手册》《宁夏回族自治区吴忠市人口普查年鉴（2020）》《吴忠统计年鉴（2022）》等多种统计产品。

【统计监测预警】　2022年，吴忠市统计局突出对经济运行、工业经济、固定资产投资等问题的监测预警，及时发现和分析问题，提出预警建议。

【经济运行监测】　2022年，吴忠市统计局围绕地区生产总值、工业、投资和服务业等指标完成情况的实时监测，开展工业、固定资产投资、服务业核查工作。完成单位名录库建设及妇女、儿童“两纲”监测等工作。按照《吴忠市加快培育“四上”企业工作实施方案》要求，及时与相关行业部门沟通配合，梳理达规未入库企业，发挥靠前指导作用，主动上门进行“一对一”统计服务指导。协助企业做好入库材料准备，因地制宜破解难题，提高入库审核成功率。在市政府常务会议上汇报全市经济运行情况5次，提出稳经济增长的合理化建议，为市委、市政府当好参谋。

【专项治理】 2022年，吴忠市统计局制定印发《全市统计领域突出问题专项治理工作实施方案》。召开吴忠市统计领域突出问题专项治理工作动员部署会，对全市统计领域突出问题专项治理工作进行安排、动员。会同市纪委监委对统计领域突出问题专项治理工作推进情况开展调研，全面推进和完成专项治理工作。按照全市“四上”企业不少于10%的要求，对5个县（市、区）81家企业（单位）、6个乡镇开展统计执法检查工作。8月下旬对同心县和红寺堡区40家企业开展入退库专项执法检查。充分利用网络、电视、报纸等媒体，大力宣传统计法律法规。按照要求及时报送统计执法检查处理信息和领导干部违规干预统计工作记录调查报表，进一步加强监督检查，杜绝统计数据造假、弄虚作假等违法行为。2022年6月17日，在市政府第10次常务会议上学习习近平总书记关于统计工作重要讲话精神及《关于更加有效发挥统计监督职能作用的意见》《中华人民共和国统计法》等内容。局党组成员为2022年市委党校中青班全体学员开展统计法律法规专题辅导。

【理论武装】 2022年，吴忠市统计局持续巩固深化党史学习教育成果，不断增强党组织的创造力、凝聚力、战斗力，全力保障各项工作顺利完成。深入学习贯彻党的十九大、十九届历次全会精神，习近平总书记“七一”重要讲话和视察宁夏重要讲话指示批示精神等。全力推进“五型”模范机关创建工作。

【党的建设】 2022年，吴忠市统计局深入推进“三强九严”工程建设，开展“传承红色文化、砥砺奋斗精神”等主题党日活动。着力打造“党旗红、数据准”党建服务品牌，促进党建与业务深度融合。巩固四星级党支部称号。认真履行党风廉政建设主体责任、党组书记第一责任人和党组班子成员“一岗双责”职责，召开党风廉政建设工作会议4次。扎实开展“廉政警示教育周”系列活动。集中观看《权欲之殇》等警示教育片。

【队伍建设】 2022年，吴忠市统计局坚持把政治标准放在首位，选拔任用正科级干部1名、副科级干部2名，晋升一级主任科员2人、四级调研员1人、二级调研员1人。

社会调查与监测

【概　况】 2022年，国家统计局吴忠调查队坚持以习近平新时代中国特色社会主义思想为指导，全面贯彻党的二十大精神，深入学习贯彻自治区第十三次党代会精神，深刻领悟“两个确立”的决定性意义，增强“四个意识”、坚定“四个自信”、做到“两个维护”。持续巩固深化党史学习教育成果，弘扬伟大建党精神，准确把握新发展理念，认真学习领会国家统计局、宁夏调查总队统计工作精神，贯彻落实党中央、国务院关于统计工作决策部署和全国统计工作重点改革任务，大力弘扬“为民调查、崇法唯实”的新时代国家调查队精神，立足统计调查工作主责主业，持续推进依法统计向纵深发展。

【党的建设】 2022年，国家统计局吴忠调查队党支部在保持五星级党支部荣誉的同时，被市直机关工委命名为模范机关达标单位。持续深入学习贯彻习近平新时代中国特色社会主义思想，坚定正确政治方向，自觉在思想上政治上行动上同以习近平同志为核心的党中央保持高度一致，全力推动统计工作重大决策部署落地见效，切实推进党的建设走在前、作表率。根据年初制定的国家统计局吴忠调查队2022年党组理论学习中心组学习安排，面向全体党员干部职工开展多形式、分层次、全覆盖的学习培训，举办学习贯彻习近平总书记视察宁夏重要讲话指示批示精神专题讲座，扎实开展宣传贯彻党的二十大和自治区第十三次党代会精神专题研讨会，坚持不懈用理论武装干部头脑。严格按照“三会一课”制度要求，严肃党内政治生活，落实落细党员星级评分制度，坚持“1+1+1”人人讲党课模式，引导党员干部在研究、宣传、阐述党的思想理论上传心声、作表率。积极开展特色主题党日活动，如走进企业开展“联学联建强堡垒、聚力共进稳就业”主题党日活动，走进革命老区开展“铭记革命历史、弘扬老区精神”主题党日活动。全年召开支部党员大会8次、支部委员会10次，支部书记带头讲党课1次，开展主题党日活动9次，其中与总队相关处室联合开展主题党日活动两次。坚持党建与业务融合，提升履职尽责能力，严格履行管党治党政治责任，确保党的领导贯穿统计工作各方面全过程，让党建引领成为推动工作的“源头活水”。

【常规调查】 2022年，国家统计局吴忠调查队坚持以数据质量为中心，强化基础工作，认真履行职责，坚持独立调查、独立上报，严格执行国家调查制度方案，规范调查流程，严肃调查行为。住户调查电子记账率达98%，农民工监测调查实现利用住户平台面向外出农民工直接采集数据，劳动力调查充分发挥基层调查员主观能动性，多措并举开创调查宣传工作新局面，在全区劳动力调查视频会上作经验交流，同时保质保量完成住户调查样本轮换、农业调查样本轮换、畜禽中间消耗扩点工作，完成2021—2025年基期工业生产者价格调查规格品名册编制工作。劳动力调查通过“超短信”精准推送到户，在市区公交车、出租车投放车尾广告，在全市36个调查社区悬挂工作展板，开展长效宣传，农业农村调查采取无人机数据采集和人工实地调查双调查，做好无人机推广“试验田”。价格调查利用大型商超联网终端实现数据的直接获取，稳步推进大数据在CPI工作中的应用。

【统计服务】 2022年，国家统计局吴忠调查队共完调查信息分析197篇，撰写各类专题调研52篇，被总队内网采用153篇，国家统计局内网采用14篇，《中国信息报》采用10篇，市县两办刊物采用13篇。

【统计法治建设】 2022年，国家统计局吴忠调查队以提高依法统计、依法治统水平为目标，以增强统计普法的针对性和实效性为着力点，组织开展统计法治建设，切实防惩统计造假、弄虚作假。通过党组理论学习中心组学习、廉政警示教育、谈心谈话、讲党课、听讲座等多种形式开展教育培训，不断提高党员干部政治站位。监督落实违规干预重大事项报告制度，督导各科室如实填报领导干部插手干预重大事项情况报告表，加强单位各项规章制度的制定和执行。加强统计调查工作全流程监督，从严从实开展“双随机”检查，完成3个调查点、9块地块农作物播种面积情况核实，完成采购经理基础工作检查。配合国家统计局宁夏调查总队对5家工业生产者价格调查企业开展统计执法检查。积极开展统计法治宣传，全年发布法治宣传微讯45篇，举办法治培训班6场次，结合业务发放法治宣传品近200份。

【队伍建设】 2022年，国家统计局吴忠调查队党组以构建职能科学、配置合理、运作高效的年轻化干部队伍为目标，强化队伍梯次建设，严格执行“三定”方案，按照“人岗相宜”原则，做好职位调整、轮岗锻炼，队内人员岗位调整3人，1名干部赴基层县队锻炼，推荐1名干部赴国家统计局宁夏调查总队锻炼，1名干部在盐池县驻村帮扶，选拔任用正科级干部2名，晋升一级主任科员1名。

市场监督管理

【概　况】 2022年，吴忠市市场监督管理局紧紧围绕黄河流域生态保护和高质量发展先行区建设，立足“大市场、大质量、大监管”，统筹推进疫情防控和市场监管，持续推进商事制度改革，坚守“三大安全”底线，深入开展质量强市工作，不断加大知识产权运用保护力度，有效提升市场监管治理能力和治理效能，各项工作取得明显成效。

【商事制度改革】 2022年，吴忠市市场监督管理局实施《市场主体登记管理条例》，推进全程电子化登记，实现企业开办“零费用”，市本级新设立企业网办率达到96%，全程网办0.5个工作日办结。深化“证照分离”改革，全市共取消行政许可16项，办理审批改为备案等三类“证照分离”改革事项9819件，为市场主体节约办理时间1.2万个工作日，减少申请材料2.3万份。2022年末，全市共有市场主体12.6万户，稳居全区第二，新增各类市场主体

1.5万户。推进“简易注销”改革，提升企业注销便利度，实现简易注销“零见面”“零部门”“零材料”“零费用”，解决创业者“进门容易出门难”问题，全市退出市场主体1.06万户。

【企业信用监管】 2022年，吴忠市市场监督管理局全面落实市场监管领域部门联合“双随机、一公开”监管，更新“一单两库”信息，抽查企业3883家次。扎实推进企业年报工作，年报率95.55%。加强诚信守法信用监管，上传“双公示”信息19192条，列入经营异常名录企业1194家，严重违法失信企业名单400家。扎实做好打击整治养老服务领域诈骗专项工作，开展保健品行业联合清理整治行动，共核查处置线索26条，立案10起，罚没款34.44万元。

【市场秩序维护】 2022年，吴忠市市场监督管理局督促各级各部门有效落实公平竞争审查制度，坚持存量政策措施清理与增量政策措施审查同步推进，共自查清理市本级文件97个，修改涉及市场主体经济活动文件6个。加强粮食价格、计量行为监管，严厉打击粮食购销领域垄断协议、不正当竞争等违法行为。积极开展教育收费检查，共处理违规收费3起，责令退还金额68.24万元，立案查处1起擅自提高收费标准违法案件，罚款5万元。开展涉企收费专项检查，责令向企业退还违规收费208.19万元。加强重大节日期间人民生活必需品和防疫物资价格监管，共办理价格及反不正当违法案件35起，其中价格违法案件33件，反不正当违法案件2起，罚没款34.30万元。

【食品药品安全监管】 2022年，吴忠市市场监督管理局落实“四个最严”要求，以统筹推进国家食品安全示范城市和自治区全域食品药品安全区“双创双建”为抓手，抓好食品药品安全工作，全域创建“食品药品安全区”顺利通过自治区食安办中期评估，全面启动创建国家食品安全示范城市工作。高标准完成冬奥会食品安全保障工作，宁夏伊利乳业有限责任公司181.6吨吴忠产高品质乳制品端上冬奥会餐桌。指导餐饮饭店协会制定出台吴忠早茶系列团体标准，全力保障2022吴忠早茶美食文化节活动，打造“吃在吴忠”品牌。开展食品安全监督抽检3339批次，合格率98.5%，依法核查处置132个抽检不合格样品，完成每千人5批次以上的指标任务。全面实施餐饮质量安全提升行动，开展“餐饮安全你我同查”活动。约谈网络订餐平台，餐饮单位量化分级评定100%、明厨亮灶99.13%。实施校园食品安全守护行动，477家学校（幼儿园）食堂被纳入“互联网+明厨亮灶”智慧监管系统。组织开展“昆仑行动”“清风行动”，累计检查食品生产经营单位25704家次，查办各类食品药品违法案件698起，罚没款364.93万元。加大药械流通环节安全监管整治力度，共完成药械抽检任务140批次，梳理排查风险隐患214个，查办“两品一械”案件58起，罚没款48.28万元，5起案件入选自治区药监局典型案例。落实药品智慧监管，对771家零售药店实施风险分级监管，704家药店通过“阳光药店”验收，创建比例91.3%。

【特种设备安全监察】 2022年，吴忠市市场监督管理部门开展城镇燃气安全专项整治行动和气瓶安全专项整治巩固提升行动，针对区域性、行业性特种设备安全隐患，协调市安办以发放预警通知书方式告知行业主管部门及时消除安全隐患，共监察特种设备生产经营、使用单位1097家，下发特种设备安全监察指令书217份，罚没款85.38万元。

【工业产品质量安全监管】 2022年，吴忠市市场监督管理局制定印发《吴忠市质量基础设施“一站式”服务工作实施方案》，建成质量基础设施“一站式”服务试点1个。高位推进质量工作，吴忠仪表有限责任公司、宁夏伊利乳业有限责任公司获评第六届宁夏回族自治区质量奖获奖组织，实现了吴忠市自治区质量奖获奖组织“零”的突破。加大工业产品质量安全监管，重点加大对儿童用品、一次性餐具、装饰材料、小家电等与群众生活密切相关的消费品监管和定向抽查，共抽检各类样品774批次，合格率97.67%。

【计量标准化】 2022年，全市6个自治区服务业品牌化示范项目全部通过中期评估考核。开展农资计量、燃气安全质量计量、涉粮企业计量器具强制检定，以及销售领域用水器具等专项监督检查，确保在用计量器具强制检定全覆盖。深化计量惠民工程，共检定计量器具21673台（件）。

【知识产权保护】 2022年，全市市场监督管理部门发挥联席会议机制作用，完善联合打击侵犯知识产权工作机制。全市6家企业被确定为2022—2023年度自治区知识产权培优试点企业，1家企业获评自治区地理标志运用试点优秀单位，1个协会被确定为自治区商标品牌指导站，青铜峡市被列为国家知识产权强县建设试点县，推动"盐池滩羊国家地理标志保护产品示范区"建设。全市注册商标总量11104件，有效发明474件，查办知识产权违法案件36起，罚没款30.38万元。

【消费者权益保护】 2022年，全市市场监督管理部门加强消费宣传教育，推动消费者权益保护社会共治。利用12345便民服务热线、12315投诉举报平台，畅通消费者维权渠道，推动消费维权便利化。全市共处理各类投诉举报信息5300件，为消费者挽回经济损失290.99万元。在2021年全国100个城市消费者满意度测评中，排名西北第一名。针对央视"3·15"晚会曝光问题，结合吴忠市实际，对超市、集贸市场、食杂店、便利店、餐饮单位、生产企业进行全覆盖监督检查，对曝光使用"土坑酸菜"的方便面、酸菜料包等产品进行全面退市下架、封存，已下架、封存涉事相关产品8种、7.6万袋。

【自身建设】 2022年，吴忠市市场监督管理局深入学习贯彻习近平新时代中国特色社会主义思想、党的二十大精神、习近平总书记视察宁夏重要讲话指示批示精神及自治区第十三次党代会精神，深刻领悟"两个确立"的决定性意义，不断增强"四个意识"、坚定"四个自信"、做到"两个维护"。坚持党建与业务同谋划同部署同落实同考核，落实全面从严治党，层层压紧压实责任。充分发挥党委理论学习中心组龙头作用，组织召开党委理论学习中心组学习9次。推进"小个专"党建工作，在全市范围内建立"小个专"党建工作指导站30家，不断激发企业党建工作活力。全面加强领导班子和干部队伍建设。在转作风、树形象、重服务、强执法方面下功夫，扎实开展职业荣誉感教育，组织干部职工学习着装规定，参加军事训练，举行换装仪式，进一步增强使命感、责任感和荣誉感，最大限度调动"想干事"的积极性，激发"能干事"的创造性，营造团结干事谋发展的良好氛围。严格落实干部选拔任用程序和规范，提高选人用人质量，注重年轻干部培养，保持干部队伍梯次稳定，关心干部职级待遇，体现组织关怀，保持干部队伍生机活力。向市委组织部推荐提拔正科级领导干部3名，局党委提拔任用副科级领导干部4名，进一步任用副科级领导干部1名，推荐晋升二级高级主办1名，市局党委晋升一级主办2名、二级主办12名、三级主办13名。持续加强党员干部监督。突出严管厚爱结合、激励约束并重，积极开展"清廉吴忠"建设，建立"清廉吴忠"建设任务清单，持续开展廉政警示教育，召开科级干部集体廉政谈话会，排查廉政风险点101条。扎实开展"两个"专项整治，严格遵守中央八项规定及其实施细则精神和自治区"八条禁令"，持续解决形式主义突出问题为基层减负，着力打造风清气正的政治生态、亲清和谐的政商关系和干事创业的良好环境。

2022年4月，市市场监督管理局举行换装仪式

国有资产监督管理

·综　述·

【概　　况】　2022年末，市属国有企业账面资产100.2亿元，同比减少5%。其中：企业经营性资产25.3亿元，与上年同期持平，经营性资产保持强劲活力，国有资产保值增值充分显现；非经营性资产77亿元，同比减少10%，政府对非经营性资产适时进行拍卖、调整、转让等，非经营性资产进一步盘活优化。2022年，市属国有企业实现营业收入5.59亿元，同比增长4%；上缴税金2015万元，上缴财政603.11万元（其中国有资本收益183.11万元，上缴非税收入420万元）。因疫情及节假日减免租金、停车费269.95万元，担保费355万元。稳就业2653人，支付工资1.8亿元。政府性融资担保机构为中小微企业、奶产业等“三农”主体担保贷款累计在保余额8.25亿元，同比增长22.22%；担保代偿率2.26%，低于全国（3.7%）、全区（7.3%）风险控制率。截至2022年底，企业债务余额38.22亿元，其中政府投资棚户区改造、保障性住房等项目融资银行贷款和专项基金余额35.53亿元，占比93%；企业生产经营贷款2.69亿元，占比7%。

【国企改革】　2022年，吴忠市以国企改革三年行动为抓手，推动各类要素向主业实业集中，形成以城市服务、现代农业、文化旅游三大优势业务为战略支点，以大数据、金融业务为潜在增长极，以资本运营为重要支撑保障的市属国有企业特色产业体系。清退低效无效资产，市属34户企业共清理无效资产59项、低效资产27项，企业整体资产负债率下降7.1%。扎实开展对标一流企业行动，压减企业法人5户，占比16%；6户重点亏损子企业完成治理5户，占比83.3%，亏损面控制在30%以内。

【业务开拓】　2022年，成立工业园区服务型公司，开辟园区基础设施建设和中小微企业财务、培训等低成本化服务业务。对接中石油，在青铜峡建设天然气“阀室”；与国家电网合作建设充电桩；在第四、第五污水处理厂建设700kW分布式光伏发电项目；应急热源调峰投入运行。创投公司与宁夏大厦、福建珍好佳供应链公司合作建设运营中心，切实推动“宁货出塞”“闽货西行”。农投公司与宁波商贸集团签订奶业战略合作协议。在全区第一个举办“国资国企吴忠行”活动，签约项目14个，协议资金200.62亿元。

【企业创新】　2022年，市属企业科技研发投入164.8万元。大数据公司取得5项实用新型专利和23项软件著作权，1个项目入选国家物联网融合应用创新类示范项目。农投公司高产奶牛繁育项目有序推进，移植克隆胚胎110枚、OPU胚胎74枚，沃野牧丰公司实施KPI和SOP管理模式，奶牛单产稳定在38公斤以上的高产水平。交投公司开拓“定制公交”运营新模式，增加营业收入80万元。

【服务保障民生】　2022年，城投公司有序推进第四、第五污水处理厂建设运行，市区污水处理能力4万立方米/天；积极实施再生水利用项目，市区再生水利用率由2021年的20%提高至35%。大力推进“大温差”项目建设，完成54个站点相关设备安装。交投公司筹资800万元回购利通区乡村民营公交车，购置新能源公交车19辆，开通利通区乡村4条主线、9条支线。益谷公司完成小麦1万吨临时储备粮任务。担保公司累计为小微企业、奶产业、创业担保贷款担保58.92亿元。

【国资监管】　2022年，吴忠市国资委完成6家一级企业董事长与总经理分设，推动董事会向出资人报告工作制度的落实，修订外部董事管理办法，推动外部董事依法履职。进一步完善市属企业党委会、董事会、总经理办公会决策议事清单，切实做到各司其职、各负其责、协调运转、有效制衡。在全区五市率先建成国资监管在线平台，对市属7家一级企业开展年度财务审计，抓实整改落实。守好严控各类风险底线，压实企业风险化解主体责任。督促农投公司制定为民营企业担保风险化解方案，国运公司制定国晟基金公司账户冻结化解预案，依法依规化解担保及投资风险。完成2021年度经营业绩考核，确定A类企业2个、B类企业3个、C类企业2个。抓实自治区巡视反馈粮食领域4个问题整改。

认真组织开展工程建设政府采购领域专项治理“回头看”，完成2021年度工程建设4个项目10个标段自查。牵头开展全市企业国有产权交易突出问题专项治理，共梳理出问题6类249宗，制定整改措施6条，整改率100%。深入开展股权代持、虚假合资、挂靠经营、假冒国企等综合整治，督促完成融和环境科技有限公司混改，妥善化解风险隐患，促进国有企业与民营企业健康发展。

·市属国有企业·

【吴忠文化旅游产业投资有限公司】 2022年，吴忠文化旅游产业投资有限公司所属各景区累计接待游客61.98万人次，实现营业收入1508万元。进一步完善现代企业管理制度，按照经理层任期制和契约化管理工作方案，开展经理层成员年度经营业绩目标责任考核，推进改革见实效，形成干事创业、履职担当的科学管理机制。中层岗位实行竞聘，鼓励公司全员参与，面向社会公开招聘会计、文员岗位2名高学历人才，以“输血”激活“造血”功能，激发国企活力。成立利通分公司，运营管理白寺滩民宿，倾力打造高端轻奢民宿品牌，试运营期内首个节假日民宿入住率超过80%，带动利通区大青葡萄、蔬菜采摘及农民就业，大力发展乡村游、生态游，着力促进农旅融合，助推乡村振兴，力争实现“企业+村集体+农户”共赢发展模式。实施“引客入利”奖补政策，举办利通区2022年全域旅游“引客入利”政策发布会暨百家媒体旅行社“黄河岸边新乡居”采风活动。与同心县达成合作意向，筹备成立子公司，以中国工农红军西征纪念园、博物馆等为核心，以同心县“引客入同”政策为依托，大力发展同心红色旅游，助推同心文旅产业提档升级。围绕“我们的节日”，开展2022年文化进万家——视频直播家乡年、“传统民俗闹董府·非遗线上跨新年”、“五一游峡谷·大礼送不停”、“黄河楼璀璨光影节”等节日节庆系列活动，组织开展“黄河明珠·美丽吴忠”、“5·19”中国旅游日活动。面向全区通过线上线下发放惠民免费券和满减券10万张，价值1054万元，带动吴忠市实现餐饮、住宿、购物等综合收入1800万元。深挖黄河文化底蕴及吴忠市人文历史等特色代表元素，设计开发公司及所属景区IP形象，运用IP元素设计开发衍生产品。持续推进与旅行社、工业企业、餐饮、酒店、乡村旅游综合体合作，推出赏花踏青、烟火气、烧烤季、乡村民俗游等多条季节性精品线路，继续开通旅游直通车，大力推广精品线路，打通游客与景区的“最后一公里”。年内先后投资实施了吴忠高铁站旅游集散中心项目，实施董府旅游提升项目。黄河大峡谷旅游区被自治区认定为一级智慧旅游景区，成功入选交通运输部打造的国内水路旅游客运精品航线试点单位，水路旅游客运精品航线入选国内水路旅游客运精品航线“自然景观游”线路。

【吴忠中小微企业创业投资有限公司】 2022年，吴忠中小微企业创业投资有限公司结合工业互联网、农业物联网等信息技术应用产业，联合北方民族大学、全区优秀电子信息企业和科研机构，依托宁夏电子信息产业联盟和电子信息产业众创空间，积极开展行业沙龙、项目对接、展览展示、创业培训等赛事及配套活动，促成创业项目成果转化。年内大数据公司先后自主开发了吴忠市市域社会治理智能化综合平台、吴忠市智慧旅游基础建设平台等10个信息化平台。自主研发的吴忠市“易办·吴优”一窗受理政务服务平台实现了跨部门、跨平台自动办理，缩减了审批时间，部署上线5类“一件事一次办”事项108件，为全市优化营商环境及统一大综窗奠定了基础。自主研发的吴忠市市域社会治理智能化综合平台，共开展平台实操培训511场次，培训1.6万人次。积极研发吴忠市奶产业数字化管理平台，为企业提供政策、金融、供需服务，通过数据分析进行诊断预警。平台共接入牧场31家，并接入全市10家牧场60328头奶牛的数据信息，形成了数据可视化的分析结果，对奶牛养殖过程进行全生命周期分析。同时，大数据公司开发的吴忠市能耗数据监测监督平台成为全区首家公共机构能耗数据监测监督平台；运维的智慧燃气综合管理系统入选国家物联网创新示范项目；实施的吴忠市文化馆数字文化馆建设项目，充分利用网络科学技术手段，提升文化馆的知名度和体验感。通过项目带动企业加大研发投入，大数据公司取得了实用新型专利6项、软件著作权 23 项，公司入选了国家级和自治区级科技型中小企业名录。持续推广工业互联网标识解析创新应用。在枸杞、葡萄酒等产业中探索开展创新应用场景，2022 年 6 月，大数据公司成功入选工业和信息化部工业大数据分析与集成应用数字化供应链重点实验室工作组成员单位，也是宁夏 2022 年度唯一入选工信部工业大数据分析与集成应用重点实验室的企业。已接入企业 448 家，完成标识注册 815.5 万个，标识解析量 209.5 万次。建设宁夏特产交易平台，入驻生产企业 70 家，上传产品信息 900 余款；入驻经销商 50 家，全国各地展销中心及经销商通过宁夏优质特色产品交易平台实现交易额 4489 万元。按照“一个总部基地 + 四个运营中心”的发展思路，2022 年，宁优汇公司在北京、厦门两地设立宁夏优质特色产品运营中心，完成 3 家门店建设，实现销售额 260 万元。并与福建珍好佳供应链管理有限公司达成战略合作协议，共同实施“宁货出塞·闽货西行”项目。依托公司在国内建设的运营中心，将枸杞、滩羊、葡萄酒、黄花菜、大米、冷凉蔬菜等宁夏优质特色产品推向区外市场。同时，在农特大厦内布局建设闽货集聚区，以闽宁协作为主题，通过两地交流、地方文化、特色旅游、优质特产展示等，带动以福建茗茶、海产品、特色果蔬等为主的特色产品销售，实现两地产品互补。目前已完成 1000 平方米“闽优汇”展厅建设，引入特色零食、福建茗茶、海产品等 5 个大类、200 余款福建产品，完成仓储建设 300 平方米、冷库建设 100 平方米。积极探索社区电商营销模式，筛选本地优质特色产品，主攻内部市场，依托现有商业模式，以创业孵化小微企业为出发点，将公司产业集群及发展优势通过互联网以商招商，切实抓好项目的洽谈、跟踪、落实和服务工作。精准对接新能源汽车行业，引入吴忠市富康汽车出租有限公司建设宁夏新能源汽车集散地，辐射带动以新能源汽车为中心的产业集群。依托宁夏特色集市先后举办跨年直播盛典，配合市农业农村局成功举办吴忠名优特色农产品促消费活动、首届宁夏“6·18”风土节暨吴忠优质特色农产品夏季促销等活动 15 场次，带动特色产品线上线下销售 298 万元。

【吴忠国有资本运营有限公司】

2022 年，吴忠国有资本运营有限公司（以下简称“国运公司”）以全面提高治理能力和经营管理水平为目标，充分发挥董事会“定战略、作决策、防风险”的重要作用。扎实开展亏损企业治理工作，2022 年底前亏损面控制在 20% 以下，国运公司国企改革三年行动 36 项任务已完成 35 项，完成率达到 97.22%。修订了《董事会议事规则》，全面依法落实董事会各项权利。制定《吴忠国运公司推行经理层成员任期制和契约化管理工作方案》《聘任岗位协议书》《年度目标经营业绩责任书和任期制经营业绩责任书》，国运公司及二级公司经理层实现全覆盖，占比 100%。全面完成 7 家中央在宁企业、两家政策性破产企业的 15 个家属区、78.4 万平方米“三供一业”分离移交维修改造工作。健全市场化经营机制，开展管理人员竞争上岗 26 人，公开招聘 276 人，竞聘率 100%。不断深化“管委会 + 公司”运营模式，全面推动青铜峡工业园区蒸汽管网二期项目建设。吴忠鼎通建设开发有限公司积极履行金积工业园区基础设施管护职责，共计维修基础设施 269 处。吴忠市燃气公司城镇液化气配套设施改扩建项目已通过消防验收。青铜峡铝厂生活区天然气累计投入 33.55 万元，更换互联网燃气表 800 余块。延伸金融服务产业链，提供一站式现金管理服务。吴忠市保安服务总公司商银通智能收款服务项目，通过引进先进自助缴存终端，建成智能自助缴费终端体系，为银行及客户单位提供专业化一站式现金管理服务，全年实现营业收入 125 万元。拓展业务范围，吴忠市机动车辆检测有限责任公司南站通过改造升级检测设备，已开展摩托车审验业务。2022 年，安全生产投入 56.17 万元。开展安全培训 44 场次、各类安全应急演练 107 场次、安全检查 201 次，整改安全隐患 95 处，有效预防突发事故，保障生产平稳有序。扎实开展国有产权交易领域突出问题专项治理自查自纠工作。公司对 2018 年至 2021 年产权交易领域情况开展了全面自查，建立问题整改清单，结合公司实际制定了《吴忠国有资本运营有限公司国有资产交易管理办法》《吴忠国有资本运营有限公司国有资产评估管理办法》《吴忠国有资本运营有限公司国有资产租赁管理办法》3个制度，通过统一规范的程序约束，实现国有产权的规范交易。

【吴忠现代农业扶贫开发投资有限公司】 2022年，吴忠现代农业扶贫开发投资有限公司持续推进国企改革三年行动工作，积极应对市场变化，不断拓展业务领域，持续加强企业管理，坚持“贸易+繁育”的发展路径，围绕建链、延链、强链、补链，助力奶产业高质量发展。全年引进优质荷斯坦等品种奶牛5500头，为奶产业发展引入了优质牛源。有序推进高产奶牛繁育项目。紧盯精细化管理和养殖，率先推行高产牛挤奶频次“3变4”，奶牛日单产突破38公斤，年内涨幅超过20%。2022年，益谷公司切实做好商品粮收购工作，建设吴忠市进口冷链食品集中监管仓项目。2022年，公司持续在提质增效、节本增效、扩大盈利点上发力。吴忠市三大奶牛养殖基地建成规模化养殖场143个，存栏奶牛29.3万头。9月14日，宁波市商贸集团有限公司与公司签订《奶业战略合作协议》，在优质苜蓿和燕麦草贸易、共建共营集约化智慧物流仓储服务、奶源渠道拓展和乳制品深加工项目三个方面开展交流和贸易合作。沃野牧康公司紧盯吴忠市三大奶牛养殖区增建扩繁、扩栏补群时机，在奶牛养殖领域前端饲草、兽药、技术服务等领域补齐服务短板，寻求新的盈利点。推进资源整合，探索种养结合发展模式。依托优质后备奶牛繁育基地稳定的饲草供给需求，加大现有土地资源整合力度，实现集中统一规划和经营管理，探索种养结合发展模式，实现经济效益最大化。以“三项制度”改革为着力点，深化内部分配制度改革，实施“工作有标准、管理全覆盖、考核无盲区、奖惩有依据”的全员绩效考核管理。先后对公司《薪酬管理制度》《绩效考核管理办法》等基本制度进行修订，协调薪酬不同要素之间的关系，调整企业内部劳动关系，全面改革绩效考核模式，推行“月度定量、年度定性”和“员工收入与经营业绩紧密结合”的考核方式。认真落实市国资委有关要求，根据自身发展实际，切实推进改革措施落实落地，35项具体改革举措已全部完成，总体完成率98%。持续完善公司各项基本制度和规章，加快推进“员工持股”改革任务，利用融和环境公司在经营一般工业固废处置项目中的优势，引入社会资本，建立混合所有制公司，同时开展骨干员工持股工作，与优秀员工形成利益共存体，营造拴心留人的工作环境，是市属国有企业中唯一实现员工持股的公司。通过混合所有制改革及推行员工持股，降低公司整体人力资源成本30万元。

【吴忠开源融资担保有限公司】

2022年，吴忠开源融资担保有限公司在“保市场主体、促就业创业、稳经济运行”方面充分发挥了政府性融资担保机构的增信、分险、降费作用，做到了“六稳”“六进”，国企改革三年行动完成率达100%。年内制定《助力稳经济保增长促发展工作实施方案》，对符合条件的餐饮、粮油加工等行业中小微企业、个体工商户，积极提供融资担保贷款支持。开展“首贷户”拓展行动，优化授权审批管理权限和业务流程，为首贷户建立绿色通道，按照“首问负责、限时办结、集中受理”的工作原则，提高贷款需求响应速度和业务办理效率。开展“整村推进”活动，分别在扁担沟镇渠口村、南梁村、良繁场等设立乡村振兴担保服务点8个。2022年末，融资担保在保户数达到3693户，在保余额8.3亿元，创历史新高，同比增长23%。聚焦“六新六特六优”产业，持续加大产业金融深耕力度，突出产业培育，创新推出“奶产业担”“种植养殖担”“创业担”“餐饮担”“批发零售担”“科技担”“融合担”等8项特色服务产品，构建了针对性强、适用度高、覆盖面广的产品体系，提升运用担保基金撬动银行业金融机构支持全市经济发展的成效。建立风控常态化机制，进一步完善担保业务审批机制，提高风险事项管理和处置能力。强化担保部、风险管理稽核部“平行制衡约束机制”，联合开展奶产业保后专项调研工作，及时跟踪、调查和分析孙家滩、五里坡及青铜峡周边养殖牧场等在保企业的履约意愿、履约能力、经营情况，全面分析和评估潜在风险，聚焦企业实际困难及需求，帮助企业渡过难关。探索合规抵入财产相关流程，打破了以往资产抵入方式不灵活、追偿方式单一等代偿追偿难的困境，防范化解代偿回收风险水平进一步提高。率先与宁夏银行签订批量融资担保业务合作协议，严格落实银担代偿风险分担 2 ：8 比例，积极响应国办发〔2019〕6 号文件精神及国家担保基金降低担保费的号召，将批量业务担保费率降至 0.6%，主动为实体经济减费让利。赴宁夏众联启航融资担保有限公司交流学习，梳理批量业务办理流程，逐步探索开展“见贷即保”与“见保即贷”的“总对总”批量融资担保业务。同时，大幅拓展“业务批量处理、风险共同管理、责任分别承担”的 30 万元内取消反担保措施的纯信用批量担保贷款业务。截至年底，30 万元内纯信用担保贷款 3553 户、金额 5.1 亿元。

应急管理

【概　况】　2022 年，吴忠市应急管理局以防范化解重大安全风险，坚决遏制较大及以上生产安全事故为目标，健全完善应急管理“六大体系”，持续提升应急管理“六种能力”，全力保障人民群众生命财产安全，切实为经济社会发展营造安全稳定环境。截至年底，全市发生生产安全事故 10 起，死亡 11 人，同比分别下降 50%、47.6%，未发生较大及以上生产安全事故。

【应急指挥体系建设】　2022 年，吴忠市应急管理局聚焦“全灾种、大应急”，积极探索“应急 + 通信”新理念，通过网络技术改造等手段，实现应急指挥和消防救援调度系统互联互通。将全市 30 家重点监管企业自建视频监控系统接入应急指挥中心平台，实现企业安全生产状况实时调取查看。为各县（区）配备 4G 布控球、手持图传单兵 12 套。编印《吴忠市应急指挥手册》，健全抗震救灾、生产安全事故、防汛抗旱等 7 类突发事件应急响应机制和指挥流程，不断完善应急指挥体系，提升应急指挥能力。

【危化风险防范】　2022 年，吴忠市应急管理局围绕大型储油基地风险管控、高危细分领域专项治理、化工园区安全风险降级、双重预防机制数字化建设等，扎实开展危险化学品安全风险集中整治和“反三违”专项行动，排查发现的 92 项问题隐患全部整改销号，47 家企业完成“双预防”机制数字化建设。5 个化工园区（集中区）安全风险降级涉及 71 项目标任务，已完成 47 项，查治“反三违”问题隐患 60 家、315 项。严把化工建设项目审批关，2022 年新建、改建、扩建的 39 个化工重点项目，完成风险论证 11 个，安全评价和安全设施设计审查 46 个，出具审查意见书 62 份。

【矿山风险防范】　2022 年，吴忠市应急管理局修订《吴忠市停工停产煤矿安全管理办法》，对 6 处长期停产停工煤矿巡查检查 53 次。开展煤矿安全“体检”、重大灾害风险防治能力评估以及非煤矿山安全技术“诊断”，查治各类安全隐患 358 项。在显著位置悬挂煤矿、非煤矿山重大隐患和违法行为举报奖励公告牌 90 块，多措并举，不断提升矿山领域安全水平。

【工贸企业专项执法】　2022 年，吴忠市应急管理局深入开展粉尘防爆、铝加工（深井铸造）等工贸企业专项执法行动，查治安全隐患 916 项。扎实开展工矿商贸企业安全生产标准化评审，新增安全生产标准化达标企业 16 家（其中三级标准化企业 12 家、二级标准化企业 3 家），兑现奖励资金 5 万元。

【森林草原防火】　2022 年，吴忠市应急管理局加速推进全市森林火灾应急能力建设项目，累计完成投资 2200 余万元，基本完成

2022 年 11 月 9 日，青铜峡市举行 2022 年森林草原防灭火应急演练暨“119”消防宣传月启动仪式

营房、训练塔、门房（砌砖）主体建设和设施设备购置工作。推进林区输配电设施火灾隐患排查治理和森林草原火灾隐患排查整治等专项行动，发布高温预警、气候预测、工作提示30次。指导各县（区）开展森林草原防灭火实战演练6场，发布森林草原防火禁火通告，划定森林草原高火险区，全面开展秋冬季森林草原防火工作。

【自然灾害防治】 2022年，吴忠市应急管理局围绕紧急转移避险点建设等工作，持续推进自然灾害防治“八大工程”建设，完成投资14.779亿元，明确的42项具体任务已完成33项。统筹推进第一次全国自然灾害综合风险普查，全面完成85万条数据采集、质检、核查工作，建成吴忠市自然灾害数据库。针对雨雪冰冻、大风大雾、寒潮高温等极端天气，发布预警信息40条，会商研判20次，成功应对30毫米以上降雨过程13轮，发放自然灾害救助金1837.98万元。深刻汲取河南郑州“7·20”特大暴雨灾害教训，全面完成辖区638处地下建筑物防汛隐患整治及排水管网清淤疏通，储备各类抢险物资27万余件。

【应急预案体系建设】 截至2022年底，吴忠市应急管理局依托大中型企业，组建防汛防火、抗震救灾、施工抢险等综合性应急救援队伍23支，危险化学品、矿山、通信和重型机械等专业性应急救援队伍9支，配备各类救援车辆、机械设备160余台。制定《吴忠市突发事件总体应急预案》及17个市级专项预案，指导各部门制定、修订专项应急预案320个、重点企事业单位预案1312个，基本形成了“纵向到底、横向到边、辐射到点”的应急预案体系。组织开展黄河防汛、森林草原防火、危险化学品事故抢险等跨县区、大型政企联动综合实战应急演练4场次，参与人数1200余人。按照区、市、县分别承担50%、30%、20%的标准，落实落细市级应急救灾物资储备、管理任务，新购置储备救灾物资5批次200万元，累计储备各类抢险物资27万余件。

【安全生产管理体系建设】 2022年，吴忠市应急管理局制定《全市安全生产专项整治三年行动“巩固提升年”工作方案》，推进1301项具体任务落实，推动城市高层建筑、管线管廊、燃气工程等138项安全制度措施修订出台，基本构建起全市安全生产管理体系。出台《关于认真贯彻落实国务院自治区安全生产若干措施 进一步加强全市安全生产工作的实施方案》《市委市政府领导同志安全生产责任和工作任务清单》等一系列规范性文件，从既管长远又管当下两个层面，切实统筹发展和安全，压紧压实安全生产党政领导责任、行业监管责任，全面建立企业全员安全生产责任制。充分发挥安委办统筹协调和综合监管职能，召开事故现场警示教育会8场次，发布履职预警、挂牌督办单15份。扎实推进应急管理综合行政执法改革工作，整合优化行政执法职能，成立吴忠市应急管理综合行政执法支队，设立太阳山开发区应急管理综合行政执法大队，核定全额预算事业编制19名。扎实推进打击假冒政府网站制售假冒安全生产证书和安全生产培训“走过场”专项整治行动，累计检查企业400余家，查验证书真伪400余人，查处未持证上岗以及企业安全培训教育不到位等违法违规行为7起，行政处罚32万元。

【基层应急体系建设】 2022年，吴忠市应急管理局通过专项调研、定点指导、开展培训班等方式，全面打造两家区级基层应急管理能力规范化建设试点乡镇，实现了乡镇（街道）应急能力“六有”、村（社区）“三有”。持续开展综合减灾示范社区创建，推荐全国综合减灾示范社区6家。依托“5·12”防灾减灾宣传周、“第21个安全生产月”、“煤矿安全警示教育日”等活动，发放宣传资料4万余份，刊登宣传标语20余条，发送宣传短信20万条，宣传覆盖50余万人次。严把“三项岗位人员”培训发证关，累计组织考试22期，发证4842人。

农业水利

农 业

·综 述·

【概　况】　2022年，全市实现农业总产值248.4亿元，增长4.7%；农村居民人均可支配收入17380元，增长7.7%。自治区实施乡村振兴战略综合考评，利通区、青铜峡市、盐池县分别获二等奖；农田水利基本建设“黄河杯”竞赛吴忠市获组织奖，盐池县获一等奖，青铜峡市获二等奖，利通区、同心县获三等奖；自治区乡村振兴“一村一年一事”行动综合考评盐池县获一等奖，青铜峡市、同心县获二等奖，红寺堡区获三等奖，利通区获四等奖。全市共计奖补资金2080万元，奖励建设用地指标600亩。

【粮食种植】　2022年，吴忠市粮食种植面积304.2万亩，较上年增加0.1%，总产量103.9万吨，较上年增加3.1%。其中：小麦35.2万亩，较上年增长20.8%，产量5.3万吨，较上年增加105.8%；水稻5.6万亩，较上年减少45.1%，产量3.4万吨，较上年减少44.7%；玉米163.9万亩，较上年减少0.8%，产量89万吨，较上年增加3.2%；马铃薯7.3万亩，较上年减少58.9%，产量1.3万吨，较上年减少55.1%；杂粮92.2万亩，较上年增加12.9%，产量4.9万吨，较上年增加64.96%。

【畜牧业】　2022年，吴忠市奶牛存栏29.2万头，较上年增加1.9万头，较上年增长7.0%；肉牛饲养量50.9万头，较上年增加5.4万头，同比增长12.6%。其中：存栏31.7万头，增加5.4万头，同比增长20.8%；出栏19.3万头，增加0.2万头，同比增长1.2%。滩羊饲养量623.6万只，增加38万只，同比增长6.3%。其中：存栏305.7万只，增加34万只，同比增长12.6%；出栏317.9万只，增加2.7万只，同比增长0.9%。生猪饲养量37.4万头，增加1.8万头，同比增长0.5%。其中：存栏18.0453万头，增加0.9万头，同比增长5.3%；出栏19.3万头，增加0.9万头，同比增长5.1%。家禽饲养量743.3万羽，增加7.7万羽，同比增长1%。

【奶产业】　2022年，吴忠市加快推进利通区五里坡、吴忠国家农业科技园区鸽堂沟、青铜峡市牛首山三大奶牛养殖基地建设，开工新（扩）建奶牛养殖场18家，建成规模养殖场149家。自治区在吴忠举行千亿级牛奶产业集群“三基地三中心”建设项目启动仪式，在吴忠启动建设国内优质高端奶源基地、人才孵化基地和乳品精深加工中心、优质饲草料生产配送中心、物流集散中心。149家养殖场场均存栏奶牛2200头，万头规模6家，规模化养殖比例达到98%，高于全国平均水平26个百分点。全市奶牛存栏33.4万头，新增4.2万头，同比增长14.5%；生鲜乳产量141万吨，同比增长13.6%。全市牛奶

红寺堡区红寺堡镇弘德村“飞地”肉牛养殖场

产业全产业链综合产值280亿元，其中生鲜乳销售产值和乳制品加工产值占65%左右，较“十二五”和“十三五”分别增长96.5%、22.8%，产业产值占全区牛奶产业的35%。宁夏夏进综合牧业开发有限公司创建成国家级奶牛标准化示范场，喜来宝、豪山、恒源林牧等9家奶牛养殖场创建成为自治区级标准化示范场，全市累计达到30家。引进上海光明牧业、山东奥克斯等技术团队，合作开展人才培育、技术指导等服务，全市推广应用性控冻精8.5万支、性控胚胎1000枚。建成金宇浩兴奶牛体外胚胎示范中心、沃野牧丰奶牛良繁中心两个，加速奶牛良种繁育进程。成年母牛年单产9.5吨，高于全国平均水平0.3吨，生鲜乳质量主要指标高于欧盟标准。配套引进内外包装、吸管、塑料瓶、物流等企业20余家，形成饲草种植、奶牛养殖、乳品加工、冷链物流、包装印刷等上下游贯通的全产业链，带动10万余人就业，人均年收入6万元。在中国（宁夏）奶业研究院挂牌运行宁夏奶业现代产业学院，在吴忠市设立5个分院、4个产学研基地以及4个实训实践基地。开工建设宁夏农垦集团麻黄沟5万头奶牛养殖项目和宁夏新希望塞上牧业有限公司万头奶牛标准化牧场建设项目，建成后将成为全国最大的单体奶牛牧场。吴忠牛乳团体标准顺利通过审定并发布。

【乳制品加工】 2022年，吴忠市引进和培育伊利、新希望、雪泉等乳制品加工企业10家，日加工能力6400吨，占全区的55%，加工产值达120亿元。目前，宁夏伊利共有生产线53条，日加工能力4700吨，主要生产“金典”“舒化”“安慕希”等40多个品种，年营业收入、加工产量实现“双百突破”，已成为全球最大的液态奶单体加工工厂。夏进公司共有生产线48条，日加工能力800吨，加工产值18亿元，启动实施新希望夏进“倍增计划”。实施自治区乳制品精深加工能力提升项目，支持夏进、雪泉两家中小型乳企改扩建液态奶生产线4条，日增加工能力220吨。吴忠成为“金典”“安慕希”“青稞酸奶”等高端乳制品的原料奶基地，成为全国奶业优势产区，被业界确定为黄金奶源基地。

【饲草产业】 吴忠市黄河穿境而过，土地肥沃，适合饲草种植，形成以利通区、青铜峡市为主，盐同红及周边地区为补充的优质饲草基地，青贮品质高，干物质在35%左右，是奶牛的优质饲草。全市大力推广黑麦草、苜蓿、青贮玉米等优质饲草种植，青贮玉米、苜蓿等优质饲草种植面积达50万亩，年制作青贮170万吨左右，市内自给率50%左右，剩余从甘肃庆阳、陕西定边、内蒙古鄂尔多斯等地采购。天康生物、伊康元二期饲料加工项目开工建设。与甘肃亚盛田园牧歌草业集团有限公司开展合作，为吴忠市提供大量的苜蓿、燕麦等优质饲草。

【设施瓜菜】　2022年，吴忠市蔬菜产业通过优基地、育龙头、拓市场，建立和完善瓜菜产业体系、生产体系和经营体系，不断推进产业标准化、规模化、集约化发展水平，实现设施蔬菜与露地蔬菜同步发展，建成以利通区、青铜峡市为主的现代设施蔬菜、外供蔬菜生产优势区，以盐池县、红寺堡区为主的中部干旱带黄花菜优势区。2022年，全市冷凉蔬菜种植面积67.8万亩（其中设施蔬菜5.9万亩、露地蔬菜23.9万亩、外供蔬菜17.5万亩、黄花菜8.5万亩、硒甜瓜12万亩），总产量148.6万吨，总产值35.6亿元。培育壮大水发浩海、闽宁绿丰、恒源林牧、驰马聚丰、茂鑫通、融盐等一批冷凉蔬菜龙头企业，充分发挥吴忠市蔬菜协会、黄花菜产业联盟带动引领作用，建成集中连片200亩以上蔬菜种植基地224个，认证粤港澳大湾区“菜篮子”种植基地9个，通过粤港澳大湾区“菜篮子”认证基地8个、大型冷链物流企业12家。建成集约化育苗中心23家，年育苗量14484万株，建设绿色蔬菜标准园7个，建成农产品质量可追溯体系示范点65个、农业规范认证（GAP）6个、名特优新农产品9个，认证绿色、有机、地理标志蔬菜产品22个，创建“连湖西红柿”“马兴西瓜”“融盐金花”“蕙萱王”“塞上忘忧”“兴茗萱”等产品品牌50个，青铜峡芥蓝入选全区农业品牌目录特色优质农产品品牌目录，盐池黄花菜被确定区域公用品牌标识，入选第一批全国“名特优新”农产品名录和第三批中国特色农产品优势区名单。红寺堡区被授予“中国富硒黄花菜明

红寺堡区现代农业产业园——水发浩海

星产区”“智慧农业富硒黄花菜示范基地”“西部富硒黄花菜第一镇”。蔬菜监测平均合格率达到98%。

【酿酒葡萄】 2022年，吴忠市酿酒葡萄种植面积达到28万亩，建成酒庄45家，年产葡萄酒5.8万吨，销售额4.92亿元。举办“青铜峡之夜”葡萄酒音乐会、贺兰山东麓酿酒葡萄春耕展藤节、吴忠市第二届早茶文化美食节等活动。组织40余家酒庄到北京、南京等18个城市举办38场宣传推介会，参加第二届中国（宁夏）国际葡萄酒文化旅游博览会等大型展会。

【道地中药材】 2022年，吴忠市道地中药材种植面积138742.21亩，其中甘草4471亩，黄芪4716亩，银柴胡3万亩，板蓝根200亩，柴胡10200亩，秦艽、黄芩5029.2亩，党参、苦杏仁、桃仁、小茴香2000亩，红花1227.01亩，金银花850亩，芍药2003亩，艾草2000亩，麻黄9046亩，其他药材7000亩，甘草人工补植封育2万亩，甘草采种基地4万亩。

【种植业结构调整】 2022年，吴忠市以农业供给侧结构性改革为主线，落实“四水四定”要求，持续调优作物内部结构、区域布局、品种结构、生产方式，促进产量增、质量增、效益增，不断提升粮食产量绿色高质量发展水平。扩种春小麦，稳定口粮供应。坚持适应性种植和比较优势原则，综合考虑气候土壤条件、资源承载能力、环境质量、生态类型和发展基础等因素，强化“宁春4号”“宁春50号”等优质中强筋小麦提纯复壮，加大“宁春55号”“宁春61号”“宁3015”等中、早熟优质小麦品种推广。利通区、青铜峡市充分发挥光热资源优势，恢复小麦套玉米种植，积极推广麦后复种大豆、蔬菜、饲草等“一年两熟”模式，切实提高单位土地生产效率，提高种植效益。同心县、盐池县、红寺堡区主要发展“兰天32”“宁冬16号”中筋优质冬小麦，杜绝以粮代种现象，主推冬小麦宽幅沟播种植模式、冬小麦全膜覆土穴播模式，提高小麦良种覆盖率，带动大面积提质增效。调优水稻布局，提升稻谷品质。坚持“以水定规模、以水定产量”，适度调整水稻种植面积，合理优化种植区域，以绿色高质高效创建和“五优”基地建设为抓手，构建水稻现代产业体系、生产体系和经营体系，推进水稻种植向利通区、青铜峡市优势区集中，进一步发挥水稻压碱洗盐、维持引黄灌区绿色生态的作用，提升产业融合发展能力，促进产业持续健康发展。重点推广“宁粳43号”“宁粳50号”“宁粳57号”等优质品种，发挥龙头企业“五优”水稻基地带动效应，巩固发展龙头企业与农户的利益联结机制，进一步提升水稻种植标准化、规模化和机械化水平，实现产品品质和种植效益提升。稳定玉米面积，优化内部结构。进一步优化玉米种植结构，稳定玉米种植面积，重点抓好玉米大豆带状复合种植、粮饲兼用型品种推广，加强青贮玉米新品种示范，进一步扩大鲜食玉米、制种玉米种植面积，提高良种覆盖率。稳定马铃薯种植面积，促进转型升级。加快推进马铃薯主食化进程，以中部干旱带补灌区为重点，示范推广“夏波蒂”“大西洋”等主食化专用品种。以市场为导向，立足资源禀赋，因地制宜推广“青薯9号”“宁薯18号”“宁薯19号”“冀张薯12号”“陇薯7号”等鲜食菜用和淀粉加工专用品种。稳定杂粮种植，推动提质增效。以盐池县、同心县为重点区域，加强小杂粮良种繁育基地和抗旱标准化生产基地建设，采用“企业+合作社+基地+农户”模式，示范推广“晋谷40号”“固糜21号”“信农1号”等一批优质小杂粮品种，进一步提高小杂粮耕种收机械研发、引进和改进力度，实现农艺整合、良种良法配套。扶持小杂粮加工企业加快设施升级改造，提升加工能力，打造区域公用品牌，推进一二三产业融合发展。

【高标准农田建设】 2022年，吴忠市大力实施高标准农田建设，自治区下达高标准农田建设任务11.09万亩，其中高效节水灌溉面积5.96万亩，全市共落实20个项目，投入资金21097.02万元，其中中央财政资金7945.84万元、地方财政资金12424.28万元、受益主体自筹726.9万元。

·农业产业化·

【农业产业化龙头企业】 截至2022年底，吴忠市农业产业化重点龙头企业总数达到217家，其中国家级3家、自治区级110家、市级104家。销售收入在10亿元以上的有两家，销售收入在5亿元以上的有3家，销售收入过亿元的有25家，为吴忠市奶产业、优质粮食产业、地方特色产业等发展奠定了基础。在农民增收上发挥好作用，龙头企业带动农户21.6万户，带动农民合作社3733个。

【农业品牌建设】 2022年，吴忠市坚持品牌强农，大力实施农产品品牌提升行动。先后培育市级以上农业产业化龙头企业217家、农民合作社1806个、家庭农场1191个。认证“两品一标”177个，盐池滩羊、青铜峡芥蓝等20个产品入选全国名特优新农产品名录，贺兰山东麓吴忠产区葡萄酒获国内外奖项618个（其中大金奖和金奖308个），“中国亚麻籽油之乡”影响力持续扩大，盐池滩羊品牌价值106.82亿元，居中国区域品牌影响力百强榜第31位、畜牧类第一。

【农业科技创新和推广】 2022年，吴忠市农技推广工作主要围绕全力抓好粮食和蔬菜稳产保供，加快吴忠市冷凉蔬菜产业提质转型升级，推进冷凉蔬菜产业高质量发展。实施种业提升工程，深入开展化肥农药减量增效行动，促进农业增效和农民增收。组织实施2022年蔬菜绿色标准园创建项目、农作物种业提升工程项目、农作物病虫害防控项目。制定《吴忠市冷凉蔬菜高质量发展实施方案》，加强蔬菜产销对接，提升蔬菜产业发展水平，推进全市蔬菜产业向优向好发展。主推春小麦、水稻、玉米、大豆、马铃薯、小杂粮等作物高效配套技术16项，全市举办春小麦种植技术培训班37场次，培训种植户1850人次；举办玉米大豆带状复合种植技术培训班38场次，培训种植户1950人次，印发《春小麦种植技术》《水稻种植技术》《2022年玉米大豆带状复合种植技术》等技术资料2万份。全市开展农作物种子监督抽查送检样品81批次，共设置农作物病虫害监测点105个，建立农作物病虫害专业化统防统治与绿色防控示范区25个，示范区核心面积20.56万亩，统防统治面积360.8万亩次，农药利用率41.6%。全市有机肥施用面积达到176.37万亩，累计培育建设社会化服务组织128个，完成田间试验30个，化肥利用率41%。

【农民培训】 2022年，吴忠市聚焦稳粮扩油和“菜篮子”产品稳定供给、乡村振兴和现代农业发展人才需求，开展壮大村集体经济专业人才培训、农村创新创业者培养、新型农业经营服务主体能力提升等高素质农民培育工作，全年共培育高素质农民2150人。结合全市牛奶、葡萄酒等“六特”产业和地方小板块产业发展需要，围绕稳定粮食生产、特色产业人才培育，在全市组织开展玉豆带状复合种植等。累计支持培育建设农民教育培训示范基地、农村实用人才基地、田间学校59个，其中国家级农民教育培训示范基地1个、自治区级农民教育培训示范基地14个、农民田间学校21个。建成自治区级农村实用人才基地23个，其中综合类基地4个、实训实操类基地19个。

·农业农村改革·

【农村产权交易】 截至2022年底，吴忠市累计完成各类农村产权交易923宗，交易面积43万亩，交易金额17.91亿元；完成农村产权抵押登记4526宗，贷款金额4.8亿元；完成农村小型工程招投标298宗，交易金额1.43亿元；完成社会中介服务（村级集体资金采购、农产品推介推销、农业托管服务）81宗，交易金额6849.36万元。合计交易5449宗，交易金额20.97亿元。

【农村土地承包经营权流转】

截至2022年底，吴忠市农村家庭承包耕地经营权流转总面积964232.59亩，流转出农户121559户。流转入企业土地458794.63亩，占流转总面积的47.6%；流转入农民合作社土地276359.96亩，占流转总面积的28.7%；流转入家庭农场土地46272.39亩，占流转总面积的4.8%；流转入农户土地170752.3亩，占流转总面积的17.7%；流转入其他经营主体土地12053.31亩，占流转总面积的1.2%。

【农村集体经济股权量化改革试点】

截至2022年底，全市成立村经济合作社322个、股份经济合作社169个，界定成员身份33.22万户107.1万人，量化经营性净资产11.86亿元，界定成员股东26.8万人，实现分红53个村，分红金额8961万元，全市农村发展活力不断激发，农民财产性收入逐年增加。

【壮大村级集体经济】 2022年，吴忠市发展壮大村级集体经济，实施扶持壮大村级集体经济项目80个，依托当地资源禀赋、产业特色和区位优势，按照“宜养则养、宜种则种、宜工则工、宜商则商”的发展思路，全部实施完成。2022年，全市累计争取中央、自治区扶持壮大村级集体经济项目80个，村级集体经济从无到有、从弱到强，党在农村的执政基础进一步巩固和加强，为乡村振兴注入新动能。

·农产品质量安全体系建设·

【概　况】 2022年，吴忠市农产品质量安全检测中心坚决贯彻落实市委、市政府决策部署，围绕农业高质量发展，大力推进质量兴农、绿色兴农、品牌强农，扎实做好各项农业质量管理工作，绿色农业标准化水平明显提高，全面提升农产品质量安全监管力度，稳步推进“两品一标”、名特优新农产品、GAP认证，农产品质量安全水平稳中向好，未发生农产品质量安全事故。

【“两品一标”认证监管】 2022年，吴忠市“两品一标”累计获证产品178个，其中绿色食品77个、有机农产品75个、地理标志产品26个，农产品地理标志认证数量位居全区首位。名特优新、GAP、特质农品目录申报认证取得新进展。盐池滩羊、青铜峡芥蓝等16个产品入选全国名特优新农产品名录，其中种植产品14个、畜禽产品2个。指导盐池滩羊产业发展集团有限公司、夏进综合牧业开发有限公司、驰马聚丰农业科技有限公司等8家企业开展GAP再认证，组织4家企业申报特质农品。上争专项资金用于品牌培育、培训宣传、制订标准、印制管理手册、产品检验等，其中下达220万元专项资金用于推动吴忠牛乳产业高质量发展，提升地理标志农产品市场竞争力。

【农产品农药残留抽检】 2022年，积极配合农业农村部、自治区农业农村厅开展重点产品农药残留抽检工作，将农产品生产基地、批发市场和运输车纳入监测范围。在元旦、春节、中秋、国庆等农产品流通高峰期进行产品质量抽查和农残检测，让群众吃上放心菜。截至2022年末，完成例行风险监测5次，其中农业农村部2次，抽检59批次，合格率100%；自治区农业农村厅3次，抽检158批次，合格率100%；配合监督抽检2次，抽检90批次，合格率100%。督促指导各县（市、区）完成基层农产品检验检测任务900批次，合格率100%；抽检辖区11个蔬菜、水果、食用菌农残速测检测点9877批次，合格率99.9%。建成并投入使用市县级检测实验室6个，均已通过检验检测机构资质认定考核，其中市级检测中心可检测参数47项，利通区、青铜峡市、盐池县、同心县、红寺堡区检测中心可检测参数分别为20项、19项、21项、15项、21项，这标志着吴忠市农产品监管检测能力上了一个新台阶。积极指导各县（市、区）检测机构参加全区检测能力验证考核，择优组建战队，在自治区农业农村厅主办的第四届宁夏农产品质量安全检测技能竞赛中成绩优异，获得畜禽产品专项第一名、种植业专项第二名的好成绩。

【食用农产品合格证制度】

2022年，吴忠市实行食用农产品合格证制度推广试点和“合格证+追溯码+检测”推广试点，通过安装农药残留速测仪器，鼓励实施主体自检合格后开具食用农产品合格证。建设食用农产品合格证制度推广试点单位30家，并对实施主体技术人员进行专门培训，累计培训300余人次。累计开具合格证15.27万张。创建全产业链标准化示范基地6个，强化产品质量控制和特色品质保持，推动农业全产业链标准化生产。加强名特优新农产品认证，全市纳入全国名特优新农产品名录产品共16个，其中畜牧业产品2个、种植业产品14个。按地区划分，青铜峡市认证产品7个，同心县认证产品4个，盐池县认证产品3个，利通区认证产品2个。积极开展良好农业规范认证，全市获得良好农业规范认证企业共16家（畜禽产品认证13家、种植业产品认证3家），其中盐池县6家，吴忠国家农业科技园区4家，利通区3家，青铜峡市

2家，同心县1家。

·农业机械·

【概　　况】　2022年，吴忠市以农机服务组织带动规模经营，推进农机、农艺深度融合，落实农业机械补贴资金5691万元，补贴各类农业机械5087台套，受益农户4023户。建成农机农艺融合、农机装备制造示范园区3个，新建2家农机作业服务公司。农机总动力176.9万千瓦，配套农机具89563台，配套比为1∶1.88。主要农作物综合机械化水平达到83.16%。完成机械化深松整地推广示范24.52万亩，回收农残膜2779.6吨。

【农机执法监管】　2022年，吴忠市农业农村局以农机免费监理、农机安全执法监督、农机安全隐患整治、农机安全生产宣传教育为重点，在全市范围内开展农机“安全生产三年专项整治行动”和农机安全生产大检查活动，全市共出动农机监理执法人员620人次，检查各类农机作业公司、农机大户及维修企业119家，检查拖拉机3250台次，纠正各类事故隐患和违法驾驶操作行为130起。对检查出的问题及时给予纠正，有效预防农业机械较大以上安全事故发生。

【“平安农机”创建】　2022年，吴忠市农业农村局继续巩固创建成果，对吴忠市辖区范围内的农机生产企业、农机销售企业、农机维修网点进行法律宣传和专项检查。重点检查农机经销企业的经营资质、产品质量、销售台账、合格标识、进货渠道等内容，看是否按标准组织生产，是否存在以翻新农机具冒充新农机具、生产销售无农业机械推广许可证的农机具等违法违规行为，以及农机产品的出厂检验、产品标识标注是否规范。

【农机作业服务】　2022年，吴忠市农业农村局通过开展实用技术培训，引导农机服务组织参与农机化项目建设，拓宽服务领域，增加作业收入，大力引导社会资本投向农机作业服务，以农机作业服务专业化、规模化、产业化带动农作物生产全程机械化。全市农机服务组织达到135个，其中农机作业公司45家，拥有各类农机专业户46449户，基本构建起以县（市、区）为中心，乡镇、村为基础，合作组织为主体的农机社会化服务体系，农机作业服务从过去单纯种、收环节，逐步辐射到农业生产的各个环节，农机作业效益凸显。

【农机安全作业】　2022年，吴忠市农业农村局建立健全吴忠市农业机械安全事故应急救援处置机制，确保当发生较大以上农业机械安全事故时能及时、有效地实施救援，最大限度地减少人员伤亡、财产损失，保障公众安全，维护社会稳定。

吴忠国家农业科技园区

【概　　况】　2022年，吴忠国家农业科技园区坚持以习近平新时代中国特色社会主义思想为指导，全面贯彻党的十九大、十九届历次全会和党的二十大精神，在市委、市政府的坚强领导下，在园区全体干部职工的共同努力下，积极应对动物疫情和低温冻害等对农业产业发展的不利影响，攻坚克难，加压奋进，全力推动园区经济和各项事业高质量发展。年内园区实现农业总产值22.32亿元，同比增长6.13%。其中畜牧业实现产值20.47亿元，占园区农业总产值的91.71%。奶牛存栏9.10万头，日产鲜奶1310吨，鲜奶总产量47.18万吨，奶产业实现产值18.41亿元，占园区总产值的82.48%。全年完成固定资产投资5亿元。

【项目建设】　2022年，吴忠国家农业科技园区全年招商企业11家，开工10家，年度投资7.50亿元，完成投资2.69亿元。其中，鸽堂沟标准化奶牛养殖示范区牧场建设项目完成投资1.34亿元，4家续建牧场已投入使用，入园奶牛1万头。宁夏新希望塞上牧业万头牧场建设项目完成投资1.35亿元。麻黄沟农垦集团5万头奶牛养殖园区建设项目已完成养殖园区规划批复、项目备案、地勘、环评、水土保持、草原征占用等前期工作。投资1075.32万元实施石子沟高效节水灌溉示范项目，投资790.6万元实施三号连接线至荣海牧场道路建设工程建设项目。投资8541.3万元的鸽堂沟标准化奶牛养殖示范区供水工程（养殖供水）建设项目全部建成并投入运行。启动实施鸽堂沟振兴大道、振兴大道西二支路道路建设工程、麻黄沟农垦大道道路建设项目。

【园区服务】 2022年，吴忠国家农业科技园区帮助农垦集团完成了湿地占补平衡确权调整工作，积极对接自治区林业和草原局办理草原征占用手续，确保项目顺利实施。2022年度承保奶牛80582头，兑现奶牛保险补贴资金3600多万元；逐户逐地块对苹果、玉米等进行承保，承保面积5593亩，尽可能降低企业及农户经济损失。2022年春季低温冻害等自然灾害天气频发，及时对接利通区农业农村局完成了1万亩苹果的防霜抑制剂液喷施工作；积极协调市金融工作局、保险公司为5家受冻苹果企业落实理赔资金97.8万元。

【科技服务】 2022年，吴忠国家农业科技园区联合宁夏大学、宁夏农科院、北京农科院智能装备技术研究中心积极申报科技项目，获自治区科技厅及吴忠市科技局立项4项，争取项目资金503万元；下沉式大斜面智能温室创制与省力化蔬菜生产技术开发项目、设施蔬菜三产融合项目已投入使用。引进示范瓜菜新品种23个、新装备10台套。示范应用重点技术7项。配合区内外高校及科研院所实施试验示范7项；引导优然牧业申报自治区重点研发计划1项，争取财政资金210万元。组织企业围绕奶牛良种繁育、农业物联网、设施果蔬等重点领域申报实施项目7个，争取财政资金1000万元。聘请李胜利、吴心华等国内知名专家举办奶业培训班5场次，培训342人次。联合高校、科研院所及企业鉴定登记科技成果2项，1人入选2022年宁夏最美科技工作者名单。

【园区管理】 2022年，吴忠国家农业科技园区结合工程建设政府采购等重点领域突出问题专项治理工作，对招标代理、项目监理、决算审计等第三方机构进行测试，修订完善《吴忠国家农业科技园区政府投资项目管理办法（试行）》，开展了多轮重点领域突出问题整改“回头看”，形成项目监管长效机制。与市、区两级部门先后召开灌溉工作、安全生产、生态环保、河长制、土地管理等联席会议15次。建立了公检法司、消防救援、综合执法、应急管理、环保、水利等多部门联合执法机制。孙家滩、五里坡、牛首山奶牛养殖园区共同举办培训班、政银企对接座谈会两次，加快了一体化发展进程。开展了奶牛养殖企业“冠名行动”及奶牛养殖企业环境卫生、绿化、生活垃圾整治活动4次，召开安全生产、生态环保、动物疫病防治现场会10次。启动“五好企业”（企业管理好、安全生产好、生态环保好、企业自身建设好、社会责任感好）评选活动。2022年，夏进综合牧业被推荐为国家级畜禽养殖标准化示范场，豪山、利祥源等5家养殖场被认定为自治区级畜禽养殖标准化示范场。挂牌成立园区武装部，组建防汛应急救援队，开展了防汛应急演练，提高了园区防汛、救灾等应急处置能力。

【项目谋划】 2022年，吴忠国家农业科技园区聚焦国家产业政策和中央预算内投资、地方政府专项债支持领域，谋划了麻黄沟园区绿化供水、农垦大道、道路绿化、5000平方米下沉式智能温室建设等项目。以“六新六优六特”产业发展为重点，以强链延链补链为导向，谋划了奶牛养殖场建设、粪污资源化利用、优质牧草培育、奶产业物资物流交易市场、“农业工厂”、设施基地电商等具有关键性、引领性、支撑性的产业项目。与市直部门和利通区加强对接、联动发展，在基础设施建设、奶产业集群发展、服务业集聚区建设等方面谋划一批融合发展项目。2023年谋划项目41个，总投资91.45亿元，年度投资28.62亿元。其中：计划实施项目16个，总投资56.57亿元，年度计划投资14.36亿元；预备开工项目25个，总投资34.89亿元，年度计划投资14.27亿元。

【环境保护】 2022年，吴忠国家农业科技园区与各牧场签订了生态环境保护责任书。制定生态环保任务清单和检查清单，由4名处级领导包抓4个片区，督查干部包抓工作落实情况。年内开展规模牧场生态环境保护全面督查2次，召开生态环境保护推进会3次。加大禁牧力度，对辖区放牧户进行登记造册，加强对偷牧行为的监督检查，共出动禁牧车辆及人员40余次，劝返过境偷牧羊群6群，清理私搭乱建羊圈7座。指导监督鸽堂沟道路绿化及防护林各管护标段抓好林木浇

灌、病虫害防治、抹芽、涂红刷白等抚育管护工作

水　利

·综　述·

【概　　况】　吴忠市水务局承担保障水资源的合理开发利用，组织实施最严格水资源管理制度、重大水利工程建设与运行管理，负责全市水土保持工作、全市农村水利工作、水利工程移民管理工作、重大涉水违法事件的查处，落实综合防灾减灾规划相关要求，对各县（市、区）及市直各部门履行河长制、湖长制相关工作进行指导、协调、监督、考核等。黄河干流流经吴忠69公里，全市有苦水河、清水河、甜水河等集水面积在50平方公里以上的山洪沟42条，水库13座。现有耕地面积507.14万亩、灌溉面积260.25万亩，其中耕地有效灌溉面积219.9万亩，林草等有效灌溉面积40.35万亩。自流灌溉面积65万亩，扬水灌溉面积130万亩。

【工程建设与管理】　2022年，全市落实到位水利项目资金5.36亿元，完成投资6.81亿元。五县（市、区）均完成建设“互联网+城乡供水”可研报告批复，银川都市圈城乡东线供水工程，利通区已实现通水；清水河流域城乡供水工程，同心县受水区实现通水。

【水源管理】　2022年，吴忠市水务局强化水资源刚性约束，严格落实计划用水管理制度和超定额累进加价制。按照“总量控制、指标管理”的原则，实现年用水量1万立方米以上用水户计划用水管理全覆盖，对年用水量大于10万立方米的用水企业推行“企业水务经理+水管员”管理制度。严把水资源论证审查关和取水许可审批关，完善取水工程（设施）取水手续，及时完成规划水资源论证的编制和审查。全市共核发取水许可证238本。针对违规取用水，进一步明确取水许可管理职责，全面规范太阳山开发区无证取水企业取水行为，解决太阳山开发区历年来水资源管理体制不顺、权责不清等问题。利通区、青铜峡市、盐池县已成功创建节水型示范县（区），完成了红寺堡区、同心县达标建设实施方案的编制与上报工作。同时，进一步完善节约用水相关考核内容和指标，强化节水考核结果应用，组织各县（市、区）水行政主管部门积极开展节水型单位创建工作，力促按期完成创建目标任务。扎实开展贺兰山、罗山区域地下水取水井专项治理行动，成立领导小组，印发实施方案，建立取水井名录台账，关闭地下取水井113眼。在取用水管理专项整治行动中，全面摸清全市3999处取水工程（设施）水监测计量现状，依法退出无证取水项目165项，无证取水项目依法补办取水许可204项。

【水生态文明建设】　2022年，吴忠市水务局突出抓好河湖清“四乱”整治工作，对水利部进驻式暗访督查反馈的10个问题进行清理整治，自查发现河湖“四乱”问题47个，全部按规范整改销号。坚持问题导向，强化责任落实，各级河湖长主动履职，积极协调解决问题。市级河湖长巡河189次，县级河湖长巡河1041次，乡、村级河湖长及保洁督查员巡河85861次，巡河率达到100%。各地签发总河长令两份，暗访、督查107次，下发督办单56份，通报21次。市河湖长办联合检察院印发《共同推进“水行政执法+检察公益诉讼”协作机制，服务保障黄河流域生态保护和高质量发展先行区建设工作方案》，及时召开河湖长制协作机制工作推进会，努力打造黄河流域生态环境公益保护示范市。加强对生产建设项目水土保持方案的审批和督查。2022年，审批和许可生产建设项目水土保持方案94个，报备自主验收项目57个；实施小流域治理项目7条、淤地坝工程2个、坡改梯工程1个，完成水土流失治理面积302.84平方公里。

【水利安全与灾害防治】　2022年，吴忠市水务局开展水利设施风险隐患排查整治、涉水安全、节假日安全生产、防溺水安全等专项整治行动，紧盯薄弱环节和风险隐患，深入一线督查整改，切实推动安全防范各项任务措施落实落地。排查水利安全生产三年专项整治行动4个方面突出问题，制定问题清单和任务清单，先后投入2000余万元对黄河梅家湾、唐滩、柳溪湖等5处险工险

段进行补强加固，修改完善《吴忠市黄河防洪预案》等4个应急预案。积极开展隐患排查整改，梳理出共性问题2个、个性问题21个，按要求抓好整改落实。严格执行24小时值班和领导带班制度，备足防汛物资，落实防汛队伍，在青铜峡市举行山洪灾害防御暨水库洪水调度应急演练，确保预案操作可行。尤其是应对7月中旬两次强降雨天气过程中，第一时间响应，全员进入临战状态，紧盯山洪灾害易发区重点区域，提高现场应急处置能力，将强降雨的影响降至最低，全市无人员伤亡。

【水利改革】 2022年，吴忠市水务局加快推进重点水利改革事项，不断提高依法治水水平。农业水价综合改革走在全区前列，制定农业节水奖励办法及政策，全市节水9600万立方米，发放节水奖补资金300余万元。各县（市、区）农业用水权确权成果报告已通过市级审核，农业确权灌溉面积302.54万亩，发证181本。规范工业企业和规模化养殖户用水，确定工业企业743家、规模化养殖业户843户。搭建用水权交易二级平台，积极推动水权交易，全年交易水量1344万立方米，交易金额705.87万元。制定水利系统推进社会治理现代化试点工作责任清单、普法责任“四清单一办法”，强化与检察、公安、自然资源、生态环境等部门联合执法。2022年全市移交联合执法线索66条，其中利通区4条，红寺堡区48条，青铜峡市2条，盐池县9条，同心县1条。

·秦汉渠管理处·

【党建引领】 2022年，秦汉渠管理处发挥党委理论学习中心组、“三会一课”等领学促学作用，党委理论学习中心组开展集中学习16次、交流研讨7场次、专题辅导3场次。掀起学习宣传贯彻党的二十大、自治区第十三次党代会精神热潮。及时动员部署，开展交流研讨41场次，配发学习书籍600余本，收集微感言600余篇。围绕“六个紧紧扣住”，形成调研报告6篇。坚持领导班子进基层带头讲、支部书记跟进讲，开展宣讲65场次。巩固党史学习教育成果，深化“我为群众办实事”实践活动，从供水服务保障、基础设施改造等方面办实事25项。秦汉渠管理处荣获吴忠市2021年度效能目标管理考核优秀等次。从严落实“九项基本制度规定”，13个党支部按期换届，开展特色党建品牌创建活动，组织党建互观互检、党建工作实操演示，打造3个党建宣传文化阵地。建立处级干部包抓年轻干部成长机制，实施青年理论学习提升工程，提拔3名，调整交流13名科级干部，选拔7名年轻业务骨干担任科（所）长助理。制定全面从严治党“三个清单”制度，逐级签订责任书42份、承诺书126份。梳理排查16类47个廉政风险点，制定防控措施64项。

【精神文明建设】 2022年，秦汉渠管理处深入开展文明实践活动，持续开展爱渠护渠、文明城市创建、“学雷锋”等志愿服务活动。开展“喜迎党代会、献礼二十大”主题实践活动、演讲比赛、岗位技能大比武大竞赛和“书香润秦汉、阅读照初心”读书分享等活动。新建职工健身场所，添置健身器材17套，召开职工运动会、书法绘画摄影展等文体活动。全年报送简报信息165篇，宁夏水利网采用91篇，《中国财经报》、《宁夏日报》、“学习强国”学习平台等媒体登载10余篇。

【承担社会责任】 2022年，秦汉渠管理处承担属地社会责任，继续做好60户建档立卡户结对帮扶工作。持续开展驻村帮扶工作，全年投入帮扶资金2.5万元。

【供水服务】 2022年，秦汉渠管理处引水8.71亿立方米，供水7.80亿立方米，商品率87%，节水8700万立方米，四大干渠安全运行182天。东干渠提前开闸，为中部干旱带人饮水库补水，河东总干渠提前放水灌溉3万亩小麦。6月四大干渠比往年提前半个月满负荷运行，度过首轮用水高峰后，每秒减水80立方米速度支援河西灌区。全面实行干渠轮灌制度，加强用水全过程精细化管理，规范供用水计量，狠抓扬水泵站管理，动态管控引（供）水指标，建立书面预警通报机制，杜绝超指标用水。加强与上级部门、地方水务部门的沟通协调，及时召开灌溉协调会，充分利用农业灌溉间歇期和低峰期，落实湖泊湿地生态补水任务，补足调蓄水库水量，用水高峰期及时启用调蓄水库、应急抗旱井等补灌水源，统筹解决渠道稍段、

2022 年 4 月 2 日，秦汉渠管理处正式启动春灌

高口高地和扬水等灌溉难题，使有限的水资源发挥最大的抗旱效益。

【安全生产】 2022 年，秦汉渠管理处建立三级安全网络管理体系，层层签订安全生产目标管理责任书 235 份、承诺书 229 份。以水利安全生产专项整治三年行动、百日专项整治行动等为契机，开展安全生产大检查 18 次，排查一般隐患 41 个，整改率 100%。投入 128 万元用于安装安全警示标志牌、防护栏等。修订完善应急预案，开展防汛抢险等演练 3 次，成功应对“7·11”山洪入渠险情。投入 25.2 万元对管理处网络机房安全构架进行重组改造，及时消除网络安全隐患。开展“一把手”讲安全公开课、安全咨询、涉水安全宣传等系列活动，组织全处干部职工参加全国水利安全生产知识网络竞赛，荣获水利部优秀集体奖。

【资金使用】 2022 年，秦汉渠管理处争取上级资金 1122 万元，完成维养工程 291 项。其中，投资 544 万元完成日常维养工程 288 项，渠道安全运行保障能力进一步提升；投资 380 万元对汉渠 4 公里病险渠道进行集中更新改造，重点解决护坡滑塌和渠底拉深等病险问题；投资 168 万元完成 43 间职工宿舍提标改造，一线职工如厕、洗浴等问题得到根本解决；投资 30 万元对 4 座滞洪水库进行维修养护，水库防汛应急能力不断提升。规范管理跨（临）渠骨干工程，美化硬化渠堤 5.5 公里。

【行政管理】 2022 年，秦汉渠管理处全面落实政务公开工作机制，按时公开政务信息。严格落实保密责任，全年未发生泄密事件。认真做好应急值班值守工作，顺利通过节水型单位验收。开展资产清查，严格按照程序处置各类资产 582.6 万元，全年房屋、土地租赁等非税收入 86 万元。

【智慧水利建设】 2022年7月15日，全渠道控制智能算法软件在农场渠所通过验收，并拓展延伸至秦渠上游。累计改造自动化水闸24座、测控闸门405座，测控闸门计量结算收费基本实现应用尽用，信息化建设初步实现“看得见、控得住、测得准、管得好、用得顺”的目标。持续与清华大学开展水联网现代化灌区关键技术秦汉渠灌区应用示范技术研究，为全灌区推广奠定基础。《农田水灌溉有效利用系数测定技术标准》已报自治区市场监管厅审核。

【标准化规范化管理】 2022年，秦汉渠管理处落实《秦汉渠管理处标准化规范化管理工作总体实施方案及试点创建方案》，标准化规范化管理示范所由上年2个增加至5个。修订完善标准化规范化管理制度86项，事、岗、人相适宜的刚性制度体系更加完备。以安全生产标准化建设为抓手，打造标准化水闸。引进全渠道数字治水理念，标准化调度室实现全覆盖。

【水管体制改革】 2022年，秦汉渠管理处持续完善水利工程运管、巡检、维养模式，撤销14个管理段，制定配套管理制度，试点推进秦一所、农场渠所、汉三所管养分离改革，成立调度计量组和安全巡检组，水管体制改革取得阶段性成效。推进用水权改革，水费收缴全面开启新模式，全年实收水费1592.14万元。

【水行政执法】 2022年，秦汉渠管理处加强平安单位建设，落实“四清单一办法”，推进法治宣传教育，举办民法典专题讲座，开展水法等法律法规宣传活动21场次。强化巡检宣传劝导工作，增设防溺水警示标志，全年无溺水责任事故。常态化开展扫黑除恶斗争，杜绝涉水违纪违法案件。落实“水行政执法+检察公益诉讼”机制，协同发力开展渠道环境清“四乱”综合治理，有效查处水事违法案件12起，维修改造危桥8座，封堵排污口28处。配合公安机关破获一起偷盗破坏水利工程设施案件。

秦汉渠管理处信息化设备——测控闸门

·盐环定扬水管理处·

【概　况】　2022年，盐环定扬水管理处安全上水163天，完成引水1.42亿立方米，渠道商品水率92.7%，收缴水费2650万元，引供水量、满负荷运行天数、供水收入再创新高，全力保障陕、甘、宁3省区7县（区）42.47万亩农田灌溉、61.2万名群众人饮用水安全。2022年，盐环定扬水工程入选水利部“人民治水·百年功绩”治水工程名录，所辖灌区获评全国节水型灌区，管理处获自治区水利厅先进单位荣誉称号。

【理论武装】　2022年，盐环定扬水管理处深学细悟党的二十大精神、自治区第十三次党代会精神，深入开展党的二十大和习近平总书记视察宁夏重要讲话指示批示精神“大学习、大讨论、大宣传、大实践”活动，让新思想新理论入脑入心。年内组织开展专题辅导报告会2场次、中心组学习12期、专题宣讲活动11场次，举办科级干部“两个能力”提升学习班，97人参加培训，配发学习资料652本，将政治理论转化为笃行实干的强大力量。

【党的建设】　2022年，盐环定扬水管理处扎实开展基层党组织星级评定，机关增设2个党支部，完成18个党支部换届选举工作，增强基层党组织凝聚力。全年各党支部召开党员大会115场次，开展主题党日活动178场次，讲党课57场次，开展不同形式理论学习活动211场次，发展预备党员1名，4名预备党员按期转正。落实党务工作者培养选拔机制，48名党员同台进行比武。46名青年职工参加“赛场选马”竞赛，开展“我学我讲新思想”青年理论宣讲活动。

【供水服务】　2022年，盐环定扬水管理处优化供水服务，多次深入灌区实地调研，全面掌握灌区蓄水库（池）情况及产业结构、作物用水需求。年初组织召开年度供用水工作座谈会，会同区内5县（区）水务部门分析水情、共商水事，编制水量分配方案，保障各业用水需求。春灌较上年提前6天开机上水，延期4天停机，充分发挥库池调蓄反补作用。协调盐池县隰宁堡、石山子、杜窑沟等抗旱应急水库春灌提前蓄水355万立方米，错峰农业用水高峰期向人饮库池补水1438万立方米。夏秋灌期间，保持满负荷运行148天，较2021年多引水575万立方米，全力以赴保灌溉、保人饮，抗旱保灌取得新成效。以“世界水日”“中国水周”宣传活动为契机，由处领导、各单位负责人及业务骨干44人分13个小组下沉一线、进村入户，深入田间地头开展水法宣传。推行阳光水务，对10座测控一体化直开口进行计量精度测定，坚持水指标、水量、水价、水费“四公开”，灌区用水井然有序。

【安全生产】　2022年，盐环定扬水管理处推动安全生产“四预”数字化建设试点工作，推进“双控”体系建设，重新辨识危险源，明确管控工程25个、危险源275个。加强重要时段安全监管，扎实开展防风险保稳定、蓄水池及水闸、防溺水等7项专项行动，穷尽风险隐患，全年排查治理隐患51个，发放防溺水安全一封信500份、防溺水教育读本1000册，推送防溺水短信20.5万条。以安全生产月活动为契机，开展“一把手”讲安全公开课13场次，观看警示教育片39场次，开展各类应急演练17次、安全“五进”宣传咨询活动20次，完成66名高压电工作业人员复审培训。综合研判水情、雨情、汛情，牢固树立“防大汛、抢大险、救大灾”风险意识和底线思维，高效处置“7·10”强降雨等突发险情，应急保障能力不断提升。明晰网络安全管护责任，强化信息化资产网络安全等级保护，加强保密宣传和舆情监管，开展网络安全、保密自查5次，实现全年安全生产无事故。全员参与安全知识竞赛答题，“水安将军”网络答题竞赛获水利部优秀集体奖，13人获安全生产法网络知识竞赛个人优胜奖。

【工程管理】　2022年，盐环定扬水管理处完成机变电设备大小修2532台（套），维修渠道砼板6100平方米、渠道清淤1488立方米等，保障工程设备安全运行。实施一泵站清污机更新改造项目，安装回旋式清污机6台，解决长期以来影响渠首泵站引水安全难题，大大降低了劳动强度，提高了工作效率。完成三泵站技术供水池改造前期工作。强化跨（临）骨干水利工程建设项目领域审核监管，完成韦州支干渠道改线工程审批和干渠及渠系水工建筑物确权工作。争取资金140万元，改造泵站老旧房屋673平方米，维修墙面3698平方米。投资71万元开展站围绿化提升工程。在2021年3个泵站试点建设基础上全面推行泵站标准化规范化建设与管理，安排专项资金72万余元，完善制度标准和现场可视化标识建设，组织开展泵站建筑物沉降观测。

【依法治水】 2022年，盐环定扬水管理处推进“八五”普法，全面启动“八五”普法工作。修订普法责任制“四个清单”，制定领导干部学法用法制度，建立“1+3+N”领导干部学法清单，编发领导干部应知应会法律法规知识点，线上线下组织普法活动38场次，举办法律培训班2期，参加网络竞答1300人次，法律服务进站所7场次。组织集中观看网上庭审2次，法律法规考试2次，不断提升干部职工法治素养。加大水政执法力度，及时发现制止1起在工程管理范围内取土、1起向干渠倾倒生活污水的行为，依法保护水工程、水资源、水环境。

【队伍建设】 2022年，盐环定扬水管理处完成二泵站山荒地土地流转公开招租事宜，对离任的7名科级干部开展经济责任审计。优化人才队伍结构，拓宽年轻干部成长成才路径，年内调整交流、提拔任用青年干部30人，招录大学生7人。扎实推进干部职工素养提升工程，举办各类培训班8期，培训480人次。发挥技能大师工作室培训主阵地作用，举办“工匠建功新征程”职工技能竞赛，开展“师带徒”活动，营造“比学赶帮超”浓厚氛围，技能工作室由自治区级升级为国家级技能大师工作室。

【体制完善】 2022年，盐环定扬水管理处与宁夏水发集团达成共建水利科技创新培育中心意向，依托国家技能大师工作室组团式构建产学研用创新体系，积极打造高质量发展新引擎。试点推进管养分离，配备维养巡护车辆15辆，探索实施一、八泵站18.3公里渠道巡护物业化管理模式，进一步优化人员配置。

【信息化建设】 2022年，盐环定扬水管理处持续推进智慧泵站和现代化灌区建设，推动梯级泵站水量智能调度、全渠道自动化控制、灌区联调联控等关键技术研究应用，优化系统功能，完成干渠断面参数测量13处、机组电磁流量计率定47台，调试自动化系统840台（套），处理设备系统缺陷32项。编制梯级泵站联合调度控制方案，一至三泵站一键开机试运行成功。

【精神文明建设】 2022年，盐环定扬水管理处开展中国共产党成立101周年系列庆祝活动，全方位营造文明新风尚。主动履行社会责任，参与吴忠市文明城市创建、社区共建共治、结对帮扶等工作，开展包抓路段志愿服务、爱心捐助、学雷锋无偿献血、法治宣传等社会公益活动。持续开展爱国卫生运动，无烟机关建设取得明显成效。提升行业影响力，在各类媒体登载信息168条，多次在央视媒体展示扬水改革发展成就和助力乡村振兴发挥的巨大作用。广泛开展各类文体活动，两名职工摄影作品分别获全区“喜迎二十大　建功新时代”摄影作品二、三等奖，1名职工在自治区水利厅演讲比赛中获二等奖。

工业和园区建设

工　业

【概　况】　2022年，全市共有工业企业1900余家，其中规模以上工业企业375家，列入自治区60户工业龙头企业16家，年产值过50亿元、10亿元、1亿元企业数分别达5家、27家、128家。2022年全市规上工业完成产值1377.8亿元，同比增长19.2%。规上工业增加值占全区比重为21.4%，总量居全区五市第二；工业增加值占全市地区生产总值比重为45.9%。规上工业涵盖三大门类，增加值占比分别为制造业56.7%、采矿业26.5%、电力热力燃气及水的生产供应业16.8%。轻重工业比为12.7 ∶ 87.3。市工信局被宁夏制造强区建设领导小组评为2022年度全区工业技改投资突出贡献单位。

【现代化工产业】　2022年，吴忠市依托太阳山开发区、青铜峡工业园区和盐池工业园区等重点区域，培育打造庆华集团、瑞科化工、宁鲁石化、金裕海化工等一批现代化工优势骨干企业，逐步发展形成以煤化工、油气化工和精细化工为主导的现代化工产业体系，涵盖原油加工及石油制品制造、电石生产、化学原料制造、化学试剂和助剂制造、燃气生产等多个领域。截至2022年底，全市共有42家规模以上现代化工企业，完成工业产值477.8亿元，同比增长42.3%，占全市规模以上工业总产值比重近35%。

【新型材料产业】　2022年，吴忠市依托青铜峡工业园区、太阳山开发区产业基础和优势，重点发展铝镁合金、高性能树脂、硝基胍、锂离子电池负极材料、纳米级碳化硅微粉等高性能金属材料、化工新材料、先进无机非金属材料；依托金积工业园区、同心工业园区、盐池工业园区的资源和区位优势，重点发展蒸压加气块砖、石膏深加工、天然气提氦等新型建筑材料、前沿新材料。全市共有规模以上新材料企业31家，涵盖化工材料、高性能金属材料、碳基材料、新型建筑材料4个行业，主要生产铝合金、碳化硅、硝酸胍、异丁烯、高纯锌、工业硅、电池负极材料等产品。全市规模以上新材料产业实现产值192亿元，同比增长49%，占全市规模以上工业总产值的14%。

【数字信息产业】　2022年，吴忠市有年产值1000万元以上软件与信息技术服务业企业6家，分别为宁夏菲麦森流程控制技术有限公司、吴忠颐创产城科技有限公司、宁夏商之声网络科技服务有限公司、青铜峡大禹智运物流大数据有限公司、宁夏西鲜记科技有限公司、狮城宁好电商网批（西部）运营基地。其中有4家企业被列入自治区软件和信息技术梯队企业。2022年，全市数字信息企业实现营业收入23亿元，同比增长27.8%。

【装备制造产业】 2022年，吴忠市依托青铜峡工业园区、金积工业园区等重点园区，围绕高端控制阀、精密铸锻件、专用精密轴承、特色农机装备、新能源装备等重点领域，构建形成布局合理、优势明显、特色突出的产业发展新格局。培育吴忠仪表、朗盛、智源农机、塞上阳光、运达风电等一批骨干企业。全市共有规上装备制造企业28户，完成产值67.4亿元，同比增长9.6%，实现增加值同比增长22.5%，规上装备制造企业数量占全市规上工业企业总数的7.5%、占全区装备制造企业总数的15.3%。

【轻工纺织产业】 截至2022年底，全市共有规模以上轻工纺织企业131家，占全市规上工业企业总数的34.9%；完成产值234.87亿元，同比增长6.3%，占全区规模以上轻工纺织产业产值的32.6%。食品行业，聚焦农副食品加工、食品制造、酒饮料和调味品制造等重点门类，逐步形成以乳制品加工、富硒食品加工、葡萄酒酿造、调味品、牛羊肉加工为特色的产业体系。截至2022年底，全市共有规模以上食品工业企业63家，完成工业产值156.08亿元，同比增长9.08%，占全市规上工业总产值的11.7%。纺织行业，依托金积工业园区、同心工业园区等园区优势，通过恒丰纺织、伊兴羊绒制品等龙头企业带动，发展形成拥有纺纱、织布、成衣制造、服装生产产业链条的现代纺织产业体系。截至2022年底，全市共有规模以上现代纺织企业38家，占规上工业企业总数的10.5%，完成工业产值24.3亿元。医药行业，规划建设太阳山医药产业园，培育形成以宁夏常晟药业有限公司、宁夏润泽欣邦化工有限公司等3家骨干企业为代表的生物医药产业体系，产品以苦参碱制造、氟尼辛葡甲胺、吉米沙星等医药中间体和中药材加工为主。截至2022年底，全市共有规模以上生物医药企业3家，完成工业产值3.79亿元。

【服务企业】 2022年，吴忠市建立落实工业企业困难问题直达解决等4项制度，创新实行分管市领导专题解决企业突出难题制度，持续深化工信干部挂钩包联精准服务企业机制和企业困难问题清单销号台账制度，累计帮助82家企业协调解决安全环境用能评价、用地、办证、融资、招工等方面困难问题118件。深入开展“一起益企”服务月活动，依托全市中小企业服务载体开展政策解读、创业培训等各类服务活动822次，累计服务企业850家次。

【工业创新驱动】 2022年，吴忠市认真落实自治区“创新驱动30条”等政策措施，紧紧围绕国家和自治区创新示范项目申报标准，支持引导企业对标行业先进，大力实施设备换芯、生产换线、机器换人，加快推进转型升级。培育自治区级企业技术中心2家、技术创新示范企业2家、服务型制造示范企业3家，“专精特新”中小企业16家、“专精特新”小巨人企业4家。吴忠仪表DN800调压装置关键用阀等16项产品列入自治区2022年百项创新产品研制引导计划。

【工业挖潜增效】 2022年，制定实施《吴忠市工业企业“小升规”培育方案》，建立“小升规”企业培育库，分类精准施策，逐月跟进对账，广泛支持成长型、潜力型规下企业扩规发展，确保符合入规标准企业应入尽入、应统尽统。2022年，累计培育规上工业企业28家，为工业平稳向好发展奠定坚实基础。

【重点工业项目建设】 2022年，吴忠市梳理编制2022年重点工业项目册，制定实施项目清单管理制度，逐月分析调度和协调推动重点工业项目建设。全市建设固定资产投资5000万元以上重点工业项目99个，建成投产20个，全市工业投资同比增长11.3%。

【重点工业技术改造】 2022年，吴忠市深入实施“四大改造”行动，建立技术改造项目入库管理机制，充分发挥自治区奖补政策撬动作用，鼓励引导企业聚焦节能降耗和提质增效，大力实施技术改造，推动传统产业优化升级。组织实施宁夏伊利乳业液态奶升级改造等固定资产投资2000万元以上重点工业技术改造项目28个，全市工业技术改造投资同比增长23.3%。

【工业绿色发展】 2022年，吴忠市制定出台《2022年全市工业行业能耗“双控”工作要点》和《2022年工业节能监察计划》，加大能耗管控力度，强化项目节能管理，坚决防范能源消耗过快增长。严格落实《工业节能管理办法》，聘请行业专家常态化开展重点领域、重点企业、重点项目节能监督管理，围绕重点企业单位产品能耗限额标准执行情况，对 18 家重点企业实施节能监察。深化工业项目节能审查事中事后监管，严把高耗能项目准入关口，累计出具元康药业年产 9000 吨原料药等项目节能审查意见 24 份。对 15 个重点工业项目节能审查意见落实情况开展监督检查。持续加大节能违规项目排查整改力度，累计筛查“十二五”以来未批先建工业项目 34 个，完成整改并取得审查批复意见 28 个。组织实施庆华煤化一期 110 万吨 / 年焦化配套干熄焦等节能技术改造项目 7 个；依法依规淘汰水泥等落后产能 135.3 万吨，节约能源 2.6 万吨标准煤。赛马水泥等 3 家企业成功创建自治区级绿色工厂。深入开展重点行业企业节能、安全、环保综合诊断，累计诊断企业 463 家，发现问题 2806 条，整改销号 2681 条，整改完成率 95.6%。

【降低企业成本】 2022 年，吴忠市制定印发《落实中央和自治区促进工业平稳增长政策的工作方案》，梳理编制国家和自治区强工惠企政策汇编，线上线下多维度提高政策宣传覆盖面，全力帮助企业争取和落实自治区“工业稳增长 36 条”等政策资金支持。2022 年，累计帮助工业园区和工业企业协调争取稳增长综合奖补、电力需求侧补贴等各类奖补政策资金 2.2 亿元，拨付市级食品工业奖补政策资金 831 万元，有效降低企业运营成本，提振企业发展信心。争取自治区工业园区年度考核以奖代补资金 4200 万元，统筹市县财政自筹资金和社会投资资金，建设实施太阳山热电联产等低成本化改造项目 13 个。

【“两化”融合】 2022 年，吴忠市更新优化《吴忠市智能制造、创新驱动、工业互联网示范创建三年培育计划（2021—2023 年）指导目录》，鼓励引导企业向“互联网 + 智能制造”方向发展。加快工业互联网标识解析二级节点推广应用，累计接入企业 452 家，完成标识注册量 815.6 万条，汇达酒庄等 5 家企业完成应用示范场景开发建设，君星坊工业互联网标识解析综合服务平台等 5 个项目获评自治区 2022 年工业互联网建设和应用试点示范项目。支持企业实施智能改造，吴忠赛马新型建材有限公司新型二代 5000 吨水泥熟料及配套矿山开采智能工厂被评为自治区智能工厂，入选工信部 2022 年建材工业智能制造数字转型典型案例。制定实施《2022 年 5G 通信网络建设计划》，加快 5G 通信网络设施建设，新建 5G 基站 505 座，累计建成 1692 座。

【重点企业】 2022 年，吴忠市重点企业分别为宁夏伊利乳业有限责任公司、吴忠卷烟厂、吴忠仪表有限公司、宁夏宁鲁石化有限公司、宁夏太阳镁业有限公司。宁夏伊利乳业有限责任公司是伊利集团在宁夏唯一一家 100% 控股子公司，位于宁夏吴忠金积工业园区，引进瑞典利乐、德国康美等公司先进生产线及加工技术，建成 4 个车间、53 条生产线，主要生产纯牛奶系列、金典系列、舒化系列、安慕希系列、儿童奶系列、功能奶系列、乳饮料系列、奶油系列等伊利高端产品 60 多个。日产能 4700 吨，日收奶量达到 4000 吨，可实现年产超高温灭菌奶 100 多万吨。先后被评为国家级绿色工厂、全国安康杯优胜单位、自治区级数字化车间、自治区农业产业化重点龙头企业，荣获自治区五一劳动奖、吴忠市政府质量奖等荣誉。吴忠

宁夏伊利乳业有限责任公司

宁夏太阳镁业有限公司

卷烟厂，是湖南中烟旗下6家卷烟生产厂之一，是宁夏唯一一家卷烟生产企业，有一条生产能力为3000千克/小时的制丝生产线，8台套卷接包装设备，2台套嘴棒成型设备，2台10蒸吨、1台6蒸吨燃气锅炉及配套空压、变配电动能设施，以及完善的辅助生产设施和仓储物流设施。先后荣获自治区五一劳动奖、安全生产先进集体等荣誉称号。被评为自治区工业龙头企业和2022年度全区工业稳增长突出贡献企业。吴忠仪表有限责任公司，是我国流程工业自动化控制阀行业龙头企业。公司开发智能控制阀新产品60多项，其中有24项新产品被科技部等国家部委评为国家级重点新产品。先后获得省部级科技进步奖10多项，拥有8项发明专利和37项实用新型及外观专利，公司智能控制阀产品具有完全的自主知识产权，是国家知识产权试点先进单位和国家振兴装备制造业骨干企业。宁夏宁鲁石化有限公司，位于宁夏盐池工业园区，注册资本5.4亿元，占地面积1008.64亩，有员工近800人，是全区60家工业龙头企业之一，自治区民营企业排名15位。该公司采用国内外先进生产技术和工艺流程，配备先进的DCS和ESD控制系统，主要生产混合芳烃、丙烯、液化气、乙苯、石油苯、柴油等，均达到国家标准和质量要求。产品主要销往中航油、中石化、延长石油及四川、贵州等地。2022年被自治区授予“宁夏慈善奖”，被盐池县评为“公益慈善突出贡献企业”。宁夏太阳镁业有限公司，是宁夏唯一一家、国内生产规模最大的镁及镁合金、硅铁系列产品生产企业之一，主要从事镁、镁合金、高纯硅及硅系列等产品的研发、生产、销售，有员工700人左右，占地面积1380亩。初步形成集镁矿开采、镁金属冶炼、多用途高品质镁合金材料、废料回收于一体的全产业链。先后被评为宁夏中小企业50强、自治区工业龙头企业、宁夏质量百强企业、自治区级企业技术中心、国家高新技术企业、制造业行业示范企业、自治区级绿色工厂、国家级绿色工厂、自治区新材料企业。

工业园区

·太阳山开发区·

【概　　况】　2022年，太阳山开发区48家规上企业完成工业总产值222.8亿元，同比增长26.5%，预计完成规模以上工业增加值增速8.5%；规下样本企业完成营业收入3亿元，同比增长508.4%；完成固定资产投资45.3亿元，同比增长11%；完成一般公共预算收入1.6亿元，同比增长33%；全年共培育新入规企业8家，分别为银泰粮油、岩峰砼业、万峰工贸、易达天然气、坤正生物、诚新矿业、天源石化、益生源。

【理论武装】　2022年，太阳山开发区持续学习宣传习近平新时代中国特色社会主义思想，组织召开党工委理论学习中心组学习14次，集体研讨12次，干部职工理论学习43次，邀请专家辅导5次，深入企业宣讲20场次。

【党建引领】　2022年，太阳山开发区深入推进机关党建“三强九严”工程和非公企业党建“五强五促”行动，督促指导各基层党组织落实“三会一课”、主题党日等制度，建立健全党工委书记和班子成员党支部工作联系点，努力提高党建工作质量。评星定级非公企业党组织39家，新成立党支部1个，撤销“空壳”党支部2个、联合党支部1个，新发

吴忠太阳山开发区

展党员11人，培育入党积极分子62人，排查流动党员109人，党的组织覆盖率达77.14%，党建工作100%覆盖。指导督促各基层党组织推进支部规范化建设，组织非公企业党组织加强学习交流，瑞科新源、瑞科化工、润泽欣邦等党支部累计投资20万元建成党建活动阵地。

【提质增效】　2022年，太阳山开发区鼓励企业通过低成本化改造、技术改造、延伸产业链等措施，不断优化产业结构，降低生产成本，提高产品附加值，增强企业竞争力。积极落实减税降费、供电贴息等惠企政策，多渠道上争资金，节约企业电费300万元，取得融资租赁补助资金273万元，获自治区工业企业贷款贴息补助资金744万元，争取低成本化改造、科技研发、政策性纾困基金等19个项目，资金共计1.1亿元。

【项目建设】　2022年，太阳山开发区计划实施项目32个，概算总投资192.2亿元。其中，工业项目22个，基础设施及其他项目10个。续建项目11个，新建项目21个。截至年底，已开工项目32个，开工率100%。其中，列入全市计划实施项目28个已全部开工。强化8个工作专班服务保障，做好项目规划选址、土地报批、用地摘牌等工作，确保重点项目按计划推进建成。谋划储备项目31个，总投资148.64亿元，年内计划完成投资50.3亿元，同比增长12%。其中，续建项目11个，总投资69.72亿元，年内计划完成投资20.85亿元；新建项目31个，总投资87.92亿元，年内计划完成投资29.45亿元。加大基础设施建设力度，完成罗山路改造、生态路改造等重点民生工程，完成保障性住房三期及配套工程手续办理，多方面提升园区承载力，优化营商环境。

【招商引资】　2022年，太阳山开发区共实施招商引资项目26个，概算总投资107.3亿元，计划全年完成到位资金56亿元，已完成到位资金56.48亿元，超额完成年度任务。领导带队先后赴江苏、河北、北京等省市考察，精准开展上门招商、靶向引资，共招商9批次，对接企业60余家，拜访商协会3家，发放招商宣传资料1000余套。聚焦主导产业，延伸产业链条，实现精准招商，积极对接本久化工34个意向性项目，接待来访企业60余家500人次。通过引资洽谈、嫁接联营方式盘活蒙欣洗煤、三和工贸等停建停产企业，进一步加大招商力度。已引入泰晟管桩、山西嘉能、国润绿色能源、佳洋能源，盘活项目用地512亩。

【安全生产】　2022年，太阳山开发区全面开展隐患排查治理，先后聘请专家70余人次检查企业76家次，共查出问题隐患1209条，已整改1207条，整改率99.83%；配合区、市开展督查检查8次，查出问题隐患537条，已整改537条，整改率100%。持续巩固三年行动专项整治成效，总体目标任务共132项，已完成127项，整改率96.21%，其余5项正在推进中。有效推动化工园区风险等级降级，针对自治区专家组提出的15个风险等级降级问题，整改完成10项，完成率67%，剩余的智慧平台、封闭化管理、危化停车场等5项问题正在推进中。督促13家完成设计诊断和工程质量复核的危险化学品企业（含建设项目）落实问题整改。406条问题隐患已整改377条，整改率92.9%，未整改29条正在推进。深入推进百日专项整治行动，扎实做好重大危险源专项检查，督查检查12家危险化学品重大危险源企业，共查出问题隐患60条，整改60项，整改率100%。

【环保问题整改】 2022年，太阳山开发区落实各级环保督察问题整改，已整改并销号24个自治区2020—2021年环保督察反馈问题；已整改完成5项中央环保督察通报反馈问题。加大风险隐患排查治理，配合自治区、吴忠市开展环境风险隐患排查3次，排查企业45家次，共查出问题隐患126项，已整改126项，整改率100%；邀请专家10余人次自主排查企业33家次，共查出问题隐患103项，已整改103项，整改率100%；自治区第三督察组及“三查一体”暗访组核查企业20家次，反馈问题31项，已整改27项，整改率87.1%；吴忠市“三大领域”自查核查企业22家次，反馈问题59项，已整改52项，整改率88.14%。做好大气污染防治，突出抓好瑞科化工、常晟药业等6家重点企业挥发性有机化合物深度治理，加大挥发性有机物治理力度；推进露天开采矿山扬尘整治，按照治理标准采取密闭储存运输、建设防风抑尘网等综合措施有效抑尘，督促太阳镁业封闭渣仓及庆华煤化封闭煤仓建设。持续改善水环境质量，通过水质在线统一运维管理、聘请第三方不定期抽测涉水企业、督促污水处理厂完成提标改造等方式，确保各企业水质稳定达标排放。加快实施中水回用项目，确保湿地补水、矿山抑尘、企业回用水等指标量达到“十四五”中水回用要求。

·金积工业园区·

【概　况】 2022年，金积工业园区管委会认真贯彻党中央决策部署和自治区、吴忠市工作要求，切实履行主体责任，毫不松懈抓好招商引资、项目建设、安全生产、生态环保等各项工作，迎难而上，稳住经济基本盘，园区各项工作迈上了新台阶。2022

表1　太阳山开发区新引进项目

项目名称	建设性质	建设规模	总投资（万元）	预期效益	开工日期	预计投产日期
宁夏泰晟管桩科技有限公司年产150万米预应力光伏管桩等光伏组件配套产品生产项目	新建	年产150万米预应力光伏管桩、6万吨光伏支架、50万米PE上水管、100万米电缆保护管、1万根钢管杆	8600	项目建成投产后，年产300万米预应力光伏管桩、6万吨光伏支架、10万米混凝土排水管、50万米PE上水管、100万米电缆保护管、1万根钢管杆，新增销售收入4588万元，税收1058万元	2022年3月	2023年6月
宁夏建鹏新材料科技有限公司2000吨/年1，4-二氨基蒽醌建设项目	新建	2000吨/年1，4-二氨基蒽醌	5120	项目建成投产后，年实现年销售收入2亿，税收1600万元	2022年3月	2023年6月
宁夏阳光矿业有限公司永安煤矿项目	新建	产煤120万吨/年，建设矿井及配套附属工程	170000	该项目建成后可出煤120吨/年，解决就业800余人	2022年6月	2024年6月

年，园区实现工业总产值 230.1 亿元，完成固定资产投资 14.7 亿元，同比增长 16.7%；招商引资到位资金 53.58 亿元，完成全年目标任务的 107%。截至 2022 年底，园区入驻企业 173 家、规模以上企业 76 家，从业人员 1.8 万人。园区规划面积 26.86 平方公里，规划建设了金积核心区、牛首山产业区、纺织服装产业区三大功能区和食品检测、功能性食品研发、科技孵化、知识产权运营、公共实训、全民健身中心等创新公共服务平台，配套建成集中供气供热、给排水、道路、供电、污水处理、生态绿化等基础设施，重点发展农副产品加工、装备制造、现代纺织等产业，培育壮大了宁夏伊利、夏进乳业、吴忠仪表、恒丰纺织等龙头企业，引进建设了伊利奶产业园、中国自动化产业园、朗盛绿色精密铸锻产业园、中铁建装备制造基地、北连生物添加剂等一批重点项目，聚焦聚力发展千亿元产业集群，着力打造世界最大的高端液态奶单体生产基地、亚洲最大的尖端调节阀研发中心和国内纺织工业“第一方阵”。扶持培育了吴忠仪表、伊利乳业、运达风电等 4 家产业链链主企业。有国家高新技术企业 28 家、自治区农业高新技术企业 2 家、科技“小巨人”企业 28 家、自治区科技型中小企业 82 家，挂牌上市企业 5 家，建成院士工作站 2 个、博士后科研工作站 1 个、自治区级科技研发平台 30 个、专家服务基地 3 个。先后被自治区发展改革委认定为 2022 年先进制造业与服务业深度融合试点园区，被自治区妇联评为“自治区三八红旗集体”，被吴忠市委、市政府评为“9·20”疫情防控工作先进集体。

【项目建设】 2022 年，金积工业园区管委会坚持把重点项目建设作为扩大有效投资的关键抓手，聚焦做大增量、以丰补歉，以高质量项目推动高质量发展。全年确定实施重点项目 22 个，全部开工建设并完成入库。截至 2022 年底，上方生物食品添加剂、汇伟包装一期、伊利液态奶升级改造、吴忠仪表蝶阀制造能力提升、合盛铜业铝排深加工、同盛化工回转窑技改、夏进乳业倍增计划液态奶提质增效等 10 个项目已投产运营。伊瓶香粮油、苏润粮油等 4 个项目预计年内建成投产国润储能中心、春升源二期、申能水处理及基础设施配套、中桦雪食品科技物流生态产业园、公共实训基地、全民健身中心等 8 个项目正在加紧主体工程建设。

【招商引资】 2022 年，金积工业园区管委会先后对接浙江电建智能仪器仪表、深圳亿特氨纶新材料、四川中农诚投牛羊肉深加工、温州周佳电器铝制品深加工等 17 个项目，达成投资意向项目 5 个，意向投资 36 亿元，新签约落地项目 12 个，签约金额 35.8 亿元。盘活“僵尸”企业 3 家、闲置土地 497 亩，资产 1.3 亿元，厂房 2.1 万平方米。同时，通过对接内蒙古伊利集团和新希望集团，推动服务业剥离，先后与内蒙古陆帆、深圳凯依克等 8 家企业签订入园协议并完成工商注册、道路经营许可证办理工作。2022 年新增服务业收入 5 亿元。

【服务企业】 2022 年，金积工业园区管委会扎实开展科技型企业、“链主”企业培育行动，新增国家高新技术企业 4 家、自治区科技型中小企业 8 家、“专精特新”企业 5 家，总数分别达到 26 家、90 家、59 家，科技型企业数占全市的 41.7%。扶持培育了吴忠仪表、伊利乳业、运达风电等 4 家产业链“链主”企业。着力

宁夏运达风电有限公司厂房外景

打造创新创业支撑平台，搭建大中小企业融通型特色载体，顺利通过项目终期验收，并获批专项资金700万元。鼎盛阳光、华吉生物、丰泰永晟等6家企业获批自治区企业技术创新中心，智源农业建设自治区工程技术研究中心。支持红山河、宁杨、君星坊等企业与区内高校合作，挂牌建成产学研实践实训基地和就业创业实践基地。全力做好双创服务保障，承办吴忠籍在外人才家乡行活动，举办“喜迎党代会 献礼二十大”职工演讲、叉车工职业技能竞赛、职业病防治专题讲座、知识产权专题辅导等各类活动10场次，伊利、夏进、德悦等8家企业申报的13个项目在全市职工技术创新大赛中获奖。园区1人荣获自治区五一劳动奖章，2人入选自治区青年拔尖人才，4人被聘为宁夏大学校外合作导师，园区创新创业氛围更加浓厚。

【安全生产监管】 2022年，金积工业园区管委会压紧压实“四方责任”，扎实开展安全生产百日专项整治行动、重大危险源专项检查、冶金建材企业专项检查行动，通过领导带队督查、部门日常检查、与行业主管部门联合检查、企业自查自纠等方式，早、快、严消除安全隐患苗头。年内召开安全生产工作会议6次、消防安全现场警示教育会1次，开展安全生产综合或专项检查11次，消除安全隐患问题1779条。持续推进污染防治攻坚战，采取全面排查、环保专家帮扶指导等方式，查纠26家重点企业36个环保突出问题，园区生态环境质量稳中向好。2022年，园区未发生安全生产类事故，为党的二十大胜利召开营造了安全稳定的社会环境。

【党的建设】 2022年，金积工业园区制定印发《园区2022年基层组织建设工作要点》《园区2022年全面从严治党党风廉政建设和反腐败工作要点》等文件，组织召开园区2022年党建暨党风廉政建设和反腐败工作会议，压紧压实党建工作责任。深化“一企业一品牌、一支部一特色”的工作思路，积极培育恒丰纺织、方圆食品、智源农机等非公企业党组织打造党建示范点，指导6家企业建立党建活动阵地，高质量完成非公企业党组织评星定级和书记述职评议考核工作，评定四星级党组织3个、三星级党组织7个、二星级党组织12个。以清廉园区引领清廉企业建设，打造吴忠仪表、宁夏伊利、新希望夏进、安盛民爆4个示范点。全面完成吴忠仪表、众源保安、夏进制箱、恒通塑料、锦汇源、锦和星、春升源等7个党组织换届选举。率先在自治区级工业园区、吴忠市工业园区层面组建成立宁夏吴忠金积工业园区人民武装部，探索形成了工业园区武装部“521”工作规范。金积工业园区管委会、方圆食品获得“自治区三八红旗集体”荣誉称号，伊利乳业党总支获评自治区非公企业党建工作示范点，方圆食品党支部获评吴忠市非公企业党建工作示范点。

【宁夏上方生物科技有限公司】

宁夏上方生物科技有限公司由上海北连生物公司投资，规划总投资10.6亿元，占地面积430亩，产品有卡拉胶、魔芋胶等植物类亲水胶体和可得然胶、结冷胶、黄原胶等发酵类亲水胶体，产品主要出口俄罗斯。一期项目投资5.2亿元，设计产能3.57万吨/年，主要生产结冷胶、威兰胶、卡拉胶等产品，已建成投产，2022年实现产值1.4亿元。二期项目投资4.5亿元，设计产能0.7万吨/年，主要生产可得然胶、甲基纤维素、TG酶等产品。项目全部建成后，预计实现年销售额约36亿元，实现税收4.7亿元，解决就业500人，卡拉胶等产品产量将由目前占全球份额的26%提升到60%。

·青铜峡工业园区·

【概　　况】 2022年，青铜峡工业园区全面落实中央、自治区、吴忠市统筹疫情防控和经济发展各项决策部署，坚持稳字当头、稳中求进，抓招商、促项目、强服务，扩增量、盘存量、提质量，力促产业转型升级，加快新旧动能转换。全年累计完成工业总产值228亿元，同比增长33.7%；实现工业销售产值224.21亿元，同比增长33.2%；完成固定资产投资17亿元；培育天霖新材料、中泰新能等规上企业7家。

【服务企业】 2022年，青铜峡工业园区管委会深入宣传落实中央、自治区促进工业经济平稳增长的各项惠企政策，帮助企业享受减免税费3亿元、缓缴社保费400余万元，确保政策红利应享尽享。组织召开线上线下政银企对接会3次，点对点协调解决企业贷款2.6亿元。联合召开线上线下招聘会4次，为企业招聘员工520余人。累计办理企业员工通行证3040张、车辆通行证821张，全力以赴稳企业、保生产、促发展。

【项目建设】 2022年，青铜峡工业园区管委会严格落实包抓项目建设责任制，积极协调解决项目建设接水接电、土地审批、贷款融资等困难和问题，推动项目按进度计划实施。截至目前，已开工项目35个，其中天霖新材料等17个项目已建成投产，海利新材料、元储储能电站等其他18个项目正在加快推进。园区热力岛等6个项目正在抓紧办理前期手续，力争2023年3月开工建设，预计年内新增产值30亿元左右。成功承办吴忠市2022年第一批重大项目集中开工仪式。

【招商引资】 2022年，青铜峡工业园区管委会紧紧围绕三大主导产业和上下游关联产业，紧盯东中部产业转移地区和周边产业配套省市，坚持线上线下同步发力，扎实开展全产业链精准招商。建立入园项目联合审查机制，严把项目入关口，提升招商引资质效。截至2022年底，共对接洽谈项目38个，天新药业、鋆鼎风电等16个项目已落地（其中6个项目已开工建设），永杰新材料等8个项目已确定投资意向，盛钊锂电池电解液等14个项目正在跟踪对接。完成招商引资到位资金17.8亿元。

【基础设施建设】 2022年，青铜峡工业园区管委会围绕污水处理、蒸汽供应、绿化提升、化工集中区风险降级等领域，通过上争资金、政府投资、引入社会资本投入等方式，实施基础设施完善项目10个，总投资2.2亿元。目前，北扩区一号地块场地平整土方工程、经四路延伸段道路等4个项目已完工，事故应急池、危化品停车场等5个项目正在加快推进，金昱元项目土方平整工程正在办理前期手续，计划年底前开工，园区“筑巢引凤”的基础更加牢靠。

【园区管理】 2022年，青铜峡工业园区管委会严格落实属地管理责任，压紧压实企业主体责任，有力防范重大风险隐患。围绕园区化工集中区安全风险降级，紧盯化工、冶金、工贸等重点行业领域企业，深入开展专项整治行动，推动各类安全隐患问题整改到位。目前，区市督察反馈和园区自查自纠1056条问题隐患已整改1002条，力争年内化工集中区安全风险降为C级。围绕中央、自治区、吴忠市生态环境保护督察反馈问题，采取日查夜巡、定期监测等方式，加大企业环保问题排查整治力度。依托智慧园区平台，对瑞资联等9家工贸企业烟气排放实现在线监测，完成中央第二轮生态环境保护督察12件转办件整改销号。

【改革创新】 2022年，青铜峡工业园区管委会加快推进“管委会+公司”模式改革，引进吴忠国运公司成立青铜峡鼎恒建设开发有限公司，参与园区蒸汽管网等公共基础设施建设；成立宁夏水投青铜峡水务公司，接管大坝水厂和嘉宝污水处理厂，推进园区供水、污水、渗水、中水“四水同治”。通过社会公开招聘方式，完成薪酬制度改革、干部职工岗位竞聘工作，进一步激发干部职工干事创业活力。全面实施科技创新驱动战略，指导亿昀特种材料等6家企业成功创建国家科技型中小企业，新大众机械创建为国家级专精特新“小巨人”企业，鼎辉科技、新大众公司成功创建自治区级企业技术中心。和兴碳基公司被评为自治区知识产权培优试点企业。截至2022年底，青铜峡工业园区国家和自治区级科技型中小企业达到52家，科技创新引领企业高质量发展的势头更加强劲。

【国电投宁夏青铜峡新材料有限公司】 成立于2021年11月2日，位于吴忠市青铜峡工业园区，占地面积33.07万平方米，注册资本1.5亿元，青铝新材属青铜峡铝业股份有限公司全资子公司，为国家电力投资集团公司五级单位的独立法人实体，负责铝合金及其他有色新材料的研究、生产、销售及经营。青铝新材是宁夏唯一的铝及铝合金箔材生产、研发和销售地基，铝合金产能30万吨/年，各种铝合金基材产品达15种，且在不断研发新的产品。已通过ISO9001质量管理体系认证、ISO14001环境管理体系认证、OHSAS18001职业健康安全管理体系认证、IATF16949汽车质量体系认证、国军标质量管理体系认证。与国内高校、优秀企业进行合作，已成为集产、研、销于一体的铝及铝合金基材、深加工生产基地。2022年，高品质铝合金圆铸锭研究及生产项目完工后公司高品质铝合金圆铸锭平均附加值较普通铸锭增加300元/吨以上，年产能达到5万吨，新增销售收入2.47亿元，新增利润212万元。

【宁夏东吴农化股份有限公司】

成立于2012年6月，注册资金4000万元，主要生产硝酸胍、硝基胍、咪唑烷、甲基硝基胍、氰基乙酯等农药中间体产品，经营地址位于青铜峡工业园区新材料片区，厂区占地面积13万平方米。有正式员工480人，其中研发人员占13%，大中专以上学历人员占63%。2019年1月通过ISO9001质量管理体系、ISO14001环境管理体、OHSAS18001职业健康安全管理体系认证，同年成立了中俄精细化工联合研究中心，并且被评为国家高新技术企业。有年产硝酸胍3万吨、硝基胍2万吨、咪唑烷1.2万吨、甲基硝基胍5000吨、恶二嗪5000吨、氰基乙酯2000吨生产装置各一套。公司产品主要销往山东、浙江、江苏、上海等地，部分产品直接出口欧美、印度、东南亚等国家和地区。2022年直接出口额超过1亿元。2022年公司完成工业总产值11亿元，同比增长56.7%，上缴税金8000多万元，为全市工业经济增长作出了积极贡献。

【宁夏和兴碳基材料有限公司】

成立于2012年5月，是一家主要从事碳化硅、氮化硅等碳基材料及制品的生产和销售企业，注册资金4000万元，占地面积280亩，有职工260余人，是国内碳化硅行业十强单位（位列第三），获评国家高新技术企业、宁夏碳化硅行业区内标杆企业、自治区级制造业行业领先示范企业。具备年产碳化硅自然块7万吨、年深加工各类粉体碳化硅5万吨生产能力，已发展成为国内碳化硅行业领先企业。公司拥有封闭式冶炼炉2台，年产碳化硅自然块6.5万吨，同时配套巴马克生产线2条、雷蒙磨3台、气流磨6台、气流分级机5台，并拥有全套碳化硅粒度化学指标检测设备，同时为国内首家采用110千伏直降后非同相逆并联设

宁夏和兴碳基材料有限公司碳化硅微粉生产线

备的生产企业，该工艺具有高功率因数、低能耗及设备功率转化率高等特点，也是目前国内碳化硅行业首家采用 110 千伏 GIS 智能供电系统实施矿热炉无功补偿的企业。企业在同行业率先实施碳化硅冶炼炉气治理改造项目，该项目的建成有效解决国内碳化硅冶炼炉无组织排放技术难题，在全国碳化硅行业树立了示范标杆，同时使碳化硅冶炼装备在大型化、节能化、环保化方面迈上新的台阶，该项目的实施对整个碳化硅行业起到了显著的示范效应。

【宁夏瑞资联实业有限公司】

宁夏瑞资联实业有限公司是一家冶金企业，是瑞钢联集团的全资子公司。公司现注册资本 5 亿元，占地面积约 400 亩，有 10 台硅铁矿热炉，年产量 36 万吨，居全国第二。配有 30 万千瓦低温余热发电配套生产设施与 220 千伏变电站，总产值可达 35 亿元，产品主要销往国内外各大钢厂。

电力供应

【概　　况】　2022 年，吴忠市全社会用电量 189.77 亿千瓦时。国网吴忠供电公司完成售电量 104.48 亿千瓦时，同比增长 20.89%，时隔 7 年再破百亿。吴忠市委书记徐耀、吴忠市市长王学军先后 11 次对吴忠供电公司在保障电力支撑、推进“稳保促”等方面作出的重要贡献给予书面批示肯定，高度评价吴忠供电公司“充分彰显国家电网‘顶梁柱’‘顶得住’的责任担当”。

【新能源】　截至 2022 年底，吴忠电网新能源场站共计 128 座。其中：风电场 59 座，容量 714.93 万千瓦；光伏电站 51 座，装机容量 318.9 万千瓦；10 千伏及以上分布式新能源场站 18 座，装机容量 30.98 万千瓦。按全年 1300 小时利用计算，新能源全年发电量将达到 140 亿千瓦时，相当于节约标准煤 484 万吨。年内吴忠电网新投吴忠第四十九、五十一、五十二等 3 座集中式光伏电站，新投线驮石第二分布式光伏电站 1 座，累计发电总装机容量增加 37.964 万千瓦，吴忠电网新能源装机规模达到 1064.712 万千瓦，占吴忠电网各类发电总装机容量的 65.93%，在宁夏 5 个地级市和宁东基地电网中排名第一。

【电力负荷】　2022 年，国网吴忠供电公司负荷达到历史峰值，达 229.7 万千瓦，出现在 6 月 19 日，同比增长 10.61%，平均负荷 187.87 万千瓦，同比增加 13.13%，吴忠公司售电量再次突破百亿千瓦时，达 104.48 亿千瓦时。2022 年，在国家扩大内需政策利好，国内用能市场稳中有升的大环境下，铁合金、电石等高载能产品价格处于历史高位，吴忠基础最大负荷同比增加 22%，高载能最大负荷同比增加 27.07%。年内相继有金昱元资源再生、东吴农化、天泽化工有限公司新负荷接入，吴忠电网负荷和地区用电量稳步提升。

【电网建设】　2022 年，国网吴忠供电公司新投 330 千伏线路 3 线，净增 135.84 千米；330 千伏变压器投运 5 台，净增 1800 兆伏安；110 千伏线路投运 11 条，净增 79.409 千米；35 千伏线路投运 4 条，长度 2.603 千米。截至 2022 年 12 月 31 日，吴忠电网统调 35 千伏及以上变电站共 81 座，变电总容量 1592.54 万千伏安，所辖 35 千伏及以上输电线路（含用户专线）共 382 条，总长度 7005.033 千米。泉眼、聚新 330 千伏变电站投运，鲁家窑 330 千伏变电站 3 号主变得到扩建。

【电力保障】　2022 年，国网吴忠供电公司多措并举，通过建立负荷管理政企协调保障机制、引导客户开展电力需求侧响应等 5 项措施，扎实做好电力保供相关工作。严格落实吴忠市迎峰度夏（冬）负荷管理方案，加强政企联动，建立负荷管理政企协同保障机制。编制完善宁夏瑞资联实业有限公司等 14 家错（避）峰用电企业“一户一策”管理方案，确定包干责任人及责任领导，明确错（避）峰执行流程。完成新型电力负荷管理系统 63.25 万千瓦可控负荷接入，可控负荷占吴忠电网最大负荷的 31.6%，实现负荷精准控制，为负荷管理刚性执行提供有力保障。建立 22.55 万千瓦的可调节负荷资源库，主动引导企业参与电力需求响应 14 次，响应负荷 42.77 万千瓦，为电力保供作出积极贡献。深化“调度 + 负荷管理”联合值班值守，为迎峰度夏（冬）保驾护航，完成吴忠市电力保供专项演练。

【清洁取暖】　2022 年，国网吴忠供电公司累计投入清洁取暖业扩配套资金0.87亿元，已完成吴忠市（不含盐池县）清洁取暖项目电网接入19741户，其中新装清洁取暖6332户，直接更改峰谷分时电价13409户。按地区划分，利通区清洁取暖项目完成电网接入5286户，青铜峡市完成接入4190户，红寺堡区完成接入3142户，同心县完成接入7121户。清洁取暖客户中，已正常用电17491户，暂未用电2250户，客户清洁取暖设备使用率88.6%。

【支持企业复工复产】 2022年，国网吴忠供电公司助力瑞资联等23家企业恢复产能，落实稳经济保民生和支持“六新”产业高质量发展用电补贴政策，为4.12万批发零售、餐饮住宿业用户和107户“六新”产业用户补贴电费5083.1万元。执行电力保供“欠费不停供”助企纾困措施，惠及34.26万低压用户和7200家企业。推广“电e金服”业务，累计帮助产业链上下游企业获得金融服务2491万元。

【电力服务乡村振兴】 2022年，国网吴忠供电公司构建市—县—所“7×24小时”本地自有渠道服务热线，设立35个网格化服务电话，缩短客户诉求响应时间，客户服务满意率同比提升3.3%。服务乡村振兴，构建“村网共建”新模式，3个乡村电气化项目竣工，建设运营区内首家“电力爱心超市”，扫码用电经验在国家乡村振兴局《乡村振兴简报》刊发。红寺堡区红寺堡镇团结村获评国网公司乡村振兴示范村。落实“我为群众办实事”实践活动常态化长效化机制，打造“兰花·电力驿站”，与红寺堡镇弘德村党支部结对共建，以实际行动为美丽新吴忠赋能。

【供电服务】 2022年，国网吴忠供电公司建立供电服务日管控长效机制，整合21项关键服务问题清单，按照“一级核查、二级预警、三级督办”模式逐级管控，强化整改落实。截至2022年底，客户服务满意率99.36%，较年初提升4.35个百分点，95598意见工单同比压降61.20%，百万户工单量同比压降62.91%。以务实担当的精神、持之以恒的行动，为吴忠地区74.4万用户交出一份满意的供电服务答卷。

【自身建设】 2022年，国网吴忠供电公司认真学习宣贯党的二十大精神，扎实开展“不忘初心永向党、建功现代‘双一流’”红色实践活动、“走好新时代长征路”党员能力素质提升培训，参与党员224人次。强化融入融合，创新开展“三无三亮三比”主题实践活动，121个责任区、115个示范岗亮身份、作表率。强化为民服务，成立“民族一家亲”“闽宁山海情”共产党员志愿服务队，参与服务700余人次，服务总时长1600小时。锲而不舍正风肃纪，创新打造“清风吴电”廉洁宣教品牌，共发布13期。

财 政

【概　况】　2022年，吴忠市一般公共预算收入35.9亿元，扣除留抵退税因素后同口径增长4.7%。同时，按照《吴忠市财政支出考核暂行办法》，落实部门支出进度定期通报制，杜绝资金“趴账蹲窝”现象。全市一般公共预算支出245.8亿元，同比增长8.5%，保持相应的财政支出强度。吴忠市财政局推行上争资金清单化，实行定期跟踪督促制，力争资金申报精准化，会同市发展改革委编制《中央及自治区重点支持项目申报指南》，为上争资金提供政策依据。全年市本级争取各类转移支付资金共59.3亿元，较上年增长12.5%，增加6.6亿元。吴忠市财政局统筹结余结转两年以上专项、结转一年以上市本级预算等资金2亿元。充分发挥新增债券作用，扩大有效投资，市本级争取到位新增政府债券6.47亿元，比上年增加5.47亿元，推动项目建设，补齐民生资金短板。

【压减“三公”经费】　2022年，吴忠市财政局在年初预算按照10%比例压减会议、差旅和培训等经费基础上，大力压减非刚性、非急需等一般性支出，全年一般性支出压减15.2%，“三公”经费下降13.6%，腾出更多资金用于保障民生、重点项目建设等。

【支持经济社会发展】　2022年，吴忠市财政局积极支持乡村振兴战略实施，及时分配中央、自治区下达吴忠市各县（市、区）衔接资金14.39亿元，保障高标准农田建设、种业发展，改善农村人居环境等需要，支持巩固拓展脱贫攻坚成果同乡村振兴有效衔接。支持先行区和示范市建设，入围竞争性评审项目3个，支持北方地区清洁取暖、海绵城市建设等项目实施，为先行区建设和绿色发展示范市创建提供财力支撑。支持创新驱动战略实施，安排科技资金3250万元，同比增长31.5%，实现年均增长10%以上的目标。支持有效投资，筹措资金1.4亿元支持鸽堂沟、麻黄沟奶源基地基础设施建设和人畜供水工程。支持基础设施建设，投资近10亿元，支持新修东片区绿化、次干道建设等市政公路项目，实施金积镇排水管道清淤项目和市区天然气管网改造工程及小微公园建设项目等，切实推动城市更新。

【落实财政政策】　2022年，吴忠市财政局落实减税降费政策，统筹协调推进减税降费政策的部署实施，全面完善政策落实的工作链条，全市新增退税减税及缓税缓费达22.1亿元，有效提振市场主体信心。支持扩大消费政策，市本级先后争取到自治区促消费专项资金2190万元，统筹自有财力902.45万元，全力支持举办早茶文化节，直接撬动社会消费4亿元，推动消费市场恢复增长，不断挖掘消费潜力。支持重点产业发展，全市投入资金近8亿元，支持“六特”产业提档升级，农业总产值增长5.5%；投入资金2亿元，支持“六新”产业快速发展，规上工业增加值增长10%；投入资金1.5亿元，支持“六优”产业扩容提质。加大民生投入力度，全年民生领域支出达215亿元，同比增长9.1%，占财政支出的87%。就业创业政策落实、“健康吴忠”建设、重点群体生活改善、教育均衡发展、公共文化服务体系建设等领域资金保障到位，有效解决一批群众关注度高、群众反映强烈的急难愁盼问题。财政局荣获自治区人力资源和社会保障工作先进集体荣誉称号。

【财政管理】 2022年，吴忠市财政局坚持严肃财经纪律，先后开展预算执行进度、公务员津贴补贴清理、财经秩序专项整治、政府采购问题整改等11个专项检查，市本级行政事业单位检查实现全覆盖。强化预算绩效管理，扎实开展2022年预算绩效评价项目14个，有效提高财政资金使用绩效。在全区22个县（市、区）推广“五个一批”预算平衡措施。纵深推进财政改革，建立地方预算执行动态监控同预算编制、国有资产管理、政府采购、财政监督等业务融合机制，全面实施预算管理一体化系统管理，深入推进国库集中支付“放管服”改革。加强政府债务管理，建立健全政府债务动态监测、风险评估等制度，强化债务数据变动审核；争取再融资债券14亿元，筹集资金10亿元全力保障到期债务偿还。

税　务

【概　况】 2022年，国家税务总局吴忠市税务局（以下简称“吴忠市税务局”）全力抓好年度重点工作任务落实，连续5年荣获吴忠市效能目标考核优秀等次。全年累计组织税费收入160.81亿元，同比增长27.6%，其中：税收收入74.27亿元，增长0.7%；社会保险费45.54亿元，增长7.8%；非税收入32.13亿元，增长538.2%，收入规模创历史新高，税收增幅位居全区五市第二。

【支持税收】 2022年，吴忠市税务局与市政府建立“五个必汇报”牵头工作机制，积极向吴忠市委、市政府主要领导汇报情况，多项工作建议得到市委、市政府主要领导重视。与财政、人社等部门联合印发《全面落实各项退税减税降费政策的通知》，解决退税减税中存在的疑难杂症，促进退税减税降费政策红利直达快享。积极开展经济税源专题分析，更好服务地方经济社会发展。围绕税收中心工作，高质量完成各类综合文稿50余篇，向上级机关报送各类报告35篇，获得地方党政领导批示10篇。与吴忠市中级人民法院、住建局、自然资源管理局等部门协同解决群众涉税历史遗留难题，优化服务举措，不断改进提升税收营商环境。加强和完善五部门联合打击虚开骗税合作机制，推动打虚打骗工作从集中专项整治向常态化打击、精准化治理转变，会同公安部门查获一起跨区域重大涉农虚开增值税普通发票案件，该工作得到市委书记徐耀批示肯定。

【理论武装】 2022年，吴忠市税务局学习党的二十大精神，立足实际周密安排，印发学习通知，明确学习内容、研讨主题、工作要求、具体措施，推动学习走深走实。分层分类开展学习培训，配合区局开展处级以上领导及县级局班子培训，举办副科级以上干部网络培训班，提升学习成效。依托“三会一课”加强党员日常教育，运用“学习强国”“学习兴税”“税务党建云”等平台，统筹用好党委会议引领学、党委理论学习中心组研讨学、党支部集体学、青年干部跟进学等途径，深入学习贯彻习近平新时代中国特色社会主义思想及习近平总书记关于税收工作的重要论述和重要指示批示精神等。围绕深入学习贯彻习近平新时代中国特色社会主义思想特别是习近平经济思想，结合“更好贯彻新发展理念，税务机关怎么办”主题开展专题学习研讨，全系统累计开展集中学习活动100次、研讨交流81次，全体党员撰写专题研讨材料，学习研讨覆盖面达到100%。

【党史学习教育】 2022年，吴忠市税务局深刻领悟“两个确立”的决定性意义、增强“四个意识”、坚定“四个自信”、做到“两个维护”，充分认识贯彻落实《关于推动党史学习教育常态化长效化的意见》（以下简称《意见》）的重要意义，将学习贯彻《意见》与各项重点工作结合起来，按照宁夏区税务局贯彻《意见》要求，将6类40项具体任务进行分解，扎实开展落实，并将贯彻落实《意见》情况作为工作督察、专项检查等工作的重要内容。

【税费收入】 2022年，吴忠市税务局共组织各项收入160.81亿元，同比增长27.6%，增收34.83亿元，其中：税收收入74.27亿元，增长0.7%，增收5313万元；社会保险费45.54亿元，增收3.29亿元，增长7.8%；非税收入32.13亿元，增收27.1亿元，增长538.2%。非税收入增长幅度大的主要原因是2022年国有土地权出让收入、矿产资源专项收入划转至税务部门征收。

【税收法治】 2022年，吴忠市税务局全面落实行政执法“三项制度”，持续抓好税务行政处罚“首违不罚”事项清单的落地落实，对833户符合条件的纳税人作出首违不罚决定，让执法既有力度又有温度。被自治区就业工作领导小组授予“自治区就业创业工作先进集体”。组织各基层局开展“美好生活·民法典相伴”主题宣传活动，制定吴忠市税务局的落实方案，强化“互联网+”智慧普法，全年共制作法治微视频、微动漫40余个，发布普法微博80余条，通过微信公众号发布普法内容300余条，累计浏览量过万。

【税收政策落实】 2022年，吴忠市税务局完善税费优惠政策落实工作机制，认真履行工作职责，主动担当作为，召开工作推进会，梳理市、县两级退税减税降费工作制度、计划安排，科学安排人员岗位，梳理下发退税减税政策解读、留抵退税操作手册、组合式降费操作手册，为基层落实政策提供指引。精准开展宣传辅导，变“人找政策”为“政策找人”，及时获取符合条件企业信息，精准落实各项税费优惠政策，共为全市1241家企业办理增值税留抵退税，退税金额达17.78亿元。

【纳税服务】 2022年，吴忠市税务局认真落实“便民办税春风行动”活动，开展“千人进万户”问计问需大走访活动，实地走访纳税人21820户次。开展“走流程、听建议”活动，邀请人大代表、政协委员等141人次举办税企座谈会等活动，诚纳各方意见建议160条。强化税收政策精准宣传，全年开展政策辅导讲解57场次，电话回复政策咨询5000余次。为119户专精特、“小巨人”企业建立成长档案，提供针对性服务。持续深化“银税互动”合作，为500余户小微企业提供资金支持，缓解企业融资难题，完成58户纳税人2021年信用动态管理和340户新办纳税人的2022年纳税信用即时评价。

【征收管理】 2022年，吴忠市税务局认真贯彻落实中办、国办印发的《关于进一步深化税收征管改革的意见》，征管类绩效考核指标数据完整性、标准性、一致性等均达到100%，数据质量管理工作质效位居全区各地市前列。严格落实税务注销即办服务，实行“承诺制”容缺办理，实行注销资料清单化管理，2022年全市范围内共办理税务注销3580户，即办注销率达96%。

【税务稽查】 2022年，吴忠市税务局稽查部门共立案检查70户，查补入库税款滞纳金及罚款8129万元。深入推进“双随机、一公开”监管，进一步完善稽查对象名录、执法检查人员名录库。通过非强制性执法，辅导纳税人自查入库税款、滞纳金5115万元，随机抽查，完成率100%。加强涉税举报工作和举报案件处理，共受理检举19户，检举人实名举报且要求回复的案件均按期回复。严把“黑名单”入口、出口关，按照“黑名单”公布规定录入并推送案件1起。持续加大典型案件曝光力度，通过《宁夏法治报》曝光11起案例。

【税务监管】 2022年，吴忠市税务局深化精准监管，强化重点项目管理，安排核查重点建设项目400个，全年累计统计各项税费入库1.33亿元。认真开展实地核查，对全市各县（市、区）所有加油站进行全面调查摸底。规范数据共享工作，促进各部门合作，全年共向外提供数据65个，获取外部门数据30个。

【税收经济分析】 2022年，吴忠市税务局持续深化经济税源分析和政策综合效应分析，跟踪税收经济运行中的新情况新问题，撰写《促进吴忠市先进制造业发展的思考》《宁夏奶产业高质量发展的现状问题及建议》《吴忠市招商引资企业留抵退税政策效应分析》等多篇专题分析报告和政策效应分析报告，获吴忠市政府领导肯定性批示2篇。

【党建工作】 2022年，吴忠市税务局坚持以习近平新时代中国特色社会主义思想为指导，深入学习贯彻落实党的二十大精神，以党的政治建设为统领，制定《2022年度全面从严治党工作要点》和《2022年度全面从严治党工作责任清单》，分解6类75项具体任务，明确8类责任主体落实全面从严治党的110项261条责任事项，以“融合式党建积分管理”品牌创建为抓手，促进党建和业务深度融合，切实推动机关党支部和党员干部当先锋、做模范，成功创建模范机关。强化组织建设，严格按照5个阶段、25个环节发展党员，把好发展党员“入口关”，转正党员6名。积极开展星级创建工作，年内有3个党支部晋升为五星级党支部，16个党支部为四星级党支部，其他6个党支部为三星级党支部。推进清廉机关建设，印发《关于清廉机关建设的实施方案》，制定清廉机关任务清单和考评细则。强化值班值守，确保各项工作安全有序运转。

【纪检工作】 2022年，吴忠市税务局紧紧围绕国家税务总局宁夏回族自治区税务局“一三五十”纪检工作思路，压紧压实“两个责任”，开展留抵退税走访调研和督导检查，督促制定《全面从严治党“两个责任”及一体化综合监督工作手册》，厘清主体责任、书记第一责任人责任和各职能部门责任。深化体制改革，制定改革落实责任清单61项具体任务，明确责任部门和完成时限，做到靶向定位、压茬实施。

【文化建设】 2022年，吴忠市税务局组织开展迎新春趣味运动会、“三八”国际妇女节健步走竞赛、“喜迎党的二十大”全系统排球比赛等活动，参加市直机关运动会，荣获乒乓球比赛三等奖、中式台球优秀组织奖。加强精神文明建设，营造团结和谐、积极向上的机关氛围，顺利通过自治区文明单位复验。积极开展全国文明城市创建活动，在季度创城督察评比中均获得“蓝牌”“绿牌”的好成绩。持续培育先进典型，全系统先后涌现出自治区三八红旗手标兵马菊，2022年第一批自治区健康家庭马吉柱家庭、郑剑家庭，吴忠市文明家庭马菊家庭、郑剑家庭、罗仙菊家庭等一批先进典型。

金　融

·中国人民银行吴忠市中心支行·

【概　　况】 2022年，人行吴忠市中心支行贷款增速全年保持9%以上，高风险机构连续7个季度保持清零。中支被国管局等中央四部委授予国家级“节约型机关”称号，荣获人民银行宁夏辖区纪检监察业务知识竞赛第一名。调研课题分别获总行青年调研课题一等奖、三等奖。增值税留抵退税调研报告被自治区政府主要领导批示。

【信贷总量】 2022年，人行吴忠市中心支行制定吴忠市金融助力稳经济保增长促发展15条政策措施，通过召开货币信贷工作座谈会、金融支持稳企纾困政策落实推进会、货币信贷形势分析会，以及实地督导、约见谈话等多种形式，督促引导金融机构在中期风险可控前提下努力扩大信贷投放，为全市经济稳定增长提供有力金融支撑。截至2022年末，全市各项存款余额917亿元，同比增长10.2%；各项贷款余额817.4亿元，同比增长9.8%。召开金融支持经济发展新闻发布会，联合工信局等部门开展多场政策宣讲，汇编发布金融助企纾困政策手册，多维度提升政策知晓度、普及率。再贷款余额25.2亿元，同比增长122.7%，限额使用率98.2%，创历史新高。全年累计向5家法人银行提供普惠小微贷款激励资金418.9万元，引导扩大普惠小微企业信贷投放3.7亿元。

【支持地方经济发展】 2022年，人行吴忠市中心支行快速落实金融支持统筹疫情防控和经济社会发展各项政策措施，全力支持受疫情影响小微企业、个体工商户、货车司机等市场主体渡过难关。截至2022年末，全市住宿餐饮、交通物流、批发零售业等受疫情影响较重行业贷款同比增长19.2%。深入开展中小微企业金融服务能力提升工程和“贷动小生意、服务大民生”金融支持个体工商户发展专项行动，建立金融服务小微企业敢贷愿贷能贷会贷长效机制，实现小微企业融资“量增、价降、面扩、质优”。

截至2022年末，全市小微企业贷款余额174.6亿元，同比增长15.3%；小微企业贷款户数3.5万户，同比增长5%；小微企业贷款利率4.57%，同比下降0.55个百分点。"融信通"企业融资服务平台线上促成393家企业融资74.7亿元。搭建"白名单"融资推介及融资对接快速反馈机制，向金融机构推介98个重点项目、465家中小企业，协调解决13家文旅企业、20家"专精特新"企业、14家商贸企业融资难题，促成融资60亿元。

【金融服务】 2022年，人行吴忠市中心支行积极推进企业碳账户核算及融资应用，在"融信通"平台成功上线碳排放报告生成功能，加大碳减排支持工具和煤炭清洁高效利用专项再贷款宣传力度，引导金融机构加大碳减排领域信贷资源配置力度，撬动更多资金流入绿色低碳领域。开展"再贷款+"乡村振兴示范点创建行动，推动法人银行创建"再贷款+"专属信贷产品23个、"再贷款+"示范点18个，引导金融机构在产品创新、信贷资源配置、资金转移定价、绩效考核等方面向乡村振兴领域倾斜。截至2022年末，全市涉农贷款余额485.1亿元，同比增长8.9%。联合住建局印发《关于促进吴忠市房地产业平稳健康发展的若干措施》，确定个人住房贷款首付比例降至20%等支持政策，促进房地产市场平稳发展。截至2022年末，全市房地产贷款余额182.1亿元，同比增长14.7%。

【金融风险化解】 2022年，人行吴忠市中心支行完善"日常风险监测、央行评级、压力测试、重大事项报告"四维风险监测评估体系，不断提升风险监测的前瞻性和实效性。通过风险警示谈话、约谈主发起行、压实地方政府责任等多种措施，稳妥推进法人金融机构风险化解，全市10家法人金融机构央行评级平均得分提高2.4分，央行评级7级机构减少2家，法人金融机构风险逐步收敛、经营持续向好。持续推进重点领域、行业、企业金融风险化解，截至2022年末，全市不良贷款余额5.0亿元，同比增长5.6%；不良贷款率2.0%，同比不变。组织10家地方法人金融机构开展流动性应急演练，加强村镇银行等机构风险应急措施储备，全面提升中小银行风险应急处置实战能力。持续开展存款保险宣传，稳定存款人信心。

【反洗钱监管】 2022年，人行吴忠市中心支行联合公安、检察院、法院等单位开展打击治理洗钱违法犯罪三年攻坚行动，构建市县两级联动工作机制，高效发挥行政、司法职能作用，推动1起贪污受贿洗钱罪案件宣判、2起涉黑洗钱罪案件起诉。联合银保监分局进行监管走访，形成监管协同效应，提升反洗钱监管的有效性。

【打击违法违规金融活动】 2022年，人行吴忠市中心支行深入开展电信网络诈骗和跨境赌博资金链治理，加大账户管控力度，涉案账户数量同比下降84%，拦截涉诈交易57笔，挽回受害人财产损失152.3万元，协助公安机关侦破2起电信网络诈骗贩卡和洗钱团伙，抓捕犯罪嫌疑人27名，涉案金额2200余万元。发挥"无诈社区"示范效应，金花园试点社区实现电信网络诈骗"零发案"目标。联合市场监管等部门清理违规"征信修复"机构14家。常态化推进扫黑除恶斗争，持续"零容忍"高压打击地下钱庄、非法集资等违法违规金融活动。

【便民服务】 2022年，人行吴忠市中心支行在青铜峡市邵岗村推广手机支付服务涉农场景应用试点，手机支付占村民日常支付比重提升至16%。全市962个助农取款服务点金融服务"最后一公里"功能更加完善，前三季度发生交易92万笔、金额13.2亿元，金额和笔数占比均居全区第一。开展"重振引擎、助商惠民 乐购吴忠"活动，拉动消费4503万元。减免支付结算手续费715.9万元，惠及3.4万个市场主体。

【国库服务】 2022年，人行吴忠市中心支行不断优化国库服务质效，全年累计办理预算收付业务98万笔，确保0.18万笔19亿元增值税留抵退税资金和6.9万笔、3977万元个税退税资金及时直达企业和个人。积极推进国库"点对点"直接支付，成功为农村低保人员拨付6854笔40.5万元价格补贴款，推动各类财政性补贴资金直接惠企利民。提前超额完成"国债下乡"销量目标，合力推动农村地区国债发行增量扩面，12月末全市销售国债1.4亿元，其中农村地区销量0.9亿元，占比60.2%。

【现金服务】 2022年，人行吴忠市中心支行全力保障疫情期间现金供应和安全使用，净投放现金22.2亿元。与市场监管部门签订《联合整治拒收人民币现金备忘录》，持续整治拒收人民币现金行为。加大假币犯罪打击力度，协助公安机关破获1起跨省贩卖假币案、1起网络贩卖旧版假币案，收缴假币1839张，面额15.9万元。在全市乡村农贸市场开展“现金服务大篷车”活动10场，现场兑换残损币22.8万元，现金服务触角不断向偏远农村延伸。

【外汇服务】 2022年，人行吴忠市中心支行积极开展企业汇率风险管理“首办户”推广行动，成功签约外汇衍生品协议4笔，发展培育对象4家，签约金额470万美元，是上年同期的2倍。积极拓宽企业跨境融资渠道，指导东方惠民小额贷款公司在全区实现首单“多笔外债共用账户”便利化政策落地，获得境外融资2.7亿元。建立外贸企业困难诉求清单，“一对一”纾困解难40余次，送政策上门20余次。外汇案件“查审分离”在吴忠市落地实施，对1家银行外汇违规行为实施行政处罚，并处罚金5万元，辖区涉外营商环境持续优化。

【征信助企惠民】 2022年，人行吴忠市中心支行个人信用报告自助查询点增至15个，服务能力和便捷性进一步提升。至12月末，受理征信查询12.3万笔，妥善处理异议49笔。深入实施农村信用体系建设，评定信用乡镇11个、信用村188个、信用农户17万户。联合吴忠市发展改革委印发《吴忠市信用建设示范县（示范园区）创建工作方案》，在同心县试点开展信用示范县建设。积极推广动产融资应用，1—11月办理动产抵押登记536笔，应收账款融资登记16笔、金额6亿元。

【法治建设】 2022年，人行吴忠市中心支行建立覆盖全市的金融纠纷多元化解机制，成立5个金融纠纷调解中心，全年调解案件190件，调解成功85件。加强执法检查培训，严格按照新执法检查要求对1家地方法人银行进行综合执法检查，高质量完成2021年度行政执法案卷评查，依法行政水平不断提升。加强合同法律审核，出具法律意见150余条。

【金融知识宣传】 2022年，人行吴忠市中心支行聚焦老年人、学生等重点群体，精心制作中小学生防诈指南、老年人防诈视频、金融消费者权益保护宣传视频等金融知识宣传素材，线上线下协同开展金融知识普及月等宣传活动500余场次，累计受众20万余人次。加强履职成效宣传，在《金融时报》《宁夏日报》等报纸刊登宣传稿件28篇。

【调研信息】 2022年，人行吴忠市中心支行党委专题研究出台措施提升调研信息工作，以调研锻炼队伍、促进履职。全年完成政务信息312篇，其中总行采用31篇，银川中支采用222篇；完成调研153篇，《宁夏金融》《宁夏金融调研》采用25篇，获总行青年课题奖项2项、银川中支重点调研课题一等奖1项、银川中支青年课题奖项2项。

·金融监管·

【概　　况】 2022年，全市各项贷款余额816.08亿元，较年初增加71.35亿元，同比增长10.49%，连续9个月实现两位数增长，高于全区增速3.27个百分点。各项存款余额888.46亿元，较年初增加71.87亿元，同比增长6.21%。保险公司保费收入27.45亿元，同比增长2.36%，增速高于上年同期3.35个百分点。

【“稳保促”政策实施】 2022年，吴忠市银保监分局成立“稳保促”工作领导小组，先后在利通区、青铜峡市、同心县、盐池县组织召开银政企座谈会，并赴5家银行保险机构开展“稳保促”督导调研，指导银行保险机构成立“稳保促”专项工作领导小组27个，出台内部配套政策文件36个，开展稳经济政策宣讲74次，走访企业588家，持续推动各项政策落地实施。

【先行区建设金融支持】 2022年，吴忠市银保监分局紧盯建设黄河流域生态保护和高质量发展先行区目标任务，精准对接特色产业融资需求，强化金融资源倾斜。吴忠市“9+1”特色产业贷款余额234.94亿元，比年初增加39.17亿元。积极对接吴忠市

2022 年经济社会发展市级重点项目清单，做好项目清单管理和跟踪落实，强化精准服务和全程服务。辖内银行业“四权”贷款余额 2.4 亿元，较年初增加 0.82 亿元。当年累计投放“四权”贷款 1.72 亿元，较上年同期增加 0.73 亿元。全力推动《吴忠市绿色金融助推地方实体经济高质量发展实施方案》落实落地，按季监测绿色贷款情况。辖内银行机构绿色信贷余额达 84.84 亿元，较年初新增 49.53 亿元，同比增长 62.84%，增速超过各项贷款增速 52.35 个百分点。持续做好金融支持制造业高质量发展各项工作，聚焦“高精尖”制造业，稳妥有序退出过剩产能，加大对区域效益领先企业、战略性新兴产业等关键重点制造业企业的信贷倾斜力度，给予合理费率优待，推进设备更新改造和制造业中长期贷款投放。截至 9 月末，辖内制造业贷款余额 89.38 亿元，较年初增加 8.2 亿元（剔除不可比因素），占各项贷款比重 10.95%。其中制造业中长期贷款 29.71 亿元。

【普惠金融】 2022 年，吴忠市银保监分局印发 2022 年普惠金融工作要点，开展“三农”干部“大学习大轮训”，联合开展脱贫人口小额信贷督查，加大对乡村振兴重点帮扶县区的金融支持力度，不断提升小微企业金融服务质效。辖内银行机构小微企业贷款余额 272.67 亿元，较年初增加 32.42 亿元，增长 13.5%；发放小微企业“首贷户”贷款 325 户 6.45 亿元；盐同红地区各项贷款余额 326.29 亿元，较年初增加 44.52 亿元，增长 15.8%，高于全辖各项贷款增速 5.31 个百分点。

【维护金融消费者合法权益】

2022 年，吴忠市银保监分局制定 2022 年消保工作要点，协调司法部门建立吴忠市金融纠纷调解中心，开通“一信通”短信送达平台，绘制信访举报投诉办理流程图，全方位健全信访举报投诉办理制度。分局共受理并办结消保投诉和举报事项 382 件，切实将矛盾隐患化解在当地、解决在基层，全力维护稳定大局。聚焦消费者权益宣传周、金融知识普及月等重要节点组织开展形式多样的金融知识宣传活动，共发放宣传材料 19389 份，受众 8.74 万人次，微信推送 117 篇，点击量达 28897 人次。

【保险保障】 2022 年，吴忠市银保监分局持续推进农业保险扩面、增品、提标，保险金额 111.53 亿元，赔付支出 1.78 亿元，奶牛和肉牛的赔付占农业保险赔付支出的 65.17%，为“六特”产业发展保驾护航。有针对性地开展产品创新，针对农村劳动力转移就业者推出“铁杆庄稼保”项目，向全市 1.43 万名农村劳动力转移就业者提供 374 亿元的保险保障。根据乡村振兴有关政策要求，推出“乡村振兴健康保”，参保人数达 1.46 万人。持续巩固拓展车险综合改革成果，紧盯车险费用、综合成本率、赔付率三大指标增速，推动车险综合改革真正让利于民。

【信用风险防控】 2022 年，吴忠市银保监分局印发《关于做好 2022 年信用风险防控工作的通知》，科学制定 2022 年不良贷款“双控”和处置计划，针对性开展信用风险排查，督导 10 家农村银行机构对各类风险分类不真实情况进行全面自查和梳理；做好重点企业授信监测，按季监测并更新授信亿元以上企业贷款情况。截至 9 月末，辖内银行机构不良贷款余额 10.3 亿元，较年初减少 3.6 亿元，为 2016 年以来最低值；不良贷款率 1.26%，较年初下降 0.6 个百分点，为近 10 年来最低值。累计处置不良贷款 7.48 亿元，提前完成年度处置计划。

【重点领域风险防控】 2022 年，吴忠市银保监分局强化房地产风险管控，联合印发《吴忠市关于促进房地产业平稳健康发展的若干措施》，全面排查各类信贷资金违规流入房地产领域情况，督促相关机构对发现的 478 笔 0.99 亿元违规贷款进行整改。配合维稳办开展楼盘停贷风险摸排和舆情发展态势的动态研判，督促辖内银行机构全面配合做好“保交楼”金融服务，严格履行商品房预售资金监管工作职责，积极参与东吴明珠项目纾困资金缺口的方案会诊协商，开展贷款逾期客户和暂时还款困难客户个性化服务，共同促进吴忠市房地产业良性循环和健康发展。扎实做好案防安保工作，联合开展自治区第七轮安全评估验收暨春节期间安全大检查，切实提高安防设施水平。制定吴忠银行业保险业打击整治养老服务领域诈骗专项行动方案，着力提高金融从业人员和金融消费者识诈防诈能力，守好老百姓的“钱袋子”。全面开展楼盘停贷风险摸排，对辖内银行机构进行窗口指导，分类施策，强化风险防控措施。

【重点机构风险处置】 2022年，吴忠市银保监分局持续跟踪青铜峡农商行高风险“摘帽”机构的风险化解情况，因行施策，专人贴身盯防，做好风险监测、预警和处置，防止风险反弹回潮。督导吴忠滨河村镇银行、青铜峡农商行等机构持续压降异地和互联网贷款业务，已全部清零。高度重视负面舆情引发的外溢效应，通过现场督查、监管约谈等方式对辖内村镇银行开展风险排查6次，建立日常监测机制，开展应急演练，切实提高风险应对处置能力。

【服务实体经济】 2022年，吴忠市银保监分局召开债委会工作推进座谈会，邀请市发展改革委、工信局、金融工作局等部门共同研判风险、研究举措。截至9月末，辖内已组建债委会22家，涉贷金额42.66亿元，各债权行统一行动、共同发力，有效缓解塞外香、吴王米业等企业的压力。

【监督管理】 2022年，吴忠市银保监分局对辖内农村中小银行党的领导情况开展“回头看”，对“三会一层”以及激励约束机制运行等情况进行重点摸排，推动吴忠、盐池、青铜峡农商行各增配1名独立董事。对101名法人机构董事监事开展年度履职评价并进行非现场监管评估，履职质量显著提升。

【银行机构改革】 2022年，吴忠市银保监分局指导大型银行错位竞争，强化互联网金融服务优势，填补农村金融服务市场空白，在4个乡村物理网点空白区增加8个服务点，以线上服务实现基础金融服务乡镇全覆盖。充分利用金融科技，助力地方政府服务和企业管理转型升级，将金融服务融入政务平台、生活平台，共建数字化、场景化、智能化的“智慧金融”，银行业改革发展红利惠及广大群众。

【保险领域改革】 2022年，吴忠市银保监分局持续关注车险费用、综合成本率、赔付率等三大指标，按照车险综改总体部署，鼓励辖内保险公司推出新能源汽车专属保险产品，确保车险综合改革真正让利于民。建立“气象+保险”合作机制，将农业气象灾害风险区划、监测、预警等气象防灾减灾最新成果、最新技术充分运用到保险理赔工作中，提升保险理赔科技化水平。加快推进保险销售“双录”，持续规范代理人销售行为，有效提升保单品质，切实维护客户权益。稳妥开展辖内中介机构清虚工作，已撤销1家专业中介机构和1家非银行类兼业代理机构。

·商业银行·

【工商银行吴忠支行】 2022年，工商银行吴忠支行在同心县上垣村与红寺堡区龙兴村设立农村普惠金融服务站点，办理助农贷款798万元，捐赠帮扶项目资金10万元，购买村户滞销农产品，推动党建与业务深度融合，助力乡村振兴，促进经营管理持续向好。通过满减、随机立减等促销活动以及党费云、银校通、e缴费、e分期等特色金融服务项目，有效带动线上顾客。坚决扛起助力稳住经济大盘的政治责任，制定支行普惠经营贷营销活动方案与商户贷营销活动方案等具体方案，全年累计新投放小微企业普惠贷款近60笔，投放金额近8000万元。以经营快贷、E抵快贷产品为抓手，做好个人经营贷款投放扩面增量，累计发放个人经营性贷款144笔3825万元。2022年，支行各项贷款余额31.74亿元，个人贷款余额15.4亿元。围绕吴忠市2022年重点项目建设，不断加大对吴忠地区经济和社会有重大影响的交通、热电、风电、光伏、城市公共设施等行业的贷款投入。投入信贷资金16.33亿元。不断加大对现代农业、乡村旅游、乡村小微企业等重点领域客户的融资支持力度，重点支持农副产品加工、奶牛养殖、枸杞种植、黄花菜种植以及葡萄酒等产业，努力实现对乡村振兴产业全覆盖。2022年，累计发放涉农企业贷款6995万元。因受疫情和养殖业市场需求变动影响，吴忠市红寺堡区红寺堡镇弘德村部分养殖户贷款无法按期偿还，吴忠支行得知此情况后，及时组织信贷人员到弘德村现场对160户农户办理小额扶贫贷款展期手续，展期金额798万元。围绕吴忠市利通区、红寺堡区重点乡村，探索建立乡村金融“工行驿站”，有效延伸服务触角。积极与吴忠市利通区、红寺堡区乡村振兴局及各乡镇村对接，推广“兴农通”业务，提供涵盖党务、村务、政务、财务、金融的服务，为县域乡村地区广大客户打造全新的线上综合化服务平台。根据民营企业经营特点，着力创新推广适合民营小微企业、具有竞争优势的“宁科贷”“银证通”“兴农贷”“宁贸通”“税务贷”等新型融资产品，缩短企业融资链条，降低企业融资成本。截至年底，共发放“宁科贷”“税务贷”“经营快贷”等47笔，贷款余额10517万元。支行高度重视战略性新兴产业、先进制造业发展，对辖区“千家培育”“百家成长”等制造业企业进行主动营销，对符合融资条件的企业提供融资支持，发放贷款1.95亿元。

【中国银行吴忠市分行】 截至2022年12月末，中国银行吴忠市分行资产总额51.73亿元，较上年末增长6.98亿元，增幅15.6%；负债总额49.36亿元，较上年末增长6.3亿元，增幅14.62%。各项人民币存款时点余额49.74亿元，四行口径市场份额占比为24.63%，较上年末提升0.27%，居四行第三。较上年末新增6.34亿元，其中：公司存款余额23.91亿元，四行口径市场份额占比为36.22%，居四行第一；较上年末新增2亿元，新增比重为118.21%，居四行第一。个人存款余额25.83亿元，四行口径市场份额占比为19%，居四行第三；较上年末新增4.34亿元，新增比重为19.6%，居四行第四。各项人民币贷款余额40.89亿元，四行口径市场份额占比为25.3%，较上年末提升1.97%，居四行第二；较上年末新增7.68亿元，新增比重为39.8%，居四行第二。其中：公司贷款余额27.45亿元，四行口径市场份额占比为40.07%，居四行第一；较上年末新增6.66亿元，新增比重为105.41%，居四行第一。个人贷款余额13.43亿元，四行口径市场份额占比为14.43%，居四行第四；较上年末新增1.01亿元，新增比重为7.8%，居四行第四。不良贷款余额2131.29万元，不良率0.52%，较上年减少19357.25万元。其中公司贷款不良余额37.14万元，较上年减少2亿元，不良率0.01%；个人贷款不良余额1362.45万元，较上年增加419.79万元，不良率为1.23%；信用卡透支不良余额731.7万元，较上年增加224.79万元，不良率为3.15%。在市区选择50家“爱心餐厅”，为环卫工人每人每月补助300元的早餐费，“爱心餐厅”提供八折优惠。为定点帮扶

2022年8月28日，中国银行吴忠市分行开元支行开业

村吴忠市红寺堡区红寺堡镇红海村捐赠资金7.5万元，用于教育帮扶。绿色金融余额14.95亿元，较上年末增加7.2亿元，增幅92%，净增额辖区排名第一，主要投向清洁能源等。成立普惠金融事业部（乡村振兴金融部），截至2022年末，涉农贷款余额12.24亿元，较上年末增加3.64亿元，增幅42%，净增额辖区排名第一。

【中国建设银行吴忠分行】 2022年，中国建设银行吴忠分行全面贯彻落实党中央、吴忠市委和市政府决策部署及总分行党委发展战略，不断强化全面从严治党治行，加快推进新金融行动，支持实体经济发展。截至年末，一般性存款时点余额61.4亿元，新增8.9亿元，四行第一，占比31%；日均余额58.1亿元，新增6.4亿元，四行第一，占比38%。各项贷款余额39.2亿元，新增8.3亿元，四行第二，占比32%。不良贷款额2608万元，较年初增加718万元，不良贷款率0.67%，较年初上升0.05%。重点推进“商户云贷”“商叶云贷”“云税贷”“个体工商户经营快贷”“建业贷”等拳头产品，积极抓好“白名单”客户管理，扎实开展“心系‘三农’情、惠民千万家”主题金融活动，组建涉农普惠专营团队、网点涉农普惠营销小组提升涉农普惠线下专业化经营水平，扩大普惠客户规模，推动普惠金融扩面增量。截至年末，普惠金融8项指标贷款余额5.69亿元，较年初新增4.04亿元，增速居系统第一。通过举办培训会和安排专人指导，促使住建部门相关人员熟练掌握住房租赁平台业务流程及系统功能，确保系统全流程正常使用。充分发挥网点和公司业务部资源优势，积极寻找符合租赁贷款条件的对公企业，实现以租房业务为依托的闭环金融生态圈。截至年末，红寺堡区和盐池县公租房系统实现全流程使用。利通区保租房系统上线使用，导入房源375套；红寺堡区公租房系统收缴租金84.75万元，对公存款沉淀585.9万元。积极参与智慧政务建设，全年上线智慧村务平台16户，居系统第二；带动开立基层政府长尾客户118户，系统第一。宁夏民族职业技术学院“智慧校园”项目、吴忠市人民医院“银医通”升级改造项目等有序推进，第三代金融IC社保卡制卡工作延伸至网点。制定乡村振兴工作实施方案，成立乡村振兴直营团队，建立“裕农通+企业微信+客户经理+客户直营”客户服务模式，形成涉农普惠全员营销发展格局，涉农贷款余额1.81亿元，较年初新增1.77亿元。以“塞上系列”产品为抓手，大力支持牛奶、肉牛、滩羊等涉农企业。紧抓“建业贷”上线推广契机，深入125个行政村积极开展营销，助力农民致富，全年“建业贷”授信1.84亿元，支用1.25亿元。紧盯“六新六特六优”产业、六大提升行动、“六权”改革、“9+1”重点特色产业等，积极对接重大项目和重点工程，做实对公贷款项目化及清单化，加快已审批待投放项目支用进度，扩大信贷投放规模。注重优化调整投放结构，加大对新能源、奶产业、制造业、战略性新兴产业等重点领域的信贷支持力度。全年新增投放项目3个、金额7.39亿元，累计投放对公贷款10.82亿元。严格落实吴忠市促进房地产业平稳健康发展要求，大力营销储备楼盘项目，深化与房屋中介业务合作，常态化开展驻楼驻点，创新完成首笔个人住房组合贷款，有效满足群众合理购房需求。截至年末，个人住房贷款新增1.75亿元，完成率175%；发放个人住房组合贷款3笔119万元。抓住提振消费扩内需契机，不断壮大个人消费信贷规模，以分期通为支柱产品、购车分期业务为突破，将信用卡分期业务打造成重要消费信贷产品。“个人快贷”聚焦代发工资、AUM值两类客群，运用新一代精准营销系统进行精准分析和差异化营销，结合微信小程序测额，提升潜在客群覆盖度及营销成功率。截至年末，个人消费贷款余额1.62亿元，新增0.49亿元，完成率712%；信用卡消费交易额34亿元，完成率89.5%，系统排名第二；分期交易额2.7亿元，完成率96.4%，系统排名第五。

【宁夏银行吴忠分行】 2022年，宁夏银行吴忠分行资产总额119.06亿元，各项存款余额114.22亿元，各项贷款余额82.42亿元，较年初增加11.78亿元。其中：民营企业贷款余额62.09亿元，较年初增长4.03亿元；普惠小微企业贷款户数1989户，较年初增长369户，普惠小微贷款余额18.84亿元，较年初增长2.02亿元；涉农贷款余额39.34亿元，较年初增加3.3亿元；绿色贷款余额4.99亿元，较年初增长1.08亿元。2022年，宁夏银行吴忠分行在2021年度“效能目标管理”考核中被市政府评为优秀等次。将“六新六特六优”产业列为授信重点支持类行业，贷款余额45.82亿元。全年支持10余个重点项目，授信金额5.3亿元。辖属青铜峡支行，为14家入园企业提供授信额度2.2亿元。同心支行累计向当地24个村集体经济合作社发放养殖贷款2800万元；盐池支行发放分行首笔肉牛活体抵押贷款。实现奶产业、肉牛和滩羊产业、绿色食品产业贷款新增3.24亿元。全面拓展“三农”市场，在各乡村尤其是乡村振兴重点帮扶县建立乡村金融服务站点，持续加大涉农贷款投放力度。在全市范围内，签约乡村振兴金融服务站215家，开业10家，发放乡村振兴卡38298张，开展乡村金融知识宣讲、普惠金融服务、防金融诈骗等各类活动700余场次，覆盖乡村居民近10万人次。涉农贷款余额39.34亿元，较年初增加3.3亿元。与自治区科技厅联合推出面向科技型中小企业的无担保信用贷款“如意宁科贷”；应用税务、交易、招投标等数据推出“如意税联贷”“如意S.Mall贷”“如意投标贷”“如意税e贷”等无担保信用贷款；针对地方产业特色，推出“如意农金宝”“如意红火贷”“如意洋气贷”“如意牛劲贷”等产品，大力支持涉农产业发展。积极落实中小微助企纾困政策，为1户受疫情影响的中小微企业办理贷款利息延期，涉及本金6080万元；为81户受疫情影响的中小微企业办理本金延期，金额1.7亿元。热心公益事业，累计向吴忠市医疗救助基金、慈善教育基金等捐款捐物500余万元。

【中国邮储储蓄银行吴忠市分行】

2022年，邮储银行吴忠市分行全力支持吴忠市实体经济发展。各类贷款余额42.21亿元，净增8.84亿元，其中全年涉农贷款净增6.26亿元，增速35%（普惠型涉农贷款净增4.37亿元，增速36%）。市场规模进一步提升，个人贷款新增市场占有率18.12%，位列辖内同业第二；个人经营性贷款新增市场占有率27.51%，位列辖内同业。深入推进普惠金融，全面完成普惠小微净增计划及“两增两控”监管指标，普惠小微贷款年净增2.09亿元，完成监管目标的164.3%；普惠小微贷款增速29.08%，高于各项贷款增速2.37个百分点。切实履行依法收费、减费让利、延期展期等监管要求，个人经营性贷款和普惠小微贷款加权平均利率较上年均下降21BP，小企业贷款展期1笔。助力基础设施和重点工程建设，主动对接青铜峡牛首山抽水蓄能电站、湘投新能源（宁夏）有限公司湖南湘投控股产业园、五凌电力、盐池正泰等多个重大项目，实现对青铜峡牛首山抽水蓄能电站项目授信。全年发放制造业企业贷款33笔9197万元，结余37笔9714万元，发放能源保供企业贷款1315万元。运用大数据对企业精准画像，通过宁夏企业融资服务平台发放信用贷款1户300万元。加强信用贷款产品创新，发放中小企业信用贷款48笔7815万元。和自治区工业和信息化厅及宁夏财金投资有限公司签订三方协议，为1家企业提供转贷资金400万元，降低转贷成本。通过“银政、银协、银担”等模式，进一步加强与市妇联、劳动就业与社会保障局、农担、开源、古峡、红兴等政府部门及担保机构广泛合作，建立“政府+银行+担保公司”三方联动机制，采取整村推进、送贷上门、见贷即保等形式，依托“银政担”等创新模式有效降低客户融资成本，解决农村客户融资担保难题，全年共计发放平台类贷款9.13亿元，净增4.46亿元。积极支持节能环保产业、清洁生产产业、清洁能源产业、生态环境产业、基础设施绿色升级、绿色服务等绿色产业及碳减排重点领域，坚决拒绝不符合要求的“两高”项目。全年发放绿色贷款500万元。高度重视金融服务乡村振兴工作，成立行领导任组长的领导小组，坚持以推进“三农”金融数字化转型为主线，进一步优化涉农贷款、普惠涉农贷款金融政策支持体系，加大政策倾斜力度。全年评定信用村444个、信用户11465户，布放“三农”金融服务站309个，线上信用户贷款净增8100万元，通过实际行动助力乡村振兴。乡村振兴重点帮扶县贷款结余17.4亿元，全年净增4亿元，增速29.85%。乡村振兴重点帮扶县贷款中涉农贷款结余13.65亿元，占比56.5%。加强重点消费领域金融支持，通过差别化利率、分期贷款等方式，拉动家电、汽车等领域消费规模，全年发放消费贷款13683笔10.64亿元，结余贷款11963笔16.47亿元，占全部贷款余额的39%。落实国家因城施策、差别化住房信贷政策，全年发放一手房按揭贷款540笔2.7亿元，二手房贷款340笔1.35亿元。对受疫情影响较大或失去收入来源群体的存续个人住房、消费等贷款，灵活采取延后还款时间、延长贷款期限、延期还本等方式调整还款计划，延期还款操作35位客户、金额999万元，有效帮助客户渡过难关，有力促进房地产企业平稳发展。针对进城就业创业的新市民，优先为其申请再就业担保小额贷款，最大给予150BP的利率优惠，有效降低新市民创业融资成本。推广发行新市民专属借记卡“U+卡”，面向因创业就业、子女上学、投靠子女等原因来到城镇常住的客户群体，提供免工本费、年费、小额账户管理费、账户余额变动通知短信服务费、跨行转账手续费，以及免收境内跨行ATM取现手续费等优惠政策，并联合宁夏邮政分公司推出持“U+卡”享邮政国内普通寄递费八折的优惠活动。

·保险业·

【平安人寿吴忠中心支公司】

2022年，平安公司下辖1个支公司、4个营销服务部、1个营业部，通过近600名员工及保险代理人为吴忠地区近10万客户提供全方位的人寿保险保障服务。2022年，平安人寿吴忠中支不断完善公司经营平台，持续提升客户体验感，从解决社会就业、承担风险保额、产品改革促服务等方面开展公司经营活动。截至2022年末，平安人寿吴忠中支持证上岗的保险代理人532人，全年赔付支出（含赔款支出、满期给付、年金给付、死伤医疗给付）同比增长4.6%。案件平均结案时效1.28天。理赔客户获赔率达98%。2022年，持续推进“闪赔”服务（即在寿险口袋E行销、“平安金管家”APP、“快易达”APP平台中拍照申请理赔后，只要满足一定条件，即可享受从上传资料到理赔结案只需30分钟的服务），凭借空中服务全覆盖、智慧客服零距离触达客户。业务办理从3天降至1分钟，三方审核从一周降至3分钟，智能风控实现在线毫秒级风险拦截。持续聚焦“科技+”“产品+”的经营战略，坚持构建代理人高质量可持续发展的平台，打造高素质、高绩效、高品质“三高”团队，推动公司业务快速发展。利用科技赋能客户经营、客户服务、产品销售、训练辅导、基础管理等各方面，实现公司客户服务质量、经营管理水平的稳步提升，并持续致力于社交化、移动化、专业化、场景化的客户服务体验的提升，智慧客服创新服务体验，通过智慧科技首推AskBob客服机器人、AI保单视频回访、空中门店等服务创新，实现全渠道体验升级。

【平安财险吴忠中心支公司】

2022年，公司坚持党建与公司治理相结合，多措并举，积极部署，充分发挥在金融、科技领域积累的资源和优势，始终追求“专业创造价值”。积极落实各项经营战略、方针政策，完成各项计划目标，推动业务品质持续提升，促进公司业务经营平稳运行。切实履行保险使命，践行企业社会责任，服务小微企业，服务“三农”，推动乡村振兴各项工作，落实助企纾困解难各项服务措施，全力支持地方实体经济发展。实现车险综改平稳进行和非车发展高速增长，切实服务地方实体经济，充分发挥保险保障功能。

交通和邮电通信

交通运输

【概　　况】　2022年以来，吴忠市交通运输管理部门坚持以习近平新时代中国特色社会主义思想为指导，认真落实自治区交通运输厅各项工作任务，聚焦乡村振兴、交通强国、“三区建设”重点任务，埋头苦干、攻坚克难，持续完善综合立体交通网络，不断提高交通运输行业治理能力，着力推进交通运输事业高质量发展。

【路网建设】　2022年，市交通运输局全力协调解决银昆高速公路项目吴忠段征地拆迁、电力改迁、施工人员不足等问题，协助自治区交通运输厅完成吴灵青北环高速公路社会稳定风险评估等前期工作。扎实推进辖区重点项目建设，年内开工建设了国道344同心收费站至同喊路段改扩建工程、省道103线新庄集至同心段改扩建、省道309线惠安堡至银百高速大水坑出口段公路项目、盐池县麻黄山至后洼公路改建工程。持续加强“四好农村路”建设，2022年新建改建农村公路302公里，实施农村公路提级改造600公里，完成危桥改造7座，超额完成下达任务，同心县成功创建“四好农村路”全国示范县。

【物流保障】　2022年，全市交通运输管理部门贯彻落实国家和自治区保通保畅政策措施，严格落实“即采即走即追+人员闭环管理”等工作措施，梳理确定33家市级重点产业链供应链“白名单”企业，协调建立6个应急物资中转接驳站。年内，市交通运输局积极对接宁夏德昌铁路物流中心，加快二期危货运输项目建设，通过政府推动和市场化运作方式，加快内陆港功能建设。3月31日，山东港口宁夏（吴忠）内陆港在宁夏德昌铁路物流中心挂牌，公铁海联运班列已正式开通运营。协调推动宁夏德昌铁路物流中心打造西北内陆枢纽、辐射东南沿海城市、服务“一带一路”倡议公铁水多式联运示范工程建设。

【交通惠民】　2022年，市交通运输局项目化推进3项民生实事和10项交通惠民项目，已完成全市650公里农村公路改造提升工程和7座危桥改造任务，为全市乡村振兴提供了坚实交通保障。新购置20辆纯电动公交车并投入运行，缓解了城乡公交运力不足和新开线路缺车等状况，乡村群众出行环境更加便捷。

【交通运输市场管理】　2022年，全市交通运输管理部门持续开展交通运输综合执法支队素质能力提升三年行动，严肃工作纪律，规范执法行为，提升队伍形象。加强与区、市执法部门的协作，扎实推进“塑型”“强基”“五清”“护航”“利剑”五大专项行动，及时纠治违法违规经营行为，切实维护公路水路运输市场良好秩序。稳步推进货运车辆超限超载治理“利剑行动”，强化科技治超水平，充分发挥非现场执法点优势，有效遏制了超限超载运输行为。

【乡镇客货邮商融合发展】 2022年，市交通运输局深入实施“快递进村”工程，打造乡镇客货邮商融合发展站点，金积综合运输服务站已完成主体建设，高闸综合运输服务站已完成项目招标。利通区客货邮商融合发展被评为全国第三批农村物流服务品牌。创新“客运＋快递”模式，进一步巩固乡镇和建制村通公交成果。2022年新开通农村客货邮商融合发展线路12条，打造客货邮商便民服务站点32个。积极推进城乡运输一体化建设。争取自治区交通运输厅农村客运高质量发展资金980万元和市财政资金支持，持续增加新能源车辆，市区新能源公交车占比达到61%。进一步提升公交服务质量，结合群众出行需求，优化调整市区公交线路，吴忠至银川城际公交开通运营，群众出行环境进一步改善。积极申报创建国家公交都市示范工程，目前申报资料已通过自治区交通运输厅审核，上报至交通运输部。

【道路运输安全管理】 2022年，市交通运输局持续深化安全生产专项整治三年行动，全力开展“查隐患、抓整改、严管理、保平安”交通运输领域安全专项整治行动，扎实开展隐患排查和风险防控，组织实施交通运输领域安全隐患“清零”行动，确保交通运输行业安全生产形势稳定。联合自治区交通运输综合执法监督局成功举办2022年全区交通运输突发事件应急处置演练，进一步提升应急处置队伍的快速反应能力和实战水平，提高运输企业风险防范意识和灾害应对能力。紧盯重点领域、重点环节、重要节点，全面加强交通运输领域矛盾纠纷化解，推动信访事项依法办结，全年共受理12328交通运输服务监督电话各类业务1735件，受理12345政务服务便民热线投诉565件，处理率达到100%。

【队伍建设】 2022年，市交通运输局持续深入学习贯彻习近平新时代中国特色社会主义思想，学习贯彻党的二十大精神，广泛开展党的二十大和习近平总书记视察宁夏重要讲话指示批示精神“大学习、大讨论、大实践、大宣传”活动，认真履行抓党建工作第一责任人职责，严格党员管理，规范开展“三会一课”和主题党日活动，推动党组织覆盖，指导成立宏丰货运公司党支部，对网约车行业下派党建工作指导员，基层党组织覆盖率有效提高。扎实开展“廉政警示教育周”活动，持续深化工程建设政府采购等领域突出问题专项治理，坚持学习法律法规，提升党员干部法律素养和法治意识，营造学法用法浓厚氛围。全面落实清廉吴忠建设目标任务，制定出台《吴忠市交通运输局清廉交通建设工作方案》，持续开展“树行业新风、建清风交通”廉政教育活动，精心筹划建设以党纪法规、廉政警语、以案示警为主的廉政“清风园”“清风小道”，进一步强化干部职工廉政文化教育。

【公路养护管理】 截至2022年末，分中心现管养里程1423.787公里，全面完成普通国（省）干线公路路况管理目标。年内清除路面抛洒物及白色垃圾4059.32立方米，疏通桥涵1472.75米，整修路肩边坡2295.41公里，修剪高草30.01万平方米，刷新桥梁防撞墙13371.56平方米，刷新公里碑、示警桩等沿线设施4174根，施划热熔标线33746.25平方米，修剪行道树18929株，保障了路域环境美观整洁。累计处治各类路面病害18.98万平方米，修复路基排水设施1198.91米，更换防撞护栏板824块、立柱480根、中央护栏120节。全年共完成各类养护工程15项，年度财政预算8197.36万元。截至10月底累计支付8168.03万元，预算执行率99.6%。

邮政通信

·邮政管理·

【概　　况】 2022年，邮政行业寄递业务量2234.65万件，同比增长10.55%。其中：快递业务量累计完成697.63万件，同比增长3.37%；邮政寄递服务业务量累计完成1537.02万件，同比增长14.15%。同城快递业务量累计完成121.07万件，同比下降5.48%；异地业务量累计完成576.48万件，同比增长5.43%；国际／港澳台业务量累计完成0.0746万件，同比增长116.86%。邮政行业业务收入（不包括邮政储蓄银行直接营业收入）累计完成2.45亿元，同比增长8.3%，其中：快递业务收入累计完成1.6亿元，同比增长3.07%；邮政寄递服务业务收入累计完成0.15亿元，同比下降1.97%。邮政行业寄递业务量完成190.9万件，同比增长1.07%，其中：快递业务量完成60.70万件，同比下降15.24%；邮政寄递服务业务量完成130.20万件，同比增长11.02%。同城、异地、国际/港澳台快递业务量分别占全部快递业务量的17.35%、82.63%和0.011%，业务收入分别占全部快递业务收入的44.21%、54.63%和0.067%。与上年同期相比，同城快递业务量的比重下降7个百分点，异地快递业务量的比重上升12个百分点，国际/港澳台业务量的比重上升61个百分点。利通区、红寺堡区、盐池县、同心县、青铜峡市快递业务量比重分别为48.11%、15.94%、11.05%、12.88%、12.02%，业务收入比重分别为44.46%、11.83%、20.50%、8.81%、14.39%。与上年同期相比，利通区快递业务量比重上升5.6个百分点，快递业务收入比重上升6.39个百分点；红寺堡区快递业务量比重上升16.99个百分点，快递业务收入比重上升15.74个百分点；盐池县快递业务量比重下降6.87个百分点，快递业务收入比重下降11.63个百分点；同心县快递业务量比重上升2.52个百分点，快递业务收入比重上升8.12个百分点；青铜峡市快递业务量比重下降8.53个百分点，快递业务收入比重上升5.37个百分点。

【优化发展环境】 2022年，吴忠市邮政局全面落实《宁夏邮政业发展“十四五”规划》各项任务。制定实施方案、重点任务分解表、宣贯方案。“快递进村”工作扎实推进。推动市政府印发《吴忠市加快农村寄递物流体系建设实施方案》，进一步提高地方各级政府对寄递物流体系建设的重视度和支持率；大力推广交邮融合、邮快合作、快快合作等模式推进“快递进村”工作，快递进村率达91.35%。加大红寺堡区县、乡、村三级物流体系建设力度，争取补贴资金100万元。红寺堡区交通运输局将红寺堡区综合客运站部分场地作为县级寄递物流

表2 邮政行业发展情况

指标名称	单位	12月		比上年同期增长（%）	
		累计	当月	累计	当月
一、邮政行业业务收入	亿元	2.45	0.27	8.30	37.15
1. 邮政寄递服务	亿元	0.15	0.01	−1.92	−4.09
2. 快递业务	亿元	1.60	0.18	3.07	5.53
二、邮政行业寄递业务量	万件	2234.65	190.90	10.55	1.07
1. 邮政寄递服务	万件	1537.02	130.20	14.15	11.02
其中：函件	万件	12.10	0.69	343.22	283.33
包裹	万件	0.16	0.03	128.57	
订销报纸	万份	1309.98	111.73	16.72	14.31
订销杂志	万份	46.44	3.88	−3.77	−2.51
汇兑	万笔	0.07	0.01	−82.93	0.00
2. 快递业务	万件	697.63	60.70	3.37	−15.24
其中：同城	万件	121.07	10.97	−5.48	−7.19
异地	万件	576.48	49.73	5.43	−16.82
国际/港澳台	万件	0.07	0.00	116.86	−79.31

表3 县（市、区）快递服务企业业务量和业务收入情况

县（市、区）	快递业务量累计（万件）	同比增长（%）	快递业务收入累计（万元）	同比增长（%）
利通区	335.61	5.6	7118.21	6.38
红寺堡区	111.19	16.99	1894.12	15.74
盐池县	77.07	-6.87	3282.55	-11.63
同心县	89.87	2.52	1411.00	8.12
青铜峡市	83.89	-8.53	2303.95	5.37

共配中心场地的建设地点，支持中通、韵达、申通、圆通、极兔5家民营快递公司全面开展“邮快合作”“交邮合作”项目。联合吴忠市总工会和青铜峡市总工会向快递小哥赠送“温暖大礼包”，为179名快递员每人赠送保额达6.8万元的意外伤害保险，为快递从业人员累计发放慰问金4万元，为6名家庭困难的快递员每人送去1000元的慰问金，并对特殊困难职工进行大额互助医疗帮扶。吴忠市邮政局被列入全市维护新就业形态劳动者劳动保障权益部门联席会议单位。邀请市人社局在季度安全例会就优先参加工伤保险开展专题培训。推动市政府、交通运输局等部门联合印发《关于做好吴忠市快递员群体合法权益保障工作的实施意见》，全市快递企业缴纳工伤保险比例达81%。

【行业安全】 2022年，吴忠市邮政局严抓寄递安全“三项制度”有效落实，全面推进寄递行业反恐、禁毒、“扫黄打非”等重点难点工作，全力做好春节、北京冬残奥会、全国两会、国庆、党的二十大等重要节点寄递安全服务保障工作。持续开展快递实名制清理整顿工作。督促寄递企业严格落实安全责任，严抓寄递安全“三项制度”有效落实。印发《2022年吴忠市邮政快递业安全生产大检查工作方案》，坚决压紧压实行业监管责任和企业安全生产主体责任。开展吴忠市邮件快件处理场所安全管理规范化提升行动。执法人员赶赴现场对5个县（市、区）的处理中心逐一排查，纠改问题20余处，下达责令整改2份，印制下发宣传海报1000余份。开展安全生产月、安全生产万里行、安全生产百日专项行动等专项活动。开展邮政快递仓储场所消防安全联合检查，重点排查各仓储快递物流园区消防栓、灭火器、烟雾报警器等消防设备配置情况，电动三轮车充电情况。依照《2022年行业生态环境保护工作要点》和“9917”工程工作安排，召开专项推进会，组织宣贯培训工作，开展专项检查。组织全市寄递企业负责人、安全员开展“扫黄打非”、“双打”、禁毒、反恐、安全生产等教育培训。完成全市5个县（市、区）快递企业提交的新注册许可、换领证、变更地址等实地核查任务。严格按照规定时限开展快递分支机构变更和快递末端网点备案工作。全年配合区局完成法人企业实地核查3次，完成分支机构备案登记14次、快递末端网点备案登记58次。制定印发《全市邮政快递业生产经营租住村（居）民自建房重大火灾风险综合治理工作实施方案》，对辖区29家邮政快递法人企业、43家分支机构的营业网点、分拣场所火灾风险情况进行全面摸排，分类指导邮政快递企业纠正私自改扩建自建房等违法违规行为和房屋结构、消防安全问题，督促房屋所有人、使用人（网点负责人）切实落实房屋安全管理责任，督导4家快递企业重新选择符合要求场地进行搬迁。累计检查企业217家次，出检450余人次，立案处罚3起，罚款1.4万元，受理消费者有效申诉125件，申诉处理满意率100%。

【邮政普遍服务场所检查】 2022年，吴忠市邮政局对47个邮政普遍服务营业场所、5个邮政普遍服务投递场所开展监督检查，出检126人次。严格按照《邮票发行监督管理办法》相关规定，履

行邮票发行监管职责，做好纪特邮票销售的监督检查工作。按月统计上报邮政特邀监督员工作情况，及时将特邀监督员的监督检查情况录入普遍服务监督管理信息系统。截至10月底，共检查网点286个，走访424人。针对收寄、投递等运行环节对5个县（市、区）的邮政机要通信营业场所和运营管理情况进行全覆盖专项检查，下发整改通知书5份。按照区局和市“扫黄打非”办的要求部署落实各项查堵工作，年内开展“扫黄打非”检查466人次。

【模范机关建设】 2022年，吴忠市邮政局从深入学习贯彻习近平新时代中国特色社会主义思想、坚决做到“两个维护”等方面着手，争创模范机关，市直机关工委授予市邮政局模范机关称号，并拨付1万元用于支持阵地建设。结合巡察整改工作，开展干部职级晋升工作，加大对公务员的日常考核力度。严格控制各项经费支出，规范财务管理工作。2022年，修订完善《网络意识形态工作责任制实施细则》《意识形态工作风险防控制度》等4项制度，开展意识形态领域风险点排查，共梳理排查出风险点17个，制定19条防控措施。

· 中国邮政吴忠市分公司 ·

【概　　况】 2022年，吴忠邮政以争创全区地市公司先进为目标，抓转型促发展，金融业务发展质效稳步增长，邮政基础传统业务新增长点平稳推进，寄递业务形成竞争新优势。全年收入增幅20.82%，其中代理金融收入增幅25%，寄递业务收入增幅14.07%。邮务类收入完成增幅18.91%。全年坚持合规经营底线意识，未发生重大通信服务质量事故，未发生重大金融风险事件，未发生重大及以上寄递邮件、机要案件。

【金融业务】 2022年，吴忠邮政认真落实集团公司从“做储蓄”向“财富金融”和“生态金融”转型要求，以客户为中心，坚持快速做大储蓄余额规模。全年金融总资产年累计新增5.8亿元，其中储蓄余额年累计新增5.3亿元，再创历史新高，代理保险年累计新增1.14亿元。保险收入增幅35.2%。在2021—2022年度跨年度旺季营销活动中，被集团公司授予“全国发展百强地市奖”荣誉称号，在全区综合排名位列第二。

【寄递业务】 2022年，吴忠邮政聚焦推动生鲜类、政务类和区内同城等高效业务发展重点市场，全力追产补收。全年寄递业务实现收入2518.8万元，增幅14.07%，排名全区第位，持续推进揽投网优化，推行“揽投合一、以投促揽”生产作业模式，强化营销服务能力，推进核心商圈揽投部从生产作业型向营销服务型转型，提升特快业务市场竞争力和发展速度。强化市趟成本管控，建立市趟运输成本库，实行市趟成本过程管控闭环，促进市趟成本有效压降。城乡自提点建设达689个，自提率达75.84%，较上年同期提升3.15个百分点。其中城市自提率69.64%，农村自提率89.86%。

【邮政传统业务】 2022年，全市集邮文化传媒业务累计收入完成1242万元。强化网厅线上营销能力建设，利用线上平台，以“上新日”活动为抓手，实现销售额302.32万元，同比增长13.79%。通过对市、县邮资票品库硬件设施的升级改造，邮资票品安全管理能力进一步提升。邮政电商业务充分发挥“网点+站点”兼职渠道经理的作用，推进县域自有网点、社会加盟站点应收尽收。依托网点打造“一站式”政务便民服务平台，坚持推进自营业务与代理业务共同叠加。通过“线上直播+线下合作”“特色社区团购”等模式，全年实现站点批销交易额129.05万元，其中叠加寄递业务站点251处，叠加金融站点144处。累计打造优质站点41处，完成区公司目标计划的117%，其中站点实现大单品批销额54.5万元。站点新增会员2501个，向金融网点引流客户761户，53处网点收入全部突破万元。

· 网络通信 ·

【中国电信吴忠分公司】 2022年，中国电信吴忠分公司在全市安装电子门禁2.6万户，安装防疫监控视频摄像头3770处、宽带5584户、云Wi-Fi1684户、ITV4903户，开通手机卡17379张。荣获吴忠市“9·20”突发疫情防控先进集体荣誉称号。有2个支部、13名党员、3名党务工作受到“两优一先”表彰，选树各专业条线“优秀标兵”87人。荣获“吴忠市双拥模范城创建工作先进集体”“中国电信纪检监察系统先进集体”荣誉称号。截至11月，存量客户保有率91.6%，超时序进度1.6pp；存量客户四项基础业务收入保有率102.8%，全区排名第二；5G渗透率达60%。新入网、存量用户实名整改率100%。区内反诈大数据系统模型自动研判关停风险号卡9625张。分公司人工日常排查自查号卡15.5万户，联动涉案调证关停、低龄异常号卡自查预防关停497张。全市电信号卡公安涉案、平台举报定责量同比下降75%。全年共组织智家业务、实操认证等培训39场次，共计培训2700余人次；整治末梢用户光衰不达标17398户。投资11209万元，新建5G基站237个，总量696个，主城区5G覆盖率达97.26%。新增光端口2.57万个，光端口容量达到43.9万线，新增光端口利用率40.40%，全区排名第一；推进光网宽带、Wi-Fi与5G“三千兆”建设，构建全覆盖的物联网，可满足8000万个终端接入。推进光网上云，自有机房部署320个摄像头并收编至云眼平台，实现机房的可视化管理。政企云关替换364家，全区排名第一。4G IPRAN成环率92.26%，提升1.1百分点；5G IPRAN成环率95.45%，环比提升3.19百分点；STN成环率达到97.8%，提升9.68百分点；OLT双上联保护324台，200户以上OLT双上联率达95.86%，环比提升8.92百分点；OLT脱网率0.54%，同比压降0.58个百分点。区内云网业务开通及时率、跨域云网业务开通及时率、政企业务完好率均为100%，政企人工平均历时42分钟，全区排名第一。全年拆闲补忙基站49站，超忙小区扩容71小区，地下车库覆盖解决26处；重/高负荷小区占比由24.67%下降至13.57%，下降11.1%，网速慢造成投诉占比下降8%。网络障碍年均210件，同比压降6%；障碍历时57分钟，同比压降28%。对同心、红寺堡区域集中系统优化，解决质差小区43个、高负荷小区57个，同心县移动网络质量满意度从第三提升到第二，红寺堡区移动网络质量满意度保持第二。分公司13项效能指标完成8项。其中终端成本收入增幅差实现负差，塔费压降180万元，电费压降45万元，光网造价每端口优于目标值57元，移动网造价每站点优于目标值3.4万元，超额完成资产报废与房屋收入年度目标值。干线光缆智慧云守护，年节约人工成本4.8万元，实现外力施工现场全天候24小时盯守防护。2022年度行风评议行业领先，且在5个本地网综合排名第一。投资43.38万元新建叶盛支局、青铜峡职工餐厅改造、农村支局暖气改造等。为员工办实事，安装洗车机、充电桩、邮件柜等。完成四小星级建设8个，全部达到一星级，青铜峡镇支局获得“集团公司四小建设标杆”荣誉称号。选派驻村帮扶干部9人，在3个驻村工作队开展帮扶工作，3个村累计帮扶1349户3820人。指定102名党员和职工对口帮扶青铜峡、盐池、红寺堡、同心7个村299户贫困户，全年投入帮扶资金19.429万元，其中产业帮扶9.22万元，“数字乡村”帮扶9.209万元，“三类人”帮扶1万元。2022年，因帮扶工作成效显著收到赵家庙村“两委”的锦旗和感谢信。

【中国移动宁夏公司吴忠分公司】

2022年，中国移动宁夏公司吴忠分公司紧紧围绕迎接党的二十大和学习宣传贯彻党的二十大精神这条主线，以习近平新时代中国特色社会主义思想为指导，聚焦“四个三”战略内核，以党的建设为引领，力抓转型升级和改革创新，扎实落实各项工作任务，2022年收入稳定增长，CHBN市场收入均实现正增长，完成了经营目标。通信客户净增创新高，5G发展取得新突破，宽带客户规模持续高增长，政企市场增收取得积极成效。服务经营绩效取得满分，全区排名第一；工信部综合客户满意度连续3年保持行业领先；客户投诉持续下降，行风纠风评议连续两年地市排名第一。2022年新增5G站点380个。全年发展慧村平台15个，累计建设“数字乡村”达标村317个、示范村5个，“数字乡村”建设成果先后被央视、《人民日报》、新华社以及宁夏电视台等多家媒体报道，取得良好反响。签约首个千万级智慧园区信息化项目，签约首个5G智慧牧场项目和农业产业数字化项目，签约首个智慧环保项目，签约首个智慧工厂项目。积极响应乡村振兴战略，借鉴盐池县宋堡子村的成功经验，在全市范围内实施数字乡村建设，全年累计发展慧村平台15个。围绕"出人才、出文化、出业绩"的目标，开展"服务大练兵""服务明星""奋斗明星"评选活动，经过不懈努力，吴忠分公司获得2021—2022年度集团班组建设先进集体荣誉称号。

【中国联通吴忠市分公司】 2022年，吴忠联通吴忠分公司累计完成主营业务收入17990.17万元，同比增长12.3%，被评为宁夏联通先进经营单位。同时，吴忠利通东、利通西、利通区商企、云网运营交付中心4个单元被评为全区优秀网格。圆满完成G20、冬奥会、"9·20"疫情防控、吴忠市第二届早茶文化节的通信保障和网络信息安全保障任务8次，实现"零差错、零隐患、零事故"。通过提速降费为中小企业纾困解难，累计降费让利16.72万元。在吴忠市委网信办组织的"通信惠民"活动中获市委书记徐耀通报表扬。深化5G共建共享，新建5G宏站67个，室分规划改造完成39个，新建900兆基站206个，行政村覆盖率由90.93%提升至94.96%，5G驻留比提升至60%，5G流量占比由14%提升至25%，电信基站共享率全区最高。新建宽带端口6.83万个，是近几年宽带建设总和，累计达到13.76万端口，其中千兆宽带端口建设7.2万个。政企精品网完成全部县（区）OTN设备入网调测工作，完成名单制楼宇45个，保证各县（市、区）大带宽、低时延业务具备接入能力。开展2022年客户感知提升暨高品质服务攻坚行动，实现客户服务KPI全区排名第一。申诉考核连续7个月行业排名第一，联通5个本地网月均申诉率最低，行风评议加分2分。2022年用户问题解决满意度定比提升32.15%，超目标值2.15%。2022年校园市场名单制高校扩容至6所，新发展用户完成率全区第一，5G标套三季度发展占比12.6%，排名全区第一。坚持以数字乡村平台为抓手，推动5G融合实现农村市场5G化，发挥通信行业优势，用数字化赋能推动乡村治理变"智"理，并先后被《人民日报》等多家媒体报道。基层单元网格由10个优化调整为15个。培养提拔优秀年轻干部，提拔"90后"四级管理人才2人"90后"小CEO4人，选聘小CEO助理等4人，储备后备人才10人，培养四级人才11人，选聘关键岗位人才9人，推选3人进入青马人才队伍，向区公司推荐优秀管理人才4人、青英人才6人。利通区党支部获得集团先进基层党组织称号，吴忠市分公司直属团支部被评为集团五四红旗团支部，郭楠获集团公司优秀党务工作者荣誉称号。拨付6.09万元用于开展总经理在线、户外拓展、培训学习、志愿服务、走访慰问等活动，全年共慰问540人次。拨付8.56万元，开展职工团建，使用"五小"建设专项资金切实为员工办实事、解难忧，切实提高员工幸福感、满意度。公司不断完善基础设施建设，太阳山综合网格被评为集团模范职工小家，同心综合网格负责人金学军顺利完成冬残奥会火炬手传递工作。

·无线电管理·

【频率台站管理及行政许可】

2022年，吴忠市无线电管理处完成行政审批事项19起，其中无线电频率批复审批4起，设置使用无线电台站审批15起，所有行政许可事项都按规定流程完成，无督办、无投诉现象。有序开展频率占用费收缴工作，做到核费合规、应收尽收，2022年收缴频率占用费13.57万元，同比增长16%，收缴率100%。持续开展频率台站核验和数据库资料核对工作，核验设台单位27家，核查台站数量2000多个，新增无线电台（站）499个，核发电台执照532个，依法收回无线电频率1对。组织开展A、B两类业余无线电台操作能力验证类考试，核验业余无线电设备48个，核发业余无线电台执照46个。开展业余无线电台（站）专项监督检查工作，核查业余无线电爱好者195人、设备298个。

【无线电监测】 2022年，管理处每月按计划开展日常监测、专项监测工作，积极排查不明信号，及时受理干扰申诉，按时上报监测统计月报，完成专项监测7次，累计监测时长3.23万小时，查处各类不明信号16起，受理干扰申诉3起，查处非法设台4起，下发责令改正通知书8次。管理处在接到红寺堡气象雷达受干扰后，迅速出动，快速排查，依法关停违规电台，此案例被宁夏广电《都市阳光》栏目报道。

【无线电安全保障】 2022年，

吴忠市无线电管理处完成党的二十大、北京冬奥会、冬残奥会及2022年春节、两会期间无线电安全保障监测值班，确保辖区内电磁环境良好。完成2022年全国沙滩排球巡回赛（宁夏吴忠站）无线电安全保障工作，确保赛事电视转播畅通。完成教育、人事、司法等各类考试无线电安全保障任务16次，出动车辆42车次、人员148人次，维护考试的公平公正。

【无线电销售市场检查】 2022年，吴忠市无线电管理处联合吴忠市市场监督管理局开展无线电销售市场检查3次，共检查商户95家，签订《不经销无型号核准无线电发射设备承诺书》95份，责令下架一批次无型号核准无线电发射设备，发放各类无线电宣传资料500余册。

【无线电管理宣传】 2022年，吴忠市无线电管理处以“2·13”世界无线电日、“5·17”世界电信日、无线电管理宣传月为宣传节点，结合无线电发射设备销售市场检查、防范打击新型电信网络诈骗、高考无线电安全保障等工作，联合吴忠新闻传媒、市场监管、司法、社区、运营商等部门，进社区、进广场、进机关、进营业厅、进设台单位、进销售市场，线上线下，多方联动，开展多形式无线电管理宣传活动。

【服务地方建设】 2022年，吴忠市无线电管理处参加吴忠市各类重要考试考前安全工作会议，明确职责，精心安排考试无线电安全保障工作。高考前配合吴忠市主管市长及吴忠市教育局、保密局等单位组成联合检查组，对辖区内各高考考点防范无线电信号作弊系统的运行情况进行检查，分析研判各类无线电作弊手段及处置方式。积极开展打击“黑广播”“伪基站”专项活动，同时开展打击治理电信网络新型违法犯罪专项行动。深入三大电信运营单位开展调研工作，围绕移动通信用频设台、5G干扰协调等议题进行座谈，进一步掌握辖区内三大电信运营商网络建设、频率使用规划及5G建设实际情况。

商贸物流

商贸服务

【概　　况】 2022年，吴忠市商务和投资促进局全面贯彻落实习近平总书记视察宁夏重要讲话指示批示精神，按照自治区第十三次党代会、市第六次党代会的工作要求，在市委、市政府的坚强领导下，全力推进商务工作“六大行动”，千方百计促消费，多措并举稳外贸扩外资，全力以赴抓招商，商务工作高质量发展迈出坚实步伐。

【消费市场】 2022年，全市实现社会消费品零售总额182.74亿元，吴忠市在全国百城消费者满意度测评排名西北第一。出台《吴忠市支持扩大消费的若干政策措施》《〈吴忠市支持扩大消费的若干政策措施〉政策指南》《关于促进消费持续恢复稳定增长的实施方案》《吴忠市进一步扩内需促消费稳增长工作实施方案》等文件，紧盯汽车、家电、成品油等大宗商品消费，争取和筹集资金5046万元，兑现购新车补加油卡、住宿餐饮企业业绩奖励、限上企业销售奖励等奖补资金390.6万元。发放各类消费券140万张，带动消费61.5亿元，有效提振市场信心，促进消费品市场加速回暖。坚持商旅文体融合互促、政商银企联动协同、线上线下联合共振，策划开展促消费“十大行动”，精心组织实施缤纷塞上·惠民乐购消费季、城市放心购物节、“金榜题名时——乐购升学季”数字产品惠民、2022数字生活节等一批精品促消费活动。组织重点商场、商业街、文旅等企业，围绕汽车、家电、成品油、餐饮等消费热点，开展折扣让利、特价促销、消费满减等各类促销活动320余场次，掀起“周周有活动、月月有亮点、季度掀高潮”促消费热潮。

【招商引资】 2022年，全市共实施招商引资项目273个，申报到位资金406.3亿元，全区招商引资考核排名第一。围绕“六新六特六优”产业延链补链强链，紧盯京津冀、长三角、珠三角和沿海发达经济带及中西部地区等产业转移重点招商区域，精准谋划招商活动，制定招商方案，确定招商路线，加大外出招商频次，组织小分队开展各类招商活动。市级领导、职能部门、各县（市、区）、工业园区同频共振，力促外出招商265批次（其中市县“一把手”外出招商89批次），对接洽谈项目453个，举办绿色食品产业等专题招商推介会15场次，落实签约项目97个，总投资1616.3亿元。积极转变传统招商模式，改“面对面”交流为“线连线”招商，采取网上谈、电话联、云上签等方式，持续保持与招商企业、客商和项目单位的联系，举行吴忠市线上招商推介会暨重点项目“云签约”仪式，签约北京质子动力氢能－储能产业园等项目12个，签约资金204.6亿元。

【餐饮产业】 2022年，吴忠市

以打响“吴忠早茶”品牌为突破口，大力实施餐饮业质量提升等“五大工程”，出台《关于促进吴忠早茶产业高质量发展的决定》，以立法形式持续推进吴忠早茶产业高质量发展。成功举办2022中国面食博览会暨第二届吴忠早茶美食文化节，吴忠市被中国烹饪协会授予“民族美食文化地标城市”称号。共签约绿色食品产业项目14个，签约金额35亿元，吸引600多家企业和商户参展，接待人流量16.9万人次，撬动消费3.7亿元，充分释放消费潜力、激发市场活力，彰显了吴忠餐饮美食魅力。开展吴忠早茶系列评选活动，评选吴忠“十大金牌厨师”“十大金牌面点师”“十大金牌店长”“十大金牌服务员”40名，不断加大对本土餐饮人才的培养选拔力度。评选第二批吴忠早茶示范店15家，民族饭庄、食名轩、盐池宾馆等12家餐饮单位被中国烹饪协会列入中餐特色美食企业名录，明天实业等3家餐饮企业入列中国民族特色餐饮企业50强。

【外资外贸】 2022年，全市外贸进出口总值8.2亿元，增长73.1%，利用外资9554万美元。大力开展“送政策进企业”活动，深入企业广泛开展调研，宣传国家和自治区外资外贸惠企政策，指导帮助外资外贸企业积极申报国家和自治区相关政策补贴。兑现外贸企业内陆运输费用、出口信保、中小企业开拓国际市场、拓展对外贸易线上渠道、利用外贸综合服务平台等外经贸发展项目资金550余万元，稳定市场主体预期，提振企业发展信心。

【宁夏优质特色产品展示展销中心】
2022年，吴忠市鼓励支持北京、上海、福州等地展示展销中心开展销售业绩大竞赛活动，精准制定特色产品促销策略，开展团购定制销售及让利大促销活动，千方百计拓销路、增业绩。各地展示展销中心实现销售收入6.12亿元，同比增长15.25%。

【重点项目】 2022年，吴忠市制定《吴忠市现代物流业高质量发展实施方案（2022—2027年）》，积极争取自治区现代物流项目资金支持，实施中邮集团吴忠市分公司农村寄递物流体系建设、西鲜记链物流配套基础设施建设等项目4个，进一步夯实物流产业基础，壮大企业实力，有效解决物流行业承运成本过高、需求信息不对称、双向流通不通畅等难题。

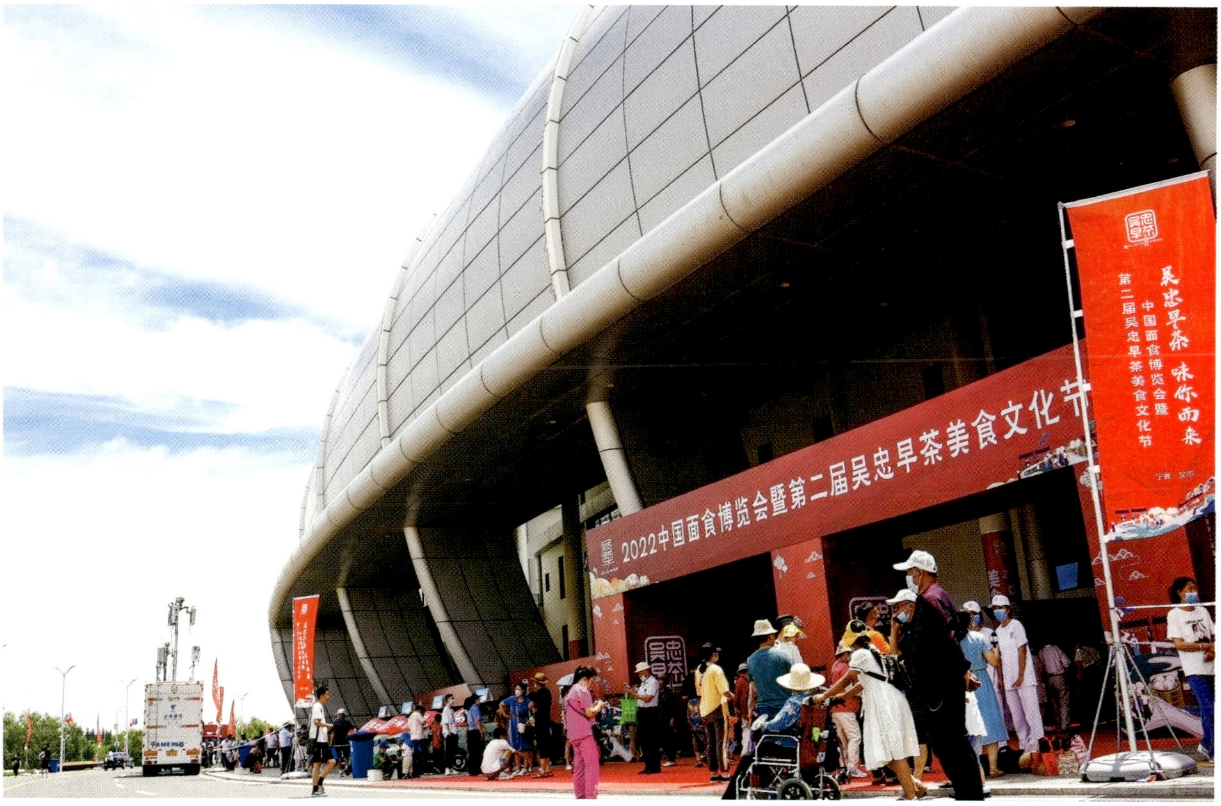

2022 中国面食博览会暨第二届吴忠早茶美食文化节

【电子商务】 2022年，吴忠市制定电子商务产业高质量发展包抓机制等，举办2022西部电商产业发展论坛暨闽宁商品产销对接会、“双品网购节”、全民电商节等活动，开展电商直播带货2600多场次，举办电子商务培训班19期1600多人次，线上培训7000余人次，为电子商务产业高质量发展提供人才支撑。狮城宁好电商网批（西部）运营基地、大美同心直播实训基地被自治区商务厅认定为首批自治区级电商直播示范基地。全市网络交易额达到138.21亿元，同比增长8.53%。

【会展博览】 2022年，吴忠市建立会展博览产业高质量发展包抓机制，制定2022年工作要点，举办2022年第三季度“中国好人榜”发布仪式等展会活动。组织盐池滩羊产业发展集团、君星坊食品科技有限公司等31家优势骨干企业参加第四届西洽会、第二十二届中国国际投资贸易洽谈会、第十九届东盟博览会等大型展会活动，宣传推介吴忠优质特色产品，扩大交流合作，达成协议金额2亿多元。

粮食和物资储备

【原粮基地建设】 2022年，吴忠市粮食和物资储备局督促青铜峡市完成小麦0.5万亩、水稻2.3万亩自治区储备粮原粮基地建设任务，落实小麦订单2000吨。

【粮食收购】 2022年，吴忠市粮食和物资储备局主动公示粮食收购网点、价格等信息，做好收购价格、进度日统计报告，完成政策性原粮收购8000吨。加强储备粮管理，开展库存检查3次，质检3次，确保数量真实、质量良好、储存安全。

【执法监管】 2022年，吴忠市粮食和物资储备局认真落实《粮食流通管理条例》等法规制度，全年开展各类涉粮检查143次，出动人员186人次，检查企业209家次，进一步规范粮食流通市场秩序。

【“双随机”检查】 2022年，吴忠市粮食和物资储备局对全市14家企业开展“双随机”检查，督促企业全面整改会计账务处理、库存管理、安全生产等3个方面9项问题。

【安全生产检查】 2022年，吴忠市粮食和物资储备局组织开展春季粮油普查、安全生产月等多项安全生产检查专项行动，累计检查企业105家次，抽查比例达68%，排查风险隐患46条，下达整改通知书13份，问题整改完成率100%。

【粮食质量检查】 2022年，吴忠市粮食和物资储备局开展新收获小麦质量调查、品质测报、质量安全监测和社会化粮食质量监测，扦取样品270份，获得数据300余个，守好群众“舌尖上的安全”。

【宣传爱粮节粮】 2022年，吴忠市粮食和物资储备局积极开展2022年粮食和物资储备科技活动周活动、世界粮食日活动和全国粮食安全宣传周活动等，举办依法行政培训班和安全生产培训班4期，206人次参加培训。

【优质粮食工程】 2022年，吴忠市粮食和物资储备局制定《吴忠市优质粮食工程实施方案》，指导青铜峡市、同心县安排产粮大县奖励资金和利通区、红寺堡区、盐池县整合涉粮涉农资金，支持“优质粮食工程”项目19个，总投资8142.26万元，累计完成年度投资4710万元。

【产业协同发展】 2022年，吴忠市粮食和物资储备局编制完成《吴忠市粮食和物资储备发展“十四五”规划》，为吴忠市粮食和物资储备高质量发展做好顶层设计。谋划实施亚麻籽油精深加工技术改造、智能信息化原粮清理暂存罐和恒温自控储油罐建设等重点粮油产业项目10个，总投资8407万元。安排粮食产业化发展“以奖代补”资金72万元，支持法福来、中桦雪等8家企业技术改造，推动粮食产业链、价值链、供应链协同发展。

【品牌建设】 2022年，吴忠市粮食和物资储备局组织2018—2021年度入选“中国好粮油”“宁夏好粮油”产品及企业入驻宁夏好粮油银川展示展销中心，指导推荐5个粮油产品参加“宁夏好粮油”产品遴选，组织君星坊、五谷丰等8家企业参加第十八届粮食产销协作福建洽谈会，进一步提升吴忠市优质粮油产品知名度。

【应急保供】　2022年，吴忠市粮食和物资储备局启动库存和销量监测、市场价格监测日报机制，加强吴忠市粮食企业和大型超市供需信息监测，紧盯市场销售数量、库存数量和价格变化情况，确保粮油市场供应充足、价格平稳。“9·20”突发疫情以来，累计调拨应急救灾物资9个品种74批次8500余件，接收自治区紧急调拨物资1.3万余件、市级采购物资3万余件，代储自治区级物资2.9余件，应急物资储备保障有力。全市共确定应急供应网点53家、应急保障企业85家，进一步健全完善粮油应急保障体系。组织开展消防等应急演练1次，参演人数350余人次。

【巡视反馈问题整改】　2022年，吴忠市粮食和物资储备局充分发挥牵头抓总职能作用，及时向市委、市政府汇报整改进展情况，组织召开专题推进会11场次，督导各县（市、区）认真开展巡视巡察问题整改。自治区党委巡视反馈的17个问题完成14个，3个问题正在整改；市委专项巡察反馈的36个问题完成32个，4个问题积极推进。制定完善政策性文件5个，上缴国库国有资产租金、粮食储备营收资金105万元。广泛征求意见建议，查摆粮食收购、储存、销售重点环节和干部履职尽责等方面问题7项，建立问题、措施、责任“三个清单”，确保自查自纠问题全部完成整改。开展“拉网式”排查活动，推动全市5家国有粮食企业、22个国有基层粮库及12家政策性粮食承储企业完成问题整改14项。修改完善《吴忠市粮食应急预案》《吴忠市地方储备粮管理办法》《吴忠市粮食产业化发展专项资金管理办法》，制定《吴忠市地方储备粮轮换风险调节资金管理办法》，督促益谷公司分类管理企业经营和地方储备账目，在农发行开设储备轮换风险资金专用账户，实行专户储存、专账管理。

【党的建设】　2022年，吴忠市粮食和物资储备局认真开展党的十九届历次全会精神、党的二十大和区市党代会精神学习活动，党组理论学习中心组集体学习10次，干部职工集体学习20次，举办专题培训班1期。召开全面从严治党、党风廉政建设暨反腐败工作会议，印发局2022年党风廉政建设和反腐败工作要点，建立全面从严治党“三个清单”。整改落实第九纪检监察组督查检查反馈问题，抓好领导干部报告个人有关事项工作。召开党员大会4次，开展“青春心向党、建功新时代”“喜迎二十大、奋进新征程、强国复兴有我”等主题党日活动12次，讲专题党课4次。建立“三个清单”，压实党组和班子成员意识形态工作主体责任。党组会议专题研究意识形态工作4次，每季度开展风险分析研判1次，开展专题学习2次。严格落实信息发布“三审三校”制度，累计发布政务信息42期103条。扎实做好网评、网宣工作，指令完成率均在90%以上。严格按照市委、市纪委监委违规收送红包礼金和不当收益及违规借转贷或高额放贷专项整治活动要求，迅速动员部署，精心制定方案，认真组织开展专题学习3次、专题讨论1次，召开专题民主生活会和组织生活会，深入对照检视情况16人次，签订承诺书16人，开展谈心谈话18人次，推动专项整治取得实效。

吴忠市烟草专卖局（公司）

【市场销售】　2022年，吴忠市烟草专卖局（公司）依托市场调研数据，研判消费变化趋势，把握市场需求动向，推动经济运行持续平稳。健全完善“三级共育”机制，引入适合本地市场的行业共育品规，淘汰市场认可度低、销售不畅品规，释放大品牌成长空间，促进品牌结构上移升级。强化物流自主管控能力，建立定额、预算、核算、分析有机衔接的成本费用管控体系，严控物流成本费用，推进吴忠烟草绿色物流循环发展。

【农网终端建设】　2022年，吴忠市烟草专卖局（公司）把农网建设融入国家发展大局和地方改革发展全局，紧密对接乡村振兴局、商务和投资促进局，搭建协同推进农网建设助力乡村振兴工作机制，构建“1624”新时代农村卷烟营销网络建设试点工作思路和架构，形成卷烟营销网络城乡一体化协调发展体系。聚焦“四化”建设方向，拓展“烟草+N”平台运营模式，试点“润夏+”流通品牌导入模式，健全完善农网终端体系，形成农网终端“1+5综合体”建设路径和“6S”全店铺管理方法，推动农网终端转型升级。顺利召开全区烟草系统“深化农网建设、助力乡村振兴”电视电话会议，形成聚焦“三项赋能”、打通“三条路径”、实现“三个突破”经验，为全区系统深化农网建设打造“吴忠样板”，为推动农村卷烟市场高质量发展贡献“吴忠智慧”。全年建设加盟终端1户、合作终端1户，现代终端比重29.5%。

【专卖监管】 2022年，吴忠市烟草专卖局（公司）深化“政府牵头、部门联合、多方参与、密切协作”的机制运行，加强与公检法、市场监管、交通运输、邮管等部门协作配合，依托知识产权保护工作站，有效融入共建共治共享社会治理格局，凝聚多方参与、联动打击强大合力，巩固联合执法格局。运用互联网、大数据、人工智能等手段研究卷烟市场新变化、新趋势，依托“互联网+监管”系统提升案件查处命中率，提高市场监管的针对性和有效性。协调公安、教育、市场监管等部门印发清理整治向未成年人销售电子烟，严厉打击涉电子烟犯罪专项工作方案，成立“劝阻青少年吸烟法治工作室”。落实国务院“放管服”改革要求，通过“我的宁夏”政务APP深化“网上办”“掌上办”，完善“好差评”评价机制，零售许可证5日办结率99.92%，网上办件率75%，好评率100%。开展优秀服务窗口创建活动，利通区烟草窗口被吴忠市政务服务中心评选为“文明窗口”称号。

城乡建设

·综　述·

【建筑业】　2022年，吴忠市深入贯彻落实党中央、国务院关于深化"放管服"改革和优化营商环境的部署，统筹发展和安全，不断夯实安全生产基石，全力保障项目开工复产，综合研判经济运行形势，持续深化行政审批改革，建筑业平稳健康发展。全市完成建筑业产值84.87亿元，同比增长1.5%；完成建筑业增加值54.2亿元，增速1.4%，在第二产业中占比12%，在全市生产总值中占比6.2%。

【建筑市场监管】　2022年，通过持续推进综合执法检查、实施标准化管理、推进智慧工地建设、加强实名制管理等措施，不断加大市场违法违规行为整治力度，未批先建、违法发包、分包、挂靠现象得到有效遏制，建筑行业环境不断净化，建筑市场秩序明显规范，建筑质量安全显著提升。举办培训班3批次，累计培训监管人员80余人次、建筑业从业人员780余人次，提升了从业人员水平。鼓励企业和培训机构合作开展建筑从业人员学习教育，年度培训三类人员、八大员、中级工、特种作业人员等各类建筑行业人才1.2万余人次。开展"安全生产月"和"工程质量月"活动，开展标准化工地观摩、应急救援演练、安全文化微视频竞赛、建设领域安全知识竞赛和安全生产演讲比赛各1次，努力提升从业人员技能素质。推进"双随机、一公开""四不两直"执法模式，全年进行综合检查3次、专项检查10余次，累计检查全市在建项目130项，先后通报典型案例10例，扣除74家企业诚信分值，并对101名履职不到位的建造师、总监理工程师及关键岗位人员给予记分处罚。

【城乡建设项目】　2022年，吴忠市住建局共实施项目50个，年度计划投资55.8亿元，已完成投资55.99亿元。其中，2个自治区级重点项目完成投资2.8亿元，6个市级重点项目完成投资5.59亿元。

【老旧小区改造】　2022年，吴忠市老旧小区改造任务61个（利通区35个，青铜峡5个，盐池县17个，同心县4个），计划投资1.2亿元。截至2022年末，全市老旧小区改造完成投资1.24亿元。

【城市体检和城市更新工作】

2022年，吴忠市住建局制定《吴忠市区2022年城市体检工作方案》和《吴忠市区城市更新工作方案》，并组织市直相关部门召开2022年城市体检工作部署暨培训视频会，按计划时序组织实施69项指标及13项特色指标收集、汇总、上报，编制城市体检报告。全年储备48个城市更新项目，年度计划投资13.6亿元，完成投资13.67亿元。

【住房安全隐患排查】 2022年，全市共排查自建房30.96万栋，存在安全隐患的有4021栋，已消除安全隐患3839栋。全市“百日攻坚行动”共排查经营性自建房4701栋，存在安全隐患的有239栋，已全部消除安全隐患。

【村镇建设】 2022年，吴忠市争取到重点镇项目3个（全区8个）、美丽村庄项目6个（全区17个），累计争取到重点镇项目7个（利通区金积镇、盐池县高沙窝镇、同心县预旺镇、红寺堡区大河乡、利通区郭家桥乡、青铜峡市青铜峡镇、同心县下马关镇），美丽宜居村庄19个（利通区上桥镇牛家坊村、东塔寺乡白寺滩村、高闸镇李桥村；青铜峡市邵岗镇下桥村、沙湖村，叶盛镇五星村；盐池县麻黄山乡李塬畔村、花马池镇北塘新村；同心县王团镇北村、丁塘镇团结村；红寺堡区红寺堡镇弘德村、柳泉乡永新村、新庄集乡杨柳村；利通区古城镇新华桥村；盐池县青山乡旺四滩村、冯记沟乡冯记沟村；同心县韦州镇甘沟村；红寺堡区红寺堡镇中圈塘村；青铜峡市叶盛镇地三村），连续两年位居全区五市第一。全年7个重点镇累计实施项目215个，完成投资94.54亿元；16个美丽宜居村庄累计实施项目125个，完成投资8.24亿元。盐池县麻黄山乡李塬畔村、同心县张家塬乡折腰沟村及汪家塬村、王团镇北村、下马关镇下垣村等5个传统村落被评选为第六批国家级传统村落。

【农村住房安全保障】 2022年，吴忠市住建局全面推动危房及抗震宜居农房改造建设。326户危房抗震房改造任务全部完成，同时验收同心县2020年抗震房改造任务553户、青铜峡市2021年抗震房改造任务2871户，全年验收核实危房及抗震农房4134户。积极开展农村建筑工匠培训班，率先在红寺堡区举办农村建筑工匠培训班，培训建筑工匠近220人，印制约500份农村房屋安全知识宣传资料，在各县（市、区）开展宣传10次。总结2021年同心县入列全国乡村建设评价样本县的经验，成功创建盐池县2022年国家级样本县，全力配合专家团队提供市级13个指标基础数据支撑。

【村镇基础设施建设】 2022年，吴忠市住建局督促指导实施青铜峡市陈袁滩镇唐滩渔村商贸街改造道路场地硬化铺装6481平方米、小坝镇小坝村10栋安置楼42个单元的楼梯间提升改造项目，分别于3月底、4月底完工，项目总投资分别为199万元、266万元。村庄建设统计调查工作顺利完成，督导各县（市、区）住建部门完成506个行政村、11个社区的调查统计工作。按不低于20%的比例对110个行政村数据进行抽查核查，确保数据质量客观真实。吴忠市住建局制定印发《吴忠市2022年新型城镇化建设和城乡融合发展重点任务工作方案》，争取2023年城市规划建设管理奖补资金600万元。建立落实2022年区直部门重点改革任务清单，严格按照时序推进加快完善保障性住房建设制度，提升城市防洪排涝能力，构建高效完善的城市排水防涝体系和深化工程建设项目审批制度改革等5项城镇化改革整改任务。

·房地产业·

【概　况】 2022年，在市委、市政府的领导和支持下，吴忠市不断深化房地产市场供给侧结构性改革，着力调整住房用地供应结构和市场供需关系，加快建立多主体供给、多渠道保障、租购并举的住房制度，长效机制建设稳步推进，有力促进全市房地产业平稳健康发展。全市完成房地产投资71.28亿元，同比增长34.2%；完成商品房销售面积152.06万平方米，同比增长4.8%。实现销售额80.8亿元，同比增长18.2%。商品住宅销售均价为5352元每平方米，同比增长12.7%。截至年末，全市库存商品房面积158.58万平方米，同比增长22.3%，其中库存住宅面积54.06万平方米，同比增长6.1%。全市库存商品房消化周期控制在11个月以内。

【城镇棚户区改造】 2022年，自治区下达吴忠市城镇棚户区改造任务1720套，其中市区824套，红寺堡区896套。市区采取新建实物方式进行安置，新建东片区保障性安置房项目824套；红寺堡区采取货币化安置方式，完成安置963套。吴忠市东片区保障性安置房项目是市区2022年棚户区改造项目，位于滨河东路东侧、世纪大道南侧，项目占地面积76.83亩，建设住宅楼13栋

824套，总建筑面积110683平方米，社区服务中心建筑面积1455平方米，概算总投资41020万元。项目落实各类补助资金21356万元，其中中央补助3491万元、自治区补助175万元、一般债券7690万元、棚改专项债券1亿元。2022年自治区住建厅下达红寺堡区棚户区改造任务896套，落实各类补助资金14522万元，其中中央补助2544万元、自治区补助1978万元、棚改专项债1亿元。项目完成投资32166万元，已完成协议签订545户，完成拆迁安置963套，超额完成67套。

【保障性租赁住房】 为完善吴忠市太阳山开发区园区基础设施建设，解决务工人员住房问题，2022年在吴忠太阳山开发园区开发保障性租赁住房375套，由吴忠市太阳山建设和林水局负责实施，共建设住房6栋375套，建筑面积19440平方米，完成投资5600万元。375套已建成并全部出租，租金每月每平方米4元。为提升保障性租赁住房运营管理水平，加强对入住人员的日常管理，提高运营管理的服务效率，吴忠太阳山开发区保障性租赁住房委托吴忠市太阳山正阳投资发展有限公司运营管理。

·市政设施建设·

【市政项目建设管理】 2022年，吴忠市住建局围绕市委、市政府及局党委重点工作任务，多方争取资金2.2亿元，实施次干道一、二及吴灵路（清水街以东段）、第九中学西侧南侧支路等6条4.8公里市政道路建设任务，超额完成年初市政府下达市政道路建设任务。完成海绵化道路改造3.5万平方米，管网改造修复2.9公里，完成7条26万平方米沥青路面及5条4.5万平方米人行道提升改造。实施新宁河（清宁河段）生态修复治理、吴忠市清水街桥梁连接线工程、文卫路秦渠桥拆除修复工程。

【城市基础设施管理】 2022年，吴忠市住建局结合文明城市创建，持续对市政基础设施进行提升改造，全年零星修补破损路面2万余平方米，更换盲道8400平方米，更换各类隐患井盖、道牙、破损树框，完成无障碍坡道八字口建设56处，有效缓解周边市民停车难题。实施吴忠国家农业科技园区奶产业园区骨干道路提升改造工程。立足长远，构建路灯绿色低碳循环发展，完成胜利街等3条整街道1000余盏LED路灯灯头改造任务，维修更换节能路灯3000余盏、被撞路灯杆20余套，维修箱变电器、高压及电缆故障270余次，对市区街道建筑物立面亮化灯具线路及黄河东岸数码管进行巡查检修，通过快修抢，修确保市区道路完好率达98%以上，路灯亮灯率达99%以上。

【城市防汛排涝】 2022年，吴忠市住建局续建吴忠市排水防涝设施提升改造工程及吴忠市排水防涝及污水提质增效项目，对文卫北街等7条道路2.9公里道路排水管网进行改造，消除易堵路

节能路灯安装

段管网隐患。利用管道机器人对城区存在阻梗路段及金积工业园、新镇区等园区34公里排水管道开展老旧管网排查检测，逐段清淤、疏通、修复。对35台运行机泵设施及24套闸门进行全面检修，更换存在运行安全隐患的潜污泵轴承等设备，确保汛期设备安全运行，安全度汛。

城市管理

【市容市貌综合整治】 2022年，吴忠市城管局制定印发《吴忠市区市容市貌综合整治百日攻坚行动责任清单》《关于在吴忠市区各部门（单位）包抓路段和公园广场开展“四色标准”评价管理的通知》等，组织市直相关部门围绕环境卫生、交通秩序、市容市貌、城市绿化四个方面开展百日攻坚专项行动，解决突出问题，补齐短板弱项。对市区各部门（单位）包抓的街、路、巷和公园广场实行“绿、蓝、黄、红”四色动态管理。共下发限时督办单217份，整改率达98%以上。牵头组织市公安交管、利通区综合执法等8个部门开展为期一个月的联合执法行动，集中解决市区主要街道机动车和非机动车乱停乱放、私搭乱建、占道经营等突出的重点难点问题。加强督查督导，由局处级领导带队，分4个组严格按照创城标准对市容市貌进行监督检查，开展全面排查，及时督促利通区政府和市直各责任单位整改落实。

【园林绿化】 2022年，吴忠市城管局实施市区2022年生态园林绿化建设项目，完成道路绿化建设13条、绿地提质增景建设3处、生态水域水生植物种植4处，原有绿地老旧基础设施维修7处，建设总面积1368亩，总投资预算1.2亿元，超过城市管理局成立以来3年总和。市区城市建成区绿地率、绿化覆盖率、人均公园绿地面积分别达到41.06%、41.12%和23平方米。国庆节期间，在市区主要公园广场摆放花坛4处7个，营造亮丽的城市景观。持续加强城市绿地精细化养护管理，对市区23个公园广场、90条街路开展春季集中修剪抚育。完善城市绿地养护管理长效机制，实施“一月一考核一通报”，考核结果与养护管理经费挂钩。增加日常巡查、抽查频次，及时组织各单位互观互学互评，城市绿化养护管理水平进一步提升。全面启动国家园林城市复查迎检工

城市绿地

作，对照新修订的《国家园林城市申报与评选管理办法》有关指标要求，在借鉴银川市、石嘴山市复查工作经验和充分摸底调研的基础上，结合吴忠市实际，制定《吴忠市国家园林城市复查工作实施方案》等。完成遥感调查与测评报告、国家园林城市复评指标自评估报告、吴忠市绿地系统规划、公园体系规划和18项评价指标支撑资料收集整理等。

【生活垃圾分类治理】 2022年，吴忠市城管局制定印发《吴忠市关于进一步推进生活垃圾分类工作实施方案》和对成员单位年度分项考核细则，坚持每季度对各县（市、区）城乡生活垃圾分类治理工作开展督导检查，及时通报存在的问题并跟踪督导落实。加大生活垃圾分类工作的宣传和培训力度，指导各县（市、区）打造垃圾分类示范片区5个。推动全市所有公共机构、行业部门垃圾分类实现全覆盖，推行农村生活垃圾“两次六分、四级联动”治理模式，巩固提升农村生活垃圾分类和资源化利用示范县4个。指导各县（市、区）开展农村生活垃圾分类和资源化利用示范村创建自评自检，向自治区住建厅推选农村生活垃圾分类和资源化利用示范村59个，城市生活垃圾无害化处理率达100%。

【综合执法改革】 2022年，吴忠市城管局对利通区、红寺堡区、同心县综合执法局行政执法三项制度落实及行政执法案卷质量等情况进行检查，开展现场跟踪执法，化解行政执法过程中可能存在的风险。按照《吴忠市市辖区综合执法联席会议议事规则》相关规定，组织召开市辖区综合执法联席会议，掌握改革推进情况，交流工作典型经验，分析研判存在问题。审定印发《吴忠市跨领域跨部门综合执法行政处罚案件线索移送办法》，推动全市跨领域跨部门综合执法改革工作迈上新台阶。探索开展县域跨领域跨部门综合执法改革，配合市委编办协调指导同心县综合执法局制定改革实施方案，参照《跨领域跨部门综合执法事项指导目录》，编制394项执法事项职责边界清单，整合县乡两级执法力量，实行执法车辆装备、标识等“六统一”，实现基层一支队伍管执法，有效解决多头执法、重复执法的问题。

【市区绿化美化】 2022年，吴忠市城市绿化队组织完成4个项目的工程招标并指导完成部分工程项目的建设任务。完成市区开元大道、富平街、利通街等80多条街路2.9万株行道树、1.3万株绿地灌木、2.4万平方米分车带爬地柏和29.8万平方米片植灌木的整形修剪。对市区开元大道、富平街、同心街、世纪大道等60多条街路的增景及行道树进行补植，共种植各类乔木1200余株、常青树3.1万株、花灌木16万余株、各类花卉4万余株，对迎宾大街21个花池进行品种一体化种植改造。完成局招标苗木的调拨工作任务，调拨苗木95.6万株、草坪500平方米、种子1610公斤。完成市区部分街（路）行道树坑鹅卵石维护和打孔注药工作。对市区部分街（路）的5600个行道树坑进行鹅卵石重新铺设，并对市区部分街路生长缓慢、营养不良的行道树进行打孔注药。完成常规性绿地养护管理任务。按照养护管理细则，科学规划，周密部署，分工实施，对所管护的8600亩绿地进行全方位、全覆盖养护管理，效果明显。

【公园管理】 2022年，吴忠市公园管理所完成辖区公园52021株乔木、2.84万平方米灌木及1025亩绿地精细化整形修剪工作，清理修剪枝条、枯枝死树500余吨，修剪绿篱、草坪等11批次。按照“预防为主、综合防治”的原则，采取为树木“穿裙子”、人工砸除虫卵等方式，及时防治蚜虫、斑衣蜡蝉、沟眶象等树木病虫害，做好辖区内绿地、道路广场、人工湖、公共设施设备等日常保洁工作，每天对园中的1028个条椅石凳、687个垃圾箱、690个灯杆及近2500个宣传牌进行干湿保洁。组织栽植18.5万棵绿植。公园管理所组织完成明珠曲桥（景观桥）建设项目，协助完成秦渠公园4900余米园路健身步道建设协助完成明珠公园海绵道路建设、1288平方米篮球场提标改造及水生植物种植，协助完成东塔公园、兴隆公园等辖区公园1.1万平方米园路重新铺装。安装2套智能化共享便民轮椅驿站。为切实提升建成区内道路绿地、公园、广场景观效果，使城市园林景观更精致，打造让人民群众更加满意的绿地景观，牵头对公园（绿地）内

明珠公园两侧海绵道路改造

1000余块石头进行规划摆放。

【营造节日氛围】 2022年元旦、春节期间，吴忠市公园管理所在明珠公园、兴隆公园等市区主要公园悬挂灯笼56个、流星雨彩灯100串、五角星彩灯100串、三连串灯笼200串、灯笼160个（14寸）、串旗40条、春节标志旗667面。为喜迎国庆，摆放“志愿之城”“滩羊之乡”立体花卉绿雕造型2座。党的二十大召开期间，完成开元大道和明珠公园176对路灯花篮的设置任务。

【广场建设管理】 2022年，市城市管理局在各广场查漏补缺、补绿增绿，栽植苗木、花卉共计76110株，修剪树木51096株。先后对管辖的各广场绿地内的用水管道和喷灌设施进行排查维修。各广场共维修更换各类灯饰587套（其中庭院灯228套、钻石灯120套、彩色水底灯123套、七彩灯42套、草坪灯66、火炬灯8套），更换电缆线1700米，维修配电设施70套，对高压配电室做耐压试验1次，邀请专业公司人员对主控室音响设备进行检测1次，更换水泵、阀门等设施286套（其中各类阀门94套、水暖配件35套，维修潜水泵152台，更换水泵5台）。维修深井泵2处，更换泵管32米。维修绿化带喷灌管道200米，更换喷灌支架760个，维修各类地砖、墙砖2820平方米，喷漆翻新各广场护栏2000米，修焊铁链135米，喷漆翻新科技广场戏水池、“同心永固”雕塑湖周墙面500平方米，对“鼎盛”基座进行全面维修。配合园林科监督完成科技广场地砖更换工程和滨河体育运动公园土方填换、管道铺设、绿化种植、硬化铺装等工作。

【文明城市创建】 2022年，吴忠市广场服务中心坚持每天对广场地面、戏水池、踏步台、护栏、健身器材、照明灯饰、垃圾箱、座椅、宣传栏、雕塑等进行擦洗，对烟头、纸屑、枯枝落叶、树挂、杨絮柳絮等杂物进行拉网式清理，及时清理小广告和乱涂乱画。清洗500余个垃圾箱内胆3次。清理乃光湖渠道垃圾10吨，维修秦渠注水渠道2.4公里，完成生态补水6次，共注水112万立方米。及时清理湖面漂浮垃圾及湖内芦苇蒲草，收割和清运蒲草、芦苇150吨，同时做

市区休闲广场

好湖内荷花、边坡水生鸢尾及千屈菜种植配合协调等保障工作。围绕社会主义核心价值观、遵德守礼等主题对广场所有公益广告宣传牌重新规划、设计、补做，更换公益广告宣传栏喷绘17张、宣传车贴151张，更换褪色公益广告喷绘1380平方米，新增铁艺宣传栏8块，安装健康教育公益广告宣传牌35块，更换道德守礼提示牌50块，增设指示牌及制度牌24块，新增雕塑小品1座，维修雕塑小品3座。各广场粉刷条椅69套，新增便民座椅13套；新增不锈钢垃圾箱8个，张贴分类垃圾箱贴800套；增设无障碍通道1处，配合市残联在开源广场和乃光湖广场设置共享轮椅2处；制作悬挂《吴忠市文明行为促进条例》《吴忠市城乡容貌和环境卫生治理条例》等宣传条幅5条，发放宣传单500张。完善志愿服务站配套设施，中心50余名志愿者结合支部主题党日、主题公园广场的打造，和“兰花芬芳”热心小组开展植绿护绿、环境卫生整治、文明劝导等形式多样的志愿服务活动30次。

住房公积金管理

【公积金缴存】　2022年，新开户单位132家，净增单位75家；新开户职工8243人，净增职工3813人；实缴单位1511家，实缴职工74808人，归集额18.59亿元，分别同比增长5.22%、4.76%、39.56%。截至2022年末，缴存总额137.41亿元，同比增长15.65%；缴存余额51.41亿元，同比增长18.69%。受委托办理住房公积金缴存业务的银行有6家。

【公积金提取】　2022年，3.97万名缴存职工提取住房公积金，提取额10.49亿元，同比下降1.50%；提取额占当年缴存额的56.43%，比上年下降23.53个百分点。截至2022年末，提取总额86亿元，比上年末增加13.89%。

【个人住房贷款】　2022年，全市住房公积金管理中心发放个人住房贷款1113笔4.81亿元，同比分别下降36.14%、33.84%。其中，市中心发放个人住房贷款521笔2.50亿元，青铜峡分中心发放个人住房贷款95笔0.33亿元，盐池分中心发放个人住房贷款105笔0.37亿元，同心分中心发放个人住房贷款177笔0.73亿元，红寺堡分中心发放个人住房贷款215笔0.88亿元。回收个人住房贷款6.06亿元，其中，市中心3.51亿元，青铜峡分中心0.67亿元，盐池分中心0.51亿元，同心分中心0.82亿元，红寺堡分中心0.55亿元。个人住房贷款余额占缴存余额的49.18%，比上年末减少12.09个百分点。

【异地贷款】　2022年，发放异地贷款177笔7219.80万元。截至2022年末，发放异地贷款总额117761.20万元，异地贷款余额47692.71万元。

【资金存储】　2022年，住房公积金存款26.36亿元，其中，活期1.08亿元，1年（含）以下定期14.92亿元，1年以上定期10.36亿元。

【贷款余额】　2022年，住房公积金个人住房贷款余额、项目贷款余额和购买国债余额的总和占缴存余额的49.18%，比上年末减少12.09个百分点。

卫生健康

卫　生

·综　述·

【概　　况】　截至2022年底，全市共有各级各类医疗卫生机构945个，其中医院44个，基层医疗卫生机构877个，专业公共卫生机构22个，其他卫生机构2个。医疗卫生机构编制床位6984张，实有床位6480张，其中医院实有床位5528张，公立医院实有床位3473张，乡镇卫生院实有床位737张。卫生技术人员共计9474人，其中执业（助理）医师3394人，注册护士4249人，公共卫生人员907人，全科医师289人。社区卫生服务中心（站）共40个，卫生技术人员484人，其中：社区卫生服务中心6个，卫生技术人员239人；社区卫生服务站34个，卫生技术人员245人。乡镇卫生院44个，卫生技术人员1271人；疾病预防控制中心5个，卫生技术人员186人；妇幼保健机构6个，卫生技术人员513人；卫生监督所5个，卫生技术人员91人。2022年，全市常住人口139.91万人，每千人拥有卫生技术人员6.77人，每千人拥有编制床位数4.99张，每千人实有床位数4.63张，每千人拥有执业（助理）医师2.43人，每千人拥有公共卫生人员0.65人，每千人拥有全科医师0.21人。

【社区卫生服务中心建设】

2022年，改（扩）建2所社区卫生服务中心（红寺堡区1所，利通区1所）。红寺堡区社区卫生服务中心改造项目由红寺堡区发改局于2022年9月7日立项批复，10月初完成招投标正式进场施工。总改造面积2230.15平方米。根据前期规划设计，重点改造急诊室、抢救室、全科诊疗室、中医馆康复科、输液室、治疗室、处置室、日间病房等基本医疗科室，以及影像、检验、B超、心电图、药房、消毒等辅助功能科室，安装变压器并对楼道、屋顶等部分区域进行装饰装修，采购DR彩超、监护仪等医疗检查设备。概算总投资700万元，其中，自治区预算内统筹资金400万元，地方政府配套300万元。利通区板桥社区卫生服务中心建设项目位于友谊路西北侧、高家湖三期城市棚户区东侧，总占地面积4210平方米，新建建筑面积2669.31平方米的综合楼，建筑面积397.56平方米的附属楼及污水处理池、化粪池、室外配套工程等。项目估算总投资1850.97万元。

【农村医疗机构】　2022年，吴忠市共有乡镇卫生院44所、村卫生室519所。其中：利通区11所乡镇卫生院、105所村卫生室；红寺堡区5所乡镇卫生院、97所村卫生室；青铜峡市9所乡镇卫生院、80所村卫生室；盐池县8所乡镇卫生院、102所村卫生室；同心县11所乡镇卫生院、135所村卫生室。

【综合医改】　2022年，吴忠市

卫生健康委在广泛调研、多方论证的基础上编制完成《吴忠市卫生健康事业发展“十四五”规划》《吴忠市医疗卫生服务体系建设“十四五”规划》。以推动“三医联动”改革为抓手，在全市深入推广福建省三明市经验，推动公立医院高质量发展，全区县域综合医改观摩暨医改政策培训班在盐池县顺利举办。推动国家谈判药品“双通道”工作，截至10月底，全市478人次通过“双通道”系统报销医保费用58.99万元，涉及12种国谈药品。完成对70家公立医疗机构多批次国家组织药品集中带量采购三方协议的签订、款项预付、医疗机构回款工作。

【“互联网＋医疗健康”示范区建设】 2022年，吴忠市卫生健康委全力推进各县（市、区）县域医共体信息平台建设，初步实现县域内卫生健康数据互联共享。扎实推进居民电子健康码应用宣传工作，全市10家二级及以上公立医疗机构已实现用码全覆盖。完成人工智能辅助诊疗系统部署应用全覆盖，有效提升基层医务人员电子病历书写水平。全市各级公立医疗机构均已完成与自治区“卫生云”、一体化平台、检查检验结果互认平台对接工作，数据互联共享基础已初步形成。各级公立医疗机构已完成互联网医院建设工作，申领牌照、上线运营工作有序推进。实施吴忠市“互联网＋医疗”信息化建设项目，有效提高医院业务管理和服务能力，提升医院整体信息化建设水平。实施吴忠市“互联网＋卫生监督”一体化平台项目，全市完成125家各级医疗机构医废处置在线监控设备和8家污水在线监测设备的安装部署，累计处置医疗废物33.14万次、859.71吨。“医废在线监管系统”入选国家卫生健康委办公厅通报表扬100件数字健康典型案例之一。推行健康证电子化办理，推送电子健康证7.1万张。市、县级公立医疗机构加强信息系统云化部署，推进医疗数据云灾备建设和数字化融合，有效缓解运维管理压力，保障卫生健康数据安全。截至2022年9月底，全市各级医疗卫生机构云化部署信息系统34个，数据上云46.18TB。

【“三医联动”改革】 2022年，共有10个专科被确认为市级临床重点专科，招录硕士研究生14人，引进医疗团队24个、知名专家128名。各医院共开展新技术新业务35项，全市医疗服务水平持续提升，公立医院医疗服务收入（不含药品、耗材、检查、化验收入）占医疗收入的比例为29.82%。加大“两个允许”落实力度，持续推动人事薪酬制度改革，大力提升医务人员收入水平。医保支付方式改革深入推进，区域点数法总额预算和按病种分值付费工作有序开展，按疾病诊断相关分组或按病种付费（含按DIP、DRG和单病种）的医保基金占当地符合条件的住院医保基金支出的比例达到48.69%。加快推进国家组织药品集中带量采购和国家谈判药品“双通道”工作，2022年6月，吴忠市率先启动“双通道”工作，优选8家医疗机构、48家零售药店为定点服务机构，实现辖区所有县（市、区）全覆盖，走在全区前列。

【经常性监督】 2022年，全市开展经常性监督7245户次，监督覆盖率99.62%。全市共立案查处案件169件，其中罚款88件，罚款金额62.61万元，没收违法所得2.7万元。全市医疗废物处置在线监管系统处理医废异常信息8593条，医疗废物处置监管效率提升5倍，实现健康证网上预约办理5.7万张。

【基层医疗机构发展】 2022年，同心县人民医院圆满完成三级乙等医院创建任务，吴忠市人民医院三级甲等医院创建正在稳步推进当中。完成全市第二批21个市级临床重点专科建设评审工作。推进预约诊疗，开展远程专家门诊、疑难重症会诊、复诊及“互联网＋护理服务”试点，延伸护理服务链条。三级医院全面推开日间手术，大力推进多学科联合诊疗，切实提升医疗服务质量和水平。推进检查检验结果互认，县级医院基本实现影像、心电、超声、病理远程诊断中心共享互认，二级以上综合医院基本实现检验检查结果互认。吴忠市人民医院开展新技术新业务11项，市妇幼保健院拓展新业务15项，红寺堡区人民医院开展心脏介入等新技术新业务12项，同心县人民医院开展新技术新业务12项。继续开展“优质服务基层行”活动，14家达到基本标准、4家达到推荐标准的基层医疗卫生机构均通过自治区验收。实施“千名医师下基层”对口支援基层医疗卫生机构活动，选派207名专业技术人员支援基层，通过开展培训、巡诊、带教、坐诊等，提升基层医疗卫生服务能力。全面开展村卫生室星级管理，制定印发《吴忠市村卫生室星级管理实施方案》，组织对各县（市、区）申报的165家三星级村卫生室、157家四星级村卫生室、38家五星级村卫生室进行抽查评定，进一步提升村卫生室规范管理、服务质量。制定《吴忠市村（社区）公共卫生委员会建设实施方案》，全市设立村（社区）公共卫生委员会583个，委员会委员达3456人。全市612个基层医疗卫生机构完成人工智能辅助诊疗系统部署和应用，规范基层医务人员电子病历书写，提升基层医疗机构诊断准确率。截至2022年12月底，门诊就诊病历172.69万份，规范病历171.46万份，病历规范率达到99.29%。

【突出问题专项治理】 2022年，吴忠市卫生健康委开展全市卫生健康领域突出问题专项治理，全市各级卫生健康部门、各医疗机构对照《卫生健康领域突出问题专项治理自查自纠任务清单》以及《卫生健康领域突出问题专项治理问题清单》逐项开展自查，共发现问题54208个，已整改问题53996个，正在整改212个。整改过程中出台制度172个，修改完善制度142个，提醒谈话398人次，书面检讨256人次，批评教育3人，扣罚绩效162人次13.82万元。深入开展“合理检查、合理用药、合理治疗”专项整治行动、民营医院管理年等活动，规范诊疗行为，加强日常管理。按照公立医院100%覆盖、民营医院50%覆盖、乡镇卫生院50%覆盖、诊所20%覆盖的标准，在全市范围内组织开展医疗机构依法执业、创城工作专项监督检查。联合市场监管局、公安局、医保局、网信办等部门组织开展医疗乱象专项治理工作，配合公安部门组织开展保健品行业联合清理整顿工作，2022年，全市开展经常性监督6578户次，综合监督覆盖率达到98.5%，全市共查处监督案件141件，累计罚款60.21万元，没收违法所得2.7万元。圆满完成两会、中考、高考、吴忠早茶文化节等重大活动疫情防控和公共卫生安全保障任务，共出动执法人员540人次，督导检查医疗机构943家，下达监督意见书1325份。各级各类医疗机构组织医务人员认真学习贯彻医疗卫生行业“九项准则”、廉洁从业若干规定等制度规范，不断强化医德医风建设，推进医疗领域行风不断好转。

【党的建设】 2022年，吴忠市卫生健康委召开市直卫生健康系统党建暨党风廉政建设工作会议，印发《2022年市卫生健康委党建工作要点》《2022年吴忠市卫生健康委员会全面从严治党党风廉政建设和反腐败工作安排及分工》等，层层制定党组织书记抓基层党建“四个清单”，压紧压实组织书记领导责任，靠紧靠实党委委员“一岗双责”职责，确保压力传导到位。强化学习，切实在学懂弄通做实上下功夫，党委理论学习中心组共组织学习12次，开展交流研讨8次，开展应知应会知识测试4次，切实筑牢党员思想政治根基。开展以“六个一”（集中接受一次廉政警示教育，召开一次廉政警示教育大会，召开一次以案促改专题民主生活会和组织生活会，组织一次廉政风险排查，组织一次廉政警示教育主题党日活动，组织一次廉政警示教育集中学习）为主要活动内容的廉政集中警示教育活动，全市卫生健康系统共召开启动会83场次，召开廉政警示教育大会97场次，召开民主（组织）生活会99场次，梳理排查重点岗位风险点694个、领导班子风险点573个、个人风险点3072个，推动医疗卫生领域全员转作风、树新风。开展违规收送红包礼金和不当收益及违规借转贷或高额放贷专项整治工作，组织党员干部开展专题集中学习35场次、签订承诺书1489人、“三个全覆盖”谈心谈话1170人次，将红包转患者住院费25人次，共计2.05万元。

【全民健康活动】 2022年，结合“世界卫生日”“世界无烟日”等主题，突出“三减三健”、健康素养66条等内容，通过“线上+线下”方式，开展“卫生科普城乡行、健康知识进基层”、健康科普“六进”、现场健康咨询服务等活动百余场次。制作《健康吴忠》栏目6期。在吴忠电视台、吴忠市滨河影剧院播放减盐等公益广告10余部，在吴忠电视台播放《文明健康　绿色环保》《慢性病筛查》等短视频4部。大力开展健康企业、健康机关（单位）、健康学校、健康家庭等自治区级健康细胞创建活动，自治区已命名健康细胞135个。积极组织开展“爱国卫生日”“爱国卫生月”、“世界卫生日”活动，城乡环境卫生整治深入推进。按照“文明健康、绿色环保”的活动主题，组织开展一系列讲文明促健康科普志愿活动，守绿色重环保群众实践活动、抓治理美环境卫生治理活动，开展健康知识进村镇、进社区、进机关、进企业等“六进”活动50余场。组织开展迎冬奥体育大拜年、2022年全民健身燃脂大挑战、“5·19”中国旅游日自行车骑行等活动20余场次，参与人数达10万人次。城乡居民达到国民体质测定标准合格以上的人数比例为92.13%，经常参加体育锻炼人口比例为37.25%，人均体育场地面积2.73平方米，大幅提升城市社区10分钟健身圈覆盖率。

【健康水平提升行动】 2022年，吴忠市卫生健康委突出“统、防、控、治、保”，推进健康水平提升行动及健康吴忠建设工作深入开展，印发《2022年“四大提升行动”重点任务分工方案和任务清单》《2022年健康吴忠行动工作要点》，及时组织召开全市健康水平提升行动（健康吴忠建设）领导小组会议暨推进会，将健康吴忠建设及健康水平提升行动纳入市委效能目标管理考核及《吴忠市2022年督查检查考核工作计划》，对各县（市、区）半年及全年工作情况进行督查考核，确保各项任务真正有人抓、抓到位、落到实处。市人大常委会视察全市健康水平提升行动工作情况，对报告进行满意度测评，测评结果为满意。青铜峡市入列2022年全区健康水平提升行动健康县建设项目，吴忠市《推进人工湿地建设，保护黄河长治久安》和盐池县《构建互联网+基本公共卫生服务体系的探索与实践》典型经验在全区推广。巩固拓展健康扶贫成果同乡村振兴有效衔接，常态化开展“四查四补”工作，及时对脱贫不稳定户、边缘易致贫人口大病、重病救治情况进行监测，向乡村振兴部门反馈信息3071条。

【改革创新】 2022年，红寺堡区、青铜峡市、盐池县、同心县组建以县（市、区）级公立综合医院为龙头、相关医疗卫生机构为成员的县域医共体，并在各县（市、区）人民医院加挂医疗健康总院牌子，承担医疗健康总院“五统一”管理职责，推进县域紧密型医共体建设。

·疾病防控·

【传染病监测】 2022年，吴忠市无甲类传染病报告，共报告乙、丙类传染病22种4806例，报告死亡9例，报告发病率347.58/10万，报告死亡率0.65/10万。传染病报告率、报告及时率、准确率、报告卡填写完整率、及时审核率均为100%。定期开展疫情分析和风险评估，积极开展手足口病、流感、不明原因肺炎等重点传染病监测。扎实推进布病防治专项攻坚行动，巩固结核病患者“三位一体”管理模式，组织开展盐池县、红寺堡区鼠疫疫源地监测，确保各项传染病防控工作平稳有效落地。

【预防接种】 2022年，吴忠市卫生健康委以消灭脊灰、做好麻疹控制工作为重点，强化甲肝、乙肝、乙脑、流脑、白喉、新生儿破伤风等疾病防治工作。推进预防接种门诊信息化建设，规范预防接种服务，吴忠市常规疫苗累计基础免疫报告接种率均大于95.00%。

【慢病防治】 2022年，吴忠市卫生健康委加强国家级慢性非传染性疾病综合防治示范区动态管理工作，建立慢性病综合防控工作长效机制，开展“一评二控三减四健”专项行动，引导居民践行健康的生活方式。积极开展死因、肿瘤和心脑血管病、癫痫监测工作，完善死因、肿瘤、心血管、伤害、癫痫等慢性病监测系统，全市死因监测粗死亡率达到5.09‰，低于2021年同期水平。高血压患者基层规范服务率为94.43%、2型糖尿病患者基层规范服务率为94.04%。年度居民健康电子档案建档率96%，老年人健康管理62%，慢病规范管理率83%。全面落实心血管高危人群早期筛查与综合干预、上消化道癌早诊早治、癫痫防治等慢性病综合防控项目，形成“社区筛、医院治、疾控防、家医管”的医防融合新模式。在此基础上发挥吴忠市妇幼保健院、胜利社区卫生服务中心业务专长，与两家单位携手推进利通区居民营养监测项目。

· 妇幼保健 ·

【“两癌”筛查】 2022年，吴忠市卫生健康委扎实开展妇幼健康民生实事，免费为36724名适龄农村妇女筛查宫颈癌，为36746名适龄农村妇女筛查乳腺癌，对确诊患者及时转诊，并转妇联救助。全面实施新生儿遗传代谢病、听力、耳聋基因筛查，新生儿疾病筛查和听力筛查分别为12870人和12823人，筛查率分别为98.84%和98.48%，耳聋基因检测12774人，筛查率98.10%。认真落实妇幼健康项目，2022年免费婚前医学检查12518人，婚检率90.79%；新增叶酸服用12246人，新增服用率99.56%；产前筛查11858人，筛查率93.95%；营养包发放18256人，发放率97.85%。

【婴幼儿照护服务】 2022年，吴忠市卫生健康委深入贯彻落实党的二十大关于“建立生育支持政策体系，实施积极应对人口老龄化国家战略”精神，制定《吴忠市3岁以下婴幼儿照护服务发展工作联席会议制度》，明确16个成员单位的职责，进一步形成齐抓共管的工作格局。规范登记备案，联合市场监管、住建、消防等部门先后2次对各县（市、区）的托育机构登记备案情况进行现场检查和指导。举办2022年度全市托育机构卫生保健人员培训班，有效促进托育机构规范化管理。大力实施人口家庭服务质量提升行动，2022年吴忠市2所托育机构被评为自治区优质服务托育机构。在全市开展托育机构摸底核查工作，掌握现有托育机构发展现状，为进一步促进婴幼儿照护服务发展提供有效数据支撑。截至2022年底，全市备案托育机构25家，托位数1503个，每千人口托位数达1.08个。

医疗保障服务

· 人口发展 ·

【概　　况】 2022年，吴忠市卫生健康委认真落实、积极应对人口老龄化，实施“三孩”生育政策及配套支持措施，以“一老一小”为重点，完善人口服务体系，统筹推进养老托育服务与生育全程服务健康发展。印发《吴忠市3岁以下婴幼儿照护服务发展工作联席会议制度》，明确16个成员单位的职责，进一步形成齐抓共管的工作格局。

【实施“三孩”生育政策】

2022年，全面贯彻《中共中央国务院关于优化生育政策促进人口长期均衡发展的决定》精神，落实取消社会抚养费征收等措施，废止或宣布失效涉计划生育内容的规范性文件8件，确保“三孩”政策有效衔接落地。广泛开展“三孩”生育政策及配套支持措施线上线下大宣传50余场次，印发宣传手册2000余份，制作《提升妇幼健康服务能力　助力“三孩”生育政策实施》宣传片，大力提倡适龄婚育、优生优育，营造良好社会氛围。

【落实奖扶政策】 2022年，全市申报农村部分计划生育家庭奖励扶助对象1578人，奖励扶助金189.36万元；申报49岁以上计划生育家庭特别扶助对象259人，扶助金220.32万元，各项政策资金落实率100%。积极开展计划生育特殊家庭联系人制度等“三个全覆盖”专项行动，联系人制度落实率、计划生育特殊家庭就医“绿色通道”率、家庭医生签约率均达100%。

【医养结合】 2022年，吴忠市卫生健康委制定印发《吴忠市关于开展2022年示范性老年友好型社区创建工作的通知》，开展老年友善医疗机构和示范性老年友好型社区创建工作，全市共申报医疗老年友善医疗机构52家，其中二级及以上公立医疗机构8家、乡镇卫生院41家、社区卫生服务中心3家。创建老年友善医院评审达标比例为89%。利通区胜利镇新华社区被国家卫生健康委和全国老龄办命名为2022年全国示范性老年友好型社区。不断加强二级及以上综合性医院、中医医院老年医学科、康复医学科建设，全面提升医养结合服务能力。每年为65岁以上老年人健康体检1次，逐步建立健全老年健康危险因素干预、疾病早发现早诊断早治疗、失能预防三级预防体系。3月21—22日，组织各医养结合机构相关人员参加全国医养结合机构服务质量提升行动网络培训班。

【防范养老诈骗】 2022年，吴忠市卫生健康委开展防范养老服务领域诈骗工作，制定《吴忠市卫生健康系统2022年打击整治养老诈骗专项行动工作方案》，组建反养老诈骗老年志愿服务队，设置专项举报电话，认真排查收集养老诈骗相关线索。全面开展防范养老诈骗宣传活动，发放各类宣传资料48216份。

·卫生监督·

【综合监管】 2022年，吴忠市卫生健康委加大医疗乱象治理，印发《关于开展医疗乱象专项监督检查工作的通知》，在全市范围内开展专项检查和交叉互检，现场对发现问题下达执法建议书，全市共立案查处案件19件，罚款7.62万元。监督医疗机构依法执业行为，对全市各级医疗机构开展依法执业专项监督检查，共覆盖100%公立医院、50%民营医院、30%诊所。其中不合理检查13.57万件，落实整改率85.64%；不合理用药行为13807件，落实整改率96%；不合理治疗2.09万件，落实整改率88.5%；虚假医疗文书2961件，落实整改100%。全市共立案查处无证行医案件9件，罚款26.31万元，没收违法所得2.65万元。

【职业病防治】 2022年，吴忠市卫生健康委完成全市职业病防治能力提升项目建设、工作场所职业病危害因素监测工作，组织开展职业健康体检、职业病诊断机构专项督查，有效推进职业病防治。印发《吴忠市深入开展职业病危害专项治理工作方案（2022—2025年）》，完成对治理企业摸底、基础台账建立工作。联合民政、人力资源和社会保障、医疗保障、工会等部门印发《关于开展2022年〈职业病防治法〉宣传周活动的通知》，多部门共同参与、卫健系统上下联动，广泛开展宣传活动。全市共计出动监督人员100余人次，制作宣传类短视频7部，开展宣讲、咨询、警示、普法及专题讲座等活动130余场次，宣传受益群众达11.85万人次。

【依法行政】 2022年，吴忠市卫生健康委深化"放管服"改革，持续优化营商环境，印发《关于印发〈吴忠市卫生健康委深化"证照分离"改革 进一步激发市场主体发展活力实施方案〉的通知》《关于调整〈涉企经营许可事项改革清单〉的函》，进一步提升政务服务效能，优化行业办理事项流程，简化办事材料，降低办事成本，提高办事效率，支撑卫生健康行业更多便民惠民应用。

·医政医管及中医工作·

【医政药政管理】 2022年，吴忠市卫生健康委实行"双主任制"学科管理新模式，先后与北京友谊医院等40多家三级医院建立战略合作关系，柔性引进优秀团队、学科带头人、高层次和急需紧缺型人才，以点带面加强区域合作。借助"西部之光"等高层次人才选拔培养工程，选派高精尖人才到区内外知名三级医疗机构进修深造。加强医疗废弃物管理。利用在线监管系统提升精准化监管水平，加强对医疗废弃物处置、预检分诊等重点部位和环节线上巡查，发现安全隐患，通过图片、语音等形式通知医疗机构及时处置。按时上报相关信息。各级医疗机构开展新技术新业务35项，推进预约诊疗、远程专家门诊、疑难重症会诊及"互联网＋护理服务"试点，延伸护理服务链条。三级医院全面推开日间手术，大力推进多学科联合诊疗。健全完善医共体、医联体，加大三级医院对口帮扶力度。

【"三不合理"专项治理督查】 2022年，吴忠市卫生健康委深入开展"不合理检查、不合理用药、不合理治疗"专项整治行动。根据《自治区卫生健康委办公室关于持续推进"不合理检查、不合理用药、不合理治疗"专项整治行动的通知》要求，面向社会公布专项整治行动举报电话、专用邮箱，畅通投诉渠道，接受社会监督并建立举报投诉台账。组织各医疗机构集中进行问题自查及整改工作，制定自查自纠任务清单、问题清单，上报惩戒清单等信息。加强督导检查，组织市卫生监督所相关人员开展"三不合理"专项治理督查。开展民营医院管理年活动。各民营医院按照《医疗质量安全核心制度要点》要求，进一步完善内部质量管理和控制制度。按照核准登记的执业地址和诊疗科目依法执业，规范诊疗行为。开展民营医院病案首页数据网上填报，加强日常管理。

【"平安医院"创建】 2022年，吴忠市卫生健康委印发《2022年吴忠市卫生健康系统"平安医院"创建实施方案》，成立吴忠市2022年平安医院创建工作领导小组，明确创建责任、创建任务、创建标准。加大宣传力度，充分利用电视、广播、网络、电子广告屏、公益广告牌、宣传栏等多种宣传载体，开展“平安医院”创建宣传，引导广大人民群众积极参与平安医院创建，共享创建成果。强化督导考核，将平安医院创建情况列入年度考核，创建工作与业务工作考核同步进行。继续完善医疗纠纷第三方调解机制，大力推进医疗纠纷人民调解工作。截至10月，医疗纠纷人民调解委员会调解医疗纠纷44起，成功调解36起，终结8起，协议金额183.11万元。完善“调赔结合”医疗责任保险机制，加强医疗责任保险统保工作，推进医疗风险分担机制落实。截至10月，参加医疗责任保险的医院共143家。

【医疗服务能力】 2022年，吴忠市人民医院三级甲等医院创建已通过自治区专家预评审，评价良好；同心县人民医院成功创建三级乙等医院。完成全市第二批21个市级临床重点专科建设评审工作，吴忠市人民医院神经外科等10个专科被确认为吴忠市第二批市级临床重点专科。发挥19个质控中心专业作用，开展院感、产科医疗纠纷、药事、护理等专题培训6场次。由市产科质控中心牵头，对全市13家医疗机构产科医疗质量工作开展专项督查，促进吴忠市产科不断提升医疗质量，降低孕产妇死亡率，保障母婴安全。推进不断提升肿瘤、慢病管理中心建设质量，参加国家评估工作。县级医院基本实现影像、心电、超声、病理远程诊断中心共享互认，二级以上综合医院基本实现检验检查结果互认。落实2022年国家医疗质量安全改进目标，印发落实国家医疗质量安全改进目标实施方案，成立由医务、护理、院感等部门组成的10个专项工作小组。细化工作措施，逐项推进急性脑梗死再灌注治疗率等医疗质量安全改进目标工作。

自然资源与环境保护

自然资源管理

【国土空间规划】 2022年，吴忠市自然资源局坚持统筹重点产业发展，科学布局生态、生产、生活空间，加快推进国土空间规划编制，划定耕地保有量472.95万亩，永久基本农田385.67万亩，生态保护红线面积2774.06平方公里，城镇开发边界293.76平方公里，“三区三线”成果经自然资源部批复。因地制宜，科学合理编制村庄规划206个，其中重点移民村（社区）96个，其他村庄110个。

【土地供应】 2022年，吴忠市自然资源局坚持土地要素跟着项目走，制订年度国有建设用地供应计划，完成土地报批5095.63亩、土地征收327.9亩，供应土地133宗3648.03亩，收缴土地出让金7.94亿元，有力保障重大项目建设。

【节约集约利用土地】 2022年，吴忠市自然资源局加快土地权改革，编制完成市区城镇低效用地再开发专项规划，处置批而未供土地6951.99亩，盘活闲置土地16550.89亩。创新土地供应方式，实行工业用地弹性年期出让，将6宗储能电站项目194.36亩用地出让年限设为20年，降低企业成本，提高土地利用效益。

【国土绿化和生态修复】 2022年，全市完成营造林32.21万亩，修复草原8.5万亩，保护修复湿地10.12万亩，森林覆盖率和草原植被盖度分别达到18.85%、54.7%。积极争取罗山国土绿化、宁夏南部生态保护和修复、历史遗留废弃矿山修复治理等11个项目，下达资金4.78亿元。在罗山区域实施生态修复“六大工程”，完成退化林修复9.78万亩，防沙治沙2万亩，修复废弃矿山7处（1185亩），罗山区域生态环境明显改善。

生态修复项目

【山林权改革】 2022年，吴忠市自然资源局梳理核查涉及485.34万亩林地的8.03万本林权证，确权登记林地37.14万亩，颁发林权不动产权证101本。深化“三权分置”，完成林地经营权流转14万亩，实现林权融资2.4万亩，融资贷款2.6亿元，实现资源变资产。探索推行股权量化再确权，盐池县完成全区首个山林地资源政府回购。

【耕地保护】 2022年，吴忠市自然资源局逐级签订目标责任书，扎实推进耕地保护例行督察反馈问题整改。积极推进耕地占补平衡和提质改造项目实施，新增耕地0.65万亩，新增水田1379.87亩，实现耕地面积未减少、质量有提升。

【矿产资源管理】 2022年，吴忠市自然资源局在全区试点推行净采矿权出让，完成净采矿权出让3宗，推动矿产资源节约集约利用。组织开展非煤矿山专项整治，对排查发现的11起违法活动进行严厉打击，矿产资源市场持续向好。

【重点项目服务】 2022年，吴忠市自然资源局紧盯区、市重点项目进度，建立台账，定期调度。积极推行土地征收前期工作45天办结制、项目方案提前预审制、手续办理并联审批制等，对具备办理条件的项目，4个工作日内办理完毕建设项目用地前期手续，为市本级40个重点项目落地提供有力支撑。

【枸杞产业】 2022年，吴忠市自然资源局坚持因地制宜，着重从基地建设、精深加工、品牌建设等6个方面发力，落实枸杞新建基地600亩，改造提升1万亩，病虫害统防统治2万亩，枸杞产业持续健康发展。

【林草资源保护】 2022年，吴忠市自然资源局严厉打击林草湿和野生动植物资源违法违规行为。严格林草湿地征用占用审批手续，常态化开展禁牧封育，全力推进历年森林督查反馈违法图斑整改清零。联合市公安、农业农村等部门开展打击野生动植物非法贸易专项行动，监督检查餐饮、活禽交易及其制品经营等场所210余家，绿色通道救助野生动物100余只，自然资源得到有力保护。

通互认，方便办事群众，提高登记效率。紧盯群众关心问题，稳妥化解城南御景、永昌庄园等小区790户群众办证难题，13.85万宗农村宅基地“房地一体”应确尽确、应颁尽颁。积极支持民营企业发展，创新推出工业用地转移预告登记，减免小微企业登记费35万元，不动产登记便民利企服务水平持续提升。

【地质灾害防治】 2022年，吴忠市自然资源局全面完成地质灾害防治“十四五”规划编制和突发地质灾害应急预案修编，扎实开展地质灾害风险普查，建成风险隐患数据库，建立联防联控、信息共享、沟通协调合作机制，科学高效的地质灾害防治体系逐步建成。

吴忠市自然资源局开展“广泛发动社会力量　共同推进物种保护”活动

【不动产登记】 2022年，吴忠市自然资源局积极推行预约上门、“绿色通道”等便民利民措施，加快推进结婚证、机构代码证等不动产确权登记电子证照互

【森林草原火灾和有害生物防控】 2022年，吴忠市自然资源局组织开展森林草原火灾风险隐患普查，明确高火险区和高火险期，市、县（区）逐级发布

2022 年 8 月 11 日，吴忠市经济林产业高质量绿色发展暨林木病虫害防治培训班开班

禁火令，建成防火通道和隔离带，森林草原火灾防治水平稳步提升。积极开展外来入侵物种普查，全面推进草原有害生物统防统治，严格落实森防“四率”指标，全年无重大林业有害生物灾害发生。

环境保护

·综　述·

【概　　况】　2022 年，吴忠市优良天数 296 天，优良天数占比 81.1%。剔除沙尘影响，PM_{10} 平均浓度为 68 μg/m³，$PM_{2.5}$ 平均浓度为 32 μg/m³，均控制在国家环境空气质量二级标准以内。黄河吴忠段出境断面水质稳定在Ⅱ类，苦水河入黄口断面达到地表水Ⅳ类，清水沟、南干沟等 10 个区控断面水质保持在Ⅳ类及以上。土壤环境质量总体保持稳定。

【水环境质量】　2022 年，黄河吴忠断面水质：2022 年金沙湾断面Ⅰ类水质占 16.7%，Ⅱ类水质占 83.3%，全年水质为Ⅱ类优水质。2022 年叶盛公路桥断面Ⅰ类水质占 16.7%，Ⅱ类水质占 83.3%，全年水质为Ⅱ类优水质。地表水水质：清水河王团断面为劣Ⅴ类严重污染水质（氟化物本底值超标影响），石炭沟桥断面为劣Ⅴ类严重污染水质（氟化物本底值超标影响）。苦水河孙家滩断面为劣Ⅴ类严重污染水质（氟化物本底值超标影响），入黄口断面为劣Ⅴ类严重污染水质（氟化物本底值超标影响）。南干沟青利交界断面为Ⅳ类轻度污染水质，入黄口断面为Ⅲ类良好水质。罗家河入黄口断面为Ⅱ类优水质。清水沟入黄口断面为Ⅲ类良好水质。第一排水沟一分沟为Ⅳ类轻度污染水质，二分沟为Ⅱ类优水质。

【集中式饮用水源地水质】　国家考核城市集中式饮用水水源地：2022 年，吴忠市金积水源地、小坝水源地、大坝水源地，除铁、锰地质本底超标外，其余项目监测浓度均符合《地下水质量标准》（GB/T 14848—2017）中的Ⅲ类标准要求。青铜峡镇水源地除总硬度本底超标外，其余项目监测浓度均符合《地下水质量标准》（GB/T 14848—2017）中的Ⅲ类标准要求。自治区考核县级集中式饮用水水源地：4 个地下水型水源地除红寺堡沙泉水源地、小坝东区水源地未达到饮用水水源标准要求，其他两个地下水型水源地常规监测指标均符合《地下水质量标准》（GB/T 14848—2017）Ⅲ类标准要求；2 个地表水型水源地按照《地表水环境质量标准》（GB 3838—2002）进行水质评价，水质评价结果分别为黄河取水泵站水源地为Ⅱ类、盐池县刘家沟水库水源地为Ⅲ类。

【空气质量】　2022年，吴忠市城市环境空气质量有效监测天数365天，按照《环境空气质量标准》（GB 3095—2012）评价，达标天数（优良天数）为296天，占比81.1%；轻度污染（三级）天数为10天，占比13.4%；中度污染（四级）天数为10天，占比2.7%；重度污染（五级）天数为7天，占比1.9%；严重污染（六级）天数为3天，占比0.8%。根据中国环境监测总站通过的沙尘天气剔除结果，剔除沙尘天气后，PM_{10}平均浓度为68 μg/m³；$PM_{2.5}$平均浓度为32 μg/m³；二氧化硫年平均浓度为13 μg/m³，年平均浓度同比上升8.3%；二氧化氮年平均浓度为23 μg/m³，年平均浓度同比上升9.5%；一氧化碳特定百分位数浓度为1.3 mg/m³，同比上升30%；臭氧特定百分位数浓度为151 μg/m³，同比上升1.3%。

【声环境质量】　2022年，吴忠市昼间区域环境噪声平均等效声级为50.6分贝，昼间区域声环境质量等级为二级，总体较好。2022年功能区声环境质量：吴忠市各功能区噪声等效声级显示，二类区（居住、商业、工业混合区）二季度夜间等效声级超出标准限值两分贝；一类区（中心居民文教区、上桥居民文教区）、三类区（工业集中区）和四类区（道路交通干线两侧）昼间、夜间平均等效声级均达标，全市功能区声环境质量总体保持稳定。2022年城市道路交通声环境质量：吴忠市道路交通噪声监测长度为111.56千米，道路交通噪声昼间平均等效声级为62.1分贝，昼间道路交通声环境质量等级为一级，保持“好”的水平。

【土壤环境质量】　2022年，对利通区、青铜峡市8个供港蔬菜种植基地土壤环境质量开展监测，镉、汞等9项无机指标和pH均未超标。

【水环境污染防治】　2022年，吴忠市建设牛家坊等6个人工湿地工程，全市集中式污水处理厂人工湿地配套率达78.6%，配套建设吴忠市第一、第二再生水循环利用工程，探索人工湿地尾水高效节约利用新路径。完成黄河干流497个排污口现场核查及精准识别工作，对清水沟19个雨水排放口进行规范化整治。开展苦水河、清水河、红柳沟流域本底调查工作，氟化物本底剔除通过生态环境部评审，水生态环境质量稳步提升。

【农业面源污染治理】　2022年，吴忠市强化农业面源污染防治，落实《畜禽规模养殖污染防治条例》，严格规模养殖环境监管，加强畜禽粪污资源化利用计划和台账管理，印发《吴忠市畜禽养殖污染防治规划》。依法开展畜禽养殖环境影响评价并纳入排污许可监管，依法查处环境违法违规行为，倒逼畜禽养殖污染防治与资源化利用工作有效推进。推进农业面源废弃物资源化利用，推进畜禽粪污、秸秆、农田残膜、农村垃圾等废弃物资源化利用。开展利通区、青铜峡养殖区域地下水调查项目。

【中央生态环保督察组督察反馈意见整改落实】　2022年，中央生态环境保护督察组通报的关于“宁夏吴忠盐池县工业园无序发展，违法排污多发，违反有关规定，威胁古长城安全”的问题，明确的14项整改措施已完成13项，正在推进1项；关于“宁夏宁东基地和吴忠、中卫、石嘴山等地违规上马‘两高’项目突出问题”中明确的18项整改措施已全部完成。中央生态环境保护督察宁夏协调联络工作组转办件32批271件，已办结268件，阶段性办结3件。《吴忠市贯彻落实第二轮中央生态环境保护督察报告整改方案》中确定的28项整改任务完成整改12项（2022年8项整改任务，已全部完成整改；2023年13项整改任务，提前完成两项；立行立改、长期坚持的两项任务已完成整改），剩余16项正在有序推进。

【水污染治理】　2022年，吴忠市制发《吴忠市水生态环境保护“十四五”规划》，完成西线供水工程（青铜峡调蓄水库）黄河水源工程保护区划定，规范制作城市、县、农村水源地保护区矢量图层，绘制全市水源地“一张图”。持续开展城市黑臭水体环境排查和水质监测工作，督促青铜峡完成县级黑臭水体排查公示。建成红寺堡第二污水处理厂尾水人工湿地，新建牛家坊、新华桥、清水沟上段（吴盛）人工湿地项目，启动峡口镇皮草产业园、同心县精细化产业园尾水人工湿地项目，全市14个集中式污水处理厂配套建设人工湿地11个，配套率达78.6%。以古城湾人工湿地、盐池县城北水系再生水利用项目为示范，编制《吴忠市区域再生水循环利用试点实施方案》，推进市区第一、第二再生水循环利用工程建设，构建“污水处理厂废水—人工湿地—中水设施”的区域再生水循环利用新路径，实现人工湿地尾水高效节约利用新路径，积极争创全国区域再生水循环利用试点。

【大气污染治理】 2022年，吴忠市淘汰燃煤锅炉7台、“煤改电”“煤改气”项目两台，完成大气污染治理项目33个。完成无集中供热区域清洁取暖项目1个，涉及青铜峡市大坝镇、邵岗镇共1055户84400平方米供热区域改造；完成吴忠市人民医院等7台燃气锅炉低氮燃烧改造；完成宁夏瑞资联实业有限公司矿热炉工业烟粉尘深度治理项目8个；完成吴忠市通达煤化工有限公司、青铜峡铝业分公司、中电投宁夏能源铝业青鑫炭素有限公司工业二氧化硫深度治理项目5个；完成吴忠市通达煤化工有限公司工业氮氧化物深度治理项目1个；宁夏东吴农化股份有限公司、宁夏金裕海化工有限公司、宁夏庆华煤化集团有限公司挥发性有机物治理项目4个；完成国电宁夏大坝发电有限公司、国电宁夏大坝三期发电有限公司等堆场治理项目2个；完成青铜峡水泥太阳山分厂等3家水泥企业水泥生产线烟气超低排放改造项目3个；完成宁夏瑞资联实业有限公司一至六号矿热炉在线监测项目1个。

【农村生活污水治理及工业固废处置】 2022年，吴忠市实施农村生活污水治理项目25个，投资约4亿元，覆盖30790户，受益人口约118773人，全市农村生活污水治理率达到33.27%。开展农村生活污水治理项目复核验收及污水达标排放、设施运维管理监测评估督查，分两批对各县（市、区）共16个农村生活污水处理设施（20吨/天及以上）进行现场取样，对40个污水处理设施运维台账进行检查。

【环境治理】 2022年，吴忠市建成大气污染治理项目32个，淘汰老旧车辆8620辆。扎实开展臭氧污染防治及冬春季大气污染攻坚。立足“双碳”目标，指导国能宁夏大坝发电有限公司等21家企业完成碳排放报告编制。水污染防治方面，建成人工湿地项目12个，污水处理厂末端人工湿地配套率达78.6%。建成吴忠市第一再生水循环利用工程，完成黄河干流497个排污口点位现场核查及识别工作，完成清水沟19个雨水排放口规范化整治。完成苦水河、清水河、红柳沟流域本底调查工作，地表水氟化物本底剔除通过生态环境厅、生态环境部认定。土壤污染防治方面，扎实抓好医疗废物监管，全年共监督规范处置新冠疫情医疗废物968吨，涉疫生活垃圾1235.1吨，全市工业危废和医疗废物安全处置率达到100%。排查确定重点监管单位56家，对33块重点建设用地开展土壤污染状况调查。全市25个农村生活污水治理项目已全部完工。

·库区湿地保护·

【资源管护】 2022年，青铜峡库区管理局联合青铜峡市公安局湿地警务室、中宁县森林公安共同打击偷牧、偷猎、偷捕、围垦湿地等违法行为。共出动人员250余人次，制止保护区内侵占湿地违法行为2起，杜绝违法耕种湿地500余亩；劝退违钓人员50余人次，收缴鱼竿、渔网等违规作业工具30余件；清理偷牧羊只3000余只，向周边种植户、养殖户发放通告、禁牧告知书1500余份。

【宣传工作】 2022年，青铜峡库区管理局结合庆祝库区湿地自然保护区成立20周年系列活动，开展“湿地日”“世界野生动植物日”“爱鸟周”“生物多样性日”等宣传活动7场次，受众4000余人次。发放宣传围裙、日历、彩页、湿地保护倡议书、防火宣传作业本等宣传资料6000余份。央视和区内各级媒体报道30余次。《青铜峡库区湿地自然保护区鸟类图谱》出版发行，成为对外宣传生态保护成效的重要资料。通过开展系列宣传活动，进一步增强公众的生态保护意识。

【巡防队伍管理】 2022年，青铜峡库区管理局委托第三方劳务派遣公司接手库区巡防队伍，解决巡防队员社保问题。每月定期对人员进行培训，进一步提升巡防队伍综合素质。认真落实巡查制度，将保护区沿线重点部位实行网格化管理，分片包段，责任到人。加强重点时段、重点区域的督查、巡查，确保巡查不留死角，不出空档。

【综合监测能力】 2022年，青铜峡库区管理局“人防、物防、技防、消防、疫防”五防的格局初步形成，综合监测能力全面提升。在统筹发展与安全、整体与重点的基础上，安排专人在重点水域对水鸟种类、数量、健康状况以及保护区内湖泊、河流动态监测要素（水量、水位、水质）进行监测统计，联合区、市业务部门采集野鸟咽喉和肛门拭子100余份，全年累计开展监测活动200余次。配合东北林业大学团队完成保护区水域底栖动物、水鸟、鱼类资源调查，为湿地保护发展提供基础资料。

【森林草原防火】 2022年，青铜峡库区管理局在防火宣传周和宣传月期间，加大森林草原防火法律法规宣传，牢固树立“人民至上、生命至上”理念。在单位电子屏设置防火宣传标语6条，在保护区各入口悬挂防火宣传横幅10条，不定期到周边村开展入户宣讲。利用监控语音系统每天定时播放《森林防火条例》《宁夏回族自治区森林防火办法》等法规，进一步提高辖区群众森林草原防火安全意识。针对春秋农事活动频繁和清明期间祭祀活动增多的现象，严格管控保护区外围500米范围内村民生产生活用火行为。对保护区内14处坟地的祭祀活动实行登记管理，引导群众文明祭祀，确保祭祀活动不引发火灾事故。运用监控、瞭望塔、地面巡查等手段对保护区火情进行全方位立体监测，确保第一时间发现火情，第一时间采取措施。严格落实领导带班和24小时值班值守制度。保护区没有发生火灾及其他安全事故。新规划视频监控设施4处，新建围栏7公里，向区市林草部门争取防灭火物资30余件，清理保护区可燃物2.5万余亩。

【资源保护利用】 2022年夏季，青铜峡库区管理局清理防火可燃物2.5万亩，隔离通道60余公里，上缴财政非税收入172万元，在资源保护和利用方面闯出一条新路，为探索绿水青山变金山银山开辟新路。同时，为和谐社区关系，积极争取生态效益补偿项目资金100万元，对保护区周边受损农作物进行补偿，提高周边群众爱鸟护鸟意识，为保护优先奠定群众基础。

【生态保护项目】 2022年，青铜峡库区管理局编制《宁夏青铜峡库区自然保护区总体规划（2022—2031年）》，呈报上级主管部门批复。编制完成《宁夏青铜峡库区湿地自然保护区2022年度湿地保护恢复建设项目初步设计》。项目概算投资698.22万元，市发改局已下达立项批复；编制完成《青铜峡库区国家重要湿地2022年度湿地保护修复项目方案》，概算投资800万元，并完成勘察设计工作。有续建、在建工程4个，投资258万元，其中3个已完工。

教育与科技

教　育

·综　述·

【概　　况】　2022年，新建、扩建学校28所，普惠性幼儿园在园幼儿占比达到94.7%，义务教育阶段大班额得到有效缓解，普通高中大班额占比降至1%。全市高等职业教育学校1所，招生2613人，在校生7414人，毕业生2360人；中等职业学校5所，招生3012人，在校生9129人，毕业生3056人；普通高中12所，招生11673人，在校生34954人，毕业生10728人；初级中学54所（其中普通初中39所，九年一贯制学校15所），招生22282人，在校生65220人，毕业生22916人；普通小学265所，招生20757人，在校生130718人，毕业生22395人；特殊教育学校3所，招生20人，在校生445人；幼儿园281所，在园幼儿46429人。

【思政教育】　2022年，吴忠市教育系统围绕党的十九届六中全会精神和习近平总书记视察宁夏重要讲话精神录制“同上一堂思政课”并组织全市4万余名党员、师生同步学习。举办《习近平新时代中国特色社会主义思想学生读本》教材培训、教学设计大赛等活动，组织22名教师参加全区读本精品课竞赛，11人获一等奖，打造思政精品课程73节、课程思政精品课程967节，创建思政名师工作室22个、德育名师工作室16个，引领全市教育系统思想政治工作再上新台阶。

【未成年人教育】　2022年，习近平新时代中国特色社会主义思想“三进”暨未成年人思想道德建设工作在全市高效实施，“扣好人生第一粒扣子”五大主题教育实践活动广泛开展，“愿做兰花绽芬芳”“民族团结育苗工程”等主题教育实践活动相继开展，两人被评为全区新时代好少年。全市建成校外心理健康辅导站61个，实现市县两级全覆盖，近5万名学生从中受益，满意度达94.1%。

【素质教育】　2022年，市青少年校外活动中心阵地作用有效发挥，开设公益培训班32个，与北京邮电大学、西安电子科技大学等高校举办科创类夏令营、创客马拉松活动，惠及1300余人。建成5所县级青少年活动中心，成立12个美育名师工作室，以名师提升美育质量。制定小学、中学、大学劳动教育评价细则，推动劳动教育在吴忠市落地见效。全市规范化家长学校实验区建设工作全面推进，324所中小学建立家庭教育指导委员会，通过开展专题讲座、读书沙龙、设立家长学校工作站等，着力实现家校携手、共促成长的目标。

【基础教育】　2022年，吴忠市教育局印发《吴忠市基础教育质量提升行动2022年重点任务清单》，深入开展“5+1”系列活动，校（园）长办学思想主题论坛展赛、初中学业水平质量提升研讨会、新高考改革培训及义务教育学段新课标培训等活动，赋能基础教育提质增效。高质量完成全区4个示范点、6个试点项目创建，在全区率先印发《学业水平分级监测管理试点项目实施方案》。市直属学校“阳光均衡分班”实现所有学段、起始年级全覆盖。不断加大教育投入，年底前完成新建、改建、扩建幼儿园20所、小学3所、中学5所，新增学位15036个，“大班额”“大校额”顽疾有效化解。全区“互联网+教育”观摩研讨交流会在利通区召开。信息化应用能力提升工程2.0项目全面铺开，教师信息技术与教育教学融合创新能力不断提升。

【学前教育】 2022年，全市学前三年毛入园率91.31%。在园幼儿51442名，其中公办园占比54.76%，普惠性幼儿园占比93.83%，超过全区平均水平。组建16个吴忠市域学前教研共同体，覆盖全市所有幼儿园，实现学前教育“资源共享、优势互补、互助共建、均衡发展”。

【义务教育均衡发展】 2022年，盐池县、青铜峡市迎接自治区义务教育优质均衡发展评估验收工作扎实推进。全面消除义务教育阶段56人以上大班额，助推吴忠市教育向高质量发展。全市8230名义务教育阶段随迁子女100%在公办学校就读。

【职业教育】 2022年，吴忠市印发《关于推动现代职业教育高质量发展的实施方案》，以创建宁夏高质量现代化职业学校为契机，借助区内外优势教育资源，实行“3+2”办学模式，建立“校企互动、开放共赢”长效机制，全市中职学校增设、调整专业11个，与宁夏北立方教育咨询有限公司、盐池县医院等区内外13家单位合作办学，实现人才与市场的零距离对接。

【推进“双减”】 2022年，吴忠市教育局联合发改、财政等5部门印发《市区中小学（幼儿园）课后服务管理办法》，覆盖全市义务教育阶段学校255所，参与教师8142人，参与率94.58%，聘请校外专业人员306人，覆盖学生18.4万人，学生参与率87.94%。“两个有效”（有效课堂、有效教学）、“六大能力”（课标及教材通识能力、教案设计能力、课堂驾驭能力、信息化应用能力、作业设计能力、命题能力）成为指导全市“双减”工作的主要方法，组织的全市优秀作业设计大赛、义务教育阶段原创性试题评选活动、义务教育阶校一二年级无纸笔考试评选活动等被《中国教育报》等多家媒体报道。学科类培训机构压减率达到91.41%，营转非完成率、预收费资金监管率、学生信息采集率均达100%。

【教育改革】 2022年，在盐池县完成改革试点的基础上，其他县（市、区）“县管校聘”改革全面开展，382所中小学校，106名校长、15489名教职工通过校内竞聘、跨校竞聘、组织调剂等方式竞聘上岗，进一步促进校长、教师合理流动，优化教师队伍结构。学生和教师评价方式不断完善，利通三小“互联网+镜子伙伴”德育评价改革、利通一小“阶段递进式”劳动教育评价、滨河中学学生综合素质发展评价体系构建和电子档案建设、青铜峡市第二幼儿园区域家园共育德育评价被确定为自治区教育评价改革试点项目。制定《吴忠市直属学校高考综合改革基础条件保障工作的整改方案》，进一步落实适应新高考改革学校条件保障、师资配备以及“选课走班”新标准，确保高中学校高考改革工作顺利进行。

【校园安全】 2022年，吴忠市教育系统坚持生命至上、安全为主，全面统筹疫情防控、校园安全、防溺水等工作，层层签订安全责任书，压实校园安全管理责任。夯实硬件建设，打牢安全基础，全市校园封闭化管理、专职保安配备、一键式报警和视频监控系统安装、“护学岗”设置、“互联网+明厨亮灶”均达到100%。开展防欺凌、防溺水、防交通事故等活动2000余场次，组织应急疏散演练600余场次，师生安全意识进一步树牢。针对暑期学生溺水隐患问题，组织100场互动式防溺水家庭教育讲座，在市直属学校示范试点开展学生防溺水基本技能公益培训活动，350多名特殊家庭孩子受益。争取自治区教育厅支持，在市直中小学校分批次建设6座可拆装式游泳池，把游泳课纳入体育考试项目，让更多中小学生掌握防溺水基本技能。

【教师队伍建设】 2022年，全市招聘教师640余名，面向陕师大自主招聘教师6名，预引进3名优秀大学生。柔性引进西北师大、华中师大、北京师大等4个优秀团队、6名专家、21名优秀教师，与第四中学、朝阳小学合作探索新型教学模式，帮助提升中小学教育教学水平。组织526人先后参加农村校（园）长领导力培训、市县教师培训团队研修、农村骨干教师能力提升培训等，不断提升教师专业素养。争取自治区骨干教师培训项目16个、培训资金406.25万元，择优选拔728名市级骨干教师培养对象，精准制订培训方案。坚持德才兼备选人用人标准，调整交流干部59名，提拔交流学校正职8人。制定《进一步规范市直属学校中层管理岗位聘任办法（试行）》，明确中小学中层管理岗位设置职数，规范中层干部聘任程序，学校中层管理岗位人员聘任监督管理工作逐步加强。表彰全市教育工作先进集体80个、先进个人96名、优秀教师160名。始终把师德教育作为教师培训重要内容，签订师德承诺书，师德考核、激励、监督的长效机制进一步完善。中小学教师有偿补课和教师违规收受礼品礼金问题行为专项整治工作取得实效，师德师风建设第一批示范学校评选活动顺利开展，示范学校的辐射、引领作用充分发挥。

·宁夏民族职业技术学院·

【思政工作】 2022年，宁夏民族职业技术学院建成思政教育基地，开展丰富的主题教育活动，"三全育人"格局更加稳固。强化思政课程和课程思政协同效应，建立思政教师包抓系部课程育人责任体系，评选优秀思政案例55个，辅导员强雨婕的思政案例入选全国高校思政工作优秀案例，立项"课程思政"示范课项目16项，实现课堂教育、实践教育与思政教育有机融合。

【任务完成情况】 2022年，宁夏民族职业技术学院463项任务指标已完成314项，完成率67.8%。护理专业群135项指标，完成112项，完成率83%；机电一体化专业群215项指标，完成180项，完成率83.7%。项目预算资金7771万元，已执行8462万元，执行率108.89%。

【教学改革】 2022年，宁夏民族职业技术学院专业群实现全面覆盖，形成"二带五"的高水平专业群建设模式，制定院级高水平专业建设标准，评选院级高水平专业14个。对接"六新六特六优"产业，新增畜牧兽医、绿色食品生产技术、纺织机电技术3个专业，服务地方经济专业达到82%。不断优化培养模式，推行学分制管理，被确定为宁夏职业教育学分银行联盟单位，2个专业人才培养方案成为自治区学分银行专业标准。深化课程建设，共立项15门"金课"、9门开放精品在线课程，评选出30个"课堂革命"典型案例。加大证书考核培训力度，各专业资格证考试通过率和"1+X"等级证书获取率均超过90%。获批自治区"黄大年式"教学团队和创新团队2个，培育院级教学创新团队6个。与企业共建"双师型"教师培养基地达到18个，4个获批自治区"双师型"教师培训基地，双师型教师占比达到53%。师生积极参加各类大赛，获国赛奖项4项，区赛奖项189项，取得丰硕成果。产教融合步伐加快，实施"专业+企业+双高职院"建设模式，探索形成"恒丰模式""医养模式"等6个现代学徒制培养模式，有效促进教育链、人才链与产业链、创新链有机衔接，人才培养质量实现新突破。

【学生管理】 2022年，宁夏民族职业技术学院改革评价方式，将劳动素养纳入学生综合素质评价体系，建成劳动教育实践基地，鼓励引导学生在劳动中长知识、受教育。改进管理模式，出台《辅导员（班主任）"五进两访一提升"工作制度》，建立公寓五级网格化育人体系，在学生宿舍楼打造辅导员（就业指导）工作室6个。3个"学风涵养工作室"立项中国科学技术协会学风传承行动项目。辅导员王安琦被评为自治区辅导员年度人物。变革服务形式，构建"五位一体"心理健康服务体系，创建"1+N"心理摸排模式，开展心理健康月、心理访谈、心理调适等专题活动26场次，学生心理健康安全防线得到有力维护。通过邀请公安、消防、金融行业等联防联控单位开展安全教育讲座、加强校园治安巡逻等措施，校园整体报警率较上年大幅下降。

【学生就业创业】 2022年，宁夏民族职业技术学院以高质量就业为目标，探索推行实践、实习、实训“本地化、园区化、基地化”模式，与市工业园区、农业科技园区、轻工纺织园区、自动化工业园区共建产学研实践实训基地、就业创业实践基地，实行书记、院长访企拓岗促就业专项行动，先后深入202个单位和企业，拓宽就业渠道，联合开展“公共就业服务进校园”招聘会，毕业生年终就业落实率达96.09%。以创新创业为驱动，组织学生积极参加创新创业大赛，学院荣获自治区“优秀组织奖”“创新进步奖”，学生项目团队共获得区赛奖项25项。

【社会服务】 2022年，宁夏民族职业技术学院履行职业教育社会职能，围绕地方产业布局，高质量建成宁夏奶业现代产业学院，在宁夏农垦等设立6个分院。投资580万元，与企业共建产学研基地6个、实训实践基地7个，邀请企业51名专家组建教师资源库，建成5个实训室，服务产业发展的能力大幅提升。积极承担社会培训任务，拓宽培训领域，承办全区大中小学校思政课教师集体备课活动、全区高素质农民培训等，挂牌成立吴忠市消防救援支队人才培养基地，培训认定和学历提升7000多人。立项自治区美育教育研究课题1项、高校科研项目12项，科研服务地方经济发展持续好转。

【服务师生】 2022年，宁夏民族职业技术学院投入1800多万元建设智慧校园，改造维修田径运动场，实施校园无线网络和监控系统改造升级、学生宿舍楼办学条件提升、教学楼卫生间用电及设施改造、教职工健身、心理辅导室建设等项目。为离退休职工进行健康体检，员工工作生活条件不断提高。向师生发放技能大赛奖励经费70多万元，多劳多得、能者多得的导向更加鲜明。发放2022届毕业生求职创业补贴450.2万元，受益学生达2251人次。发放各类奖学金、助学金1956.1万元，受益学生达1.1万人次。积极妥善解决一批师生最关心、学院最关注的问题，学院育人环境得到极大改善，为高质量发展奠定坚实基础。

【获得荣誉】 2022年，宁夏民族职业技术学院被评为全国红十字模范单位、自治区文明校园、自治区节水型高校、自治区第二批校园治理达标校，得到社会各界的高度认可。《光明日报》头版介绍学院“四个一批”专业结构调整优化、服务区域产业高质量发展的典型做法。连续六年荣获全区职业院校技能大赛突出贡献奖，连续六年荣获吴忠市效能目标考核优秀等次。

科　技

【概　况】 2022年，全市科技系统全面贯彻落实习近平总书记视察宁夏重要讲话指示批示精神，深入落实自治区第十三次党代会和市委、市政府决策部署，大力实施创新驱动战略，围绕“四大工程”，强力推进科技创新，助力各项政策落地见效，为实现经济社会高质量发展提供了有力科技支撑。

【自身建设】 2022年，市科技局持续加强党的政治建设，组织开展党的二十大和习近平总书记视察宁夏重要讲话指示批示精神“大学习、大讨论、大宣传、大实践”活动，深入学习领会自治区第十三次党代会精神。坚持党建和业务工作同部署、同推进，促进党建和业务深度融合。扎实推进“清廉吴忠”建设，认真落实清廉机关、“树廉洁家风·建清廉家庭”家庭助廉活动，落实一把手“五个不直接分管”制度，进一步明导向、定规矩、正风气。制定科技计划项目管理办法（暂行）、农业高新技术产业示范区建设专项资金管理制度、科技型中小微企业风险补偿贷款业务管理暂行办法，努力实现科技创新工作制度化、规范化、科学化。

【科技项目申报】 2022年，全市共争取高新技术企业奖补等14个项目，到位资金1.2亿元，其中市本级资金6784.24万元。宁电投太阳山能源公司等17个项目被列为自治区重点研发计划重大、重点项目，较上年增长240%。35个一般项目已公示，较上年增长35%。组织鼎辉科技公司等14家企业申报自治区首批重大科技成果转化项目，组织实施自治区乡村振兴成果引进示范推广项目26个，同比增长8%，支持资金768万元，实施市本级成果转化项目12个，支持资金90

万元。围绕各县（市、区）优势特色产业开展技术示范推广，组织实施自治区科技特派员创业服务项目67个，争取资金809.5万元，实施自治区乡村振兴科技指导员项目18个，落实资金282.2万元。

【科技成果转移转化】 2022年，市科技局依托吴忠技术市场资源优势，开展科技成果和技术需求征集，提炼工业、农业领域需求102个。围绕产业技术需求，引进转化新品种、新技术、新装备、新工艺、新产品，登记自治区科技成果68项。围绕“六特”产业共性需求和技术难题，开展“县域创新成果推介会”系列活动，邀请浙江大学、湖南农业大学、天津科技大学等20余所区外高校、科研机构的专家团队，现场路演先进的技术成果和技术需求解决方案，累计举办对接活动16场，服务企业1149个次，成功签约技术转化协议11项。举办“六新”产业线上推介对接会3场，推介优质科技成果45项，5家企业与高校、科研院所达成合作意向。

【科技创新平台建设】 2022年，全市科技系统积极引导创新平台开展技术示范推广，使创新平台对产业形成广泛的拉动效应，形成一批具有自主知识产权的技术成果。组织企业申报7个自治区创新联合体，加强创新资源一体化配置，建设全产业链创新平台。争取盐池滩羊标准化生产及优质羊肉生产技术示范推广等3个中央引导地方发展项目，支持创新平台建设资金464万元。聚焦“六新六特六优”产业，优化科技创新平台布局，支持企业与国内高校和科研院所开展科技合作，吸引大院大所来吴设立分院分所、产业技术研究院、技术转移中心等研发或成果转化机构。全年组织9家企业申报自治区工程技术研究中心，较上年增长50%；推荐31家企业备案自治区技术创新中心，较上年增长240%。

【科技创新主体培育】 2022年，吴忠市落实税务加计扣除、企业研发费用后补助等科技创新优惠政策，引导企业加大科技创新投入，助力产业提档升级，全市232家企业享受到8.05亿元研发费用加计扣除政策，其中市本级81户企业享受2.46亿元，174家企业获得自治区研发费用后补助资金9847.32万元。建立科技型企业梯次培育体系，国家高新技术企业公示第一批25家，其中首次申报18家，较上年增长50%，第二批18家已进入评审阶段。组织23家企业申报自治区科技“小巨人”企业，较上年增长21%。自治区科技型中小企业第一批已认定79家，第二批67家已完成评审，各类科技型企业新增数量有望突破历史最高水平。组织4家企业申报自治区创新型示范企业、11家企业申报自治区首批“瞪羚”企业，目前正在评审中。

【高新区建设】 2022年，市科技局积极组织开展金积工业园区创建国家高新区工作。围绕企业培育、创新平台建设等方面，兑现《关于加快升级国家高新技术产业开发区的政策措施》奖补资金300万元，支持金积工业园区升级为国家高新技术产业开发区。青铜峡自治区高新区围绕三大主导产业，延链补链强链，实施全湿法制备5N级高纯锌材料技术等8个科技项目，助推产业高质量发展。争取1000万元专项资金支持吴忠国家农业科技园区建设，促成中国（宁夏）奶业研究院联合山东奥克斯畜牧种业有限公司组建活体采卵体外生产胚胎实验室，运用最新技术手段解决“牛芯片”和种业“卡脖子”问题，实现优质牛群高效扩繁。

【企业家创新精神培育行动】

2022年，市科技局深入推进企业家创新精神培育行动，采取“走出去”与“请进来”相结合的方式，围绕科技政策、创新意识、创新能力等主题举办培训班14期，培训人数达2715人次。广泛动员企业参加中国创新创业大赛，20家企业入围第十一届中国创新创业大赛决赛圈，宁夏泰富能源仓储公司等3家企业分别获成长组一、二、三等奖，宁夏电投太阳山能源有限公司等两家企业分别获初创组二、三等奖，吴忠市科技局获最佳组织奖。

【科技协作】 2022年，市科技局组织优秀科技特派员和业务骨干到山东省寿光市举办吴忠市科技特派员能力提升培训班，重点学习观摩潍坊、烟台、日照等地优秀农业企业科技成果。加强与大专院校、科研院所的产学研合作，促成吴忠市人民政府与宁夏大学签订校地合作框架协议，发挥宁夏大学技术和人才优势，推动企业与宁夏大学建立“双导师”互聘机制，马玉山院士被聘为宁夏大学机械工程学院院长，促成了宁夏大学5名优秀教师到企业担任技术顾问，组织推荐5名优秀专业技术人员到宁夏大学担任校外合作导师。引导企业与区内外高校、科研院所建立合作关系，先后促成57家企业与中国科学院、华中科技大学、上海交通大学等大院大所合作实施98项科技项目。宁夏恒丰纺织科技股份有限公司与青岛大学合作开展再生纤维素纤维本色纱绿色评价技术联合攻关，天利丰公司与上海交通大学合作开展膜分离+PSA吸附BOG制取液氦工艺技术研发。聚焦吴忠市重点产业关键共性技术需求，落实“揭榜挂帅”制度，组织坤正生物、君星坊科技公司等行业龙头企业联合高校、科研院所申报自治区揭榜攻关项目。

【科技人才队伍建设】 2022年，吴忠市支持企业以项目合作方式柔性引进高端人才，通过支持宁夏电投太阳山能源有限公司实施科技合作专项，柔性引进厦门大学氨能源工程实验室王兆林博士等3名专家，共同合作开展火电站循环流化床中氨在线催化供氢减煤降碳技术研发。深入落实科技特派员制度，选派宁夏大学、宁夏农林科学院等高校和科研院所的34名乡村振兴科技指导员下沉盐同红地区34个村（其中27个移民村）开展技术引进示范推广。组织推荐吴忠仪表刘海波等4名自治区科技领军人才。

【科技金融助企】 2022年，吴忠市积极推进现代金融与科技创新互融互促，扩大“宁科贷”资金规模，追加300万元注入“宁科贷”资金池，撬动金融机构6000万元资金支持科技型企业创新发展。2022年为全市47家科技型企业融资贷款1.37亿元，较去年增长25%。60家企业获得科技金融补助542.6万元，较上年增长26%，组织73家企业申报2023年科技金融专项，申请补助金额1897.83万元，推荐14家科技型企业办理科技担保贷，贷款总额4750万元。

【科技服务】 2022年，市科技局抽调全市科技系统项目管理骨干及青年组建吴忠市项目需求辅导员队伍，建立以国家高新技术企业为重点的包保服务企业库，分组、分区域摸排企业平台、人才、项目等方面的需求，结合企业实际情况凝练科技项目，为企业提供一站式服务。引导科技中介服务机构开展规范高效服务，组织3家企业申报自治区众创空间、19家企业申报科技创新券项目，兑现资金179.3万元。充分运用新媒体、实地调研、培训解读等方式，广泛宣传科技惠企政策，通过“吴忠科技”微信公众号，发布科技信息150余篇，累计阅读量突破10万人次，营造了良好创新氛围。

【防震减灾科普宣传】 2022年，市科技局强化地震宏观观测点管理，建立健全智慧通畅、应对科学、反应迅速的协同联动工作机制。利用“5·12”全国减灾日、“7·28”唐山地震纪念日、国际减灾日等时间节点，通过多种形式开展防震减灾法律法规宣贯、科普宣传和地震应急演练活动。积极推进“地震科普携手同行”主题活动，按照“一年试点、三年推广”的目标要求，组织试点学校赠书、防震减灾科学传播师培训和“五个一”系列活动。通过培训选拔，组织5名选手参加了全区2022年防震减灾科普讲解大赛，获得优秀组织奖。推进全市地震灾害风险普查，完成吴忠市城区70万平方米房屋设施抽样详查与数据库建设，正在推进房屋设施地震灾害重点隐患排查与评估。印发《吴忠市建设工程地震安全检查计划》，梳理形成2021年6月以来全市建设工程清单，重点对新建、改建、扩建的学校、医院的建设工程进行系统审查。

气象服务

【气象灾害防御联席会议】 2022年，吴忠市气象局将指挥部成员单位由13家增加为30家，印发气象灾害防御联席会议制度和人工影响天气联席会议制度。紧盯极端灾害性天气，印发防范灾害性天气通知33条。与市应急管理指挥部办公室共同召开联络员会议。

【防灾减灾能力建设】 2022年，吴忠市气象局常态化开展风云地球、黄河流域气象服务综合业务平台和睿图/RMAPS等系统的学习培训，积极参加自治区气象局组织的39期“气象大讲堂”，不断拓宽眼界，提升综合业务能力。与电信等通信公司签署战略合作协议，推动建立气象灾害预警信息发布“绿色通道”。参与制定《吴忠市市区内涝应急处置工作方案》，明确以气象局发布的暴雨预警为先导的内涝应急响应级别及启动条件。

【灾害性天气服务保障】 2022年，吴忠市气象局落实“531-63”递进式预报预警服务业务流程，做好汛期8次强降水天气过程和重大活动气象服务保障。市长王学军表扬气象局在强化部门合作、防范局地强降雨和减少灾害方面所做的工作。吴忠市气象局、同心县气象局及5人获自治区气象局通报表扬。

【畅通预警信息发布渠道】

2022年，吴忠市气象局联合市委宣传部、应急、新闻中心印发《吴忠市突发事件预警信息快速播报合作备忘录》，建立高级别预警插播机制。利用214套应急广播系统播报高级别预警信息，达到乡镇、行政村信息全覆盖。

【气象保障服务】 2022年，吴忠市气象局联合农业部门印发《做好春季农业生产及夏粮安全生产气象服务的通知》，签订战略合作协议。与市金融工作局、银保监分局以及8家保险公司合作，共同保障农户稳产增收。聚焦主要粮食作物，制定分作物精细化周年气象服务方案和2022年吴忠市粮食安全气象保障决策指挥图。开展保秋粮丰收等气象服务工作，1人获全国保夏粮丰收气象服务工作通报表扬。印发黄花菜、滩羊、牧草、酿酒葡萄周年气象服务方案。聚焦奶产业自动推送奶牛热应激反应预报预警，宁夏哆硒呀农牧有限公司为吴忠市气象局送上锦旗。全区首家落实黄花菜“气候好产品”认证经费。与供电公司开展新能源气象服务座谈会2次。邀请湖北省气象服务中心、宁夏气候中心专家开展技术指导。

【生态气象监测】 2022年，吴忠市气象局应用生态气象服务一体化平台，制作生态气象服务产品，发布火险气象等级预报和气象风险预警服务产品。共享哈巴湖国家级自然保护区45个气象水文监测站点数据。

文化事业

文　化

·综　述·

【概　　况】　截至2022年，全市有艺术表演团体50个、文化馆6个（国家一级馆4个）、公共图书馆6个（国家一级馆3个）、博物馆11个、美术馆1个、全国重点文物保护单位9处、国家级非物质文化遗产代表性项目7个、广播电台4座，电视台4座。广播人口综合覆盖率达到99.9%，电视人口综合覆盖率达到99.93%。全市共有24家A级旅游景区，其中4A级5家，3A级9家，2A级10家。全市共有49家旅行社（分社、营业部），其中国内社8家。全市共有12家星级旅游饭店，其中四星级4家、三星级8家。接待国内游客814.7万人次，国内旅游收入49.69亿元。

【公共文化网络】　截至2022年吴忠市已基本形成统一规划、覆盖城乡、功能齐全、设施先进、实用高效的市、县、乡、村、组五级公共文化服务设施网络，全市“三馆一站”覆盖率达到166.1%。市、县文化馆、图书馆、博物馆，乡镇文化站100%全覆盖，全市村（社区）综合文化服务中心覆盖率100%。改造完成市级美术馆、非遗展示馆、县（市、区）文化馆、图书馆、博物馆，覆盖率由83%提升到100%。推进市文化馆、图书馆，青铜峡文化馆图书馆，盐池县文化馆，同心县图书馆等7个馆所达到部颁一级标准，其余均达到部颁三级以上标准。红寺堡区、盐池县、同心县实现了村综合文化服务中心“七个一”标准建设100%全覆盖。2022年利通区胜利镇、盐池县花马池镇等4个标准化乡镇文化站和同心县兴隆乡王团村、韦州旧庄村等21个村综合文化服务中心（文化大院、民间文艺团队）全面完成改造提升，添置了实用文化器材和设备，提升了基层公共文化服务能力。

【文化惠民】　2022年，吴忠市大力实施文化惠民送戏下乡、“书香吴忠·全民阅读”、“文化阳光志愿服务”、“结对子送文化种文化”等一批公共文化服务项目，深入开展文化“八进”，每年文化惠民送戏下乡演出2000多场次，受益群众达100万人次。吴忠市数字文化馆、“吴忠记忆”黄河文化数字非遗展示馆、吴忠市图书馆信息化平台及业务智能化管理建设、吴忠市博物馆文物数字化保护与展示提升等项目已全面建成并投入运营，并免费向市民开放，极大满足了群众的文化需求，文化场馆的服务能力均大幅提升。市文化馆精心组织各类文化活动，全面营造喜庆热烈的浓厚氛围。元旦、春节期间免费开放馆内节日打卡点，吸引群众进馆参观。积极开展吴忠市2022年传统民俗闹董府、“文化进万家——视频直播家乡年”活动、“启航新征程　奋进新吴忠”2022年吴忠市春节联欢晚会录制等5项活动。成功举办“喜迎二十大

2022 年 7 月 1 日，文化惠民“送戏下乡”志愿服务公益演出走进利通区板桥乡李闸渠村

奋进新时代”全区广场舞大赛吴忠复赛。完成吴忠早茶美食文化节“强国复兴有我”文化惠民专场演出共 7 场次，展馆组织节目表演 18 场次。在 2022 年全国沙滩排球巡回赛（宁夏吴忠站）上组织开幕式文艺演出及非遗产品展示展览。扩展公共阅读空间，市图书馆军民融合 24 小时图书阅览室、同心县“豫海城市书房”等 4 座城市书房建成并对外免费开放。“送戏下乡”“戏曲进校园、进乡村”等惠民演出 569 场次，滨河百姓大舞台广场演出 18 场次，基层公共文化服务能力不断提升。聚焦“我们的节日”中华优秀传统文化，着力打造文化品牌活动，举办 2022 年吴忠市春节联欢晚会、“4·23”世界读书日系列活动、清明诗会、“5·18 国际博物馆日”系列活动、“喜迎二十大　奋进新时代”全区广场舞大赛复赛、2022 中国面食博览会暨第二届吴忠早茶美食文化节、“情满中秋夜”中秋系列活动等 20 多项重大文化活动，受到了群众广泛好评。

【艺术普及与培训】　2022 年，吴忠市文化馆通过线上公众号平台持续推送“学才艺”——吴忠市全民艺术普及云课堂教学，共录制培训课程 72 课时，并上传至国家公共文化云平台同步播出。组织开展“喜迎二十大　建功新时代”吴忠市 2022 年文艺骨干专题培训等各类培训 6 期，累计培训学员达 815 人。先后组织全馆干部职工参加“文化和旅游部全国公共文化发展中心 2022 年重

2022 年 5 月 18 日，“5·18 国际博物馆日”系列活动启动

点工作暨《公共文化云建设项目“十四五”建设指南》解读”专题网络培训班等各类线上培训4批次。

【文艺创作】 2022年，吴忠市新编创作表演唱《瞧这一家子》、小品《村官和老婆》等文艺作品20余个，改编《血脉情》《一诺千金》《兰花芬芳》等一批文艺作品。《扬鞭再创新辉煌》荣获全区广场舞大赛一等奖，群舞《兰花芬芳》、小品《一家亲》等优秀剧目荣获全区群星奖，舞蹈《血脉情》、秦腔小戏《爸爸回来了》等优秀作品获得自治区舞台艺术精品创作工程扶持，《青铜峡的传说》《爱有你我他》等17部优秀文艺作品入选国家艺术基金资助项目创新实施文化惠民工程。

【非遗文化传承】 2022年，吴忠市推进非遗名录体系建设，梳理修订吴忠市重点文物保护单位、革命历史类纪念设施、红色文化遗址、石窟寺、名碑名刻文物资源等名录体系6个，评选27名吴忠市级非物质文化遗产代表性传承人，陈堃、李夏音、马国强3人入选第六批国家级非物质文化遗产代表性传承人名单。组织市级以上非遗项目、非遗传承人开展非遗文化和非遗产品宣传推广50余次。成功举办吴忠市2022年“我们的节日·端午节”暨文化和自然遗产日（非遗购物节）系列活动，吸引游客过万人次。举办“红旗漫卷——宁夏革命文物陈列图片展”等主题展览共4次、“铭记抗战历史 缅怀革命先烈”等线下线上活动4次，开展文博知识专题讲座10次，成功举办2022年宁夏黄河流域非遗讲解大赛吴忠市初赛和2022年吴忠市红色故事讲解员大赛，讲好吴忠故事。

【文旅市场监管】 2022年，市文化旅游体育广电局认真落实广播电视安全保障主体责任，顺利完成北京冬奥会、全国和全区两会、自治区第十三次党代会、党的二十大等重要时间节点安全播出保障工作。联合宣传、网信、文化执法等部门对威胁广播电视安全的故障易发点和设备隐患进行重点巡查检查。统筹安全生产。针对行业特点，重点对公共文化体育场馆和行业经营场所持续开展全面排查，检查文化旅游体育广电行业经营单位1263家次，出动检查人员3789人次，杜绝重大安全事故发生。结合养老诈骗专项整治，加强旅游市场监管，主动开展未经许可经营旅行社业务、“不合理低价游”专项整治行动和净化艺术品市场环境专项整治，出动执法人员260余人次，检查旅行社、旅游团队80余家，艺术品经营单位17家次，办理旅游类案件1起，罚款3万元。优化执法软硬件配置，配备4辆执法专用车、执法记录仪等执法装备，强化“互联网+监管”系统建设，推行APP掌上执法，实现智慧执法。采取明察与暗访相结合、日常检查与夜间巡查相结合的形式，严厉打击网吧及歌舞娱乐场所违法违规等问题。加强对辖区密室逃脱、剧本杀、私人影院等新兴业态经营场所的监管。截至年底，共检查各类场所1989家，出动执法人员6085人次，办理文旅领域行政执法案件25起，收缴各类非法出版物3034册，下发责令改正通知书22份，处理“12345”转接举报投诉60件。

【文化交流】 2022年，吴忠市文化馆组织全市17个节目参加全国第十九届群星奖（宁夏赛区）节目选拔，其中报送的小品《一诺千金》获全区一等奖，舞蹈《兰花芬芳》获全区二等奖，并报送文化和旅游部参加全国选拔。联合盐池县文化馆创作的《扬鞭再创新辉煌》入围第十九届“群星奖”广场舞决赛，并在“喜迎二十大 奋进新征程”第十九届“群星奖”广场舞决赛开幕式上作为压轴节目展演。排练录制《一起向未来》冬奥广场舞参加“一起向未来 大家舞起来”全国网络广场舞大赛并荣获二等奖。吴忠市文化旅游体育广电局、吴忠市文化馆报送的视频《年味宁夏·董府景区看多彩非遗》《年味吴忠·穿汉服游董府》在2022年“文化进万家 视频直播家乡年”宁夏非遗短视频展播评选中分别荣获二等奖和优秀奖；积极参加2022年第八届“六一”全区少儿美术书法摄影展并荣获优秀组织奖；积极参加吴忠市首届禁毒原创短视频大赛，文化馆报送的《深渊》荣获三等奖；组织专业技术人员参加“我们的新时代”短视频和摄影作品征集活动，文化馆职工许克成摄影作品《舞动·花儿》荣获三等奖；组织职工参加“喜迎党代会 献礼二十大”全市工会经审干部演讲比赛，文化馆职工丁佳琪荣获优秀奖；组织党员干部参加文化旅游体育广电系统举办的“喜迎二十大　奋进新征程　建功新时代”暨“牢记嘱托　感恩奋进”微党课大赛，市文化馆党员董楠楠荣获二等奖；在文化旅游体育广电系统“强国复兴有我”暨“学习宣传简史推动守正创新”知识竞赛中荣获一等奖；在“喜迎二十大　奋进新征程”第十八届中国西部民歌（花儿）歌会吴忠市复赛中，文化馆干部马皓演唱的《绿韭菜白鸽子》荣获一等奖；参加2022年“文化动车——丝路情·全国行”西北五省区“5+1联盟”乡村文艺“大联动”线上作品展演活动。

【公共文化服务】　2022年，吴忠市文化系统围绕春节、元宵节、清明节、端午节、中秋节、重阳节以及元旦、“五一”、国庆等重要时间节庆活动，举办文艺晚会、猜灯谜、社火展演、民间文艺院团展演、经典诗词诵读、群众广场舞大赛、书画摄影展陈、青少年才艺展示、青少年书法赛、“黄河岸边吼一声”秦腔联赛、“非遗、戏曲进校园”等系列文化活动，每年受益群众超过100万人次，丰富了群众文化生活。

【队伍建设】　2022年，吴忠市进一步强化社会参与，促进文化志愿服务特色化发展。广泛吸收社会各个层面的专家、志愿者加入文化志愿服务队伍，支持边远地区培训文艺人才400人次，扶持乡村民间文艺团队20多个，为助力乡村文化振兴作出了贡献。推进文化大院建设，打造了64个市级示范性大院，建筑面积达81788平方米，开展文艺活动、红色收藏、老物件收藏、农耕民俗、书画、非物质文化遗产项目传承，有力传承弘扬优秀传统文化。

端午节活动

·体　育·

【体育事业】　2022年，吴忠市先后实施了红寺堡区弘德全民健身活动中心、市区秦渠公园健身步道、乡镇全民健身中心、多功能运动场地等公共场地建设项目，全市人均体育场地面积达2.73平方米，提升了公共体育保障水平。成功承办2022年全国青少年航空航天模型锦标和全国沙滩排球巡回赛（宁夏吴忠站）等全国性体育赛事活动；举办了ACAC2022赛季（吴忠站）室外射箭公开赛，“圆梦冬奥　同享未来”第八届全国大众冰雪季宁夏同心县冰雪活动、吴忠市“迎冬奥”体育大拜年系列活动以及“奔跑吧·少年”主题健身活动等各类群众性体育赛事活动30余场次，指导动员体育行业协会开展各类群众性体育赛事活动50余场次，参与人数达30万人次。举办教练员、裁判员、社会体育指导员培训班5期，培养专业体育人才200余人次。为2000多名群众开展国民体质健康监测，合格人数比例达90.2%。开展全市运动员三集中集训工作，培养了12名国家一级运动员、58名国家二级运动员，输送16名运动员进入宁夏“未来之星”训练营。吴忠市总工会、吴忠市体育中心等8个单位荣获2018—2021年度全区群众体育先进单位称号。

【公共体育设施建设】　2022年，吴忠市实施体育设施补短板工程，认真落实吴忠市滨河体育运动公园、市全民健身中心等公共体育场馆免费和低收费开放，满足群众多样化健身需求。完成吴忠市街区秦渠公园健身步道旧路改造项目、吴忠明珠公园篮球场改造项目和吴忠市老年门球场改造项目，完成全民健身站点简易工作室2个，切实提高群众日常健身活动保障水平和全市人均体育场地面积。大力推广冰雪运动，开展2022年吴忠市旱地冰壶进校园试点工作，配置旱地冰壶赛道和比赛设备10套。

【竞技体育】 2022年，吴忠市举办2022年全市滑雪运动社会体育指导员培训班，培养19名滑雪体育指导员。夯实竞技体育训练基础，在吴忠市第二中学、第五中学等学校设立吴忠市业余体校分校，加强青少年体育人才选拔培训工作。开展2022年全市运动员冬季和夏季集训工作，设立举重、摔跤、射击项目训练点3个。扎实推进“体教融合”工作，联合市教育局开展2022年“奔跑吧·少年”主题健身活动和2022全国青少年体育夏令营宁夏吴忠站足球赛、全区青少年沙滩排球邀请赛等青少年体育赛事活动。

·旅　游·

【旅游基础设施建设】 2022年，市文体旅游广电局扎实推动黄河、长城、长征国家文化公园吴忠段建设，争取中央支持吴忠三大国家文化公园项目21个，实现投资2.75亿元，三大国家文化公园落地项目数和到位资金量均居全区首位。整合文艺演出、美食品鉴、红色旅游、乡村旅游、草原星空等资源，上线“黄河金岸、云享吴忠”VR全景游项目，建成哈巴湖仰望星空营地旅游项目。不断优化旅游服务环境，提升全域旅游基础设施和服务配套水平，建成同心县长城国家文化公园旅游风景道、青铜峡滨河风景道，开通吴忠至银川城际公交专线，实施数字文化馆、数字博物馆一期项目，吴忠智慧旅游基础平台和吴忠高铁站旅游集散中心投入使用，黄河大峡谷、青铜古镇实现5G全覆盖，黄河大峡谷旅游区创建为一级智慧旅游景区。

【旅游品牌创建】 2022年，吴忠市围绕“早茶、黄河、星空、酒庄、红色、长城、休闲”主题推出21条旅游线路，其中沿黄村落田园休闲游、黄河水韵秋意体验游、黄河明珠嬉雪康养游线路入选全国“乡村四时好风光”精品线路。盐州古城创建为国家级夜间文化和旅游消费集聚区，光耀街创建为第二批国家级旅游休闲街区，黄河大峡谷旅游区荣获国内水路客运精品航线试点单位，盐池振远美食街、吴忠万达金街获评自治区文化旅游休闲街区。打磨《黄河谣》实景剧，推出《盐州胡旋》实景演出。加快盐池长城宿集、“盐马互市”建设，同心县满春村窑洞民宿、利通区白寺滩村特色民宿投入使用。持续擦亮“游在宁夏　吃在吴忠”品牌和“早茶文化地标城市”名片，举办2022中国面食博览会暨第二届吴忠早茶美食文化节，吴忠市被中国烹饪协会授予“民族美食文化地标城市”称号，签约绿色食品项目14个，金额30.3亿元，实现销售额2.15亿元，接待游客约15.9万人次。推动乡村旅游助力乡村振兴，支持利通区东塔寺乡、红寺堡区永新村、盐池县何新庄村入选第四批全国乡村旅游重点村（镇）名录，促进利通区干饭渠村，青铜峡市任桥村、唐滩村，同心县折腰沟村创建为宁夏特色旅游村。加快鸽子山葡萄酒文化旅游小镇、古渠首遗址公园建设，实施罗山飞行营地、罗山生态度假区民宿等项目，改造完成黄河楼非遗展示体验馆、宁夏刘三朵八宝茶非遗文化传承体验中心，实现文旅产业延链补链，推动文旅融合发展。

【全域旅游】 2022年，吴忠市推进各县（市、区）全域旅游创建，高铁站游客服务中心、吴忠智慧旅游平台项目、哈巴湖仰望星空营地旅游项目建成投入使用，上线“黄河金岸、云享吴忠”VR全景游项目。围绕七大主题推出14条精品旅游线路和7条“金秋美、庆盛世”旅游线路，其中沿黄村落田园趣味休闲游线路成功入选文旅部“春生夏长　万物并秀”主题线路，黄河水韵秋意浓体验游精品线路成功入选文旅部“稻花香里说丰年”主题线路，黄河大峡谷景区成功入选交通运输部“打造国内水路旅游客运精品航线试点单位”。成功举办黄河金岸文化旅游节暨“5·19中国旅游日”等系列活动，吸引近3万市民游客参与，多渠道发布“美丽中国·吴忠篇”短视频，上线12小时近10万人次浏览，达到了线上、线下立体式、全方位、多角度的宣传效果。紧抓节假日和旅游旺季，启动文旅惠民季，发放10万张各类旅游消费满减券、免费套票，合计优惠114万元，带动旅游消费达384万元。投入资金200万元启动“百万惠民补贴、引导文旅消费”旅游惠民消费券活动，全方位覆盖文旅企业，带动旅游消费796.91万元。投入资金170万元，支持各A级旅游景区开展“惠享黄河明珠·畅游美丽吴忠”免门票活动，免除景区首道门票9.5万张，优惠325.48万元，拉动吃、住、行、游、购、娱等延伸消费。

·图　书·

【借阅服务】　2022年，吴忠市图书馆每天对外开放10小时，2022年接待到馆读者20.42万人次，多功能厅保障各类会议讲座45场次，开展各类展览14场次。全年新办借书卡1117张。借还图书57516人次，借还图书142433册（次）。通过线上、线下采购到馆图书10925种、40379册，已订购未到馆图书近2000余种7000余册，清点分类入库上架图书40379册。接收来自社会各界赠书1000余册。

【全民阅读】　2022年，吴忠市图书馆先后开展百名摄影师聚焦新时代图片展、“畅读经典　欢度新年”典籍里的中国年巡展、“我们的节日·清明节”少儿线上系列活动、“奋进新征程·阅读再出发”吴忠市青少年线上诵读比赛等阅读活动，吸引5000余名读者参与。以“我们的节日”为主题，先后组织开展“迎新春送春联”“我们的节日·元宵节”谜语竞猜、“铭记红色历史　相约美丽春天”——2022年“我们的节日”清明诗会、“我们的节日·端午节”少儿活动等79场次，参与读者1.7万人次。承办2022年“书香吴忠”暨“4·23”世界读书日启动仪式，现场表彰2021年全市“阅读之星”，组织开展世界读书日系列展览并参加本土作家签名赠书。承办吴忠市2022年“喜迎二十大　奋进新征程　阅读再出发”青少年硬笔书法大赛，1357名中小学生同场比拼，评选获奖作品220个。在全民阅读活动区先后开展全民阅读活动4场，参与活动500余人次。开展流动图书车进社区80次，服务读者9000余人次。赴武警中队、消防支队、学校、企业、机关等单位开展流动图书车“五进”活动70次，调换图书39813册。扩大流动图书室建设，新增利通区第三幼儿园、宁夏岩鑫冶炼有限公司等流动图书室13个，配送涵盖党史、文学、历史、科技等类别图书7509册。

【数字图书馆建设】　2022年，吴忠市图书馆新上线朗读亭、4K阅读屏、瀑布流电子书借阅机、听书机、智慧人屏等数字阅读设备，内含海量数字阅读、听书资源，可提供扫码阅读、听书、朗读等服务，进一步丰富读者数字阅读需求。新增自助办证机1台，方便读者办理读者证。对全馆网络进行提速升级，宽带由原来60兆升级为100兆，对无线网络进行认证升级，保证读者安全使用无线网络。加大线上数字资源整合力度，在微信公众平台推出“吴忠市图书馆虚拟空间”，读者可在线访问VR，全景了解吴忠市图书馆。7月30日，由吴忠市图书馆承建的24小时自助图书室正式交付驻吴某部队使用，该自助图书室占地面积40平方米，藏书900册，部队官兵可凭借书证自助借还。

【评估定级】　2022年，吴忠市图书馆按照第七次全国县级以上公共图书馆评估定级目标要求，抽调10名工作人员组成专班，对标任务指标，清单式推进，台账式管理，在规定时间内完成所有资料整理，顺利完成第七次全国县级以上公共图书馆评估定级网上66个指标资料上传工作。

·文物保护·

【田野文物勘察】　2022年，吴忠市博物馆完成华润吴忠市利通区吴家沟、小岭子及运达孙家滩农业综合开发区分散式风电等7个项目用地区域地面文物遗迹勘查，出具专业勘查报告。同时完成孙家滩养殖园区和金积镇西门村疑似墓葬、遗址的实地勘察工作。

【社会活动】　2022年，吴忠市博物馆积极配合全市工作大局，持续开展文明城市创建，按要求做好创城网报资料的整理上报。整理创城网报志愿服务、公益广告、传统节日等2022年度照片资料120余张，撰写未成年人说明报告8篇，创城说明报告12篇。组织开展各类志愿服务活动130余次，志愿服务达2400余人次。努力做好乡村振兴工作，派遣王斌担任同心县预旺镇胡堡子村第一驻村书记，配合预旺镇政府全力开展乡村振兴工作。开展打击养老诈骗工作，组织全体干部职工及工作人员开展反养老诈骗专题培训，同时利用电子屏、微信公众号、宣传海报等进行广泛宣传，积极向游客、家人、朋友宣传反诈知识，进一步提高反诈骗意识，增强反诈骗能力。持续开展扫黑除恶工作，设立举报电话和信箱，积极征集扫黑除恶线索。同时，通过微信平台、LED电子屏、专题学习等方式，持续开展扫黑除恶宣传。

【项目实施】 2022年，吴忠市博物馆围绕公共文化数字化建设，提升公共文化服务效能，累计投入189.639万元，圆满完成数字化建设项目。通过数字化展示，全面实现馆藏珍贵文物线上展览、预约参观、迎宾接待、导览讲解等服务。自市博物馆数字化建设项目完成以来，线上线下受益观众达2.3万人次。为进一步消除市博物馆馆藏部分青铜器潜在危害，达到恢复文物原貌、维持文物稳定状态目的，市博物馆计划投入33.2万元对馆藏24件（套）铜器文物进行抢救性保护修复，已完成招标工作。完成董府安防消防维修更换项目和马月坡寨子修缮工程、水暖电等基础设施项目、电路铺设工程等验收审核工作。

·文化市场管理·

【校园及周边环境专项整治】

2022年，吴忠市文化市场综合执法支队扎实推进2022年度“清源”专项行动，配合相关单位做好“固边”“净网”“护苗”“秋风”专项行动。抓住开学季与考试季时机，加大对校园周边文化市场检查力度，严厉打击销售宣扬封建迷信、淫秽色情、凶杀暴力等内容的出版物，开展“耽美”类出版物专项整治行动，着力清除危害未成年人身心健康的有害出版物。2022年以来，支队开展校园周边各类专项检查3次，共检查印刷厂、书店、校园周边商店、文具店等场所200余家次，对6家擅自从事出版物发行业务的商铺进行处罚，收缴涉案出版物1612册，对吴忠市利通区华新伟业书店、北京粉笔天下教育科技有限公司吴忠分公司等5家教育培训机构的违法行为进行处罚，收缴非法出版物1422册。办理一件涉及非政府组织的非法出版物案件，涉及非法出版物1.2万册，两家违法主体共被处罚款4.5万元，此案件在宁夏文化市场执法领域属首次办理典型案例。加强校园周边环境专项检查、暑期专项检查及开学季专项检查，重点针对互联网服务营业场所、歌舞娱乐场所接纳未成年人，出版物市场售卖有害未成年人身心健康和树立不正确价值观等违法出版物，切实保护未成年人合法权益。

【网络文化市场监管】 2022年，吴忠市文化市场综合执法支队加大对互联网上网服务经营场所检查力度，定期开展互联网文化服务单位网上巡查力度，防止违法违规现象发生。共开展网络视频巡查500余家次，检查互联网上网服务营业场所800余家次，办理涉互联网上网服务场所案件4起。

【出版市场监管】 2022年，吴忠市文化市场综合执法支队重点对私人影院、校园周边、车站、路口等处的游商地摊图书进行巡查检查，着力清除危害未成年人身心健康的有害出版物，严厉打击侵犯著作权的违法行为。支队联合吴忠市自然资源局对校园周边问题地图进行清理，没收问题地图20余个。支队办理2起私人影院侵犯著作权的案件，没收侵权专用设备2台，罚款1.5万元，没收、无害化销毁侵权影片300余部，没收侵权出版物568册。

【专项整治行动】 2022年，吴忠市文化市场综合执法支队积极牵头组织全系统开展各类宣传活动20余次，发放各类宣传资料和宣传品6000余张（件）。联合交通执法、公安、市监等部门开展未经许可经营旅行社业务、“不合理低价游”专项整治行动，出动执法人员210余人次，检查旅行社、旅游团队80余家次，办理旅游类案件1起，罚款3万元。开展净化艺术品市场环境专项整治，结合打击养老诈骗专项行动，严防内容违规艺术品通过文化市场传播流动，打击利用艺术品实施养老诈骗。共检查艺术品经营单位17家次，出动检查人员50人次。

【文物安全管理】 2022年，吴忠市文化市场综合执法支队开展石刻文物拓印排查整治专项行动。对市区范围内古玩、字画等艺术品经营市场进行检查，及时妥善处理市场上现存销售、展示拓片情况，共出动执法人员56人次，检查经营单位17家次，要求2家商铺负责人对翻版复刻拓片进行登记封存。积极与文保中心开展联合检查，对同心县预旺镇红色革命文物保护单位进行检查，同时执法人员就文物保护方面的法律法规进行宣传，切实提升周边群众“保护文物、人人有责”的责任意识。

【新兴业态经营场所监管】 2022年，吴忠市文化市场综合执法支队联合吴忠市利通区文旅局对辖区密室逃脱、剧本杀等经营场所进行细致摸底和隐患排查，重点检查消防安全主体责任落实情况，针对检查中发现的消防安全问题，现场督促场所负责人进行整改，及时消除火灾隐患。加强对私人影院新兴业态的市场摸排检查，对“聚影咖（匆匆那年）”等两家主题影院未经著作权人许可放映其作品的行为进行立案查处，罚款1.5万元，并没收违法设备两台。加强对营业性演出事前介入工作，对万达广场、光耀美食城等地搭建的演出平台进行提前干预，及时提醒活动举办人，做好营业性演出报备、审批工作，杜绝未经审批擅自开展营业性演出的违规行为。

【普法宣传教育】 2022年，吴忠市文化市场综合执法支队利用报纸、“吴忠文化执法”微信公众号、行业微信群等媒介平台，及时推送行业动态、业务政策、疫情防控等信息500余条，制作发放各类宣传材料5000余份，为经营主体做好各场所疫情防控等工作提供指导。组织执法人员积极参与“世界读书日”宣传活动，利用各场所LED显示屏等设施进行宣传，增强广大市民的法律意识，塑造文化执法队伍“阳光执法、执法为民”的良好形象。

【文旅市场监管】 2022年，吴忠市文化市场综合执法支队实行分片包干责任化管理，采取重点执法、常规巡查、“双随机抽查”、暗访调查的方式开展日常执法监管，提高检查频次频率，整治市场违法违规经营行为。加强对各县（市、区）执法工作的统筹工作，建立月度督查、季度通报制度，督促县（市、区）做好市场监管。共检查各类场所1989家次，出动执法人员6085人次，办理文旅领域行政执法案件25起，结案21起。下发责令改正通知书22份，处理“12345”转接举报投诉60件。围绕元旦、春节、两会、冬奥会、“五一”、端午、国庆等重要时间节点开展专项行动9次。

新闻传媒

【概　　况】 2022年，吴忠市新闻传媒中心开办《吴忠日报》、吴忠电视台、吴忠广播电台三类传统媒体平台，开设《吴忠日报》微信公众号、“吴忠发布”微信公众号、“看吴忠”客户端、“学习强国”吴忠学习平台、“直播吴忠”抖音号等新媒体平台。《吴忠日报》年发行量1万份左右，吴忠电视台通过有线电视网络、“户户通”等覆盖全市各县（市、区）45万用户。吴忠广播电台91.6频率日均播出17.5小时。“看吴忠”客户端注册用户达10.13万，《吴忠日报》、“吴忠发布”等微信公众号关注人数达12.76万，“直播吴忠”抖音、快手号等短视频关注用户达91.3万，新媒体各平台受众达128万，全媒体受众达175万。

【新闻宣传】 2022年，吴忠市新闻传媒中心紧贴市委、市政府重点工作和受众需求，围绕党的十九届七中全会和自治区第十三次党代会等主题，以《吴忠新闻联播》、吴忠网、《吴忠日报》微信公众号、“看吴忠”客户端、“学习强国”吴忠学习平台等为阵地，策划推出新闻报道5800余篇（幅），做大做强正面宣传，积极引导舆论。聚焦党的二十大和习近平总书记视察宁夏重要讲话指示批示精神“大学习、大讨论、大宣传、大实践”活动，围绕市委、市政府中心工作，积极统筹媒体资源，大力宣传吴忠市建设先行区、创建示范市、打造先行市、推进“六新六优六特”产业发展等典型做法和生动实践。承办全区第六届社会主义核心价值观主题微电影（微视频）大赛，举办“我们的节日”清明诗会及全市“学习强国”达人赛、演讲比赛等。承办2022年第三季度中国好人榜发布仪式暨全国道德模范及身边好人现场交流活动。

【重大主题宣传】 2022年，吴忠市新闻传媒中心坚持高位策划，将党的二十大、自治区第十三次党代会重大主题新闻宣传放在首要位置，在严格落实指令要求的前提下，研究制定报道方案，全方位解读、全链条发力、全媒体呈现。开设重点专题专栏，持续开展“奋进新征程 建功新时代”“我们这十年”“非凡十年”“领航中国·美丽新宁夏”“老区新貌”等系列报道，推出《奋楫扬帆为远航——新时代十年吴忠高质量发展之路》成就性综述，以及《走好新时代人才强市的高质量发展之路》《以项目建设之“进”撑起经济发展之“稳”》等评论员文章。深入学习贯彻习近平总书记视察宁夏重要讲话指示批示精神，由领导班子成员带队沿着习近平总书记视察吴忠市时的足迹，对红寺堡区弘德村、利通区金花园社区、黄河吴忠城市段，推出《接好“接力棒”、描绘“幸福景”——从移民村的幸福蝶变看吴忠乡村振兴》《守黄河安澜 护母亲河东流》等全媒体综合报道，用生动的细节反映吴忠市深入贯彻习近平总书记视察宁夏重要讲话指示批示精神的生动实践。

【公益宣传】 2022年，吴忠市新闻传媒中心切实担负主流媒体社会责任，高标准、高质量刊发刊播二十四节气、防疫抗疫、健康生活等各类公益广告宣传。2022年综合播出相关公益广告27740条次，其中，《吴忠日报》刊登各类公益广播93期，合计83个整版。

【人才培养招聘】 2022年，吴忠市新闻传媒中心组织举办马克思主义新闻观、全媒体平台安全刊播和网络安全、新闻初编、4K超高清、媒体深度融合专题等培训班9期、线上线下培训专业技术人员650人次以上。优化人力资源配置，按照人岗相适原则交流轮岗20人，自主公开招聘急需的全媒体记者、时政记者、电视新闻播音员、视频包装制作人员、技术运维人员等专业技术人员9人。

【获奖情况】 2022年，吴忠市新闻传媒中心荣获宁夏报业协会优秀集体奖，荣获吴忠市双拥模范城（县）创建工作先进集体称号，被评为2022年全市网络安全等级保护先进单位。选送的原创作品在宁夏电视台发稿数量居全区五市前列。新闻专题《从水窖到农庄的黄河之歌》、消息《直播带岗：打造就业新模式》分别获宁夏广播电视奖一等奖和二等奖，微电影《春天还会来》获得自治区第五届社会主义核心价值观微电影微视频大赛一等奖，《王兰花的一周：行胜于言 处处“兰花香”》等8件新闻作品获宁夏好新闻二、三等奖。3人被评为全区优秀新闻工作者，1人获“9·20”突发疫情防控先进个人。专题纪录片《红色记忆》在宁夏台公共频道和经济频道播出，分别获中组部第十六届全国党员教育电视片观摩交流活动纪录片类、社会主义核心价值观主题微电影（微视频）三等奖。微电影《王兰花》《妈妈》分别获社会主义核心价值观主题微电影（微视频）一等奖和三等奖。

【安全刊播】 2022年，吴忠市新闻传媒中心将安全刊播任务作为意识形态工作责任落实的重中之重，严格落实领导干部每日带班、值班值守人员24小时在岗、每日零报告等制度，2022年组织专班人员巡检相关设备90余次，组织广播电视安全播出应急演练4次，排除各类隐患10余处，全力确保党的二十大及自治区第十三次党代会及日常安全刊播工作正常运转。切实维护设备安全运转，更换电视播出机房预警终端，完成中波发射台双路供电、敷设专用光缆等，实现安全刊播任务零事故、零差错。

【《吴忠日报》】 2022年，《吴忠日报》设立品牌栏目《奋进新征程 建功新时代》。该栏目下设多个子栏目，包括《奋进新征程 建功新时代·非凡十年》《奋进新征程 建功新时代·项目建设一线见闻》《奋进新征程 建功新时代·奋斗者正青春》《奋进新征程 建功新时代·老区新貌》等，聚焦吴忠市经济社会发展、民生大事、先进典型人物等，通过不同形式，全方位、多角度、深层次地宣传报道吴忠市各条战线上取得的骄人成绩和广大干部群众奋发向上的积极状态，为党的二十大胜利召开献礼。2022年刊发800多期。

【广播电视台综合新闻频率FM91.6】

2022年，设立品牌栏目《午间加油站》，每周一至周五11：30—12：30播出，时长1小时，2022年共播出255期。节目分为三个板块，分别为信息网、小说天地、法在身边。特定时间段普及特定的法律内容，比如消费者如何维权、春季防火普法、夏季防溺水普法、各类考试期间防诈骗普法等等。品牌栏目:《回家路上》，每周一至周五 17：00—18：00 播出，时长 1 小时，节目以轻松的节奏陪伴听众一起在下班时间度过一段枯燥烦闷的开车时光，同时穿插经典的音乐分享，抚慰听众辛苦工作一天后疲惫的心灵。

【吴忠电视台】 2022 年，设立品牌栏目《有事您找我》，栏目以正面宣传为主，贴近百姓生活，对政府各部门如何解决群众的揪心事、烦心事、闹心事进行报道。在坚持节目内容真实性、客观性、时效性的基础上，注重节目的服务性和互动性。栏目播出电视节目 42 期，推送短视频 21 部，为群众解决实际困难 60 多个。《教育风景线》栏目以丰富的节目内容、生动的表现形式、体现寓教于乐，服务广大师生和家长。每期节目由不同版块组成，有《新闻童播》《我是演说家》《老师您好》《阳光之星》《七彩校园》等版块，每个版块时长 3 分钟左右，每期节目容纳 3 个版块，整体时长 10 分钟。2022 年制作播出节目 24 期。

【新媒体平台】 2022 年，设立品牌栏目《吴忠一周》，以专栏形式记录一周内吴忠发生的大事，通过多种渠道宣传吴忠，让人们对吴忠有更进一步的认识和了解。《吴忠一周》还下设《媒体看吴忠》子栏目，分享《人民日报》客户端、央视新闻、新华网、《宁夏日报》等中央和自治区媒体本周内报道关于吴忠的重要新闻，平均阅读量在 2000 人次以上。2022 年度每周日推送，共发布 48 期。《新闻早餐》突出本土特色，体现党媒特质和民生情怀，栏目内有吴忠新闻、县区新闻、媒体看吴忠、宁夏新闻、国内国际新闻、社会新闻等板块。《早安·同学》，选取习近平总书记金句，内容涉及基层治理、中华优秀传统文化等。《早安·同学》栏目贯穿时代主题，贴近现实生活，呼应百姓期盼，契合社会心理。每天播出一期，总发布 569 期。

【对外宣传】 2022 年，吴忠市新闻传媒中心高质量完成中央电视台、《光明日报》、《经济日报》《中国组织人事报》等通联约稿任务，在宁夏电视台发稿 150 多条，稳居五市第一，140 余篇原创作用被"学习强国"宁夏学习平台采用，实现新闻宣传出新出彩、正能量变成大流量。制作推出专题宣传片《吴忠籍在外人才家乡行》9 期。举全中心之力助力中国面食博览会暨第二届吴忠早茶美食文化节系统活动圆满举办，反复协调主题研讨、采风探店等各项具体准备工作，协调全国百家媒体同时发布宣传片，推出全媒体作品 648 篇，邀请网络达人栏目组、网络红人探店打卡发起的主题话题"吴忠美食 Dou 起来"，总播放量达 1.1 亿人次，进一步拓展了吴忠早茶知名度和美誉度。

档案管理

【档案数字化】 2022 年，吴忠市档案馆数字档案室校验、挂接电子档案 51043 件，接收进馆档案数据导入馆藏档案查档系统共 47923 件。全面推动全国档案查询利用服务平台、全区档案馆际共享服务系统的使用，共办结跨馆查档申请 122 条。加快推进信创应用系统的使用工作，与自治区档案馆对接联络，积极反馈吴忠市立档单位需求，创新工作方式方法，制作系统操作使用视频 3 个，促进信创应用系统高效利用。不断加强馆藏档案开放鉴定工作，完成 2 万件档案的开放鉴定任务。

【档案资源建设】 2022 年，吴忠市档案馆接收进馆文书档案 1357 盒 27982 件、会计档案 93 卷、土地确权档案 745 盒 15588 件、党史学习教育档案 37 盒 1470 件、数码照片 76 张、视频 13 个、脱贫攻坚档案 237 卷 789 件、疫情防控档案 114 盒 1952 件、专题资料 51 册、图书资料 652 册。共验收 23 家单位、69 个建设项目档案、3000 余盒档案资料。采用上门服务或本单位现场指导等方式，为市委办、疫情指挥部、党史学习教育办公室、自然资源局、水务局、住建局、退役军人事务局等 7 家单位提供业务指导和技术支持。为金花园社区、吴忠市消防救援支队、吴忠市国资委下属国有企业、伊利公司等 4 家单位进行档案业务知识专题培训，不断提升各单位档案干部档案知识水平和业务能力。

【档案征集编研】 2022 年，吴忠市档案馆征集重要会议照片

841张、资料汇编5本、《政协年鉴》5本，1998—2021年《吴忠日报》合订本317本，征集进馆非物质文化遗产档案资料、民建吴忠市委员会资料等219本，初心馆等老照片245张，编研出品《我的姨爷曾是韩练成将军的传令兵》《〈宁夏日报〉的特殊纪念》《诗人节与端午节》《缴公粮回忆》《〈新华日报〉记录日本政府无条件投降的历史经纬》《〈新华日报〉纪念建军节专论》等11篇文章被报刊及网络媒体刊登。

【档案服务】 2022年，吴忠市档案馆积极开展馆际共享工作，通过全国档案查询利用平台、档案馆际共享服务系统两种方式，与全区27家综合档案馆签订馆际共享协议，与黄河流域60家地市级档案馆达成跨馆档案查阅利用初步协议，实现全区档案馆之间利用线上档案查阅和黄河流域60家地市档案馆开展馆际之间线下档案查阅利用工作。通过电话预约查档、微信预约查档、信函查档等多种档案利用方式，积极满足群众及社会各界档案业务需求。共接待查档群众1763人，其中查阅婚姻档案1318人、文书档案324人，馆际共享系统异地查档121人，共浏览档案10297件，复印档案3142页。完善档案馆爱国主义教育基地建设，充分挖掘利用馆藏档案资源，重新调整和补充展厅照片及展品，更新照片161张，制作展板86块。先后接待国家档案局、自治区党委宣传部、自治区文化和旅游厅、自治区档案局等多家单位的检查指导。接待宁夏伊利乳业有限公司、吴忠市消防救援支队开展爱国主义教育活动，充分发挥爱国主义教育基地的功能作用。

【设施安检】 2022年，吴忠市档案馆对馆内消防设施进行安全检查，先后完成暖气管道和水电设施维修、弱电安防监控系统升级改造、馆库消防设备七氟丙烷储瓶的安全检测和药剂换装，采购更换简易手提灭火气体装置142个，为档案安全保管创造良好的环境。强化档案数据信息安全，机房安装涉密信息系统和涉密计算机中保密技术防护专用系统，购置防火墙、防病毒网关、日志审计等设备，加强数据入侵检测、上网行为管理。与吴忠市大数据中心签订服务合同，定期对市档案馆工作人员进行网络安全培训，提高全体工作人员网络安全意识。做好数据信息容灾备份工作，通过双活容灾备份系统实现档案信息资源的在线备份和移动硬盘、光盘等介质的离线备份，确保档案信息资源安全。

党史和地方志工作

【概　　况】 2022年，市委党史和地方志研究室聚焦主责主业，紧盯当下要求，锚定目标任务，当先锋、做示范，全室合力攻坚，党史研究、史志宣教、志鉴编纂、资政育人等工作善谋善作善成，实现了新突破。

【党史研究】 2022年，市委党史和地方志研究室全力推动《中国共产党吴忠历史（1949—1978年）》编撰，收集各种资料40余种，完善提纲，细化工作举措，完成了20万字初稿。策划编印《中共吴忠历史大事记（1921—2021）》，共收集整理历史资料100万字，完成初稿36万字。着眼全面建成小康社会和打赢脱贫攻坚，积极担当作为，对脱贫攻坚过程中涌现的先进典型人物事迹进行征集梳理，完成6万字《脱贫攻坚先进典型人物事迹辑录》资料本。

【《吴忠市志》编纂】 2022年，市委党史和地方志研究室调整工作方案，全力推动《吴忠市志》编修，完成交通邮电、自然环境、商贸旅游等14篇志稿的审读。查找各类资料160万字，仔细打磨修改，补充完善内容，提升稿件质量。

【《吴忠年鉴》编辑】 2022年，市委党史和地方志研究室坚持“常编常新”编辑原则，对年鉴初稿进行精编细校，规范编辑、审校等流程。克服人员少、事务多等困难，经多方努力，70万字的《吴忠年鉴（2021）》出版发行，这也是吴忠市正式出版的第八部年鉴。完成《吴忠年鉴（2022）》100余个单位（部门）资料的催交，收集各类资料及档案150万字，完成50万字的初稿。

【《吴忠市扶贫志》编纂】 2022年，根据自治区和市委的安排部署，认真传达领会全区扶贫志编纂推进会精神，召开协调会，筹划吴忠市工作预案。市委常委会专题研究扶贫志编纂工作，成立了市委书记任组长的指导小组，

2022 年 11 月 8 日，吴忠市召开全市扶贫志编纂推进会

领导推动扶贫志编修。精心拟定工作方案，细化工作流程，上报自治区和中指组审核。召开全区首个现场推进会。广泛开展资料搜集，加强基层业务指导，审核了红寺堡区、同心县方案和篇目。

【地情资料】　2022 年，着力推动大事记的编写工作，搜集百万字资料，精心编印发行了 10 万字的《吴忠大事记（2021）》。指导各县（市、区）同步跟进编撰工作大事记。同时发挥业务专长，编纂了 30 万字的《黄河流过吴忠》、40 万字的《吴忠民间故事》等。

【宣传教育】　2022 年，市委党史和地方志研究室及时跟进中央、自治区党委、吴忠市委决策部署，突出“围绕中心、服务大局、资政育人、传播力量”办刊思路，编印《自治区第十三次党代会》《全面深入学习宣传贯彻党的二十大精神》等专刊 4 期。根据时政每期开设专题专栏，推动学习宣传贯彻习近平新时代中国特色社会主义思想走深走实走心，讲好吴忠故事，弘扬红色精神。大力开展“党史宣传教育六进”活动，举办党史宣讲 10 多场次。大力推进“四史”学习实践，在《吴忠日报》开办《红色吴忠》《史话吴忠》《风情吴忠》专栏。多媒介加大党史宣传教育和党史知识普及力度，弘扬主旋律，聚集正能量。强化宣讲效果，重点到利通区阳光骄子社区、富平社区、青铜峡南苑社区开展基层专题讲座，扩大提升了党史宣讲效应。

【业务指导】　2022 年，市委党史和地方志研究室指导启动《中国共产党青铜峡市组织史（第四卷）》《盐池县红色革命故事 100 篇》编修，参与李源畔革命史馆、唐平庄革命史馆等史料整理和规划审定。结合“5·18”地方志宣传日，深入开展史志“六进”活动，赠送志书、年鉴及地情资料 300 余册，丰富了收书部门的藏书。各地还积极协助自治区有关部门对所辖地区的古籍、家谱进行普查，取得了丰硕成果。县（市、区）年鉴编印质量逐年提高，地情资料种类丰富。

县（市、区）概况

利通区

【概　　况】　利通区地处宁夏回族自治区中部，偎依黄河东岸，是宁夏引黄灌区的精华之地，吴忠市政治、经济、文化中心，全区总面积1384平方公里，辖8个镇、4个乡、106个行政村、3个农场（办）、21个社区。2022年，全区常住人口46.65万人，其中：城镇人口33.12万人，约占常住人口的71%；乡村人口13.33万人，约占常住人口的29%。人口出生率9.06‰，人口自然增长率3.24‰。全区实现地区生产总值254.96亿元，同比增长1.2%，其中：一次产业实现增加值31.36亿元，增长4.6%；二次产业实现增加值115.42亿元，增长-0.3%；三次产业实现增加值108.19亿元，增长1.6%。三次产业占比由上年同期的12.6∶42.9∶44.5调整为12.3∶45.3∶42.4。固定资产投资同比下降0.8%，全年实现公共财政预算收入3.5亿元，增长1.8%；公共财政支出27.7亿元，同比增长19.5%。全年全区城镇居民人均可支配收入38766.1元，同比增长5.8%；农村居民人均可支配收入20597.3元，同比增长7.5%。

【现代农业】　2022年，利通区深入推进五里坡、鸽堂沟奶牛养殖基地建设，新建标准化养殖场9家，培育家庭牧场8家，奶牛存栏23.3万头，生鲜乳年产量116万吨，奶产业优势持续巩固。肉牛、滩羊存栏分别达到11.2万头、27.2万只。高标准整治农田25.7万亩，新增高效节水灌溉1.97万亩。粮食种植面积25.4万亩，粮食总产量15.3万吨。建成绿色瓜菜种植基地7个，种植瓜菜6.45万亩。新培育产业化龙头企业6家、示范合作社8个、星级家庭农场7个，认证“三品一标”18个。成功创建第四批国家现代农业产业园，入围全国农业现代化示范区创建名单。全年农林牧渔业总产值65.06亿元，增长4.8%。

【工业经济】　2022年，利通区全面落实自治区工业稳增长36条，出台帮扶中小微企业纾困解难40条，帮助企业融资12.7亿元，留抵退税4122万元。实施宁储板桥共享储能电站等工业项目8个，全面完成骅泰自动化焊接机械臂等4个技改项目，顺利承接金积工业园区纺织服装产业发展区块。新增规上工业企业4家，培育自治区“专精特新”中小企业5家、标志性主导产业链“链主”企业6家。战略性新兴产业占规上工业增加值的比重达到11.7%。万元GDP综合能耗下降任务全面完成。全年规上工业实现营业收入297亿元。

【现代服务业】　2022年，利通区实施吴吃堡城、黄河文化公园等重点服务业项目15个，打造市级以上服务业集聚区4个。建成利通区电子商务孵化基地，举办各类促销活动45场次，带动消费2亿元以上。举办第二届吴忠早茶美食文化节，培育中餐特色美食企业7家、早茶示范店11家，早茶产业收入达到8亿元。出台“引客入利”政策，举行“两晒一促”推介活动，举办第五届乡村文化旅游节，打造白寺滩等特色旅游民宿集群4个，新增精品民宿、农家小院90家。“吴忠黄河金岸、趣味赏花游”入选全国推介旅游线路，东塔寺乡入选全国乡村旅游重点村镇，牛家坊村入围全国乡村特色产业超亿元村，新华桥村被评为中国美丽休闲乡村。全年累计接待游客212万人次，实现旅游收入9330万元，分别增长20%、16%。全年实现社会消费品零售总额87.9亿元，增长0.4%。

【科技创新】 2022年，利通区创新实施“1788”工作机制，联合宁夏农林科学院建成蔬菜博士指导工作站，依托宁夏民族职业技术学院成立全区首家奶业现代产业学院。国家农业科技现代化先行县建设经验在全国交流。争取自治区科技专项资金3800万元，引进高层次人才15名，实施自治区级重点科技项目12个，培育国家级高新科技企业4家、“瞪羚”企业2家，新增自治区科技“小巨人”、农业高新技术等企业52家，打造科技创新平台11个、示范基地15个。

【乡村振兴】 2022年，利通区扎实推进城乡面貌提升行动，实施金花园A区、李闸渠安置区等基础设施改造工程5个，改造老旧小区35个、小区防汛排涝设施164处，安装充电桩6550组。实施吴忠市城乡生活垃圾收集转运系统工程，城市生活垃圾无害化处理率保持在100%。高标准推进金积镇、郭家桥乡重点小城镇建设，打造李桥村等高质量美丽宜居村庄6个。编制完成“多规合一”实用性村庄规划9个，新华桥村村庄规划入选全国国土空间规划优秀案例。常态化开展农村人居环境整治，完成“一村一年一事”111件，改造危房及抗震宜居农房331户，评选美丽庭院800户，农村卫生厕所普及率达到92.5%。新建农村公路43公里，五里坡奶牛园区苦水河大桥建成通车。落实脱贫户、监测户、低收入群体“四级包抓”责任机制，国家考核评估14个方面57个问题全面整改销号。争取衔接资金9033万元，实施扁担沟镇移民肉牛养殖园区等产业发展项目22个。创新“企业+支部+合作社+移民+金融+保险”利益联结机制，新建改建设施温棚1600座，带动移民发展特色种植500亩，扩大肉牛养殖4000头，脱贫户人均可支配收入增长20.2%。建成移民一站式服务中心，发放小额信贷1960万元，5500多名移民实现就业。“乡村振兴保”“乡村振兴防贫救助保”实现全覆盖。

【生态建设】 2022年，利通区实施入黄排水沟水环境综合治理项目，整治河湖“四乱”问题313个，治理河湖沟道85公里，重点入黄排水沟水质稳定在Ⅳ类标准及以上，黄河过境断面水质保持Ⅱ类进Ⅱ类出，集中式饮用水水质全部达标，清水沟被评为自治区示范河湖。实施农村生活污水治理项目15个，新建、扩建农村生活污水处理站4座，农村生活污水治理率达65%以上，治理经验在全区交流推广。严控建筑施工、道路扬尘、餐饮油烟等污染，实施农村清洁取暖“双替代”1.5万户，全区优良天数比例达到82%，环境空气质量稳定达到国家二级标准。持续开展农业面源污染治理，打造有机肥应用示范点10个，农作物秸秆综合利用率和农用残膜回收率均达到90%以上。统筹山水林田湖草沙系统治理，拓展营造林2.64万亩，修复退化生态草原1.5万亩。实施完成小流域综合治理、山洪沟道治理等8项工程，治理水土流失10.67平方公里。高效节灌水权转换项目按期竣工，各级环保督察反馈问题年度整改任务全面完成。

【民生事业】 2022年，利通区实施就业提升工程，打造创业孵化示范基地8个，发放创业担保贷款7352万元，培育创业实体749家，城镇新增就业3605人，农村劳动力转移就业2.25万人，城镇调查失业率控制在5.5%以内。分类提高城乡低保、特困供养、临时救助标准，发放各类救助资金8647万元。城乡居民基本养老和医疗保险实现“应保尽保”。全区千名老人养老床位数达到37张。胜利镇新华社区成功创建全国示范性老年友好型社区。持续办好人民满意教育，新建、改建中小学、幼儿园5所，新增学位2700个，普惠性幼儿园覆盖率达到87%，义务教育阶段“大班额”全面消除。建成教师智能研修中心，承办自治区“互联网＋教育”示范区建设现场会。持续推进“健康利通”建设，建成利通区人民医院、滨河社区卫生服务中心，医联体信息平台投入使用，乡镇卫生院中医馆实现全覆盖。深入实施文化体育惠民工程，培育非遗传承人30人，新建全民健身场馆、乡镇综合文化站6个，开展各类文化体育活动400余场次。

【社会治理】　2022年，利通区完成农村宅基地确权登记3.6万宗，入市交易农村土地196宗，确权林地18.27万亩，灌区群众亩均水费从60元下降到54元。入选自治区生态产品价值实现机制试点地区，农业水价综合改革典型经验在全国交流。动态调整综合行政执法事项393项，中小学教师“县管校聘”改革工作全面完成。国有企业经营板块不断拓展，城乡环卫实现市场化运营。扎实推进铸牢中华民族共同体意识示范区建设，建成铸牢中华民族共同体意识信息化教育基地，常态化开展“社区邻居节”等活动200余场次，打造“十进”领域示范点30个、“石榴籽”阵地10处。坚持宗教中国化方向，依法加强宗教事务管理，积极引导宗教与社会主义社会相适应，民族和睦、宗教和顺、社会和谐的局面更加巩固。全面推进乡村、社区、校园、企业、社团及网络空间等领域治理，承办全国乡村治理体系建设试点示范专题交流会，胜利镇上桥社区被评为全国先进基层自治组织。建成“数字利通”指挥中心，智慧化治理水平显著提升。“兰花芬芳”志愿服务品牌享誉全国，兰花热心小组慈善协会荣获全国“先进社会组织”称号。扎实推进“八五”普法宣传教育，入选全国公民法治素养提升行动试点县区。严厉打击电信网络诈骗、非法集资等行为，八类刑事案件同比下降25%。加强和改进人民信访工作，有效化解重复访、信访积案48件，乡村两级“一站式”矛盾纠纷调处中心实现全覆盖。全域创建食品药品安全区取得实效，连续5年未发生较大及以上安全生产事故。

红寺堡区

【概　　况】　红寺堡区地处宁夏回族自治区中部，地跨北纬37°28′08"—37°37′23"，东经105°43′45"—106°42′50"。北临利通区、青铜峡市、灵武市，南至同心县，东至盐池县，西北与中宁县接壤。北距首府银川市127千米，南距固原市220千米，西距甘肃省兰州市360千米。区政府驻地红寺堡镇，是红寺堡区政治、经济、文化中心。红寺堡区总面积2767平方千米，辖红寺堡镇、太阳山镇、新庄集乡、大河乡、柳泉乡和新民街道办事处，有行政村64个、城镇社区8个。至2022年末，红寺堡区常住人口20.18万人，总户数5.65万户，家庭人口数3.57人/户。男性10.54万人，女性9.64万人。城镇人口8.25万人，乡村人口11.93万人，城镇化率40.9%。汉族人口6.92万人，占比34.3%，少数民族人口13.26万人，占比65.7%。出生人口0.31万人，人口出生率15.4‰；死亡人口0.12万人，人口死亡率5.9‰；自然增长人口0.19万人，人口自然增长率9.5‰。

【经济总量】　2022年，红寺堡区实现地区生产总值（含太阳山开发区）100.05亿元，按可比价计算，增长5.8%。分产业看，第一产业实现增加值13.72亿元，增长9.1%；第二产业实现增加值54.13亿元，增长5.7%；第三产业实现增加值32.20亿元，增长4.8%。三次产业结构比为13.7 ∶ 54.1 ∶ 32.2。完成地方公共财政预算收入2.3亿元，增长21.1%；地方财政公共预算支出34.03亿元，增长13.2%；居民消费价格比2021年上涨1.9%；完成农林牧渔业总产值27.26亿元，增长9.4%；农作物总播种面积66.75万亩，增长12.6%；全部工业增加值46.62亿元，比2021年增长5.1%。规模以上工业增加值增长6.2%。建筑业实现增加值7.51亿元，增长9%。全社会固定资产投资96.94亿元，增长15.8%；房地产开发投资增长57.2%；社会消费品零售总额16.46亿元，增速与2021年持平；公共组织税收收入4.63亿元，增长131.0%；城镇居民人均可支配收入28586元，增长4.9%；农村居民人均可支配收入12942.5元，增长7.9%。

【特色农业】　2022年，红寺堡区推动“六新六特六优”产业加快发展，粮食播种面积33.75万亩，总产量达16.06万吨。实施特色产业补助、玉米套种豆子补贴等项目69个，兑付补贴资金2.18亿元。建设高标准农田1.1万亩，新增酿酒葡萄1260亩，打造黄花菜高质量发展示范点5个、千亩以上绿色示范点13个。改造提升乌沙塘、玉池等4个百座以上农业园区，新增设施农业1265亩，蔬菜产量达1.75万吨，增长19.5%。新改建红川等"出村入场"养殖园区7个，肉牛、滩羊饲养量分别达15万头、105万只。千红裕葡萄酒在世界最大规模葡萄酒赛事上获得金奖。索米亚生态农业科技有限公司被评为自治区四星级绿色食品加工企业，入选全国亚麻籽油加工企业"十强"。完成农林牧渔业总产值27.26亿元，增长9.4%。

【工业产业】 2022年，红寺堡区以绿色食品加工、烟包印刷、轻工纺织、清洁能源和装备制造为主攻方向，推动产业集群发展，轻、重工业增加值增速实现双增长。实施光伏电站等清洁能源综合利用示范项目12个，清洁能源累计建成并网458万千瓦。新增自治区"专精特新"中小企业2家、规上企业7家。推进"四大改造"（工业企业结构改造、绿色改造、技术改造、智能改造），实施工业企业技术改造项目14个，完成技改投资21亿元，赛马水泥获评自治区智能工厂、绿色工厂。全部工业增加值46.62亿元，比2021年增长5.1%。规模以上工业增加值增长6.2%。

【现代服务业】 2022年，红寺堡区举办房产、汽车、家电、农特产品等促销活动13场次，发放消费券433万元，带动参与人数10.2万人次，实现销售额2.9亿元。完成电商公共服务中心改造升级，建成区外农特产品专卖店37家，线上线下销售农特产品1.2亿元。房地产市场平稳健康发展，2022年，房地产投资增长57.2%，全年实现商品房销售面积23.29万平方米，增长1.2%，其中住宅房销售面积21.54万平方米，增长2.2%，建筑业实现增加值7.51亿元，增长9.0%。形成市级移民文化体验集聚区，打造红色研学等4条经典旅游路线，全年旅游接待人数26.1万人次，实现旅游综合收入2630万元。

【乡村振兴】 2022年，红寺堡区落实"四个不摘"（摘帽不摘责任、摘帽不摘政策、摘帽不摘帮扶、摘帽不摘监管）要求，开展"四查四补"（查损补失、查漏补缺、查短补齐、查弱补强），推行处级领导包抓"三类监测人员"（脱贫不稳定户、边缘易致贫户、突发严重困难户）机制和防返贫动态监测"1234"工作法，新增监测对象218户899人，累计识别监测对象904户3799人，动态消除风险户569户2405人。投入财政补助衔接资金12.2亿元，实施巩固衔接项目252个。防返贫监测帮扶机制等14个方面57个

红寺堡区红寺堡镇弘德村

问题全部整改到位。帮扶车间管理到位，1108人实现家门口就业，“乡村里的上班族”（红寺堡区新庄集乡杨柳村村民王瑞军等人在扶贫车间就业的故事）亮相中央电视台《经济半小时》栏目。设立乡村振兴基金1.98亿元，建成普惠金融服务站42家，新增脱贫人口小额信贷3.8亿元，发放“富民贷”9754万元。推广以工代赈新模式，发放劳务报酬1235万元，自治区以工代赈现场会在红寺堡区召开。落实闽宁协作、国烟定点帮扶资金1.08亿元，实施基础设施建设、特色产业扶持等项目176个，红寺堡区定点帮扶工作受到国家烟草专卖局通报表扬。改善农村人居环境等乡村振兴重点工作成效明显，作为宁夏唯一县区获国务院2000万元表彰激励。

【城乡建设】 2022年，红寺堡区划定“三区三线”，完成国土空间规划和50个行政村“多规合一”实用性村庄规划。投入1.67亿元，实施第二污水处理厂（二期）、新民片区配套等市政基础设施项目14个。分期划片启动朝阳片区、兴盛片区等城市更新改造项目，完成拆迁192户，腾退城市可开发土地205亩。新改建市政道路2.9公里，敷设城市管网12.3公里，新续建金水家园、燕然华府等房地产项目18个，新增商品住房面积58.3万平方米，城区面积拓展至14.94平方公里。推进全国文明城市创建。启动运营新综合客运站。投入2.26亿元，实施村庄绿化、基础设施提升改造等项目126个，改造农村户厕5120座、冬季清洁取暖1.8万余户，改建农房及抗震宜居房211户，敷设供水管网15公里。新改建农村公路43公里、污水管网及配套设施62.8公里。推行“户分类、村收集、乡转运、县处理”垃圾治理模式，农村生活垃圾治理率达95%。加快建设大河乡高标准重点小城镇、新庄集精品富硒农业小镇。实施人居环境整治项目15个，打造人居环境整治示范村20个、闽宁协作示范村4个，高标准建设红川、中圈塘、白墩3个乡村振兴示范村，弘德、中圈塘、永新、杨柳4个高质量美丽宜居村庄。

【生态环境】 2022年，红寺堡区完成高污染燃料禁燃区、声功能区划定，建成投运清洁煤配送中心，$PM_{2.5}$、PM_{10}平均浓度分别控制在26μg/m³、58μg/m³以内，优良天数比例稳定在85%以上。完成第二轮中央及自治区、吴忠市环保督察65项反馈问题整改，完成冬季清洁取暖改造1.8万余户。治理水土流失面积26.4平方公里，加固防洪堤12公里，完成第二污水处理厂尾水水质提升、柳泉乡污水处理站提标改造，建成运营新庄集乡污水处理站，清水河、苦水河、红柳沟流域水质稳定达Ⅳ类，集中式饮用水源地水质达Ⅲ类。投入4.54亿元，实施罗山西麓生态保护修复项目，完成生态修复11万亩，敷设生态供水管网188公里，种植杏树、桃树等生态经济林5100亩。完成国土绿化5.57万亩、草原生态保护修复21.69万亩、森林湿地资源管护5.3万亩、沙化土地封禁保护15万亩。实施森林资源管护工程，完成滚新路等12个林木管护区森林抚育1.5万亩。森林覆盖率、草原综合植被盖度分别达14.57%和52.69%。红寺堡区自然资源局获“全国绿化先进集体”称号，北海林场被评为全国十佳林场。

【民生保障】 2022年，红寺堡区开发公益性岗位3032个，举办“就业援助月”“春风行动”等各类招聘活动28次，发放创业担保贷款2.87亿元，培育创业实体362个，城镇新增就业1105人，城镇调查失业率控制在5.5%以内，农村劳动力转移就业4.5万人，实现劳务收入6.78亿元。农村低保覆盖率达10.8%，困难家庭大额临时救助平均增幅达30%，发放城乡低保、临时救助等各类民政救助资金1.14亿元。落实阳光助残小康计划项目200个，发放残疾人就业创业补助45.2万元。医疗保险参保率稳定在95%以上，二级医疗机构住院费用报销比例提高至87%，医保基金支出1.92亿元。

【社会事业】 2022年，红寺堡区投入1.9亿元，实施高级中学教学楼扩建等办学条件提升项目45个，为4.1万名学生发放助学金2800余万元。完成中小学教师“县管校聘”改革，撤并8所规模较小教学点，招录教师142名。开展校地合作，设立宁夏大学红寺堡区新农村发展研究院，挂牌成立宁夏师范学院附属小学。新增幼儿园学位360个，普惠性幼儿园覆盖率达96.87%，义务教育巩固率达111.66%。中考成绩稳居吴忠市第一，高考成绩位列宁南山区九县（区）第二。开工建设中医医院，改造社区卫生服务中心，启动人民医院三级乙等医院创建，建设创伤中心，创伤外科成功申报为区市两级临床重点专科，被国家卫健委纳入首批县医院综合能力提升“千县工程”。优化图书馆、文化馆服务功能，开展各类文体惠民活动1200余场次，打造罗山航模飞行营地、关口移民旧址、吴家沟文旅融合示范点，举办2022年全国青少年航空航天模型锦标赛。农民作家马慧娟自传体长篇小说《出路》入选国家“优秀现实题材和历史题材网络文学出版工程”。

【基层治理】 2022年，红寺堡区推进全国市域社会治理现代化试点工作，建成“地网工程”示范居民小区28个。开展扫黑除恶斗争，打击电信网络诈骗等违法犯罪行为，破获刑事案件254起，查处治安案件648起，挽回群众经济损失975.1万元。推进“八五”普法，实现“一村（社区）一法律顾问”全覆盖。建立“114百事解”矛盾纠纷多元调解中心，化解信访积案、重复信访件31件，调解成功率达98%以上。加大新时代文明实践中心建设，打造红寺堡“好人馆”，实施志愿服务“365行动”。提倡婚事“三新”（阐定义、严上限、控礼金），丧事“四简”（公墓葬、生态葬、节俭办、低碳祭），其他事宜“两不”（不办宴席、办宴不收礼）。完成安全生产专项整治三年行动，2022年未发生较大及以上生产安全事故，鹏胜社区、新庄集乡红川村获得全国综合减灾示范社区。

【重点领域改革】 2022年，红寺堡区农业、工业用水全部确权，实现节水1734.9万立方米，交易水量936万立方米，成交金额764万元。处置批而未供建设用地，盘活低效工业用地，收回闲置用地1581.51亩，增值收益1.16亿元。重点企业初始排污权、政府储备排污权实现应确尽确、应储尽储。培育经果林3800亩，国有林地确权23.13万亩。试点推进村级议事协商创新实验等13项改革，深化经济体制等领域改革。争取资金1780万元，实施自治区科技创新项目35个。建成黄花菜科技示范基地，新增自治区科技型中小企业12家，兴民纺织等3家企业获批国家高新技术企业。

【政治建设】 2022年，红寺堡区贯彻落实自治区、吴忠市党委、政府决策部署，开展“四转变四提升”等活动，召开区委理论学习中心组学习会11次，邀请专家授课7次，开展各类宣讲活动151场次，增强“四个意识”、坚定“四个自信”、做到“两个维护”。落实中央八项规定及其实施细则精神和自治区加强作风建设“八条禁令”，推进违规收送红包礼金和不当收益及违规借转贷或高额放贷专项整治。开展贯彻落实中央和区市党委重大决策部署情况专项监督检查35次，完成对3个乡镇、5个群团组织的常规巡察。推动基层减负，政府系统文件、会议精简20%以上。

【法治建设】 2022年，红寺堡区坚持政府常务会议学法、法律顾问全程列席和部门负责人出庭应诉制度，探索建立首诉法人制和败诉核查机制。严格执行“三重一大”集体决策制度，主动接受人大法律监督、政协民主监督、纪委监委专责监督和社会舆论监督。共提请区委研究重要事项32项，办理各级人大代表议案建议31件、政协委员提案48件。推动“一府一委两院”备案审查全覆盖。支持政协发挥专门协商机构作用，出台《关于进一步明确政协协商于党委政府决策之前和决策实施之中有关事项的实施意见》。深化行政执法体制改革，重大行政执法决定法制审核率达100%。弘德村入选全国第九批民主法治示范村，群团组织被团中央确定为全国青年发展型县域试点县。

青铜峡市

【概　　况】 青铜峡市位于东经105°37—106°21，北纬37°16—38°15，地处黄河中上游，宁夏平原中部，东隔黄河，与吴忠市利通区相望，南以牛首山为界，和中卫市中宁县接壤，西至明边墙（明长城），毗邻内蒙古自治区阿拉善左旗，北连银川市永宁县。南北长60余千米，东西宽30余千米，行政区域面积2324.7平方千米。市府驻地裕民街道，东距吴忠市利通区14千米，北距宁夏回族自治区首府银川市59千米。下辖峡口镇、青铜峡镇、大坝镇、小坝镇、瞿靖镇、邵岗镇、陈袁滩镇、叶盛镇8个镇和裕民街道，有城镇社区22个、行政村84个。2022年，青铜峡市坚持稳中求进工作总基调，统筹常态化疫情防控和经济社会发展，保持经济平稳较快增长，社会大局和谐稳定。全年实现地区生产总值179.9亿元，按不变价计算，比2021年增长5.5%。分产业看：第一产业实现增加值34亿元，增长4.3%；第二产业实现增加值97.6亿元，增长8.3%；第三产业实现增加值48.3亿元，增长2.1%。三次产业比例为18.9∶54.3∶26.8。按常住人口计算，人均地区生产总值73447元，增长5.5%。固定资产投资增长11.4%；城乡居民人均可支配收入分别增长6.1%、7%。

【工业经济】 2022年，青铜峡市深入实施产业振兴战略，持续走好工业强市之路，以工业为主引擎建设现代化产业体系，实施亚辰新材料等重点工业项目45个，天霖新材料等一批延链补链项目建成投产，铝液就地转化率大幅提升19个百分点，铝基新材料跃升为百亿级规模，产业集群效应凸显。全面落实工业稳增长36条等惠企政策，累计办理留抵退税5.2亿元，协调企业融资贷款6.7亿元，争取各类奖补资金3040万元。“疆煤入青”实现突破，开辟能源保供新路径。实施青铜峡铝业集团有限公司烟气净化改造等技改项目46个，工业技改投资增长70%。采取“一企一策”帮扶宁夏塞外香食品有限公司等33家停减产企业稳产达产，遏制减量10亿元，年内新增规上企业8家。全年实现工业增加值88亿元，增长8.9%。规模以上工业总产值突破340亿元，增长30%以上，工业增加值增长10.3%。在规模以上工业中，分轻重工业看，轻工业增加值比2021年下降0.7%，重工业增加值比2021年增长10.8%；分经济类型看，国有控股企业增长11.9%，股份制企业增长9.9%，外商及港澳台商投资企业下降13.5%，私营企业增长14.7%；分门类看，采矿业增加值比2021年下降64.5%，制造业增加值比2021年增长13.7%，电力、热力、燃气及水的生产和供应业增加值比2021年增长7.4%。

【现代农业】 2022年，青铜峡市坚持“藏粮于地、藏粮于技”战略，严格落实耕地保护责任，建设高标准农田3.83万亩，全市落实农作物播种面积78.3万亩，其中粮食作物播种面积43.8万亩，粮食总产量27.5万吨，实现“十九连丰”，成功承接全国大豆玉米带状复合种植机收作业现场观摩交流会。打造盛家墩酿酒葡萄基地，新增酿酒葡萄种植1万亩，改造提升低产园1万亩，新增酒庄3家，酿酒葡萄总面积达到14.3万亩，葡萄酒实现销售收入3.9亿元，增长8.3%。建立乳制品产加销一体化发展机制，新建规模化奶牛养殖场2家，打造5G智慧牧场1家。推进宁夏生猪研究院建设，开工续建宁夏天地兴农畜牧发展有限公司、宁夏新兴农牧业有限公司三期项目续建，支持天地兴农牧业建设屠宰加工车间，培育“青铜峡生猪”产业品牌。生猪、肉牛、肉羊出栏分别增长31.1%、19.4%和10.4%，奶牛存栏达12万头。新建核心玉米制种基地4000亩，建成宁夏登海种业有限公司西北玉米育种（青铜峡）研发中心，落实农作物制种面积8.55万亩。培育全国名特优新农产品2个，新认证绿色食品3个，创建国家绿色农产品标准化示范基地2个、自治区农业标准化示范基地6个，连续9年获评国家杂交玉米制种大县称号，进入国家乡村振兴示范县创建名单。全年实现农林牧渔业总产值65.4亿元，比2021年增长4.7%。其中：农业产值38亿元，增长4.3%；林业产值1234.5万元，下降1.1%；畜牧业产值24.4亿元，增长6.6%；渔业产值1.3亿元，下降9.3%；农林牧渔服务业产值1.5亿元，增长12.4%。

【服务业】 2022年，青铜峡市深化文旅融合，用好国家全域旅游示范区金字招牌，推进鸽子山葡萄酒文化旅游小镇、文旅融合基地等8个重点产业项目建设，策划举办全国马帮联盟车友会、酿酒葡萄采摘节等活动。黄河大峡谷入选国内水路旅游客运精品航线试点单位，蒋滩村获评中国美丽休闲乡村，唐滩村、任桥村进入宁夏特色旅游村名录，全市接待游客250万人次，实现旅游综合收入13.75亿元。打好提振消费“组合拳”，承办中国面食博览会暨第二届吴忠早茶美食文化节、贺兰山葡萄酒音乐会·青铜峡之夜系列活动，通过发放政府补贴、电子券等撬动消费 1.1 亿元。全年服务业实现增加值 48.3 亿元，增长 2.1%。

【项目建设】 2022 年，青铜峡市开展“扩大有效投资攻坚年”活动，牢固树立“大抓项目、抓大项目、抓高质量项目”理念，建立项目全要素保障专班服务机制，优化全流程服务，落实全程帮办、陪办、代办服务措施，开工建设牛首山抽水蓄能电站、宁夏海利化工新材料项目等重点项目 160 个，产业类项目占比高达 70%，呈现出结构优化、进度加快、质效双升的良好态势。全年完成投资 68 亿元，全社会固定资产投资增长 10% 左右。精准开展延链、补链、强链招商，成功签约天新药业等亿元以上项目 8 个，落实到位资金 85.6 亿元。

【城乡建设】 2022 年，青铜峡市实施华福御景等 12 个老旧小区改造，惠及居民 5245 户；汉延渠、青逸湖水系生态修复新增绿化面积 10.5 万平方米，市政基础设施改造整修街道 2160 平方米，新增停车位 500 个，城区长效保洁覆盖率 100%。开发云宸府等房地产项目 4 个，绿地率达 42.2%，污水收集率、再生水利用率分别达 70.8%、33.6%。高质量划定“三区三线”，28 个村完成“多规合一”实用性村庄规划编制。全力推进自建房安全专项整治，新建农村公路 36 公里，养护性修补公路 106 公里，乡村建设“五大工程”绿化美化村庄 23 个，农村卫生厕所普及率达 93%，新建农村污水处理站 8 座，污水管网覆盖率达到 54%，卫生厕所普及率达到 93%。城乡环境更加宜居、群众生活更加幸福，获评全国村庄清洁行动先进县。

【改革创新】 2022 年，青铜峡市持续推进“一窗受理、集成服务”改革，建立“窗口 + 网格员”代办服务模式，优化“一站式”功能，将 165 项政务服务事项下沉到镇（街道）民生服务中心就近办理，47 项便民服务事项进驻村（社区）代办点帮办代办，基层代办量达 1.2 万件。开办企业实现“一天办、零成本”，“一件事一次办”事项时限压缩率达 93%，新增市场主体 1928 家。实行政务服务事项清单管理，1226 项政务服务事项实现“网上办理”，不见面率 77%，最多跑一次率 98%。推行电子税务局，90% 以上涉税服务事项实现网上办理。深化科技体制改革，建立技术需求项目库，推行科研项目“揭榜挂帅”机制，组织企业申报国家、自治区重大项目 39 项，获批自治区重点研发项目 14 项，争取资金 3000 万元，培育新材料产业国家高新技术企业 6 家、科技型中小企业 9 家、科技小巨人企业 8 家，全社会 R&D 经费投入稳定在 2.5% 以上，位列吴忠五县区榜首，市科技局荣获全国科技管理系统先进集体。推进测土配方施肥与化肥农药减量增效综合联动试点，打造化肥减量增效示范区 2 个，带动全市推广测土配方施肥技术 45 万亩次，技术覆盖率稳定在 90% 以上。深化农村“三资”管理规范化试点，84 个行政村均在合作银行设立村集体经济组织基本账户，推行农村集体“三资”监管和线上服务，瞿靖镇、叶盛镇完成线上支付及转账业务 184 笔。深化基层用水组织改革，组建灌溉服务专业合作社 10 家，设立用水权水费专户，实行“收支两条线”管理，收缴农业灌溉水费 150 万元。实施邵岗镇国土综合整治项目，开发利用国有土地 9303.15 亩，完成工程量的 60% 以上。跨省交易耕地补充指标 8700 亩，交易 3 亿元。海利科技污染物成交量 68.5 吨，敲响青铜峡市排污权竞拍第一锤。完成造林 2.3 万亩，其中新增植树造林 8000 余亩。建立运行三级林长体系，林权抵押融资贷款达 237 万元。发展以套作西瓜为主的林下经济 4000 亩，实现增收 750 万元。首笔山林权交易成功签约，流转经营权合同交易金额 29.16 万元，敲响吴忠市山林权交易第一锤。

【生态环境建设】 2022 年，青铜峡市落实能耗“双控”制度，实施贺兰山风电场等节能技改项目 14 个，成功创建国家级绿电园区。投资 6 亿元，实施污染防治项目 22 个，中央第四生态环境保护督察组信访投诉转办件办结 77 件，自治区反馈意见全部整改销号。统筹山水林田湖草沙系统治理，新增造林 2.3 万亩，持续加大湿地保护力度，排查整治河湖乱占、乱采、乱堆、乱建“四乱”问题 55 个，压砂作物全部退出、河滩地全部收回，恢复自然生态 6.2 万平方米。完成农村清洁取暖改造 1.7 万户，超目标任务 14 个百分点。辖区空气质量优良天数比例达 85.2%，较 2021 年高 4.9 个百分点，位列川区六县第一，黄河青铜峡段水质保持Ⅱ类进Ⅱ类出。实施历史遗留固废清理项目，工业危险固废安全处置率达到 100%，土壤环境质量总体保持稳定。

【乡村振兴】 2022 年，青铜峡市紧扣自治区实施百万移民致富提升行动，建立“1 名市级领导 +1 名部门负责人 +1 个帮扶部门”机制，以 11 个移民重点村和 19 个乡村振兴示范村为重点，严格落实“四个不摘”要求，紧盯“三类人群”，实现住房安全问题动态清零，饮水安全普及率、供水安全保障率均保持在 100%。青铜峡镇同进村、同兴村，邵岗镇同富村、同乐村 4 个移民村及 10 个乡村振兴示范村村容村貌全面提升，邵岗镇甘城子村“四大提升行动”接受自治区党委主要领导专题调研，青铜峡市入选国家首批 100 个乡村振兴示范县创建名单。实施移民致富提升行动，着力延长产业链、提升就业面、兜住基本线，坚持以产业发展增强群众持续造血能力，坚持把产业发展带动作为移民致富的根本之策，出台扶持产业发展稳定收入若干措施，发展壮大酿酒葡萄、特色养殖、高效设施农业、经果林等“4+X”特色产业，落实衔接资金 7742 万元，用于产业发展资金占比达 88%，14 个帮扶车间吸纳就业 1105 人，安排公益性岗位 188 人，实现移民、脱贫劳动力分别转移就业 6934 人、5543 人。移民人均收入达 12246 元，同比增长 15.7%。

【教育卫生】 2022 年，青铜峡市全面落实中小学校党组织领导的校长负责制，推行书记（校长）“一肩挑”，配备中小学（园）党总支（支部）书记 36 人，实现党组织领导的校长负责制全覆盖。推进学前教育普惠发展，改扩建幼儿园 3 所，新建第八幼儿园，扩大公办学位供给 1170 个，提前实现普惠性幼儿园覆盖率 100% 的目标。持续推进普通高中多样化发展，开展自治区级示范校创建活动，以校园文化建设推动学校办学水平提升。持续推进“双减”“五项管理”，36 所义务教育阶段中小学实现作业管理和课后服务全覆盖。改造提升中小学学校 27 所，职教中心跻身全区中等职业教育双优学校行列，高考本科上线率连续五年攀升，“三个课堂”经验亮相数字中国建设峰会。深入推进全民健康水平提升行动，改造提升医疗机构 82 家，6 家卫生院达到国家基本标准，成功打造医保经办 30 分钟服务圈，智能辅助诊疗系统实现全覆盖。实施市医院救治能力提升、铝厂社区卫生服务中心等项目 4 个，稳步推进公立医院综合改革，建立分级诊疗制度，安排“千名医师下基层”13 人，常住人群签约率 61.15%，重点人群签约率 87.3%。

【社会保障】 2022 年，青铜峡市提升全民参保水平，居民医保参保缴费人数 21.1 万人，达到 98.4%。统筹推进养老、医疗、失业等社会保险事业，城乡居民养老保险、医疗保险实现全覆盖。聚焦失业人员、灵活就业人员、低保边缘人口、防止返贫监测对象等特殊群体，做实医疗救助、残疾人保障工作，门诊大病及住院报销 1.75 亿元，发放低保、特困、高龄等救助资金 1.25 亿元。实施养老服务提标改造项目 4 个，2 所公建民营养老机构投入运营，成功跻身全国积极应对人口老龄化重点联系城市。千方百计稳定和扩大就业，年末全市城镇新增就业 3408 人，就业困难人员实现就业 315 人。农村劳动力转移就业 20824 人，累计实现工资性收入 2.96 亿元。全市新培育创业实体 469 个，创造新岗位 940 个。为符合条件的 568 名创业者发放支持创业担保贷款 9564 万元，带动就业 1101 人。

【社会治理】 2022 年，青铜峡市制定印发《关于创建铸牢中华民族共同体意识示范市 推动新时代民族工作高质量发展的实施意见》，分层分类开展民族工作宣传教育，市委理论学习中心组专题学习研讨 4 次，各部门专题学习 130 余次、交流研讨 70 余次。将铸牢中华民族共同体意识融入教育教学全过程，与节庆纪念日相结合，与课外文化、艺术、实践活动相结合，开展各类主题活动 80 余场次，引导各族各界树牢休戚与共、荣辱与共、生死与共、命运与共的共同体理念，打造自治区级示范点 3 个。全面推进“1+6”基层社会治理，创新全域网格积分制管理模式，高标准打造叶盛镇基层治理规范化示范点，全域网格积分制管理实现全覆盖。南苑社区“党建 + 网格 + 积分”治理经验在全区交流推广，团市委禁毒宣传项目获中国青年志愿服务大赛金奖，青铜峡镇被评为自治区国家安全示范镇。深化“一村（居）一法律顾问”，精准构建“半小时公共法律服务圈”，着力打通服务群众“最后一公里”，甘城子村获评全国民主法治示范村。深化平安青铜峡建设，常态化推进扫黑除恶斗争，深入推进“盗抢骗”“黄赌毒”“食药环”等打击整治专项行动，防范化解极端案（事）件69起，快侦快破命案1起，现行八类主要刑事案件发案同比下降33.33%，连续20个月命案零发生。扎实开展安全生产百日专项整治行动，区市反馈问题整改率达96.2%，安全生产形势总体稳定。着力构建“全民反诈、全社会反诈”新格局，建成全区首家反诈宣传教育基地，坚决守好人民群众的钱袋子，电信网络诈骗发案数、损失数分别下降44.3%、41.3%。坚持和发展新时代“枫桥经验”，加强基层信访工作网络建设，成立矛调中心（室），开展信访工作“四无”村（社区）创建活动，创建“四无”村（社区）40个。中央、自治区交办信访积案全部化解销号，进京赴银信访批次、人次分别下降70%、69%。

【基层组织建设】 2022年，青铜峡市坚持“一切工作到支部”，抓好基本活动、基本阵地、基本制度、基本保障落实，支部标准化、规范化水平不断提升，党建工作示范村创建率居吴忠市首位。创新实施城市党建“红色领航”工程，培育“一居一品”特色品牌25个，物业管理“三权下放”经验在全区推广。打造党建工作示范街1个、党建指导站7个，“两新”组织党组织覆盖率达到94%。村级集体经济收入增长15%以上，实现“消薄增收”向“提质增收”转变。

盐池县

【概　　况】 盐池县西与灵武、同心相连，东邻陕西定边，南接甘肃环县，北靠内蒙古鄂托克前旗，位于毛乌素沙地南缘，属陕、甘、宁、内蒙古四省（区）交界地带，南北长约110公里，东西宽约66公里，总面积8522.2平方公里。地势南高北低，南部为黄土丘陵区，海拔1600—1800米，沟壑纵横；北部为鄂尔多斯缓坡丘陵区，海拔1400—1600米，开阔平缓。盐池县辖4个镇（花马池镇、大水坑镇、惠安堡镇、高沙窝镇）、4个乡（王乐井乡、冯记沟乡、青山乡、麻黄山乡）、1个街道（盐州路街道）、102个行政村、11个社区。至2022年末，全县户籍人口总数68773户，总人口172224人，比上年减少163人。其中：城镇人口26514人，占全县总人口的15.4%；乡村人口145710人，占全县总人口的84.6%。2022年全县常住户6.13万户，常住人口数16.06万人，城镇人口9.13万人，乡村人口6.93万人，城镇化率为56.85%，自然增长人口0.06万人，人口出生率为9.4‰。全年实现地区生产总值193.29亿元，同比增长6.1%。分产业看：第一产业实现增加值15.07亿元，同比增长2.7%；第二产业实现增加值128.61亿元，同比增长7.8%；第三产业实现增加值49.60亿元，同比增长3.8%。三次产业增加值结构为7.8 ∶ 66.5 ∶ 25.7。全县人均地区生产总值120579元，同比增长5.9%。全年县级一般公共财政预算收入7.83亿元，同口径增长2.5%，其中税收收入4.41亿元，同口径增长13.5%，占比56.4%。县级一般公共预算支出40.53亿元，同比增长7.7%。其中，一般公共服务支出增长7.5%，公共安全支出增长20.0%，社会保障和就业支出增长23.2%，卫生健康支出增长26.5%，农林水事务支出增长10.8%。2022年全县全体常住居民人均可支配收入24421元，较2021年增加1412元，同比增长6.1%。全县城镇常住居民人均可支配收入33758元，较2021年增加1477元，同比增长4.6%，增速较上年同期回落3.6个百分点。

【现代农业】 2022年，盐池县实施黎明调蓄设施工程，新建高标准农田1万亩，发展高效节水农业0.9万亩，粮食产量增长74.6%。建成盐池滩羊“种养+”一体化示范基地和现代农业产业示范园，百万亩优质牧草基地加快建设，盐池滩羊入选全国农业生产“三品一标”典型案例，再登2022北京冬奥会、冬残奥会国宴餐桌，品牌价值超过98亿元，全产业链产值达64.8亿元。高标准打造国家级黄花菜绿色生产标准化示范区，怡健生物获批农业国际贸易高质量发展基地。全年实现农林牧渔业总产值33.47亿元，同比增长3.2%，其中：农业产值10.11亿元，同比增长3.7%；林业产值0.69亿元，同比增长179.0%；牧业产值20.95亿元，同比增长3.8%；渔业产值0.59亿元，同比增长219.3%；农林牧渔服务业产值1.14亿元，同比增长11.7%。

【种植业】 2022年，粮食播种面积78.1万亩，同比下降3.1%。夏粮播种面积2.8万亩，同比增长40%；秋粮播种面积75.3万亩，同比下降4.2%。其中：玉米播种面积30万亩，同比增长3.5%；马铃薯播种面积1万亩，同比下降78.7%。全年粮食总产量11.74万吨，同比增长11.7%，其中：夏粮产量0.12万吨，同比增长5%；秋粮产量11.6万吨，同比增长11.8%。其中：玉米产量10.08万吨，同比增长15.9%；马铃薯产量0.18万吨，同比下降76.1%。

【畜牧业】 2022年，生猪出栏6.45万头，同比增长7.9%；羊出栏139.44万只，同比增长4.6%；牛出栏6033头，同比增长0.8%；家禽出栏16.05万羽，同比增长64%。实现肉类总产量3.08万吨，同比增长5.9%，其中羊肉产量2.44万吨，同比增长4.7%。牛奶产量5.99万吨，同比增长4.1%。牧业产值占农林牧渔业总产值的比重达62.6%，对农林牧渔业的贡献率达63.5%。

【工业和建筑业】 2022年，盐池县千亿方级大型气田开发被列入自治区20个重大项目加快推进，天然气日处理能力突破500万立方米，风光电装机规模占全区五分之一以上。新乔、惠安煤矿启动建设，热电联产项目纳入自治区“十四五”能源发展规划。装备制造产业集聚发展，天利丰BOG提氦技术实现产业化，新型材料产值增长15%以上，现代化工产值超过120亿元，规上工业总产值达到340亿元，净增百亿元。园区体制机制改革扎实推进，完成区块整合优化，启动智慧园区建设，推行“管委会+公司”管理模式，成立企业综合服务站4个，园区服务功能不断优化，产业企业集聚效应凸显。全年实现全部工业增加值115.00亿元，同比增长7.6%，增速较上年同期回落2个百分点，工业增加值占GDP的比重为59.5%，对经济增长的贡献率为65.0%，拉动经济增长4个百分点。全县规模以上工业增加值增长8.8%。分轻重工业看，重工业占据主导地位。全年重工业同比增长8.8%，较上年同期加快0.2个百分点；轻工业同比增长11.6%，较上年同期下降0.3个百分点。重工业占比99.5%，轻工业占比0.5%。分行业大类看：石油、煤炭及其他燃料加工业增长较快，电力、热力生产和供应业下拉明显。全县监测的14个行业大类呈“六增八降”态势。增长的行业情况：煤炭开采和洗选业增长9.9%，石油和天然气开采业增长4.6%，农副食品加工业增长20.6%，食品制造业增长41.2%，石油、煤炭及其他燃料加工业增长63.9%，水的生产和供应业增长16.5%。下降的行业情况：皮革、毛皮、羽毛及其制品和制鞋业，下降34.6%，化学原料和化学制品制造业下降14.4%，橡胶和塑料制品业下降3%，非金属矿物制品业下降11%，通用设备制造业下降42.3%，电气机械和器材制造业下降2.3%，电力、热力生产和供应业下降61.1%，燃气生产和供应业下降1.1%。从产品产量看，汽油产量增长明显。全县监测的18种产品产量呈“十二增五降”态势。增长的产品情况：营养、保健食品增长73.6%，水泥增长8%，硅酸盐水泥熟料增长9.7%，鲜、冷藏肉增长34.2%，石灰石增长2.2%，冷冻蔬菜增长47.5%，塑料制品增长8.3%，电力电缆增长130.3%，原煤增长21.7%，汽油增长146.7%，柴油增长97.5%，液化石油气增长80.0%，太阳能发电增长8.5%。下降的产品情况：涂料下降3.6%，天然毛皮服装下降34.4%，自来水生产量下降1.4%，合成纤维聚合物下降87%，风力发电下降7%。全县实现建筑业增加值13.68亿元，同比增长9%，占地区生产总值的7.1%，占比较上年同期提高了5.6个百分点。

【服务业】 2022年，盐池县培育入规上限服务业企业10家，德昌物流入选全国多式联运示范工程。举办各类促销和文旅活动50余场次，发放消费券315万元，带动消费5亿元，实现旅游综合收入6.5亿元，何新庄村入选第四批全国乡村旅游重点村。打造狮城宁好自治区级电商直播示范基地，成功举办首届西部电商产业发展论坛暨闽宁商品对接会，签约金额达9100万元，电商销售额突破6亿元。全年实现服务业增加值49.6亿元，同比增长3.8%，增速较上年同期下降5.3个百分点。分行业看，总体呈“七增一降”发展态势。批发零售业实现增加值7.32亿元，同比增长4.7%，占服务业的比重为14.8%；交通运输仓储及邮政业实现增加值3.43亿元，同比增长0.6%，占服务业的比重为6.9%；房地产业实现增加值1.88亿元，同比增长2.3%，占服务业的比重为3.8%；金融业实现增加值4.94亿元，同比增长5.2%，占服务业的比重为10%；营利性服务业（租赁和商务服务业，科学研究和技术服务业，居民服务、修理和其他服务业，文化、体育和娱乐业）实现增加值6.81亿元，同比增长6.4%，占服务业的比重为13.7%；非营利性服务业（水利、环境和公共设施管理业，教育，卫生和社会工作，公共管理、社会保障和社会组织）实现增加值22.82亿元，同比增长3.4%，占服务业的比重为46%；农林牧渔服务业实现增加值0.73亿元，同比增长11.3%，占服务业的比重为1.5%；住宿餐饮业实现增加值1.6亿元，同比下降0.4%，占服务业的比重为3.2%。全年全县公路通车总里程为3672公里，其中高速公路4条282.3公里，普通国道4条305.7公里，省道6条280公里，县道1条6公里，乡村道路2798公里。以县城为中心，4条高速公路为骨架，10条国省干线公路为依托，县乡公路为支脉，南通北畅、东进西出、外通内连的公路“四纵八横”覆盖城乡的交通网络。

【改革创新】 2022年，盐池县开展农村集体经营性建设用地入市交易247亩，完成全区首笔山林地资源股金分红和政府回购，实现“分股不分山”“分利不分林”，蹚出了林地股权量化新路子。率先在全市开展排污权交易。争取“十四五”年取水量1.085亿立方米，农田灌溉水有效利用系数远高于全国全区平均水平。持续深化行政审批制度改革，同福建石狮、陕西定边签订政务服务“跨省通办”合作协议，新增市场主体2000余户，出口额突破亿元大关，盐池县入选中国优化投资环境典型城市案例。深入推进国企改革三年行动，国资配置运营效率明显提高。“破冰”解决41个老旧小区不动产登记遗留问题，3500余户群众住得更踏实、更安心。创新能力持续增强，培育国家高新技术、农业高新技术、科技“小巨人”企业8家，新增自治区科技型中小企业48家，低温重大核心装备研发等科研成果加快转化，技术合同成交额超过7700万元，全社会研究与试验发展经费投入强度达1.2%。

【教育文化卫生】 2022年，全县有学校46所，其中普通高中1所，中等职业学校1所，初级中学6所，小学18所，幼儿园19所，特殊教育中心1所。全县共有在校生26131人，其中，幼儿园在园幼儿5197人，小学在校生11662人，初中在校生5305人，普通高中在校生2983人，中等职业学校在校生906人，特殊教育中心在校生78人。小学毕业生数1833人，初中毕业生数1729人，普通高中毕业生数1003人，中等职业学校毕业生数417人。幼儿园招生数1962人，小学招生数1738人，初中招生数1729人，普通高中招生数916人，中等职业学校招生数256人。学龄儿童入学率93.6%，初中净入学率100%，初中升学率98.4%，高中升学率94.66%。全县共有各级各类学校教职工2307人、专任教师数1937人，其中：幼儿园教职工695人，专任教师412人；小学教职工830人、专任教师780人；初中教职工466人、专任教师445人；普通高中教职工234人、专任教师224人；中等职业学校教职工69人、专任教师69人；特殊教育中心教职工13人、专任教师7人。文化旅游广电事业。2022年末全县有健身联系站点33个，其中县城16个。有乡镇文化体育活动中心8个。全年举办各类大型文艺和广场文化演出场次75场，观众达14万人次；全年共接待游客191.42万人，同比上升10.7%；综合收入6.25亿元，同比上升9.8%。卫生健康工作。2022年末，全县共有医疗机构150个（其中县级医疗机构5个，乡镇卫生院8个）。年末全县执业医师（助理）411人，其中，执业医师321人，执业助理90人。注册护士422人，卫生机构实有病床722张。

【乡村振兴】 2022年，盐池县强力推进挂牌督办问题整改，整合投入资金9.17亿元，综合实施产业就业、医保兜底等帮扶措施，脱贫群众人均纯收入达到17431元，增长16.5%，高标准通过自治区摘牌验收，脱贫群众增收更加稳定、乡村振兴基础更加坚实。闽宁协作、中国航油定点帮扶成效全面深化，“万企兴万村”行动扎实开展，培育农业新型经营主体40个，村集体总收入超过5200万元，增长20.6%，“一村一品”带动户均创收5万元以上。大力实施乡村人才“四大工程”，交流专技人才200人，培育新型职业农民1230名。扎实推进乡村建设，打造乡村振兴示范村25个，新建美丽宜居村庄3个，实施清洁取暖替代1.6万户，改造提升供水管网122公里，新改建农村道路86公里，完成村庄绿化9859亩，农村厕改率提升至68%，人居环境全面改善。创新“六个先锋”“四格融合”乡村治理机制，四墩子村获评全国乡村治理示范村。

【城乡建设】 2022年，盐池县以创建全国文明城市为抓手，累计投入3.52亿元，实施基础设施提升项目23个，完成花马池街、永清路等4条城区主干道雨污分流改造，更新街道10万平方米，提标升级芙蓉街、振远街特色街区，城市面貌焕然一新。新开发商住面积16万平方米，改造老旧小区17个，整合单楼独院10个，拆除城区危旧房屋73户，居住品质大幅提升。“一园一特、一街一色”推进城市绿化，完成饮马河沿岸绿化和生态修复，打造口袋公园4个，城区绿地率达到41.25%，国家园林城市焕发魅力。实施“红色物业”培育工程，构建“五联”共建共治格局，物业服务向老旧小区、单楼独院延伸覆盖。开展“文明交通”“文明环境”“文明餐桌”等行动，乱停乱放、空中飞线等城市“顽疾”得到有效治理，秩序更加井然，城市更加文明。

【生态治理】 2022年，盐池县以壮士断腕的决心推进中央生态环境保护督察反馈问题整改，全面开展“九大专项”集中整治攻坚行动，整合优化工矿企业35家，整治“小散乱污”企业16家，建设绿色矿山30个，查处环境违法案件94起，单位工业增加值能耗下降4%，有效遏制超标排放、无序开采问题，重点领域环境质量大幅改善。强力推进污染防治，环境空气质量稳定在国家二级标准。综合治理水土流失137平方公里，盐池县入围全国典型地区再生水利用配置试点，残膜和农药包装废弃物回收率达到90%，含油废水、污油泥安全处置率达100%，土壤环境安全可控。扎实开展国土绿化和生态修复，完成营造林13.18万亩、柠条平茬30万亩、草原补播改良2万亩，修复治理矿山6988亩，森林覆盖率、草原综合植被盖度分别达到28%和58.45%，高于区市平均水平。

【民生事业】 2022年，盐池县坚持将85%以上财力用于保障和改善民生，143件民生实事全部办成。就业规模持续扩大，培育创业实体1133个，开发公益性岗位2207个，农村转移就业4.45万人，城镇新增就业1460人，调查失业率控制在4.8%以内。实施教育质量提升“五大工程”，新改扩建二中、七小等学校8所，自主招聘教师194名，与银川一中等8所优质学校结对共建，打造自治区“互联网+教育”标杆校3所，率先在全区化解大校额、超标准班额，“5+2”课后服务内容丰富、选择多样，“双减”更有温度，教育更加公平。盐池县入选全国第一批义务教育优质均衡先行创建县。深化“1234”医防融合服务，药品耗材二次议价节约1200余万元，传染科大楼、慢病管理中心投入使用，县医院入选全国首批“千县工程”综合能力提升单位，全区县域综合医改现场会在盐池县召开。发放各类救助补贴1亿元，为全县所有老年人购买意外伤害险，村居互助养老模式在全区推广。实施长城文物保护项目，建成长城国家文化公园复合廊道，李塬畔村入选第六批中国传统村落名录。巩固提升安全生产专项整治三年行动，化工集中区风险降级通过自治区验收，安全生产实训实操基地建成投用，事故起数和死亡人数实现双下降。深入推进市域社会治理现代化试点建设，妥善化解信访积案27件，矛盾纠纷化解率达99.5%，连续七年获评自治区平安县。

【社会保障】 2022年，全县参加基本养老保险118431人，其中，参加企业职工养老保险24213人，参加机关事业单位养老保险7001人，参加城乡居民养老保险87217人。养老保险制度保障覆盖党政机关、企事业单位、城乡居民、个体工商户以及灵活就业人员等各类人群，覆盖率达到100%。参加失业保险9355人，参加工伤保险23857人。城乡居民基础养老金由210元提高到230元（其中国家级基础养老金98元，自治区级基础养老金72元，县级基础养老金60元），60周岁及以上城乡居民月人均养老金达到252元（其中基础性养老金230元、个人账户养老金22元），待遇水平位居全市首位。机关企事业单位退休人员养老金调增工作圆满完成，总体增幅4%，其中，企业退休人员养老金实现"十八连调"，人均养老金每月提高了137.8元，月人均养老金水平达到2709元；机关事业单位退休人员养老金连续第7次与企业退休基本养老同步调整，人均养老金每月提高了190.7元，月人均养老金水平达到5835元。全年共为29810人发放养老金45261万元，其中，企业职工养老金5127人17968万元，机关事业单位养老金2892人21215万元，城乡居民基本养老金2179人6078万元。全县城镇实有登记失业914人，其中女性481人，失业人员就业1126人，年末新增就业人员1618人。2022年末，城镇居民最低生活保障1082户1749人，农村居民最低生活保障4883户7692人。全县现有公建民营养老机构2所，28个农村"老饭桌"、8个农村互助院、9个日间照料中心，共设养老床位数1302张，至2022年末共收养各类老人160余人。

同心县

【概　　况】　同心县位于宁夏中南部，处在宁夏干旱核心地带，地处鄂尔多斯台地与黄土高原北部的衔接地带，属典型的温带大陆性气候。东与宁夏盐池县和甘肃省环县相邻，南与宁夏中卫市海原县接壤，西与中卫市海原县和沙坡头区、中宁县相邻，北与中宁县、红寺堡区及太阳山管委会接壤。全县南北长102千米，东西宽76千米，总面积4433平方公里，占宁夏土地总面积的6.68%，其中中部丘陵、沟壑、山地、沙漠等地貌类型占总面积的65.4%，生态环境脆弱。辖豫海镇、丁塘镇、河西镇、韦州镇、下马关镇、预旺镇、王团镇7个镇，田老庄乡、马高庄乡、张家塬乡、兴隆乡4个乡，石狮1个管委会，有142个行政村和11个城市社区居委会。2022年，全县总户数116288户，其中城镇户数41043户，乡村户数75245户。全县总人口389314人，其中城镇人口123531人，占总人口31.73%；乡村人口265783人，占总人口68.26%。2022年，同心县实现地区生产总值138.46亿元，增长4.2%；规上工业增加值增长5.3%；固定资产投资增长15.9%；社会消费品零售总额28.62亿元，增长0.1%；一般公共预算收入3.92亿元，增长18.3%。全县完成固定资产投资923315万元，同比增长15.9%；社会消费品零售总额286201万元，同比增长0.1%。全县城镇居民人均可支配收入30879元，同比增长6.3%；农村居民人均可支配收入13631元，同比增长7.7%。城乡收入比由2021年的2.29∶1缩小到2022年的2.27 ∶ 1。

【农业经济】　同心土地资源较丰富，耕地总面积约148.92万亩，其中水浇地50.25万亩，旱耕地97.67万亩，林地88.1万亩，草地163.2万亩。丰富的土地资源适宜发展风光电力和农牧业产业。2022年，同心县种植农作物147.9万亩，其中玉米种植52.49万亩。牛、羊饲养量分别达到23万头、250万只。新增高效节水1.5万亩，建成8个万亩特色种植基地，枸杞、酿酒葡萄、红葱等特色产业质效稳步提升，山区宽覆膜节水抗旱技术试验取得成功，下马关马铃薯种植基地被农业农村部确定为种子质量试点示范基地，实现农林牧业总产值572290万元，同比增长4.3%。其中：农业产值355721万元，同比增长5%；林业产值4054万元，同比下降7%；牧业产值202975万元，同比增长4.6%；农林牧服务业产值9540万元，同比增长9.4%。全县实现农林牧业增加值266190万元，同比增长4.2%。全年粮食总产量33.7万吨，同比增长6.8%，其中：小麦产量2.1万吨，同比增长35.3%；玉米产量27.3万吨，同比增长4.8%；谷子产量1.2万吨，同比增长104.6%；荞麦产量1.3万吨，同比增长36.1%。畜牧业发展稳定。12月末，全县生猪存栏0.49万头，同比下降35.8%，出栏0.82万头，同比增长37.5%；肉牛存栏8.3万头，同比增长7.8%，出栏4.9万头，同比下降8.5%；肉羊存栏100.9万只，同比下降6.7%，出栏135.6万只，同比增长15.8%。肉类总产量33762吨，同比增长9.3%，其中猪牛羊肉总产量

32962 吨，同比增长 9.7%。

【工业经济】 2022 年，全县 62 家规模以上工业企业实现产值 90.86 亿元，同比增长 0.5%。完成工业增加值 493584 万元，同比增长 4.7%。其中，规模以上工业增加值同比增长 5.3%。采矿业贡献突出。全县规模以上采矿业产值 31.12 亿元，同比增长 82.9%，占规模以上工业产值的 34.3%。制造业实现产值 45.04 亿元，同比下降 6.9%；电力、热力、燃气及水的生产和供应业实现产值 14.7 亿元，同比下降 43.8%。全县原煤产量增长 93.9%，工业发电量增长 4.9%，对二甲苯同比增长 293%，精制食用植物油同比增长 71.3%，硅酸盐水泥熟料同比增长 47%，水泥同比增长 236.3%，服装同比增长 31.7%。

【服务业】 2022 年，全县实现服务业增加值 572381 万元，同比增长 4.8%。其中：批发和零售业 77929 万元，同比增长 3%；交通运输、仓储和邮政业 36508 万元，同比增长 2.4%；住宿餐饮业 10307 万元，同比下降 1.3%；金融业 51195 万元，同比增长 3.3%；房地产业 52524 万元，同比增长 3.4%；营利性服务业 97926 万元，同比增长 3.9%；非营利性服务业 239785 万元，同比增长 6.9%，占服务业增加值的 42%，占地区生产总值的 17.3%。

【社会事业】 2022 年，同心县有各级各类学校 208 所，在校学生 83566 人。其中：小学 99 所，在校学生 42252 人；普通中学 15 所，在校学生 26512 人；中等职业学校 2 所，在校学生 2514 人。全年有教职工 4897 人，其中专任教师 4545 人。同心县有图书馆 1 个、文化馆 1 个、博物馆 1 个、广播电台 1 个、电视台 1 座。广播综合人口覆盖率 100%，电视综合人口覆盖率 100%。同心县共有卫生机构 183 个，其中综合医院 8 个，中医院 1 个，乡镇卫生院 11 个，疾病预防控制中心 1 所，妇幼保健所 1 所，卫生监督所 1 所。全县有卫生技术人员 1729 人，其中执业医师和执业助理医师 690 人，注册护士 759 人。卫生机构现有病床数 1414 张，每千人拥有床位数 4.4 张。

【社会保障】 2022 年，同心县参加基本养老保险人数有 214284 人，其中，参保职工 15845 人，参保离退休人员 11400 人。参加城镇失业保险 11126 人，比上年增长 10.8%。参加基本医疗保险人数 348777 人，其中，参加职工基本医疗保险 19198 人，参加城乡居民基本医疗保险 329579 人。2022 年末，全县享受低保救济的困难群众达 47461 人，比上年下降 6.4%。其中：享受城市低保的人数达 3567 人，比上年下降 30.2%；享受农村低保的人数达 43894 人，比上年下降 3.7%。

【项目建设】 2022 年，同心县持续扩大有效投资，全年实施 125 个重点项目，有桃山综合物流园、中核 17 万千瓦光伏发电、粤盛光伏治沙复合发电 3 个自治区级重点项目，同心中学分校、顺博光伏等 8 个市级重点项目。英利光伏组件等 94 个项目建成投运。全年上争项目资金 50 亿元，招商引资到位资金 55 亿元。

【城市建设】 2022 年，同心县城市更新行动彰显宜居宜业新形象。新建市政道路 7 公里、公厕 6 座、垃圾中转站 9 处，更新“四类管线”21.2 公里，城市面貌大为改善。建成新华广场等 5 个小微绿地公园，配套多功能运动场 2 个、健身步道 4 公里，城市功能更加完善。改造老旧小区 10.2 万平方米，开发房地产 25.3 万平方米，销售 33.1 万平方米，合理满足群众住房刚需。开工建设景秀花园住宅小区 9.31 万平方米，彻底解决 635 户拆迁户急难愁盼问题。完成停车场、公厕、公园、广场、污水处理、园林绿化等公共产品供给特许经营权改革，有效解决“三难”问题，规范城乡综合执法，城市管理措施更加精细。

【乡村振兴】 2022 年，同心县实施农村人居环境整治提升五年行动，编制完成 8 个村庄规划，开工建设下马关、预旺 2 个高标准重点小城镇，24 个高质量美丽宜居村庄。改扩建 G344、S310、S103 线，提标改造农村道路 94 公里，入选“四好农村路”全国示范县创建单位公示名单。建设 5G 基站 44 座，改造供电线路 138 公里、抗震宜居房 1141 户，加固生态移民房 2352 栋，自来水入户率、水质达标率分别达到 99.5%、100%。完成 9 个农村污水处理项目，改造农村户厕 4000 户，完成村庄绿化 7120 亩，实现行政村生活垃圾无害化处理全覆盖。紧盯精准帮扶环节。在现有产业、医疗、教育、低保等帮扶措施的基础上，对因病、因学、突发事故、产业风险等未消除风险对象，采取设定起付线阶梯式“四项”帮扶措施，至年底，累计兑付资金147户284.85万元，户均近2万元，切实兜牢了防返贫底线。2022年全县脱贫人口人均纯收入14249元，同比增长20.3%。常态化开展“四查四补”，“三类监测对象”风险消除24户82人，脱贫人口人均纯收入13834元，增长16.3%，142个行政村集体经济收入平均超过10万元。

【生态建设】 2022年，同心县扎实推进罗山生态保护修复，加快清水河流域综合治理，实施绿化项目17个，完成营造林10.52万亩，治理水土流失30平方公里，森林覆盖率达到12%。持续打好蓝天、碧水、净土保卫战，中央、自治区生态环保督察反馈问题整改清零，空气质量优良天数比例达到83.8%。污水排放、入黄水质、人饮水质稳定达标。中水回用600万立方米，利用率达90%。深化农业面源污染治理，畜禽粪污资源化利用率、农用残膜回收利用率达90%以上。建成161个垃圾分拣站，县城和中心集镇垃圾分类回收有序推进。实施清洁取暖1.8万户，新能源交易电量达到7430万千瓦时，减少煤耗2.5万吨、碳排放6.75万吨，绿色发展底蕴更深厚。

【文化事业】 2022年，同心县实施文化繁荣行动，厚植精神文明新风尚。改造提升红军西征纪念馆，建设城市书屋2座，升级预旺、张家塬文化站，提升6个村级综合文化服务中心。推出《同心小调》《同心花儿》等各类文创产品200余种，《干亲》《家》等微电影在中央电视台等媒体播放，举办文化活动120余场次。以东道主身份举办第七届陕甘宁革命老区青少年足球联赛，在全区农民篮球争霸赛上一举夺冠。广电惠民工程惠及21个移民村2.2万户群众，党的政策直达寻常百姓家。

【社会治理】 2022年，同心县社会治理行动共创安定和谐新局面。“六权”改革取得实质进展，首宗集体建设用地成功入市，排污权交易零的突破，8项改革任务有序推进。安全生产专项整治三年行动收官，精细化工园区安全风险等级降为C级。坚持和发展新时代“枫桥经验”，矛盾纠纷化解率100%，驻法院诉前人民调解室和婚姻家事调解室的好做法在全区推广。汪家塬村获评“全国民主法治示范村”。禁毒工作取得区级考评“七连冠”。刑事发案总量、电信网络诈骗案件等大幅下降。

【精神文明建设】 2022年，同心县认真学习贯彻党的十九届六中全会精神，持续深化理论学习，引导广大干部群众深刻领悟“两个确立”的决定性意义，切实增强做到“两个维护”的自觉性和坚定性。围绕主题主线，为党的二十大、自治区第十三次党代会的召开营造良好的社会氛围。以强烈的担当精神和更有力的举措推动精神文明建设各项任务落实落地，推动新时代文明实践深化拓展，着力培育良好的文明风尚，促进文明创建提质增效。做好“奋进新征程 建功新时代”的重大主题宣传，为建设先行区、建设美丽新宁夏凝聚起强大的精神力量。精神文明结硕果，拜孝忠荣登“中国好人榜”，田彦兰被评为全国文旅系统先进工作者、提名中国非遗年度人物，“薪火相传”老干部宣讲团成员杨军荣获2022年全国基层理论宣讲先进个人。年内创建区市级民族团结进步示范单位163个。2022年3月，同心县入选拟命名的第十九批宁夏回族自治区文明城市名单。

【民族团结】 2022年，同心县持续坚持以习近平新时代中国特色社会主义思想为指导，深入学习贯彻习近平总书记关于加强和改进民族工作的重要思想和视察宁夏重要讲话指示批示精神，认真贯彻落实党的二十大、中央民族工作及自治区第十三次党代会部署要求，紧扣铸牢中华民族共同体意识主线，以“5585”模式为牵引，广泛开展民族团结进步宣传教育，为创建铸牢中华民族共同体意识示范县营造了民族和睦、宗教和顺、社会和谐的良好氛围。

荣誉

先进个人

【全国三八红旗手】　徐海侠，吴忠市红寺堡区侠客行残疾人综合服务中心理事长。她用一条腿撑起几个公司，为众多残疾人撑起一个“家”，她与命运抗争，艰苦创业，回报社会，多次获得自治区、吴忠市嘉奖。2017 年她带领红寺堡区残疾人综合服务中心志愿者为残疾人家庭提供志愿服务 1000 余人次。2018 年 12 月，红寺堡区残疾人综合服务中心创业电商孵化园的成立，让徐海侠实现梦想的步伐向前推进一大步。创业电商孵化园带动 60 家企业发展，为红寺堡区的 500 名残疾人、100 户困难残疾人家庭和 41 户独居老人提供居家托养服务 2500 多人次。2019 年徐海侠被评为全区自强模范，2020 年获得自治区学雷锋志愿服务四个十佳最美志愿者称号，2021 年被评为中国好人、全国残疾人工作先进个人，2022 年 3 月被评为全国三八红旗手。

【2022 年度优秀希望学子】　王婷，盐池县盐州路街道办事处副主任。1992 年 9 月出生，中共党员，本科毕业于山东大学商学院，研究生毕业于中共宁夏回族自治区委员会党校。曾获得“全区返家乡社会实践优秀个人”“全区禁毒工作先进个人”等荣誉称号。2015 年工作之初，她被选调到麻黄山乡工作，先后包扶 2 个贫困村、5 户建档立卡贫困户。2019 年底，她所帮扶的 5 户贫困户户均高标准脱贫致富。2021 年，担任盐池县团委副书记期间，她招募 1200 余名青年疫情防控志愿者，组建青年志愿者突击队 11 支，协调安排 315 名青年志愿者，在全县 25 个防疫站点开展疫情防控志愿服务。2022 年转任街道办工作后，她争取项目资金 360 万元，解决群众反映的急难愁盼问题 52 个，努力打通服务群众的“绿色通道”，切实解决好群众的操心事、烦心事、揪心事。2022 年，王婷被中国青少年发展基金会授予“2022 年度优秀希望学子”称号。

【国家机关嘉奖人员】　吴艳虹，女，藏族，吴忠市纪委监委案件审理室主任。无论工作再忙、压力再大，她都会挤出时间加强政治理论学习，在真学真信中坚定理想信念、增强理论修养。2022 年初，审理室在短期内受理多起移送案件，在审理一起涉嫌职务犯罪案件时，坚持从政治纪律和政治规矩审起，她带领审理室的同事连续五天挑灯夜战，反复翻阅案卷，审慎研判证据，最终认定涉案人员存在违反政治纪律和形式主义、官僚主义等问题，高质量完成审理工作。刚到案件审理室工作时，为尽快进入角色，她以近乎痴狂的工作劲头投入到案件审理业务的学习和研究中，为满足业务需要，除单位配备的一些常用工具书，她又自费购买许多党规党纪解读、办案指引、案例分析等方面的书籍，反复学习，认真研读。在她办公桌上一直放着一个厚厚的笔记本，里面贴满各种业务剪报，尤其是纪检监察体制改革后，她及时更新补充职务犯罪案件相关业务知识，快速投入到对新业务新知识新领域的学习中。工作中，不管是单位同事还是县（区）同行，经常会向她请教各种各样的案件审理业务，她凭着深厚的业务功底，她很少被难住过，慢慢地，同事们送她一个雅号——“党纪法规活字典”。只要单位有重大、疑难、复杂的案件需要审理，领导总是第一个想到她。党的十九大以来，经她主审或协审的案件共250余件，无一申诉。工作中，她积极开动脑筋，创新探索“1234”案件审理工作法，有效提升吴忠市纪检监察机关案件审理工作水平。为精准表述案件事实，她对案件材料字斟句酌、再三推敲，反复核对。为准确定性违纪违法行为，她经常查阅大量书籍资料，直到弄得水落石出才肯罢休。平日里，她几乎把所有的精力都扑在工作上，加班加点成为工作常态。2018年4月，她的父亲突发疾病去世，她匆忙料理完父亲的后事，强忍悲痛回到工作岗位，重新投入到紧张的工作中，没来得及见父亲最后一面成为她心中永远的遗憾。她明白，只有在岗爱岗、敬业笃行才是对父亲最好的告慰。2022年9月，她受到中共中央纪委机关、国家监察委员会、人力资源和社会保障部嘉奖。

【全国公安机关爱民模范】 田吉明，同心县公安局王团镇派出所所长。从警20多年，田吉明先后被授予全县劳动模范、优秀公务员等荣誉称号，荣立个人三等功3次。作为守护一方百姓的执法者，他把派出所当成家、把工作过成生活，带领全所人在辖区开展5轮“地毯式”大走访大实践活动，把“知百家情、解百家忧”做到极致。他创新建立“435”矛盾纠纷多元调解机制，推行四级联调模式，确保每一起矛盾纠纷都能成功化解。扫黑除恶专项斗争期间，他通过走访了解到，王氏团伙存在欺行霸市、开设赌场的违法犯罪行为。为铲除这颗毒瘤，他循线追踪、深挖彻查，带领办案骨干收集王氏团伙违法犯罪证据。一年多的不懈努力，让这个涉案资产达500余万元，涉及各类刑事犯罪10余起的王氏团伙被一网打尽，为受害群众挽回经济损失200余万元，8名犯罪分子均被依法追究刑事责任，扎在群众心里多年的钉子被彻底拔除，王团镇群众无不拍手称快。自从他担任所长以来，王团镇派出所始终保持着群众零投诉的纪录，各类案件发案量近两年同比减少40%，治安案件结案率提升至90%，治安环境不断向好，群众满意度不断提高。5月25日，全国公安系统英雄模范立功集体表彰大会在北京举行，田吉明获得全国公安机关爱民模范称号。

【全国特级优秀人民警察】

胡永峰　　盐池县公安局大水坑派出所所长

【党的二十大代表】

徐　耀　　吴忠市委书记

王兰花　　女，回族，吴忠市利通区金星镇王兰花热心小组慈善协会会长

【全区“人民满意的公务员”】

马克凤　　女，回族，吴忠市利通区马莲渠乡党委副书记，三级主任科员

陈树华　　青铜峡市裕民街道党工委书记，四级调研员

王　浩　　青铜峡市公安局国内安全保卫大队大队长，一级警长

韩　芬　　女，吴忠市中级人民法院民事审判第一庭庭长，一级法官

李　刚　　吴忠市城市管理局办公室主任，四级调研员

【自治区三八红旗手】

杨丽娟　　吴忠市利通区胜利镇上桥社区党委书记、居委会主任

马桂芹　　宁夏弘德包装材料有限公司党总支书记、总经理

孙建春　　宁夏盐池县春雪文化产业园有限公司副总经理

陆　婧　　吴忠市青铜峡市妇女联合会党组成员、副主席

蒋秀玲　　吴忠市青铜峡市三羊养殖专业合作社法人代表

马晓媛　　吴忠市同心县兴隆乡党委副书记

哈秀花　　吴忠市女企业家协会秘书长

吴　荣　　吴忠市新闻传媒中心采集部记者

王　燕　　吴忠市妇女联合会办公室主任

李金荣　中国电信吴忠分公司党委书记、总经理
潘丽华　吴忠市生态环境保护综合执法支队综合科科长
唐晓华　吴忠市人民检察院第一检察部负责人
吴艳虹　吴忠市纪委监委案件审理室主任
马莲英　吴忠市住房和城乡建设局建筑管理科科长
胡翔慧　吴忠市委宣传部理论与宣传教育科科长
马慧娟　吴忠市红寺堡区新民街道办振兴社区居民
马丽娜　吴忠市青铜峡市峡口镇中心卫生院院长
张丽萍　吴忠市利通区金星镇金花园社区党委书记、居委会主任
周晓玲　吴忠市利通街第一小学书记、校长
蔡　莉　宁夏固海扬水管理处机电科工程师
周晓玲　吴忠市利通街第一小学书记、校长
王　瑛　吴忠市妇幼保健院妇儿保健科科长、孕产保健部主任
马晓明　吴忠市疾病预防控制中心慢病科科长

【自治区三八红旗手标兵】

丁秀琴　吴忠市秀琴奶牛养殖专业合作社理事长

【宁夏首届最美退役军人】

蔡　国　吴忠市新区医院党支部书记、党办主任
王启才　吴忠市天翔汽车销售客运有限公司党支部书记、总经理

【2022 年自治区青年拔尖人才】

马海燕　女，吴忠市利通区开元小学高级教师
马彩萍　女，红寺堡区农业技术推广服务中心高级农艺师
黄艳华　女，吴忠市农产品质量安全检测中心农业工程师

【全区实施妇女儿童发展规划先进个人】

陈春丽　吴忠市利通区人民检察院党组成员、副检察长
佘　莉　吴忠市红寺堡区妇联党组书记、主席
李丽华　吴忠市青铜峡市教育局副局长
刘　娜　吴忠市盐池县委组织部部务委员
马冬花　吴忠市同心县统计局四级主任科员
徐　羽　吴忠市委组织部干部监督科科长
杨　雪　吴忠市委全面依法治市委员会办公室综合协调科科长
马　睿　吴忠市教育局教育科四级主任科员
马　莲　吴忠市财政局党组成员、副局长
马　芳　吴忠市人力资源和社会保障局四级主任科员
买　倩　吴忠市文化旅游体育广电局交流与合作科副科长
王桂红　吴忠市妇联四级主任科员

【全区人力资源和社会保障工作先进个人】

董小乐　女，吴忠市公安局政治部副主任、组织人事科科长
李　哲　吴忠市人力资源和社会保障局办公室主任
丁政平　吴忠市人力资源和社会保障局社会保障科科长
金宝东　吴忠市就业创业和人才服务中心办公室主任
马明轲　吴忠市劳动保障监察执法局一级科员
张　静　女，吴忠市农业农村局产业发展科副科长
周　静　女，吴忠市商务和投资促进局副局长
马向军　吴忠市文化旅游体育广电局旅游科科长
刘伟泽　吴忠市太阳山开发区管委会党工委副书记
陈晓红　女，吴忠市人民医院人力资源部副主任
马灵燕　女，利通区人力资源和社会保障局副局长
金　桦　女，利通区就业创业和人才服务中心三级主任科员
杜小峡　女，利通区退役军人事务局局长
王凤英　女，利通区板桥乡人民政府社保站站长
周　鹏　红寺堡区人力资源和社会保障局副局长
朱佩琦　红寺堡区人事劳动争议仲裁院四级主任科员
周非凡　红寺堡区劳动保障监察执法局四级主任科员
勉向进　红寺堡区红寺堡镇副镇长
张少洲　青铜峡市教育局人事管理室主任
袁东宏　青铜峡市劳动保障监察执法局局长
叶少青　青铜峡市就业创业和人才服务中心四级主任科员
李自仙　女，中共盐池县委组织部副部长
温　增　盐池县社会保险事业管理中心主任
陈连卿　同心县人力资源和社会保障局党组书记
丁　云　同心县劳动保障监察执法局四级主任科员
丁　宁　同心县就业创业和人才服务中心四级主任科员

韩　刚　同心县丁塘镇人民政府民生服务中心主任
耿兴磊　盐池县职业技术学校培训中心主任
刘占保　宁夏青铜峡水泥股份有限公司综合管理部副部长
邓李勇　宁夏神瑞工贸有限责任公司总经理

先进集体

【全国工人先锋号】

吴忠仪表有限责任公司高端阀事业部装配班

【全国巾帼文明岗】

吴忠市红寺堡区妇女联合会

【全国巾帼建功先进集体】

吴忠市人力资源和社会保障局

【全区“人民满意的公务员集体”】

青铜峡市信访局
盐池县盐州路街道办事处

【自治区三八红旗集体】

吴忠市利通区第九小学
吴忠市红寺堡区卫生健康局
吴忠市盐池县第一幼儿园
吴忠市同心县人民法院立案庭
吴忠市清宁河管理所
吴忠金积工业园区管委会
吴忠市公共交通有限公司
宁夏民族职业技术学院康复与护理系

【全国优秀公安基层单位】

吴忠市公安局交通管理局交通管理二大队

【全区实施妇女儿童发展规划先进集体】

吴忠市利通区盛元小学
吴忠市盐池县人民政府妇女儿童工作委员会办公室
吴忠市儿童福利院
吴忠市卫生健康委员会

【全区人力资源和社会保障工作先进集体】

吴忠市财政局社会保障科
吴忠市社会保险事业管理中心
吴忠市退役军人事务局
利通区就业创业和人才服务中心
利通区郭家桥乡人民政府
红寺堡区就业创业和人才服务中心
红寺堡区劳动保障监察执法局
青铜峡市社会保险事业服务中心
青铜峡市劳动人事争议仲裁院
盐池县人力资源和社会保障局
盐池县冯记沟乡人民政府
同心县人力资源和社会保障局
宁夏伊利乳业有限责任公司
宁夏宏源居家劳务服务有限公司
中核（宁夏）同心防护科技有限公司

吴忠市2022年国民经济和社会发展统计公报

吴忠市统计局　国家统计局吴忠调查队

（2023年3月27日）

2022年面对复杂严峻的发展环境，全市坚持以习近平新时代中国特色社会主义思想为指导，深入贯彻党的十九大、十九届历次全会精神和党的二十大、自治区第十三次党代会和吴忠市第六次党代会精神，全面落实习近平总书记视察宁夏重要讲话指示批示精神，坚持稳中求进工作总基调，全面落实疫情要防住、经济要稳住、发展要安全的要求，高效统筹疫情防控和经济社会发展，采取一系列措施和加快落实稳经济政策，国民经济顶住压力持续恢复，经济总量再上新台阶，就业物价总体稳定，人民生活持续改善，高质量发展取得新成效，现代化美丽新吴忠建设迈出坚实一步。

一、综　合

经自治区统计局统一核算初步结果，2022年全市实现地区生产总值867.03亿元，按可比价格计算，比上年增长4.1%。分产业看，第一产业实现增加值120.13亿元，增长4.6%；第二产业实现增加值451.34亿元，增长4.9%；第三产业实现增加值295.56亿元，增长3.0%。三次产业对经济增长的贡献率分别为14.7%、55.8%、29.5%，三次产业结构为13.9 ∶ 52.0 ∶ 34.1。按常住人口计算，全市人均地区生产总值62126元，比上年增长3.6%。

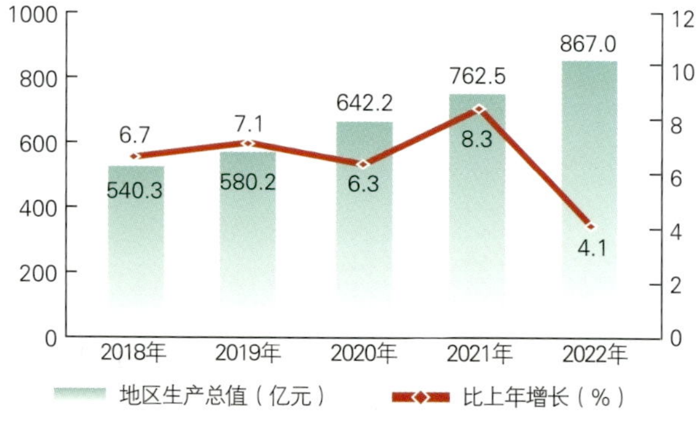

图1　2018—2022年全市地区生产总值及增长速度

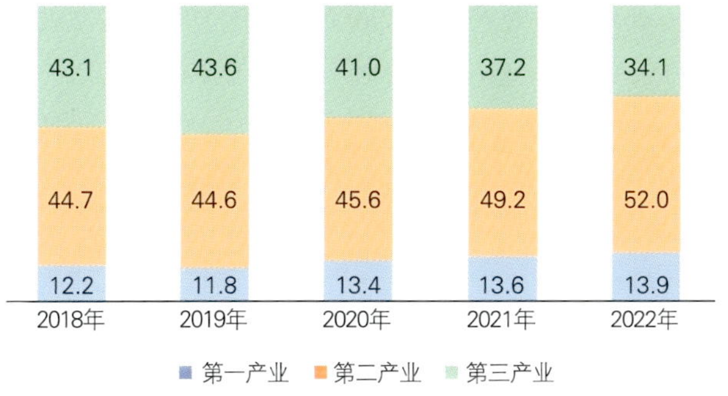

图 2　2018—2022 年三次产业增加值占地区生产总值比重（%）

全年居民消费价格比上年上涨 1.9%，商品零售价格比上年上涨 2.0%。

表1　2022年全市居民消费价格指数

指标名称	累计比（%）
居民消费价格指数	101.9
其中：食品烟酒	101.4
衣　着	97.5
居　住	100.1
生活用品及服务	100.6
交通和通信	107.7
教育、文化和娱乐	101.4
医疗保健	100.8
其他用品和服务	103.0

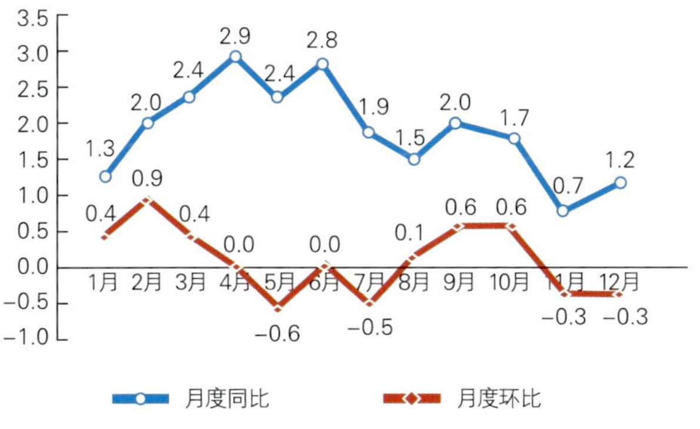

图 3　2022 年居民消费价格月度涨跌幅度（%）

市委、市政府及有关部门及时出台并全面落实稳经济一揽子政策措施，退税减税降费 23.9 亿元，落实企业奖补资金 2.3 亿元，市场主体达到 12.6 万户。新增“专精特新”中小企业 16 家、产值过亿元企业 10 家、规上工业企业 26 家，5 个化工园区安全风险等级全部降为 C 级，金积、太阳山、青铜峡三个工业园区产值均超过 200 亿元。

2022 年，吴忠市获得自治区效能目标管理考核优秀等次、自治区“十三五”耕地保护责任目标考核一等奖、自治区住房保障工作目标责任考核一等奖、自治区污染防治攻坚战成效考核优秀等次，被全国爱国卫生运动委员会续评为国家卫生城市。

二、人口

至 2022 年，末全市常住人口 139.91 万人，比上年末增加 0.71 万人，其中城镇常住人口 79.78 万人。全年出生人口 1.60 万人，人口出生率为 11.46‰；死亡人口 0.86 万人，人口死亡率为 6.16‰；自然增长人口 0.74 万人，人口自然增长率为 5.30‰。常住人口城镇化率为 57.02%，比上年提高 0.34 个百分点。

表2　2022年末全市常住人口数及其构成

指标名称	年末数（万人）	比重（%）
总人口	139.91	—
其中：城镇人口	79.78	57.02
乡村人口	60.13	42.98
其中：男性	72.30	51.68
女性	67.61	48.32
其中：汉族	62.30	44.53
回族	77.19	55.17
其他少数民族	0.42	0.30

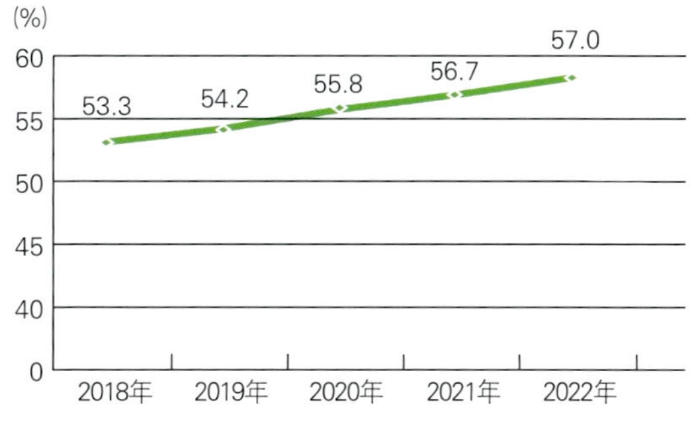

图 4　2018—2022 年末常住人口城镇化率

据公安年报，年末全市户籍总人口 143.94 万人，其中，城镇人口 48.90 万人，户籍人口城镇化率 33.97%。

附录

表3　2022年末全市户籍人口数及其构成

指标名称	年末数（人）	比重（%）
总人口	1439435	—
其中：城镇人口	489048	33.97
乡村人口	950387	66.03
其中：男　性	731129	50.79
女　性	708306	49.21
其中：0—17岁	354846	24.65
18—34岁	372418	25.87
35—59岁	518006	35.99
60岁及以上	194165	13.49

三、农业

2022 年，全市农林牧渔业总产值 248.4 亿元，比上年增长 4.7%。其中：农业产值 118.8 亿元，增长 3.3%；林业产值 1.6 亿元，增长 13.9%；牧业产值 118.8 亿元，增长 6.8%；渔业产值 2.3 亿元，下降 8.1%；农林牧渔服务业产值 6.9 亿元，增长 8.5%。

全年粮食种植面积 304.19 万亩，比上年增加 0.16 万亩。其中：小麦种植面积 35.21 万亩，增加 6.07 万亩；水稻种植面积 5.57 万亩，减少 4.58 万亩；玉米种植面积 163.92 万亩，减少 1.4 万亩；薯类种植面积 7.31 万亩，减少 10.46 万亩。酿酒葡萄、枸杞、冷凉蔬菜种植面积分别达到 28 万亩、11 万亩、64 万亩。

严格落实粮食安全责任制，粮食生产实现“十九连丰”。全年粮食总产量 103.91 万吨，增加 3.09 万吨，比上年增长 3.1%。其中：夏粮产量 5.28 万吨，增长 104.0%；秋粮产量 98.63 万吨，增长 0.4%。全市小麦产量 5.27 万吨，增长 105.8%；水稻产量 3.44 万吨，下降 44.7%；玉米产量 89.03 万吨，增长 3.2%。

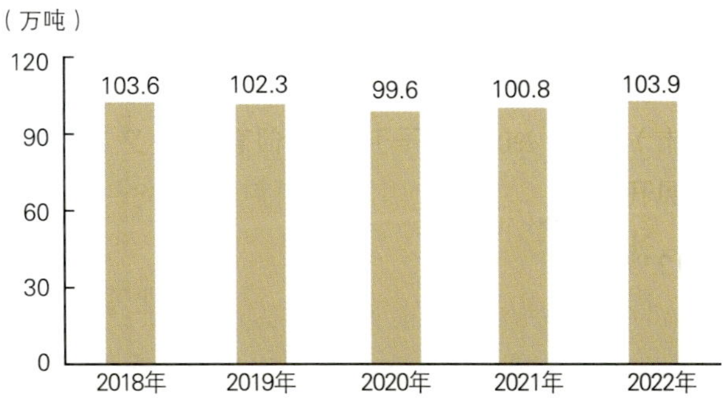

图 5　2018—2022 年全市粮食总产量

全年肉类总产量 11.96 万吨，比上年增长 7.9%。其中：牛肉产量 3.22 万吨，增长 2.7%；羊肉产量 6.15 万吨，增长 9.7%；猪肉产量 1.88 万吨，增长 15.4%；禽肉产量 0.71 万吨，下降 0.2%。禽蛋产量 2.80 万吨，下降 23.4%；牛奶产量 140.97 万吨，增长 13.6%。

年末牛存栏 68.35 万头，比上年增长 12.3%。其中：奶牛存栏 33.42 万头，增长 14.5%；肉牛存栏 34.93 万头，增长 10.2%。羊存栏 310.67 万只，增长 1.6%；生猪存栏 13.80 万头，下降 23.5%；活禽存栏 459.35 万只，增长 16.9%。

四、工业和建筑业

2022 年，全市全部工业增加值 398.2 亿元，比上年增长 5.5%，其中规模以上工业增加值比上年增长 6.8%。

图 6　2018—2022 年全市全部工业增加值及增长速度

分轻重工业看，规模以上轻工业增加值增长 9.9%，重工业增长 6.3%。

分经济类型看，规模以上国有控股企业增长 5.5%，股份制企业增长 7.1%，外商及港澳台商投资企业增长 22.9%，私营企业增长 7.7%。

分门类看，规模以上工业采矿业增长 13.4%，制造业增长 13.5%，电力、热力、燃气及水的生产和供应业下降 16.7%。采矿业，制造业，电力、热力、燃气及水的生产和供应业比重为 26.5 ∶ 56.7 ∶ 16.8。

全市规模以上工业中，石油、煤炭及其他燃料加工业增加值比上年增长 23.7%，有色金属、冶炼和压延加工业增长 14.1%，化学原料和化学制品制造业下降 12.0%，烟草制品业增长 10.4%，电力、热力的生产和供应业下降 19.4%，食品制造业增长 7.6%，农副食品加工业增长 12.2%，非金属矿物制品业下降 1.5%。

从主要产品产量看，乳制品增长 9.9%，纱下降 13.7%，十种有色金属增长 0.8%，水泥增长 7.3%，电石下降 2.3%，工业自动调节仪表与控制系统增长 14.8%。

全年规模以上工业企业利润 84.4 亿元，比上年下降 12.1%。分经济类型看：国有控股企业利润 48.6 亿元，增长 32.8%；股份制企业 51.7 亿元，下降 30.4%；私营企业 22.2 亿元，下降 24.5%。

全市规模以上工业企业实现销售产值 1351.9 亿元，比上年增长 18.1%，工业企业产品销售率为 98.1%。

表4　2022年全市规模以上工业主要产品产量及增长速度

指标名称	单位	产量	比上年增长(%)
乳制品	万吨	148.1	9.9
纱	万吨	4.6	-13.7
十种有色金属	万吨	47.4	0.8
水泥	万吨	727.5	7.3
碳化钙（电石）(折300升/千克)	万吨	65.5	-2.3
工业自动调节仪表与控制系统	万台（套）	13.1	14.8

全年建筑业完成增加值 54.17 亿元，比上年增长 1.4%。全市具有资质等级的总承包和专业承包建筑业企业有 109 个，完成建筑业总产值 84.9 亿元，比上年增长 15.6%。全市房屋建筑施工面积 224.3 万平方米，比上年下降 14.6%，其中本年新开工面积 122.9 万平方米，下降 2.1%。

五、服务业

2022 年，全市实现服务业增加值 295.6 亿元，比上年增长 3.0%。全年批发和零售业实现增加值 38.0 亿元，比上年增长 0.7%；交通运输、仓储和邮政业实现增加值 29.2 亿元，增长 3.1%；住宿和餐饮业实现增加值 8.9 亿元，下降 2%；金融业实现增加值 34.7 亿元，增长 4.3%；房地产业实现增加值 21.5 亿元，增长 2.8%；信息传输、软件和信息技术服务业实现增加值 17.0 亿元，增长 11.2%；租赁和商务服务业实现增加值 10.1 亿元，下降 2.3%。全年规模以上服务业企业营业收入比上年增长 4.0%，利润总额增长 43.4%。

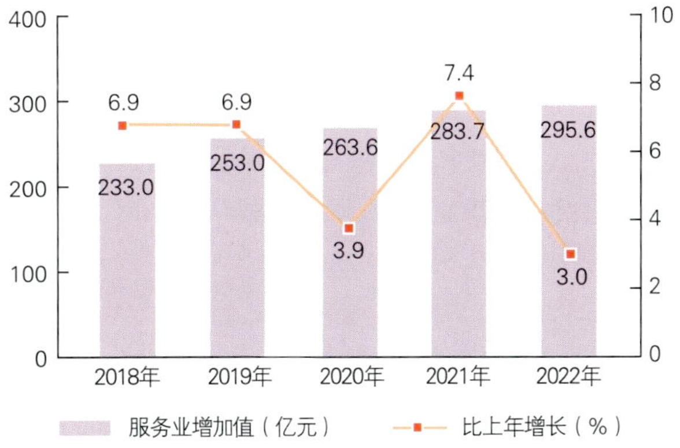

图 7　2018—2022 年全市服务业增加值及增长速度

年末全市各种民用汽车保有量 32.14 万辆，私人汽车保有量 25.12 万辆，公共汽车运营车辆 537 辆，公交标准运营车辆 551 标台。

全年完成电信业务总量 10.25 亿元，比上年下降 28.2%；邮政行业业务收入 2.45 亿元，比上年增长 8.3%；电信业务收入 10.41 亿元；快递业务收入 1.6 亿元，比上年增长 3.1%。全年订销报刊 1472.01 万份，增长 31.1%；完成邮政函件业务 12.1 万件，增长 343.2%。至年末，本地有固定电话用户 5.75 万户，下降 24.3%；移动电话用户 162.03 万户，增长 3.4%；计算机互联网用户 58.96 万户，增长 27.3%。

六、固定资产投资

2022 年，全社会固定资产投资比上年增长 10.3%。地方固定资产投资（不含农户）中，第一产业投资比上年下降 21.8%，第二产业投资增长 11.3%，第三产业投资增长 13.6%。民间固定资产投资下降 1.3%。

全年完成房地产开发投资 80.5 亿元，比上年增长 12.9%。其中住宅投资 65.9 亿元，增长 16.1%。商品房销售面积 140.8 万平方米，下降 7.4%；商品房住宅待售面积 45.6 万平方米，下降 15.7%。

表5　2022年全市分行业地方固定资产投资（不含农户）增长速度

行业	比上年增长（%）	行业	比上年增长（%）
全社会固定资产投资	10.3	金融业	—
农、林、牧、渔业	−21.8	房地产业	43.3
采矿业	47.0	租赁和商务服务业	−36.5
制造业	−1.2	科学研究和技术服务业	−15.5
电力、热力、燃气及水的生产和供应业	6.8	水利、环境和公共设施管理业	20.2
建筑业	—	居民服务、修理和其他服务业	—
批发和零售业	47.2	教育	−30.6
交通运输、仓储和邮政业	29.1	卫生和社会工作	98.9
住宿和餐饮业	36.2	文化、体育和娱乐业	328.5
信息传输、软件和信息技术服务业	212.9	公共管理、社会保障和社会组织	−41.7

七、国内贸易和对外经济

2022年，全市实现社会消费品零售总额182.7亿元，比上年增长0.2%。

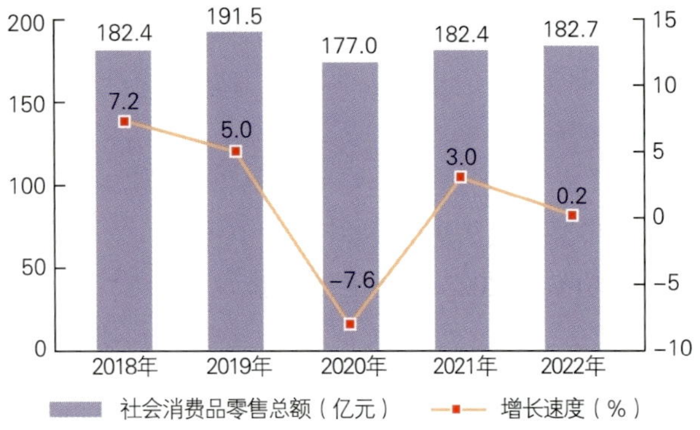

图8　2018—2022年全市社会消费品零售总额及增长速度

按经营地分，城镇消费品零售额156.8亿元，增长0.8%；乡村消费品零售额25.9亿元，下降3.2%。

按消费类型分，商品零售额155.6亿元，增长0.1%；餐饮收入额27.2亿元，增长0.6%。

从限额以上企业商品零售额看，粮油、食品类增长18.8%，服装、鞋帽、针纺织品类增长68.4%，家用电器和音像器材类增长1.3%，金银珠宝类增长35.1%，化妆品类下降2.8%，石油及制品类下降12.1%，通信器材类下降31.7%，体育、娱乐用品类增长40.9%，中西药品类下降12.8%。

商贸工作有了新发展。成功举办第二届早茶美食文化节等系列促销活动，荣获“中国民族美食文化地标城市”称号。吴忠市排名全国100个城市消费者满意度测评西北第一。

全年对外经济实现进出口总额8.24亿元，比上年增长73.1%，其中出口总额6.48亿元，增长42.0%。

八、财政、金融和保险

2022年，全市完成地方财政收入52.56亿元，比上年下降10.5%。其中一般公共预算收入35.95亿元，下降4.1%，其中税收收入22.50亿元，下降3.8%。全年完成地方财政支出264.72亿元，比上年增长7.2%，其中一般公共预算支出245.88亿元，增长8.5%。

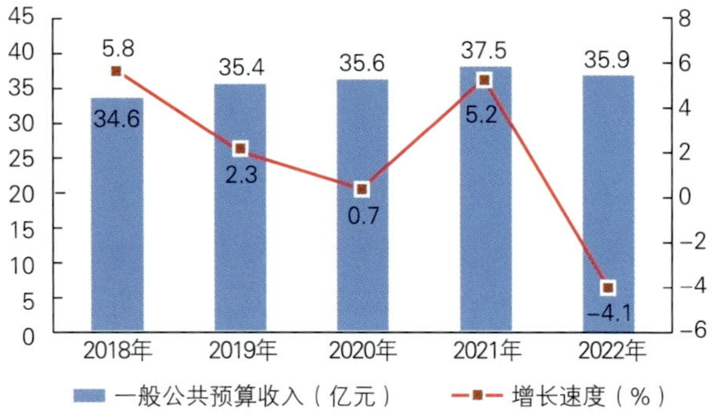

图9　2018—2022年全市一般公共预算收入及其增长速度

至年末，全市金融机构本外币各项存款余额916.95亿元，比上年末增长10.2%，比年初增加85.1亿元，其中人民币各项存款余额915.94亿元，增长10.3%，比年初增加85.13亿元。金融机构本外币各项贷款余额817.37亿元，比上年末增长9.8%，比年初增加72.62亿元，其中人民币各项贷款余额817.27亿元，增长9.7%，比年初增加72.53亿元。

全年实现保费收入38.97亿元，比上年增长

1.0%。其中：财产险保费收入 14.12 亿元，增长 8.8%；寿险保费收入 18.52 亿元，下降 4.2%。健康险收入 5.18 亿元，下降 6.5%；意外伤害险收入 1.15 亿元，下降 2.3%。全年支付各项赔款及给付额 13.66 亿元，比上年下降 3.9%。其中：财产险赔付 8.49 亿元，下降 9.6%；寿险业务赔付 3.21 亿元，增长 15.0%；健康险赔付 1.59 亿元，增长 1.9%；意外伤害险赔付 0.37 亿元，下降 9.8%。

九、教育和科学技术

2022 年，新建、扩建学校 28 所，普惠性幼儿园在园幼儿占比达到 94.7%，义务教育阶段“大班额”得到有效缓解，普通高中大班额占比降至 1%。

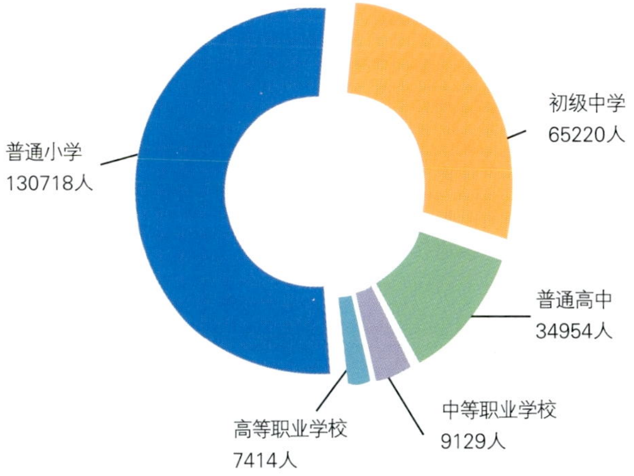

图 10　全市职业学校、中小学在校生情况

全市高等职业教育学校 1 所，招生 2613 人，在校生 7414 人，毕业生 2360 人；中等职业学校 5 所，招生 3012 人，在校生 9129 人，毕业生 3056 人；普通高中 12 所，招生 11673 人，在校生 34954 人，毕业生 10728 人；初级中学 54 所（其中普通初中 39 所，九年一贯制学校 15 所），招生 22282 人，在校生 65220 人，毕业生 22916 人；普通小学 265 所，招生 20757 人，在校生 130718 人，毕业生 22395 人；特殊教育学校 3 所，招生 20 人，在校生 445 人；幼儿园 281 所，在园幼儿 46429 人。

科技创新持续发力，新增国家高新技术企业 17 家、自治区科技型中小企业 125 家，232 家企业享受研发费用加计扣除政策红利 8 亿元。全年科技成果登记 68 项，技术合同成交额 4.96 亿元。

全市注册商标量达到 12008 件，每万人有效发明专利拥有量达 3.51 件。专利授权量 1738 件，其中发明专利授权量 93 件。

十、文化旅游、卫生健康和体育

2022 年，全市有艺术表演团体 50 个、文化馆 6 个（国家一级馆 4 个）、公共图书馆 6 个（国家一级馆 3 个）、博物馆 11 个、美术馆 1 个、全国重点文物保护单位 9 处、国家级非物质文化遗产代表性项目 7 个、广播电台 4 座、电视台 4 座，广播人口综合覆盖率达到 99.9%，电视人口综合覆盖率达到 99.93%。

全市共有 24 家 A 级旅游景区，其中 4A 级 5 家，3A 级 9 家，2A 级 10 家。全市共有 49 家旅行社（分社、营业部），其中国内社 8 家。全市共有 12 家星级旅游饭店，其中，四星级 4 家，三星级 8 家。接待国内游客 814.7 万人次，国内旅游收入 49.69 亿元。

2022 年，全市共有各级各类医疗卫生机构 943 个，其中，医院 44 个，基层医疗卫生机构 875 个，专业公共卫生机构 22 个，乡镇卫生院 44 个。医疗卫生机构实有床位 6441 张，其中，医院实有床位 5498 张，公立医院实有床位 3364 张，乡镇卫生院实有床位数 733 张。共有卫生技术人员 9386 人，其中，执业（助理）医师 3400 人，注册护士 4187 人，公共卫生人员 892 人。有疾病预防控制中心 5 个、卫生技术人员 177 人、乡镇卫生院卫生技术人员 1294 人；有妇幼保健机构 6 个，卫生技术人员 503 人；有卫生监督所 5 个，卫生技术人员 98 人。全市每千人口医生数 2.44 人，每千人口床位数 4.63 张。

成功举办 2022 年全国沙滩排球巡回赛，开展“送戏下乡”等惠民演出 569 场次。

十一、城市建设、乡村振兴、生态环境和气候

2022 年，切实加强城乡建设，品质内涵有效提升。注重完善功能，实施城市东片区开发等项目 50 个，新增商品房 105 万平方米，改造老旧小区 61 个，实施换热站大温差技术改造 54 座，新增城市绿地 1090 亩，市区污水资源化利用率达到 36%，入围自

治区海绵城市试点城市，城镇化率达到57.02%。深入推进全国文明城市创建和国家园林城市复检，建成市区“六纵六横”绿波网络，修复破损路面28万平方米，新增新能源公交车20辆、机动车泊位2900个，疏通市区排水管网42公里，整治地下空间防汛隐患525处。新建改造农村公路902公里、户厕1.05万户，实施清洁取暖“双替代”8万户。新建乡村振兴示范村39个，实施重点镇、美丽村庄建设项目23个。同心县折腰沟等6个村入选国家级传统村落，全国乡村治理体系建设示范专题、第三季度“中国好人榜”发布仪式暨全国道德模范与身边好人现场交流活动在吴忠市举行。

加大生态修复力度，深入实施环罗山生态保护与修复等工程，完成营造林32.2万亩，修复草原8.5万亩，保护修复湿地10.1万亩，治理水土流失面积279.42平方公里，森林覆盖率和草原综合植被盖度分别达到18.8%、54.7%。耕地保护目标责任制考核连续七年全区第一。有自然保护区3个，其中国家级自然保护区2个，自治区级自然保护区1个。

全年城市空气环境质量优良天数296天，占总天数的81.1%。细微颗粒（$PM_{2.5}$）平均浓度为32μg/m^3，同比上升18.5%；可吸入颗粒物（PM_{10}）平均浓度为68μg/m^3，同比上升9.7%。区域环境噪声昼间等效升级值50.6分贝，交通干线噪声昼间平均等效升级值62.1分贝。黄河吴忠段水质达到II类。全市工业危险废物及医疗废物安全处置率达到100%。

全年全市平均降水量209.3毫米，平均气温10.9℃，平均风速2.4米/秒，无霜期212.7天。

十二、能源和应急管理

大力推进节能降碳，坚决遏制“两高”项目盲目发展，淘汰落后产能135.3万吨。实施庆华煤化干熄焦改造等技改项目28个，新能源建成并网规模1509.3万千瓦，塞外香食品等3家企业创成自治区级绿色工厂。

初步核算，全年规模以上工业能源消费总量735.5万吨标准煤，比上年增长12.9%。煤炭消费量（当量值，下同）增长9.8%，占能源消费总量的60.6%，比上年提高11.9个百分点；天然气消费量增长3.9%；电力消费量增长7.2%。全年规模以上工业原煤生产量150万吨，比上年增长93.9%；天然气产量1631万立方米，下降22.1%；累计发电量489.5亿千瓦时，增长0.07%，两年平均增长11.4%。

2022年发生各类生产安全事故22起，比上年下降4.4%；死亡21人，比上年下降12.5%；受伤4人，比上年下降50%。工矿商贸企业生产安全事故死亡11人，煤矿百万吨死亡人数0.094人。道路交通事故每万车死亡2.54人，直接经济损失28.9万元。亿元GDP生产安全事故死亡人数0.024人。

十三、人民生活和社会保障

2022年，全市全体居民人均可支配收入23887元，比上年增长6.3%。按常住地分，城镇常住居民人均可支配收入35548元，增长5.8%。其中，人均工资性收入23238元，增长6.0%；人均经营净收入5709元，增长7.5%；人均财产净收入1096元，下降4.3%；人均转移净收入5505元，增长5.5%。农村居民人均可支配收入17380元，比上年增长7.7%。

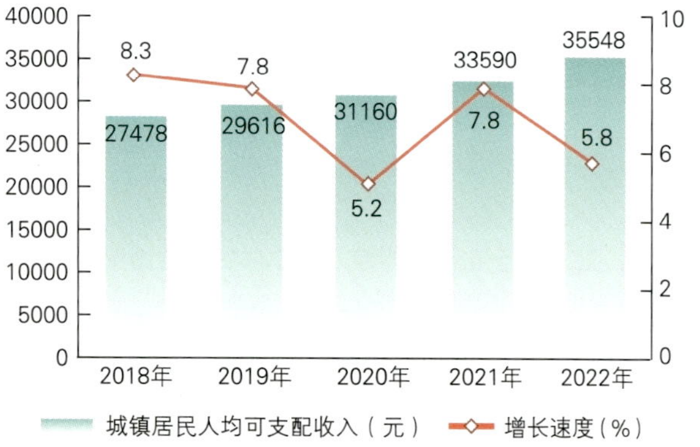

图11　2018—2022年全市城镇居民人均可支配收入及增长速度

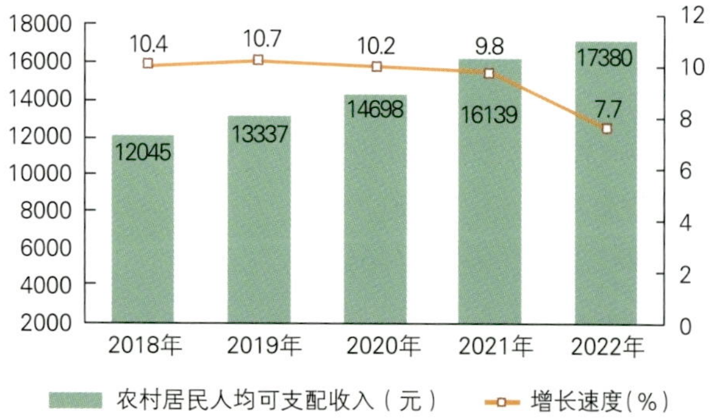

图12　2018—2022年全市农村居民人均可支配收入及增长速度

其中：人均工资性收入 8190 元，增长 4.9%；人均经营净收入 7318 元，增长 10.3%；人均财产净收入 127 元，增长 11.6%；人均转移净收入 1745 元，增长 9.9%。城乡居民人均可支配收入比（以农村居民人均收入为 1）为 2.05，比上年缩小 0.03。

按常住地分，全年全市城镇居民人均消费支出 18822 元，下降 0.7%；农村居民人均消费支出 12153 元，下降 2.2%。

2022 年，全市城镇居民食品烟酒类支出 5825 元，增长 4.3%；衣着类支出 1670 元，下降 7.2%；居住类支出 3189 元，下降 4.9%；教育、文化、娱乐类支出 2184 元，下降 5.6%；交通通信类支出 2682 元，增长 7.7%；医疗保健类支出 1630 元，下降 0.5%；生活用品及服务支出 1227 元，下降 8.9%；其他用品和服务支出 416 元，下降 4.1%。农村居民食品烟酒类支出 3937 元，增长 2.3%；衣着类支出 803 元，下降 8.9%；居住类支出 2566 元，增长 1.0%；教育、文化、娱乐类支出 1129 元，下降 6.7%；交通通信类支出 1712 元，下降 4.4%；医疗保健类支出 1039 元，下降 11.8%；生活用品及服务支出 727 元，增长 1.0%；其他用品和服务支出 241 元，下降 4.4%。

民生福祉保障有力。城镇新增就业人员 12041 人，困难人员实现就业 1391 人，农村劳动力转移就业 22.2 万人，脱贫人口人均纯收入增长 16.4%。

全年全市参加城镇职工基本养老保险 30.67 万人，其中，参加机关事业单位职工养老保险人数 5.19 万人，参加城乡居民基本养老保险人数 66.11 万人。全市参加基本医疗保险人数 136.79 万人，其中，参加职工基本医疗保险人数 19.36 万人，参加城乡居民基本医疗保险人数 117.43 万人。参加失业保险人数 14.31 万人。参加工伤保险人数 19.12 万人，参加生育保险人数 13.78 万人。

2022 年，全市共有各类提供住宿的社会服务机构 45 个，其中养老服务机构 43 个，养老服务机构床位数 6891 张。城乡低保和社会救助管理中心 5 个。年末全市共有 12561 人享受城市最低生活保障，88559 人享受农村最低生活保障；集中供养特困人员 490 人，分散供养特困人员 1378 人。全年临时救助 32864 人次。全年享受国家定期抚恤补助待遇优抚对象 3395 人。

注释：

1. 本公报中数据均为初步统计数，正式数据以《吴忠统计年鉴（2023）》为准。部分数据因四舍五入的原因，存在总计与分项合计不等的情况。

2. 地区生产总值、各产业增加值和人均地区生产总值绝对数按现价计算，增长速度按不变价计算。

3. 卫生健康事业发展为延迟一年数据。

资料来源：

本公报中城镇新增就业、养老保险、医疗保险等数据来自市人力资源和社会保障局、医保局，财政数据来自市财政局，户籍人口、民用汽车数据来自市公安局，公共汽车、公交车等数据来自市交通运输局，邮电业务数据来自市邮政管理局、移动公司、电信公司、联通公司，对外经济数据来自市商务和投资促进局，金融数据来自人民银行吴忠中心支行，保险数据来自吴忠银保监分局，教育数据来自市教育局，全市文化馆、公共图书馆、博物馆、广播电台、电视台、电视综合人口覆盖率、旅行社、国内游客、体育比赛事项等数据来自市文化体育旅游广电局，粮食播种面积及产量、畜禽产量、价格指数、居民人均可支配收入和消费支出等数据来自国家统计局吴忠调查队，科学技术数据来自市科技局，专利、注册商标数据来自市市场监管局，城乡低保、社会供养、临时救助、社会服务数据来自市民政局，优抚对象数据来自市退役军人事务局，降水量数据来自市气象局，环境监测数据来自市生态环境局，安全生产数据来自市应急管理局，水土治理流失数据来自市水务局，自然保护区、林业数据来自市自然资源局，城市建设、乡村振兴数据集来自市住房和城乡建设局、乡村振兴局和农业农村局，其他数据均来自市统计局。

吴忠市全民科学素质行动规划纲要实施方案（2021—2025年）

（吴政办发〔2022〕11号）

为贯彻落实国务院《全民科学素质行动规划纲要（2021—2035年）》精神，按照《宁夏回族自治区全民科学素质行动规划纲要实施方案（2021—2025年）》和《吴忠市国民经济和社会发展第十四个五年规划和二〇三五年远景目标纲要》部署要求，全面提升公民科学素质，助力创新驱动发展战略，制定本实施方案。

一、指导思想、工作原则和工作目标

（一）指导思想

以习近平新时代中国特色社会主义思想为指导，全面贯彻党的十九大和十九届历次全会精神、自治区党委十二届十二次、十三次和十四次全会精神及吴忠市第六次党代会精神，深入落实习近平总书记视察宁夏重要讲话精神，立足新发展阶段，贯彻新发展理念，按照“党的领导、政府推动、全民参与、社会协同、开放合作”的建设模式，扎实推进全民科学素质服务高质量发展，着力培育和践行社会主义核心价值观、大力弘扬科学精神，不断深化科普供给侧改革，努力营造热爱科学、崇尚创新的社会氛围，全力提升社会文明程度，为加快建设黄河流域生态保护和高质量发展先行区、奋力建设现代化美丽新吴忠作出新的更大贡献。

（二）工作原则

——突出科学精神引领。践行社会主义核心价值观，弘扬科学精神和科学家精神，传递科学的思想观念和行为方式，加强理性质疑、勇于创新、求真务实、包容失败的创新文化建设，坚定创新自信，形成崇尚创新的社会氛围。

——坚持协同推进。各级政府强化组织领导、政策支持、投入保障，激发高等院校、科研院所、企业、基层组织、科学共同体、社会团体等多元主体活力，激发全民参与积极性，构建政府、社会、市场等协同推进的社会化科普大格局。

——深化供给侧改革。破除制约科普高质量发展的体制机制障碍，突出价值导向，创新组织动员机制，强化政策法规保障，推动科普内容、形式和手段等创新提升，满足全社会对高质量科普的需求。

——扩大开放合作。坚持共商共建共享原则，完善科技科普合作长效机制。积极参加“一带一路”科技创新行动计划，开展公共卫生、科技教育、绿色发展等领域科技科普交流合作，推进全球可持续发展和人类命运共同体建设。

（三）工作目标

到2025年，全市各类人群科学素质发展不平衡问题明显改善，科学普及与科技创新同等重要的制度安排基本形成，科学精神和科学家精神在全社会广泛弘扬，崇尚创新的社会氛围日益浓厚，社会文明程度实现新提高。全市科普公共产品和服务供给能力明显提升，科普活动覆盖面和有效性进一步拓展，科普人才队伍不断壮大，全域科普体系逐步形成，全市公民具备科学素质的比例达到9%。

二、开展五项提升行动

（一）青少年科学素质提升行动

围绕吴忠市基础教育质量提升行动，完善青少年科技教育体系，促进青少年科学素质水平快速提升，培育一大批具备科学家潜质的青少年群体，为推动我市高质量发展夯实人才基础。

1. 弘扬科学精神和科学家精神。坚持立德树人，将弘扬科学精神和科学家精神贯穿于青少年科技教育活动全链条。通过开展“大手拉小手”“青少年科学节”“科学家精神进校园”等科普活动，形成崇尚科学的风尚，从而激发青少年科学兴趣，呵护青少年科学好奇心和想象力，带动更多青少年了解科学知识、掌握科学方法、心怀科学梦想、树立创新志向，不断培养青少年爱国情怀、社会责任感、创新精神和实践能力。

2. 打造基础教育阶段高质量科学教育水平。推进科学教育全阶段育人新模式，结合科普助力“双减”工作开展各年龄段青少年科学教育，全面贯彻科学课程标准，丰富科学教育课程的内容和实践，推进科技育人更进一步。优化青少年从幼儿园、小学到中学接受科学教育的衔接，立足课堂主阵地，加大科技进校园力度，倡导启发式、探究式、开放式教学，利用科技长廊、科学实验室等载体，充分发挥“互联网＋科技”功能，激发学生的求知欲和想象力，使学生掌握基本的科学知识与技能，培养学生的创新思维和探索精神。

3. 提升职业教育阶段科学教育水平。加强职业学校科学课程建设，遵循职业学校学生认知规律，开发遴选学生喜闻乐见的课程资源，因地制宜实施情景式、案例式、活动式等教法，建设学生兴趣浓厚、实用性强、终身受益的科学课程。加强职业教育阶段的技能培训，引导大中专生参与科技志愿服务活动，在锻炼专业技能的同时为社会增加科技服务的力量，提升学生的职业道德、职业技能和创新创业能力。

4. 深入开展各类科技教育活动。组织开展青少年科技创新大赛、青少年机器人竞赛、科普剧竞赛、小小科普员讲解大赛和科学实验展演等科技活动，培养学生的实践能力和创新能力。定期普及节约资源、保护环境、防灾应急、身心健康等知识，强化珍爱生命、远离毒品和崇尚科学文明、反对愚昧迷信的科学教育。加强研学实践教育基地建设，充分利用青少年综合实践学校资源，鼓励学校成立科技社团和兴趣小组，开展丰富多彩的科普活动。学校每学期应至少安排 1 次研学实践教育活动，每学期举办科普讲座数量不少于 4 次，参与科普活动的在校学生人数应达到 90% 以上。

5. 推进科技教育均衡发展。充分利用现代信息技术手段，积极推进“互联网＋教育”示范区建设，开展教育教学改革和创新素养教育，助推青少年创新素养提升。以宁夏教育云平台为抓手，推动“科普中国”优质资源在校园和青少年活动场所落地应用，实现青少年科学教育普惠发展。加强和巩固农村青少年义务教育普及成果，提高山区农村中小学科学教育质量。提升农村中学科技馆、乡村学校少年宫水平，通过科普大篷车走基层行动、流动科技馆巡展等活动，推动科学教育和科普资源向农村地区倾斜。

6. 加强中小学科技教师队伍建设。建立结构合理、素质优良的科技教师队伍，确保每所学校配备 1—3 名专（兼）职科技教师，为学校实施科技教育工作提供师资保障。加强科技教师培训，将科学精神和科学教育作为教师培训进修的重要内容，切实提高中小学教师的科学素质和业务能力。将教师承担教学任务外的科技辅导任务计入工作量，列入绩效考核内容，对科技教学和课外科技辅导取得优异成绩的教师在职称评定和评优评先等方面给予政策倾斜。加大农村学校科技教师培训力度，到 2025 年，完成农村学校科技教师培训 400 人次以上。

7. 营造多方参与的科学教育氛围。探索建立“馆校结合”长效机制，鼓励中小学校组织学生定期、就近到科技馆等科普场所开展各类学习实践教育活动。科技场馆为学生设计有针对性的活动“菜单”，科普资源以“校园科技节”、科学表演、科学资源包等不同形式进入中小学，促进学校科学课升级，推动馆校合作提质增效。发挥学校在“家校合作”中的指导作用，提高家长的科学教育素质，发挥家庭科学教育对儿童科学启蒙、科技实践能力培养方面的重要作用，推动家庭、学校和社会协同育人。

责任单位：市教育局、科协。

配合单位：市科技局、自然资源局、生态环境局、团委、妇联等。

（二）农民科学素质提升行动

围绕百万移民致富提升行动和城乡居民收入提升行动，提高农民文明生活、科学生产、科学经营能力，造就一支适应农业农村现代化发展要求的高素质农民队伍。加强农村科普信息化建设，不断丰富农村科普活动和科普资源，持续提升农村科普公共服务能力，助力脱贫攻坚与乡村振兴有效衔接。

1. 大力开展农民科技教育培训。聚焦乡村振兴对农民科学素质提出的新要求，实施高素质农民培育计划，服务农业农村现代化，分层分类开展高素质农民、农村实用人才、乡村科技人才、乡村事务管理人员等重点人群的农业科技教育培训，力争“十四五”期间培育高素质农民1万人以上。

2. 培育重点产业创新创业带头人。围绕奶产业、滩羊和肉牛、葡萄酒、绿色食品等优势特色产业，充分发挥农村党员干部现代远程教育网络、宁夏12316农业信息服务平台、宁夏“三农”呼叫中心和科研单位、农技推广机构等作用，组织实施创新创业带头人培育、职业技能鉴定、农村电商技能人才、致富带头人培训等，举办农民职业技能大赛。“十四五”期间，争取培育农村创新创业带头人1万名以上，培训农村技能人才1万人次、轮训村“两委”班子1万人次。开展农村转移就业劳动者订单、定岗培训，提高农民职业技能水平。深入推行科技特派员制度，引导科技特派员携带科技、信息、资金等助力乡村振兴。支持家庭农场、农民合作社、农业社会化服务组织等新型农业经营主体和服务主体通过建立示范基地、田间学校等方式开展科技示范，引领现代农业发展。

3. 广泛开展形式多样的农村科普活动。重点围绕农业产业高质量发展、保护生态环境、节约能源资源、绿色生产、防灾减灾、卫生健康、移风易俗等领域，深入开展科普宣传教育活动。广泛开展文化科技卫生“三下乡”、农民丰收节、科技活动周、全国科普日和农民科学素质网络知识竞赛等群众性、基础性、经常性的农村科普活动，以线上、线下相结合的科学教育和科普活动，传播科学的生产生活理念，帮助农民建立科学健康文明的生产生活方式，提高农民科学素养，建设美丽宜居新农村，树立乡风文明新风尚。

4. 加强农村科普公共服务体系建设。以农民科普需求为导向，实施科普精准帮扶，加强公众科技传播体系和科普服务能力建设。强化农村科普信息化建设，充分利用智慧农业等平台，大力推行“互联网+农业科技服务”模式，开展“一对一”精准对接服务，推动优质科普资源在农村落地应用，让科技知识直接到户、良种良法直接到田、技术要领直接到人。“十四五”期间全市各行政村的科技示范户、科技带头人、科普信息员覆盖率达到90%。

责任单位：市农业农村局、人社局、科技局。

配合单位：市全民科学素质工作领导小组各成员单位。

（三）产业工人科学素质提升行动

大力弘扬劳模精神、劳动精神、工匠精神，完善产业工人技能培训体系，提高产业工人职业技能和创新能力，打造一支有理想守信念、懂技术会创新、敢担当讲奉献的高素质产业工人队伍，更好服务我市经济社会高质量发展。

1. 开展各类职工劳动和技能竞赛活动。围绕提升产业工人职业技能，组织开展劳动技能竞赛、青年创新创业大赛、巾帼创业创新大赛等各类职工劳动和技能竞赛活动，全面提升产业工人专业素质，培育技术过硬、数量充足、结构合理的产业工人队伍。建设劳模创新工作室，统筹利用示范性高技能人才培训基地、技能大师工作室，发现、培养高技能人才。

2. 加强产业工人职业技能培训。发挥“科创中国”平台作用，探索建立企业科技创新和产业工人科学素质提升的双促进机制。组建科技服务团队，面向产业工人，突出从业技能和新知识、新技术学习，开展订单、定岗、定向等多种形式就业技能培训岗位技能提升培训和创新创业培训，“十四五”期间培训产业工人1万人次。积极参加自治区创新方法大赛和一线工程师认证培训班。加大对重点行业领域高层次骨干专业技术人才培训力度，组织各类创新能力研修、提升班，培训高层次创新人才4000人次。

3. 开展日常性产业工人科普教育活动。广泛开展主题宣传教育活动，强化产业工人思想引领。加大面向企业科技工作者和产业工人的科普宣传，组织专业服务团队深入企业开展送科技活动。加大面向产业工人的健康讲座、应急知识科普宣传、心理培训等宣传教育活动。鼓励引导群团组织、行业协会、社会机构等面向产业工人开展职业技能培训和各类科普活动。

牵头部门：市人社局、总工会。

配合部门：市发改委、科技局、工信局、卫健委、应急管理局、市场监管局、团委、妇联、科协。

（四）老年人科学素质提升行动

围绕市全民健康水平提升行动，重点提升老年人健康素养和信息素养，使老年人健康文明生活、适应社会发展的能力明显提高。

1. 统筹推动老年人科学素质提升。整合卫生健康、科技、宣传、民政等党政部门和科协、工会、妇联等群团组织以及媒体多方面的资源和平台，针对老年人开展多方位全覆盖的科学普及行动。聚焦老年人运用智能技术、融入智慧社会的需求和困难，依托老年大学、城乡社区服务站、养老服务机构，针对不同年龄段、不同教育背景、不同生活环境和习惯的老年人，开展有针对性、差异化的个性化培训，提升老年人信息获取、识别和使用能力。

2. 加强老年人健康科普服务。依托医疗卫生机构、老年人日间照料中心、科普园地、党建园地等阵地，推动老年人健康科普进社区、进乡村、进机构、进家庭。开展健康大讲堂、健康宣传周等活动，利用广播、电视、报刊、网络等各类媒体，普及合理膳食、食品安全、心理健康、体育锻炼、合理用药、应急处置等知识，让老年人在获取科技知识的同时，树立健康观念、提高健康素养、养成健康的行为方式和生活习惯。

3. 进一步扩大老年人科普资源供给。建立并完善科普专家库，开展满足老年人需求的形式多样、精准多元的科普活动。大力发展老年协会、老科协、老年大学等组织，充分发挥老专家在咨询、智库等方面的作用。发展壮大老年志愿者队伍，鼓励组建老年科技志愿者服务队，鼓励老年人积极参与社会治理、科学普及等志愿服务工作。组建老专家科普报告团，在社区、农村、青少年科普中发挥积极作用。发挥各成员单位优势，开发老年人乐于接受的各种科普资源，增加科普供给。充分利用各类科普场馆开展老年人科普活动。

牵头部门：市委老干部局、卫健委。

配合部门：市委宣传部、科技局、民政局、总工会、妇联、科协。

（五）领导干部和公务员科学素质提升行动

强化培训教育，提升领导干部和公务员科学决策能力，进一步增强推动全市创新发展的本领，高效服务全市经济社会和各项事业发展。

1. 深入贯彻落实新发展理念。找准将新发展理念转化为实践的切入点、结合点和着力点，切实提高领导干部和公务员科学履职水平，强化对科学素质建设重要性和紧迫性的认识。认真贯彻落实《干部教育培训工作条例》《公务员培训规定》，加强前沿科技知识和全球科技发展趋势学习，突出科学精神、科学思想培养，增强把握科学发展规律的能力。

2. 强化领导干部和公务员科学教育培训。创新领导干部和公务员科学素质教育培训渠道和载体，充分利用“学习强国”、宁夏干部教育培训网络学院等平台，扩大优质科普信息覆盖面。充分发挥市、县（市、区）党校（行政学院〈校〉）主渠道作用，将科学素质教育列入教学计划，作为全市各级党委（党组）理论学习的重要内容。争取“十四五”期间培训领导干部和公务员 3 万人次以上。

3. 举办面向领导干部和公务员的各类科普活动。有计划地组织领导干部和公务员到高等院校、科研单位、厂矿企业实地参观学习，到科技场馆、重点领域的科普教育基地开展研学活动，引导各级领导干部带头参加各类科普活动。有针对性地举办科普报告会和专题科普讲座，引导和帮助领导干部和公务员强化科学思维，提升科学决策、科学治理能力。

牵头部门：市委组织部、党校（行政学院）。

配合部门：市全民科学素质工作领导小组各成员单位。

三、实施五项重点工程

（一）科技资源科普化工程

建立完善科技资源科普化机制，不断增强全市科技创新主体科普责任意识，充分开发科技设施的科普功能，提升科技工作者科普能力。

1. 建立完善科技资源科普化机制。积极引入“科创中国”创新资源，把科技人才集聚的势能转化为促进科技经济深入融合发展的新动能。鼓励国家、自治区和吴忠市科技计划（专项、基金等）项目承担单位和人员，结合科研任务开展科普工作。推动在评选相关科技奖项中增加科普工作指标。利用科技创新行动计划，加快各类科技、教育资源开发转化，充分调动科技社团和科技工作者积极性，支持学术交流与科普活动紧密结合，促进学术资源向科普资源转化。利用东西部科技合作机制，积极主动融入新发展格局，深化与京津冀、黄河“几”字弯、陕甘蒙毗邻地区等交流合作，精准对接优质科普资源，推进科学素质建设战略、规划、机制、产业互融互通。

2. 有效发挥科技设施科普化功能。加快各类科技资源开发转化，推动宁夏民族职业技术学院、国家农业科技园区、高新技术企业、创新平台等向社会公众开放科技类设施，利用科技资源开展科普工作，促进科技创新资源向科普资源转化，推进科普资源开发与共享工程建设。积极整合资源，引导、支持特色产业企业建设具备科学教育功能的科普展示馆，不断提升企业科普服务职能。“十四五”期间，全市职业学院、科研单位科技类设施对外开放率达到 90% 以上。

3. 强化科技工作者的科普责任。深入开展科学道德和学风建设宣讲活动，引导广大科技工作者坚守社会责任，自立自强，建功立业，成为践行科学家精神的表率。广泛宣传塞上英才、劳动模范、三八红旗手、创新争先奖获得者等先进人物典型事迹，通过宣传教育、能力培训、榜样示范等增强科技人员科普能力，针对社会热点、焦点问题，主动、及时、准确发声。

牵头部门：市科技局、科协。

配合部门：市委宣传部、发改委、工信局、人社局、总工会、团委、妇联、宁夏民族职业技术学院。

（二）科普信息化提升工程

借助传统媒体与新兴媒体平台，促进信息化手段在科普领域广泛应用，强化优质科普内容供给，促进“科普中国”优质资源落地应用。

1. 实施“互联网 + 科普”行动。创新科普传播内容和方式，广泛动员社会力量开展科普信息化建设，推动信息技术手段在科普中的广泛深入应用。支持相关单位、社会机构和个人开发贴近生活、贴近群众、贴近基层的网络科普资源。打造“科普吴忠”品牌，推进优质科普内容生产汇聚和传播服务。

2. 拓宽科普传播渠道。充分利用报纸、广播、电视台、网站等主流媒体及微博、微信等新媒体平台和抖音、快手等第三方平台，传播科普短视频等科普资源，形成融媒体传播合力，建立全媒体科普传播体系。

3. 推动科普信息落地应用。推动吴忠电视台、《吴忠日报》等主流媒体及各成员单位官方网站，以开辟专栏、链接网址等方式，加强“科普中国”品牌及应用的宣传，推动“科普中国”落地应用，实现注册人数和传播量持续增长，“科普中国”APP 科普信息员注册人数达到 3 万。

牵头部门：市委宣传部、科协、科技局、吴忠市新闻传媒集团。

配合部门：市全民科学素质工作领导小组各成员单位。

（三）科普基础设施工程

将科普基础设施建设纳入我市国民经济和社会发展总体规划，实现资源合理配置和服务均衡化、广覆盖。培育提升科普基地、科普示范点等，形成层次分明、分布广泛、学科完备、特色鲜明的科普基础设施体系，具备优质的科普资源和服务能力。

1. 加强全市科普基础设施统筹规划与宏观指导。合理规划全市科普基础建设，建设更多公益性科普基础设施，鼓励乡镇（街道）和村（社区）建设具有科普教育功能的综合服务设施，在新建及现有的基层服务中心扩展科普功能，推动将科普设施建设纳入新时代文明实践中心、党群服务中心等。

2. 进一步完善现代科技馆体系建设。实施吴忠科技馆（二期）改造项目，建设青铜峡市、红寺堡区科技馆，加大市、县（市、区）科技馆资源共建共享，开展线上科普服务体验。各级财政部门做好科技馆免费开放经费配套保障。吴忠科技馆运行管理机制逐步完善，专职人员能力显著提升，兼职人员形成有效补充，科普服务水平和服务质量提升，全市实体科技馆观众接待量 50 万人次以上。实现流动科技馆、科普大篷车、农村中学科技馆和数字科技馆服务县域全覆盖，覆盖人口达到 80% 以上。

3. 加强科普教育阵地建设。创新发展科普教育基地，构建动态管理和长效激励机制，提升科普教育服务能力。坚持科普贴近群众、贴近生活、贴近实际，强化公园、景区、自然保护区、博物馆、图书馆、文化馆、机场、车站、电影院等公共场所的科普服务功能，建设一批科普主题公园、广场等。以市场化机制调动社会力量，结合我市自然、人文等特点，将科普融入黄河文化、酒庄休闲、红色主题、长城遗址等旅游品牌建设中。拓宽科普渠道，探索“科普基地＋研学＋旅游”发展模式，打造集科普、研学、休闲于一体的研学实践教育基地。“十四五”期间，创建全国科普教育基地2个，自治区科普教育基地10个，新培育市级科普基地30个。

牵头部门：市发改委、教育局、科技局、文化旅游体育广电局、科协。

配合部门：市民政局、财政局、自然资源局。

（四）基层科普能力提升工程

做好科普工作统筹规划，引导优质科普资源向基层下沉，更好服务基层社会治理。探索建立平战结合应急科普体系，推动基层科普服务能力显著提升。

1. 健全基层科普服务体系。统筹政策和机制，构建市级资源集散中心，县（市、区）组织落实，以新时代文明实践中心、党群服务中心、城乡社区服务站等为阵地，以志愿服务为重要手段的基层科普服务体系。全面落实吴忠市全域科普工作的具体措施，推动科普服务向基层延伸。深入实施基层科普行动计划，以项目引领基层科普服务能力提升。“十四五”期间创建全国科普示范县（市、区）1个。

2. 建立应急科普宣教协同机制。探索建立吴忠市应急科普工作联动协调机制，按照突发事件不同类型，加强与教育、科技、卫生健康、宣传、公安、气象等部门信息共享，协同推进部门间应急科普宣教工作。在日常科普中融入应急理念和知识，利用防灾减灾日、气象日、消防日、安全生产月等时间节点，积极开展知识宣讲、技能培训、案例解读、应急演练等多种形式的应急科普宣教活动。完善应急科普基础设施，发挥消防安全科普馆作用，建设气象科普馆等应急科普宣教场馆，推动科技场馆、教育基地等场所设立应急科普宣教专区。

3. 广泛开展群众性科普活动。组织开展全国科普日、科技活动周、双创活动周、食品安全宣传周、科技工作者日等重点科技科普活动，增进公众对科技发展的了解和支持。动员全市学会、各级各类科协组织、科技场馆、科普教育基地、大中小学校、企业、科研机构、社区等社会各界和广大科技工作者，采取走出去、请进来等多种方式，面向学校、社区、农村、企业等广泛开展贴近生产生活的主题性、群众性科普活动。

牵头部门：市科协、科技局、应急管理局。

配合部门：市全民科学素质工作领导小组各成员单位。

（五）科普人才建设工程

加强科普人才培养，优化科普人才结构，建立完善科普人才激励机制，推动科普人才知识更新，增强适应新时期科普发展的能力。

1. 实施科普人才培养培训工程。落实国家和自治区中长期科技、教育、人才发展规划纲要，将科普人才发展纳入我市各类人才发展规划。加强科普人才培养、使用和评价的政策研究，完善动员激励机制，推动将科普工作实绩列入科技人员职称评聘条件。加大面向工业、农业、卫生、教育等领域不同层次科普人才的继续教育和培训力度，加大对科技馆、学会、协会、科普基地、基层科普人员及新媒体传播领域的专职科普人才的培训。

2. 加强科普专业人员队伍建设。充分发挥职业学校、科研院所、科技社团等科技机构的作用，搭建科普服务平台，发展壮大科普专家团队。加强基层科协组织建设，发挥“三长”人员（医院院长、学校校长、农技站站长）专业优势，引领带动中小学自然科学类教师、农业技术人员、医疗卫生人员等基层一线科技工作者参与科普工作。

3. 大力发展科技志愿者队伍。健全完善市、县（区）科技志

愿者服务队伍，招募有专长的党政机关干部、企事业单位职工和在校学生，广泛开展以科技惠民、科学普及为主要内容的科技志愿服务活动。结合新时代文明实践中心（所、站）和党群服务中心建设，组织动员科技工作者、教师、媒体从业者、社区工作者等参与科技志愿服务“智惠行动”。建立完善科技志愿服务管理制度和奖励制度，推进科技志愿服务制度化、规范化、常态化。“十四五”期间，吴忠市科技志愿者达到1万人。

牵头部门：市委组织部、人社局、科技局、科协。

配合部门：市教育局、农业农村局、卫健委。

四、组织实施和保障条件

（一）加强组织领导

建立完善科学素质纲要实施协调机制，加强对实施工作的督促检查。各县（市、区）人民政府负责领导当地科学素质纲要实施工作，把科学素质建设作为经济社会发展的一项重要任务，纳入本地区总体规划，列入年度工作计划，纳入目标管理考核，支持本级全民科学素质规划纲要实施工作办公室发挥综合协调作用。各部门将科普任务纳入本部门本系统的工作规划和计划，充分履行工作职责。各级科协组织负责牵头实施科学素质纲要，发挥综合协调作用，做好沟通联络工作，会同各相关部门全面推进本地区科学素质建设。

（二）强化组织实施

加大对“十四五”全民科学素质行动规划纲要的实施动员和宣传工作。不断完善工作机制，加强监测评估，突出重点、分工合作、协同推进。在各县（市、区）和各成员单位自查的基础上，组织开展全面科学素质工作实施情况的督促检查，查找工作实际存在的薄弱环节和短板，制定针对性措施，解决突出问题，全面推动各项重点工作和目标任务落实落地。

（三）加大经费投入

市全民科学素质工作领导小组各成员单位要安排和落实科普经费，有效保障本部门本领域科普工作顺利推进。各县（市、区）人民政府要加大财政支持力度，将科普经费列入同级财政预算，加强经费管理和绩效考评，提高资金使用效益和效率，确保各项目标任务圆满完成。鼓励个人、企业、社会组织等社会力量投入公民科学素质建设，形成多元化投入机制。

名词解释

1.“科创中国”平台：是一个发挥科学家品牌、多学科综合交叉、地方无缝连接、国际组织联系等组织人才优势的平台，旨在打通堵点、连接断点，引导技术、人才、数据等创新要素流向企业、地方和生产一线，加快促进科技向现实生产力转化，通过探索产学深入融合的组织机制和激励机制，实现人才聚合、技术集成和服务聚力，推动技术交易规范化、市场化、国际化，让科技更好服务经济社会发展。

2.“科普中国”APP：是中国科协携同社会各方秉承“众创、严谨、共享”宗旨，利用信息化手段塑造的全新科普平台，旨在向社会公众提供科学、权威、准确的科普信息内容和相关资讯，让科技知识在网上和生活中流行。

3. 科技志愿服务“智惠行动”：以习近平新时代中国特色社会主义思想为指导，深入贯彻党的十九大和十九届二中、三中、四中、五中全会精神，以党建带群建、群建促党建为工作主线，以服务人民群众和服务科技工作者为目标导向，充分发挥广大科技工作者和科普工作者在弘扬志愿精神和新时代科学家精神、传播党的创新理论和科学知识、助力经济社会发展中的积极作用，广泛开展科技志愿服务活动，共同打造“智惠行动”服务品牌。

吴忠市支持扩大消费的若干政策措施

（吴政办规发〔2022〕3号）

为深入贯彻落实全国稳经济大盘和自治区稳经济保增长促发展电视电话会议精神，有效激发市场消费活力，扩大消费动力，促进消费恢复增长，根据《国务院办公厅关于进一步释放消费潜力促进消费持续恢复的意见》（国办发〔2022〕9号）精神及《自治区支持扩大消费的若干政策措施》（宁政办规发〔2022〕4号），结合我市实际，特制定以下政策措施。

一、总体要求

以习近平新时代中国特色社会主义思想为指导，完整、准确、全面贯彻新发展理念，主动融入和服务新发展格局，以充分发挥消费对经济的牵引带动作用为主线，按照“疫情要防住、经济要稳住、发展要安全”的部署要求，坚持综合施策、协同发力，加快释放消费潜力，不断扩大消费需求，促进消费持续恢复，切实增强消费对经济增长的拉动作用，推动全市经济保持平稳健康发展。

二、支持扩大消费政策措施

（一）促进文体旅游消费

1. 实施引客入吴奖励政策。出台《吴忠市引客入吴奖励办法》，对向吴忠市输送游客的全国旅行社和积极拓展市场的景区进行奖励，拉动旅游消费。

责任单位：市文化旅游体育广电局牵头，市财政局及各县（市、区）人民政府配合。

2. 支持开展游吴忠免门票活动。开展游吴忠免门票活动，对黄河大峡谷旅游区、黄河楼景区、哈巴湖生态旅游区、黄河坛景区和董府等景区实行门票免费，对上述旅游景区给予一定补贴。

责任单位：市文化旅游体育广电局牵头，市财政局、市文化旅游产业投资有限公司及各县（市、区）人民政府配合。

3. 鼓励发放旅游消费券推进吴忠游。通过云闪付、建行生活等平台在节假日期间发放多种旅游满减电子消费券，激励游客前往景区、乡村旅游点、星级旅游饭店、餐饮名店、非遗文创店开展旅游消费。

责任单位：市文化旅游体育广电局牵头，市商务和投资促进局、财政局及各县（市、区）人民政府配合。

4. 支持旅行社发展。鼓励本地旅行社（分社、营业部）恢复经营，对年经营收入在5万元以上的本地旅行社（分社、营业部）给予年经营收入5%的水电暖气及房租补贴，最高补贴不超过5万元。

责任单位：市文化旅游体育广电局牵头，市财政局及各县（市、区）人民政府配合。

5. 发放消费券引导体育消费。通过云闪付等平台发放体育消费券，鼓励市民参与体育运动，购置体育运动装备，带动全市群众体育领域消费。

责任单位：市文化旅游体育广电局牵头，市财政局及各县（市、区）人民政府配合。

6. 大力普及全民健身运动。改造提升公共体育场馆，补齐城乡全民健身场地器材，实施吴忠市多功能运动场地改造项目；购置安装一批全民健身路径，补齐全民健身场地器材短板。

责任单位：市文化旅游体育广电局牵头，市财政局及各县（市、区）人民政府配合。

（二）促进农产品扩大销售

7. 支持企业开展对外推介活动。鼓励企业（经销商）组团或自行外出推介销售优质特色农产品，每组织参加1场次，给予5万元奖补。

责任单位：市农业农村局牵头，市财政局及各县（市、区）人民政府配合。

8. 支持优质特色农产品销售。以消费促农民增收、促乡村振兴为着力点，对销售葡萄酒、牛羊肉、优质粮油等特色农产品的龙头企业，销售额在1000万元以上的，按销售额的0.5%给予奖补，最高不超过100万元。

责任单位：市农业农村局牵头，市财政局及各县（市、区）人民政府配合。

9. 支持农产品追溯体系建设。鼓励农业经营主体新建农产品质量安全追溯体系，对建立追溯体系并设有验证终端的，投资在20万元以上的给予20%的奖补。

责任单位：市农业农村局牵头，市财政局及各县（市、区）人民政府配合。

10. 支持农村电商扩大销售。对在京东、阿里等大型电商平台销售我市优质特色农产品及脱贫地区特色农产品的吴忠电商企业，按销售额0.5%给予奖补，最高不超过30万元；在我市注册的特色农产品企业自建电商平台，且销售额在100万以上的，每个奖补4万元。

责任单位：市商务和投资促进局牵头，市农业农村局、财政局及各县（市、区）人民政府配合。

（三）促进消费市场繁荣

11. 鼓励开展节庆促销活动。支持各县（市、区）及大型商贸企业组织开展百货、餐饮、家装、家电等领域促销活动，对具有较强影响力和带动性的品牌节庆活动给予活动投入经费10%的补助，单项活动补助金额不超过100万元。

责任单位：市商务和投资促进局牵头，市财政局、文化旅游体育广电局及各县（市、区）人民政府配合。

12. 支持开展平台促销。鼓励企业、行业协会等与直播电商平台、网红合作，开展直播促销活动，对符合条件的企业或市场主体按销售额0.5%给予奖补，最高不超过30万元。

责任单位：市商务和投资促进局牵头，市财政局及各县（市、区）人民政府配合。

（四）促进大宗商品消费

13. 实施“汽车换新”专项行动。对报废或转出个人名下宁夏号牌旧车，同时对在市内购买以旧换新推广车型新车并在市内上牌的个人消费者，燃油汽车给予3000元/辆补贴，新能源汽车给予4000元/辆补贴。引导汽车消费向农村延伸，组织实施新一轮汽车下乡活动，鼓励有条件的县（市、区）举办汽车下乡专场活动，活动规模达到30个展位、活动时间超过2天（含）的汽车展销活动，每场最高给予5万元宣传推广费用补助。

责任单位：市商务和投资促进局牵头，市财政局及各县（市、区）人民政府配合。

14. 开展新能源汽车促销活动。对同一品牌在全市范围内开展店庆、新车上市等促销活动，活动期限最长不超过7天，活动期间销售新能源汽车超过30台（含）以上的，每场最高给予5万元宣传推广费用补助；销售超过50台（含）以上的，每场最高给予10万元宣传推广费用补助。

责任单位：市商务和投资促进局牵头，市财政局及各县（市、区）人民政府配合。

15. 支持开展绿色家电惠民行动。加大对绿色智能产品销售的支持力度，对在市内一次性购买一、二级能效家电满3000元的给予200元补贴；满5000元及以上的给予500元补贴。

责任单位：市商务和投资促进局牵头，市财政局及各县（市、区）人民政府配合。

（五）促进商贸消费发展

16. 大力推进惠民消费活动。鼓励各县（市、区）拿出配套资金，引导银行、商贸企业、平台共同参与，围绕零售、餐饮、住宿等消费领域，采取政府、平台、企业捆绑发力的方式，分批次投放消费券及优惠让利6000万元，活跃消费市场。

责任单位：市商务和投资促进局牵头，市财政局、金融工作局、市场监督管理局、人民银行吴忠中心支行及各县（市、区）人民政府配合。

17. 持续推动餐饮品牌建设。支持开展2022大西北吴忠早茶美食文化节，扩大吴忠早茶宣传，支持开展吴忠早茶系列评选活动；对当年获得“中华老字号”“中华餐饮名店”的商家给予一次性5万元奖励；支持吴忠早茶品牌经营，对当年在我市新开1000平方米以上、投资100万元以上的早茶品牌店，给予一次性10万元奖励。

责任单位：市商务和投资促进局牵头，市财政局、市场监督管理局及各县(市、区)人民政府配合。

18. 促进夜间经济消费。支持我市牛家坊等服务业集聚区、大型商贸综合体、特色街区等延长经营时间、丰富经营品种、营造消费氛围、开展夜经济主题活动，对符合申报条件的企业给予不超过投入资金30%的资金补助，最高补助金额不超过30万元。

责任单位：市商务和投资促进局牵头，市财政局及各县（市、区）人民政府配合。

19. 推动首店经济发展。鼓励发展新业态、新模式、新场景，对骨干商贸流通企业、商业街区运营机构每引入1家中国（内地）首店（旗舰店）、西北首店、宁夏首店、吴忠首店的国际国内知名品牌企业，按照当年投资额的50%、40%、30%、20%给予一次性支持，单个企业最高补助分别不超过10万元、8万元、5万元、2万元。在引领时尚新品消费方面，支持符合高端消费品标准的商品品牌举办首发、首秀、首展活动，对符合申报条件的企业给予不超过投入资金20%的资金补助，每场活动最高支持10万元。支持大学生积极创业，在本市注册开办实体店给予房租补贴8000元。

责任单位：市商务和投资促进局牵头，市财政局、人社局、市场监督管理局及各县（市、区）人民政府配合。

（六）促进市场主体壮大

20. 帮助企业融资纾困。各银行机构对受疫情影响严重的住宿餐饮、批发零售、文体旅游等行业给予帮扶，支持企业企稳复苏。对受疫情影响较大、经营暂时困难，但有还款意愿的企业，结合“一企一策”的原则制定融资服务方案，按照“金融机构不得盲目限贷、抽贷、断贷、压贷”的要求，通过首贷、续贷、展期、无还本续贷、转贷、信用贷款等市场化方式助企纾困解难。

责任单位：市金融工作局牵头，市商务和投资促进局、文化旅游体育广电局及各县（市、区）人民政府配合。

21. 鼓励企业入规纳统。对本年度成功申报入库的限上批发、零售、住宿和餐饮企业，给予每户20万元奖励，一般个体10万元奖励；对工转贸企业、商贸综合体集中收银，成功纳入统计联网直报的企业，实行“一事一议”给予不超过20万元奖励。

责任单位：市商务和投资促进局牵头，市财政局及各县（市、区）人民政府配合。

22. 促进企业稳定发展。对效果好、贡献大，季度零售额（营业额）实现正增长的前20名限额以上的批发、零售、住宿、餐饮经营单位分别给予2万元奖励。

责任单位：市商务和投资促进局牵头，市财政局及各县（市、区）人民政府配合。

三、强化政策措施落实保障

（一）加强财政金融支持

加大财政、商务、文旅等部门专项资金投入力度，将符合条件的项目纳入地方政府专项债券支持范围，更好发挥投资带动消费作用。引导金融机构在风险可控和切实可行前提下丰富大宗消费金融产品，满足市场需求；鼓励保险公司针对消费领域提供保险服务。

（二）建立考核激励机制

发改、商务、财政等部门要健全完善全市社会消费品零售总额增长季度考核奖励制度，根据社会消费品零售总额增幅和新增限额以上商贸流通企业数量，对社会消费增长较快的县（市、区）给予梯度奖励；要进一步完善生活必需品日常监测机制，落实好粮油肉蛋奶果蔬和大宗商品等保供稳价措施，促进消费市场平稳快速恢复。

（三）压实各方主体责任

发改、财政、商务、文旅、人社、农业农村、金融等部门要抓紧制定相关政策措施的实施细则，并加强协作，形成联动，推动扩大消费各项政策措施落实落细。统计部门要探索完善消费相关统计指标，建立健全网络消费等消费新领域新业态新模式统计体系，做到应统尽统、应入尽入。

上述政策措施执行期限为2022年6月1日至12月31日。各地各部门应结合实际制定具体实施细则，确保上述政策措施落实到位、落地见效。

吴忠市促进非公有制经济高质量发展三年行动计划（2022—2024年）

（吴政办发〔2022〕29号）

为了进一步改善全市非公有制经济发展环境，鼓励、支持、引导非公企业持续健康发展，促进非公有制经济高质量发展，现结合我市实际，制定促进非公有制经济高质量发展三年行动计划（2022—2024年）。

一、总体要求

以习近平新时代中国特色社会主义思想为指导，全面贯彻党的十九大和十九届历次全会精神、自治区第十三次党代会精神，认真贯彻落实习近平总书记在民营企业座谈会上的重要讲话精神，坚持“两个毫不动摇”、“三个没有变”和“两个健康”，紧紧围绕市第六次党代会和人代会确定的发展目标，大力实施非公经济“八大专项行动”，着力创新发展举措，激发非公经济活力，壮大非公经济总量，提升政府服务效率，增强营商环境竞争力，在建设黄河流域生态保护和高质量发展先行区、创建铸牢中华民族共同体意识示范区中团结奋进、示范先行，努力推动全市非公经济实现高质量发展。

二、基本原则

（一）坚持创新驱动

突出企业创新主体地位，完善创新服务体系，引导企业聚焦重点特色产业，推动理念、技术、组织、管理和模式创新，走专业化、智能化、数字化、品牌化发展道路，加快转型升级，推动提质增效。

（二）遵循市场规律

充分发挥市场在资源配置中的决定性作用，推动有效市场和有为政府更好结合，破除各类体制机制障碍，促进要素自主有序流动，提升要素配置效率，保障不同市场主体平等获取生产要素的权利和地位。

（三）融合融通发展

坚持一二三产业、大中小企业融合融通、协同发展，构建大企业与中小企业协同创新、共享资源、融合发展的产业生态，发挥大企业引领支撑作用，提高中小企业专业化水平，培育经济增长新动能。

（四）优化服务环境

聚焦企业发展需求，增强服务意识，创新服务手段，提升服务能力，完善服务体系，推动政府公共服务和社会化服务相互补充、协同发力，不断提升服务质量和水平。

三、主要目标

到2024年，非公经济总量规模更大、产业结构更优、质量效益更高、发展环境更好，创业动力、创新能力、发展活力显著提升，集群集聚效应、企业竞争能力进一步增强，对经济社会发展的拉动作用稳步提高。非公市场主体达到14万户以上，非公经济发展增速保持在8%以上，非公经济占GDP 56%以上、税收贡献65%以上。

四、重点任务

（一）惠企政策落实行动

1. 完善政策体系。贯彻落实国家、区、市非公有制经济发展政策措施，着力构建惠企政策落实体系，加大对重点产业、重点行业、重点企业的扶持，为非公经济发展提供政策支撑。

2. 推动精准落实。开展涉企政策清理专项行动，及时清理影响非公经济发展的制度障碍。建立政策实施评估机制，完善涉企政策调整程序，实现惠企政策“一口发布”、企业“一键获取”，推进惠企政策精准匹配、落地落实。

3. 加强宣传解读。大力开展惠企政策进园区、进企业、进协会、进商户“四进”活动，充分运用报刊、电视、广播、网络等各类媒体，构建全方位、多层次的全媒体宣传矩阵。通过举办各类培训班、开展政策专题辅导，深入解读鼓励、支持非公经济发展的方针政策，让非公企业了解政策、用好政策。

（二）市场主体培育行动

4. 推动龙头企业做大做强。围绕清洁能源、奶产业等重点特色产业，优选一批诚实守信、实力较强、潜力较大的非公企业，引导企业通过资本运作、创新改造、股份合作等途径，扩规模、提质量、增效益，打造一批知名度高、竞争力强、影响力大的非公企业集团。每年遴选 2 家以上非公企业指导建立现代企业制度，不断完善法人治理结构、提升管理能力、增强核心竞争力。鼓励、支持非公企业通过上市、并购、联合等方式做大做强。力争到 2024 年引进 2 家以上中国民营企业 500 强企业来吴投资、培育上市挂牌企业 2—3 家。

5. 支持骨干企业做优做精。通过市、县（市、区）联动，扶持装备制造、现代纺织等非公企业向专业化、精细化、特色化方向发展，培育一批细分行业、细分市场、细分领域的“隐形冠军”“单项冠军”。大力培育“雏鹰”“瞪羚”企业。扎实推进非公企业“个转企、小升规、规改股、股上市”工作。到 2024 年“专精特新”中小企业达到 135 家，新增“小巨人”企业 10 家，每年新增规上工业企业 20 家、规上服务业 15 家、限上批零住餐企业 30 家。

6. 鼓励小微企业做新做特。鼓励大众创业万众创新，建设一批小微型企业创业创新示范基地、孵化基地、众创空间，为小微企业提供全方位服务。鼓励小微企业着力发展旅游休闲、文化娱乐、健康养老、时尚餐饮等朝阳产业，大力培育电子商务、人力资源、信息服务等特色行业，创新互联网和信息技术应用，大力发展平台经济、分享经济、体验经济等新兴模式，不断催生新业态，培育新增量。

（三）转型升级赋能行动

7. 大力推广数字化应用。大力发展数字经济，推进数字产业化、产业数字化，实现数字赋能与实体经济双效融合。聚焦葡萄酒、电子信息等重点特色产业，鼓励、支持非公企业建设一批行业级、企业级互联网平台，到 2024 年建成行业级互联网平台 3 个、企业级互联网平台 15 个。支持非公企业上云上平台，到 2024 年上云企业突破 200 家。推进宁夏工业互联网标识解析二级节点建设应用，到 2024 年接入二级节点企业数量突破 500 家。

8. 全面推动智能化改造。大力实施非公企业智能化技术改造行动计划，引导和支持非公企业应用先进智能装备和系统，提升非公企业智能化水平。以龙头骨干企业为引领，谋划实施一批突破性、带动性、示范性的智能化技改重点项目。加快推进装备智能化技术改造，推进生产线智能改造，支持建设智能工厂、数字化车间，实施“设备换芯”“生产换线”“机器换人”。到 2024 年培育智能工厂（数字化车间）27 家。

9. 积极创建科技型企业。大力实施科技型非公企业倍增行动计划，建立科技型企业培育库，形成“遴选一批、入库一批、培育一批、认定一批”的工作机制。到 2024 年国家级高新技术企业达到 60 家以上、自治区科技型中小企业达到 300 家以上。引导和支持非公企业联合高校、科研院所等，实施或参与重大科技项目，促进产学研结合，加快科技成果转化应用。鼓励支持科研单位及社会机构，建立为非公企业提供技术服务的各类平台。到 2024 年推动规模以上高新技术企业创新平台建设，各级各类科技创新平台达到 50 家以上。

10. 大力实施品牌化战略。深入开展品牌培育工程，引导非公企业实施品牌发展战略，加强品牌创造、品牌创新和品牌管理，分行业、分领域、分层次培育一批品牌产品、品牌企业。支持非公企业争创知名品牌，开发具有自主知识产权的产品，促进非公企业向自主品牌经营方式转变。加大绿色产品认证力度，引导企业提升产品质量。大力扶持老字号品牌建设，推动品牌产品向价值链高端延伸，扩大品牌知名度。支持有条件的非公企业利用品牌优势，通过兼并、收购、转让、特许经营、有偿使用等方式经营品牌，实现品牌提升。

11. 主动融入区域化发展。围绕“一带一路”、京津冀协同发展、长江经济带、上海自贸区、粤港澳大湾区、黄河流域生态保护和高质量发展先行区等国家战略，紧盯“一带一路”共建国家、京津冀、长三角等重点区域，鼓励大型非公企业率先“走出去”、中小非公企业“抱团走出去”，积极参加国内外各类会展活动，广泛开展经贸洽谈、技术交流、对外合作等，主动开拓多元化市场，不断提升国际竞争力。

（四）服务效能提升行动

12. 建设公共服务平台。坚持“政府主导、企业参与、整合资源、公益服务”的原则，运用大数据、区块链、云计算等技术，搭建吴忠市非公经济“惠企通服务云平台”，线上线下为企业提供政策、融资、维权、双创、人才、培训、项目申报等“一站式”优质高效全程服务，提高服务非公经济发展水平。支持各地、各行业龙头企业和服务机构，建设非公企业服务平台，提供信息、技术、创业、培训等方面精细化、个性化服务。

13. 发展社会服务组织。大力培育代办、咨询、评估、会计、律师、招投标代理等专业化服务机构，积极发展创业辅导、投融资、市场开拓、技术支持、认证服务、信息咨询、人才培训等专业化服务组织。加强行业协会建设，支持非公企业成立行业协会，组织开展交流合作，发挥桥梁纽带作用。鼓励通过政府购买服务、奖补资金等方式，引进第三方社会化服务机构，发展壮大社会中介组织。

14. 畅通政企沟通渠道。落实各级党政领导干部联系非公企业和行业商协会制度。建立党政领导干部与非公企业家定期沟通走访制度、政府重大经济决策咨询求策制度，健全非公企业家参与涉企政策制定和反馈机制、政企定期沟通座谈机制等，推动政企沟通常态化。大力推行领导包抓重点企业、招商引资项目管家、优秀年轻干部进民营企业等经验做法，组织开展政企交流合作，帮助企业拓展业务、推介产品等。

15. 完善融资服务体系。坚持“政策性导向、市场化运作”原则，用好用活各类发展资金，重点支持种子期、初创期、成长性非公企业发展。推动融资性担保机构发展，构建政策性担保、商业性担保等多元融资担保格局。支持吴忠开源担保公司深化与国家融资担保基金合作，扩大担保业务规模。鼓励、支持符合条件的非公企业通过主板、科创板、创业板、新三板上市挂牌融资。积极争取自治区科技成果转化投资基金支持，推动科技企业市场化融资。创新小微企业首贷、信用贷、股票、债券、产权、票据等多种融资渠道，为非公市场主体提供多元化金融产品和融资服务，破解非公企业融资难题。

（五）权益保障护航行动

16. 健全维权服务工作网络。成立吴忠市非公市场主体维权服务中心，在县（市、区）和工（农）业园区分级设立维权工作站，推行标准化建设和规范化管理，形成覆盖全市的维权工作网络，让非公企业投诉有门、就近方便。建立完善与法院、检察院、司法局、公安局的沟通联系机制，推进市非公市场主体维权服务中心进一步发挥作用。进一步完善非公企业商事纠纷调解机制，充分发挥专业调解机构、商标品牌指导站、商业秘密保护联系点、商协会的重要作用，促进纠纷快速化解。聘请专业律师，组建法律顾问团，常态化开展法律咨询及纠纷调处等工作。

17. 完善维权投诉服务机制。制定非公市场主体维权投诉处理服务工作机制，建立维权专线电话、专用邮箱、微信公众号、来信、来访“五位一体”的投诉受理渠道。构建“统一受理、分级分办、限时办结、跟踪督办”的工作机制，建立健全企业维权提交受理、限期办理、三级终结和跟踪督办等制度，形成企业诉求从受理、办理、督办到办结的标准化工作流程，确保涉企投诉事项快速反应和限时办理，保证企业诉求及时受理、得到回应。通过联席会议定期调度、重要问题专项督办、重大问题领导督办、落实情况定期通报等措施，保证企业诉求得到圆满解决。

18. 建立防止拖欠账款机制。深入开展《保障中小企业款项支付条例》宣贯解读，贯彻落实《自治区保障中小企业款项支付工作方案》，推动机关、事业单位、大中小企业知法守法用法，依法处理拖欠中小企业款项问题。强化政府投资项目管理和预算审核、违法拖欠行为监督和约束惩戒，构建防止拖欠中小企业账款长效机制，保障中小企业合法权益。

（六）人才培优强企行动

19. 大力引进高端人才。搭建招才引智平台，积极组织企业参加各类宣传推介活动，招引延揽一批知名高校优秀人才到企业发展。紧盯企业急需紧缺需求，全面落实吴忠市柔性引进人才实施办法等政策，鼓励、支持非公企业采取股权激励、技术入股、顾问指导、候鸟服务等方式，引进一批取得先进科技成果、掌握核心技术的团队和专家。落实国家、区、市人才政策，推动市场化招才引智，引进一批知名人力资本企业和猎头公司。动态完善吴忠籍在外优秀人才信息库，定期举办乡情恳谈会、招商推介会，引导吴忠籍人才回吴创业就业。

20. 全力培养技能人才。实施技能人才能力提升计划，积极对接行业、企业和经济社会发展需求，鼓励职业院校与非公企业开展校企合作，建立实训基地、共建重点专业，开展订单定岗定向培养，为非公企业发展提供人才支撑。充分发挥院士工作站、技能大师工作室、专家服务基地等人才载体示范引领作用，积极引导培养更多优秀技能人才。支持非公企业开展职业技能培训、创建技能人才培训基地，进一步推进就业前培训及岗位技能提升培训，广泛开展职业技能鉴定和竞赛活动，全面提高技能人才素质，打造一支数量充足、梯次合理、技艺精湛、素质优良的专业技能人才队伍。

21. 着力提升企业家素质。深入实施非公企业家能力素质提升工程，支持企业申报区、市人才项目，每年遴选 50 名非公企业家到知名高校或企业开展研修和观摩学习，有针对性开展经营管理、金融投资、市场营销、国际贸易等专业知识培训，培育具备战略眼光、科技创新能力强、运营管理水平高的非公企业家队伍。抓好重点非公企业领军人才培养，深入开展企业经营管理人才轮训工作，每年培训 500 人。常态化开展非公企业招聘高校毕业生活动，引导和鼓励高校毕业生到非公企业工作，持续优化非公企业经营管理人才结构。

（七）营商环境优化行动

22. 优化法治环境。加强法治建设，保障非公企业公开公平公正参与市场竞争。大力开展“八五”普法进非公企业宣传活动，引导非公企业和企业管理者依法治企、依法维权。坚持从执法、司法等各环节依法保护非公企业产权和企业家人身、财产合法权益。组织开展《中华人民共和国中小企业促进法》等涉非公经济发展法律法规执法检查。严格规范公正文明执法，严肃查处乱收费、乱罚款、乱摊派等违法行为，依法整治行业商协会、交通物流、水电气暖等重点领域违规收费行为，营造促进非公经济发展的法治环境。

23. 优化政务环境。进一步深化“一窗受理、集成服务”改革，全力打造“群众企业办事无忧、营商环境吴忠更优”的政务服务品牌，推动各类政务服务信息、企业需求信息、政策措施信息互联互通、信息共享和业务协同，全面提升政务服务智能化水平。深化“一件事一次办”改革，围绕企业开办、准营、退出等环节，陆续推出一批企业办事需求大、关联度强、办理频率高的事项，实行一次告知、一表申请、一次办好，提升企业满意度。协助做好以企招商、以商招商工作。走访新招引项目，收集诉求，化解困难，力促项目落地。拓展“互联网 + 政务服务”，提供“24 小时不打烊”在线政务服务。开展常态化监督，巩固完善“好差评”制度，消除“隐形成本”，为加快非公经济发展提供优质高效服务。

24. 优化市场环境。加大市场准入改革力度，全面实施市场准入负面清单制度，认真落实公平竞争审查制度，坚决破除制约非公企业参与市场竞争的各类障碍和隐性壁垒，切实消除在准入许可、经营运行等方面的不平等待遇。推动竞争性经营行业和投资领域向非公企业、民间资本全面开放，鼓励引导非公企业进入基础设施、公用事业、公共服务等领域。坚持非公企业投标零门槛、竞争无歧视，大中小企业在市场竞争中平起平坐，促进非公企业在公平有序的市场环境中良性发展。

25. 优化诚信环境。广泛开展非公企业诚信教育活动，大力传播诚信理念，弘扬诚信文化，引导企业把诚信经营与守法经营理念转化为价值认同和行为习惯，自觉抵制失信行为。大力开展千户诚信企业示范创建活动，树立一批模范企业，努力在全市非公企业中形成“诚实守信光荣、违信失信可耻”的良好氛围。进一步完善非公企业社会信用体系建设，强化信用信息归集共享，突出协同联动治理，完善信用联合奖惩机制，加强红黑名单动态管理，引导非公企业家珍视自身社会形象，促进企业健康成长发展。

（八）党建引领铸魂行动

26. 提升“两个覆盖”质量。持续推进“五强五促”行动，建立健全“小个专”党建工作领导机制，重点加强园区、商务楼宇、商圈市场等党建工作，探索加强快递物流、外卖配送等新业态新就业群体党建，进一步提升非公企业“两个覆盖”质量。坚持应建尽建，常态化开展摸底排查，通过查找“隐形”党员、发展党员、招聘党员职工等方式，推动职工100人以上的非公企业全部建立党组织。对暂不具备组建条件的企业，通过选派党建工作指导员，先行建立工会、共青团、妇联等措施，确保党的工作全覆盖。大力推行“党工共建”做法，统筹群团组织资源，发挥群团组织作用，做好员工思想政治工作，为组建党组织创造条件。

27. 加强骨干队伍建设。突出政治素质，选优配强党组织书记，加大从符合条件的党员出资人（负责人）中选配党组织书记力度。认真落实党组织书记工作津贴制度，积极推荐优秀党组织书记、党务工作者作为各类先进模范和各级“两代表一委员”人选。注重向未建立党组织的非公企业和工作基础较为薄弱的党组织选派党建工作指导员，强化教育培训、管理考核，确保作用发挥。深入实施发展党员“源头工程”，严格政治标准，规范发展程序，加大从生产经营骨干、一线产业工人、高知识群体和新业态新就业群体中发展党员力度，确保50人以上的非公企业每年至少培养1名入党积极分子。

28. 强化党群活动阵地建设。支持在非公企业相对集中的地方统筹建设党群服务中心，协调企事业单位和乡镇村、街道社区党组织与非公企业党组织共用场所、共享资源。发挥好已建成党群服务中心的政治、服务、孵化、辐射功能，提供党员教育培训、党组织和党员开展活动、企业业务办理等服务。鼓励支持具备条件的党组织按照“六有”标准（有场所、有设施、有标志、有党旗、有书报、有制度）建立党员活动阵地，推动单独建党组织有独立活动场所。

29. 促进党组织作用发挥。认真落实《全区非公企业和社会组织党支部规范化建设的意见》，持续深化基层党组织星级评定，不断提高党支部规范化建设水平。围绕经济社会发展大局，找准党建工作与非公企业经营发展的结合点，深化党员先锋队、示范岗、责任区创建，广泛开展党员“亮身份亮职责亮承诺”、岗位练兵、技能比武、“金点子”征集等活动，引导非公企业党组织和党员广泛参与常态化疫情防控、文明城市创建、乡村振兴、基层治理及社会公益等工作，充分发挥党组织战斗堡垒作用和党员先锋模范作用。

五、保障措施

30. 强化政治保障。坚持以习近平新时代中国特色社会主义思想为指导，深入学习贯彻习近平总书记有关民营经济发展的重要讲话和重要指示批示精神，不断增强“四个意识”、坚定“四个自信”、坚决做到“两个维护”，切实把党的领导贯穿非公经济发展全过程。深化理想信念教育，引导非公经济领域人士不断增进对中国共产党和中国特色社会主义的政治认同、思想认同、情感认同，不断强化对非公企业家的政治引领。

31. 强化组织领导。健全领导体制和工作机制，成立市、县（市、区）、工（农）业园区促进非公有制经济发展工作领导小组，完善组织结构，明确职责任务。落实非公市场主体维权服务工作机制，抓好政策发布解读、企业诉求办理等工作，形成服务非公经济发展的强大合力。按照“谁分管谁负责、谁牵头谁协调”原则，统筹协调推动各县（市、区）、工（农）业园区、各部门加快发展非公经济，力促各项任务落到实处。

32. 强化政策扶持。加大财政资金支持，积极争取中央及自治区各类专项资金，支持非公企业技术创新、结构调整、节能减排、开拓市场和扩大就业等。严格落实国家、自治区有关非公企业普惠性、阶段性、结构性减税降费政策措施，确保非公经济纳税人各项税收优惠政策应减尽减、应免尽免、应退尽退。加强政策实施过程化管理和阶段性评估，依据评估结果对政策进行适当调整，确保惠企政策落地见效。

33. 强化督促检查。建立非公经济工作督查机制，不定期深入县（市、区）、工（农）业园区了解非公经济发展情况、存在问题，主动收集促进非公经济发展的建议对策，及时完善促进非公经济发展工作台账，协调帮助企业纾困解难，全面确保非公经济持续健康发展。

34. 强化运行监测。积极探索建立非公经济运行指标体系和监测体系，逐步建立市场监测、风险防范和预警机制。利用互联网、大数据等手段，整合非公经济现有数据资源，加强统计、市场监管、税务、社会保障等部门之间的数据资源整合，推动建立非公经济数据库。加强对数据的分析使用，及时对非公经济发展态势进行研判，为经济发展和政府决策提供依据。编印《吴忠非公经济发展》内部交流期刊，为全市非公经济发展提供交流平台。

35. 强化宣传引导。坚持正确的舆论导向，充分运用报刊、广播、电视、网络等各类媒体，主动讲好非公企业和企业家故事，大力宣传优秀非公企业家的先进事迹。开展“我为企业办实事”活动，举办吴忠企业家大会，在全市营造“尊重企业家、厚待投资者、服务纳税人”良好氛围。